緑紅叢書　第一輯

町町の伝説　その一

田中緑紅

はじめに

毎日新聞京都支局の依頼で大人の童話と云つた点から「わが街の伝説」を五、六回執筆してほしいと云うので、昭和廿七年一月五日から連載せられましたが、次々と続けろと五月卅一日まで百十七回になりました。此の度は余り永く続いたから打切つてほしいと後の原稿はそのままになりました。単行本にせよとも云つて頂きましたが、本にはならないでしまいました。此の度は全部書き直しました。此の双書は沢山分類されますので、重複をさけて各の部へ分けました。それでも此の「町々の伝説」は続篇を出さないと載せきれません。

これを伝説とせないで、町々の話とした方がよかつたとも思います。お気軽にこんな話があつたのか、こんな様なことでこんなに云い伝えられたのかと、思つて頂いたら結構です。

昭和三十二年五月

田中緑紅

目次

一、鬼のいる羅城門

―南区羅城門町―

平安京の正門を羅城門と云いました。その南は鳥羽の作り道で西国街道から一帯野原でした。此楼門には早くから鬼が棲むと云われ、都の良香と云う文章博士が「気はれて風は新柳の髪をけずり」と上句を作り口ずさみつつこの門の前を通ると、羅城門の楼上から恐ろしい声で「氷消えて波旧苔の鬚を洗う」と下句をつけたと云います。この話を菅原道真に話しましたところ、それは大変結構ですが、下の句は鬼の読んだ句ですと、云い当てたと云います。

その後羅城門は大風で倒れ、再建しましたが、右京が衰える頃、又もいたみ修繕もせず相当に荒廃してしまいました。そしてその楼上は死体の捨場になり、鬼が出ると云われ恐ろしい処となつてしまいました。或る夜、西国街道の方から盗人がやつて来ました。ドヤドヤと多勢の足音に驚いて階段を昇り身を隠しました。思いがけぬ、楼上にはあちこちに死屍があり、その一つ女の死体を照らす紙燭の薄暗い影に何者かが蹲んでいます。「オヤ鬼かナ」と見直しますと一人の白髪の婆が、若い女の屍から丈なす黒髪をぬきとつています。「ヤイ婆」とその老婆の肩を摑みますと、老婆はビックリして命ばかりはお助け下さいと泣き出しました。何をしていたときくと「この娘さんは私の御主人ですが病気で亡くなられても葬る事も出来ない貧乏なので、ここへ捨てに来ました。しかしこの方の御髪は近所でも評判の長い髪なので、鬘にしたらと思いそれを抜きとつていたので御座います」盗人は上には上のあるものと、此の老婆の仕業を憎み、老婆の着物をはぎとり、その上この長い髪の毛もとつて二階を降り逃げ去つてしまつたと云います。

こうしたことから羅城門には鬼が棲むと云われる様になりました。源頼光の四天王は宿直(とのい)の夜、鬼がいるとかいないとかの大議論になりました。結果渡辺綱が唯一人馬に乗つて見とどけに行くことになりました。行つた証拠の札を立てるので、小脇にかかえて羅城門へ来ました。雨が降り風が加わり、一層物凄くなつて来ました。しかし、綱がうろうろ見歩きましたが、鬼らしい姿が見えません。「何だ、やっぱり嘘かい、ではこの札をここへ建てと」戻ろうとすると、上から兜の錣をつかみ釣り上げようとするではありませんか。強いこと、サテこいつが鬼だナと豪胆な綱は左手でその鬼の手首を摑み、右手で刀をぬくとサッとその腕を切りました。鬼は黒雲に乗つて逃げ出し、綱はその片腕を土産に頼光の館へ引き上げたと云います。その後、間もなく円融天皇の天元二年七月九日の大風に羅城門は崩壊しまして以後その姿は見られない様になりました。

二、倦怠期を祈る神

—上京区大宮廬山寺上ル西入　七野神社—

よく世間で結婚後二、三年たつと夫婦共お互いの欠点が見えて来て、とかく円満に行かず、愛し合つていた二人の愛がどつかへ逃げてしまいます。これを倦怠期だと云います。これが変にぐれると別れ話が出たりします。これはわれわれでも貴人の間でもかわりはありません。宇多天皇と皇后の間が面白くなくなりました。天皇は皇后の方へおこしがありません。他の女の方へ行つてしまわれます。皇后は悲しまれまして何とか天皇の愛を取り戻したいと思われました。只今は小さい神社になつてしまいましたが、七野(ななの)神社は数町四方あつたと云います。祭神は奈良春日神社と同神で、藤原家の氏神であります。皇后は藤原家の御出身ですので、此の七野の神に祈念して見ようと神前に詣り、白沙を盛つて三笠山を作り、天皇の寵愛が戻ります様祈願されました。連日の御参詣の甲斐がありまして天皇はまた皇后の処へお戻りになり、夫婦睦じくなられたと申します。此の社は石崖の上に鎮座せられ、祠の左右には南天の木ばかり植えられていま

七野神社

す。此の社のお守りに災難除けがありまして、中にこの南天の葉が一枚入つております。昔の婦人の鏡は金製ばかりで、その裏が砂地にこの南天の枝葉を現わしたものが沢山にあります。婦人は男子以上に困難な目に逢うことが多い。その上出産と云う大役があります。こうした災難を幸福に転換する様にナンテン（難転—南天）の意味でこのお守りを受けるので、鏡の南天も、全快祝の赤飯にのせる南天も共に災難を幸福に転ずるマジナイなのであります。以前は毎年鹿がどこからか現われると云いました。

三、饅頭の本家

—中京区烏丸通三条下ル饅頭屋町—

臨済宗大本山建仁寺十五世竜山徳見は、嘉元三年元国（グンコク）に渡り四十四年滞在、真如四年僧十八人と有名な林和靖の子孫浄因と共に帰国しました。この和尚は建仁寺南禅寺にもおり、最後は天竜寺でなくなつています。その弟子の文林が建仁寺の内に両足院を建て、恩師竜山を開基としました。その浄因は帰化して饅頭屋となり、その饅頭を天皇に献上し天皇は始めて饅頭を召され、こんなうまい物を作る男は日本に残しておきたいと女官を賜わつて女房とし、奈良林小路に住み四子を儲け夫婦円満に暮しました。浄因は竜山禅師が亡くなられると大変悲観し、急に故郷へ帰りたいと妻子を残して元国へ帰つてしまいました。残された妻子は饅頭屋を営業し、浄因の次子惟天、盛祐が京都に居を移し、林家は南北に分れました。浄因の孫、紹絆は元国へ渡つて製菓の法を学び、帰朝して三河国設楽の塩瀬村に住み、姓を塩瀬と改め、子孫宗味は千利休の孫女を妻とし饅頭屋の傍ら茶帛を製し、今尚残る塩瀬茶巾の始めであります。

京都烏丸三条下ルに住んで饅頭屋をやつたので町名を饅頭屋町と云つています。後水尾院より山城の大掾を許されております。此の家は世々仏門に帰依し、二十余人が坊さんになつており、建仁寺両足院の代々住職となり四百年も深い関係がありました。十九代目の九郎右衛門浄空の時、病身だつたので妻女を娶らずこの名家もなくなつてしまいました。それでその家や土地は町内に寄贈し、町内から両足院に祠堂を建て今日尚祭祀を続けております。

四、御影塚か耳塚か

―東山区大仏正面茶屋町―

秀吉は明国征伐を朝鮮と提携してやろうとしましたが、朝鮮が承諾せないので先ず朝鮮を攻めましたが失敗してしまいました。始めは豪い勢で勝つていました。そして敵の首を沢山にとりましたが、遠路送ることも出来ないので敵の鼻を切つて塩漬にして秀吉に献じました。秀吉はこの敵の無名戦死者の菩提を弔うため、大仏方広寺前の空地に五輪塔の墓を造り、京都中の各宗の僧六百人を招いて大層な供養法要をつとめました。法華の僧が只一人反対して出仕せなかつたのでその寺をこわしたと云われます。これは正に秀吉の豪い人物を現わした話と思いますが、鼻を埋めて耳塚とはおかしな話だと思います。もつと古く前九年の役に源頼義は敵の耳を切つて、京都左女牛西洞院の邸宅の傍にこの耳を埋め、堂を建てて耳納堂（みのうどう）と名付けられたと云われます。秀吉もこのことを知つて鼻を埋めて供養塔を建てたのでしよう。

しかし鼻塚と云つていたか、または鼻を耳と間違えて耳塚と云つたのかわかりません。処が秀吉死後、徳川はその子秀頼に、種々な名目のもとに軍用金を浪費させて戦力を失くしようとしました。各所の神社仏閣の大修繕や、大仏を銅で造らせたりしました。この大仏は奈良の大仏より大きい六丈三尺五寸あつたと云います。その大仏を入れる大建築の大仏殿の用材や石垣用の巨石を運ぶため高瀬川を新たに作りました。大した入費がかかつたことでしよう。この大仏を鋳た時、仕末の悪かつたのは鋳型に使つた沢山な土の処置でありました。仮にも仏様を作つたその基をします土ですから、どこへなりと捨ててしまうわけにも行きません。そこで此の土を鼻塚の上に積み上げ、五輪塔をその小山の上に据えました。これで五輪塔も立派に見え鼻塚もよくなりました。人呼んで御影塚（みえ）と云います。それがみみ塚と混同してわかりやすい耳塚になつたのではないでしようか。敗戦後、朝鮮人に悪いから取毀つ話も出ましたが、朝鮮の無名戦死の霊をまつるのですから朝鮮人こそ年々供養会を日本人と共にやつてもよいのではないかと思います。秀吉の度量と温かい人間味を伝えるよい証拠で永久に保存すべきだと思います。

五、二十一日のお旅

―南区東寺東門前通油小路角　稲荷大社お旅所―

稲荷大社の祭礼の神輿五基がお旅所に二十一日間の長期いられるのに就いてこんな話が伝わつています。

空海（弘法大師）が仏法の研究に唐へ渡り、二年して帰朝し博多へ着かれここに滞在の或日、路上に稲束を荷つた貴品の高い老翁に出会われました。「あなたはどうしたお方で御座いますか」とお伺いされますと、「私は京の八条二階堂に住む柴守長者である」と答えられました。空海はどうも唯人でない神様であろうと思われましたので、「やがて私も京へ上り仏法を弘めたいと思つております。その節は是非お守り下さいます様に」と云つて別れられました。これが東寺、西寺京都では羅城門を中心に左右に大寺院を建て、鎮護祈願所とせられました。これが東寺、西寺で、この東寺を空海に与え、ここに住われました。そして鎮守の神として八幡宮を境内に祀りました。それから後に「二階堂の長者」だと名告つて東寺に空海を訪ねられました。大師は忘れていられたのでしよう。「お住いになる聖地を捜しますからそれまで二階堂でお待ち願います」と云つて別れ、それから二十日間あちこち聖地を捜され、やつと都の巽に霊地が見付かりここに祠を建ててお祀りになりました。稲束を荷つていられましたので稲荷大明神と崇め奉りました。それが今の稲荷山であると云うことです。二階堂と云うのは今の猪熊梅小路の梅逕中学校から南の線路の一帯でありまして、始めは此所にお旅所があり、ここに二十日間お待ち願いましたのでお旅は今尚二十日間で、二十一日目に還幸になります。五基の神輿は東寺境内にズラリと列べられ、多くの供饌や一山あげての大法要が行われておりましたが、明治以後はこのことは止み、今は東寺東門の庇の下に神輿一基宛を置き、お粗末な供饌と一、二人の僧が般若心経を読むだけになつています。これが済むと大宮の陸橋を渡り氏子の町々を歩いて本社へ戻られる様になりました。

六、猿戸の由来

―左京区浄土寺銀閣寺町 慈照寺―

足利九代義政将軍は東山文化を残した豪い人でしたが、奥方日野富子には押えられて頭が上らず、遂に応仁文明の乱を起し六百年来の京都の文化財を一切灰にしてしまいました。誠に惜しいことをしたものだと思います。義政の遺財の中では銀閣慈照寺が第一でありましょう。元は東山殿と云つた別荘で、東求堂を建て（最古の茶室）庭園を造つて楽しんでいました。多くの地方から上京してくる大名や臣下をここへ招き、一は自分の威厳を示し饗応しました。それだけならよいのですが、一匹の猿を飼育して廊下につなぎ、見馴れない人が通るとキャッと飛びつき、傷をする人もあり客は驚いて声を上げるのを近臣と共に喜んでいました。この噂さを聞いた持資と云う大名、慈照院殿（義政）の招きで東山殿へ行くまでに、その猿の飼育係に賄して猿を自分の旅館へ連れて来さしました。持資は御殿へ出仕の装束を着てこの猿の前を通ると猿は飛びついて来ました。持資は用意した鉄扇で猿を殴りました。猿はじつと持資の顔を見つめ首を下げて小さくなつてしまいました。飼育人にはお礼をやつて帰へしました。約束の招待日、義政は廊下にあるくぐり戸の中に猿をつないでおきました。持資は静かに廊下にかかり、そのくぐり戸を入ると、猿は待つてましたとばかり飛びつこうとして持資の顔を見て、ビックリして廊下に伏せてしまいました。持資は衣紋を直し悠々と通り過ぎました。事情を知らぬ義政始め多くの臣下は持資は唯人でないと尊敬し、義政も大いに饗応しました。その猿をくつたくぐり戸を猿戸と云い、京の民家にはよく見受ける戸であります。義政は観音堂に銀箔を貼らない先きに歿しましたので、その御殿をそのまま寺にし慈照寺と呼び、一般には銀閣寺で親しまれております。

七、牛若丸の生れた所

―北区上野牛若町―

源氏の人気者九郎判官義経は京都に由縁の深い人ですが、どんな歴史の本を見ましても母常

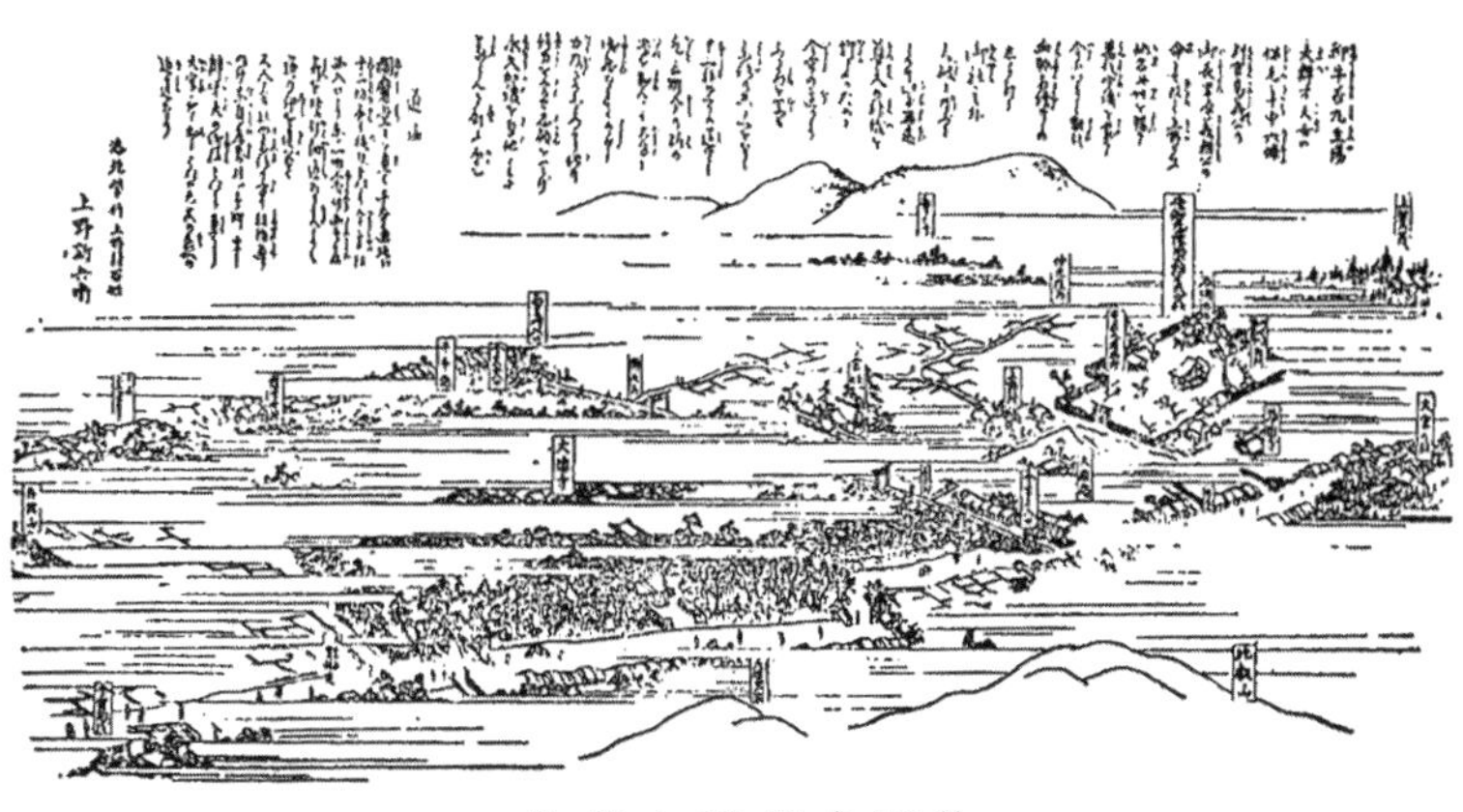

牛若丸産湯弁天社

盤御前の懐に抱かれていまして何処で生れたのか記されたものが見当りません。何分七百八十年（文治元年といわれています）の昔のことですが、京の北の方一帯に七野と云いまして野の名のある地が沢山にありますが、西賀茂近くに上野があります。ここに住んで三十二代農業上野新兵衛の宅があります。この先代が身重の源義朝の妾常盤御前をかくまい、近くの知足院の地蔵菩薩に祈念して牛若丸を生んだといい伝えられております。この外に、此の近くにあつた大源菴の傍に義朝の別館があり、ここで今若、乙若、牛若を生んだとも云われます。この上野新兵衛宅の背後の田圃に牛若丸誕生井と云う井戸があり、その東に松の木一本、その下に牛若丸胞衣塚の碑があります。この上野の宅に寛文ころの物かと思われる古い版木がありまして、これには牛若丸産湯弁財天社があり、その境内に稲荷社、竹生島無動寺遙拝所があつたことがわかります。そして大宮、千本、今宮の三方からここへお詣りの通路があり、相当に参詣人もあつたらしいです。版木の上部には由来をかき、紫竹上野村百姓上野新兵衛とあります。此の家は此の辺での古家ですが、文政頃、大変疲弊しまして代々伝わつていたものも皆売つてしまつたと云うことでしたが、寛文十年八月の四枚綴のものがありまして、これにも弁財天社、胞衣塚等が記されています。いつの頃なくなつたものか何ともわかりませんが、子供でも親しまれている牛若丸の誕生地がわかつてよかつたと思います。

八、天夜(あまよ)の尊

―東山区山科四宮泉川町　四宮社―

山科北方に四宮と云う地名があります。ここは仁明天皇の第四の皇子、四品弾正尹人康親王が二十八才になられた時、眼病にかかり治療効なく両眼共盲になられました。それで貞観元年五月、僧になつて法師として山科に住居になられました。今とは違い草深い田舎でありましたでしよう。此の方が第四の皇子であつたので、名前など呼ばないで四宮様と云い、この名が地名となり山科四宮で知られています。人康親王は盲目になられてから琵琶を好まれ、大変上手だつたと云います。自分が盲目で不自由なものですから、広く盲目を哀れみ、官を与えられたり或いは佐女牛（醒ケ井通り）に長屋を建てて盲人を収容されました。「あめうじめくらが杖ついて通る」と云うことはこの佐女牛の盲のことをいつたものです。親王はここに十禅寺を建立せられました。今の地より東三丁程の処にありまして、立派な庭園があつたと云います伊勢物語に出ております。その後荒廃しましたが、明正天皇の時、離宮にあつた得月台、短冊石等を寄附せられ、本堂、庫裡等再興せられました。親王は四十二才貞観十四年五月五日に薨じられ、此の寺の境内に葬られましたが、今は寺の東北の地にお墓があります。土地の人は親王の徳を慕い、四宮神社を建てて祀りましたが、明治初年諸羽神社に合祀せられました。元の地に小社が祀られています。

盲人の人達は千年後の今日親王を崇め、清聚庵に木像を祀り六月二十四日には多くの盲人集り琵琶を弾じ平家を語り、親王を天夜の尊と称えて追福し、又二月十六日には四条磧（鴨川四条橋の北方）に杖を頼りの盲人が沢山に集り、此の磧の石を積み重ねて天夜の尊の冥福を祈つたと云い、座頭積塔と云われました。此の行事はもう行われておりません。

九、清盛手植の楠

―下京区西七条御所之内本町　若一神社―

平清盛は源氏をおつぱらい、娘（建礼門院）を高倉天皇の妃とし、思いのままにふるまいました。八条西大路辺に館を建て（御所之内の名は此の清盛の館を呼んだ名であります）予ねて信仰しておりました熊野権現を勧請したいと思いました。処が御神託がありまして、「汝清盛、吾れを信仰する事久し、今汝の西八条の在所に吾が中宮若一王子の神体が土中しているから、是れを世に出し、鎮守として崇へば、必ず出世するであろう」

清盛手植の楠

と。早速、御所内の境内のあちこちを掘りおこしましたが出て来ません。日が暮れましたがわかりません。清盛は腹を立て「知れないことがあるものか、どうしても捜せ」と厳命しました。松明は沢山に燃かれ、広い庭園をあちこち掘り起しましたが見付かりません。夜もふけました。フト東の方を見ますと築山から御光が出ています。一同は「あそこだ」と大声を上げて知らせました。清盛は自ら堀りました。地下三尺、そこには御神告通りの若一王子の黄金の御神像が出て来ました。早速お宮を建ててお祀りしました。そして平家一門の出世開運を祈り、一門一統何れも豪い武将になりました。清盛は太政大臣になり全く此の守護神のお蔭と崇拝し、社殿も立派なものにし、若一神を堀り出した址へ楠を手植しましたのが今に残る大木で、西大路通が出来ます時も此の樹は保護され残されたのですが、近年殆んど枯死し根元から若枝が出ております。驕る平家久しからず、平家滅亡と共に此の御所もいつしか田圃となり、お宮も荒廃し御神体もいつしか土中に埋まり、その上に石塔が建てられていました。元文五年(二一七年前)十一月十日夜、日旋老師がこの神の由来を告げられた夢を見て、ここに若一神社のあつたことがわかりましたので早速再興せられたのが今のお社であります。

十、伏見の長者橘俊綱

―伏見区桃山本多上野町―

伏見観月橋の東北山手に本願寺の別荘三夜荘があつたことをお聞きになつている方もおあり

でしよう。目の下の宇治川から小倉の方向を一望に見渡し、向側の男山八幡宮の山まで何もありません。別して昔は山城湖の名残りの巨椋池が広々としておつたのですからスバラしい見はらしだつたことでしよう。この辺に宇治鳳凰堂をこしらえた藤原頼通の四男橘俊綱の邸宅がありまして伏見山荘と云つておりました。伏見山全部だつたろうと思われます。延久年間に出来たらしいと云われていますから八百九十年程の古いことで、この人の読んだ

都人暮るれば帰る今よりは
ふしみの里の名をもたのまし
「後拾遺集」

の歌からふしみの名前が出たらしいです。尾張守修理太夫に任じられ、大変な富豪だつたと云われて

那須与一の墓

います。京の公卿方が誘い合し二十数人、突然此の山荘を訪われました。不意の来客でしたが沈木の机の上に時候の山河の珍味を積み、酒もいくらでも召上れと散々大饗宴を開き、此の頃は馬を沢山持つのが何よりの自慢でありました。厩を見せろとの希望で厩を見ますと、どうでしょう二十頭の馬は全部真黒で額の処だけ少し白く、何れも美事な鞍を懸けておりました。公卿達も話にきく豪華な様子に驚いて去りました。その噂を聞いた公卿衆はその翌日又二十余人が訪ねました。処がこの度はその室内の装飾の美事なことと云ったら賛辞も忘れています。そこへ出ました御馳走も、よくもこんな不自由な処に用意せられたものと感心するばかりでした。それから厩を見に行きますと額白の黒栗毛の馬がズラリと二十頭繋いでありまして、昨日の真黒のものは一頭もおりません。お客は何と云う金持だろうと云い合ったと云います。

或る雪の朝、俊綱の長兄関白師実が、播磨守師信と只二人で雪見にここを訪れました。門から案内を乞いますと、長いこと待たされましてやっとしてから別のところから僕(しもべ)が迎えに出ました。「何をしておった」とききますと、「この辺の雪景色はとても奇麗で御座います、それでその雪を踏まないでまわって参りました」と。俊綱は兄の来訪を喜んで「今日はよう来て頂きました。普段使用しております膳部は穢れておりますから」と多勢の臣に命じ全部純銀の新器を持つて参りました。師実は雪景色をあちこち見歩きますと沢山の部屋には何れも雪見の客が来ておりましてどこも大した膳部が出ておりました。「こんなに朝早く訪れたのにこんな馳走をしてくれて、そなたは私の来るのを夢見て知つていたのか」と云われたと云うことです。
此の山荘は俊綱死後寺として即成就院と云い、後伏見寺と云いました。秀吉の命で大亀谷に移り、一時廃寺になりましたが、今泉涌寺表門脇に再興し、本堂裏の那須の与市の墓と云われています大きい壷型の墓は実は此の伏見長者俊綱の墓なのであります。

十一、殺されたお半長

―新京極三条下ル東入 誓願寺墓地―

貧民窟の近くの両替屋へ時々小判を一枚もつて細かい物に両替にくる女がいました。両替屋はおかしいと思いましたが、そのまま日を過しました。一年程つづいた或る日、此の度は紙に包んで小判一枚をもつて来ました。その包紙には帯屋長右衛門と書いてあり、いつかお役所から大阪人長右衛門が殺されて小判を盗まれたと御告示があつたことを思い出し訴えたので、此の男はスグ捕えられ死罪にされてしまいました。この男は小博打で賭場でスッカラカンになつて夜中に出たが月に照された桂堤はまだ東も白まず、寒いナと思い乍ら渡し場を見ると一人は四十才近い商人風の男、一人は十四、五の小娘、ハハァ馳落者じゃナそんなら金を持つているやろうと親切ごかしに舟に乗せ渡してやろうと、舟に乗せて川の中程で男の首を絞め殺し、続いて娘も殺し、娘の赤いシゴキで両人の体をしばつて情死と見せかけ桂川へ投げ込み、男の懐中から十両程の京へ集金して来た金と、娘の風呂敷包みの衣類を盗んでそしらぬ顔で家に戻り、この金の一部で店を出して半分は無くしてしまい、その内病気をして立てず、一両宛両替していたのがバレたのでありました。世間では年の違う男女の情死と云うので瓦版になり、このニュースは一度に京阪に拡がり、芝居に仕組まれて「お半長右衛門桂川連理の柵」として評判になりました。長右衛門は大阪商人、予ねて柳馬場押小路下ル虎石町信濃屋次郎兵衛とは昵懇にしていました。集金に来て戻りしな信濃屋へ立ちよると、ここの娘お半が大阪へ奉公に行くことになつていて、迎えを待つている矢先きだつたので、丁度よい今夜泊つて早立ちして連れてやつてほしいとのことから長右衛門もここに一泊し、翌早朝出立したのだつたが、一刻(二時間)間違えて寅の刻(午前二時)に出てしまつたので桂川の渡し場へ来ても夜が明けず困つている処での遭難であつたのでした。桂川上野(こうの)橋の東詰堤防にある法華塔がその供養墓だと云われていますが、何分芝居や浄瑠璃では仮空の人物が出て来て此の両人は関係してお半が妊娠し、それに種々な事情がからまつて桂川へ心中する様に作られました。それで信濃屋の附近の人が誓願寺墓地に此の両人の比翼塚をこしらえ俳優が花立や線香立を寄進して芝居名所になつております。

十二、甚五郎の鯉

—中京区室町通六角下ル鯉山町—

手料理の好きなやもめが路地に住んでいました。その入口の大家(おおや)とは至つて昵懇にしており

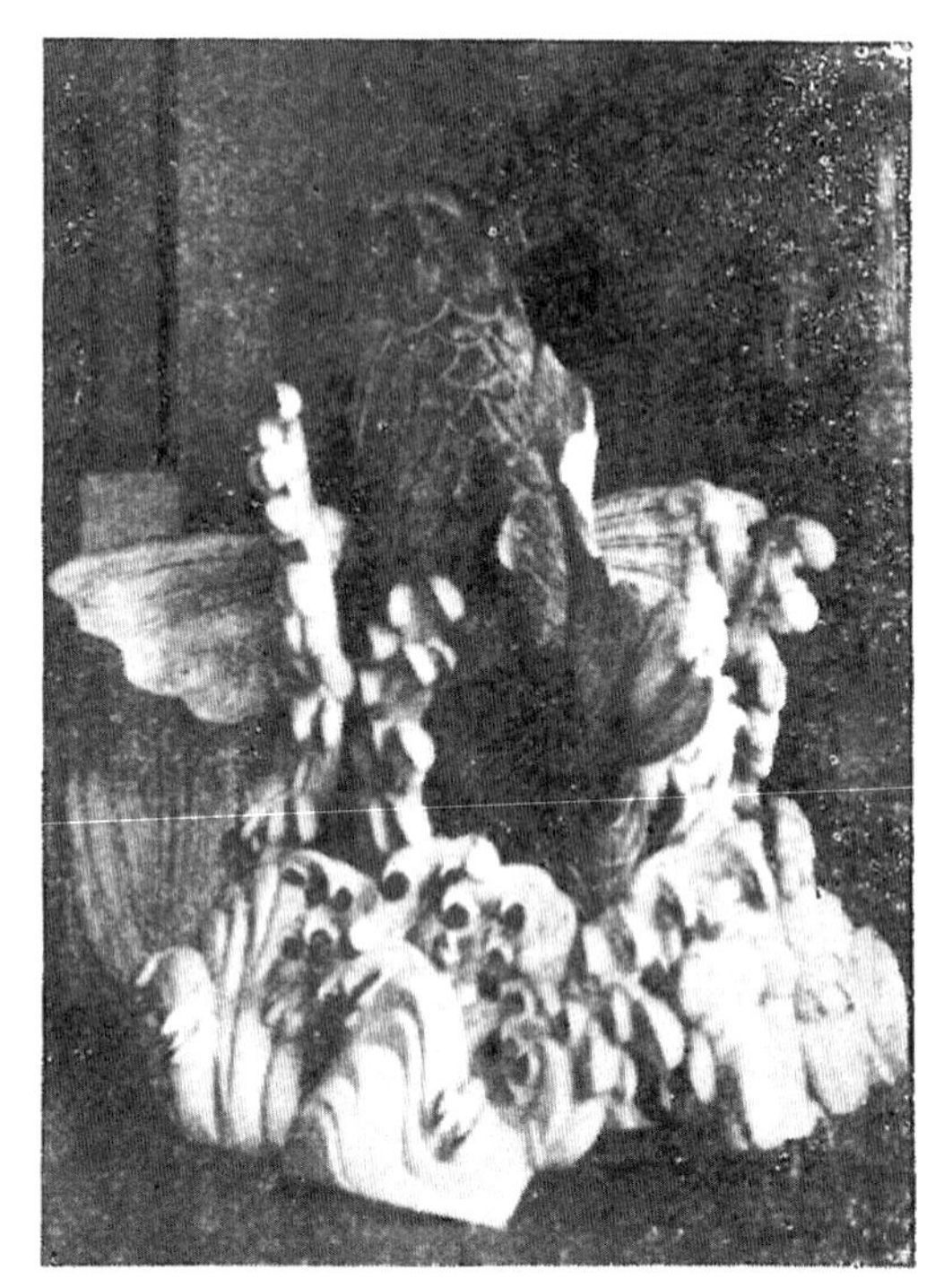

鯉山の鯉

ました。商用で江州へ行つた大家がションボリと戻つて来ました。「モウお帰えりどすか」「イヤ阿呆な目に会うて来た。膳所の渡し場から矢走行の舟に乗ろうと舟へ飛び込んだトタンに懐中に紙に包んだ三両の小判を水へポチャンと落してしもうた。一年余貯めた金だけに、ホンマに阿呆な目におおたもんや」「へー、そりアお気の毒に」

こんな話があつて二日目、いつも来る大津の魚屋が大家の表で大きい鯉どすと売りに来た。大家はまだふさいでいます。「いらん、裏のやもめのとこへ行つて見イ、ありあ料理好きやサカイ」長屋のやもめは見事な鯉やと早速買い取りました。その夕方鯉の料理をしようとその腹へグサリと庖丁を入れるとカチッと金物の音がします。腹には一部紙に包んであつた小判が三枚入つていました。急いで大家の家へ馳け込んで、「ありました、ありました、大家さんの落された小判は鯉が呑んでいました。ヨカッタ、ヨカッタ」とその小判を差し出しました。大家は悦びもせず「例えこの小判が私が落した小判にせよ、その鯉を買つたのはお前じゃないか、ソンナラその小判はお前のものじゃ、そんな小判を受けとることは出来ない」と二人は喧嘩になつてしまいました。近所の人も日頃仲よしの両人が小判を置いて争うているので仲裁に入りましたが、二人共ききません。仕様がないのでお奉行へ訴えて出ました。町役人も両人も揃つて白洲へ出ました。役人は両人に取つて置けと云いましたが、「自分の物でないから受取れない」と頑張つています。役人もアキレ果てて「近頃実に正直な人達だ、それではお上のお裁きにまかせるか」と問いますと、両人共承知をしました。それで同町に住んでいた彫刻の名人と云われた左甚五郎に命じて、この金で大きい鯉が波をかきわけて昇天しようと云う鯉の滝登りを彫らせました。その脇に神殿を作り、祇園会の山の一つとして、永くこの美談を後世に残すことになりました。これが今でも後の祇園会に出る鯉山の伝説であります。

十三、京の中心臍石

―中京区六角通烏丸東入　六角堂―

聖徳太子は大阪四天王寺建立の時、用材を捜して山背折田郷土車(やましろくしだごつちくるま)の里の大森林へ来られました。余りの暑さに、森の中の清水に浴をしようと、太子は常に如意輪観音の一寸八分と云う像を懸守として首からかけていられましたので、傍の太い大木の小枝にかけて池に入り、上つて着衣してこの懸守を取ろうとすると動かないので、不思議に思い、通りかかつた農夫に聞かれますと、この大木には紫の雲がかかつているとのことでした。太子は霊木であろうと、この大木を切らしここに六角堂を創立せられ本尊に此の観世音を安置せられました。西国三十三カ所巡れい十八番の札所であります。この堂の守護の僧は此の池の端に庫裡を建てて住みました。

この僧が立華を始めて生花の祖を称え、池の坊流はこれより出たのであります。堂の後ろ、生花陳列室に使用の大きい井戸は、その頃の池の名残りだと云います。その後、二百年程して桓武天皇は平安京を作られ、都市計画をされました処、此の六角堂が道路の中央に当るので役人達は困つていられました。処が一夜にして此の堂自ら北方十間ばかりへ引下り、道路は貫通する様になりました。その本堂の中心の礎石が門前に残されました。八角型の中央に凹みのある一尺余りの石ですので、その形が臍の様だと云う処から、ここが京都の中心に当るから臍石と云われる様になりました。十七、八日の夜店などによくこの石に当りますので、往来から取り除き、東門を入つた石畳の中へ封じ込んで現存しております。近年此の脇のお茶所から「臍石餅」と云う菓子を作りまして参詣客に売つております。今日大京都になりますと京の中心も移動させねばなりません。

十四、法然足曳の御影

—右京区嵯峨小倉山町　二尊院—

大きい寺は釈迦如来か阿弥陀如来を本尊としている処が多い様です。奥嵯峨の紅葉の名所として知られた二尊院は、此の両如来を並らべて本尊にしておりますので寺の名になっております。此の寺は千年程前に創立されまして天台宗でしたが、その後荒廃、法然上人（円光大師）は此の地を好まれまして、ここに草庵を作り浄土宗を始める勉強をされました。関白九条兼実は大変上人を崇敬していましたので資金を出して寺を再興しました。兼実は上人の姿を絵にして残したいと申されましたが上人は堅くお断りになりました。その頃有名な絵師宅磨澄賀に命じ、上人には内証で上人が風呂から上つてくつろいでいられる姿を密に写生さし、それを仕上げまして開眼を頼まれました。上人が見られますと湯上りの楽な姿勢でしたので法衣の下から片足がニュ ーッと出ていました。上人は後世に残る絵であり、若しこんな絵を見た人は法然は不作法な男と思うであろう、困るナ、と仰有いました。然し絵は等身大の大きいものです。描き直すのも大変ですから、上人はこの画像を見つめ瞑目して数珠をくり祈願を込められました処、不思議にもその出ていました片足がスーッと衣の下へ入りチャンとお坐りになつていられます画像になりました。見ていました兼実や宅磨はこの奇蹟に驚いてしまいました。寺ではこれを「足曳の御影」と称え、寺第一の宝物になりました。此の寺の本堂内陣は御所内黒戸の建物を頂いたと云われ変つた厨子です。正面に重美の本尊二体をならべ、その左の戸棚に足曳の御影がかけられてありますが、今京都博物館に依管され、模写を作つて代りにかけられています。細い線書きで見難いですが、拝観さしてくれます。此の寺は天台宗の圧迫で法然上人の遺骸を一時隠したこともあり、円光大師二十五霊場の一つとなつております。

十五、亀に救けられた話

―左京区真如堂町　真如堂内―

吉田春日神社を創建した中納言藤原山蔭卿（やまかげ）は、醍醐天皇の御代の人でした。九州太宰府の長官となり家族一同と難波から舟出しました。この人は沢山な子持でしたが、男児は一人しかありません。奥方は子供を残して亡くなりました。腰元に子供の養育を托すことも出来ず、後妻を娶りました。よく子供を可愛がり夫にも仕えましたので山蔭は大変信頼をよせ悦んでいました。処が後妻に男児が生れますと先妻の男児を憎み、ことあれば亡くしたいと考えていました。九州への舟路を幸いと人目のない時、この男児を海に突き落し知らぬ顔をしておりました。若様が知れないと大騒ぎが始まると、奥方も心配して捜したりしています。海へ落ちて死んだものと悲しんでいますと、翌朝、亀の背に乗せられて舟を追うてやつて来ました。山蔭卿の一行は無事任地へ赴任しました。或る夜、夢に大亀が現われまして、「いつか鵜飼の時、釣上げられた亀を買いとつて放して頂きました、私はその亀です。此の度御西下なさいますので蔭ながら舟に添うて御見送りしておりました。あなたの奥方はあなたに信頼されていられますが、実は若様を亡くして吾が腹の子を後継にしたいと海へ突き落されました、幸い私の背にお救い申しました。あの奥方には油断をなさいません様に」と云いました。山蔭は一家を無事にしたいとこの男児に乳母をつけ、奥方に知らさず別居さしました。任期満ちて京へ戻りますと、この子を寺に預けて僧にして如無と名付けました（もう死んでしまつて無いのと同じと云う意味です）此の人は後出世して僧都になつたと云います。山蔭は神楽岡の麓に住み、観世音をおまつりしたいと大和長谷寺観音に祈誓し、観音の感応にて童子となつて山蔭に会い、一千日籠居して三尺の観音を造られ、摂津総持寺の本尊とせられましたが、山蔭の邸を寺とし「新長谷寺」と名付け長谷本尊と同一の像を作り、ここの本尊とせられました。此の寺は上大路から吉田山へ登り口の左手にありましたが、明治初年その子孫四条家より真如堂境内茶所の裏に、この観音堂を移しました。洛陽観音めぐりの七番札所で、毎月十八日には吉田の住民尼講を作り開扉おまつりされています。

十六、茶くれん寺

—上京区今出川通千本西入　浄土院—

やつと戦乱も納まり秀吉は関白に任ぜられ、京の周囲にお土居を築かせまして、ホッとした全盛の秀吉は天正十五年十月朔日、北野の社頭に大茶会を催すことに致しました。その準備のため再三下見聞に参りました。今出川浄土院は小さい寺でしたが、ここに名水のあることを思い出し、俄かに此の寺の門前に車を止め、つかつかと寺へ入つて行きました。住職は時の関白殿下のこととて驚きました。秀吉は座敷へ通るなり早速、「茶を所望する」と云いました。住職は秀吉が茶人であることを知つていましたから、まづい茶でも出して小言をくつては困ると思い、これは一層湯だけ差し出して見ようと思い、白湯のままで出しました。秀吉はオヤ間違えたのかナと思い、もう一度「茶を所望したい」と云いました。住職は冷汗をかき乍ら、又も白湯を持つて出ました。秀吉もこの二度目の白湯で「アアそうか、この和尚は私が茶が好きだから、まずい茶より白湯を出してワザと茶をくれないのだナ」と覚り、ニッコと笑つて「もうよいぞ、お湯ばかり沢山飲ませよつたナ、これからこの寺は『湯沢山茶くれん寺』とせよ」といつて気持よく辞しました。お湯ばかり沢山飲ませ、お茶をくれなかつた寺ということであります。この名水は今も台所の日々の用水に使用しており、本堂の屋根に寒山拾得の焼物人形が乗つていますが、初代楽長次郎作と云われています。本尊阿弥陀如来はよい作です。元は般舟三昧院の隠居寺でありましたが只今は浄土宗の尼寺になつております。

表紙写真
大仏正面
耳　塚

昭和三十二年五月一日　発行
昭和三十三年五月一日　再版

【価　三百円】

著　者　田　中　緑　紅
京都市堺町通三条下ル

代表者　鳥　居　郊　善
印刷所　協和印刷株式会社
電⑥三九四・六七六

京都市東山区東大路松原上ル
安井金比羅宮内
発行所　京を語る会
電話⑥五一二七番
振替大阪三七三五五番

京都市上京区智恵光院通五辻上ル
本隆寺内
京を語る会西陣支部
電話㊹五七六二番

《復刻にあたって》

一、本復刻版は、田中喜代様所蔵の原本を使用しました。記して感謝申し上げます。

一、復刻版には、借用した原本の都合で初版と再版が混在しています。また、原本奥付に紙を貼付して新価格を表示している場合もそのまま復刻しました。

一、文中に、人権の見地から不適切な語句・表現・論、また明らかな学問上の誤りがある場合も、歴史的資料の復刻という性質上、そのまま収録しました。

一、表紙の背文字は、原本の表示に基づいて新たに組んだものですが、一部訂正や省略をしました。

緑紅叢書　復刻版

第1回配本（全26冊）

町町の伝説 その一〔緑紅叢書1〕

2018年10月31日　発行

揃定価　39,000円＋税

発行者　越水　治

発行所　株式会社 三人社

京都市左京区吉田二本松町4　白亜荘

電話075（762）0368

乱丁・落丁はお取替えいたします。

コード　　　ISBN978-4-908976-73-5

セットコードISBN978-4-908976-72-8

緑紅叢書 第二輯

京社寺俗称

田中緑紅

金閣寺

百々御所座敷

凡　例

寺には山号、院号、寺号があり知恩院のように院号だけで知られ寺号を知らぬ人も多い。また安置仏が名高いのでそれを呼ぶ釘抜地蔵尊等の例もある、昔呼んでいた寺名が後に改称したが、なお、元の名を呼び続けるものもある。どれが本名か俗称か判らぬものが多い。諸書を漁り、調査に歩きこれは一応調べておく必要があると思つた。

もつと詳細に書きたいものもあつたし、まだ書きもらしたものも次々と出てくる。最近町村の合併、改称のため所在町名の不備がある点をお断りしたい。

何宗の寺院かを（　）で記した。

（浄）浄土宗（真）真言宗（門）浄土真宗（臨）臨済宗（黄）黄檗宗（曹）曹洞宗（律）律宗（法）法相宗（時）時宗（天）天台宗（真律）真言律宗（日）日蓮宗

本文中重文とあるは重要文化財で、前の特別建造物も重文になりました。

アキノドウジョウ　―秋野道場―　東大路通仁王門上ル　(時)　聞名寺

時宗の寺は何々道場と呼ぶものが多い。此寺は元烏丸通二条下ルにあつて、延文年中僧我阿の創立秋野ノ道場と呼んだので、町名を秋野町と云う、寺町丸太町から今の地に移る。

アケボノデラ　―曙寺―　鞍馬口通寺町西入　(黄)　閑臥庵

後水尾天皇の愛樹曙桜があつたところから曙寺と呼ばれるようになつたが、その名桜は枯れてしまつた、御製「霞ゆく松は夜ふかき山の端にあけぼのいそぐ花のいろかな」

アブラカケジゾウ　―油掛地蔵―　伏見区下油掛町　(浄)　西岸寺

山崎の油屋が売れ残りの油を地蔵尊に掛たところ、それ以来商売繁昌をしたところから、この地蔵の頭から油をかけて祈願すると願事が成就するといわれ、町名にもなつている。

アワシマドウ　―粟島堂―　岩上通木津屋橋下ル　(浄)　宗徳寺

昔時宗であつたらしい虚空蔵座像を本尊とする。紀伊粟島明神を祀り粟島社を鎮守としたが此方の参詣人多く、婦人病祈願として二、三十年前は粟島さんは知らぬ人はなかつた。

アワタコウシン —粟田庚申— 東山区粟田口鍛治町 (天)尊勝院

元三条白川橋東南にあつて京都三庚申の一つである。今粟田神社のスグ山手に移り一堂内に勝軍地蔵、元三大師、愛染明王、毘沙門天、米地蔵、不動明王、妙見菩薩等金蔵寺の仏像も同座。

アマデラ —尼寺— 大宮通九条下ル (真)大通寺

鎌倉時代の有名な「十六夜日記」の著者阿仏尼のおつた寺で尼寺というとこの寺をいつたほど有名であつた、元は六孫王神社の北脇にあつたが鉄道路線になり今の所に移る。

アワレドウ —哀堂— 相楽郡木津町上津 (浄)安福寺

平重衡が捕えられて此所で斬られ、その引導仏を安置して哀堂と称え菩提を弔つたといい重衡の墓がある。この寺の脇に「ならづの柿」があつて重衡の死を哀れみ柿の実がならないと。

イシフドウ —石不動— 衣笠金閣寺境内 (臨)明王殿

金閣寺北方にあり弘法大師作石像不動尊二童子立像を巌窟内に安じ海石で囲つてある。この外に智証大師作の木像不動を化不動という。一月十六日八月十六日に開扉し参拝さす。

イナバドウ ―因幡堂― 不明門通松原上ル (真) 平等寺

日本三如来の一つ、行平卿因幡の沖より得られた薬師如来、帰京後自邸に安置し碁盤の上に立たれた珍らしい台座、邸を寺とし因幡から来られたので因幡堂という。

イズミシキブ ―和泉式部― 新京極通六角下ル (真) 誠心院

藤原道長、和泉式部の老齢を哀み、女、上東門院建立の東北院内に誠心院と云う庵を結びこれに棲わす。後一条小川に移し、天正年中今の地に三転し道長、式部の木像、打掛で作つた中屛風がある。五尺余の大宝篋印塔を式部墓といい、愛樹「軒端の梅」もその脇にある。

イズモジドウソジン ―出雲路道祖神― 今出川寺町西入上ル 幸神社（サイノカミ）

平安京のできない以前、出雲族の人々が祀つた道祖神で、鎌倉時代の明月記にも出雲路縁結びの神として記され奥州笠島の道祖神や、熱田金精大明神はこの神の分身といわれている。

イ

イチゴンジ —一言寺— 伏見区醍醐一言寺裏町 (真) 金剛王院

信西の女阿波内侍、尼となり真阿と号し清水寺本尊観世音を念じ夢告によりこの寺を建立し禅那院と称し、人一心に観音の御名を称名すれば言下に念願を達すというところから一言寺といった。明治七年醍醐寺塔頭金剛院を此処に移し一言寺を廃したが、この名の方が名高い。

イチジョウドウジョウ —一条道場— 浄土寺真如町 (時) 極楽寺

正暦元年恵心僧都一条堀川に創建、一遍上人中興し時宗と改め寺町今出川で元禄五年火災此地に移る。本尊勝敵毘沙門天、脇士蛭子、大黒天を安置す。足利義満帰依仏という。

イマグマノ —今熊野— 泉涌寺山内町 (真) 観音寺

後白河上皇紀州熊野権現を写し本地仏十一面観音を安じ今熊野という。西国巡礼十五番の札所で、本山泉涌寺より大衆に知られ観音大路の名もある位である。

イリエゴテン —今江御殿— 新町室町の間今出川上ル (浄) 三時智恩寺

尼僧門跡で、後光厳天皇皇女入江宮俔子(トモ)内親王の開基で、それで入江御殿という。本尊は自作の善導大師で、盗賊が入つたが此大師に睨まれて何も盗めなかつたと。

イワヤフドウ　—岩屋不動—　左京区雲畑　（真）志明院

洛北の有名な不動明王で岩屋山といい、石楠花で知られ、役小角（エンノオズノ）が修業した岩山で、弘法大師もここで密法を修めたという。寺の背後の山の奇巌は山城第一だといわれる。

ウシオザン　—牛尾山—　山科音羽山南谷　（法）法厳寺

山科盆地の東の山であるが清水寺奥の院といわれていた。牛尾山へ詣ると信者も多い。

ウスグモゴテン　—薄雲御殿—　寺之内通堀川東入　（臨）総持院

尼僧門跡の一つ、足利義持将軍室栄子を開基とする、宝鏡寺の裏にある。

ウズマサ　—太秦—　太秦蜂丘町　（真）広隆寺

聖徳太子の菩提を弔うため秦川勝の建立といい古美術の仏像の多いこと京都第一、桂宮殿、講堂は特建、十月十二日の夜の牛祭は京の三奇祭の一つとして特に有名である。

ウメガハタハチマングウ ―梅ケ畑八幡宮―　梅ケ畑宮ノ口町　平岡八幡宮

畑の媼は梅ケ畑から出てくる、この町の鎮守で大同四年高雄神護寺に影向せられたのを平岡の山崎に勧請した、高雄の入口に当り馬場は桜楓を交え植えて美しい。

エイカンドウ ―永　観　堂―　左京区永観堂町　（浄）禅　林　寺

ヨウカンと読んでいたが今ではエイカンになつてしまつた。西山派の本山、元天台宗、永観律師に弥陀如来が唱和せられ見返り阿弥陀とて有名、境内の鷲池の楓がよい。

オオイドウジョウ ―大　炊　道　場―　東山通二条上ル　（時）聞　名　寺

仁和元年光孝天皇の遺勅により町尻（新町）大炊御門（竹屋町）上ル小松殿址を寺とし後一遍上人中興して時宗となし大炊道場と称し宝永五年大火に会い今の地に替地移転する。

オオイシデラ ―大　石　寺―　山科西野山桜の馬場町　（曹）岩　屋　寺

大石良雄が隠棲したところにある尼僧寺、良雄持念仏不動明王を本尊とし赤穂義士の木像を安置す。毎年十二月十四日は義士会が催され、地続の大石神社と共に賑う。

オオイシデラ　―大　石　寺―　仁王門通東山西入　(浄) 信　行　寺

昭和五年頃この寺へ何千貫という大石を三ケ寄進した者があつて本堂前庭へ据えた。それ以来の呼名であるが、本堂天井絵の若沖筆草花の図の方がよい。入口に身代り毘沙門堂がある。

オオキヨデラ　―応　挙　寺―　太秦東蜂丘町　(浄) 悟　真　寺

画家円山応挙、応震、応瑞等円山一家の墓があり、元四条大宮角にあつたが、近年今の地に円山の墓も共に移され、応挙の世話になつた先斗町一文字屋の墓もある。

オオバクサン　―黄　檗　山―　宇治市木幡五ケ荘　(黄) 万　福　寺

臨済宗黄檗派の本山、開山隠元和尚は明国の人、故国閩中の黄檗におつたので、その名を用い、代々中華民国人が住職になり全山シナ風の建築で寛文八年にできた、新らしい本山。

オオミドウ　―大　御　堂―　綴喜郡普賢寺村　(真) 普　賢　寺

五尺余乾漆仏十一面観世音を本尊とする有名な寺で、別に観音寺とも呼ばれている。

オオハラデラ —大　原　寺— 左京区大原勝林院町（天）勝　林　院

慈覚大師声明梵唄の本源と定められた寺の一つで本尊は八尺の証拠阿弥陀仏として有名で大仏師康成作といわれ、法然上人も此所で問答せられ、問答台あり、菅公作観音像もある。

オカザキゴボウ —岡　崎　御　坊— 東丸太町広道東入（門）岡　崎　別　院

親鸞幽栖の地（南側の説もある）で親鸞屋敷と云つていた、ここへ享和元年大谷派本願寺が堂宇を建てて岡崎御坊と云い境内に上人の鏡ノ池がある。明治になつて岡崎別院と改めた。

オクノボウ —奥　ノ　坊— 仏光寺高倉新開町（門）教　音　寺

本山仏光寺の由縁六坊の一つで、親鸞の弟子平方国開基の寺で、建保二年西院に創立したが天正十四年今の地に移り、寛永十一年教音寺と改めた。

オテラゴショ —お　寺　御　所— 烏丸通今出川上ル（臨）大　聖　寺

尼僧門跡の筆頭、光厳天皇中宮大聖寺殿無相円公大禅尼（西園寺家出）が開山で、近年本堂もでき、如何にも尼御所といつた感じのする寺で、古代遊戯具が保存せられている。

オトコヤマハチマングウ　―男山八幡宮―　綴喜郡八幡町　石清水八幡宮

八幡宮として特に有名な神社、ケーブルが通じ、男山の山上にあり、男山八幡宮の方が有名厄除神として正月に参詣人多く、九月十五日の勅祭は南祭として葵祭に必適する大祭である。

オトワゴショ　―音羽御所―　修学院離宮内　(臨)林丘寺

離宮中の茶屋は元林丘寺の一部であつた、その前の大門もこの寺の門であつた。尼門跡で後水尾天皇の皇女緋(アケ)宮光(ミツ)子内親王を開山として、指切観音を本尊とし望嵐亭、檜垣塔がある。

オノモンゼキ　―小野門跡―　山科小野　(真)随心院

古義派善通寺派の大本山、小野は地名、小野小町が此辺におり深草少将が百夜通いしたのはここだといい、恋文で作つた紙張の地蔵尊もある。本名牛皮山曼荼羅寺である。

オムロゴショ　―御室御所―　右京区御室　(真)仁和寺

仁和四年にできた真言宗大本山、宇多法皇ここに移り、其室を法務の御所とせられたのでお室御所と呼ぶ様になつた。三弘法の一つでここの根本から花をつける桜は特に著名。

カイインジ ―海印寺―　乙訓郡長岡町海印寺（真）寂照院

弘法大師作千手観音を本尊とし方八丁の大寺で海印寺といつた。応仁乱で僅か一院のみとなりそれ以来改復せない。仁王門の金剛力士は運慶作といわれる。

カイコノヤシロ ―蚕の社―　太秦森ケ東町　木島坐(コノシマニイマス)天照魂社

木島社の摂社蚕の社の方が有名なため、一般人は木島社だと思つている推古帝の十二年の勧請という古い社、秦族の絹織の守護神として祀り、境内元糺に三つ鳥居がある。

カニマンジ ―蟹満寺―　相楽郡棚倉村（真）紙(カ)幡(バタ)寺

村童の苛めていた蟹を助けた娘、蛇の嫁に約され三日後の約束の夜、一室に普門品を誦す、外は大乱闘、夜が明けると大蛇と多くの蟹が死んでいる、報恩の蟹を埋めてその上に寺を建て蟹満寺と名付けた、本尊紫銅の釈迦仏丈六の座像は百済伝来の名品である。

カミガモ ―上賀茂―　上賀茂山本町　賀茂(カモ)別(ワケ)雷(イカヅチ)神社

下鴨神社と共に山城国一宮で両社を合して賀茂神社と称え上社下社ともいう。神武帝の頃鎮座せられ、五月十五日勅祭を葵祭として藤原時代の繪巻物をくり広げる。

カナブツデラ　―金　仏　寺―　河原町通六条下ル　(浄)延　寿　寺

三十三間堂落慶供養の時諸所よりの捧物で運慶作の鋳型の金銅の弥陀、大日、釈迦三尊を造らし、仏堂を建て安置し後延寿寺と号したが元治元年の火災で亡くなり今は木像となる。

カメノミヤ　―亀　の　宮―　大宮今宮お旅所東　玄　武　神　社

四神青竜、白虎、朱雀、玄武と京の四方鎮護神の一つとして玄武は北方の守り神、亀を以て現わすので亀の宮という、方除の神、近年附近の人々が氏神としてしまつた。

カメヤクシ　―亀　薬　師―　錦小路通新町西入　(真)亀　竜　院

別名竹之坊。空海開基といい本尊愛染明王、脇壇に亀に乗つた金銅一尺五寸の薬師如来を安す、往昔西薬師堂ともいつた。京都十二薬師めぐりの一つとなつている、仮堂のまま。

カヤンドウ　―萱　堂―　南区上鳥羽鍋ケ淵町　(浄)誓　祐　寺

石童丸の父苅萱道心円空法師、ここに四年おり高野山に登る、本尊は苅萱念持仏の阿弥陀如来、天和天明の火災に本尊親ら裏の竹林へ飛んで避難せられたという。

カラスデラ ―烏寺― 大仏正面 (浄) 専定寺

旅僧浄西、野原の一本松の下に憩う時二羽の烏、人語にて熊谷蓮生坊の寂滅の噂をしているのを聞き、その地に一寺を建てて烏寺といつた、本尊は後白河法皇の念持仏、堯然法親王下賜。

カワサキカンノン ―河崎観音― 七本松通一条上ル (真) 清和院

元京都御所清和門にあつた寺で一条河崎観音堂といつた五尺八寸の美事な観世音であつた。外に染殿皇后祈願の地蔵尊があつて清和天皇が安座された、天皇落飾後、この寺の開祖となられ清和院といつた、寛文元年此地へ移る、近年此観音は売られてしまつた。

ギオンサン ―祇園さん― 祇園町北側町 八坂神社

印度祇園精舎の守護神に牛頭天王を祀る、我国では素盞嗚尊のこととし、祇園社と呼び、昔は感神院という天台宗の寺で管理した。この社の西一帯を祇園町と呼び、ここに祇園新地が生れ、今尚八坂神社より祇園さんで人々に親しまれていた。日本一の祭を祇園会といつている。

キタイワクラ　―北　岩　倉―　左京区岩倉門前町　(天)大　雲　寺

京の四方の岩倉の一つ北岩倉が此所、行基作十一面観音を本尊とし元石座(イワクラ)と書いた、天安二年の銘のある細長い釣鐘が名高く東隣に石座神社があり岩倉の鎮守である。

キヤラカンノン　―伽　羅　観　音―　高台寺南門南側　(浄)青　竜　寺

唐徳宗皇帝寄贈の伽羅木で伝教大師五尺の聖観音を彫り本尊とす、引導寺がここだとの説もあり法然上人も来られ鐘代石を敲いて四六念仏を唱えたところともいう大韻石がある。

キユウリサン　―木　瓜　さ　ん―　左京区東一条吉田神社下　今　宮　神　社

吉田社の末社で古、木瓜大明神といった、祭神大己貴命外二神、吉田一本松にあったが応仁乱で焼かれ、この地に移る、吉田一帯の氏神で、毎年八月二十四日が祭である。

キヨウガクドウ　―経　書　堂―　清水産寧坂上　(法)来　迎　院

聖徳太子が此所で三尊の弥陀仏を空中に影向したまうのを拝し草創せられ小石を集輯して大衆に経文を書かし無縁仏を弔わしめたといわれ、太子像、阿弥陀三尊仏を安置する。

キヨシコウジン　―清　荒　神―　荒神口通新烏丸角　（天）護　浄　院

日本最初の荒神をまつり、通筋も橋も荒神口荒神橋と称え寺名を知る人は少ない、八面八臂の荒神の外、後陽成天皇白檀木で親ら如来荒神像七体を彫まれ共に安置せられている。

キンカクジ　―金　閣　寺―　衣笠馬場町　（臨）鹿　苑　寺

足利義満池畔の一角に三層楼を建て金箔を張つて金閣と称え寺も金閣寺と呼んだ惜くも放火で消えたが昭和三十年十月十日新しく金箔を張つた金閣ができた、鹿苑寺の名は一向にいわない。

ギンカクジ　―銀　閣　寺―　浄土寺銀閣寺町　（臨）慈　照　寺

義満の金閣に対し義政は東山殿に銀閣を作ろうと二層の観音堂を建てたが銀箔を張らない内に死んでしまつた、しかし今尚銀閣寺と呼ばれている、東求堂は我国最初の茶室という。

クウヤドウ　―空　也　堂―　蛸薬師通油小路西入　（天）光　勝　寺

空也上人は半俗半僧のまま念仏を広められた踊躍念仏を始めナモダナモダで踊り瓢を敲く、

六斉念仏の本山として知られ空也上人像を本尊とし空也僧は町の人に親しまれていた。

クギヌキジゾウ―　釘抜地蔵―　千本通上立売下ル　(浄)石像寺

どんな病気でも釘がささつているから抜いてほしいと祈願する、信者の非常に多い弘法作石地蔵をまつる、それで石像寺というのだが釘抜さんでないと人は知らない、釘抜の絵馬を奉納する。堂の裏に美事な石造弥陀三尊仏があり、墓地に藤原定家、家隆の墓がある。

クタイジ　―九体寺―　相楽郡当尾村　(真)浄瑠璃寺

本堂に九品の阿弥陀如来(国宝)を安んずところから九品寺、九体寺、法雲寺ともいう、聖武天皇の叙旨で行基が天平十五年に建てた有名な極彩色吉祥天木像(重文)のあるのもこの寺である。

クラマデラ　―鞍馬寺―　洛北鞍馬山　(鞍馬弘教)金剛寺明院

鑑禎(カンチヨ)和上創立千二百年の古刹という、京北方鎮護として毘沙門天を安じた寺で、牛若丸修業地、鞍馬の花祭、竹筏、うづ桜、鞍馬天狗で知られた寺、こういう院号もある。

クロダニ ―黒　谷― 岡崎黒谷町　(浄) 金戒光明寺

元比叡山西塔の別所黒谷にあつた寺を、この栗ケ岡に移し新黒谷といつていたが、新を略してただ黒谷で知られている浄土宗鎮西派四本山の一つ、名士の墳墓の多い寺である。

クロウドゴテン ―蔵人御殿― 北野真盛図子　(天) 本　光　院

尼門跡、後二条天皇より菊の紋章及御所号を賜う、一条家日心尼を中興とし蔵人御所といつていた、地蔵尊を本尊とし、今近くの西方寺に移されたただ名だけの寺になつている。

ケアゲダイジングウ ―蹴上大神宮― 山科日岡夷谷町　日向神社

蹴上太神宮また朝日宮といい、伊勢両宮を祀る、清和天皇の勅命により勧請すと、境内に天の岩戸、楠公社（昭和六年創立）等ある。

ゲンセイアン ―元　政　庵― 伏見区深草宝塔寺町　(日) 瑞　光　寺

法華の学者元政上人開基、境内竹を植え禅寺の感のする寺、本尊釈迦仏は五臓があるので有名、上人の墓は遺言により竹を三本立てたもので俗説に江戸高尾太夫の話がある。

コウドウ　―革　堂―　寺町通竹屋町　（天）行　願　寺

行円上人革衣を着て歩き、元一条油小路にあつたので一条革堂という、西国巡礼十九番の札所、立像八尺十一面観音。本堂に幽霊の絵馬あり境内に鎮宅霊符神、愛染明王等あり。

コウヤドウ　―高　野　堂―　山科御陵平林町　（真）安　祥　寺

仁明天皇妃順子皇后の祈願建立唐の青竜寺を模し美事な青竜を安置す、大伽藍があつたが焼失、僅かに残る。高野山宝性院の兼帯所であつたので高野堂といつた、五智如来は立派。

コイヅカデラ　―恋　塚　寺―　南区上鳥羽石橋町　（浄）浄　禅　寺

盛遠が渡辺の妻袈裟に恋慕して遂に過つて殺し発心して文覚上人になつた、その袈裟の寺というが、下鳥羽にも同名寺があり、この寺は鯉塚寺だともいわれる六地蔵廻りの一つ。

コケデラ　―苔　寺―　右京区松室　（臨）西　芳　寺

近年急に有名になつた寺で、広い庭に四十余種の苔があり、殊に雨後は苔が生々として美しい湘南亭の重文茶室、後山中腹の枯滝の岩組は実に美事なものである。

コ

コヌカヤクシ　―不来平薬師―　釜座通二条上ル　（黄）薬　師　院

本尊薬師如来は美濃国にあつた、斉藤山城守信仰し夢に不来平不来乎と聞えたのでお迎して寺を建てたという、別説に鹿子屋がお詣りし鹿子薬師がコヌカになつたともいう。

ゴヒヤクラカン　―五百羅漢―　深草石峰寺町　（黄）石　峰　寺

伊藤若冲が描いた五百羅漢を石に丸彫や半浮彫にしたのが本堂裏山手に置かれ釈尊誕生から涅槃まであり、何れも漫画式で古来有名である、その若冲の墓や筆塚もある。

コマチデラ　―小　町　寺―　左京区市原野　（浄）補　陀　落　寺

鞍馬街道にある尼寺で、小野小町はここで歿したので墓もあり、深草少将の墓、めぬきの芒もある、伝説が生んだ寺で、小野小町の事蹟もわかりかねる、墓は山科小野、深草にもある。

コマツダニ　―小　松　谷―　渋谷通上馬町　（浄）正　林　寺

平重盛が住んだところ、小松谷はこの辺の地名、重盛はこの寺で燈籠供養したといい、法然上人が流された時この所より出発せられたといわれ、寝殿造の本堂には法然、兼実の像を安ず。

コヤスノトウ　―子安塔―　清水寺本堂南方　(法)泰産寺

元清水寺楼門前右側にあつた小さい三重塔、子安観音を安置し、安産祈願に詣る婦人が多かつた、それでその下の坂を産寧坂といつた火難を恐れて今の地へ移した。

サガコクゾウ　―嵯峨虚空蔵―　右京区嵐山　(真)法輪寺

十三才の男女、この本尊に詣り智恵を授るという習俗があり、殊に春先は賑う、本堂裏に小督局の供養塔があり、針塚とか人形塚とか獣魂碑とかがあり渡月橋は眼下に見える。

サガシヤカドウ　―嵯峨釈迦堂―　右京区北嵯峨　(浄)清凉寺

赤栴檀の釈迦像を安じ、日本三如来の一つ、特に螺髪、衣紋が変つているので清凉寺型と呼ばれ再三江戸へ出開帳せられている。近年織物製五臓が胎中から発見話題になつた。

サカレンゲ　―倒蓮華―　新京極蛸薬師下ル　(浄)安養寺

本尊阿弥陀仏の台座の蓮華が逆さになつているのでサカレンゲで知られている、女人の胸中には逆蓮華がある、それでこの本尊を信仰する女は女人往生ができるのだそうである。

サ

ザオウドウ —蔵王堂— 乙訓郡上久世村 (浄) 光福寺

浄蔵貴所が吉野山から帰京の時、蔵王権現が共に行こうと袈裟に包んで此所まで来ると重くなられたので霊地として寺を建て安置した。弁財天、薬師、不動等の堂がある。

サクラデラ —桜寺— 出水通六軒町東入 (真) 福勝寺

後西院天皇から左近桜を頂いた、それで桜寺と呼ばれるようになつた、この寺は洛西峰堂の本尊であつた薬師如来を安置している。この桜は境内改築の時枯死してしまい名前だけの桜寺である。

サルデラ —猿寺— 東洞院塩小路下ル東入 (浄) 正行院

猟師が小室山で猿を射ようとすると首にかけた六字の名号を出した、それはこの寺の円誉上人筆というので、殺生を悔い、上人を訪ね弟子になつた、その名号がある、猿寺の由来。

サンジユウサンゲンドウ—三十三間堂—七条東大路西入下ル (天) 蓮華王院

長寛二年後白河法皇法住寺内に一千一体の千手千眼観音像および廿八部衆を安置する大殿堂を

建てたが、十二尺を一間(マ)として卅三間(マ)あるので卅三間堂(ゲン)と呼ぶが六十六間あることになる。

シバノヤクシ ―芝之薬師― 左京区浄土寺真如町 (臨) 大興寺

叡山は女人禁制であつたので女人のため、芝(上立売堀川西入)の地に模彫の薬師を安置し芝之薬師といつた、再三移転してこの寺に安置せられるようになつた。

シモガモジンジヤ ―下鴨神社― 左京区下鴨泉川町 賀茂御祖(ミオヤ)神社

上賀茂社祭神の祖父建角身命(タケツヌミノミコト)と御母玉依媛を祀り、それでみおや神社といい、賀茂氏の祖といわれる、皇室の崇敬厚く、昔は伊勢同様式年造営をせられ、五月十二日御蔭祭は当社の祭礼で、その行列の優雅なことは葵祭に劣らぬ物で神霊を神馬に乗せて渡御される。

ジユウニボウ ―十二坊― 千本通北大路下ル (真) 上品蓮台寺

五三昧の一つ蓮台野墓地にある聖徳太子の創立という古い寺、千本通の両側に十二ケ寺あつたので十二坊といわれて来たが、近年廃止せられた寺が多く蓮台寺を代表して十二坊という。

シ

ジョウラクダイ　―常　楽　台―　花屋町東中筋　（門）常　楽　寺

本派本願寺の由緒寺院、在京二ケ寺、順興寺と共に格の高い寺である。正平八年八月第三世覚如の長男存覚の創立といわれ、古来本派諸上人の筆跡、鑑定の家として知られている。

ジョウルリジ　―浄　瑠　璃　寺―　相楽郡加茂町西小　（真律）法　雲　寺

山城南端の著名寺院、聖武帝の叡旨で行基が建てたという古い寺で始めは薬師十二仏を安置したので瑠璃光薬師というところからこの寺名ができた、後火災で大方焼失したと。

ジョウロクサン　―丈　六さ　ん―　泉涌寺山ノ内町　（真）戒　光　寺

一丈六尺立像の大きい釈迦如来を本尊とする寺で仏頭は僧曇照が宋国より将来、身体は後水尾天皇の勅命で新作、八条猪熊よりこの地に三移した。本堂も古い建物である。

シルタニドウジョウ　―汁　谷　道　場―　富小路通六条下ル　（時）福　田　寺

関東への古い街道を汁谷といっていた、今渋谷通また馬町という、この汁谷の南小松谷の辺にこの寺を建てたので天台宗であつたが弘安五年時宗に改め汁谷道場といつた。

シンゼンコワウジ　―新善光寺―　知恩院山内　（浄）得浄明院

信州善光寺の三光仏を模し本尊としている尼僧準門跡で、華頂宮の址に寺を建て寺町綾小路下得浄明院の名を移した、本尊下は廻壇めぐりの地下廓下もできている。

シンニヨドウ　―真如堂―　浄土寺真如堂　（天）真正極楽寺

楓樹の名所、立皮桜の老木、秋の十夜法要、殺生石地蔵、三井家墓所として知られている。真如堂は本堂の名であるが、一般の人にはこの方で知られている。

シンボウ　―新坊―　仏光寺門前　（門）光薗寺

以前はアタラシ坊と呼ばれていた、ここの本尊阿弥陀如来は重文で、門徒の寺の本尊は江戸時代の仏像が多いので、こうした元国法の仏像を安置せられているところは珍らしい。

スズメデラ　―雀寺―　四条通大宮西入　（浄）更雀寺

藤原実方朝臣が奥州の大守として赴任中歿しその魂は雀になつて恋しい京都へ飛んで帰つたが、勧学院の森で力つきて倒れた、それを葬つて雀塚と呼んで朝臣の霊を慰めた。寛永年中この地に再建して更雀寺とし、雀塚も本堂前に移し、本堂の棟瓦に勧学院とある。

スミノボウ　―角之坊―　仏光寺境内　(門)　昌蔵院

僧道智、宗祖親鸞の弟子となり近江栗田郡芦浦に道場を建て角坊といつた。天正十四年、九世林西の時、本山と共にこの地に移つたという。仏光寺六坊の一つ。

スミノボウ　―角の坊―　右京区山内御堂殿町　(門)　善法院

親鸞上人九十才でこの地にあつた善法院の東北隅の禅室で弘長二年十一月廿八日往生されたという、五百九十年間荒廃のままだつたのを広如上人考証の末、この地に寺を建て角の坊別院と名付けられた、左京と右京と二ケ所に説があつたが、この所は本派に所属している。

センボンシヤカドウ　―千本釈迦堂―　五辻通七本松上ル　(真)　大報恩寺

昔は千本通までもあつた大寺で鎌倉時代初期安貞元年の建立で旧市内最古の建造物の一つ、昭和廿九年十一月大改修、昔の儘復元された、本尊釈尊十大弟子、六観音木彫皆重文。

ソメドノジゾウ　―染殿地蔵―　新京極四条上ル西入（時）染殿院

文徳天皇の染殿皇后の念持仏で古来安産祈願として京都では信仰の厚い地蔵尊である、六尺大の裸形仏で秘仏とせられ、弘法大師この所で十住心編を著し、寺号としたが近く改称した。

タイシドウ　―太子堂―　太秦峰丘町（真）広隆寺

前掲、太子堂には聖徳太子立体を安置し、天皇即位の時の黄袍の御衣を賜わりこの像に着せかえ代々天皇の御衣を什物としている、この堂がこの寺の本堂である。

タイシドウ　―太子堂―　富小路五条下ル（真律）白毫寺

聖徳太子の南無仏を本尊とする、弘安七年創建、その地が知恩院境内となり、今の地に移つたが元地は華頂女学校になり太子井、太子杉があつた、塩竈太子堂の名もある。

タイドウ　―泰堂―　千本通笹屋町下ル（浄）大超寺

後陽成天皇の母御藤原情子僧泰堂に帰依しこの地を与え、泰堂と呼び、町名にもなつた、浄福寺第三世で三尊仏を本尊とし本名安穏山雨竜院大超寺という。

タ

ダイニチドウ　―大日堂―　清水二丁目　（法）真福寺

七尺余の大日如来像を本尊とし、元中御門富小路（今の御所内）にあり尊体寺といつた、天文三年清水寺車宿に移し真福寺と改む、八福神の絵馬が珍しがられていた。

ダイヒカク　―大悲閣―　嵯峨嵐山山腹　（黄）千光寺

「花の山二丁登れば大悲閣」嵯峨温泉の辺に、芭蕉の句碑がある、大堰川に舟筏を通じた角倉了以が千手観音を本尊としてこの寺を建てた脇壇にこの了以の木像を安置す。

ダイブツ　―大仏―　正面大和大路東入　（天）方広寺

秀吉は奈良大仏より十尺も高い大仏を作り方広寺といつた、地震や火事で再三亡くなり再建された。現在残るのは弘化元年尾張の人々半身の木像大仏を作つたのがそれ。

タカオ　―高雄―　右京区高雄　（真）神護寺

楓の名所、三尾の一つで和気清麿、高雄寺の址へ河内に建てた神願寺をここへ移し空海もここに住む、本尊薬師如来、五大尊虚空蔵坐像、大師堂の大師像、三絶の鐘等有名である。

タカツジドウジョウ　―高辻道場―　富小路市姫下ル　(時)莊厳寺

高辻堀川東入に創建したので高辻道場といつた。秀吉の時にこの地に移つたが、ここへ来てから三回も大火に会い、明治廿五年九月再建した。

タカラデラ　―宝寺―　乙訓郡大山崎　(真)宝積寺

大黒天を祀つて有名であるが、光秀を討つため秀吉がこの寺に陣をしいたことは知られている。谷の閻魔堂の閻魔大王等もここに入り、四月十八日追儺式の珍らしい行事がある。

タケダゴショ　―竹田御所―　伏見区竹田内畑町　(真)安楽寿院

鳥羽上皇の鳥羽離宮の東殿で地名をとつて竹田御所といつた。昔は大きい別荘と南に大きい池があつた、この寺の境内に鳥羽、近衛両天皇の御陵があり孔雀明王、卍阿弥陀像が有名。

タケノゴショ　―竹の御所―　嵯峨北堀町　(臨)通玄寺

足利義詮夫人良子の母智泉開基、東洞院三条上にあり瑞雲山曇華院通玄寺というた。文化年中竹の御所の称を賜う、明治九年鹿王院塔頭に移転した。

タ

タコヤクシ ―蛸薬師― 新京極蛸薬師 (浄) 妙心寺

池の中にまつつた薬師を沢薬師といつた、それから蛸の伝説が生れた、石像薬師で、チヂレ毛の人が祈願し赤蛸の小絵馬を奉納した、四条坊門通を蛸薬師通と呼ぶようになつた。

タニノゴテン ―谷の御殿― 鹿ケ谷御所段町 (臨) 霊鑑寺

鹿ケ谷の人は御殿というとこの寺を指した、尼僧門跡の一つで、談合谷の下にあり、後水尾帝皇女多利宮を開山とした、御所人形の拝領品が多いので知られている。

ダルマドウ ―達摩堂― 綴喜郡八幡町 (臨) 円福寺

天明三年斯経和尚、山林を開いて諸国雲水の修行地とし江湖道場といつた。達摩堂は聖徳太子作達摩大師を安置、元大和片岡山達摩寺にあつたのを戦乱でこの寺へ移したという。

ダルマデラ ―達摩寺― 南禅寺境内 (臨) 慈氏院

五尺余石像の立つた大師で、一般達摩には足がないのにこの寺のは足があるというところからおあし(銭)がよる大師、つまり商買繁昌祈願、まだ廿年にもなるまいが大した信仰である。

ダルマデラ　―達　摩　寺―　下ノ下立売紙屋川東入(臨)法　輪　寺

伊山和尚は達摩を集め、達摩堂を作り円町の達摩寺で売り出した。僧万海が享保十五年五月に創立した妙心寺末の寺である。

ダンノオ　―檀　王―　三条橋東詰　(浄)法　林　寺

栴檀王院を略して檀王といい、中興袋中上人によつて名声の高くなつた寺、境内主夜神堂は盗難除の神として、又八大竜王祠は公孫樹の下にあり、鴨川に面した赤門と共に有名である。

チオイン　―知　恩　院―　東山区林下町　(浄)大　谷　寺

鎮西派の総本山で開祖法然の廟がある、寺の名を知っている人は少ない。鐘堂の北の渓川を大谷川といい、この辺一体が大谷という地名、親鸞の遺骨も最初この地に埋めた。

チクシヨウデラ　―畜　生　寺―　木屋町三条下ル　(浄)瑞　泉　寺

豊臣秀次の首の前でその妾三十四人が三条磧に斬首せられその塚がこの寺にある。母娘共に妾にしているので畜生道だといつたことから、寺を畜生寺というようになつた。

チテンジヨウ　―血天井―　三十三間堂前　(門)養源院

伏見城を守つていた鳥居元忠等敗戰となり多くの臣下と共にその廊下で自刃した。そのまま数日間放置せられたので血痕がその姿で残つた、その縁側の板を廊下の天井にして此名がある。

チヨノゴテン　―千代野御殿―　衣棚寺之内上ル　(浄)宝慈院

城陸奥守の女千代野は足利尊氏の祖母に当る聖一国師に参禅し如大無着尼といい景愛尼寺宝慈院の開山となつた豪い尼僧だつた。丈六阿弥陀仏は上品上生で重文である。

チヤクレンジ　―茶くれん寺―　今出川千本西入　(浄)浄土院

秀吉がこの寺の水がよいと聞いて立寄り茶を所望したところ、和尚は秀吉が茶人だから遠慮して湯ばかり出したので、秀吉は湯沢山茶呉ん寺と山号寺号をつけたといわれている。

ツバキデラ　―椿寺―　一条通西大路東入　(浄)地蔵院

加藤清正が蔚山城の庭にあつた椿を豊公に献じたのを秀吉がこの寺の庭に植えた。五色に咲別け五色椿とも花弁が散るので散椿ともいい、周囲九十二尺の大木になつている。

ツルノミヤ　―角　宮―　乙訓郡長岡町乙訓　乙訓神社

平安京以前の古社で松尾神社と相比した大社であつたが衰微した、賀茂別雷神の生みの親たる「丹塗矢」（大山咋命）を火雷神として祀つている。角宮とは建身角命に因めるかと。

テンシ　―天　使―　西洞院松原下ル　五条天神社

天の神少彦名命を祀り、五条天使社ともいう、昔の五条通であつて医薬の神として古来信仰者が多かつた、ここから古い型の宝舟が授与せられ、謡曲「橋弁慶」に出てくる五条天神である。

ドウジョウ　―道　場―　上京区鷹峰藤林町　（時）金蓮寺

十数年以前新京極四条上ルから移転したが、四条道場といつた。昔新京極ができるまではこの寺の境内に芝居見世物、料亭、飲食店等多く、ここへ行くのを道場へ行くといつた、道場の芝居、道場の善哉といつて名物であつたが今寺の址は美松映画劇場になつている。

トウジ　―東　寺―　九条大宮　（真）教王護国寺

真言宗大本山、羅城門の東の寺で東寺また左寺ともいい、弘法大師に賜わつてここに住われた、御影堂は住居址といい、五重塔は我国最高の塔、仏像建築物共に立派な物が多い。

トウロウダイ ―灯籠台― 渋谷通上馬町 （浄）正林寺

平重盛を小松殿と称え、小松谷に邸宅があつた、この寺は由縁のある寺として燈籠供養を行つたことがある。境内に阿弥陀経を彫つた石碑がある。

トウロウドウ ―灯籠堂― 寺町四条下 （浄）浄教寺

重盛は四十八体の彌陀を作り、日々燈籠に点じて供養をした、後東洞院松原下ルへ移し、天正年中今の地に移し、本堂前に其事を記した大きい碑が建つている。

トガノオ ―栂尾― 右京区栂尾 （真）高山寺

明恵上人のおられた寺で有名であり、石水院は九百年前の古建築で賀茂の宮殿を移したと、什宝鳥獣戯画は絵巻として知られ悲話をこめた尼経その他国宝級の物が多い。

トキワゴショ ―常盤御所― 新町上立売下ル （浄）光照寺

尼門跡の第四位、後伏見帝皇女進子内親王を開山とし光格帝より常盤御所の称を賜る。現住職は信濃善光寺に住み、この寺の御殿は転々として昨年八坂神社々務所に移された。

ドドゴショ　―百百御所―　寺之内通堀川東入　(臨)宝鏡寺

伊勢の海中から引揚げられた観音が膝の上に宝鏡を持つていられた、その観音を本尊とした、土地名百々が御所名となる。双六具合せ等古代遊戯具が保存せられる、尼僧門跡第二位。

トラヤクシ　―虎薬師―　新京極蛸薬師上ル　(浄)西光寺

十二薬師めぐりの一つ、弘法大師作でき上つた日が寅の日であつたところから虎薬師といわれ、永く宮中に祀られていた、今本尊は弥陀立像、清帯寺の腹帯地蔵もここにある。

ドンゲンサン　―曇華様―　嵯峨北堀町　(臨)通玄寺

東洞院三条上ル東北一町四方初音の杜がこの曇華院であつた、特に東北隅の外溝に狸がおつて通行人に悪戯をし、溝に落ちたり附近の者は恐がつた。尼門跡第三位。

ナラビガオカデラ　―双丘寺―　花園寺ノ内町　(律)法金剛院

清原夏野の別荘地、文徳天皇大伽藍を建て丈六の阿弥陀仏十一面観音地蔵菩薩の優秀な仏像があり著名な寺である。荒廃後大治五年待賢門院再興し法金剛院と改む。

ナカノボウ ―中の坊― 仏光寺塔頭 (門) 久遠寺

日野実信の開基元伊賀国に建立、中ノ坊といったが、天応二年渋谷に、天正十四年現地に移し、寛永十一年久遠寺と改めた。

ナスノヨイチ ―那須の与市― 東山区泉涌寺門前 (真) 即成就院

檀浦の合戰に扇の的を射て名誉を博した那須与市の墓という壺型の古い大石塔が本堂裏にあつて、病気になつても下の厄介にならないですむように祈願をかけるとして日に参詣人が絶えない。これは伏見長者橘俊綱の墓であるのが間違えたまま信仰せられている。

ナンボウ ―南坊― 仏光寺塔頭 (門) 大善院

建武年間今熊野に道場を建立して南坊といつた。天正十四年本山渋谷よりこの所に移りし時共に現地に移り、その後大善院と改む。

ニシイワクラ　―西岩倉―　乙訓郡大原野村　(天)　金蔵寺

王城を護るため、京の四方に経文を埋めて岩倉といつた、その西の分がこの寺である。徳川桂昌院が諸堂を建立している。本尊千手千眼観音、外に愛宕山本尊将軍地蔵もここに安置せられている。

ニシテンノウ　―西天王―　聖護院御殿町　須賀神社

主神素盞鳴命を祀り岡崎神社の東天王に際し西天王と称え、聖護院一帯の氏神である。永く吉田日降坂にあつたが十数年前聖護院の地に戻し昨三十一年境内を広めよくなつて来た。

ニシヂンシヨウテン　―西陣聖天―上立売通智恵光院西　(真)　雨宝院

歓喜寺という、聖天を安置して有名であるが諸堂には沢山な神仏を安置せられ、境内の稚児桜はお室と同種で根元から八重の美しい花をつけている。

ニシオオタニ　―西大谷―　東山通五条　(門)　本派本願寺別院

慶長三年大谷にあつた親鸞上人の遺骨を分骨し本派本願寺がこの所に本廟を作り別院とし、

ニ

門徒衆の遺骨を納め附近は墓所として有名な鳥辺山である。門前の蓮池は人に知られている。

ニシノボウ　―西の坊―　仏光寺塔頭　(門)長性院

斉藤道献の孫、僧となり性法と称し本山七世了源の弟子となり正和年中渋谷に寺を建て法興寺西の坊といつた。天正十四年本山と共にこの地に移り長性院と改めた。

ニソンイン　―二尊院―　嵯峨小倉山町　(天)華台寺

発遣の釈迦如来と来迎の阿弥陀如来を並べ本尊としているので二尊院と呼び、法然上人荒廃のこの寺を復古し、後上人の遺骸を隠したこともあり足曳の御影は有名である。

ネコデラ　―猫寺―　寺之内浄福寺一町西入上ル　(浄)称念寺

和尚が愛していた猫が、疲弊したこの寺を昔のような立派な寺にしたという伝説がある、門から本堂の廂近くまでに左右の松の枝が延びている、この枝が本堂に届けば隆盛になるといわれ、それから松寺ともいうようになつた。

ハシデラ　―橋　寺―　宇治市宇治郷　(真律)常光寺

大化二年に架橋以来千百数年続いている、宇治橋ができた時、橋供養をした寺で、その由来を書いた石碑が古く二分されてしまつた、その一部が見付かり三断碑の一として知らる。

ハトデラ　―鳩　寺―　七本松一条上ル　(浄)宝樹寺

門内に八幡宮を祀り虫八幡といつていた。鳩を沢山飼育していたので人呼んで鳩寺といつたが、戦争以来鳩がいなくなり、双鳩の小繪馬の奉納もなくなつてしまつたらしい。

ハナキリデラ　―劓　寺―　五条橋東四丁目　(日)上行寺

住職日経、法華の信仰厚く余りにも他宗を罵倒するので、上司より慎むよう命じられたがきかない、遂に捕えられて鼻切の刑に処せられたところから寺の名となつた、今この寺はない。

ハナノテラ　―花の寺―　乙訓郡長岡町大原野　(天)勝持寺

白鳳年間最澄開基大原寺といつた古い寺で、文徳天皇より勝持寺と賜わる。西行法師この山に住み手植の枝垂桜は西行桜とて美しかつたが枯れた。境内桜樹多く花の寺にふさわしい。

ヒガシオオタニ　―東　大　谷―　円山公園内　㊀　大谷派本願寺別院

教如東六条に分派独立後宗祖の遺骨を頒ち、寺の南（今の丸物辺）に本廟を建てて改葬し、元禄十七年大谷派六世真如この地に別院を作り東漸寺等の址に墓地を作る。

ヒガシゴボウ　―東　御　坊―　山科西野大手先町　㊀　長　福　寺

山科大谷派別院のこと、文明年中蓮如本寺を建立し一時盛大であつたが佐々木定頼、天台の僧兵と法義のことから争いとなり、戦禍のため焦土となり天明年間再建される。

ヒガシテンノウ　―東　天　王―　丸太町東天王町　岡　崎　神　社

粟ケ岡の崎に素盞嗚尊を祀り、この岡崎一帯の氏神として崇敬せられている。西天王に対し東天王で呼ばれ明治時代岡崎神社と改称した。

ヒ　ガ　シ　ボ　ウ　―東　坊―　仏光寺新開町　㊀　高　林　庵

仏光寺七世了源弟子禅源、渋谷に開基し東坊といつた。その後本願寺、興正寺へ転籍し無住時代もあつたが、本山と共に今の地に移り高林庵と改称した。

ヒギリジゾウ　―日限地蔵―　五条坂東大路東入　(浄) 安祥院

六阿弥陀廻りの安祥院であるが、日限を定めて祈願するとかなえて貰うというのでこの日限地蔵の方が有名になつている。地蔵堂には参詣者が絶えない。

ヒトマルデラ　―人丸寺―　仁和寺街道御前通東入　(浄) 西光庵

寺の表に菰包が捨てられ、中に柿本人麿らしい像がある、これは楠の化石で少し加工したら人丸に見える。本尊脇に近衛家より寄進の厨子に納めた、信仰は安産祈願ヒト、ウマル、火難除ヒ、トマルといつている、これをまつつてから人丸寺というようになつた。

ヒノヤクシ　―日野薬師―　伏見区日野町　(真) 法界寺

鳳凰堂の弥陀如来と同時代の阿弥陀仏のある阿弥陀堂も特建、薬師如来は乳の祈願で有名で、この寺の東に親鸞上人誕生地がある。一月十四日の日野裸踊りは人に知られている。

ヒャクマンベン　―百万辺―　左京区田中門前町　(浄) 智恩寺

後醍醐天皇の御代悪疫流行したので本寺住職空円、宮中へ参内し百万辺念仏を勤行したところ悪疫が止んだので百万辺の号を貰つた。鎮西派の本山で長徳山功徳院智恩寺。

フシミダイブツ　―伏見大仏―　伏見区西桝屋町　(曹)　欣ゴン浄寺

墨染の横に、小野小町の許へ通つた深草少将が住んでいたところだといい、大きい木像の大仏を安置している。この寺荒廃のさい露仏になつていたことがあつた由である。

フカクサビシヤモンドウ　―深草毘沙門堂―　伏見区深草谷口町(天)浄蓮華院

昔、桓武天皇陵といい伝えた古墳の前に御影堂を建て天皇御影を安置した。法師堯覚が有栖川宮韶仁親王の命でこの寺を建て浄蓮華院と号した、今毘沙門天を安置している。

フカクサシヨウテン―深草聖天―　深草増坊町　(天)　嘉祥寺

古い寺で仁明天皇の頃は広大な寺であつたらしい、十二帝陵もこの寺の境内に当り庭内にある御紋章入の大石塔は元此陵内にあつたものという今僅かに本尊聖天尊で知られているのみ。

フドンドウ　―不動堂―　油小路木津屋橋下ル　(浄)　明王院

元真言宗であつてこの辺一体がフドンドで通じていた、石の不動明王を本尊とした門もない堂で昔この前で稲荷神輿の大荒がありお旅所もあつたそうで不動尊は仲々信者も多い。

ヘビデラ ―蛇　寺― 北区大原長瀬町　(浄) 摂　取　院

浄往法師、俗におつた頃病妻看護の妻の妹と通じたため、妻は悶死しその怨、蛇となり夫の首に巻き着て離れず、前非を悔い僧となり寺に入り亡妻の菩提を弔いこの寺を蛇寺といつた。

ホウネンイン ―法　然　院― 鹿ケ谷御所の段町　(門) 万　無　寺

法然上人は徒弟の住蓮安楽と共に六時礼讃、如法念仏の修行せられた場所であるので、万無和尚の発願で寺とした。昔から施餓鬼寺として知られ近年有名学者の墳墓が多い。

ホウオオドウ ―鳳　凰　堂― 宇治市　(天・浄) 平　等　院

極楽の宮殿を鳳凰の形にし、両翼尾の廊下があり中心の堂に阿弥陀仏を安置し周囲の壁画に九品仏と極楽の図、五十二体の飛天の像も有名で本年四月大改修が行われた。

ホシナデラ ―干　菜　寺― 左京区田中馬場町　(浄) 光　福　寺

戰国時代の終つた頃、陣太皷小鐘を打ち無名戰死を弔つたのを秀吉が賞で、光福寺の和尚は御礼に秀吉に干菜を献げた、陣糧によいと秀吉は干菜寺と名付けた、六斉念仏の一本山。

ホテイヤクシ　―布袋薬師―　数屋町通二条上ル　(天)大福寺

菩提薬師（ぼだい）をいい誤つてほていとなりほていとは布袋に当てはめ布袋和尚と一緒にしてしまい七福神めぐりにも加わつている、以前向側に茶所があり布袋像があつたとも聞く。

ホンインボウ　―本因坊―　仁王門東大路西入　(日)寂光寺

囲碁の家元の本因坊はこの寺の僧で算沙といい信長、秀吉に召され住職は代々囲碁の名手であり四代目より江戸に移つたが、三代までの墳墓もこの寺にあり、囲碁道場となつている。

マキノオ　―槇尾―　右京区槇尾　(真)西明寺

三尾の一つ、地名が寺の呼名となつており天長九年弘法大師の弟子智泉法師が開基した。荒廃後僧自性中興し後宇多天皇より平等心王院と賜い、本尊釈尊を安置する。

ミエドウ　―御影堂―　五条寺町　(時)新善光寺

天長元年檀林皇后創立、空海を開基とす、信濃善光寺の三尊仏を摸し御影堂と称えた。扇屋熊谷敦盛の芝居はこの寺で扇折女となつて現われる。昭和廿年近江へ移転して未だ戻れない。

ミダジロウ　―弥陀次郎―　宇治市木幡五ケ庄　（浄）西方寺

巨椋池の一端東一口（イモアライ）の漁師悪次郎は、行脚僧に焼鏝を当てたところ、その僧は無言で去つた尾行すると栗生光明の釈迦仏であつた。次郎は発心して念仏行者弥陀次郎となりこの寺に住んだといわれている。

ミテラセンザン　―御寺泉山―　東山区泉涌寺山内町　（真）泉涌寺

始め仙遊寺といつた四条天皇以来皇室の香華院となり、宮内省より内努金があつた、それで一般人は入れず御寺泉山といつたのである、近年大涅槃図を見付け、寺は開放して来た。

ミナミイワクラ　―南岩倉―　松原通数屋町角　（真）明王院

京の四方の石室に納経した、その南岩倉がここだという、法相宗道観の開基、不動尊を本尊としている、小さい寺になつてしまつた。近くには朝顔の墓といつているものがある。

ムシハチマン　―虫八幡―　左京区上高野三宅町　三宅八幡神社

昔三宅という小児科医の内で祀っていた八幡神を今の地に移したともいうが、子供の病気を祈願し、藁細具の大原女や自転車がよい土産になり、京の人は子供を背おつて詣つた。

ムラクモゴテン　―村雲御殿―　堀川元誓願寺上ル　(日)瑞竜寺

村雲はこの辺の地名、尼門跡第八位、関白秀次の母（朝日局秀吉の姉）日秀が秀次の惨死を労らつて建立した寺で、墓地は岡崎善正寺である。後陽成天皇より瑞竜寺と名付けられた。

メヤミヂゾウ　―目疾地蔵―　四条大和大路東入　(浄)仲源寺

元堤の上にあつた畔の地蔵が雨宿の地蔵堂となつて雨止（アメヤミ）地蔵と呼ばれ、眼病祈願からいつしかあの字がとれてめやみ地蔵となつてしまつた。丈六の大きい地蔵木像を安置する。

モトギオン　―元祇園―　四条坊城角　梛（ナギ）神社

東山の祇園社の神が元この梛の森におられたと社伝はいつている。それで元祇園といい、近年坊城蛸薬師にあつた隼神社もここに合祠することになつた。近年祭礼は立派になつて来た。

モトノブデラ　—元　信　寺—　花園妙心寺山内町　(臨)霊　雲　院

狩野元信の描いた沢山な襖絵があり元信筆として最も信を置くことができるものというので人呼んで元信寺、後奈良天皇衣冠の木像を仏壇に奉安している。

ヤサカコウシン　—八　坂　庚　申—　八坂塔下下河原　(天)金　剛　寺

日本三庚申の一といい青面金剛を安ず、八坂塔の心柱の中から出現したともいい、門の屋根にも庚申猿があり、初庚申にはコンニヤク祈禱が行われる。

ヤサカノトウ　—八　坂　塔—　八坂上ノ町　(臨)法　観　寺

五重の塔と太子堂薬師堂稲荷社があるだけで寺の格好ができていない。聖徳太子建立といい大きい寺であつたらしい、東山の景観を添える第一のものである。

ヤスイジンシヤ　—安　井　神　社—　東大路松原上ル　安井金比羅宮

近年までこの名は通であつたが、なじみの金比羅宮を本名に変えた、崇徳天皇がこの地におられ藤を愛せられたというので金比羅宮として天皇及大物主ノ神、源頼政を祀る。

ヤ

ヤスデラ　―やす寺―　日暮智恵光院間出水下　(浄)松林寺

聚楽第の外濠の址で墓地は底地にある。日野家伝来の蘇命散を販く、やす寺として知られ寺より薬の方が有名であつたが、薬の方は余りやっていないようである。

ヤタジゾウ　―矢田地蔵―　寺町三条上ル　(浄)金剛寺

大和矢田寺の本尊と同一型の火炎光背の立像、満慶上人自作という。矢田寺縁起は重文であり、古くは送り鐘といい死人ができるとこの寺の鐘をついて冥途へ知らせたという。

ヤナギダニカンノン　―柳谷観音―　乙訓郡長岡町海印寺　(浄)揚谷寺

向日町辺で一番参詣人の多いのはこの観音であろう。弘法大師の楊柳水で眼を洗い、柳谷観音に祈願をすると眼病平癒と泊りがけでお籠に行く人も多いと。

ヤマシナゴボウ　―山科御坊―　山科東野狐藪町　(門)舞楽寺

真宗本派山科別院、文明十年蓮如上人この所へ堺の小坊を移し次々と堂宇を建築し、亀山伏見両天皇より勅願寺の宣旨を頂いてから隆盛になり宗争のため焼かれ享保年間復興した。

ヤマザキショウテン　―山崎聖天―　乙訓郡大山崎　（真）観音寺

天王山山腹にある寺で寺歴は古いが今日立派になつたのは近世で寺より鎮守として祀られていた聖天尊の信仰者が多く、元治元年焼失後大方建て直されている。

ヤマノウチコウシン　―山ノ内庚申―　右京区山ノ内荒木町　猿田彦神社

京三庚申の一つで明治以来神社に代えて猿太彦神という八衢（チマタ）神を祀ることにした。しかし本殿は庚申を祀りその左の小社が猿太彦神社で古い庚申猿も残つている。

ヨツギジゾウ　―世続地蔵―　富小路通五条下ル　（浄）上徳寺

古来男子を後継者としたため、男子出生を祈願する人多く、明治天皇誕生を願つて女官が参詣したともいわれ本堂脇の地蔵堂の参詣者が多い。冠句の祖、雲鼓の墓がある。

リョウゼン　―霊山―　東山区清閑寺霊山町　（時）正法寺

この山を霊鷲山略して霊山といつている国阿上人開基、昔は寺の下に沢山坊が並んでいたが今本堂の庫裡丈、京の町を眼下に見下ろせる眺望第一の寺で、京三板碑の一つがある。

リキユウハチマングウ ―離宮八幡宮― 宇治市 宇治神社

宇治川の東岸にある宇治市の氏神で上下二社に別れ菟道稚郎子皇子を祀る。上宮の正殿は延喜年間の建築でチョンナ作り、我国最古の神社建築という、古来離宮祭は盛大だったと。

ロクドウサン ―六道さん― 松原通東大路西入 (臨) 珍皇寺

八月八九十の三日お盆の精霊迎えにこの寺へ詣る風習があり大混雑をする、この所から冥途へ行く道があり、この寺の鐘をつくとあの世に響くといわれ六道の辻はこの所だという。

ロクジゾウ ―六地蔵― 伏見区桃山東町 (浄) 大善寺

清盛が西光法師に命じ、六体の地蔵尊を、京から他国への街道口六ケ所に一体宛安置してその土地を守り旅人の安全を計ったという。その一つ大和街道の六地蔵がこの寺である。

ロクハラ ―六原― 松原通大和大路東入下ル (真) 六波羅密寺

空也上人建立、清盛茶毘所として古くからある西国巡礼十七番札所、近くに六波羅探題があったり、この辺一体を略して六原といっているが、この寺へも六原へ詣るといっている。

ロッカクドウ　―六　角　堂―　六角通烏丸東入　(天)頂　法　寺

聖徳太子が持念仏如意輪観音を本尊とする西国霊場十八番、本堂六角堂が通称となり生花池の坊流の家元が代々この寺の住職で、毎秋花の大会には全国から出品する。

ワラテンジン　―藁　天　神―　北区衣笠天神森町　敷　地　神　社

天神木花開耶姫命を祀り北山の氏神である。供饌を古式に従い三宝を用いず藁敷を以てする、それにより藁天神と称えこの藁を切りお守として安産の神と崇える。

表紙写真
椿寺の
五色椿

昭和三十二年六月一日 発行
昭和三十四年一月三十日 再版

〔価 三百円〕

著者 田中緑紅
京都市堺町通三条下ル

代表者 鳥居郊善
印刷所 協和印刷株式会社
電⑥六四・六七六

京都市東山区東大路松原上ル
安井金比羅宮内
発行所 京を語る会
電話⑥五一二七番
振替大阪三七三五五番

《復刻にあたって》

一、本復刻版は、田中喜代様所蔵の原本を使用しました。記して感謝申し上げます。

一、復刻版には、借用した原本の都合で初版と再版が混在しています。また、原本奥付に紙を貼付して新価格を表示している場合もそのまま復刻しました。

一、文中に、人権の見地から不適切な語句・表現・論、また明らかな学問上の誤りがある場合も、歴史的資料の復刻という性質上、そのまま収録しました。

一、表紙の背文字は、原本の表示に基づいて新たに組んだものですが、一部訂正や省略をしました。

緑紅叢書　復刻版

第1回配本（全26冊）

京社寺俗称〔緑紅叢書2〕

2018年10月31日　発行

揃定価　39,000円+税

発行者　越水　治

発行所　株式会社　三人社

京都市左京区吉田二本松町4　白亜荘

電話075（762）0368

乱丁・落丁はお取替えいたします。

コード　ISBN978-4-908976-74-2

セットコードISBN978-4-908976-72-8

緑紅叢書　第三輯

祇園会余聞

田中緑紅

宝永華洛細見図より　お迎提灯

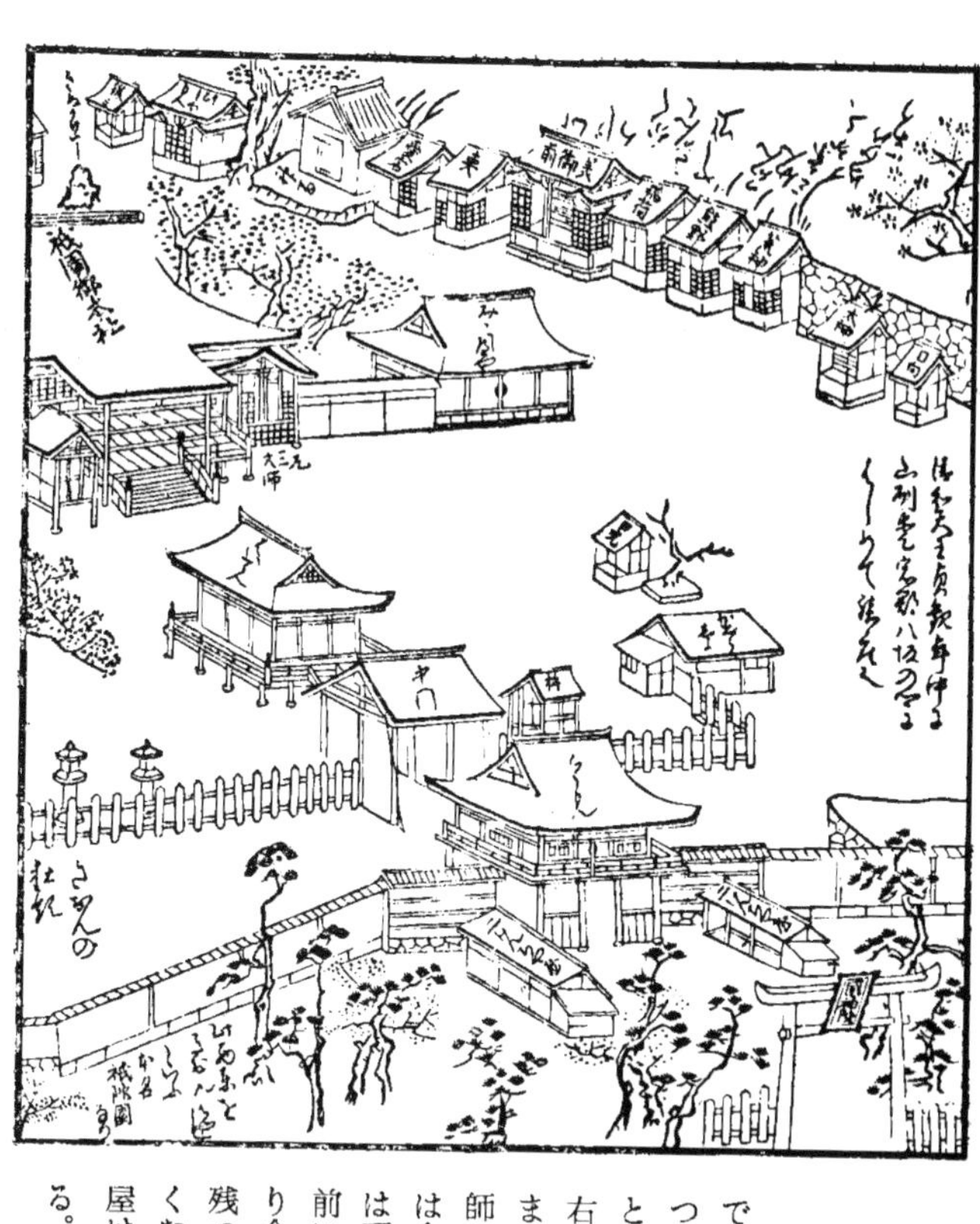

祇園社古図

宝永華洛細見に掲載の図で天台宗感神院の所轄であつたので鳥居の額に感神院とある。此中門は焼失した右手の日光社は日光菩薩をまつり本社の右に元三大師をまつる。東側の美御前は今も此地にあり他の末社は西の方へ移され、楼門の前には二軒茶屋が両側にあり今東側中村屋が中村楼で残つている。西側藤屋はなくなつてしまつた。二軒茶屋は室町時代から出来ている。

御池通を巡行の山鉾

昭和三十一年七月十七日、始めて四条通の御渡りを終つた山鉾は、北上して寺町を通り戦争で疎開して拡がつた御池通を巡行する事になつたので尚十万や二十万の観覧者も楽に迎え得られる右手のテントは市設置の有料観覧席、洋館は寺町角のエンパイヤビル。ゆつくりすぎて山鉾が小さく見える。（京都新聞社提供）

お迎提灯

祇園万燈会の人々によつてお迎提灯が復活せられた。こうしたものが二十数台、思い思いの趣向をこらし七月十日午後四時より十時頃迄京の繁華街を練り歩き、揃いの浴衣、世話方は白帷子に袴姿、この提灯の間に鉾町の祇園囃子、雀踊や六斉獅子舞、少年武者等が参加して神輿洗の神輿をお迎えする。

馬長（うまおさ）

平安朝時代の少年稚児あやい笠に山鳥の羽根のついたものを冠り、腰に造花の花束を挿し馬上姿ゆたかに奉供する。今お迎提灯の列に入り、十七日神輿神幸祭にも参加する事にしている。

（さくらいや写真店提供）

鷺舞の少女

鷺の造り物を冠つた、白衣の少女達、鷺のたわむれる姿を舞い、これにシャグマの少女がからんでお迎提灯に参列した。

稚児お位貰い

長刀鉾の稚児七月十一日八坂神社宝前でお位貰いの式に参列、頭には蝶とんぼと云う宝冠の様なものをつけ、衣服は女児のものを新調する。式が終ると中村楼で稚児餅を謹製して呈する。午後は親族知己へ十万石の格式で訪問するならはしである。（京都新聞社提供）

稚児　鉾に乗る

七月十七日、烏丸四条の交叉点上に置いた長刀鉾へ、音頭取の男が正装の稚児を抱きかかへ、長い梯子をかけ、鉾の正面から稚児をのせる。稚児、禿等正位置につくと梯子をとり除き囃子の太鼓と音頭取のかけ声と共に祇園会の山鉾巡行が始まるのである。（小倉佐助氏撮影）

くじ改め

昔は雑色衆が六角堂でくじをとらせ、四条高倉東入で、そのくじの順で巡行しているかを改める。現今京都市長が冠装束をつけてこの役をやり、各町代表が文箱をつき出し巻き入れた順序番号の紙をとつて改める事になつている。くぢとりも現在は市役所議事堂で市長立合のもとにくじを取つている。

鷹山の人形

後の祇園会の中央を飾つた曳山で右の方が其模型である。元治元年の大火に焼失し人形三体丈残つた右が犬使い、中央が粽を食べる男、左が左手に鷹を持つ鷹匠、衣装は仮装で、中央の男は背に角形の樽を背負つており在原業平だと云い、業平山、樽負山とも云ふ、粽持つ手は上下に動く様になつていた。三条通室町西入町で廿三日飾つている。

（京都新聞社提供）

宵山

七月十五、十六日を宵山と称へ、各山鉾は数十ケの提灯を釣らし、夜おそく迄祇園囃子を囃し、四条室町の角は鉾の辻と云はれ東に函谷鉾長刀鉾、北には新らしい菊水鉾、西は、月鉾、南は鶏鉾の提灯が美しく、一番混雑する。各民家は奥深く飾り数十万の人波は写真の通り、歩くのではなく押されて進む丈と云ふ凄い人出である。十七日は夜遅く日和神楽の囃子が鉾を降りて四条通を歩く。（京都市観光課提供）

役行者山

橋弁慶山

北観音山

はじめに

有名な祇園会であり乍ら、その研究誌が一向に出来ません、毎年祇園祭協賛会からパンフレットが売出され、一応祇園会の事はおわかりだと思いますので、今迄に出版された事のない記録を書く事に致しました。

写真は出来る丈新らしいもの、又は珍らしいものを貸して頂き紹介させて頂きました。

本年は祇園東新地（旧名祇園乙部）から「ねりもの」が出ますが、これは昭和十一年七月に「祇園ねりもの」和紙美濃半截、六十八頁のものを出版しておりますから、一切削除しました。

山鉾の織物装飾、祇園会と屛風拝見、山鉾の研究等を集めて編輯した「京の祇園会」を昭和八年七月に刊行していますから、どうかこれも御参考にして頂くと結構だと思います。

こうした日本一の祭礼と云われております「京の祇園会」の纒つた本が出来ますのを期待しております。

昭和三十二年七月

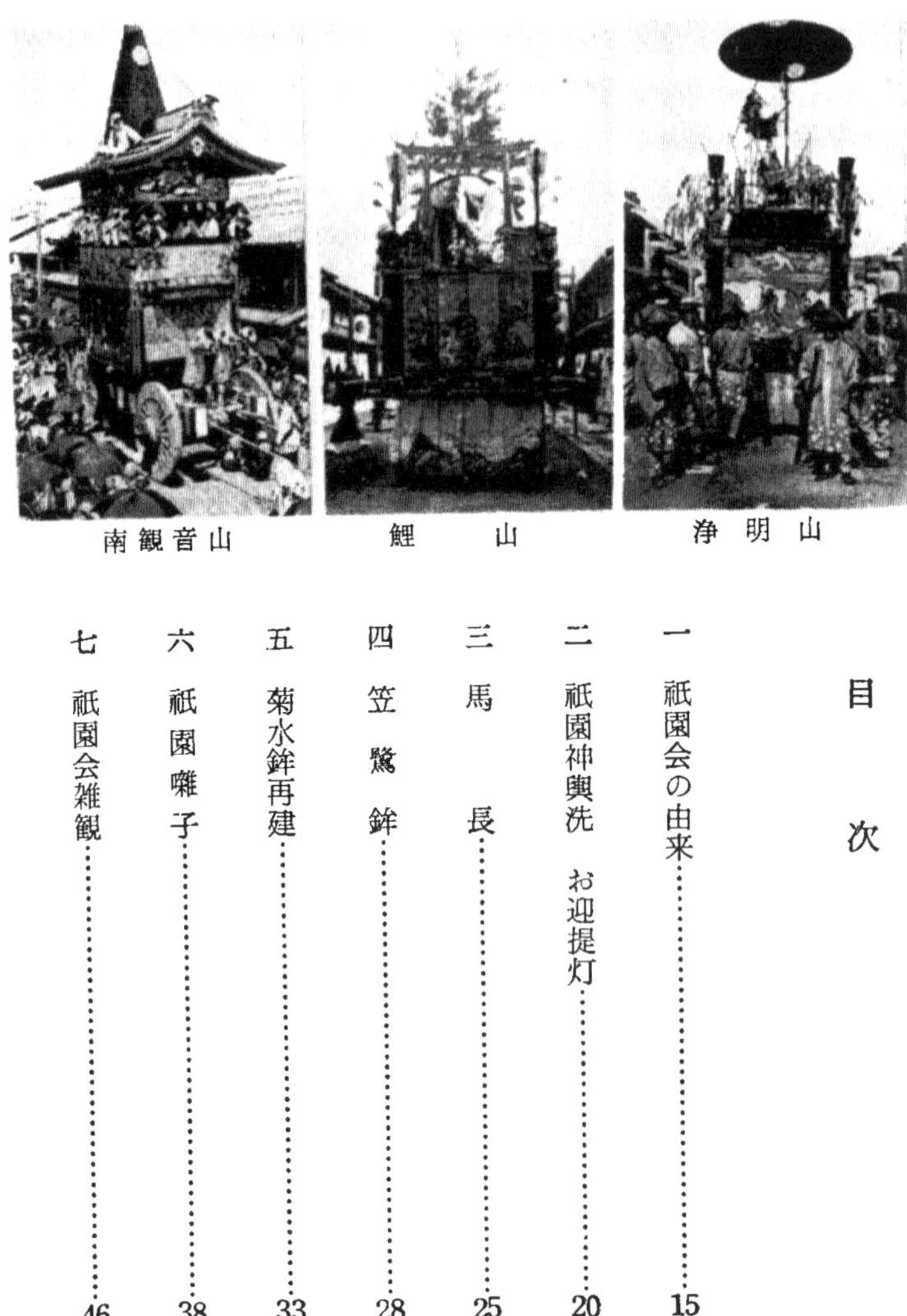

南観音山　鯉山　浄明山

目次

一　祇園会の由来

仏教渡来後聖武天皇は全国に国分寺を建立し多くの人は人間の幸福を神仏に祈念する様になりました。別して医薬の進んでいない時代ですから、病気全癒祈念の薬師如来、疫病の午頭天王を崇拝した事は、もつともだと思われます、祇園の神、午頭天王（又武塔天神、後に素盞嗚尊）を祀り、当時洛中唯一の大池、神泉苑へ疫神を送つて御霊会を行つたと云われます。これは「祇園社本縁緑」に貞観十一年（千八十八年前）日本中に疫病（伝染病）が流行しましたので卜部日良麿に勅命が下り六月七日六十六本の高さ二丈の鉾を建て、十四日洛中の男子並びに郊外の百姓をつれて神輿を神泉苑に送って祭り之を祇園御霊会と云つたとあり之れが祇園御霊会の起原と書いてあります。も一つ

「中臣祓卜部鈔」と云う本には貞観十八年に人の躰に病を起さす疫病神が大変暴れて、疫病が非常に流行つた。そこで卜部日良麿が京都中の男女を引連れ六月七日から十四日迄疫神を神泉苑に送つたと云うことが書いてあります。

此二書が一般に祇園会（祇園御霊会の御霊を略して云います）の起原であると書かれ信じられています。処がこれには疑問がありまして貞観十一年には三月三日陰陽寮―これは朝廷に属し暦のことであるとか、天文等のことを色々取調べる役所でありますが、そこから本年の夏には疫病が流行るから御祈禱をなさるがよろしかろうと申上げましたので、朝廷の方では日本中の国々に御命令になり、神に祈り経文を誦ましめたと云うことが、貞観時代のことを書いた本にあり十一年にも十八年にも疫病が流行した事は書いてありませんから嘘に違いありません。又六十六本の鉾を立てたのは日本の国数が六十六ケ国であるからと云うのですが、此頃は日本の国は六十八ケ国で、後に鎌倉時代になつてから六十六ケ国となつていますから貞観年間に六十六ケ国とするのは間違である事がわかりましょう。尚卜部日良麿と云う人はなく「三代実録」に神祇権大尉従五位で非常に占のうまかつた卜部平麿の誤でありましよう。此人は伊豆国から京へ召された人で、支那の使者とも占の事で平麿と応対した事もあり、発祀の事にも色々関係はありましたが祇園会をやつたと云う様な事は記録にありません。これ等の事は平麿後裔の猪熊浅麿氏が講演されておりますので記して見ました。尚研究したいものと思つております。

昭和三十一年度　鉾北上す

此御霊会と云う事ですが、祟をするみたまをまつる祭の意で、清和天皇の貞観五年五月二十日に、天皇の勅命で左近衛中将藤原基経、右近衛中将藤原経行が神泉苑で御霊会を行っております。皇族公卿も大勢祭を拝観に参っております。当日は机を置き花や果物を供え、律師のエダツと云う僧が金剛経最勝経を読誦し、朝廷の歌寮の楽人が楽を奏し、天皇の側近の身分のある家柄の子供を集め、その音楽に合せて舞を舞い、其他雑伎を演じたと云います。その御霊は上下の御霊社の祭神崇道天皇、伊予親王、藤原吉子、藤原広嗣、橘逸勢、文屋宮田麿等六人の方の霊が大変に祟られて日本中に悪い病が拡がりました。それで此御霊を祀り競馬や角力等で神慰めをせねばと御霊会が始まつたのだと云われております。此頃にはまだ御霊神社は出来ておりません。御霊会は今宮神社、伏見稲荷大社、北野神社でも行われております、が根本は上下御霊社と云えましよう。

祇園社で御霊会と判然と記録に出て参りますのは九十余年後の円融天皇の天禄元年六月十四日に行われた事が「二十二社柱石」と云う本に記されております。それで祇園御霊会は判然と記録のある天禄元年説がよいのではありますまいか。

神仏分離迄は天台宗感神院が祇園社を持つていました。それで神輿渡御にも僧侶が輿に乗つております。朝は山鉾の巡行、午後は神輿の神幸祭共に祇園会と云つておりました。この神輿渡御には今日八坂の神が乗つておられますので八坂神社のお祭に違いありませんから八坂神社と改称した明治四年五月に八坂祭とされるとよかつたと思います。山鉾巡行は社は直接関係なく明治以前は四人の雑色と呼んだものの支配に属しておりまして籤取り等も一切社側は無関係で、其巡行には古来僧も神官も加わつた例がありません。全く氏子の人々が祇園の神に対して行つています御霊会の形のままなのであります。それでこそ山鉾の中にはシナの人物を祀り観音、役行者、放下僧、山伏、聖徳太子等仏教系の人形をそのまま祀っているのですから、矢張り昔のままに祇園会でよいのではないでしょうか。ことさら祇園祭と呼ばないでもよいと思います。

京都には神社が直接関係しないで行われていますものに今宮のやすらい踊があります。今宮社の氏子の人々が地域で一ブロックを作り、其一団が、今宮の神に対し祇園会と同一で、疫病にかからない様此踊を行っております。西賀茂、上野、雲林院等から出ますが名は今宮と云いましても今宮神社は一切関係なく、若宮社へお詣りして各部落に戻って終日踊ります。今宮の氏子丈でやる、やすらい踊であります。祇園会も昔から氏子の人々が行っていまして、真夏に疫病にかからない様祈念してお迎提灯を始め暑い最中大変な事であります。今日医薬が発達して新薬も続々出て、そんなに大衆が疫病除のため神仏を祈る事もしない時代になって来ました。然し山鉾町の人々は、昔のまま年々再々この祇園会をやっております。そして自分の町の山鉾を少しでも立派なものにしたいと努力を惜まないのがよくわかります。今の人々は神事だから何となく続けて自分で自分の気持を豊に不安のない様にしているとしか思われません。勿論敬神の上から骨を祈つている事も確実であります。

ですが、今の世になりますと神事ではありますが、も一つ大きい世界を考え京都の観光の一つの力となつて来ている事を否むわけには参りますまい。祇園会を続行する丈でも、神慰めの賑になつています。それが更に京都の繁栄のため京都市祭の一つとして日本一の祇園会をもつともつと活して行かねばならないと思つています。

二　祇園神輿洗お迎提灯

又暑い夏になつて来ました。又あの恐ろしい疫病がはやる。これを癒す薬がない。次々と死んでしまうとなると、誰れしも神仏にすがつてその災厄を逃れようと願う事でありましよう。その疫神を祈る神が、祇園さんであれば、一日も早く此御霊会を始めて悪病に罹らぬ様にしたい気持も察せられます。そこで七月十日（昔は六月四日）の神輿洗いを千秋の思いで待つています。各町内から趣向を凝した提灯を思い思いにこしらえ、祇園さんから出て来られる神輿をお迎えに行きました。四条通は次から次え、変つた形の提灯が、若い人達に持たれてお詣りします。何年頃から出来たものか判明しませんが宝永年間に出しました花洛細見に図が出ておりますから、それより前からあつたものと云う事は考えられます。二百六、七十年前からあつたも

石段を登るお迎提灯　諸国年中行事より

のでしよう。

変つた提灯を浴衣の若者が舁いでいる丈では年々変化もなく人気もなくなつた事でしよう。それから各町内では其頃名高かつた俳優の当り芸の姿をしたり、思い思いに仮装してお供に加わる様になりました。そうなるとこの競争が盛んになりまして、男女共皆をアット云わそうと考えました。それが祇園町の人々によつて華美になつて来「ねりもの」と組織立つて来ました。それが祇園新地の芸妓達の行事となつてしまいました。それ以来お迎提灯と「ねりもの」は別々のものとなりました。

お迎提灯と云いますが古い図を見ますと、行灯と見たものか、紙で貼つた灯の入らなかろうと思われる様なものもありました。形を変えるとなると提灯では出来ない作り物を作り、竿の先きにつけました。処が其後真物の提灯が主となつて来ました。そうなると変化に乏しく、提灯の上に御幣をつけたり、大きい傘に沢山提灯を釣したり、三段に十二ケの提灯を並べたりして来ました。この十二ケの提灯をつけますのは各地にありまして粟田祭、下御霊祭に「十にん」と云つて今も宵宮の渡御に出ております。城南宮祭や御香宮祭には華かな提灯が神幸祭の花形となつております。幕末から明治初年には、各町で金具のついた豪勢な恒久的な提灯となつて来ました。真棒も黒塗の木で二ケ細長い提灯を並べたもので、上には厚紙で作られた御幣がつき、横額を飾つたものも出来て来ました。近年迄木屋町三条上ル町内、新町四条上ル町内には残つていましたが、此催がいつしか忘れられてしまうと、軒先に出す丈で、普段の保存や何かが厄介になつて来まして、「どこへ行つたのでしよう、見ませんナ」と云われる様になりました。今の人は一人も古いお迎提灯を覚えていないのではないでしようか。

昭和二十七年六月、祇園万灯会の中浜氏と話している時、昔お迎提灯と云うものがあつた、復活させたいと思つていると、云ふと灯に関係の深い万灯会の会員で再興してはと二週間程で準備して七月十日の夕方、四条大丸西の京都取引所より祇園万灯会の長旗を先頭に趣向をこらした提灯が、揃の浴衣姿の人々に持たれ前後には長刀鉾と月鉾の囃子方の協賛で賑わしい祇園囃子が休みもなく囃され、祇園稚児会の少年少女、子供の武者が二十人、それに歌舞伎俳優の中村富十郎、中村芳子夫妻もお供に加わり四条東洞院―四条河原町―三条へ東を向いて三条大橋を渡り大和大路を南下して四条へ―石段下、神幸道から本社へお詣りして了りました。

翌二十八年には祇園東新地から「ねりもの」を出すのでこれと合流して華々しく行われコースは市役所前迄延長されました。

第三回　二十九年度には、徳川以前に失くなつた鷺踊の少女が五人、風流の馬長が馬に乗つて参加し、千本組の六斎踊の連中が六斎行進出を創案し、其間雀踊を加えて行列は一段と賑わしくなつて来ました。

御先太鼓＝遠見＝幟（先行提灯　先行提灯）＝お迎提灯五＝放下鉾囃子方三十人＝お迎提灯五＝幟＝子供武者十五人、介添十五人＝お迎提灯五＝馬長幟＝馬長稚児（提灯持五人　馬丁五人）（馬乗姿）五人、介添五人＝お迎提灯五＝千本組雀踊五人、囃子方二十人＝お迎提灯五＝旗＝鷺傘鉾三人、鷺舞十人、お囃子車＝お迎提灯五＝樽御輿（行灯二　行灯二）＝和倉＝殿り提灯＝吊台参加人員三百名。

第四回　三十年は祇園東新地の「ねりもの」は出ないので、子供の江戸木遣姿が加わり、千本組から獅子舞が四条河原町の大道路上にデングリ返えりをして好評でありました。

第五回　三十一年度は鷺踊の鷺頭の外に十人の稚児が赤熊をつけ袢天をつけ御幣を持つたものが鷺舞に共に舞う事になりました。

この様にお迎提灯は五年を経過し、万燈会の組織も充実し、祇園会の行事の一つとして、三十一年度からは四条通縄手辺で、祇園の神輿洗いの戻られるのをお迎えして、神輿を追うて八坂神社へ詣る事になりました。此催が復興以来、私は万燈会の顧問となり例年参加しております。此提灯が昔の様に恒久的な立派な提灯になる事を念願し、もつと立派な行事にしたいものと思つております。

三　馬長（うまをさ）

天皇はお祭には必ず馬を供えられました、その馬を引いて行く時の一番重な人間を馬長と云いまして、頭に平笠を被り、それには鳥の羽がついた様な飾や外にも色々の飾をつけます。これを風流と謂います。馬には灯心で蜘蛛巣を造つて飾りとします。馬長の腰には色々の花で飾るのでありますが、生花がない時は造花を用いました。この頃は余り花がありませんので主として造花をつかいました。この馬の口とりは小供で亀の飾りと鶴の飾りを付けます処から、亀

「年中行事絵巻考」より

の童、鶴の童と云つて、其姿は大変美しかつたと云います。鶴童丈は劒を帯したとも云います。堀川天皇の寛治六年六月十四日（八百六十二年前）に祇園御霊会に馬長が出ています―猪熊浅麿氏祇園会に因む考察より―其後崇徳天皇の大治二年六月十四日の項に「祇園御霊会に四方殿上人、馬長、童巫女、種女、田楽各数百人此外祇園所司僧随身数十人共供奉、舞人十人、唐鞍に乗り、凡そ天下の過美あげて計る事が出来ぬ。金銀錦繍、風流美麗、記し尽すことが出来ぬ」（中右記）其後馬首の性質が変りましたが、又全く風流丈に、寺院や神社の法要祭祀に出仕します稚児が出る様になりまして風流の笠を冠り、腰花をさしています。禁中から曳るる馬に小舎童などを美しく飾らせて乗せ、社頭の馬場を練りわたらせました。清少納言の枕草子に「心ちよげなるもの」と題し「御りやうゑの馬をさ、又御りやうゑのふりばた」と賞讃しています。その姿は「年中行事絵巻考」にも出ております。高原八坂宮司の話に「笠の裏には薄様を押すのが普通であるが、中に唐綾絹等を押すものもあり、源中納言や侍従兼忠は萠黄の唐綾を押し、右少将時家朝臣や、太夫時忠は柴青の取染絹を押していた。腰花は絹や紙で造つた花を挿すので、長承三年に師長が女院から馬長になつた時に桔梗花、建仁元年東宮らの出た馬長は銀の女郎花、寛元四年に院から出た馬長は萱草、皆とりとりに造つた。衣裳は長承三年の師仲は黄欵冬紺布、寛元四年院から出た馬長は二藍の狩衣、浅黄目結帷であつた。」兄弟が相並んで馬首となる時は兄は弟の後についたそうであります。

奈良春日御祭に馬長が出ますが、京都では早くに廃せられました。然し祇園会には是非ほしい風流でありましたので、お迎提灯の列に加える事に致しまして笠も衣裳も新調し幾百年とだえていました馬長を五騎出す事に致し万灯会々員の子弟を撰んで鷺舞と共に昭和二十九年より再興しました。自後年々継続し、三十年度より七月十七日の夕、神幸祭の列に加わる事になり、万灯会幹部が供奉する事になりました。

笠の上には山鳥の羽根をつき挿し、狩衣を着、腰には大きい色とりどりの造花を挿し、馬上ゆたかに、京の町々を歩きます。出来れば人数をもつと増加したいものと思つております。

四　笠鷺鉾

「尺素往来」と云う古い本に「笠鷺鉾」と云う名があります。然しそれがどんなものだと云う説明がありません。処が古い祇園会の図と云いますものに二疋の鷺が舞うているものがありまして、これがその笠鷺鉾かとかいてあります。今山口県津和野に残る鷺舞と同じ様なものでありますから、これを笠鷺鉾の鷺の踊と見て話をすすめます。この図を見ますと白装束黒脚胖黒足袋の者が、腰に小刀を挿し、頭からスッカリ白鷺の作り物を冠りその胸の辺の薄衣から先方を見たものでしよう。鷺の頭上には小さい広げた傘をつけ、その傘の端には紙幣がついています。背中に羽根をおい、その一部に両方の脂を挿んで羽根を動す様になつています。その横には織物で包んだ風流花傘の大きいものを持ち、傘の上には太鼓橋、その中央に鷺一羽、小さい傘の下に立つています。下に烏帽子、袴をつけた男が鼓、笛、鉦、羯鼓で囃し、太刀を逆に肩に担いだ男は扇子で刀の鞘をたたいています。この男が唄手であれば歌があつたものであろうと思われます。今宮やすらい踊の唄方が同じ様に刀担いで扇子を半開きし「やすらい花よ」と唄つていますと同じに思われます。

この笠鷺鉾は文献がありませんが、鉾の脇に描かれていますから山鉾巡行に

「諸国年中行事大成」より

加わつていた事は確かでしよう。この笠鷺鉾は古く姿を消しましたが徳川初期迄あつたのではないかと思います。これに似て非なものに傘鉾が二つありまして幕末迄山鉾行列に参加していました。四条通西洞院西入四条傘は風流花傘に松と赤の御幣がついていました。元治元年の大火に全滅したと云います。もう一つは綾小路新町東入町にありまして鶏の木彫が傘の上に着いて綾傘と呼んでいました。この方は大方現存していますが、明治以来巡行しておりません。これは種々文献も図もあります。鷺舞にはありませんが傘鉾には赤熊を冠り顔はふく面して眼だけ出し、大口袴をつけ手に五尺位の棒を持ち、これをくるくる廻し両手、片手、肩へまわしたり、飛び越えたり自在に棒を振りますので、此男を棒振りと云いました。これは今日も壬生大念仏狂言の最終日に「棒振」としまして、傘鉾と同じ事をしております。此傘鉾町へ壬生狂言の方から棒振りに出る事になつていました。此棒振りは四方の悪魔を払うのであります。棒振りの外に少年の稚児、鉦太鼓笛の囃方、何れも徒歩で参加し要所要所で棒振りをしました。趣向が変つているので人目をひいた事と思います。

この鷺舞は、京都では古くなくなりましたが石見国津和野及び山口市に京都祇園会を摸したと伝えられものがありまして、津和野は天文十一年（四百十五年前）に山口の祇園会鷺舞を写したと云い、それが中絶しましたので、藩主亀井茲政が京都の祇園会から改めて伝習し再興したと云われています。そして山口の方はトント淋しいものになつてしまいましたが、津和野の方には危しげな囃子も

橋の上におりた鳥は何鳥
かあはさゝぎのく〱のヤアかはさゝきいの鷺が橋を渡したく〱
しぐれの雨にぬれとほりとほり

の歌詞も残つております。この鷺の作りものは可成重い物だそうです。京都の真夏土用近い暑い日中をこんな重いものを着て巡行に加わるのは大変だつたでしよう。そんな事でやめてしまつたのではないでしようか。江戸初期に描かれた、住吉具慶の祇園会の杉戸（修学院離宮及び粟田青蓮院）に傘鉾が二ケ所ともありますのに此笠鷺踊がありませず、どんな記録にも何町にあつたとの事もありません。津和野祇園祭には四十八人の人々が幟の変形の様なものを並べたり、棒振が加わつておりますが、これは他の傘鉾の棒振をとつたものであろうと思います。鷺

舞は棒振の代りに舞うものと思います。

昭和二十九年第三回お迎提灯の列の中に、此鷺踊をやつて見てはと高原宮司と相談して少女用の鷺の冠物を作り五人舞わす事になりました。私の欠席した時中浜万燈会々長は若柳流の若い師匠に振付けを、鷺踊音頭の歌詞、常盤津の曲でこしらえられてしまいました。少なくとも四百年前の舞ですから、音頭にするのもおかしいし、そんな華美な手振では鷺踊の味はありますまい。唄も果してありましたか、どうかも判明していません。処が八坂社で津和野へ調査団を出して映画に録音に写真にとつて来られ早速荒木装束店へ注文して大体津和野のものを摸して作られ、振付は茂山千之亟が能風に作り、囃子物「時雨の雨に濡れじとて、時雨の雨に濡れじとて、鷺の橋を渡いた、鵲の橋を渡いたりやさうよの」をテープに入れ、神泉苑狂言の棒振を用い、山鉾巡行に参加したいと交渉しましたが引受手がないので、学生狂言会の人々になつて貰い祇園祭奉賛会主催とし還幸祭に加えられました。これはもつと識者の間で研究し、昔のまま山鉾巡行に加えられ、どこかの町が引受けて、祇園会としてやつてほしいものと思います。囃子も祇園囃子でよいと思います。

お迎提灯の列に加わっている少女の鷺踊は三十一年度より赤熊をつけた少女十人を加え、これを鷺踊にからませて振付をして貰い、音頭は止めて、函谷鉾の囃子方八人に風流頭巾、色足袋で祇園囃子の「からこ」と地囃で舞う事に改めましたが、もっと研究して古い味のあるものに変えて行きたいものと思っています。

五　菊水鉾再建

元治元年の大火、俗に鉄砲焼に菊水鉾は焼失してしまいました。装飾の織物類は残りましたが、上の町の山伏山に譲ってしまい、町の人は再建など考えていません様でした。では焼失した菊水鉾はどんな鉾だったかと申しますと、他のどの鉾でも千鳥破風でありますのに、此鉾丈は唐破風であり、全体も小型だったと云います。「祇園会細記」や藤田貞栄の増補を見ますと

餝附　出し花（菊大きさ六寸、枝六本各花付堰台にきくの紋あり）天井幕（唐ざらさ、唐草模様）上水引（紺地にしき竜）下水引（赤地にしきいなづまに菊の模様）二番水引（紺地錦、

いなづま）三番水引（花色地錦、竜の丸）前甀（から花縁猩々緋）胴掛（同一）見送（つづれ錦、縁は岩根笹きんし縫なり）鉾頭（十六枚の菊あり地より上へ十四間有）人形（彭祖也左の手に盃を持ち右の手に酌を持、髪は丸く児わげ也、人形の上に小屋根、半菊瓔珞あり人形の棚四方に菊花四本有）この細見は宝暦七年の本、その後五十七年文化十一年に貞栄の増補が出ていますが、織物は殆ど変つています。出し花は天明八年の大火後出さない事にしましたが、今日は全鉾が廃止しております。

古例　六月六日晩烏丸三条下饅頭屋町より指樽と鯛二枚米二石―但時の相場を以て納銀―行事役の人持来る。当町よりも行事人出迎其より町会所に於て饗応の儀あり、是前田徳善院玄以法印京都支配の時より例と聞く〇当町に蛭子の像ありて昔蛭子山とて出しける貞享元年蛭子預りの家に出火の事ありて此像を焼失して其後改造なす当町古名蛭子三郎町とも云う。又当町東側に蛭子社あり、古其表武野紹鷗囲ありて其茶亭を蛭子ノ社に対して大黒庵と申けるとぞ是等の事跡も蛭子山の縁ある様なれども一向別事ならんか。此社十月二十日神事あり。

縁起　此鉾頂上に菊花ある故菊水鉾という。余は彭祖が古事の外子細なし、但し当町に菊水という泉有是古高名の人の住居せし趾なりとぞ或云周穆王の寵愛の児に慈童と云者あり、或時誤て帝の御枕を越えたり臣此咎により慈童を酈懸山に流す。帝不便に思召普門品の二句の偈を慈童に教ゆ、慈童忘れじと思い彼山の菊の葉に此文を書付け明暮之を誦する其したたる菊水を飲て七百歳を保ちける慈童は彭祖を云也と。

この話は謡曲、菊慈童又枕慈童として知られております。

祇園御霊会細記

菊の露を飲むと長寿すると云われ五節句の重陽の節供にも出て参ります。それに此町には古くから「菊水」と呼ぶ名水があります。今金剛能楽堂東棧敷の横に現存しております。こうした話ををりまぜこの鉾が出来たものと見てよいのかと思っております。応仁乱（四百八十年前）以前の山鉾の名に住所も今と同じ室町四条上ルに名が見えます。

どの鉾にも其鉾の守護神たる人形を祀ります。鉾の高い処にある一尺余の人形で、各鉾共ゆかりの像を上げます。これが彭祖の像で菊慈童を彭祖と呼んだとも、全然別人に彭祖と云う人が菊の露を飲んで七百歳迄長寿したのだとも云います。そして蛭子像もこの彭祖像も町内で祀つております。彭祖は鉾の真木につけ、蛭子像は鉾の中に祀つて巡行すると聞いています。

此鉾は上水引の正面を簾をたらし、囃子方も音頭取も烏帽子雑色を着けたと云われます。此鉾の囃子の優れていた事は別稿に書きました。

加賀の人、松本元治と云う人此菊水鉾町に住み室町会館と云う連合繊維問屋をやり鉾町の祭神蛭子社を信仰し大成功をしました。聞くと元治元年に鉾町の鉾が焼けたままとき報恩感謝の念から一切一人で菊水鉾の再建を考え、其当時山鉾連合会副会長の今村耕三君に相談し、私のもつている文政三年源鶴州筆の菊水鉾の軸を元本として、東九条南石田町竹田与七工務店、車は九条京阪国道西入小林車輛製作所に請負わし、出来る迄、鉾頭に菊水鉾の幡を釣して昭和廿七年山鉾巡行に参加し、翌廿八年九十年ぶりに室町四条上ル元の町に菊水鉾が建つ事になりました。そして白木のまま七月十七日の巡行に加わり、九年には皆川月華作の空飛ぶキリンと唐獅子の織物胴掛けが出来ました。そして此鉾は町内へ寄附し、町内の会所を松本が借り、其家賃で此鉾の維持費に当てる事にしました。処が三十年頃から松本の商買不振からあちこちの支払が完納出来ないまま富小路で旅館に転業してしまいました。

どの鉾にでも稚児がおります。此鉾の稚児は他の鉾と風変りで、菊慈童の様なおかつぱ頭のものにし製作者は河原町四条上ル森口、松屋人形店、人形の名は「菊童丸」と附けられ、三十

菊水鉾稚児　菊童丸

一年から巡行に参加されました。

例え鉾が出来ても囃子方は急に出来るものではありません、が幸いと月鉾の囃子方が分離して此鉾専属となりました。やがて昔の様なよい囃子が聞かれる事と思われます。

此鉾も金剛能楽堂で年々茶会の催をし、此稚児や装飾品を飾り各地の菓子皿を配布、鉾の方も年々新調し、やがて昭和時代の装飾の出来上るのを楽しんでおります。

六　祇園囃子

私の様に氏子区域に生れましたものは、赤ん坊の頃から宵夜に抱かれて出かけ、コンチキチンの囃子は非常になつかしく親しみと愛着を感じている一人であります。

この祇園囃子は、各地の祭礼にも、芝居の舞台にも、芸妓達の囃子にも、又六斎念仏にも聞れはしますが、良く聞いて見ますと、これ等はどこ迄も模倣でありまして、祇園会山鉾のものとは大変に違っております。そこに本物の尊い処があるのだと思います。

この祇園囃子は大変古くから行われていました事は想像出来ますが、古来歌詞のないもの丈に記録としては何一つ見当りません。賑わしいこの囃子は、奈良朝時代からあります田楽(でんがく)の鳴物が其根本をなすものであろうと考えられます。それに申楽(さるがく)が多分に加わって来た更にそれに仏教音楽が加味している事も考えられます。此祇園御霊会は千年の昔、祇園の神輿を舁ぎ多くの鉾をもって神泉苑に疫神封じの御霊会を行いました事から始まったと云われますが、その道すがら拙い囃子が附随していたものと考えられます。其後申楽より転化した能楽が盛んになり、その囃子方に名手が出るに従い、この囃子もようやく一定した祇園囃子となったものであろうと思われます。然し果してどんな楽器を用いていたか判明していません。処が能と共に発達した狂言の中に祇園囃子の稽古をする曲が二つもありました。鎌倉時代末期の人、玄恵法師作と云われる「煎物(せんじもの)」や「くじ罪人(ざいにん)」がそれであります。

「煎じ物」祇園会の頭に当ったので大勢の町人を呼び集め囃子物を稽古している中に、煎じ物（薬湯）やの商人が荷をかついで来て、稽古中もかまわないで煎じ物をすすめて一人一人に売付けんとするが誰れも呑もうともしません。却て邪魔になるからと追い出されます。其内に囃子に興が乗つて煎じ物屋も見真似で舞いますが、大失敗をします。

「くじ罪人」祇園会の頭に当つたので、町内の人々を集め、此度はどんな趣向でやろうかと相談します。種々の案が出ますがいつも太郎冠者が打ちこわしてしまいます。結果太郎案で鬼が罪人を責める処をやろうと云う事にきまりました。それでは囃子方共に役をくじできめる事になりました。私は太鼓方、私は鉦方、私は笛方ときまり、主人が罪人で太郎冠者が鬼ときまります。スグ稽古にかかります。再三もめますが、終に鬼の太郎冠者は主人の罪人をつき転して逃げて行くと云う筋であります。

此頃から今に至る迄囃子は鉦、太鼓、笛の三つ丈で他の楽器を使つておりません。六斎念仏踊の囃子も古い時代は此三つでありましたが後に太鼓の形が変り大太鼓、豆太鼓等になりました。何分明治時代迄は音符と云うものはありません。囃子も口伝と耳学問で覚えたものであります。今日では此祇園囃子も相当完成したものになつておりますが、これがかく纒まつたものになつたのは室町通四条上ル菊水鉾町の住人野村氏（今の金剛家）代々の努力によつたものと信じております。

どの山鉾町でも山鉾に対しては門外漢の窺い知れぬ愛着をもっていまして、家産を傾むけてでも他町よりよい山や鉾にしようとした家もあり、並大抵ではありません。いくつも其実例を知っています。野村家八代目の続資は享保十一年に衣棚竹屋町上ルで歿し、九代目清房から今の室町菊水鉾町に居住しました。それから式守、至盛、直寛の十二代目迄百三十余年、此町に住み町内の菊水鉾のため、囃子の改善に努力せられたが、苦心して他町に敗けない立派な囃子にした事は当然でありましょう。能のシテ方は一応の囃子ことに笛は知って置かねばなりません。どの町内でも囃子方は大方町内の人でやります。笛方は他町から好な人々の奉仕が多いのですが、菊水鉾の囃子方に金剛流のお囃子の人々が参加した事もあたりまえであります。恐らく幕末には山鉾の内でこの菊水鉾の囃子が一番上手であっただろうと思います。それを他の山鉾の囃子方が聞き覚えで自家のものにした事も考えられます。古の菊水鉾は小型であり、他の鉾が全部入母屋作りであるのに、此鉾丈が唐破風で、上の水引が簾である事。囃子方が浴衣でなく素袍を着ていた事も金剛流の人々の仕業でありましょう。先代巖氏夫人は元治元年の京の

鉾の囃子　笛方がならぶ

大火で焼失する迄、祖父等が菊水鉾の為め相当尽力せられ囃子にも努力せられたと聞いていると話されました。此鉾は永らく再建されなかつたが昭和廿八年八十九年ぶりに新調せられ、昭和の鉾として年々整美されて来ています。

祇園囃子をやっているのは昔は笠鷺鉾や笠鉾の様に徒歩で歩いたものもあり、又曳山とし岩戸山、北観音山、南観音山、焼けて今はないが鷹山には他の鉾と同じ様に囃子台で囃していた。どの鉾にも囃子はそれぞれの曲名があり、吾々音痴には、どこがどう異っているのかわかりませんが、やっている方々にはどこの鉾の囃子がよいとか、よくききます。この人々は聞いた丈で覚えられる様です。音から音符はないのですから音符で覚えるわけには参りません。一般には鉦は子供が囃しますから、鉦の符は出来ています。月鉾はこの三楽器共に一つの音符を作る事を考え昭和七年七月に立派な本符をつくりました。そして各鉾には銘々勝手に曲名をつけています。大程三、四十ありまして各鉾共通名もいくつかあります。放下鉾の曲名は

壱（男蝶）二、三、四、五、六、七（間抜け）八（鳩）九（横）拾、霞、千鳥、柳、獅子、牡丹、長六、藤、地囃子 乱れ旭、長八（長鳩）虎、松風、緑り、乱れ獅子、当町、神楽、兎、

桜、翁、朝顔、乱れ、流れ、越後獅子。

囃子方は山鉾によつて乗る人の数は同一ではありませんが三、四十名が乗つて交代で囃します。太鼓を主として二人、最前列に座り、向つて右側が笛方が八人、左側は鉦方が八人。囃方は町内の子供、太鼓方は町内の人々がやつている様です。笛方は希望有志者が他町から参加しますが一人として玄人はいない。それで報酬は与えられていません。此鉾に乗つて巡行する事は神への奉仕ですから悪事災難を遁れられると信じられ深い信仰を持つています。各山鉾揃いの浴衣を着ていますが、其費用は各自の負担の処もあります。この浴衣の古くなつたものは、嬰児のおむつにすると、その児は健康に育つと云われています。

一般に囃子の稽古は七月一日の吉符入の日から始めます。此日町内の六、七才の男子は囃子方へ入る挨拶をします。然し真の囃子は十二、三才になつて始めて稽古にかかるのです。十日迄は二階囃子とて町家(各鉾町には町内所有の家があり会所と呼んでいます)の二階で夕方から稽古をします。十日に鉾が立ちますと十六日の宵山迄毎夜鉾の上で囃します。曳き初めの時にも、十七日のお渡りにも当然鉾の上で囃します。十六日宵山の夜十一時頃迄囃しつづけ、最後の大液をして鉾を下り、鉦釣り台又手に持つたまま、銘々山鉾の名のある高張提灯を先頭に祇園囃を徒歩のまま祇園石段下迄囃して行きます。これを「日和神楽」と云いまして翌日のお渡りが晴天である様祈るのだと云われています。私等もこの日和神楽を聞かないと何だか物足りない思いをします。

十七日当日は七時過から一同揃つて鉾に上り九時頃からお渡りが始まります。四条烏丸で順を整へ寺町迄の五丁が渡御で、此間の曲目は実にゆつくりした囃子をつづけます。この一曲は三分間の蓄音器のレコードに入らないとききます。一般にレコードの何々鉾の囃子として入つていますのはテンポの早い戻り鉾の囃子が数曲入つています。月鉾の例をとりますと三光、井筒、あり、初音、はつか等を次々と囃しこの曲が次の曲え移る時は地囃子でつなぎます。囃子は休みなく続きます。それで大声で次の曲を叫んで知らせますが、鉾によつては木札に曲目をかき、次々膝の上え廻し、これが監督の手許に戻ると次の曲に移る様になつています。四条寺町え着きますと、八坂の神に対し「神楽」の曲を奉納して渡御が終ります。鉾はそれから南下しますが鉾を曲げている間を「からこ」の曲でつなぎます。これはどの山鉾でも大たい共通で、鉾が南へ向きますと囃子は戻り囃子の急テンポにかわり、月、旭日、紅葉一、二、三、たつた、たつたの上げ、四季、四季の上げ、扇、とり、八百屋、御ゆき、巴、寅、鬼等ありまして月鉾は神楽の後につける笛が特有なものとし「八百屋」は自慢の曲と云つています。

近年は各地から此囃子方の出張演奏があつたり鉾の東京、名古屋行にも参りこの鉾の上で囃子したり、北白川花売女の花祭に、お迎提灯にも参加し、鉾町によつては季節外でも研究会を開いた処もあつたとききます。これも時代でありましよう。

七　祇園会雑観

▽昭和二十年と云う年は一応日本の総の上にピリオツドを打つた事になりました。古い伝統を誇つて来た祇園会も時勢の浪にもまれて変つて行きます。それは止むを得ない事ですが、それだからと一切をどんなに変えてよいとは云えないでしよう。昔からの行事で変えていけない事は変えない様にしてほしいです。変えてもよいものは変えてもよいのではないでしようか。

▽祇園会はどこで始まつてどこで終るかと尋ねると今迄の人々は四条烏丸で始まつて寺町へ、松原、新町と一巡してくるのが祇園会と思つています。これは大きい間違いで四条烏丸で順番に列びますと東へ徐行します。そして寺町迄くると、どの山鉾でも神楽の囃子を遙か八坂の神に奉納します。終ると今迄は南へごりおしで曲げようとします。囃子は「からこ」に変りスッカリ南向きますと俄かに囃子は急ピッチの戻り囃子になります。戻り囃子はお渡りが済んだか囃すものです。昔応仁文明の乱で京が焼かれ秀吉が再建の時、この山鉾の巡行迄考えてくれなかつたので、綾小路、仏光寺、高辻が何れも道幅せまく鉾が通せません止むなく半分稲荷祭の区域の松原通を通つて自分の各町え戻るのです。寺町を北へ行かないのは二十四日の後の祇園会の区域になります。南行しますと、前の祇園会山鉾の3/4が四条通から南の町のものですから少しでも早く戻れます。それで寺町松原新町コースをとつていました。もう四条寺町でお渡りが済んでいるのですから、四条通が拡つた今日なら、北側を通つて寺町から南側を通つて戻ればよいのです。それでは余りアツケないので松原へまわつていました。祭が済んで戻るのですから北向であろうが南向であろうがやかましく云う必要はありません。それに僅か五丁丈では

観客もこれ以上は収容出来ません。それで北上して御池通の広くなつた両側共氏子の町を通り、少しでも京都の繁栄になる事を考えたなら当然御池を通すべきではないでしようか、昔狭い町を通つている山鉾は大きく立派に見えました。御池通では誠に貧弱に見えます、それは仕様がない事でしよう。

▽古い本には六月七日（今七月十七日）は神幸祭で十四日（今七月二十四日）が祇園会とかかれています。それが十七日の方が山鉾が多いので此日が祇園祭と思われ、二十四日の山の巡行は誠に淋しいものです。それで二十四日祭の方が十七日に合併して二十九基揃えてやろうと云つています。九日の鉾立を全部山も共に十七日に建て、十八日から二十三日迄、お迎提灯やねりもの等毎夜催します。二十二、三日は宵山で賑はします。そして二十四日を祇園会として地方人も泊りがけて来て頂けば連日京の町は賑う事でしよう。数年後にはこうなるのではないでしようか。

▽長刀鉾稚児の七五三縄切、本誌表紙の写真がそれであります。四条通が狭かつた頃、東洞院角に斎竹がありましたのを切つて通つたのですが、慶長以来敷屋町の角に斉竹が建てられこれを

切りました。昭和三十一年七月十七日、始めて寺町を北上するので寺町上つた処に斉竹を建て之を鉾の前え引いて稚児が切りました。然しこれは矢張り東洞院角で切るのがよいと思います。

▽中の町の一里塚、松原通麩屋町西入中之町では長刀鉾が寺町を曲り松原通を西に向くと鉾町の人々列をなして此中之町へ来、ここに飾つた一里塚の前で此町の人々と嘉儀を述べ神酒神供を頂く習俗があります。これは往古此町の人々疫病にかかり多く臥てしまいましたので頓宮を造り午頭天王を祭り神楽を奏し信心しました処忽疫病が平愈しましたので、それ以来例年六月七日神供を備える事になりました。

錺もの

金鋳に曳茶を水にて立つ　茶碗信楽焼を用う三宝に御鏡餅　一重　同御神酒兼土器二枚　同

粽左右に置　同一里塚　松の根を平あらめにて巻　車海老をつける　又揚梅　香子梅　爪

三菓を備置　但し男松女松を用う

松原を山鉾が通過しなくなつたので寺町四条お池通の間え出張して、継続したい様な話もきいております。

▽鉾を曳く者は、学生アルバイトを使ったりしていますが、以前は町内の店員も相当に手伝い、見ている子供も、ツカツカと走り出て此引綱に手をふれて引込む、これで其子供は其年悪病にかからないと云われたものでした。

▽鉾から撒く粽は、銘々投げる人が買い求めたもので、囃子方等は相当に買い込みこれを投げるのがとても楽しみにしています。この粽は昔はシンコが入っていましたが、今日は中味なしの笹の葉で巻いた丈のもので、出入口に釣らくっておくと悪疫は勿論、悪事災難が一切入らないと云われ、近年はどこの鉾でもこの粽を売り、これを買った人は鉾へ上らしてくれると云う事を考え、相当に売れております。

▽鉾の茶会は、月鉾町の岩城九右衛門と云う人、月鉾を立派なものにしたいと私財を出して金具や屋根裏の応挙の草花図などを造り、自分も、鉾の内裏の四方に秋草を描いて屋敷にしつらえ、未明に此鉾の上で茶会を開きました百五十年程前のことであります。近年再興し会所の二階で催しております。

表紙写真
長刀鉾の稚児
斉竹の七五三
縄を切る。
（小倉佐助氏
撮影）

昭和三十二年七月一日　発行

【価　百五十円】

著　者　田中緑紅
代表者　鳥居郊善
印刷所　協和印刷株式会社
電⑥三九四・六七八

京都市東山区東大路松原上ル
発行所　京を語る会
電話祇園⑥五一二七番
振替大阪三七三五五番

《復刻にあたって》

一、本復刻版は、田中喜代様所蔵の原本を使用しました。記して感謝申し上げます。

一、復刻版には、借用した原本の都合で初版と再版が混在しています。また、原本奥付に紙を貼付して新価格を表示している場合もそのまま復刻しました。

一、文中に、人権の見地から不適切な語句・表現・論、また明らかな学問上の誤りがある場合も、歴史的資料の復刻という性質上、そのまま収録しました。

一、表紙の背文字は、原本の表示に基づいて新たに組んだものですが、一部訂正や省略をしました。

緑紅叢書　復刻版

第1回配本（全26冊）

祇園会余聞〔緑紅叢書3〕

2018年10月31日　発行

揃定価　39、000円＋税

発行者　越水　治

発行所　株式会社　三人社

京都市左京区吉田二本松町4　白亜荘

電話075（762）0368

乱丁・落丁はお取替えいたします。

コード　ISBN978-4-908976-75-9

セットコードISBN978-4-908976-72-8

緑紅叢書 第四輯

京の送火

大文字

田中緑紅

はじめに

相当古いお盆行事として京の送火大文字は京名物としても知られていますのに、其変遷を調べたものを見ません。地元も歩きましたが殆どないと云つた程で、村人も知らないとの事でした。大正年間以前の写真も記録も殆んど残つていません。

私は昭和九年から年々調査に参りました。そして昭和廿三年にガリ版の小冊「京の大文字」を出しましたが、その後出ましたパンフレットも大方此小冊からとつております。

此度緑紅叢書の一つとして出しますに就ては各地元の保存会に紹介し妙法の河村善次郎氏、左大の渡辺保夫氏、大文字の長谷川栄次郎氏、舟の川内知光氏から写真や資料を送つて頂き大変参考になりました、御礼申します。

最初に放送草稿を卅年前そのままに挿入しましたので後の原稿に多少重複した処も出来ました。然も三十年前と変るのは世の中で、農家が少なくなり家代々のシキタリが日々消えて来ている事で従つて此後の此行事も考え直す時機も近づいた感じがします。

五山共保存会を作り観光連盟から補助金を出していますが経費の三分位で、これでは京の八月の観光行事も危ぶまれます。お盆行事が三分観光八分、市も考えなくては……

目次

京の夏を彩る大文字の話

宝永年間に刊行せられた「宝永花洛細見図」に出ている図で刊本挿絵として一番古いものと思われます。

私が始めてラジオ放送を依頼されましたのは、丁度三十年前の昭和三年八月十五日夕七時から廿五分間JOBKの放送室から放送しました、それがこの表題でした。一応大文字を簡単にわかつて頂けようと思い、これを始めに記載さしてもらいました。

京都のお盆は陰暦とは違つて一ヶ月後れに催しております。八月十三日に御精霊を迎えまして十六日に帰えられると云つております。七夕も一ヶ月後れの八月七日に大きい笹を立て、五色の紙や、いろいろのつるしものをこしらへて立てたものでありますが、この地方色も年々淋しくなつて現今殆ど笹らしいものも見なくなつて参りました。

ここ十数年以前は、土用最中の暑い真盛りに行われます祇園会のお祭をすませ、それから次の年中行事として、子供達はこのお盆前後毎日夕刻より自分の家の定紋の付いた提灯を一本の竹にづらりと通しまして、其竹の両はしを二人の子供が持ち、他の子供は手に拍子木、ヂャンポン、ホラ等を持ちまして提灯の後ろから囃し立て「ヨイサッサヨイサッサ、これから八丁十八丁、八丁目の小ぐりは、小ぐりにくい小ぐりで頭のテッペンを摺りむいて、一貫膏薬、二貫膏薬それで癒らにや一生の病じやい」又は〽盆の十六日二十日鼠押へて元服さして髪結ふて牡丹餅売にやつたれば、牡丹餅売らんと昼寝して、猫に捕れて、エンヤエンヤのお馬のてこじやい」と唱つて各町を練つて歩いたものであります。女の子は髪をおタバコ盆と云う髷に結びまして紅提灯に自分の名を白抜にしましたものを手に持ちへサーノヤーノ糸桜、盆にはどこも忙がしや、東のお茶屋の街口に、赤前垂れに繻子の帯チト寄らんせ這入らんせ、巾着に金がない、なうてもだんない這入らんせ、大辛気、小辛気。」と唱つて歩きましたもので、これをどんなに子供達は楽しみにしていた事か知れません。

その内に八日が法華宗、九日が浄土宗其他の宗旨の方々、松原東山通西入珍皇寺と云う寺へ精霊迎えに参りましてあの世とやらに響き渡る釣鐘を撞いて求めた槇木を持つて帰り井戸へ釣しておきます。それから十三日の午後（法華宗は十二日）お仏壇を飾つてお精霊を迎えます。これから数日間は仏様は御馳走攻めになります。そして十六日の早朝に帰えられます。それで送団子を供へますと早速に帰えられますので、此時門で送り火を燃す事になつております。此お団子を供へます時間がおくれますと、ハサン箱持にされると云うので特に早く起きて此お供物をするのであります。其朝八時頃には「おしよらいの花捨てよー」と呼んでくる姥さん達がありまして、仏壇に供へた供花やいろいろの供物を貰いに参ります。

扨て今日の主題としてあります大文字は、此御精霊の帰えられます送り火の大げさなものなのであります。これが古くから行われておりますので、夏の京都にはなくてはならぬ年中行事の一つとなつております、多くの人々も此の夜の僅かな時間を、どれ程待ちこがれております か、只に此夜は大文字丈ではなく、妙法、舟、左大文字、鳥居などの姿が北山に点火されま す。今日では市中に大厦高楼が立ち並びましたので、昔の気分は余程少なくなりましたが、其高い処へ上つて見ますと東北から西北へぐるりとならぶ火の景色は実に壮観であります。ブルジョアの人々は上木屋町の加茂川にかかつた床に、多くの京美人にとりまかれて涼みがてら、暮れゆく東山の景色を眺め、やがて点火される如意ケ嶽へ頭をめぐらして今か今かと大文字の点火を待ちます。

此の大文字は頼山陽先生の唱えられたと云う東山三十六峰の北から数へ、まず第一の比叡山の南に、樹木を切り開いた青々とした山で、如意ケ嶽又は大文字山と呼んでおります、高さは海抜四百六十五米ありまして、丁度足利義政で有名な銀閣寺の真上になりまして、浄土寺町の人々によつてこの大文字は行われるのであります。それでいつ頃から始められたかと云う話しですが、どうもこれが正しい説だと認められる文献の何物もありません。が大方こう云う話にしておいてもよいのだろうと思いますのは、初め弘法大師が書かれて出来ましたが時日を経てくづれてしまつたのを足利義政が相国寺の横川(おうせん)和尚に命じて字形を正し復興せしめられたと云う説なんです。これは日次(ひなみ)記事、雍州府志、都名所図会等の本にも出ております。異説としては延宝五年刊の「出来斎京土産」には青蓮院門跡筆とあります。

　次に此の大の字は、市中から十分に認められます丈に、第一画が長さ四十間、第二画が八十間、第三画が六十八間ありまして其間に七十五の火床があります。この大の字は天明八年の古図によりますと第一が三十六間半、第二が八十五間、第三が六十間ありまして、現在とは多少長短があります。この火床即ち火を燃します場所は、穴ではなくて三尺平方の平面であります。特別に凹んだ穴になつているのではありません。この地面の上に薪を井桁に積んで燃やしますので、火床と火床の距離は五六尺から十尺位あり、字体の都合でいろいろに隔つておりますが遠方から見ますと一字の様に見えます。此七十五の火床を浄土寺町の四十軒の人々で受け持ち、或は一軒で二床又は一床を持ち年々火床を変えて、字の末尾から頭の方に逆に上つて受持ちます。下から上へ受持の変るのは珍らしい方法です。火床で燃やす薪は松材であつて早くより各自の家の軒下に積み重ねて乾かし、二尺位に切つて燃え易い様に準備をします。十六日の当日午後四時頃四十軒の人々はこの薪を背負つて如意ケ嶽へ上り、各自持場の火床の上に少し地を掘り、この松割木を井桁に組み上げその中へ松葉又は枯れた竹等を入れて準備します。各火床には薪は二束宛と定まつていますが大の字の頂上は三束、其中心点をカナヲと呼びまして窗の正面に弘法大師の石像が安置せられています。其前には多くの信者の奉納しましたこの薪には年と名前、又何々の年と干支を書いてこのカナヲの前に積み重ねますので、此所丈は山の様に積み五尺以上もあろうと思はれます。

そして日の暮れるのを待つていますと、妙法、舟、左大、鳥居などが先づ燃え初めます。山におりますと市民の喝采する拍手と歓声が遠来の様に響いて来ます。八時も過ぎた頃、合図の炬火が振られます（以前は太鼓を打ちならしたそうです）と、各受持の人々は藁に火をつけ、これを薪の下の枯葉につけ、スグ次の分にも火を移します。この間分秒を争うので、まごついて

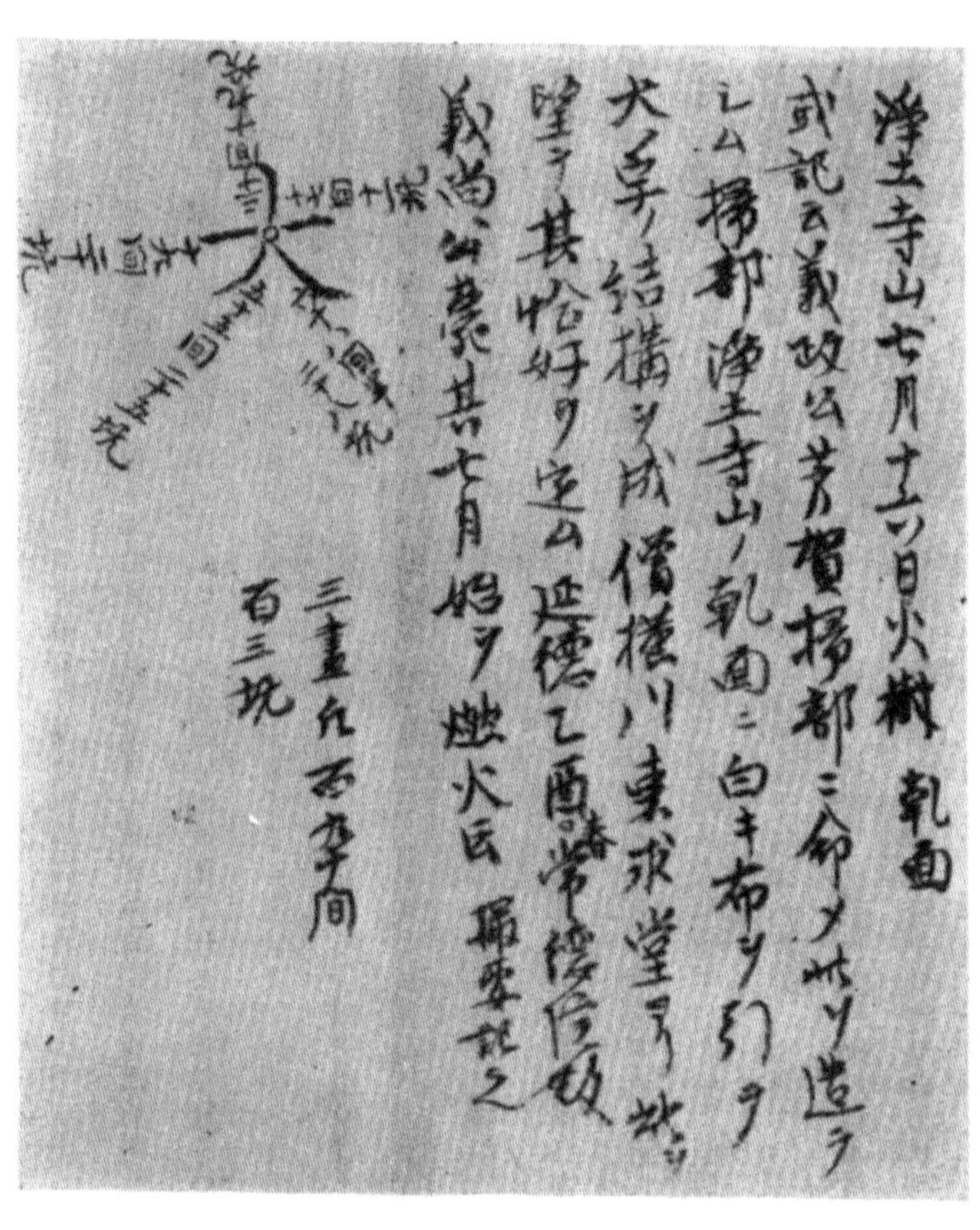

浄土寺山七月十六日火樹　乾面
或記云義政公芳賀掃部ニ命メ作ヲ造ラ
シム掃部浄土寺山ノ乾面ニ白キ布ヲ引テ
大字ノ結構ヲ成借樣リ東求堂ヨリ望ミ
望テ其恰好ヲ定ム延徳乙酉春常徳院殿
義尚公薨ス其七月始テ燃ス火氏　爾来記之

百三坑

藤貞幹自筆の随筆録にこの大文字の
抜萃がある（若林正治氏蔵）

いると火が一整になりません。乾き切つた薪はドツと一時に燃えますので、人々は火勢を平均さ さねばなりませんので、ここかしこと走り廻ります。火床附近の人々は焰と煙でむせかへる様であります。燃える事廿分間位で、この偉大な見ものは聖霊送り火の最後をつとめ、実に壮観であります。此燃え残りの消炭は厄病除とか、中風のまじないとか、痔の咒とか云はれまして、これを取りに行く人は、まだ火が消えない先きから燃え残りの炭を拾います。それを拾うためにケムイ煙の中をむせかへる熱い思いをして待つているのであります。特に中心のカナヲの処のものは大混雑を致します。

町から此大文字を見ています人々も、お盆（食事用具）に水又はお酒を入れまして、これを斜にして見ますと、大文字の火がお盆の中へ写ります。写つたのを見た人はその水なり酒なりを飲みますと中風にかからないと云つております。又此日大文字ソバとして麵類を食べます。総て悪病除のおまじないとされております。

次にこの大文字を見る場所でありますが、三条、四条の大橋、又は其辺の加茂川原で見る人も多いですが、大文字が北西を向いていますので第一画の初め半分が見えませぬため、丁度英語のKの字にしか見えません。此大文字は一に京都御所のお庭の池に火が写る様に出来ていると云います丈に、この御所の北方、荒神口より北方出町、下鴨、植物園方面の方が正しい大の字に見えます。上木屋町の床から京美人に囲まれての見物は一番贅沢な話で、どの加茂川の床も満員になります。

この火は大阪桜の宮から遠望されたと大阪繁昌詩に記されておりますが、恐らく京都方面の山に赤い煙の上つたのを、それと察して認められたものと思います。

大文字は始めから淨土寺町の人々で行はれておりますが、これに一挿話がありまして、嘉永年間、村童の火遊びから全村焼土になりました。その翌年大文字を燃やすどころでなく、村の復古にかかつております。今年は中止になる噂で、天皇陛下も大変遺憾に思召されていると云う事を寺町鳩居堂の主人、四代前の直恭(なをゆき)氏が伝へきき、何とかして中止せないで継続させたいと思い、一切の経費を一人で負担して点火したと云はれております。村人はそれを徳とし、年々特産の南瓜を熊谷家へ贈り、熊谷氏又金一封を返礼されていると云う事です。

尚今日では毎年八月十六日にきまつておりますが昔は陰暦七月十六日でありましたため、丁度此大文字がスッカリ消えてしまいましてから如意ケ嶽の上から皎々たる十六夜の月がニューと現らはれます。大文字と違い又ゆかしいものだと申されました。現今太陽暦では月との関係は年々変ります。大がい小雨の時でも決行されます。四五年前大変な豪雨のため二日延期して十八日に点火された事もありました。

又冬の日、この火床に積ります雪のため、雪で大文字を顕はし、詩人墨客を喜こばす事も御座います。これを雪大文字と云つております。

此夜最初に点火しますのは初の方で申しました通り如意ケ嶽の大文字丈ではなく、下鴨の北東松ケ崎村の山に妙法がつきます。此村は題目踊と云う盆踊りで有名であります。その題目の南無妙法蓮華経の妙法の二字を漢字で現はしましたが一両年前からその山は市水道の貯水場となりましたので、字が欠けてしまいました。

次に舟ですが、これは文字ではなくて舟の形を顕はしましたもので、西賀茂村で点火致します。同方面に織田信長公を祀つた建勲(たていさを)神社がありますが船岡山がありまして、船と云う字がつきますので、多くは船岡山にて点火されるものと思つている人がありますが、廿町程も北の西賀茂の正伝寺の後ろ山につくのです。

又金閣寺の北方大北山に、あの如意ヶ嶽の大文字を写したと云う左大があります。大きさは比較にならぬ小さいものです。

西山、愛宕鳥居本のマンダラ山には鳥居の形をしたものが点火されます。二十余年以前には竹の先きに鈴、平仮名のいろはのいの字が点火されたと云います。

何れも点火して山から下りて来ますと、それから楽しい盆踊に夜をふかします。

これで私の話は了る事に致します。

この頃は未だ京都放送局が出来ておらず大阪放送局へ参りここから氷柱の立っている広い部屋の中央で放送致しました。

大文字

如意ヶ嶽

お精霊は何処へ　八月十六日（元七月十六日）四日目にあの世とやらへ戻つて行かれます。それは極楽であるのか地獄であるかはわかりませんが、千年の昔小野篁は地獄へ行く時珍皇寺の井戸から行かれたと云いますが、どの宗旨でも仏教は勿論キリスト教でも、神道でも一応に神は天にあり、死者の霊も神の許に、仏の許へ行かれると云う点は一致しておりますから死んだ人の霊はとにかく天から降りて来られ又昇つて行かれると信じたものらしいです。それでこそ精霊の送火を山高く燃やす事になつたと見て間違はないと思います。山に送火をもやす事は京都丈ではなく各地にあります。寛文二年（二百九十五年前）刊「案内者」に「上京下京共に沢山な人々が手毎に麻柯のタイマツを数十本もち鴨河原―北は今出川南は三条磧の間に満ちふさがり一二丈づつ空に投げ上げ、数百千の火を手毎にあぐれば、瀬田の蛍見のおもかげあり」とあります。山に送火を燃す丈でなく、庶民は磧で空中高く揚げております。

大文字の起源　種々な説があります。

一、桓武天皇延暦年中より例歳鹿ケ谷の峯に北辰を祀り伐木して之を焚き山川の神々に捧ぐ、これを御燈と云う、今大の中心をカナヲと云うはこの御燈の炉の址であろうと

二、嵯峨天皇の弘仁年間、悪疫が流行した時、弘法大師は如意ケ岳に登り護摩を燃き玉体安穏宝祚悠久を祈られた（熊谷直恭著　大文字噺）

三、山麓に浄土寺があつた。後一条天皇の寛仁二年創立（弘法大師滅後百十三年）この寺火災で全滅した。処が焼失したと思はれていた本尊阿弥陀如来が山上に避難され、毎夜光明を放たれた。その地に仏の偉大さを弘めるため大文字を始めた。

四、唐（シナ）の時代に字舞とて地に火で文字を顕はしたものを空海（弘法大師）がまねて、東山に大の字を作つた（碓井小三郎著　坊目誌）

五、後土御門天皇の延徳元年　足利義政将軍　亡子義尚の追福を祈り相国寺横川和尚に命じ、横川は侍医芳賀掃部と相談して作らした（日次記事　雍州府志等）

六、此頃三名筆の一人近衛三藐院の筆になつたと（寛文二年刊　案内者）

七、青蓮院御門主の御筆と聞ゆ、（延宝五年刊　出来斎京土産）

起原は判然としませんが、義尚追福の為めの説がよい様に思いますが義尚は延徳元年に歿しておりますから四百六十八年前の事になります。然し年中行事として年々行はれる様になりましたのは他の四山と同じ頃、後水尾天皇の御代徳川四代家綱時代ではあるまいかと思います。だがどんな動機に何人が主唱したものかわかっていません。とにかく二百八九十年前の本に出ていますから、それより少し古くから行はれていたものと思います。

大の字にしたわけは　これも種々な説がありまして

A　北辰を祀つた　星の☆尖と尖の間に線を引くと大となる。大は星を現はしたもの

B　弘法大師が㈢大字形の護摩檀を山上に築かれた事から

C　仏教では人体を四大と云い大の字を以て標榜する。

以上三項浄土院記録

D　大は一人のことで人の中央に一を入れると大の字になる。人の事である（光福寺阿善和尚説）

結果キメテがなくて大乗の大の字だとか、思い思いの説が出ますが、もつと単純に誰れにでもわかり易く、火で現はすのも平易で、然も大いなりと云う事からも、大の字にこすものがないので、弘法大師にしろ横川和尚にせよ、誰れでもこの大の字を選んだのではないでしょうか。

大の大きさと火床　現在一画四十五間、十九床、二画八十八間、二十九床、三画六十八間、

カナヲにまつる弘法大師

二十七床　計七十五床

雍州府志（第一）が四十間十三床（第二）八十間三十床（第三）六十八間二十九床、計七十二床

光福寺寿観和尚筆築山石伝（第一）四十余間二十余床（第二）八十間余三十余床（第三）六十八間二十九床、計七十九床

京都坊目誌　碓井小三郎実見（第一）四十間二十床、（第二）五十六間二十六床（第三）四十六間二十三床、計六十九床

藤貞幹の随筆録に何かの抜萃だろうが（第一）三十六間三十一床（第二）八十五間四十四床（第三）六十八間半二十八床、計百三床

山城国地割録　文久元年刊（第一）三十五間（第二）六十二間（第三）五十五間

大きさも火床も昔から定まっていない事がわかります。私が覚えてから第三画のハネが長くなりました。それ丈間数も火床も増加した事と思います。火床七十五に就て今日淨土院では「人体の心に潜む七十五法と云う煩脳性を焼きつくして御祈禱するとか、御先祖を祀るとか云う気持から大文字の火坑数七十五」云々と云う説にして現在七十五火床としております。火孔、火坑等記されていますが現在は平坦地の上に護摩木（割木）を積むのですから火床がよいと思います。

地元の努力（点火） 地元の方々の話を中心にして地元の人達は婦人も共に常々から参道修理や、雑草整理を行い、火床を調べ、当日は天候を見定めて割木を山へ運びます。一束三貫目の割木五百束を要します。奉仕します者は一週間前から斎戒沐浴し、酒肉五辛を絶ち約八十人の人々が火床に集り松割木を井桁に積み上げその間隙に松葉を入れます。大の字の中心は「金尾」と云つて此所には井桁が数組まとめて置かれます。準備が終ると弘法大師石像の前で淨土院住職が磐若経を誦まれ、一同は仏前に手向られた護摩酢で潔斎の後、各々の持場につきます。長老が指揮者になつて各々火床の準備が完了したかを尋ねた後戌の刻（八時）現在は八時十三分を期し燃え上る手松明を高くかかげますと、それを合図に各火床は一斎に点火致します。左右上下から真紅の線が延び炎の大の字が天をこがす様です。金尾の前には十数人銀閣寺町尼講の人達が、紅蓮の炎に向つて弘法大師の御詠歌を声高らかに奉詠します。割木の山は物凄い火焰と火の粉、薪のハゼル音、御詠歌の声が入りまじつて、金尾はクライマックスに達します。他の四山の送り火も赤々と点じられます。此間大よそ三十分京の町の人は亡き人の霊を偲んでいる事でありましよう。奉仕する町民は受持の護摩木が充分に燃えないと其家は年中不幸が続くと云はれ今尚精進の生活が続けられ一年中雨に風に山を守り殊に当日は一束三貫目もある割木を真夏の太陽に照らされ乍ら十八丁の山坂を運搬し、其他種々の準備に玉の汗を流します。一方経費も負担せねばならず先祖伝来の奉仕がなされているのであります。此日登山者には麦湯や浄土寺南瓜の接待を行いましたが今は絶えております。病人の人は護摩木に名前と病名を書いて火床の割木の上にのせ共に焚いて貰うと其病気がよくなるとの俗信があり、此消炭を粉末にして服しますと痔病が癒ると云われ、遠方から淨土院へ依頼してくる人が年々増加

（写真）都名勝図会所載大文字

しております。

大文字は北西が正面　京の中心街から別して鴨川の床から見る大文字はKの字に見えまして京の街に向っていません。この点からも大文字は足利義政の命でつくらせたと云へるでしょう。よく京都御所の庭池に写つたのを天皇や多くの宮中の人々が御覧になつたと云いますが、これは小川一条にあつた義政の邸、又は室町今出川上ル室町御所（東西一丁南北二丁）の池に写る様にしたと云う説の方がよいと思います、如意ケ岳から対角線を引きますと中立売から鞍馬口辺迄の間が真正面に見えます。京都御所も其中に入りますから当然正面にはなりますが、義政が皇室の事を考えてやったとは思われません。それで京の乾に向っているのであります、本年は大文字保存会が四十万円の費用をかけて第一画の始め半分の火床を盛土をして高くし、京の中心街からもよく大の字に見える様にしたいとの事ですから多くの市民は悦んでくれる事でしょう。

大文字余聞　昔は七月十六日今は八月十六日に限られて催されますが大正十二三年頃豪雨の為め八月十八日に催した事もあり日清戦争が終った明治廿八年五月十五日「祝平和」の文字を点じた事もあります。又日露戦役の明治卅八年六月一日、日本海海戦を祝って三高の生徒が大文字を点じた事もあり同年十一月廿五日東郷元帥が凱旋せられた時も大文字を点じてお祝をした事もありますから此年は三度つけた事になります。近年は昭和九年大暴風で山々の樹木が沢山に倒されました、その樹霊を慰める為め仏教聯合会で点火した事がありました。其翌年未曾有の水害がありました、それを此例外大文字を点火した祟だと云いふらした人がありましたが、これこそ迷信でしょう。

大文字護摩木（薪）を積む

古文献にはこれ等五山の外にも送り火があります。

▽諸国年中行事（享保二年刊）七月十六日の項の内「聖霊の送火　酉の刻　雨天なる時は翌日なり　大の字浄土寺村の上如意ケ嶽妙法の字松ケ崎村　いの字市原　釣船西賀茂鳥井（ママ）西山　一の字　鳴滝の辺　此外諸方の山々に火をともすなり

▽新増細見京絵図（文化十年刊）五山の外に「い」あり「右いづれも七月十六日の夜山々に之を灯しおくり火という」図の中船の山にカネ打山、市原野の奥の山にい、妙は西松ケ崎、法は東松ケ崎山と書かれている。

▽増補諸国年中行事大全（天保三年辰七月）七月十六日の項「聖霊送り火酉刻山々に火を焼く、大、東浄土寺村の上如意ケ嶽。妙法。北東松ケ崎山　い　北山市原村山　舟　西北山　西賀茂山　鳥井　西山　小大　金閣寺　一　鳴滝

▽山城国地割録　文久二年写

蛇　長サ凡九十間　葛野郡北嵯峨村

長刀　長サ凡六十間　葛野郡観空寺村

いを仮名がしらと呼んでいました、明治の初めにはまだつけていましたか老人に見たと云う方がありました、一や蛇や長刀は同一のものではないかと思われますが、記録が見当りません、もう一つ「竹の先きの鈴」を見たと云う人がありますが、或は煙管ではなかったかとも云はれ、西山だ、四条、五条から真西に見えたと云う方もありますが、どの地図にも記録もありませず全く夢の様な話で松尾辺の人も知らぬと云い、最近老ノ坂だと云う人がありますが真偽不明であります、此等の外、蹴上大神宮の北上、大日山に赤い提灯で大の字を顕はしたものは見ました一二年あったのではなかったでしょうか。

妙法

松ケ崎

鴨川の上流にこの妙の字がともり其右手林の間に法が見えます。叡電修学院の西、上賀茂の東が此松ケ崎村で東西二区に別れ東組が法を受けもち西組が妙を担当しております。只今は左京区に編入せられ農村が一日一日住宅街と変つて来つつあります。西組は古くより堀町、川町中町、西町、辻町の五町に別かれ各町十四五軒の農家から、男十七八才から五十位迄の者は必ず出なければならない事になつております。妙の字は西山（水道の水源地のある山腹）に、法は東山（俗に大黒天の妙円寺の後、大黒山）に点じます。

此村は古く天台宗観喜寺の壇家でありましたが日蓮の法孫日像上人が関西に法華経を弘めに来てこの観喜寺実眼僧都と会い、僧都は上人の法義に帰伏し其門弟になり、それから村人に進め、徳治二年七月、日像上人を招き十四日から十六日迄法莚を張りました処、金村委く男女四百七十余名が日蓮宗に転じ歓喜の余り自ら太鼓を打つて南無妙法蓮華経を唱うると村民異口同音に題目を唱えて踊り出しました。それが今に残る松ケ崎題目踊であります。それ以来寺を妙泉寺と改め実眼上人を開基としました。日像上人は西山に南面して自ら杖を曳いて妙の字を書かれ、後当山末寺であつた鴨大明寺の日良が、東山に同じく南面して法の字をかき此村一村が

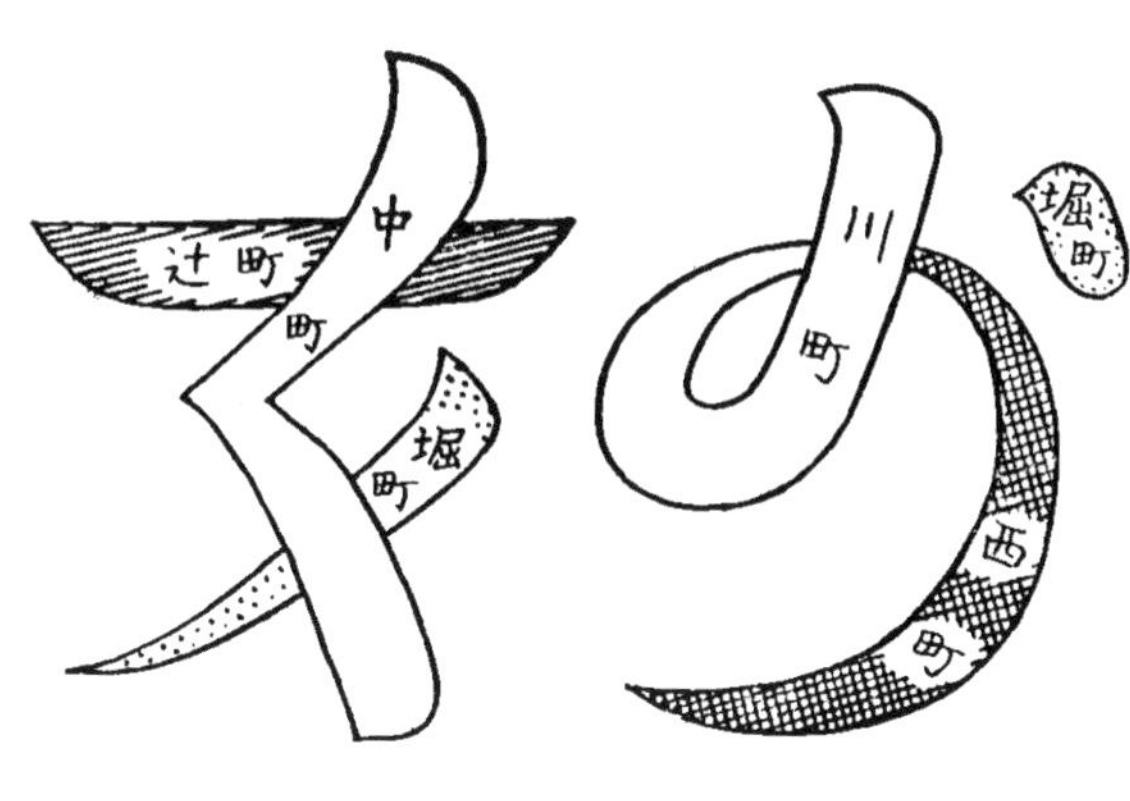

妙法の村と云う事を現はしたのだと寺伝は語っております。其後本涌寺と云う壇林（法華の学林で京都には各所にありました）が出来承応三年女院御所造営の残木を拝領して建立しました。後さびれ大正七年五月十四日妙泉寺と合併しまして涌泉寺と改称し、本涌寺の地に庫裡を建築し本堂を修理したのが現在の寺であります。

送火「妙法」が出来たのが何年であるか記録がありませんが、他山と共に約三百年程前から催されたのではありますまいか。

此山では大文字山の薪と同じ様に井桁に積み上げます。四本の割木をならべ。次に横木を四本ならべ六七段に高く重ねます。これが一ヶ所に二束位、倒れない様に周囲にささえ捧をしたりします。大正御大典の頃迄は切芝を二つ三つ燃やしたので他の山より早く消えてしまいました。今日は担当のものが両掛にして受持迄明い間に運んでしまいますが。昭和七年頃迄は百五六十束から二百束位を割木屋から買求め、その薪屋の手で山へ搬ばせた時代もありました。近年は各家で用意し舁いで登ります。配水池が出来たため、その登山口には鉄製の篝火籠を立ててこれに割木を入れて燃しています。六時頃から点火を見ようとする人が登り出し、七時には用意が出来上ります。各町の宿老と云う老人が白絆に提灯と拍子木を持つて文字の下迄登り、点火し始めるとお題目を唱えます。妙の高さ四十間程、巾五十間位火床は百廿五、法は八十九（七十五説も）

妙の女篇の第一画「く」は中町、第二画「ノ」と飛点は堀町、第三画「一」は辻町、つくりの少の上から結んだ処は川町、其残りを西町の人々が受持ちます。此所は火床も、火孔もありませんが、年々やつていますので位置はめつたに変らないと云はれます。此西組は誰々個人の責任ではなく各町に全員が責任と云つております。山は麓から文字の下迄一丁半、頂上迄三丁の小さい山です。

以前題目踊を踊る娘達

村と云っていた頃は、生へぬきの日蓮信者により立生会と云うのがあり、堂講と云う村の重要な役をする人が四五人いました。この人達が繊維大学の北西にある樋の番小屋（各田の水の配水の監督所）の前でタネギ（菜種殻）を燃やします。ここは西山、東山共によく見える土地ですから、この火を合図に、竹竿に枯葉や藁をつめた松明に火をつけ、これを積木に移して両山共一整に点火します。大体下火になりますとそのまま残火の始末もせないで下山してしまいます。此日涌泉寺の住職は何もしません。此奉仕者も勤人が多くなり人手不足で困っています。東組の法の方は十四五軒の家から奉仕者が出る丈で、農家が少ないので

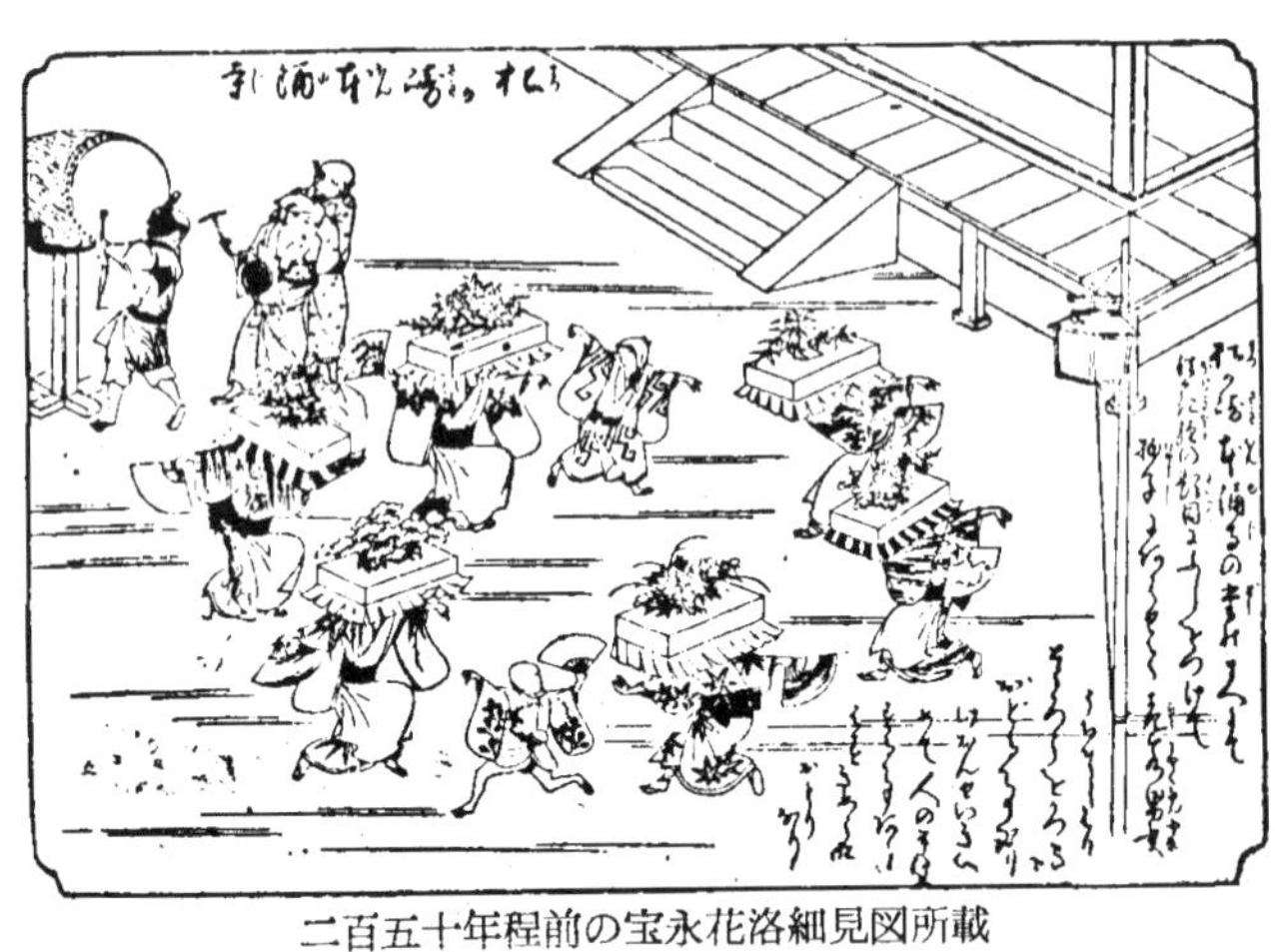

二百五十年程前の宝永花洛細見図所載

一層困つて、欠席の家があると、その分丈点火せないそうで此山は樹木が繁つて、大変見難く写真も見た事がありません。奉仕者には酒手が僅か出ますが不足分は保存会で出しています。

火も消え自宅へ戻り入浴、夕食をすますと涌泉寺へ集ります。本堂を踊堂と云い雨天は此堂で踊ります。晴天の日は前の庭に大太鼓を据へ堂講の人達が唄い、年配の女達も交つて音頭をとります。昔は娘達が中心でありましたが近年は少女達が浴衣の上から赤襷をかけ白足袋、少し前かがみで右手に女持の扇子を広げ、右足を出しその上で扇を上下に向け、左足を出しそれにも扇子を上下に向け、交互に歩く丈で、振らしいものはありません。誠に単純なものです。歌は可成長く三段に別れ、太鼓の打ち方も変ります。此踊は承応年間、後水尾天皇、東福門院多数の公卿殿上人、板倉周防守他大勢の供奉者と共に妙泉寺に行幸、天覧に供しました。その天覧の趾は松ケ崎小学校の「御幸の松」の聳えている処だと云います。

古い図には頭に長方形の飾灯籠を冠り輪になつて踊つているものがありこれに松ケ崎題目踊とあります。又別の本には同図に岩倉、長谷の踊とあり今久多町に残る灯籠踊と同一でありま す。古くは洛北一帯この踊であつたのかと思います。此題目踊もこの踊を復活してほしいものです。今日歌詞は「一代諸経」「歎陀(たんだ)音頭」「一念随喜」「歌題目」等残つておりますが、節がわからなくなつて来ており、踊はテンポの早い江州音頭に変り、これはくり返しくりかへし夜おそく迄つづきます。此踊は八月十五日、十六日両夜催すことにしています。

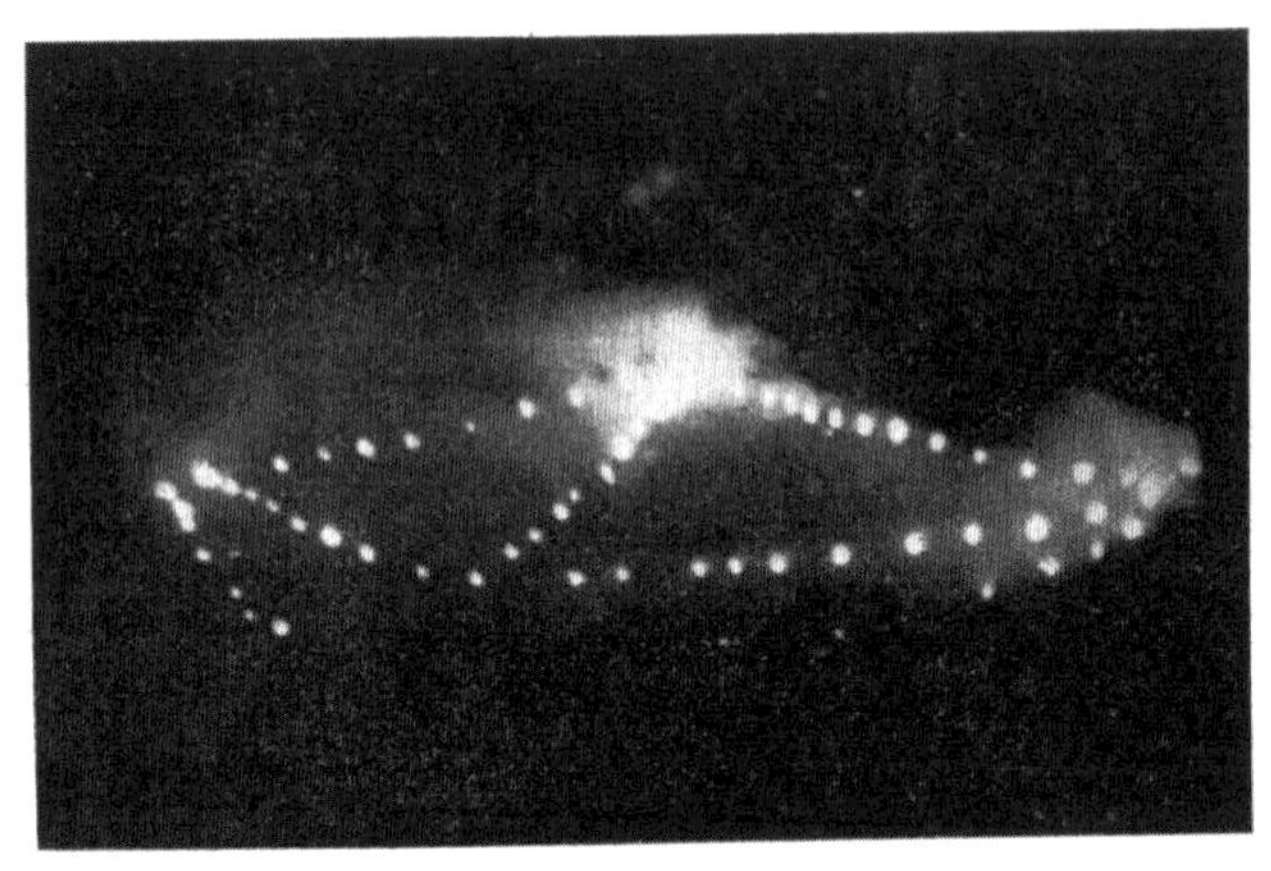

船

西賀茂

送火がお盆の最後を飾るもので、今の大文字を始め他の山々の火も、今日になると古い伝統を続けていると云った丈の処が多い様です。処で此舟形の西賀茂は一番宗教的で鎮守庵町西方寺を中心に行はれ、他の町々は無関係であるらしいのです。只西方寺の檀家丈で行っております。

西方寺は今浄土宗鎮西派でありますが、創立当時は天台宗で三祖慈覚大師が唐え渡り醍醐天皇の承和十四年帰洛、船形光背の阿弥陀仏を刻し西方寺を創立されたと云います、境内に日本の神学を研究していたホンソンビの墓があり、すぐ西山手の小谷墓地には上賀茂辺の社家の墓、加茂季鷹岡本清茂等の墓もあり、歌人太田垣蓮月もここに眠っています。

寺の檀家が三ケ町五十軒程、その内から若衆を十八人に限り十七才になると此若衆仲間に入り、其中から頭一人、副一人を定め、年長から中老となり五十六七才になりますと年寄となります。

八月十六日午後、以前から準備していました薪を西方寺境内へ運び、松の芯を撰んで三尺位の漏斗形の松明を、銘々が作り、その数九十六個、それをまだ若衆になれない年少者が山麓迄

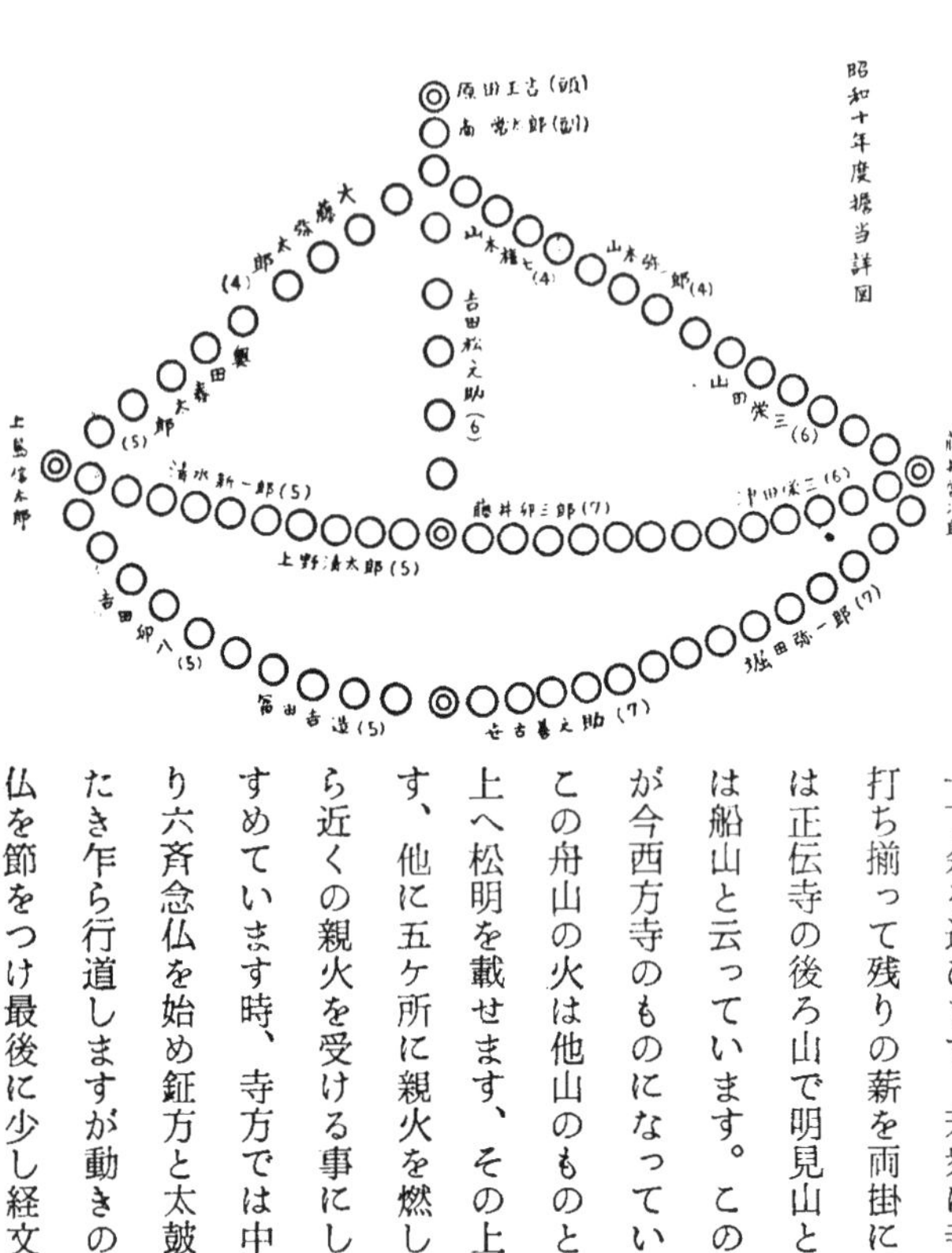

十丁余を運びます、若衆は寺の座敷で酒をくみ交し、打ち揃って残りの薪を両掛にして山へ行きます、此山は正伝寺の後ろ山で明見山と云ふそうですが、一般には船山と云っています。この山は元村有でありましたが今西方寺のものになっています、山路は可成悪く、この舟山の火は他山のものと違い二本の杭を打ちこの上へ松明を載せます、その上に藁や枯松葉をかぶせます、他に五ケ所に親火を燃します。各自受持の個所から近くの親火を受ける事にしています。山の準備をすめています時、寺方では中老の人々本堂本尊前に集り六斉念仏を始め鉦方と太鼓方が本堂内を鉦太鼓をたたき乍ら行道しますが動きの少ないもので南無阿弥陀仏を節をつけ最後に少し経文が入ります。皆浴衣のま

まで、終ると太鼓等持つたまま自宅へ戻ります、夜八時前寺から二丁程東北の街路から、舟山は正面に見えます、法衣の西方寺住職は柄香炉を持てここに立ちます、寺の世話方や中老の人々もここに集ります。八時過ぎた頃、鐘を打ちます、舟山の人々に聞へるそうです。二番目の鐘を打ち提灯を高くささげますと、山の方では五つの親火が燃え出します、第三鐘を打つと銘々の松明を親火につけていたものを受持の処に配ります、暗かった山の上の方に船型の火が一時にもえ上ります。住職は此送火に読経をし、中老達も共に和します。ここが一番盂蘭盆会の送火らしいものです。松の芯を用いますので火は赤く見え永く燃えています、火が消えますと若衆は下山して自宅へ戻り入浴夕食をすませてから白襦袢、白パッチ、白い手甲、白脚胖、白足袋の白装束、草履ばきで寺へ集り、本堂前の広場には焚火を二三ケ所で燃やし、中老連は思い思いの浴衣のまま首から鉦をたらして本堂前に一列にならびます。若衆は太鼓を持ち十八人で大きい円形を作ります。中老は鉦をたたき乍ら六斉念仏を唱えます、近年一般に行はれています六斉は念仏から逸脱しまして動きの早い六斉踊になってしまいましたが此寺のは出町柳千菜寺系の六斉で、実に古風な味を残しています。動きの少ないもので太鼓等も振り廻さないで

舟の漏斗形の松明の位置

上下も実に静かで、辛気臭いものです。これが三十分程も続きます、これが済むと後は江州音頭にかわり村人の楽しみとなり夜おそく迄続く様です。

昔はこの火をつけます事を万燈籠と呼び、此山も万燈籠山と云っていました。点火の合図はこの山の前山で鐘を打ちましたので鐘打山と呼んでいました火の数も以前は九十六と聞いていましたが昭和十年の配置図を見ますと八十二ですが、八十八と書いたものがあります。十八人の若衆は四つ位から七つ位を担当しまして夕立等の時は石油をかけて燃える様にします。頭と副の二人は監督となって世話をし、親火は各一人宛配置します。皆下山しますとこの二人は最後迄残って残火の後仕末をしてから下ります

本堂前にならぶ六斎念仏の若衆

扨てどうして舟の型にしたかについては何も記録が出て来ませんが、寺伝では開基慈覚大師帰朝の途海上で再三暴風雨に遭遇せられ、舟も転覆しそうになりましたので南無阿弥陀仏の名号をかいて海に投じ無事を祈念せられた処風雨おさまり無事帰朝せられ、船型光背の阿弥陀仏を本尊とせられた、その船型を寺の後ろの山に点じ五穀豊饒四海泰平を念じられたとされています。又大文字の「大」に対し船を「乗」と見て大乗仏教を表象するとの説もありますが、どうですか。私は各地の盆行事に行はれていますが精霊舟と見ています。藁で作った舟に位牌や仏に供えた食物や生花類を乗せ、海や川え流し、これに火を入れますと灯籠流しの様に火が水に写って美しいです。この弘誓の船を現はしたもので、お盆行事を飾る最後の送火としてはふさはしいものと思っています。

此村人は此日お精霊に供えた供物を、オガラの松明をつけて西方寺西の山手の墓地へ捨てに参ります。相共にお盆の終末らしい風景であります。

何年頃から始めたかと云ふ事ですが、寺にも村にも記録がありませんが、山城四季物語に「舟岡に大文字」とありますのが古い記録だろうと思います。これから見ますと他の山々と共に三百年程前から催されていたと見てよいのではないでしょうか。

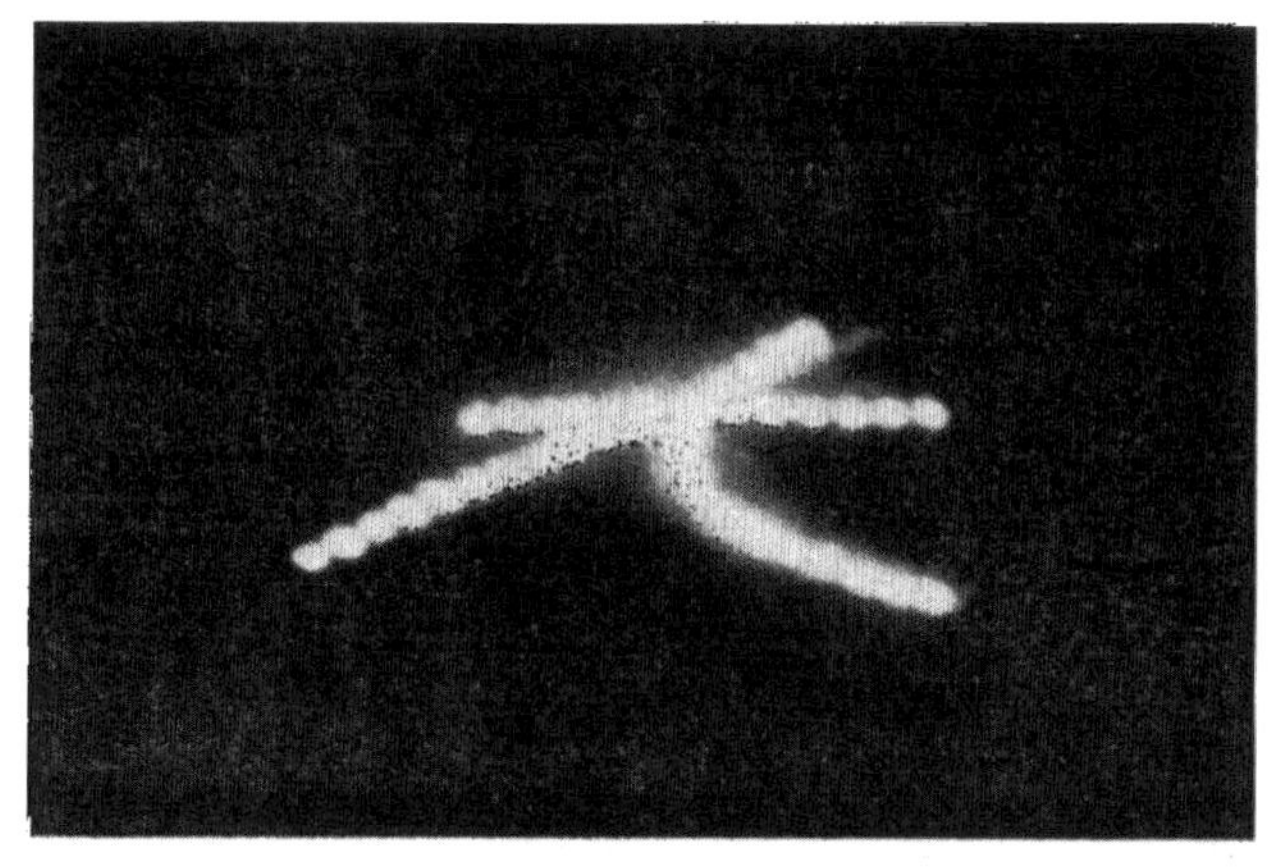

左大文字

衣笠　大北山

私が此山を調べに行ったのは昭和十二年の当日でありますからもう廿年になります。然し、大体に於て変っていないらしいですから、これに基いて記して見ます。一般に左大と略して呼んでいます。

旧市内から見える西北の低い山、それは金閣寺の前方の岩山で大北山と云っています。大の字の火がつきますので俗称は大文字山です。西大路の北にその大が見えています。松も育たない岩山で、頗る歩き難い山です。標高二百三十余米ですが古く灘吉之助所有で後、大阪成瀬満春のものとなり三十二年二月売却して住宅を建てる話も出ましたが従前通り点火される様になりました。此山近くに金閣寺があり、其裏に石の不動尊をまつる堂があります。金閣寺が出来る以前からあった明王院の本尊で、伝弘法大師作と云はれ霊元天皇が信仰されたといいます。窟の中に二童子を左右にした立像で其周囲は海石を運んで囲んであると云います。此不動尊は一月と八月の十六日に限り開扉せられお詣りを許されます。此前で水塔婆に各自の家の人の法名を書いて仏の冥福を祈ります。此日は金閣寺も無料公開されます。

此左大は元大北村の若衆達の奉仕で出来ていましたが後此村が京都市内に編入されましてか

ら天神森町、殿町、北道町、南道町の青年十五六才から卅五才迄の人、約四十五人位、土地の敷地神社（藁天神）を根拠として革新同志会を作り毎月五銭の会費と金閣寺から金壱封、市観光課より三十円の補助等により此行事を行って来ました。敗戦後市からの補助が出来なくなり観光連盟の名によって補助をしてくれる事になりましたが、僅少でそれ丈では経費も出ない有様だそうです。戦後この補助を受けるために各山とも保存会の名を用いる事になり、左大文字保存会としてやっています。

いつ頃からこんな行事が出来ましたか、地元には何の記録もなく、近くに金閣寺があり乍ら宗教的には無関係で、何一つ協力もしておりません、古くから左様で、今も同様なんであります。いつ頃からこんな行事が始まったのでしょうか、北本祐一郎蔵の元禄（約二百六十年前）の古絵図には大文字山と出ていますから、左大のあった事が知れます。それより古い山城四季物語（延宝二年九月刊　二百八十三年前）の巻四には「………これにおくれじと松ケ崎、舟岡、北山などにも大文字燃えたつれども大文字（如意嶽）の光にけおされていとうなし」とあります。舟の次に北山とありますから恐らく此大北山の事であろうと思はれます。そ

の後

日次記事（貞享二年刊）二百七十二年前「北山村西山以火点大字相伝是亦弘法之筆画也」とあり、如意岳、妙法、舟形の事も記してありますから、当然此左大もあったものと見てよかろうと思います。他に明和五年刊　百八十八年前の「京都名物図雀」や、安永五年刊の「翁草」には左大文字と判然とかかれております、それで徳川時代初期から始められていたと見て間違はありません。

火床に薪を積む（左大文字保存会提供）

大きさは以前第一画が三十間で火床が十四ケ、第二画廿四間で十八ケ、第三画が十七間で十一ケ、計四十三ケと云はれていました。現在は十八間、二十六間、十八間だと云いますが、火床は同じく四十三ケです。岩山であるので他山の様に割木が積めず、鉄枠のある篝を用い、これに割木をのせて燃しましたが、この篝火の棒を立てる事が出来ず、苦心惨憺たるもので、どの山もこんなに努力している処はありません。一寸手が触れても倒れます、それで昭和十三年頃からコンクリートと小岩をもって火床を作り、その中へ松割木を積み重ねました。古くは竹を割って束にして点火し大正御大典の頃から松割木に変へたと云います。

此日会員は金閣寺黒門前で篤志者から松割木を買って貰い、これに姓名又は何々家、家内安全など記し、これと共に不動堂に納められました水塔婆、榾等をもって午後一時頃、男頭（今会長）全員共に三四丁の山に登り、枯葉松葉等をのせて準備し、夕方になると持参の弁当を食べ暮れ行く京の町を見て時刻を待っています。近年お精霊送りの盆行事の此火がスッカリ観光行事となり、見る人のため点火の時間に差をつけて燃やす事になり、その上燃やす時間も永くする様になって来ました。会員は青竹三尺位のものにボロキレをつめ、これに石油を浸して手松明にします。山上でこの水塔婆や榾を燃やしてこれを親火にし、それを銘々手松明に移し、筆の運びの順序に銘々担当の火床に移して燃やします。石油を用意して火勢を調整します。消えますと後始末をして、各自手松明で道を照して下山します。金閣寺前電車道近くにこの手松明をまとめて燃やします。此周囲に村の尼講の姥さん達、今は御詠歌講の人々を招いて床机の上で詠歌のおつとめをします。どこの寺も関係しませんが五山の内で舟山に次いで宗教的に見えますのは此左大であります。

此山に何故如意岳と同じ大の字を現はし、左り大と呼ぶのか、どうもわかりません。俗説はいろいろあり ㈠如意岳の大文字が御所のお池に移り此山に反影したもの ㈡如意岳の大をここに写したから左文字になるので左大と云ふのだとも、㈢大の字を裏返へした左文字であるからとも云いますが、何故大の字を撰んだのかはわかりませんが、京の町から北方を見る時東の如意岳は右に当り、此山は左に当りますので左大と云ふ様になったと見るのがよいのではありますまいか。

変った事とて大正天皇大典饗宴会当夜に、大の字の頭にも一本横線を作り「天」の字にした事があります。

同じ骨を折ってやって貰うのですから、何か文字をとりかへては如何でしよ。

鳥居

北嵯峨　鳥居本

京の西北に聳ゆる愛宕山は京都第一の高山であります。其山には将軍地蔵をまつった白雲寺がありまして、関西での鎮火の守り神として「お伊勢、七度　熊野（紀伊）へ三度、愛宕さんへは月詣り」と謡はれ、参詣人は樒と守護札を求めて戻り知巳や町内の各戸へ配る風習が可成古くから近頃迄行はれていました。又三才迄の子女を背おうてお詣りすると、其子一生火事に逢はないと云はれ、神仏分離してからも火除の神として信仰あつく洛北から北丹波にかけて行はれる「松揭げ松明」も此神に献げるのであります。此山の登山口に愛宕社の一の鳥居がありますので地名を鳥居本と云っておりまして、古来愛宕硯や香魚の名産で知られています。此地から試の坂へかかる、その山の前の方の山を曼陀羅山と云い、弘法大師が此山に五智如来を安置したと此所の化野（あだしの）念仏寺に古板木が残っています。この山に百八つの火をつけますので、万燈籠山と呼んでいます。十数年前より水尾山と誤伝へられていますが、水尾は愛宕山の西で何も見えません。一般に鳥居は神社の標しだと信じられていますが、高野山へ行くと沢山に豪い人の墓の前に鳥居が建てられております。只入口を現はした丈ですから仏教だ神道だと区別するのはおかしいのです。お盆の送り火に神社を示す鳥居は変だとききますが、ここが愛宕の一の

鳥居の松明は火をつけてから青竹に挿す

鳥居の土地であり、又古い庶民の共同墓地であったため、お盆の送り火を燃す適当な場所と云へるのではないでしょか。この地は西北に偏しておりますので、京の中心辺からは見へない処が多い様です。処が東南の稲荷大社から正面に見えますので稲荷社に向っての鳥居だろうとの説も生れていますが、チト思い上りではないでしょうか。

此鳥居の送火は、今日では宗教的な事は少しも行はれて居らず、此行事に奉仕する人も減じ、止めたい気持が以前からある様に思はれます。此町の念仏寺が少しも関係していないのもおかしいです。鳥居本町（東は二尊院より一丁余北の辺から、西は試の坂の入口迄の七丁程の間を云い、元上嵯峨十四区と云っていました）の青年団―今「鳥居形松明保存会」の人々の奉仕で行はれています。以前は十五才になると正月此仲間に入り、それから二十年間、三十六才になると其正月に退団し別に若衆とか種々な名称はつけていません。団長を選んで、万事この男の統卒に従っています。

八月十六日午後四時頃、町の集会所へ集ります。会長は各自の受持区域に人選配置をきめます。笠木（一番上の一文字）の辺は楽な場所でありますから経験の浅い人々に、柱の処には崖等厄介な場所もありますので古い人と云った様にします。ここは青竹を立てまして鳥居形としそれに松のジンで作った二尺余の漏斗形の松明に火をつけてこの青竹の上からこの松明を上に向けてつきさします。五時頃から用意しておいたこの松明各自二本位を持って山に登り、山の雑木、雑草を刈取ります。この山は元嵯峨釈迦堂の所有でありましたが、今個人のものになり、この山で鳥居型の送り火を点じますので植林する事が出来ません。持主は此点火のため一年中遊ばしてくれているのだとききます（船井清太郎氏談）用意が出来ますと青竹を立てますが毎年きまった位置へ打ち込むので、標石を置く様な事もしませず、毎年同じ大きさに立てられます。

笠　木　五十三間　杭は三十五ケ
足（柱）　四十五間　各　二十ケ
貫　　四十三間　　二十三ケ
額（二列）　十　五　間　各　五ケ

松明は合計百八ケ　除夜の鐘と同じ様に百八煩悩を焼きつくすと云はれています。

日が暮れると便宜の位置へ親火を三四ケ所で燃やします。東山の大文字が真東に見えますので、これに点火せられると一番太鼓を打ち、銘々の松明を親火に投じ火をつけます。二番太鼓で一斉に持場の青竹へつきさし、又引き返して次の松明を差し込みます。青竹の間は二間位で火の粉は落ちて雑草類が燃えつくので、これを消しにまわります。二三十分もするとボツボツ消えるものや、まだ燃えているもの等まちまちであります。三番太鼓が入って一斉に此竹を倒して土をかけ一切消してしまいます。此二三十分の間ですが全員大変な苦労で、風でもあれば死にもの狂いで火粉を消して歩きます。一応消えますと五六人を残して下山し、残ったものは火の要心を十二分にして下ります。

この鳥居の額束が一本でよいのに二本引かれていますのは普通の鳥居では見られない図であります。何故か知っている人はいませんでした。

此山の話は諸書に出て来ません。享保二年刊の「諸国年中行事」七月十六日の項に鳥井、西山とある位で、京の町から見えないので書きもらしたものかと思います。土地にも記録がありませんが、徳川中期には年中行事として行はれていたものと思っております。

表紙写真
北白川小倉町から見た大文字
（竹内四朗氏撮影）
他の写真は全部著者所蔵

昭和三十二年八月一日　発行

【価　三百円】

著者　田中緑紅
代表者　鳥居郊善
印刷所　協和印刷株式会社
電⑥三九四四・六七二八

京都市東山区東大路松原上ル
安井金比羅宮内

発行所　京を語る会
電話祇園⑥五一二七番
振替大阪三七三五五番

《復刻にあたって》

一、本復刻版は、田中喜代様所蔵の原本を使用しました。記して感謝申し上げます。

一、復刻版には、借用した原本の都合で初版と再版が混在しています。また、原本奥付に紙を貼付して新価格を表示している場合もそのまま復刻しました。

一、文中に、人権の見地から不適切な語句・表現・論、また明らかな学問上の誤りがある場合も、歴史的資料の復刻という性質上、そのまま収録しました。

一、表紙の背文字は、原本の表示に基づいて新たに組んだものですが、一部訂正や省略をしました。

緑紅叢書　復刻版

第1回配本（全26冊）

京の送火 大文字〔緑紅叢書4〕

2018年10月31日　発行

揃定価　39,000円+税

発行者　越水　治

発行所　株式会社　三人社

京都市左京区吉田二本松町4　白亜荘

電話075（762）0368

乱丁・落丁はお取替えいたします。

コード　ISBN978-4-908976-76-6

セットコードISBN978-4-908976-72-8

緑紅叢書 第五輯

京の怪談

田中緑紅

はじめに

今昔物語など古い本には沢山怪談がありますが、今読みましてこれは怖い話だから御紹介したいものと云うものがトントありません。

怪談といいますとても種類が多く狐狸の変化も、人魂も、一つ目小僧も、河童も、天狗も怪談に入りましょう。この小冊にはとても入りきれません。なるべく身近な話を集めました。こうした語り物は、ありのままの話は少ないもので、次々と潤色されてホントらしい話になってしまい。名も知れない人の名が出来たりします。

この怪談集は何もそんなむつかしいものと考えないで気楽に見て頂いて結構です。都新聞に昭和二十七年の夏「怪談京の街角」に十一回書きましたが「歌会に出た幽霊」「新仏お寺へ詣る」「狸は愛敬者」「初秋に見た人魂」「娘の幽霊親を救う」はこの号に入れませんでした。そして全部新らしく執筆しました。

目次

第六話　消えた写真の八子さん

死刑囚の幽霊

――新京極六角　誓願寺――

日本の医学は永らく漢方ばかりで人体の構造も漢籍で知るだけの幼稚なものでした。心ある医者は何とかして真の人体を知りたいと思いましたが、その頃の人々が身を犠牲にして解剖して下さいというような人も出なかつたでしようし、また幕府も許しますまい、先覚者山脇東洋はわが国医学の進歩発達は人体を解剖して実際内臓の機構を知つてから研究せねばならぬと考えました。同志を誘い皆共に研究しようと賛成したものの死体が手に入らない。それで死刑囚の身よりのない死体を貰うことを思いつきました。それからその方の係の役人を訪いその主意を語り、われわれ日本人のためこの解剖の実体を見極めさせてほしいと懇願し、ようやく許可を得て、十数個の死罪になつた囚人の遺骸を貰うことに成功しました。東洋の喜んだことは申すまでもありません。毎日沢山の医者は東洋の執刀と初めて見る人間の内臓や体内の模様、解剖と同時に門下生とも家族ともききますが絵のかける人に一々写生をさせて一冊の本にしました。わが国最初の解剖図録で「臓志」といい貴重本であります、宝暦四年二月といいますから二百三年前のことになります。こうして十数人の死刑囚によつて、今まで想像だけで知つていた人体の内部を知り、これから後わが国の医術は急速に発達し、多くの病人もどれ程助すかつたか知れません。今日でも危しげな死因不明の人は一部解剖しますが喜こんで解剖を希望する人は少ないようです。東洋は連日の解剖に疲れて寝込んでいますと、死刑囚の若い男の幽霊が枕元に現われ怨し気に東洋を見て「私は無実の罪で死刑にされてしまいました。そんな馬鹿なことはないと思いましたがお上は私らのいうことなどとり上げてはくれません。運がないものとあきらめて死にました。それにその私の体を解剖にしてバラバラにしてしまうとは何というひどいことをしてくれたのでしよう。これでは私はいつまでも浮ばれません、死罪にしたお上よりあなたの惨酷なのを恨みます」とさんざんと涙を流して訴えるのです。東洋先生は「アアそうだつたナわれわれ医者は今まで日本人で誰れ一人やつたことのない人体解剖のことばかりを考えておつたので、そなた達のことを考える余地がなかつた。解剖は惨酷でしたのではない。あんた達の体をかりて解剖したお蔭で、今まで日本の医者が知らなかつた人体のことがわかり、これからの日本人のためにどんなに役に立つか知れない、これは皆あんた達のお蔭といわねばならぬ。われわれは早速あんた達のため仏様をこしらえて冥福を祈るから許して貰いたい」というと幽霊は満足気に消えてしまいました。東洋先生は医者達と共に、この五臓に深い感謝の念をもつて、世にも珍らしい五臓のある大きい阿弥陀如来を新らしく造らせこれを寺町六角の誓願寺の本尊としてまつられました。大きい本尊であつたので半大仏と称へ近くに大仏餅を売り出した店も出来ました。この本尊は台座に小車がついていまして天明八年の京の大火には鴨磧へ避難せられましたが元治元年の鉄砲焼の時惜しくもこの本尊は焼失してしまいました。

東洋先生は沢山医書を著わし、宝暦十二年八月九日五十八歳で亡くなられ、新京極の誓願寺総墓地と深草真宗院に墓があり、死刑囚の人々の墓も誓願寺にあつたと、芭蕉庵岩井藍水翁からこの話をききました。

絵馬の怪

――伏見御香宮――

応仁、文明の乱で京の街は全滅し中々復興しませんでした。文亀年間のことだそうです。京の商人が南山城へ商用に出かけ予定がおくれ急いで戻つて来ましたが、宇治辺でとつぷりくれ木幡にかかつた時は体も疲れ、京の宅へはとても戻れそうにありません、村々の農家も寝入つたか火影も見えません。細くなつた月がようやく道を教えるだけで、遠くに狐や狼の鳴き声も聞えます。伏水の山の向うに小さく見えるのは御香宮神前の灯明でしよう。そうだ今夜はお宮で泊めて頂こうと漸く御香宮へつき神前で今夜のお宿をお願いして拝殿へ上り横になると疲れてスグ寝入つてしまいました。どれ程眠つたかわかりませんが、フト枕元に青い直衣に烏帽子の公卿らしい人が立つて「今やんごとなき御方がここでお遊びになられるから、もつと片隅によつていよ」といわれ驚いて隅つこによつていると、実に上品な十二単衣の女﨟が十七、八にもなられようか可愛いい侍女を連れて来られました。女﨟は隅に小さくなつている男を見て「そなたは旅の者であろう。苦しうないから、近うよりや」と招かれましたので恐る恐る近よつて見ますと、今までに見たこともない美しいお方であり、侍女もまた何と可愛いい娘さんだろうと思いました。見事な盃、それに侍女のお酌する手の美しいこと、輝しい瞳、なみなみとつがれた酒のうまいこと「もつと重ねや」とすすめられて数盃重ねました。もちろん女﨟も、直衣の人も盃をかたむけられ、美しい女の目元が桜色になつています。思つたこともない何かの欲望を感じ侍女の手をしつかり握つた。侍女もニツコリ笑いました男は手荷物の中から小箱に入つた玉を握らせましたそれを先程からじーと見ていられました女﨟は、サアツと顔色がかわり、嫉妬にもえたまなざしで

あやにくにさめみなふてこそ松の風
我がしめゆひし菊のまがきを

というなり手近の盃台をとつて侍女の顔へ投げつけられました。侍女の豊艶な頬は破れ、真赤な血潮が走りました。思わず男はハツと声を上げて飛び上りました。それは夢だつたのでし

た。月が隠れたか、あたりは暗く寒さが身にしみます。変な夢を見たものと再び横になりウトウトとしているまに東が白らんで来ました。ア、とのびをして突き立ちますと目の前に一枚の絵馬がかかつていました。錦のしとねの上に美しい女藕が琴を弾じ、その前に侍女が胡弓をひき、その傍に直衣姿の男が座つており、侍女の顔には大きい傷がついていました、三人共夢で見たままの顔でありました。この商人は絵馬の人達が抜け出ての酒宴に列し嫉妬の一幕を見せられたのでした。そんな不思議があるのでしょうか。商人は早々にわが家へ急ぎました。今でもこの絵馬があるかどうかは存じません。

白蛇のたたり

辰巳新地は滅ぶ

もう今の人で知っている者はあるまいと思いますが、祇園下河原の南、霊山通りより南、庚中堂より東、八坂塔から二年坂の上、桝屋町辺一体を辰巳新地といい可成り下等な郭がありました、目印は八坂塔で、この塔を中心の踊が盛んに行われこれが名物でワイワイ連が姐さん達と無料で踊れるので大人気、姐さんはよい鴨を屋方へ引込んで商売をしたということでした。このお茶屋にまじつて浅井柳塘という画家が住んでおり妻女と年頃の美しい娘さん、それにYという門下生がおりました。この娘にYは厚意を持ち娘もまんざらでもなかつたようです。この娘さんは町内で祀つていました弁財天を大変に信仰していました。この弁天堂の堂守りが占を見ますので、このYとの縁を見て貰いますと、堂守は弁天さんの前で一しきりお祈りして「白蛇さんのお告げ」では「悪縁だから、深入してはいけない」とのことで、それ以来娘はYに接近しないようになりました。Yが白蛇のお告げだと聞いてから白蛇が二人の恋を邪魔したのだとこの白蛇を目の敵にしました。弁天堂に小さい白蛇がおつてお使者だといつて信者はとても大切にしていました。Yはこの白蛇を見付けるなり棒でなぐりつけました。白蛇は白髪白衣の老人の姿になつて消えてしまいました。それ以来Yは気が変になりました。Yが近所のお茶屋を訪ねるとそこにはあの白蛇がジーッと睨んでいます。次の家へ行くと白蛇が先廻りをしています。Yはここにいるのが恐くなつて来ました、Yは娘に一緒に逃げてほしいといい、再三口説きましたが、そんな気のなくなつている娘が承諾する筈がありません。Yはカーッとなつて手に持つた短刀で娘を刺しました。娘の悲鳴を聞いてかけつけた母親も切り殺しました。フト見ますと自分の手に白蛇がまといついています。驚いて振り放そうとして行灯を倒しこの家を逃げ出しました。行灯の火はもえ上り火事になりました。その火から郭全体が焼失しました。明治七、八年の頃だといいます。

殺ろされた母親と娘の死体は黒こげの焼死体となつて出ましたのでYが殺ろしたことはわからないでしまいました。世人は白蛇のたたりで辰巳新地が全滅したのだといい、それ以来郭の再興もなくつぶれてしまいました。故郷へ逃げ帰えろうとしたYは、近江石部の宿え泊りました。その夜入浴して夕食をしようとすると女中がお膳を三つ持つて来ました、「オイねいさん、おれは一人だぜ」というと「お着きの時には女の方お二人と三人連れじやありませんか」というう、そうすると殺した娘と母親の姿がボンヤリ見えるような気がします。食事もろくろくのどへ通らないまま、早々寝てしまいました、翌朝も早々宿を出て鈴鹿峠をこし関までたどりつきました。ここの宿屋でもお膳を三つ出され、二人の怨霊がつきまとうています。それからのYはどこをどう歩いているのか夢遊病者のように歩きました。幻の二人は前になり後になつてついて来ます、前へ廻つて招かれるまま、ふらふらとさそわれて叢の中の池へズルズルと引込れて死んでしまいました。通りかかつた人が、誰か池へはまつたらしい音がしたので池の畔へ行くと、そこには見たこともない白蛇が横たわつていたといいます。

幽霊鏡の由来

——革堂の絵馬——

話は百四十一年前文化十四年の春まだ寒い頃のことと寺町竹屋町の革堂行願寺の和尚さんは本堂の東南隅に奉納してあつたこの絵馬について寺伝を話されました。この寺に近い竹屋町柳馬場の辺に質屋渡世の八左衛門というのが住んでいたが日蓮宗の信者でとてゝ強情な男で近所隣の交際もなく阿漕な男でありました。その妻君と三つになる男児、その子守の四人ぐらし、その子守も町の人はこの家の噂がわるいので来てくれてがないので知人をたよつて江州草津在の百姓和兵衛の娘ふみという十三歳の子が来てくれました。それから二年になります。毎日おふみは子供を背おつてもさて行く処もなく、三丁ばかりの革堂さんや隣りの御霊さんの境内へ自然とやつてくるのでした。とりわけ革堂さんは西国巡礼の札所で年中白衣の巡礼がお詣りにこられます。本堂前では観音経をあげたり御詠歌を唱えています。習わぬ経を読む式で毎日々々聞いていると自然と口ずさみ子守唄がわりになります。八左衛門は法華宗ですから、この御詠歌がとても気になるのでお文にきびしく革堂へ行くことを止めましたが、行くところのない子守はこの御堂の外縁は夏は涼しい風が通り、冬は陽あたりよく子守にもつてこいのところでしたのでどうしてもお文は叱られても叱られても出かけるのでした。小雪の降る寒い夕方、子供がまわらぬ舌で御詠歌をうたいました。八左衛門の怒りは叱つた位できかぬ娘ならと裸にして頭から水をかけました。いくらわびてもこん度はどうしても許せない、泣き叫ぶお文を泣きたいだけ泣けと納屋へほりこみました。そのまま夫婦は寝てしまい。翌朝目をさますと子守がいません。昨夜納屋へ入れたままを思い出し、急いで見に行きますと雪の降り積る寒い一夜で可愛そうにお文は凍死しているではありませんか、如何に無慈悲な八左衛門でも殺ろすつもりはなかつたのでした。こうなれば止むなく納屋の中に穴を掘りこれに死体を埋めてしまいました。一切を葬つてしまうつもりで、草津在のお文の親元へは、年頃になり好きな男が出来たらしく出奔してしまつたと通知しました。和兵衛夫妻は驚いて主家を尋ねましたが行方はわからないというだけです。夫婦はやむなく京の町をあてどもなく捜しまわりましたが知れる筈わありませ

革堂幽霊の絵馬（部分）　　京都新聞社提供

ん。いつも革堂さんへお詣りしていたことを思い出し、尊前に御詠歌を誦経しお通夜をして娘にめぐり会うよう御祈りしました。夜中ふと気がつくと捜し求めているお文がしよんぼりと立つています。「妾が男と逃げたなどとはウソです。私は革堂さんへ詣り御詠歌をとなえたのが主人に叱られ裸で折檻されて殺ろされ、納屋の中に埋められています、この鏡はお母さんに貰つたものです。革堂さんへ奉納して下さい」といいました驚いて起きますと女房も同じ夢を見たといいます。そして娘にもたせた小鏡が置いてあります。これは娘が幽霊になつて訴えたに違いないと夜があけると主人の宅へ馳つけましたが、知らぬというばかり、この上はと奉行所へ訴えましたのでお上の手で納屋のお文の死体を堀り出し、もちろん主人は所刑されました。泣く泣くお文の死体を葬り一切をすましますと、再び革堂へ引かえし、この鏡を絵馬に入れ、娘の幽霊をかき、ことこまかに事情を書き奉納しました。定めしお文は観音大悲のおかげでよい処へ行つていることでしよう、和兵衛夫妻は娘の菩提のため西国巡礼となつて廻国霊場の巡拝をしました。これが幽霊鏡の由来であります」と話されました。近年はこの絵馬を下ろし、お盆の三日間本堂一隅に安置しこのお文のため幽霊供養をつとめることにし、革堂の年中行事になりました。

茶人宗旦狐

―相国寺―

相国寺の茶室では今日しもお茶人が沢山に集まつて、宗旦宗匠の美しいお手前をお弟子達はいつもながらと見とれていました。お手前もすみ一同控室へ戻ると、宗旦宗匠がどうもおそくなりましたと入って来られ、一同は顔を見合せて、師匠はどうかしていると思いました。しかしこんなことが再三起りますとこれは宗匠が二人ある、怪しいということになり、わざと宗匠は自宅においつて貰つて、稽古所へ行くと宗匠がもう来ています使を出すと宗匠は自宅におられます。お弟子はこの偽宗匠を取りまき、偽せ者と攻めますとこの偽宗匠は少しも騒がず「イヤばれましたか、申わけが御座いません、実は私はこの寺に年古くより棲む狐であります。常日頃宗匠のお手前を見ていまして、実に鮮やかなのに感心しいつか自分もああしたお手前をやつて見たいと宗匠の来られるのが遅い日宗匠のお姿をおかりして心行くまで茶道を楽しみました、皆様には大変御迷惑をおかけしました、以後絶体にこんなことは致しません」といいますので門下生一同も許してやりました。それ以来宗旦宗匠の名は一層有名になりました。塔頭慈照院には宗旦の建てた茶室が残つております。

それからズート後のこと幕末に、この狐は雲水に化けまして相国寺の僧堂に勉強しました。処がこの頃僧堂の会計がまづく経営がなりたちません。この狐はその会計係を命じられ、スッカリ立直したといわれます。ここにいます時御近所へよく出かけ、皆狐と知つていてつき合つていました。武者小路石井家の庭には宗旦腰掛石があり、大変囲碁が好きで夢中にやつていると時に大きい尻尾を出します「宗旦さん、何やら出ましたよ」というと「コレは失礼」とスートへこんだといわれます。また宗旦狐はあちこちで源平の合戦を見ていたとそれは実況放送のように詳しく語りきかせてくれたそうで、よく「それでは武将の顔は」とききますと、とてもわれわれは勇士の顔はよう見なかつたから知らないといつたとききます。寺町今出川上ル辺にある二日灸はこの狐に教はつて名物になり以前はこの二日に限り露店が出る程沢山な人が出かけたといいます。或るお盆近い頃、相国寺門前の豆腐屋が破産に瀕し店じまいをしようとしていると宗旦が通りかかつて言葉をかけました。「店じまい」の話をすると幸いお盆だから私が蓮の葉をとつて来てやるからそれを売つて歩き、その金で大豆を買つて商売せよといつてくれました。半信半偽の一夜をすごし翌早朝店の戸をあけますと小屋根につかへる程蓮の葉が積まれてあります。早速これを売り歩きました。資本なしの商品、売れただけが全儲けというので夕方は大豆を求め、再び立直つて店をやつて来ました。夫婦は宗旦に何をお礼したものだろう、昔から狐は若鼠の天婦羅を好くということだからこれをこしらえて贈ろうと幼鼠を捜し天プラにして待つていますと、宗旦が早くもその香を知り、「いい香をさしているナ」と這入つて来ました。実はあんたへのお礼で作つたといいますと「御厚意は嬉しいが、私がこれをたべると神通力を失ない。人間になれないから残念ながら断る」と行つてしまいました。しかし一度この香をかぎますと何もかも忘れ、戻つて来て忽ちムシャムシャ食べました。どうでしよう忽ち雲水の宗旦は大きい老狐の姿となりました。それを見た附近の犬はにわかにワンワンと追いかけました。狐は寺の高塀にとび上り高塀の屋根づたいに逃げ、藪の中へ逃げ込みましたが、そこには深い井戸がありこれにはまつて死んでしまいました。相国寺では功労者であり気の毒がり一山総出で葬をしてやり、それを僧堂の守護神としまして僧堂前鐘楼の横に夕顔稲荷祠としてまつられております。そして宗旦狐常用の鉄鉢など遺品が僧堂にあるとのことです。

飛び出す幽霊

山口光円氏所蔵　京都新聞社提供　四九頁参照

祇園夜話

どこの土地でも、花街にはよく怪談があります。しかし実際以上に話が話を生み、真相が判然していましても、話はそれ以上に飛躍するのも花街に多いようであります。祇園新地できました二、三を

第一話　井づつのお多やん

幕末祇園新地第一の青楼は四条通縄手東入北側の井づつでありました。今は半分道路になってしまいましたが奥田道具店がその址であります。ここの奥座敷とか離室とかいわれますが、ここで泊っていますと真夜中フトおそわれ、目を覚しますと天井にお多福の顔が一つ現れます。寝しなにあんなものはなかつた筈だつたのにと、じーっと見ていますと、そのお多福の面は段々大きくなつて参ります。中には目を廻した妓もあつたそうで、気の強い者が見詰めていると天井一面になつて「これでもか」といつたとやらいわぬとやらの噂が拡がり、それからその部屋で泊るのをいやがつたとか、わざと泊りに出かけて夜中逃げ出したとやら井づつのおた

やんは名物になつたといいます。これは古くから棲んでいた狸のいたづらだという人もありました。

第二話　故なく殺ろされた十二の舞妓

「妾がまだ舞妓に出ていました時分どすさかい五十年程にもなりますかいナ、花見小路のお茶屋さんに泊つていた先生とゆうていたお客はん、それはお医者さんやつたのか、何をしてはったお人やしりまへんが、皆先生先生と呼んでました。舞妓はんがお好きでいつもたんと舞妓さんを呼んでいやはりました。その頃は十歳位から十五六までの可愛いい人形見たような妓がたんといやはりました。丁度大晦日の朝どしたので泊つてはりました舞妓はんもお正月の髷を結わんなりまへんので、小種さんの姉さんの子で一福さんといいましたかいナ、十二の可愛い舞妓はんどした。サイナラと二階の階段を降りようとしたら、先生は「一寸一福」と呼ばはつたので、「ヘイ何どす」と下りかけた足を一、二段戻らはつた時、手に持つていやはつた刀でサツと切らはつたのどすテ、そらえらいことどした。その噂は一ぺんに拡がりました。妾もよう知つていますので恐い物見たさにそこへ行きました。その時一福さんを駕にのせて、赤い花緒のおこぼを駕の後にはさんで行かはりましたのがいつまでも目に残ってます。この頃はまだ自動車はおへんどした。何で切らはったのやら、ただ好きで好きでかなはなんだのやそうどす。一寸でも別れるのがかなんのどしたのどすやろナ、一福さんは何んにも知らずに殺されやはったので可愛想なことどした。その切られはった時に飛んだ血が壁にたんとついたのやそうどす、気持が悪いので壁を塗りかえはりましたのに、何べんぬりかえても、その血が出てくるのやソーどす。そうすると、恐い噂が出まして、お人もかわらはりましたし一時は祇園でこの話は知らん人はおへんどしたやろ、その切つた先生は精神何とやらで無罪にならはつたそうどす、その後永い間にそんな話もうすれてしまい。その家は今、弁慶というおうどんやはん、ソレ志賀廼家淡海一座の人気者やつた、弁慶はんどす、この人がおうどんやはんをやつていやはるのどすえ、イエ今はそんな話も、血の出ることなんどきいたことはおへんけど……

その家にほど近いお茶屋の女将は私にこう話してくれました。

第三話　ぬれ衣で死んだ芸妓

大正十年といいますと三十六年前のこと、川端四条上ル処に辻米というお茶屋がありまして、古い家やそうです、今旅館になつていますが、その家におつた画家で天野獎史というのが、朝早く疏水端の柳の木に首をつっている若い祇園の芸妓がありましたのを、こんなものを見たことがないので警察の人が来るまでに大急ぎでスケッチをしまして、それを元にして真向の清艶な女が、白地の長襦袢を着て、裾をぼかした幽霊の姿にして描き軸にしました。それがこの辻

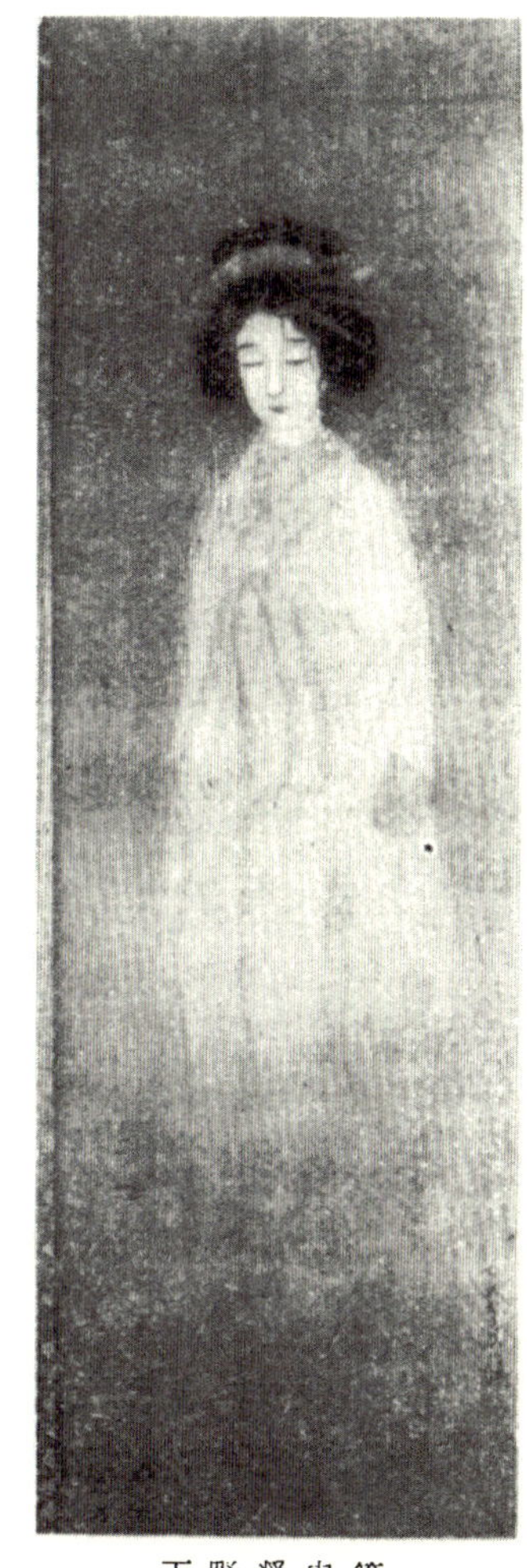

天野獎史筆

米に残されていました。詳しい事情はわかりませんが、何かぬれ衣をきせられ、悩みぬいた末、自殺して身の潔白を知らす外はないと思いつめて縊死したものといいます。その後この辻米の

女将が東福寺塔頭芬陀院（この寺の庭は画聖雪舟が作つた鶴亀の庭といい、近頃雪舟寺といつております。）へお詣りするようになりました。ところが和尚の夢に美しい女が辻米へ行くようにと再三誘うのでした。これはおかしい何か辻米にあるのだろうとある日ここを訪ねられました。お仏壇には沢山な仏像がまつられ大変お詣りの好きな姥さんでいろいろの話の末、若い芸者の幽霊の掛物を思い出しまして和尚さんに見せますとこの女がここへ来させたのに違いないとわかり、軸はお寺へ納めることになりました。その後寺の土蔵内にしまわれたままになりましたが、壇家の一人で大前さんというのが霊媒をされます。再三和尚さんに話されますのに美しい女が出してほしいというているというのです。何のことかと思案して思いついたのがこの女の掛物でした。それ以来毎年お盆には本堂にまつりこの女のため供養の法要をすることにしているとのことでした。大分古い話でどんな濡衣であつたのやら何という名の妓であつたのやらわかつていません。辻米の当主も覚えないとのことですが、じーとこの女の顔を見ていますと、何かこの世に心残りのあるような、成仏しきれないように思いました。南無頓生菩提。

第四話　金に怨みのお末さん

祇園町の人々は大方知つている話で、四条通に村井銀行がありました。お茶屋の人は大方こへ預金し、安心し信用していた銀行でした。それが突然、表戸を閉めて整理を発表しました。それこそ祇園町の一大事でありました。

大嘉に永くつとめやつと別家をゆるされました仲居のお末さんは、花見小路歌舞練場近くに大末というお茶屋を始め、毎月入つたお金は生活費一杯を残して全部預金してしまいました。それ以来通張の残額の大きくなるのを何よりの楽しみとしていました。あんなにお金を残して子供もないのにどうするつもりだろうと話しあつている人もありました。その何年かの食べるものも食べないで預けた銀行がつぶれたのですからお末さんはボーとなつてしまつたことは想像出来ます。それ以来、大戸の閉つた銀行の大戸にもたれて金を返えしてほしいと叫び、泣き悲しみそれが四条通ですから大評判になりました。慰められようが、いろいろさとされようがお末さんはただただ悲しむだけでした。遂に自宅二階の踊り場のハリで首をつつて死んでしまいました。それ以来大末ではお金を勘定している音が聞えるという噂が立ち、毎日あけ方になると二階の障子に髪をふり乱した女の影が見えるといい空家になつても借手がなく、借る人があると何やら気持が悪い、お末さんの霊が残つているのだというので、何人借手がかわつたか知れません。遂にこの家は全部取毀ち新築してしまいました。それ以来この噂もなくなりました。処が村井銀行の整理が出来、ホボ預金の半額程が払戻されることになりました。お末さんには身よりがなかつたので、姪に当る八重さんの手に入りました。八重さんは曰くつきの金で有難いやら迷惑やら、そのままどつかの銀行へ預けました、知人でお金を借してほしい人に、この金を貸しました。その人はそれが返えせないまま円山の樹で縊死してしまいました。も一人同じようにお金が返えせないいままお末さんに連れて行かれたのでしようか、その人も縊死したといいます。利息をつけて返えした人には異変がありません。再三お末さんの施餓鬼をしましたので八重さんには祟りはなかつたそうです。

第五話　幽霊が「ただ今」

松本さださんが、新橋畔におつた頃、抱えの妓が数人おつたことがあります。その一人ひさという芸妓がいました。よく聘らしてくれるお茶屋からお馴染の客の席へよばれ、二人で石山から南郷へドライブに誘われて出かけました。この男は自殺するつもりでひさを道づれにしたもので、南郷へくると突差にひさを抱いて川へ飛び込んでしまいました。無理心中、相手にされたひさこそとんだドライブでした。丁度その時刻新橋の松本の宅へ「お母はんただいま」と慌てて帰つて来ましたのが、このひさ、見ると体中ぬれ鼠「何んえ、あんたずぶぬれてやないか」というと「すんまへん」とそのままスウーと二階え上つてしまいました、そのあとへ警察からひさとその客が南郷の瀬田川で死んだと知らされ、おさださんはゾーとしたといいました。

第六話　消えた写真の八子さん

段々時代は新らしくなり昭和十二年春の話、華かな都踊が始まつています。今年二十歳になつた福富の八子はおとなしい妓でした。十四で舞妓に出て昭和八年の都踊の中挿み豊国踊に子万竜と共に踊りに出、以後毎年出演、四月十一日その旦那や沢山な芸妓達と菊屋で騒ぎ、旦那は一人々々を座らせてライカで撮りました。もちろん自分の妓の八子は入念にとつたことはいうまでもありません。その後、八子はお座敷へお花に行つている最中に風をひき、急ぎ屋方福富へ戻つて臥せましたが急性肺炎となり四十度の高熱で、都踊の「ヨーイヤサー」と高い声で唄つていましたが僅か四、五日の患で四月二十日に死んでしまいました。死人と思えない美しい顔、ただ一人の姉は悲しみのまま、若うして死んだ妹八子の顔に最後の化粧をし口紅をつけ、今にも話しかけるような妹の顔をいつまでも見つめておりました。

八子さん

旦那という人も急に手の内の玉を取られた思い、ひどく力を落し、その後もよくお茶屋へ来て八子の仲好しの連中と共に、故人の思い出を話し合いました。ある日「今日は不思議なものを見せるよ」ととり出しましたのが先日一人々々写してくれた写真のフイルムでした。皆は変る変る見ますと同じ位置でとつているのに八子のだけが姿がうつていないのでした。シャッターの失敗でなく障子から畳から皆写つていて本人の姿だけがないのです。写して貰つていた皆が証明します。ソンナけつたいな話があるやろか、どうして八子はんだけが写らなんだやろうか、お互に顔を見合せて、どうしてもとけないこの謎にゾーとして黙つてしまつたといいます。

応挙の幽霊と云うもの

四十三頁参照

鳥辺野へ出た偽幽霊

――狂言　武　悪――

能には幽霊の出るものはザラにありますが、恐い幽霊は殆どありません。それで狂言となりますとこれまた出て来ません。しかも京都の怪談を捜しますとなおむつかしいです。幸い偽物でも鳥辺野で顕われた幽霊の話をしましょう。

武悪という傭人、勝手して主家へ奉公に出ないので遂に主人は勘忍出来ず太郎冠者に太刀を渡し武悪を切って来いと命じます。太郎冠者はとりなすが主人がききませんので止むなく出かけ、不意打をして切ろうとして見付けられ、武悪も覚悟して切れといいますが、同輩のものを切るに忍びず、遠くへ去れ私は殺したといっておくと戻ります。主人はムシャクシャしていた武悪が亡くなって愉快だと清水寺へ詣ります。武悪は命を助すかったのは日頃信仰の清水観音の御利益だと他国へ行っては二度とお詣りも出来まいとお詣りに来て主人と出会います。太郎

忠三郎　千五郎　弥五郎

冠者は殺した武悪が出る筈がない。ここは鳥辺野だ私が見定めてくると太郎冠者は武悪に愚かものと攻めます。武悪はわけを話しそれでは幽霊になつて逢おう、と幽霊に仮装して主人の前へ出、恐がる主人を冥途へつれて行こうとか亡父の言伝けだと太刀や扇子までまき上げ、やるまいぞで終ります。

写真は茂山忠三郎の主人同弥五郎の武悪、同千五郎の太郎冠者で、前西芳雄氏の撮影であります。

死んで児を育つ

――幽霊飴――

昔鳥辺野に広い墓地がありました。そのなかを東へ清水坂へ出る辺に飴屋がありました。この道が昔の五条通で謡曲能野の道行もここをいつたものであります。秋の彼岸もすぎ日は一日々々早く暮れます。店の者達も寝ようかナと思う頃、女の声で入口の戸をたたきます。「へイどなたどすやろう」と小窓を明けて外を見ますと、一人の女が嬰児を抱いて「エライ遅うにすみませんが飴を三文おわけ願います」といいます。何もかも片付けたのに、竹の皮に包んで「へイ」と渡し、その三文を銭箱に入れました。翌朝主人が銭箱の引出しをあけて勘定しますと木葉が三枚這入つています。「誰れやこんな悪戯をしよつて……」

こうしたことが毎夜女が飴を三文、銭箱には木葉三枚が数日続きますと「コレアおかしい」と思うようになり、あるいは夜嬰児を抱いた女の仕業じやないかと気がつきました。気丈な若い者がソットその女の後をつけました。附近はお寺と墓が多いのです。ツト墓場へ這入るので本堂の蔭から見ていますと、その墓の中で消えて見えなくなりました。とたんに幽霊！ととんで戻つて布団を引被つたが眠るどころじゃありません。夜があけると主人と共に、寺の和尚を訪ね、四五日前からの様子を話し、この本堂脇で見えなくなつたことを話しますと、和尚は新らしい盛土のある新墓の前でこの辺かと尋ねられます。和尚は「この墓は五六日前に、よい家の若嫁が出産間ぎわに死んだので可愛そうにと一家の人々は気の毒がっていた」と話されます。皆手を合して南無阿弥陀仏を唱えますと、何やら土の中から赤ん坊の泣き声がするではありませんか、こりあエライことだと大急ぎで墓を掘り棺の蓋をとると美しい母親の上に赤ちゃんが飴をしやぶつて泣いています。その家へ知らすやら大騒ぎです。死んだ母親が赤ん坊を生んで、お乳がないので毎夜幽霊になり飴を求めて育てたのです。こんな母性愛というものがあるものでしょうか、檀家の主人も家族も来ました。子供は無事に家族の手に渡り母の死骸は再び土をかけて葬りましたが、墓の中から生れた子供が成長し、あれは幽霊の子や、墓から生れたといわれては出世も出来ません「和尚さん、この児は乳母をつけ一切の経費は私の方で致しますから、どうかお寺で育てて頂き、行く行くはお弟子にして下さいますよう。この母親の菩提を弔うようにして下さい」とたつての依頼で、和尚も引受けて育てました。後この僧は有名な和尚になつたといいます、またその飴屋は「幽霊飴」で売り出し、松原東大路西入珍皇寺近くに永らくありましたが商売替をしたとやら、それでもお精霊迎えには本家はここじやと店を出していました。

これは幽霊飴伝説とて五番町にある立本寺が元寺町今出川上ルにあつた頃、この寺にも同じ話があり、伏見鷹匠町大黒寺と飴宗にも同じ話が伝わつています。も一つ千本十二坊の方は死んだ女は、時宗(じしゅ)国阿上人の俗人の間の妻女が墓の中で子を生み、墓番の焼き餅を毎夜買に来た、そのことから僧になられたともいわれています。

バラバラ事件

お政殺し

死人の首胴手足を切ったバラバラ事件というのがありましたナ、こんな惨酷なことをと思いますが、古くからあったもので、今年はその七十一回忌に当る明治二十一年の出来ごとでした。

高倉押小路下ル処に女髪結でお政という一寸渋皮のむけた男好きのする女がおりました。近くにお得意も多く、愛嬌もあり知られた髪結であり小金もためているといわれ同時に浮名も流していました。この頃銅版印刷という細い毛彫のようなものが出来、銅版の名所図や地図も沢山に出来ました。その銅版彫刻の職人で樺井達之助というのがありまして上手と評判でした。私もこの男の名の入っている名所図や地図を入手しています。この男は役者にしたいような美男子だったそうですが、その頃の職人にありがちな、飲む、買う、打つの三道楽の方も有名で、ナマケものでした、どちらからよりそうたか近所の人も知っているお政達之助の仲でした。押小路柳馬場東入に住んでいましたから、一丁余しか離れていません。情夫きどりで、しじゅうお政の家で泊つています。しかし毎日のように小遣銭の無心で、仕事はしないでノロついているので流石に惚れているお政も、これではたまらなくなり、追々とよそよそしくして来ました。達之助は小遣銭は素直に出してくれない、様子がおかしい、こりやあ他に男が出来たナ　それなら一層殺してしまおう、それは毎日毒薬を少しづつのませて自然とやつてやろうと、程近い二条通の生薬屋を歩いたが、容易に毒薬は手に入らない、こりあアカン、バッサリやらねばと覚悟し、そしらぬ顔で泊り込み、夜中に出刃庖丁で殺し、首を切り頭髪を剃り、両手を切り放ち陰毛を剃つてしまい。その夜のうちに秘に捨ててしまい、その毛類や血のついた衣類を裏庭で焼すててしまいました。翌朝隣りの人が「お政はんは？」とききますと、「あいつ急に九州の親類へ行くというて昨夜おそく出て行きました」「九州へ、九州に親類て聞いたことがおへんナ、それに何どす、ゆうべおそうに臭い香をさして、何をおもやしたんどす。」「ヘイお政は不精者で、ぬけ毛やゴモクの山どす。晩おそいよつてと思うて皆燃やしてしもたので、エロウ臭うてすみまへん」と達之助は平気でいうていたそうです。ところが木屋町御池の田中竹次郎という人が今の京都ホテルの東側に上京警察の分署があり、その裏に穢いドブ池がありましたが、その池にニューと人間の足が逆立ちしているのを見付けて、大騒動、警察は愚弄しているというので引き上げたら首も手もない、女であることはわかつても年令がわからない。とにかく類のない事件だけにエライ評判になりました。それから二日目に出町川端の竹藪の中から尼の首と両手が出て来ました。それが首なし胴と一つで、別々に捨てたことがわかりました。尼ではあるがお政の顔は売れていたので、このバラバラ死体はお政に違いないとなり、スグに情夫の達之助は捕えられましたが知らぬ存ぜぬの一天ばり、証拠が何もないので警察も手こづりましたが、今の市庁舎の辺は植物栽培場の趾で草ぼうぼうだつたそうで、その叢の中から血のついている前垂が落ていました。それがお政の常にしめていたものと知れ、愈々達之助の嫌疑が深くなり、いためつけた末遂に白状し、実地検証にこの殺人鬼達之助が来るというので見物で人力車が通れなかつたといいます。もちろん達之助は死刑になり、この事件は講釈になり芝居になりニワカにまでなり「コリヤお政殺しは達之助、姐さん何所行くどうじやえな、ハア、ドツコイシヨ」また「男持つなよ髪結お政、金をとられて殺ろされて……」の唄が流行し、永いことこのお政殺しは話題になりました。これだけなら殺人事件ですが、後日物語があります。

この事件があつてから十六七年も後、明治三十六七年のことでした。私の宅の入口に当ります処に祖母の隠居所があり、祖母の歿後、人に借しておりました。ここへ這入つた上々手さんという方がありました。そこへ奉公に来ていた女中さんがありました。フトこの女中さんがお政の幽霊を見たというのです。この女中がある人に嫁し夫婦で高倉に空家があるのでそこを借りました。その移転した夜亭主が、何者か知らぬが女が殺ろされた夢を見たといいます。自分は寝室からスーと女の姿が出て行くのを見た。お互にけつたいな夢やなとまだ気にせないでいました。三四日たつと御近所のおかみさんと話すようになりまして、「あんたはんのお家、何も変つたことはおへんか」といわれて「何どすのどす」ときくと、この家がお政の住居で、お政の殺ろされた家だと聞きました。それで主人は女の殺ろされた夢を見た、私はそんならあの女はお政さんの幽霊かと、外出している亭主を呼び戻し、そんな家には一日たりともおられないと大急ぎでその日の内に移転しました。古い話どすが気もちの悪い怖いことどしたと話され、矢張り変死者の家には異変のあるものかナと話し合いました。

おさださんの生霊

昭和三十年八十三歳で歿くなられた祇園井上流の元老だつた松本さださんに聞いた話。

忠臣蔵の芝居七段目で有名な祇園の一力は、京にある沢山なお茶屋の筆頭で、仲居の赤前垂や丸髷姿は見られなくなりましたが、ここの広間で見る井上流の舞は、流石に祇園らしい風情です。この家は代々次郎左衛門といい当主は私と同年で百兎会の一人です。当主の母御をおさださんといい谷崎潤一郎著「磯田多佳女」の姉さんでした。話をしているおさださんと同名ですがこの松本さださんは本名あいといいました。杉浦おさださんは美人型ではなかつたそうですが、スラリとした姿のよい女だつたといいます。このおさださんが面チョウのような病気で、こんどは回復はせないだろうといわれ、松本も再三見舞に行つておりました。松本さだは磯田多佳とは大変昵懇にしていました。松本は昼寝の時、重体の一力の女将おさださんが枕元に坐つて「わたしもこん度はいよいよお詣りせんなりまへんが、知つといやすように、うちは神道でお仏壇もおへんので、どこへもお詣りするお寺もあらしまへん、妾は一体どこへお詣りしたらよろしおすやろ」としみじみ問いかけました。さだ女は「それはさぞお困りどすやろう、そんなら氏神さんやさかいに祇園さんへお詣りおしたらよろしいやおへんか」といいましたら目が覚めました。何でこんな夢を見たんやろう、そうして三四日たつた明治四十四年六月二十日に亡くなられました。その知らせをきいて早速お詣りしお通夜もしました。神道の家だけにとても淋しくなじめないけつたいなお通夜どした。それでも神道のお通夜て始めてどすもの、御詠歌があるではなくただお灯明だけの薄暗い部屋にじーとしているだけどすやろう。けつたいなもんどした。夜二時過ぎここの親類のノーエンの主人杉浦益造さんと話をしていますうち妾が夢におさださんがどこへお参りしたらえゝかいわれたことを話しますと益造さんはゾツトしたような顔をして「それは不思議どすナ、実は私もこの人の夢を見たのどす、二、三日前私が祇園さんへお詣りして南門から中村楼の前まで来ると、重体のはずのおさださんが石の鳥居をくぐつて来るやおへんか、あんたもうこんなにようならはつたんかと聞くと……「エエこれから祇園さんへお詣りに行こうと思つているのどすえ」といい残してそのまま夢はさめました、変だナおさださんに違いない、こないだ見舞うた時はもう二三日やろうと家人は心配していたのに…」どうして二人がわかれわかれに一人の人の魂にあつたのどすやろう、二人が話し合うと、そのさださんの着物の縞柄もぴつたりおうていました。今までにも、二、三人亡くなられる時妾の夢枕に立たれた方もありましたが、こんな不思議な話は、これだけで今なお思い出しても、どうしてやろうと考えさされているのどすエ。

応挙の幽霊（卅一頁）円山応挙は画家として有名でありますので、長崎の遊女屋で瀕死の遊女の姿を写したのを幽霊の絵だと云いますし又丸顔の立姿のもの、又ここに出しましたもの等ありますが、どうも本物と思われるかどうか、この図も模写々々とどれが本物かわかりません。

木娘現わる

榎木や椋などの大木がどちらかの方角から見ますと何やら髷を結うた女が立つているように見えます。それを木娘といいまして夏の夜の景物として人気のあつたものでありました。

いつ頃からこんなことをいい出したのでしようか文献は知りません、が瓦版に屋根の上にヌーと木娘が立ち多くの見物人がおります図を持つておりますが、これは大阪江戸堀一丁目いちようの大木で、しぜんと女の形ありと記し年号はありませんが幕末のものと見ています。

祇園下河原に木娘が出て見に行つたといわれます。昭和二十四年八月鞍馬口通堀川東入大応寺の境内の大木、島田髷、前髪、矢の字の帯を結んだ女に見えました。毎夜々々見物で大賑い自警団が警戒に出たほど、処がこれに近くの糸屋の娘が継母にいじめられて自殺した、その娘の怨霊が大樹にのりうつつて木娘となつて、その家を上からにらみつけているのだといい出し糸屋の娘の怨霊だといいました。（表紙の写真がそれです）

翌二十五年の六月には上ノ下立売紙屋川西入建具屋古谷松太郎方の庭にある直径約一米、高

下の下立売にあった木娘　　京都新聞社提供

さ約十五米の欅の大木で桃割の娘のような姿に見えるといい出し、毎夜この淋しい町は大賑いとなつたといいます。この家に以前住んでいた娘さんが死んだのが仏事もせないので姿を現わしたのだといいました。同年七月左京区田中西河原町の千菜寺墓地に椋の大木が日本髪の娘に見えると附近の娘が夜おそく戻つて来る中月光にボンヤリ見えた木娘に悲鳴をあげて逃げて戻つた話から噂が拡がつたといいます。

それから後はトント聞きません。それと噂が拡がると迷惑だとその一部を切つて木娘退治したようにもきいております。

撞かずの鐘

――上京区小川通上立売上ル　報恩寺――

労働問題なんかなかつた頃、西陣の織屋で働く人は相当に苛酷な扱いをされた様にきいております。殆ど人身売買のような契約の処もあつたらしいです。小学校を出るとスグ徒弟として働きに来ます。自由のなかつた織工の人々は一日、十五日の公休に安居院の繁華街をうろついたり、二股の盆屋で逢曳したことも本当でしよう。

小川上立売の八半は古い織屋の一軒でした。店のものも織女（オヘコといいます）も沢山におりました。仕事の打切は近くの報恩寺でつく朝夕の梵鐘でした。朝から仕事するものは夕べの鐘で夜なべの人と交代します。どんなにこの鐘の音を待つたか知れません。この店に入店後余りたたない十五歳の丁稚と十三歳の織女がおりましたが、どうしたことか、この二人は顔を合すと喧嘩です。前世の因縁だつたのでしようか。何でもないことでもいがみ合つており店のものも家中の噂になつていました。ある時二人は報恩寺の夕方の鐘はいくつ撞かれるかと口争いとなりオヘコはまだ十三の女子ですが、とても勝気な子で「九ツ」だと頑張ります。事実九つ撞いているのです。丁稚は「八ツだ」といい張りました。そして負けたものは、どんなことでもすると約束しました。しかしこうなりますと二つ年長の丁稚は巧にお使に出るふりをして報恩寺へ行き、顔見知りの鐘撞の寺男に今夕だけは八ツで止めてほしいと頼みました。夕方になりました初めの鐘がなりました二人はお互に緊張して耳をすまします。毎夕九ツを聞いているオヘコは自信を以て数えています。六つ七つオヘコはもう二つ、八ツ目が鳴り響きました。も一つと待ちましたが、どうしたことか今夕に限り八ツ限りで後がなりません。オヘコの顔は真青になりました。丁稚は勝ち誇り散々悪口をいいますが何一ついい返すことも出来ません。夜もふけて来ました。オヘコの少女は家を出て撞楼へ登りこの鐘をジート見上げています。それにしても怨めしい鐘です。いつものように九ツ撞いてくれておればあんなに丁稚にいいこめられもしなかつたでしように、撞楼に帯をかけ鐘を怨んだまま縊死してしまいました。あたら十三の小娘を死なしてしまいました。それから夕方この鐘をつこうとすると娘が恨めしそうに見守つています。八半の主人は住職に話して供養の法要をしましたが、遂に夕方の鐘だけはつかないことにし、そして鐘楼には誰も近づけないように板塀をして、戸をつけ鐘をつく時はこの戸を開け中へ入つてつくようにしました。

それからこの鐘は撞かずの鐘というようになりました。この寺は一に鳴虎(ナキトラ)の報恩寺といいます。

飛び出す幽霊（廿一頁）江戸末期の節堂筆で、在家で所蔵していましたが、次次と人手に渡り滋賀県の信者の方から洛東一乗寺曼殊院門跡山口光円師に寄贈されました。処が水商売の方が不景気になると幽霊の絵をかけると商売繁昌すると云われていますので数回貸し出したときます。全部描いたもので描表装したものであります。京都にある幽霊図としては凄いものでありましょう。

おみつの怨霊

――蹴上　東小物座町――

三条蹴上の大神宮道の西の方を東小物座町といい古くは薦座町といっていました。この町に福島直次郎（二八）という男がおりまして、年頃でもあるからと伯父三村源次郎の世話で数屋町押小路下ル水谷吉之助の妹みつ（二一）と結婚することになりました。夫婦仲もよくやっていましたが、手不足だから妹おゑき（一八）を呼びよせて同居しました。この頃は仲々自由恋愛は出来なかった時代でした不倫な恋は世間が許しませんでした。それに直次郎とおゑきはおみつの眼を盗み出来てしまいました。同じ家にいるのですからこんなことが隠しおおせるものではありません。おみつの不在の時には二人が逢引しています。おみつは妹に意見をし直次郎にも怨みをいい二人は一切手を切るといいました。しかしこの二人はアキラメられませんでした悪いと知りつつ二人は関係を続けました。おみつは夫や妹のために自分は捨てられるのだと思いました。おとなしい性質だけに反つて嫉妬心は強く、口に出さないまま神経衰弱で臥せつてしまいました。二人はこれ幸いと勝手なふるまいをしますので我慢が出来ず、この怨みは死んではらしてやろうと怨みの数々を書き残し二階の梁に緋縮緬のしごきを掛け首を吊つて死んでしまいました。これは実話で明治十五年一月二十四日夜の出来事といわれます。流石に当座は気味悪く世間にも遠慮がありましたが、人の噂も七十五日、日がたつと共に、二人は当然と夫婦気取でいました。六月十七日の夜、おみつの菩提のため御詠歌講の人々にお詣りして貰い、人々が散じ片付けものをして直次郎とおゑきは奥の一間に入り枕をならべて寝ました。今まであかあかとついていました行灯の灯がフツと消えました。オヤと思う二人の前におみつの姿がありありと現われ気味悪い声で「恨めしい直次郎、おゑき……」と物凄い顔で二人を睨みました。二人はビツクリして慄い上り逃げようとしますと幽霊は自分が先きに首を吊つた緋縮緬のしごきでおゑきの咽喉を締めにかかりました。本人のおゑきはもちろん、直次郎も思わず大きい声を出して「助けてくれい」と叫びました。二階に寝ていた直次郎の父勝兵衛は何ごとかと手燭片手に駆付けて見ますと、何と直次郎がおゑきの上に馬乗りとなりしごきでおゑきの首をしめつけ、おゑきは虫の息になつています。勝兵衛は驚き慌てて直次郎を引き起し、ようよう二人を引分けましたが両人共発狂したかのようで正気がありません。薬をのませ水をやりようやく落付いて来ました。どうしたときくと幽霊に襲われたといいます。

三人は顔を見合せて死霊の一念、怨みの一念の恐ろしいことを知り、早速親族とも相談し二十三日鹿ケ谷安楽寺で、おみつの菩提を弔い法会をつとめ、おゑきは里へ帰えし、両人は先非を悔いおみつの冥福を祈つたといいます。――その当時日出新聞に出た記事から――

表紙写真
大応寺の木娘
糸屋の娘

昭和三十二年九月一日　第一刷発行
昭和四十四年七月一日　第二刷発行
【価　四〇〇円】
著　者　田中緑紅
代表者　田中泰彦
印刷所　協和印刷株式会社
電(312)四〇一〇
京都市中京区堺町三条下る
発行所　京を語る会
電話(221)一九八九番
振替大阪三七三五五番

緑紅叢書目録

第一輯　町々の伝説
第二〃　京社寺俗称
第三〃　祇園会余聞
第四〃　京の大文字
第五〃　京の怪談
○第六〃　京の町名のいわれ
第七〃　京の京の大仏さん
○第八〃　師走の京都
○第九〃　京のお宮めぐり　一
○第十〃　京の話あれこれ　一
第十一〃　知恩院物語　上
第十二〃　知恩院物語　下
第十三〃　若葉の京都
第十四〃　亡くなった京の廓　上
第十五〃　京祇園会の話
第十六〃　京のお地蔵さん　上
第十七〃　亡くなった京の廓　下
第十八〃　秋の奇祭

第十九輯　千両の辻 西陣を語る
第二十〃　忠臣蔵名所
第二十一〃　京の七不思議　上
第二十二〃　如月の京都
第二十三〃　新京極今昔話　一
第二十四〃　船岡山のほとり
第二十五〃　京のお盆と盆踊
○第二十六〃　六斉念仏と六斉踊
○第二十七〃　高瀬川　上
第二十八〃　高瀬川　下
第二十九〃　京のお正月 松の内
第三十〃　京の話あれこれ　二
第三十一〃　円山公園　上
第三十二〃　円山公園　下
第三十三〃　祇園祭ねりもの　上
第三十四〃　祇園祭ねりもの　下
第三十五〃　京の名水
第三十六〃　聚楽城

第三十七輯　一月の京都雙六
第三十八〃　祇園さん
第三十九〃　京の地名
第四十〃　伏見人形の話
第四十一〃　新京極今昔話　二
第四十二〃　新京極今昔話　三
第四十三〃　春の京
第四十四〃　京の舞踊
第四十五〃　京のお宮めぐり　二
第四十六〃　京の三条大橋　上
第四十七〃　京の七不思議　下
第四十八〃　四条五条の橋
（七月刊予定）

各巻 四〇〇円　〔〇印欠本〕

《写真集》
なつかしい京都（品切れ）
明治の京都　三〇〇〇（残り少し）
（外に送費をいただきます）

《復刻にあたって》

一、本復刻版は、田中喜代様所蔵の原本を使用しました。記して感謝申し上げます。

一、復刻版には、借用した原本の都合で初版と再版が混在しています。また、原本奥付に紙を貼付して新価格を表示している場合もそのまま復刻しました。

一、文中に、人権の見地から不適切な語句・表現・論、また明らかな学問上の誤りがある場合も、歴史的資料の復刻という性質上、そのまま収録しました。

一、表紙の背文字は、原本の表示に基づいて新たに組んだものですが、一部訂正や省略をしました。

緑紅叢書　復刻版

第1回配本（全26冊）

京の怪談〔緑紅叢書5〕

2018年10月31日　発行

揃定価　39,000円+税

発行者　越水　治

発行所　株式会社　三人社

京都市左京区吉田二本松町4　白亜荘

電話075（762）0368

乱丁・落丁はお取替えいたします。

コード　ISBN978-4-908976-77-3

セットコードISBN978-4-908976-72-8

緑紅叢書 第六輯

京の町名のいわれ

田中緑紅

はじめに

京都としては大切な事の一つと思いますが、この沢山の町名のいわれが判明しておりません。地誌にも殆んどふれておりません。平安通志をたよりにして出来たと思われる坊目誌しかありません。然しこのわかり難い町名をここ迄調べ上げられた努力には感謝せないではいられません。とにかく私もこの本にたより不備な点、又全く書かれてないものでわかりましたものを加え、それになるべく面白い話題になりそうなものを選出したいと思いましたが、さてとなると無いもの、もつと分類し研究すればよいと思いますが、古くからノートしておきましたものを加えて一応まとめました。

旧市内は前記二冊に頼れますが新開地は殆んど参考書もありませず、字名を町名にしただけでわかりません。今の内に各小学校で資料を集め土地の古老からきいて頂き保存せないと何もわからなくなるのではありますまいか。

写真は町内に因むものを少し入れて見ました。

昭和三十二年十月

目次

京の町名に就て

今日の京都市は余りに大きくなつてしまいまして大原の山中や、嵯峨の池の畔に立つても、これが京都市何々区とは思われません。其田圃にも町名がつき、字何々はなくなつてしまいました。そして村を市に編入した時字名をそのまま町名にしたものが多いのですが、村時代の字の由来のわからないものが多いのでどうも町名のわからない方が多いのです。明治時代京の町を三条通を中心にして上京・下京の二区であつた頃千四百余の町名がつけられていました。これは秀吉が京都の都市計画をしました天正の頃、色紙型の一丁四方の町を大通の間に新道路を開き東西半丁、南北一丁の町が沢山に出来ました。これは千百余年前の平安京の事から云うと左京の半分丈にすぎません。そして此町に町名をつけたのは慶長年間だろうと云われています。処がこの名前も半分は由緒不明で一向かいたものがありませず、然も中之町などの名はこの旧市内に十七ケ所もありますので何々学区の中之町と云わないとわかりません。地方の方でこの町名を、何々通り何々上ル何々町とは永い町名だと云う人がありますが此永い名のおかげで、そこに住む人を訪ねますものは僅か六十間程歩けば目的の家へ参れます。東京等の何丁目何番地が数ケ町尋ねまわらないと見付からない事から云つても、この永い呼名の方がよいと思われます。

此町名をもつと考えて付けてくれればよかつたのに、どうにも不明な名がついていて困ります。これは今日村々が合併したり田畑を整理して町になつたり、山野を利用して住宅街になつて町名をつける時、よい加減な名をつけておいてそれが公称となつたり、町はづれの土地を買つた地主の名をとつて何々町としたのが、いつしか公称となり、祇園花見小路内に、近年八坂町、花見町、花町等聞いた事のない町名を呼んでいます。こうして古い都の京の町も、スッキりした町名にはなつていません。

古い町名のわかつていますものを調べて見ますと、

一、人　名　山名町（山名宗全＝上京区上立売南通堀川西入ル丁）了頓辻子町（広野了頓＝中京区室町新町の間三条下ル丁）俊成町（藤原俊成＝下京区松原通烏丸東入ル丁）

二、職業名　八百屋町（下京区七条通堀川東入ル丁）畳屋町（中京区蛸薬師通大宮東入ル丁）

石屋町（中京区木屋町通三条下ル丁）竹屋町（下京区高倉通綾小路下ル丁）

三、**樹木名**　梨木町（上京区大宮通一条下ル丁）藤ノ木町（中京区寺町通竹屋町下ル丁）柳町（下京区東中筋通花屋町下ル丁）桜ノ町（中京区新京極三条下ル丁）

四、**神　名**　稲荷町（下京区河原町通四条下ル二丁目）少将井町（上京区烏丸通竹屋町下ル丁）神明町（上京区御前通寺之内下ル丁）恵美須之町（下京区寺町通仏光寺下ル丁）

五、**仏　名**　薬師町（上京区大宮通今出川下ル丁）石不動町（下京区松原通麩屋町東入ル丁）毘沙門町（東山区東山通安井門前ノ丁）弁財天町（下京区諏訪町通松原下ル丁）

六、**祭礼に関した名**　牡丹鉾町（上京区千本通五辻上ル丁）長刀鉾町（下京区四条通烏丸東入ル丁）上御輿町（上京区今出川寺町一筋西入上ル二丁目）菊鉾町（東山区新柳馬場通仁王門下ル丁）

七、**三ケ町合併名**　栢清盛町（柏野町と清玄町と盛下町合併‖上京区千本一筋通寺之内上ル丁）観三橘町（観音町と三条殿町と橘ノ辻子合併‖上京区烏丸通一条上ル丁）

八、**対称した名**　上之町、中之町、下之町‖東三本木通丸太町上ル三丁目、二丁目、一丁目、

東町、西町‖元誓願寺通小川西入ル丁、元誓願寺通堀川東入ル丁

九、**寺院名**　実相院町（上京区五辻通小川西入ル丁）真如堂町（上京区車屋町通夷川下ル丁）中堂寺町（下京区島原東より二筋目上ル丁）讃州寺町（左京区新富小路通仁王門下ル丁）

十、**土地の名**　円山町（東山区円山公園）神泉苑町（中京区神泉苑通御池下ル丁）百々町（上京区寺之内通堀川東入ル辺）不動堂町（下京区油小路通木津屋橋下ル丁）今熊野日吉町（東山区太閤垣の辺）

十一、**道路名に丁目をつけたもの**　本町一丁目（下京区）直違橋筋一丁目（伏見区）五条橋東二丁目（東山区）宮川筋一丁目（東山区）天使突抜町一丁目（下京区）清水一丁目（東山区）

十二、**商家の屋号から出た町名**　茶屋町（上京区小川通下長者町下ル丁‖茶屋四郎左衛門）

十三、**神社名**　西天王町（左京区岡崎町元西天王社旧地）晴明町（上京区葭屋町通元誓願寺下ル丁）中御霊町（上京区広小路通寺町東入ル北側）福大明神町（上京区葭屋町通一条下ル丁）

十四、**邸宅の名**　二条殿町（中京区烏丸通押小路下ル丁）常盤井殿町（上京区今出川通寺町西入ル三丁目北側）徳大寺殿町（上京区新町通今出川下ル丁）岡松町（上京区烏丸通今出川上

ル西入ル丁）

此外まだいくつも項目をわける事が出来ます。古蹟、道路に対して其位置の知れるもの、道路名に区別名をつけたもの、等々。

同町名であつても同じ由来ではありません、其一、二の例を上げて見ます。

○亀　屋　町

一、正親学区　千本通中立売下ル　古老の説に元和・寛永の頃玉屋亀屋と呼ぶ葉茶屋がありましたので玉屋町（一丁上ル）亀屋町の名が起つたと云います。

二、中立学区　油小路通上長者町下ル　開坊の始鶴家と呼ぶ古い家がありまして、俚称鶴屋の町と云つていました。慶長、慶安地図及延宝町鑑に鶴屋町とあります。何かよくない事があつて鶴でいけないのならと亀屋町と改めたと云います。

三、待賢学区　葭屋町通下長者町下ル　由来はわかつていません。元菊屋町と云いましたが、後亀屋町の北半町、亀屋町の南半町と称へ、明治三年に合併して亀屋町としたと云います。

四、春日学区　荒神橋西詰半町北側　起原は不明です。元久邇宮邸のある処です。

五、梅屋学区　釜座通竹屋町下ル　古く丹後屋町と云つていましたのを延享年中に何故か亀屋町に変えたと云います。

六、竹間学区　竹屋町通烏丸西入ル　古くから此名があつて一度も変更していません。

七、富有学区　堺町通夷川上ル　堺町通は天正末年に新らしく開通した通で三、四十年たつて亀屋町と名付けました。

八、柳池学区　御幸町通押小路下ル　わかつていないが、この町の上の町の山本町が元鶴屋町と云つたのに対し、上の町が鶴ならこちらは亀でと名付けたらしいです。

九、本能学区　蛸薬師通油小路西入ル　ここもわかつていません。空也堂があるので敲町と云つていました。

十、修徳学区　若宮通松原下ル　延宝年間には鶴屋町と云つていましたのをいつの頃か亀屋町に変更したと云います。

十一、有隣学区　高倉通万寿寺下ル　よく名前の変つた町で、慶長以来骨屋町、延宝年中指物屋町、其後亀屋町と改めましたが由来不詳。

これで見ましても亀屋町と名付ける深い理由のある処は殆どなく、恐らくは縁起のよい鶴か亀の字を用いて、縁起のよい名と悦んだ位の軽い意味と見てよいかと思います。

此度は福の神の大黒天を見て見ましよう。

○大　黒　町

一、梅屋学区　釜座通夷川下ル　此通が出来た頃からと云つています。半町程西に夷神を祀つた夷川町に対してかとも思われます。

二、乾隆学区　浄福寺通寺之内下ル　わかつていませんが、一名鶴屋町と云つております。

三、生祥学区　六角通富小路東入ルと西入ル　町内で古くから大黒天を祀つていましたが、町内に住んでおつた小田海僊に大黒天の画像を描いて貰いました。嘉永二年六十五才の筆、町内で年々大黒祭を行つています。

四、立誠学区　河原町通三条下ル　ここもわかりません、材木町の名もあります。

五、六原学区　大黒町通柿町下ル　此通の松原下ル寿延寺に豊公遺愛の大黒天像を祀りますので大黒町通りと云います。此町もそれにあやかつて名付たものらしいです。

六、待賢学区　猪熊通下立売下ル　古く鍵屋町と云つていました。上の町出水上ル町を蛭子町と云いますに対し大黒町と名付けたと云います。

七、開智学区　仏光寺通寺町西入ル　何もわかつていません。

八、有済学区　大和大路通三条下ル　町内におつた沢井智明を大黒屋伝兵衛と呼び富豪であり此町の代表者、三条街道に交通便のため車石を敷いたのは此人の努力で出来たのだと云います。代々此町に住つておつたそうで、此屋号をとつたと云います。

九、尚徳学区　室町通五条下ル　昔、大水が出た時、大黒天像が流れて来たのを町内でお祀りした処から町名となりました。

十、安寧学区　七条通西洞院西入ル　古老の話に西洞院川が洪水で氾濫した時、蛭子、大黒二体が流れて来たので。土地の人が大黒像を此町で祀り東町が蛭子像を祀り蛭子町と云いました。流石に人気神の名だけに三ケ所しか不明の処はなく、流れついた福の神は目出度いから町名にしたり、蛭子神に対して大黒神の名をつけただけの町名となつたものである事がわかります。鍛冶屋町と云うのが七ケ町ありまして、著名な鍛冶屋が町内におつたので町名になつたものと思いますが六ケ町は全部不明、植柳学区の西洞院通御前通下ル町だけ徳川の扶持した刀劔の鍛冶工が住んでおつたので名付けたと云います。著名な社寺や有名人がおつても其名をつけないで町名不明のままの町もなかなかに多いのです。町名等町民が案外無関心に過したものではないでしようか、もつと町内の人がお役所まかせにせないで、親しみと夢を持つ様な町名に変えたら如何でしよう。戦争中二、三ケ町が合併して各町名の頭文字だけ集めた町名が出来ましたが、これ等は一日も早く元へ戻してほしいものです。

尚新開地や新市内になつた農村が新らしく町名をつける時には協議会を開き、各委員の話を記録して名を決定してほしいものです。

旧市内で同一名のは百五十四ケ町もあり、学区別にしますと、

二学区に亘るもの	七十一	三学区に亘るもの	四十
四学区 〃	二十四	五学区 〃	二
六学区 〃	五	七学区 〃	五
十学区 〃	一	十一学区 〃	三

十七学区 〃 一

昔大きい社寺の境内が沢山な町にわかれて、町名のつけられたもの、新開地に氏神に因んだ町名をつけたものもあります。

○七野神社

今ささやかな神社となつていますが、応仁乱に広い境内を失い、東は堀川、西は千本、南は廬山寺北は大徳寺境内と云う大きい土地でありました。

竪社北半町　竪社通御旅前二町下ル
竪社南半町　竪社通御旅前三町下ル
社突抜町　竪社通御旅前下ル三町
社横町　寺之内より北四筋目
中社町　廬山寺通智恵光院東入町
東社町　廬山寺通大宮西入町

西社町　　　　廬山寺通大宮西入三丁目

○姥ケ懐

乾隆学区　上立売通浄福寺から千本にかけて畑地があり、姥ケ懐と云いました。乳母の懐の意味で、乳母が主家の子供を懐に入れて温めると云うので温い土地を姥が懐と云い、各地にこの名があり、蹴上げ九条山にもこの名があり、狐がここでお産をすると云われます。乾隆校石像寺辺に姥ケ懐の址が永く残り、ここで此千本西側に作庵と云う医師がおりまして趣味で楽焼を造りこれに祖母懐の印を押し永く窯址があつたと云います。此附近に姥の字のつく町があり今宮祭には丸に姥の字の提灯を各町で出すので有名であります。

姥ケ桐木町　　上立売千本一町東入ル下ル町

姥ケ榎木町　　上立売浄福寺西筋下ル町

姥ケ寺之前町　　上立売千本東入上ル町

此町に乾隆小学校があります。

姥ケ北町　　上立売浄福寺二筋西入上ル町

姥ケ西町　　　上立売通千本東入町
姥ケ東西町　　上立売通浄福寺一丁西入町

○新日吉（いまひえ）神社氏子町

東山七条阿弥陀峰の中腹にある新日吉神社は後白河上皇が永暦元年（約八百年前）に近江日吉大社の上七社の神々をお祀りされました。氏子地域広く、川西の菊浜学区内のお土居、藪地、耕地が妙法院の領地であつたのが開かれて宝暦八年町家になりその十ケ町に近江阪本日吉大社に因んだ町名がつけられましたが、此地は大方七条新地の遊廓になつています。

聖真子（シャウシンジ）町　東高瀬川筋六軒上るより上之口上る迄の東側、聖真子は日吉祭神の天忍穂耳尊の御名を町名とした。宝暦三年町地となり同十一年遊廓地に入る。

波正土濃（ハシドノ）町　賀茂川筋より一筋西、六軒上るより上の口迄、此名は日吉神社の前の流を云つたものです。

早尾町　賀茂川筋より二筋西、六軒下るより上之口迄を云います。六条村と云う部落がありましたが七条の南高瀬の西へ移し、町家とし日吉七社の内早尾の名をとつて町名としました。

山王町　正面通上ノ二之宮町より高瀬川筋まで南側日吉山王の名を町名としました。

上二之宮町　二之宮町通正面下ル町　日吉二之宮は国常立尊を祀つています。明治二年廓を廃して町家となりました。

下二之宮町　二之宮町正面一丁下ル　より七条上ル　上と下にわけました。

上ノ三之宮町　三之宮町通正面下ル　三之宮は坂本日吉八王子山に鎮座惶根(カシコネ)尊を祀る一時遊廓に入りましたが、享保十三年此町西側に米相場の市場が出来米浜と云いました。明治十九年十二月東洞院通錦下ル　に移りました。此町には古くから新日吉神社のお旅所がありまして、お旅中七日間は徹夜で大賑いだつたと云います。

下ノ三之宮町　三之宮町通正面一筋下ル　上、下二ケ町となりました。

十禅師町　東高瀬川筋正面下る東側　十禅師は坂本日吉二宮と同所にあつて天瓊々杵(アマノニニギノ)尊を祀つています。

大宮町　東高瀬川筋正面一丁下ル東側　日吉の大宮の名をつけました。太古より日枝(ヒエ)山嶺に祀り大国主尊をお祀りしているお宮の名です。

八王子町　西高瀬川筋正面下ル西側　日吉祭神の内、国狭槌尊を祀る八王子山に鎮座の八王子宮の名をとりました。

新日吉町　西高瀬川筋正面一丁下ル西側　氏神の名を町名としているのは珍らしい事です。これは開町に際し氏子と神々と親しみをもたす様、関係者がつけたものと云う事です。

此外本町や大和大路、清水等は何町目とあり西陣聚楽第の址は百二十ケ町の町になりそれぞれ関係の名がついています。又東山大仏界隈には創立時に出来た町々に関係者の名をつけたものが沢山にあります。

京の町の構成や地番等に関心のある方は、前京都市助役だつた光明正道氏＝氏は永く市の土木課庶務課長で地図の事も詳しい方でした。昭和十一年十月－十二月、東京市政調査会機関雑誌「都市問題」廿三巻第四－第七号に掲載せられました「京都市の町、町界町名及び地番に就て」を見て頂くとよいと思います。

京の町名のいわれ

今の京都は九区になつております。面白い町名と云うものは少ないもので、又わからないものが多すぎます。なるべく各区にわけて捜して見ました。そして其町にある気付いた事がらも挿入して見ました。あの町の事かとわかつて頂けるかと思います。

○道祐町　(日彰)中京区堺町通三条下ル丁

古い地図には（たうだい丁）とあります。何の意味かわかりません、延宝の頃久野道祐なる医師が町の西側中央におり、この人、名医として喧伝せられ遂に町名となりました。元禄頃歿し其墓は南禅寺天授庵にあります。

○花畑町　(安寧)下京区七条通大宮西入ル丁

足利時代此辺は耕地で附近に農家がありました。此辺一帯が本願寺の境内になりますと、仏前供養の草花を作る畑になりました。又秀吉が花畑を作つたとも云います。其址は広くなつた七条通と其南側も少し、大部分平安中学高校になつています。明治初年迄は、本願寺法主他界

後藤の森

のおり、此地に杉葉で茶毘所を作り、ここで茶毘にする儀式を行われました。棺の下に一寸火をつけて燻ぶらし煙だけ大げさに出し終了し改めて葬列を揃え東山花山火葬場で茶毘にして遺骨は大谷廟え葬るのであります。それで仏供の花畑町と云うわけであります。

○岩栖院町　(室町)上京区鞍馬口通一筋南通室町西入ル丁

元、細川満元の邸址でここえ岩栖院が移つて来たので町名としましたが、今南禅寺へ移りここの雲門庵塔頭となりました。家康は彫刻家、後藤長乗に、岩栖院址を与え、家禄を授けたので数代続きました。ここには大きい森がありまして後藤の森と云つていました。美しい庭と老樹の蔭に紀州御浜御殿がありました。近年三井別邸になつていましたが昭和三十年五月、京都地方貯金局の洋館地階共四階の大建築が竣功しましたが幸い、此森はそのまま残り池の水も美しく官庁にしては珍らしい立派な庭園です。此森の中の神社の前に唐破風の木の鳥居がありますが、御苑内九条池にある石鳥居はここにありましたのを移したので、改め木で造つて記念にしたのだそうです。

○清水町　(銅駝)中京区河原町通二条上ル丁

此町東側に法雲寺があります、この本堂の西に池と云うより水溜りがあります。古来有名な池で寺の山号も清水山、此寺の住職の姓も清水、町名も清水町となりました。能狂言に「清水」があります。この名水を汲みにやられる太郎冠者が横着して時間がおそくなると清水の辺に鬼が出るから行けないと云います。主人はいぶかしく思い自分が桶を下げて行きます。太郎冠者は先きまわりし鬼の面を冠つて主人を嘲弄しましたがバレてやるまいぞとなります。此寺の裏に縁切神として有名な菊野大明神があります。

○轆轤町　(六原)東山区松原通大和大路東二丁目及び其南方一帯の名

古く此辺から清水山の方及南、泉涌寺の辺迄大変広い鳥部野の墓地でありました。大方土葬で一部火葬したと思います。墓は土饅頭に木の塔婆だけで、墓に今の様な石碑を建てたのは今から三百五六十年前、秀吉の頃から大衆が五輪塔など建てる様になりました。次々と墓がならびその址が叢となり藪となり又人家が建つてそこが墓であつた事も忘れられてしまいます。此辺もその鳥辺野墓地で、地を掘りますと髑髏が次々と出て来ます。髑髏町と云いましたが、寛永年間所司代板倉重宗が、此辺陶器師が多く住んでいたので陶器の轆轤の字と取り替えたと云いますが、今日は陶器師は殆んどいないようです。

○船屋町　(初音)中京区東洞院通押小路下ル丁

昔祇園会には船鉾が二つありました。七月十七日に巡行する神功皇后三韓遠征出船の船鉾は今も新町綾小路下る町にありまして人気を呼んでいます。其、後祭の七月廿四日の巡行にはこの神功皇后凱旋の船鉾が出ています。この船鉾が此町にあつたからの町名で、川の少ない舟を見ない京には舟の名のつく物は珍らしいです。慶長年中、故あつて此船鉾を新町四条下る町へ譲りました。それが元治元年の大火に焼失し、僅かに皇后の人形や装飾の織物類が残り七月十五日十六日町内で飾付けをしています。

○釘隠町　(成徳)下京区仏光寺通烏丸西入ル丁

徳川中期に角倉(すみのくら)、十四倉(としくら)、醍醐倉と云う三人の富豪がありました。此十四倉が此町の南側におりまして立派な邸宅を建て、この座敷の長押の釘を隠すため、種々な模様を入れた釘隠を使用しました。今ならザラに見られるものでしたが、此頃は大名の御殿とか大きい寺院とか皇室関係の家以外は遠慮して使用していません。それで大衆の人には、この何でもない釘隠がとても珍らしかったらしく、此十四倉は町人ですし希望者に見せたらしいので、聞き伝えて次から次え見物人が絶えません。「何処へ」「釘隠を」と云う事から町名も釘隠町と呼ぶ様になつたのだそうです。

○花車町　(乾隆)上京区千本通上立売上ル丁

応永年中、足利将軍義満が北山殿（金閣寺のある地　別邸）へ往く時、乗車していた花車が破損して動かなくなりましたので、代りの車をとりよせまして出かけました。こわれた車は此町へ下附しましてその光栄を町名としたと云います、これは今尚千本釈迦堂大報恩寺の本堂内の後に置いてあります。

○片原町　（梅逕）下京区大宮通九条上ル東側

片側しか民家のない町にはこの名のついている処が往々にあります。西側は全部東寺の境内で東側だけの名、昔は北部を慶賀町と云い、東寺慶賀門前の意、南を塔角町（とうのすみ）と云いました。その前に五重の塔の大きいのがありますのでつけられた名前ですが、此大宮九条の曲り角を「猫の曲り（まが）」とも呼び、東寺の巽の土塀に猫の瓦があつたそうで、大宮通の此辺は淋しいいやな処で魔の辻とも云い、追はぎが出たと云います。猫は魔物だと云うのでこう呼んだそうです。慶賀町塔角町は明治二年二月合併して片原町と改めました。

○常盤町　（南浜）伏見区常盤町

観月橋北詰、玄蕃町につづいた元の工兵聯隊の裏側一体であります。源義朝の婦常盤御前が落人となり今若丸乙若丸の手をひき牛若丸を懐に抱いて雪降の中を此辺に住んでいた伯母を訪ねて来たとか、逃げて行く時、平宗盛の兵に捕えられた処だとも云い、ここに常盤御前が使用したとやら云う井戸を「常盤井」と云い、この営所庭に残つています処から町名が出来たといいます。此地は古く奉行屋敷、山中山城守邸、富田信濃守邸、法性寺（今東大手町に移る）がありました。

○衣笠氷室町（きぬがさひむろ）　（衣笠）北区金閣寺裏山

金閣寺裏蓮華谷火葬場へ行く道で、左手に池が見えますのが氷室池でそれから西に東氷室、西氷室、氷室と三ケ町になりその街道南の赤坂町に不思議不動が安置せられています。京都附近には氷室の地名は多く、ここも其一つで岩陰氷室と云われています。昔六月一日に氷を食べると夏病にかからないと云われ天皇は氷室節に氷を召し上る。京の附近に天然氷は今の七月一日には入手出来ない。それで各地に一年中ジメジメしている森の中とか岩陰を選んで穴を堀りこれに近くの池に張つた氷を入れ木葉や種々なもので蓋をして保存に努め、六月一日その少さくなつた氷を命がけで皇居へ運び、その小片でもお口に入れて貰うたものだそうであります。今市中で「みなづき」と云うウイロを三角形にして上に小豆ののつてある菓子を六月卅日に食べるのは氷になぞらえ、小豆は魔除の意味で食べます。

○岡崎東天王町　（錦林）左京区丸太町広道東入ル辺

岡　崎　神　社

元宮ノ脇と云つていたらしいです。黒谷一帯を栗ケ岡と云つてます。その岡の東の端ですので岡崎だそうです。其地の鎮守を東天王さんと云い今岡崎神社、それに対し西天王さんが聖護院の須賀神社であります。岡崎神社は八坂社と全く同神で素盞嗚尊奇稲田媛命八柱神を祀られています。素盞嗚尊は古く牛頭天王又武塔天神と呼ばれていましたので、東天王さんでよく知られていて電車停留場名となり町名となりました。此社には祇園会の鉾の古い形だと云われている犬鷹鉾があり、昔東光寺の鎮守として祀られていたのが応仁元年八月兵乱で焼かれお宮だけが残つたのだといいます。

○饅頭屋町　(明倫)中京区烏丸通三条下ル丁

禅宗建仁寺山内両足院開基竜山徳見禅師が元へ留学し帰国に際し林和靖の裔と云う浄因を同伴して帰朝し奈良に住まいました。そして天皇へ饅頭を献納しました。天皇は此男を日本に止めておきたいと官女を賜い、帰化しました。浄因の二子惟天・盛裕が京都に移つて来て此町で饅頭屋を初め家業として代々ここに住み日本一と云われ饅頭屋は珍らしく京の人にも人気があつた事でしよう、それで町名となりました。それから十九代九郎右衛門浄空の時病身だからと妻も娶らず、養子も迎えず寛政十年九月六日、六十五才で病歿し、四百年間の名家も亡くなりました。此間両足院の和尚になつた人もあり、一族の墓は両足院にあり、町内には慶長以来の町の記録が、数巻の巻物に残されています。

○太秦帷子ケ辻町　（嵯峨野）右京区三条通帷子ケ辻

嵐電、市パスの停留所のある辺の町名、明治の頃迄は藪が多く人家も少なく淋しい処でありました。古い話ですが五十二代嵯峨天皇は崩御後棺の蓋をとり清涼寺境内の桜の大木に掛け、腐り行く肉を野鳥に喰わし、骨だけを埋めて御陵を作り、其檀林皇后もなくなつて薄葬を命ぜられ、戸板に遺骸をのせ棺の上から帷子をかけ、此処迄来られた処、一陣の風は帷子を吹き飛ばしたので此地を帷子ケ辻と云い、遺骸は嵯峨二尊院前の野に捨てたと云われ、「聚楽物語」の劇にも秀次が辻斬に出るのが帷子ケ辻になつていました。今日は見違う計り賑わしくなつています。

○梅湊町　（菊浜）下京区西高瀬川筋六軒町上ル丁

長く畑地で宝永三年家が建ち、高瀬舟の繋留所がありましたので湊町と云いました。其上の町を開拓の時斡旋した梅沢某の名をとつて梅沢町と云いました。明治七年此両町を合併して梅湊町と改めました。七条新地の一部ですが、菊浜小学校が菊屋町から明治三十九年に此町へ移つて来ました。川海のない京に湊とか浜の名のある処は少ないです。

○築山北半町　（室町）上京区室町通今出川一丁上ル丁

古く菊亭殿の址で、今出川殿と称しました。後室町幕府となり東は烏丸、西は室町、南は今出川、北は上立売、此邸内には築山あり、花畑ありで花の御所とも呼び永和四年に出来上り結構善美をつくしました。同年三月十日義満はここに移つて政務をとりました。永徳元年二月後円融、応永二年四月廿九日後小松、同九年十月一日後花園各天皇が行幸されました。応仁乱で焼失し、下町を南半町と云つていましたが此両町から巨岩怪石を掘りおこしています。天正十九年町家となり築山町を南北に分けました。

○神楽岡町　（四錦林）左京区吉田山

吉田山全体を云つています、古くから八百万神達が集まつて神楽を奏された土地で、それが降りて来て山となつたと云います。変な話ですがこう云われ、山の東にある真如堂では、その神楽の鈴の音が聞えたと云うので鈴声山の山号が出来たと云います。其地主神として大雷神、大山祇神、高龗神を祀り吉田神社境内若宮の北にある小祠で神楽岡神社と云い、この町の氏神と云われ古くは山の西北にあつたとききます。天慶四年十一月十九日に従五位下の神階を授けられ此時社殿を再起し、卜部家の説では神楽岡、明神は雷神であるとされ吉田の地主神とも云われております。

○墨染町　（住吉）伏見区京阪墨染駅西南

此辺には桜の木が沢山にあつた。嘉祥三年（千百七年前）三月廿一日仁明天皇崩御せられ、上野岑雄（後の僧正遍照）哀みのあまり

（古今）　深草の野辺の桜し心あらば　今年ばかりは墨染にさけ

と詠じた処、此附近の桜が墨染になつたと云います—昭宣公の歿せられた時との説はとりません—此町に墨染寺があります。秀吉時代日秀上人が再興し、秀吉も来ております。墨染と呼ばれた土地に建てた寺で墨染寺でしょう。等伯筆の豊公画像には幽斉の和歌があります。名前から此寺の桜を墨染桜と云い、舞踊劇「積恋雪関戸」では此桜の精が遊女姿で現われ、常盤津でも知られています。此町は伏見から京都へ出る街道筋に当り、おじやれと云つた売女が集まり元禄十二年茶屋株を許され幕末の本には十数軒旅籠屋商人宿となり飯盛女が発展し賑わいましたが明治末年京阪電車開通後通行人も減じ自然消滅してしまいました。今日商店街として発展して来ています。

○御霊町　（陶化）南区東九条河原町西入一帯

此辺は元五摂家の一つ九条家別邸陶化御殿があり皆其領地でありますから御領とすべきでしょう。此地は平安初期から九条民部、藤原顕頼の邸があり、九条家の名称も此九条の地名をとられたものと思います。一丁四方あつた陶化御殿は東九条村に寄贈され、役場になり陶化小学

陶化校内石敢当

校になりました、陶化は平安京の左京の陶化坊の名をとつたもので、九条忠尚が此邸におつて雅号をこの「陶化」とつけました、器用な人で彫刻も画もよくし、学校西の小堂にある地蔵の木像は此人の作だそうです。学校表門左手の石の大灯籠の竿に「石敢当」とあるのが有名です。元、鴨川勧進橋が東西に架つていた頃西詰に交通安全のため建てられて魔除に用いられていました。貫名海屋の青年時代に書いた話が残つています。

○小物座町　（粟田）東山区三条広道東四、五丁目

都ホテルの上の山、阿弥陀峰に宝皇寺があり丈六の阿弥陀如来座像を本尊としていました。元弘、建武の戦乱で此寺も焼かれてしまい銅の弥陀だけが露仏にされました。そこで山下の人々が三条通へ降ろし路傍に薦を敷いて安置し、通行者から賽銭を乞い比丘尼がいましたので此辺を比丘尼坂と云いました。又此地を薦座の字がありましたのを小物座町と改め、今東小物座町と西小間物座町に分かれています。此阿弥陀像は其後三条白川橋東入金剛寺の本尊となりました、それからと思いますが、此尼達は売娼婦となりましたので命令で大和大路松原下ル東側に移され、永く比丘尼長屋と云われましたそうです。

○古城町　(城巽)中京区小川通二条下ル御池迄

徳川家康が二条城を築く前に、足利義昭が南北二丁東西一丁に第を造り城郭の様だつたので世人二条城と云いました。三好一族との争いがありましたが、数年で此第をこわし町家となり古城町とつけられました。此下町を下古城町と二ケ町になりましたが此町は西洞院出水の東の牢獄が移つて来ましたので牢の町と云い、御池下ル町をはりつけ町と云い刑場がありました。共に宝永五年三月八日の大火に焼失し、牢獄は六角大宮西入に三度転じ、其址は民家となりました。牢の町を下古城町、はりつけ町は壷屋町と改称しました。此二条城は数年しかなかつたのと今の二条城が有名なので話が混りますが、何にも関係のない二条城だつたのです。

○大宮土居町　（待鳳）北区玄琢東部玄以通

応仁、文明の乱に一応京の都は焼野原となり、世は戦国時代で、信長秀吉が統一する迄町の復興ははかどりませんでした。秀吉が都を再興のため、前田玄以、細川幽斉などに命じ都市計画をねりました。其時京の周囲に堤防を築き、幅三間―十間の堀をつくり堀つた土を内部へ積み堀に水をとり入れて、これをお土居と称えました。此内が洛中で、その外は洛外と呼び、他国へ行く要所々々に出入口を造り、鞍馬口、丹波口等唱えました、処が其お土居は都市の膨脹につれ取りこぼち、北野神社の西、紙屋川の堤防が其名残と云われ、其外此玄琢の下から鷹ケ峰土天井町辺にかけて残存し、その一部を切り開いてこの土居町になりましたが、もつと完全に保存する様にしてほしいものです。

○文覚町　（植柳）下京区東中筋通七条上ル丁

袈裟御前を殺してから発心した遠藤盛遠は文覚と改めて仏道を修業し、高雄へ行き、神護寺の復興に努力し奉加帳を作り勧進して回りました。後白河法皇の御所へ行き頼みましたがきき入れられないので、暴れて捕えられ投獄せられた。その獄舎の地が此町だつたので文覚町と名付けられました。又獄舎でなく座敷牢だつたと云い、此町の旅館の座敷の下には、入れられていたと云う井戸があつて廊下から覗くと井戸の石が見えました。こうした話が伝わつて昔此町の横町は高雄から来た文覚上人だから高雄町と付けられ、此町の上町は、高雄は紅葉の名所だからと紅葉町と今も云つています。

○**梅宮町**　(粟田)東山区白川筋三条下ル丁

昔田畑でありました頃から洛西の梅ノ宮の神を祀つた小祠がありました。町家が出来ました慶安元年尊勝院境内に移し西の梅ノ宮に対し東梅ノ宮と云い、それが町名となりました。ここに東へ入る路次がありまして、小さい寄席のあつた事もあります。北側に光秀公の額の上つた地蔵尊同居の祠がありまして明智光秀と云う木像、遺骨があり光秀の首塚と云つています。光秀の首は元蹴上発電所の処の藪中にあつたそうです。光秀の子孫と云う能の笛師明田理右衛門が此路次の南入口に住み、その裏庭へこの首塚を移し、後今の処に移されたと云います。俳優が手洗鉢や墓石が奉納していま す。首から上の病気祈願をする 人があります。地蔵盆は共に祀 ると附近の人は云つています。

○油掛町　（南浜）伏見区大手筋 南の通り

東中西の三ケ町に別かれてい ますが、嵯峨にも同名町があり ます。淀川の辺、大山崎は油商 人が沢山におりまして各地へ行 商に行きました。此地の離宮八幡宮には油座がありました。ここから出て来ました油行商人は伏見の町を終日歩きましたが、どうした事かトント売れませず戻りかけに蹉づいて油壷を転ばして皆流してしまいました。ウンザリして帰りかけこの町の西岸寺の地蔵堂に腰をおろし、今

光　秀　首　塚

日は悪い日だつた、壷の底に油が少し残つている、それをこの石地蔵の頭から掛けて、「残りものですみませんがさし上げます、もつと商買繁昌をお頼みします」と祈りました。其後伏見へ行商の戻りに此地蔵尊に油をかけて祈つた翌日は不思議によく売れます、此地蔵さんは油がおすきだと評判が立ちまして参詣人は皆油をもつて行き、頭からかけて祈願する事になり大変流行しました。それから此寺の西岸寺の名を知らない人も油掛地蔵の名を知らない人はない程有名になり、この前の通り筋迄油掛町と呼ばれる様になり、近年衰微していますが、油で黒光りの石地蔵は世の変遷も知らぬ顔で堂内に立つていられます。

○山之内宮脇町　(山内)右京区三条通西大路西北

西高瀬川の南が宮前町、北が宮脇町で、山ノ内の鎮守山王社がある処から名付けられたものであります。此地は平坦な地で山もないのに山ノ内、ここは鳥居橋と云う比叡山の開祖伝教大師の母御のおられた土地ですので大師も再三この地を訪われ、三条通の南裏には大師の座禅石とか腰掛石とか云う石があり、昔から比叡山の飛地でありました。比叡山を山門とか山とか云うのでその山に属している内と云うので山ノ内と云う様になりました。それで此村の鎮守も叡山の鎮守日吉の神を祀り山王社と呼んでいるのであります。

○九条蔵王町　(弘道)南区油小路通九条上ル丁

平安京の頃此辺一帯は大きい森がありこの森に蔵王権現をまつり蔵王森と呼びました。右大臣菅原道真は藤原時平等のため九州太宰府へ流されました。処がどうにも時平一味が憎い、天拝山に登り雷神になつて報復したいと天の神を祈り遂に雷神となつて空中を駈り京の空から、雷嫌の時平の屋敷や、其一味を散々こわがらせました。この事を知つた太宰府の安楽寺の和尚で道真に深く私淑していました寛算は、これは道真公お一人では心もとないと此人も祈つて雷となり京へ逐いかけて来て二つの雷がガラゴロとやつたので、続々変死狂死してしまいました。目的を達しました道真雷は天上したのでしょうが、寛算雷は行くところに困りどこか市民の迷惑でない土地をと上から探すと東寺の東に大きい森がありました、その中なら人畜に迷惑もかかるまいと、この西の方へ落雷して石になつてしまいました。今でも九条上ル西入処にこの寛算石はありまして歯の神様として信仰せられ以前は夜店が出て賑いました。北野神社の裏の末社に寛算社が祀られています。

○宮垣町　（春日）上京区寺町通荒神口上ル より東入

皇居の外垣に対し宮垣町と云い、以前は高宮町と云つていました。烏丸通蛸薬師下ル西側に七面観音院があり如意輪観音、聖観音、千手観音、准胝観音、十一面観音、馬頭観音、不空羂索観音を安置し後鳥羽天皇の生母七条院殖子の祈願に依り七観音院又護持院と云いました。応仁乱で荒廃し天正年間、この高宮町へ移し七観音町と改めました。然し寛文十一年祇園下河原通へ移され明治七年七月宮垣町とつけられました。此町は御所に近いだけに華族の邸も沢山ありました。平安朝の頃には道長の法成寺の域内でありました。

○馬町　（修道）東山区渋谷通土橋東入

此通は古く苦集滅道と云いました。山と山の陰でジユクジユクしていましたので汁谷と云い、それが訛つて渋谷となりました。この道は鎌倉時代の本街道で三条の方が間道でありました。平家を亡ぼした源頼朝は六波羅の館におりました建久四年（七百六十五年前）七月、横山時広と云う男淡路の国で生れた九本足の珍らしい仔馬を頼朝へ献納に来ました。頼朝はよい馬ならよいがそんな実用にならない見世物馬はいらないと見向もせず、この渋谷道へ繋いでおきました。珍らしい馬が来たと、京の人は続々見物に参りました。それがもとで馬町と呼ぶ様になつたと云います。此道は花山火葬場へ行く道で、三十年前迄は、密葬の時は此町の土橋の畔にありました茶店迄列をして見送りに来ました。ここから田舎道を火葬場へ近親だけが送つて行きました。此馬町も上下の二ケ町となり三島神社は上の町にあり東端には円光大師廿五霊場の一つ小松谷正林寺があり、小松内大臣重盛の邸があつたと云います。

○一乗寺竹ノ内町　（修学院）左京区一乗寺山手

天台宗門跡竹ノ内御所曼殊院の所在地であります。此寺は叡山にあり東尾坊と云い、北野天満宮の出来る時、別当として九百余年北野神社の一切の事務を管理し忠尋僧正の時から曼殊院と改め其別院を大北山に置かれ、金閣寺創立の時、相国寺の南方に移りました。桂離宮を建立して有名な智仁親王の弟の良尚親王が門跡になられ、本山へ行つていられる不在中此寺は竹が到る処から芽を出し、竹につつまれた寺と云うので竹ノ内御所と云つたと云います。明暦二年今の地に移し堂宇を建てられました良尚法親王はとても器用な方で字、絵、彫刻何れも専門家以上と云うので書院の欄間や、襖の引手その襖絵、屛風から庭の手入も自分でやられました。

茶室は国宝で八窓茶室として有名であり小書院黄昏の間は落付いたよい部屋で、黄不動画像、元三大師木像、梟の手洗鉢も知られた逸品であります。

〇弁慶石町　（生祥）中京区三条通麩屋町東入

此町に弁慶石があるので町名になりましたが、この石には由来がいろいろあります。

一、奥州衣川で奮戦した弁慶が享禄元年七月十六日戦死して石となり京へ戻りたいと云うたので此の石を京へ運び此町にあつた京極寺へもつて来ました。又、弁慶が衣川で此石を愛していたと云う説もあります。

二、此石は水薬師にあつたとも誓願寺にあつたとも云われ、元此町にあつたとも、又鞍馬口辺にあつたのが鴨川の大洪水に流されて、此町についたのをそのまま町に置いた。

三、徳川初期に三条寺町西入南側に、弁慶仁左衛門と云う大工の棟梁の家があり（此人江戸城の出入口の一つ弁慶橋をこしらえた人）此人の庭に此石があり、仁左衛門が愛していた石で弁慶石と云つたと此家に住んでいました雛次郎翁からききました。

〇鷹ケ峰光悦町　（鷹峰）北区鷹ケ峰通南側

北丹波から京え入る口の一つで釈迦谷山をこし玄琢から新町（清蔵口）え出ました。人家は殆どなく此辺はとても物騒で追剝が出て通行人は困りました。それで京の所司代が光悦一族にお土居から北千束の間を与えまして一族はここに家並に住みました。光悦の宅は千本通東側にありました。一説に徳川の四隠密の一人で北丹波から京へ入るものを、石川丈山は東一乗寺に住んで若狭街道を監視させたとも云います。光悦は二丁程離れた処に大虚庵と云う茶室を建て、本法寺日慈を請じてこれを寺とし大虚山光悦寺と称しました。寛永十四年二月三日八十才で歿し此墓地に一族の墓があります。此町には備前高松城にありました御殿が移され土橋の別邸でありましたが昭和三十年寺町広小路上ル遣迎院が重美の釈迦弥陀二尊と共に引越して来ました。此辺に寺は四、五ありますが重美を持つのは此寺だけと云えますでしょう。

○中島秋ノ山町　(下鳥羽)伏見区城南宮の西方

白河上皇は寛治元年鳥羽離宮が出来上りました。広さ百余町此内に南北八丁、東西六丁の大きい池を造り、其内に島を作り蓬来山になぞらえ、船を浮べ樹木岩石をあしらい御殿の数々もあり美事な離宮でありましたが上皇崩御後次第に荒廃し、東部は安楽寿院が残りましたが池も全部田畑と化し僅かに中島の地名は池中の島の名であると云われ、此秋の山も島の名であつたと云います。この南、中島御所内町の小丘に鳥羽離宮址の碑が立ち、その東に城南宮の森が名残を止めております。

○二帖半敷町　（成徳）下京区烏丸通綾小路下ル丁

此所に二帖半位も敷ける大きい石がありました、それで町名になりました。一説に昔五じよ寺と云うた真言宗の寺がありまして住職と二人の愛弟子がおりました、老師が大病で再起出来ない事を知りましたが、どちらの弟子に後を譲つたものか思案にくれ、遺言して二人に此寺を二分してやると云いました。五じよ寺を半分にして二じよ半じきと云いそれが此町名になつたものと云います。

○橘町　（柳池）中京区押小路通柳馬場東入

天正十七年秀吉の許可を得て、散娼を集め北は夷川南押小路、西柳馬場、東寺町の間に廓が出来ました。その頃此辺は鴨川磧の一部で応仁乱後まだ町家が復活していません。大きい柳が沢山にありましたので、此柳や雑木雑草をきり開いて家を建て、入口に一本大きい柳を残しました。万里小路通が柳馬場と呼ぶ様になつたのもこうした事からです。この廓は転々して島原廓となりました。入口の柳は、この最初の名残をついでおります。此廓の模様はわかっていませんが、押小路に橘屋と云う大きいお茶屋がありました。立花屋とも云います。この大茶屋の名が残つて町名になつたと云います。

○七条御所之内町　（七条）下京区西大路七条下ツタ辺

平清盛の邸がありましたのを御所と呼んでいます。天皇皇后将軍の住居を一様に御所と云いましたので各所に其名があります。町名は名の通りですが一説に延暦の頃西八条院の址であるので御所之内と云うのだとも云つています。此町には「町々の伝説」その一に記しました清盛手植の楠のある若一神社、その外に西大路西入処に勝明寺、門の前に「清盛公旧蹟」の石標があります。尚西北に真言宗勝定院があります。

○紙屋川町　（翔鸞）上京区今小路通御前通西入辺

此町の西端を流れている川の名をつけた町であります。此川には別名が多く西堀川、仁和寺川、粥川、カイ川等呼ばれ、昔紙屋院と云う役所がありこの川で天皇の使用せられる薄墨の綸

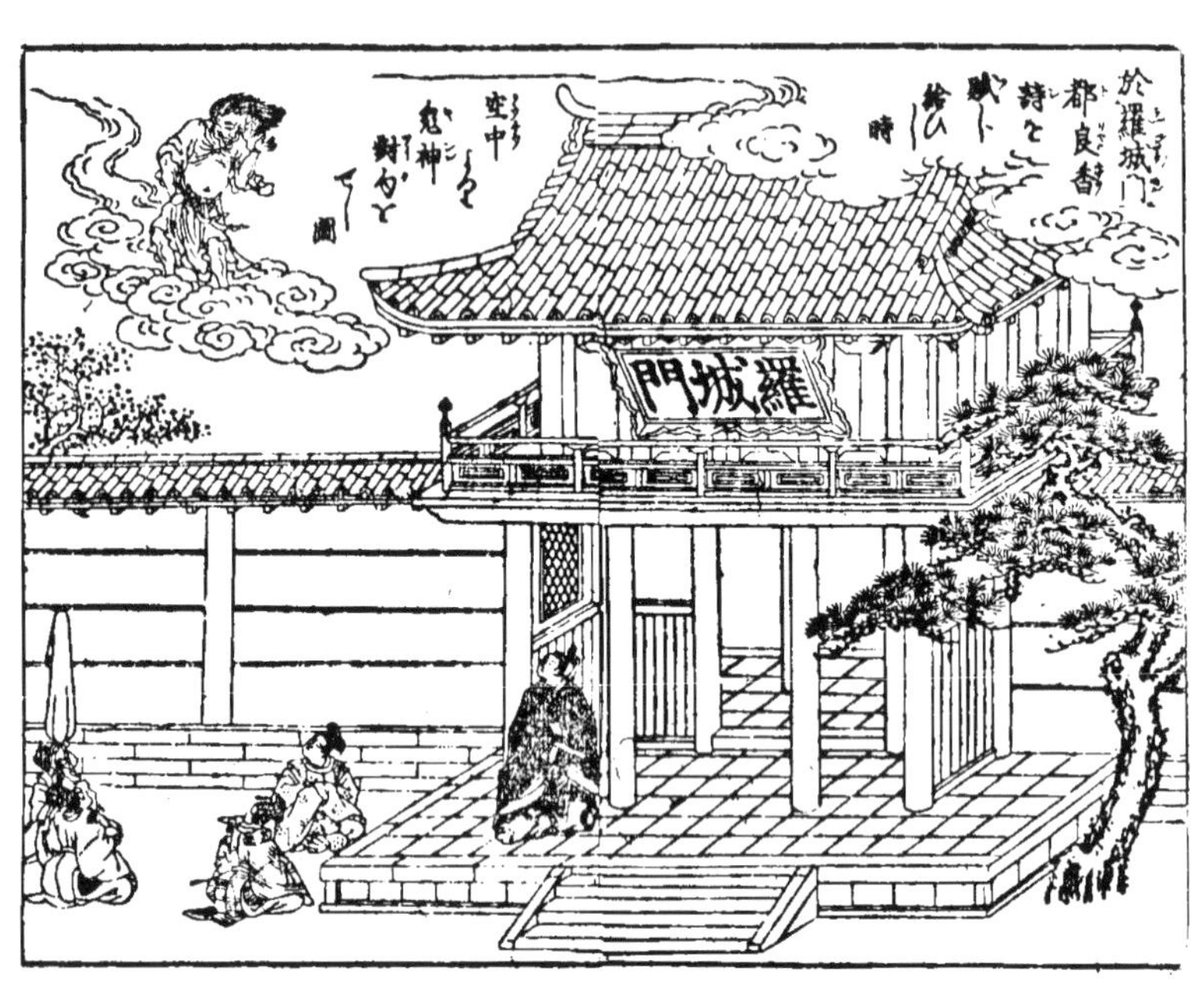

紙をスクのを司る役所だそうです。この川に粥を流して雪の塊が流れてくる風情を見せたとやらで粥川と呼ぶのだとも云い、それが訛つてカイ川と此附近の人は云つたと云いますが今はもう紙屋川と云つている人の方が多い様です。

○唐橋羅城門町　(唐橋)南区九条通千本東入

平安京の正門を羅城門と云いました。京の周囲に羅城(城の外郭)がありその門と云う事で京の中心朱雀大路(千本通)の南端にあり二重閣瓦屋造、屋根の上に鵄尾を置き丹艤、粉壁、羅城門の額をかけ、南北に各々五階の石段がありました。九百八十年程前に倒壊したなりでそれから復興していません。此門を越して九条大路に出、門から出ますと鳥羽の作り道へ行く様になつていました。今標柱が建つていますがあれは南側へ建てるべきでしよう。(町々の伝説参照)

○大宮玄琢町　(大宮)北区鷹ケ峰町東部

以前大宮村の一部で泉堂町から鷹ケ峰へ出る坂で今、北東、北、南の三ケ町になつていま す。昔の栗栖野の一部で、淋しい処でした。西の端に野間玄琢一家の墓があります。玄琢は曲直瀬(まなせ)玄朔なる御所の御殿医の門に入り、後門下生を教へ東福門院(後水尾皇后)の病気を治し、寿昌院の号を賜い法印になり名医として知られた人でありました。此地に住み正保二年十一月十四日に歿せられました。この人の名をとつて町名としました。此墓地には曲直瀬の墓もあります。

○御香宮門前町　(板橋)伏見区大手筋京阪桃山駅東

伏見の氏神で十月九日夜の渡御は全市あげての大賑いであります。御香宮は清和天皇貞観四年九月清泉湧き、病人が此水を飲みますとよい香がしまして忽ち全快したと云い、それから御香宮と云う様になりました、数度の火災にあい、秀吉伏見城を築く時大亀谷古御香宮の地へ移して鬼門除の宮としました。家康の慶長十年又此地へ戻し神功皇后、仲哀天皇、応神天皇、白菊明神外五柱の神を祀ります、表門は伏見城の大手門、中門は同じく車寄だと云います。拝殿の「絵馬の怪」は「京の怪談」にのせました。

○繁昌町 (成徳)下京区高辻通室町西入ル丁

真言宗の功徳院と云う毘沙門天を安置した寺僧がお守していました班女ノ社が、繁昌

繁　昌　神　社

ノ社と改称し厳島神社と同祭神三女柱を祀る様になりました。宇治拾遺にある長門前司の娘班女前を祀つていました。此娘には良縁がなく親も骨を折りやつと式をあげましたが、その式場から婿が逃げ出し、班女は池へ投身自殺しました。此社の北西半町にある大岩はその娘の墓で、それが元社だと云います。そんな事から此社の前は縁談事の人は通らなかつたと云います。

手洗の井

○手洗水町　(明倫)中京区烏丸通錦上ル丁

烏丸高辻上ルに祇園社の大政所御旅所があり一丁四方の境内があつたそうです。そこの社務藤井助正の屋敷が此烏丸錦上ルにありました。此地の井水がとてもよいので、毎日の御神水をここから高辻迄持つて参りました。大政所お旅所は信長が四条京極に移しましたが、此助正の邸はなくなっても此霊水は町内が預り、毎年祇園会の時だけこれを開いて諸人に此神水を施行さしました。此屋敷の裏竹藪から竹二本を切り、山科から丈八の松二本持参、これを井戸前の鳥居に結付けて七五三縄を張る例があり、道路拡張の時東へ引込めましたが水脈が一つで今尚清冷な水が出ます七月十四日井戸替、廿四日夕に閉ぢます、井戸の名の町名は少ない様です。

○四宮川原町　(山階)東山区山科四宮

四宮は古い地名で、仁明天皇の第四皇子人康親王が盲目になられて、此里に棲居されていました。第四の皇子だったので四宮と呼びそれが地名となりました、そこを流れている四宮川が磧になっていました、今日そんな磧がどこにあつたか判明しない位変りました、それが町名になりました。ここに地蔵問答の古い伝説があります。此町には六地蔵廻りの徳林院がありま す、その前の井戸屋形の瓦や井戸枠に丸通のマークがあり日本通運のマークはこれと同一で、通運会社では文政四年飛脚連の奉納したこの紋を調査されています。

○下鴨松原町　(下鴨)左京区下鴨神社西

鴨の斉宮は嵯峨天皇の弘仁元年四月、第八皇女有智子内親王を卜定せられましたのが最初でそれから三十五代目斉王礼子内親王で終り其後はなかつた様です。その場所は本社の南西二丁に神館御所のあつた所と云いまして葵祭の時、斉内親王御参向の時先づ此所に入り、新服に改められ本宮へ参られる処で、小さい森がありここを小松原と云い後松原町となつたと云います。

○綾西洞院町　（格致）下京区西洞院通綾小路下ル丁

通名を二つ合せた名の町名でありますが、古くけんぽう町と云つていました。明暦年間剣士吉岡憲房がここに住み吉岡染を始めました。剣術の道場を開き門弟をとる様になつて憲房を憲法と改めました。吉岡染は憲法染とも云いました。宮本武蔵と争い三十三間堂で勝負して吉岡は殺ろされました。今秋の「京をどり」にもこの場面を出していました。けんぽう染はもつと古く寛永に出来た本にも出ていますから吉岡憲法の創作ではあるまいとの説もあります。

○東九条札ノ辻町　（陶化）南区東九条

古く竹田街道で東九条村の中心地でありました。此東に宇賀神社があり宇賀の辻が札の辻に

晴明神社

なつたと云われますが、村の中心地で諸札掲示場のあつた土地で札の辻と呼ぶのだとも云います。宇賀神社は此辺一体の氏神で昔は立派な森の中にあつたもので、宇賀神を祀ります。唐人が結つています髷をのせた白髪白髯の老人の首が蛇体の上にある奇怪な像で稲荷神と同じ様な福の神扱いの信仰があります。神殿枠内には雷石があり落雷が石になつたと云います。町内に長寿院と、地蔵院があります。

○晴明町　(桃園)上京区葭屋町元誓願寺下ル丁

安倍晴明の住居址でもあり晴明神社がありますので町名が出来ました。この晴明は有名な陰陽博士で御所に仕へ占の名人、常に人形の鬼を十疋程使用して下僕代りに使つていました。寛和二年六月廿二日夜、寝苦しいまま庭に出て、沢山の星を見ていますと天子の星の落ちるのを見て、これは天皇の身辺に異変があるに違いないと、深夜御所へ出仕すると、御所の人は知らないと云う調べると花山天皇は偉鑒門から山科花山寺へ行幸され剃髪仏門に入られたと云います。花山天皇は御寵愛の弘徽殿怟子を喪はれ哀傷の余り天位を去つて僧になられた。それが十九歳の時だと云います。花山寺は今も元慶寺として残つています。花山天皇は西国巡礼を作られた方と云います。

○御陵血洗町　（鏡山）東山区山科御陵

天智天皇の御陵がある処から此辺一体は御陵の名を冠した地名であります。三条街道から南に大きい藪がありまして其中に血洗池がありました、蹴上で金売橘次につれられて牛若丸は奥州へ向う時、平家の大将関原与市馬乗で八人の臣をつれ京へ戻るのに出会い、その時雨上りの泥水を馬が蹴上げた。牛若丸は無礼を咎めたが「何を小童奴」と行き過ぎようとしました。牛若丸は馬の尻を斬りましたので馬は逆立になり与市は落馬、それの首を刎ね、刃むかう八人の臣を日岡こしに次々と斬り、全員を斬つて此大藪の中の水溜で刀を洗い、この石に腰かけて休

白山神社

んだと云います。それからこの小池を血洗池、牛若丸腰掛石と呼びました。三十余年前この大きい藪の中に小池がありました、その藪を全部切り開いてここに鏡山小学校が建ちました。それで血洗町などなま臭い町名が出来ました。

○白山町　（柳池）中京区麩屋町通押小路―三条

麩屋町通は古く白山通と云いました。叡山の荒法師が山王の御輿を舁ぎ朝廷に強訴に来て白河法皇の三悩みの種子となりましたが、加賀白山の僧兵も白山社の神輿三基を舁いで来京し、願が入れられないと神輿を捨てて去りました。神のいます神輿をはつときも出来ませんので麩屋町押小路下ル町、御池下ル町、姉小路下ル町へ白山の神を祀る様命じられ上白山町、中白山町、下白山町と云う様になりました。上白山町と下白山町とは町内で小祠を建てて今も祀っていますが中白山町だけは八坂神社へ預け末社として祀られています。

○岡崎福の川町　(錦林)左京区黒谷西方吉田町の間

東西二ケ町になっています。福の川が流れていますので町名となりました、この川は中山火葬場を通て南流しています。棺に入れる一文銭が川に落ち流されます。川の中から銭を拾いますので福の川と云ったと云います。又此川にはひきがえるが沢山に生棲していたそうです。京都訛でこのひきがえるをふくがえると呼びます。そのふくがえるの沢山いる川と云う意味だとも云います。此町には豊臣秀次の正墓のある善正寺があり香川景樹の住宅旧址もありました。

○御器屋町　(淳風)下京区大宮通北小路下ル丁

真宗では仏前に供膳の仏器を重んじて御器と云います。紀州黒江の塗器商人御器屋甚右衛門が大阪天満から本願寺が京へ移った時同行して来て此町に住み、膳椀器具を調達して本願寺へ納入しました。それから生れた町名です。此町には天和の頃同業の椀屋甚右衛門の孫久右衛門がいました。近くの島原の太夫松山に耽って家を亡くしてしまい、松山が大阪新町へ移ると久右衛門其後を追い、紙子の衣を着て大阪へ行ったのを芝居にして「椀久末の松山」と云いました。町の西に大将軍社、東に猪熊社がありましたが、今は共になくなっています。

表紙写真

鷹峰光悦町のいわれ

光悦木像

（光悦寺にあり）

昭和三十二年十月二十日 初版発行

昭和四十五年十一月十日 再版発行

緑紅叢書 通号 第六号

〔価 参百円〕

送料 三十五円

著者 田中緑紅

発行者 田中泰彦

印刷所 協和印刷株式会社

京都市右京区西院清水町一三

電話代表三一二─四〇一〇番

京都市中京区堺町通三条下ル

発行所 京を語る会

電話三二一─一九八九番

振替京都一一九〇〇番

緑紅叢書目録

第一輯　町々の伝説
第二〃　京社寺俗称
第三〃　祇園会余聞
第四〃　京の大文字
第五〃　京の怪談
○第六〃　京の町名のいわれ
第七〃　京の京の大仏さん
○第八〃　師走の京都
○第九〃　京のお宮めぐり　一
○第十〃　京の話あれこれ　一
第十一〃　知恩院物語　上
第十二〃　知恩院物語　下
第十三〃　若葉の京都
第十四〃　亡くなった京の廓　上
第十五〃　京祇園会の話
第十六〃　京のお地蔵さん　上
第十七〃　亡くなった京の廓　下
第十八〃　秋の奇祭

第十九輯　千両の辻　西陣を語る
第二十〃　忠臣蔵名所
第二十一〃　京の七不思議　上
第二十二〃　如月の京都
第二十三〃　新京極今昔話　一
第二十四〃　船岡山のほとり
第二十五〃　京のお盆と盆踊
○第二十六〃　六斉念仏と六斉踊
○第二十七〃　高瀬川　上
第二十八〃　高瀬川　下
第二十九〃　京のお正月　松の内
第三十〃　京の話あれこれ　二
第三十一〃　円山公園　上
第三十二〃　円山公園　下
第三十三〃　祇園祭ねりもの　上
第三十四〃　祇園祭ねりもの　下
第三十五〃　京の名水
第三十六〃　聚楽城

第三十七輯　一月の京都雙六
第三十八〃　祇園さん
第三十九〃　京の地名
第四十〃　伏見人形の話
第四十一〃　新京極今昔話　二
第四十二〃　新京極今昔話　三
第四十三〃　春の京
第四十四〃　京の舞踊
第四十五〃　京のお宮めぐり　二
第四十六〃　京の三条大橋　上
第四十七〃　京の七不思議　下
第四十八〃　四条大橋
第四十九〃　五条大橋
第五十〃　京のお地蔵さん　下

写真集
ふるさとのまつりと行事　一六〇〇円
なつかしい京都　二五〇〇円

《復刻にあたって》

一、本復刻版は、田中喜代様所蔵の原本を使用しました。記して感謝申し上げます。

一、復刻版には、借用した原本の都合で初版と再版が混在しています。また、原本奥付に紙を貼付して新価格を表示している場合もそのまま復刻しました。

一、文中に、人権の見地から不適切な語句・表現・論、また明らかな学問上の誤りがある場合も、歴史的資料の復刻という性質上、そのまま収録しました。

一、表紙の背文字は、原本の表示に基づいて新たに組んだものですが、一部訂正や省略をしました。

緑紅叢書　復刻版

第1回配本（全26冊）

京の町名のいわれ〔緑紅叢書6〕

2018年10月31日　発行

揃定価　39,000円＋税

発行者　越水　治

発行所　株式会社　三人社

京都市左京区吉田二本松町4　白亜荘

電話075（762）0368

乱丁・落丁はお取替えいたします。

コード　ISBN978-4-908976-78-0

セットコードISBN978-4-908976-72-8

緑紅叢書 第七輯

京の京の大仏っあん

田中緑紅

はじめに

大仏殿や大仏を造つた記録、それに三十三間堂の創建の事などは京都の名勝誌にどれも、これも出ておりますので一切をはぶきました。表題の通りの京の京の大仏つぁんの童謡を思い出し乍ら此小冊を読んで頂ければと、私もそう思い乍ら執筆をしています。

恭明宮をもつと詳しくと思つていましたが資料がありません。殆どの人が知りませんが水薬師寺には此当時の手紙が残つています。

大仏殿に関した年表を始めに入れました。これで予め大仏の変遷を知つて頂いて本文を読んで頂きます。

若林正治氏より資料を頂き御礼申します。

書き出しますとこの小冊には書き切れません、博物館のことも馬頭観音の事も書けませず東山通から東は別に書きたいと思つています。

昭和三十二年十一月

目次

京都大佛殿釈迦牟尼如来大像
御間尺
御丈六丈九尺御首
長五間半一尺御目
長七尺幅二尺
一寸御鼻長サ
八尺五寸横
六尺五寸
御口八尺七寸
幅二尺四寸
御首廻り
五丈九尺
御耳長サ
一丈五尺
御掌長サ
二間一尺御足ノ
裏一丈八尺五寸
蓮花臺さし渡拾一間
天保十四癸卯九月
後光の高サ十九間幅九間半御本堂高サ二拾五間
大佛殿勧化所

現在　京の大仏つあん

大仏殿に関する年表

天正十四年＝秀吉五十一才　十月阿弥陀峯山麓北西にあつた仏光寺を今の地（仏光寺高倉）に移し大仏殿を創建し禅宗とする。

同　十七年＝秀吉五十四才　十月落慶供養を行い、天台宗に改む。

慶長元年＝秀吉六十一才　閏七月十二日大地震で大仏殿堂巨像崩壊する。竣工以来七年目である。仮堂を建て信濃善光寺本尊一光三尊仏を迎えて安置する。

同　三年＝秀吉六十三才　善光寺本尊を迎えて以来うまく事がはこばない八月十七日これを信濃へ返還した。其翌日

八月十八日　秀吉死し阿弥陀峯山頂に葬る。

同　四年＝秀頼七才　後陽成天皇　豊国大明神の神号と正一位を贈られ、壮大華麗な豊国宮造営にかかる。

同　五年＝秀頼八才　大仏を木像で再興を考え大工に命ず、第二回目である。

慶長　**七年**‖秀頼十才　十二月四日大仏殿大仏像工事半ば大工の失火により全焼する。
同　**十四年**‖秀頼十七才　第三回目大仏殿再興を計る。
同　**十五年**‖秀頼十八才　九月廿二日起工銅像を作る。
同　**十七年**‖秀頼二十才　春、大仏出来る。
同　**十九年**‖秀頼二十二才　問題の巨鐘出来る。七月廿九日落慶大法会をせんとしたが国家安康が祟り徳川より法要を許さず、十一月廿五日大阪冬ノ陣始まる。
元和元年‖秀頼二十三才家康七十四才　四月大阪夏ノ陣　五月八日秀頼自刃し豊臣氏亡ぶ、七月九日、徳川方豊国大明神号を貶し抹消にかかる。
寛文二年‖四代家綱　三月大仏殿中の柱腐朽し七尺程傾いたので、之を修理する。五月朔日（又三月廿四日とも云う）大地震で全壊す。
同　**四年**‖家綱　四月将軍破損せる銅像を江戸へ運び貨幣とす、文の文字を入れた寛永通宝がそれで、此時大仏の螺髪で西賀茂霊源院の梵鐘を作り、手の親指と人差指を以て仁和寺街道御前通東入西光寺本尊丈六阿弥陀を作る、共に現存する。

寛文　七年‖家綱　第四回目　四年以来殿堂の修繕をし大仏を再興し金色木像として前回と同寸法にした。

安永四年‖家治　八月十一日落雷し小破損、直ちに修理する。

寛政十年‖家斉　七月朔夜(又八月十一日の説もあり)再び落雷あり殿堂大仏一切を焼失する「京の京の大仏つぁんは天火で焼てナ卅三間堂が焼残つた」と云う童謡が出来た。

享和元年‖家斉　第五回目として四月旧像の十分の一の像を造る。

天保十四年‖(弘化元年との説がある)尾張の国の有志者が旧六丈三尺の半分の大さのグロテスクな木像半身像をつくつた、それが今日大仏方広寺に現存のものである。これが第六回目である。

京の大仏っあん

秀吉は一応天下をとると大きい仕事に取組み大阪城を造り、京都に聚楽城を、そうして我国で一番大きいと云われていた奈良の大仏より尚一丈も高い大仏を造ろうとしました。

此頃奈良の大仏は永禄十年十月松永久秀と三好三人衆の私闘の為め大仏殿を焼かれ、本尊の頭、顔は溶け、其後露仏のままで、今日の様になつたのは宝永六年三月でありました。

秀吉は天下政権をとる迄には多くの部下を死なせています、そのお蔭で太閤に迄なつたのでありましよう。大きい日本一の大仏も、こうした有名無名戦死者の追福を考え創建したものに違いありますまい、何しろ奈良大仏より十尺も高く、出来た大仏の顔は花園から見えたと云うので余程大きいものを造つたものです。

始めは銅像を造るつもりで土型をとりましたがうまく行かず高野山木食応其（もくじきおおき）に命じ木像にして金箔を張りました。本尊盧舎那仏、座像、高さ六十三尺、面長十八尺、眼横五尺五寸、同竪二尺、鼻の高さ五尺五寸、横四尺、鼻穴二尺、耳十尺、掌指のはし迄十二尺、大指周六尺五

現在の大仏殿と鐘楼

寸、中指長六尺、足裏長十四尺、横七尺、両膝広五十一尺、膝厚八尺、螺髪大さ二尺五寸、数三百五十、白毫径二尺、後光高さ百八尺、横五十四尺、蓮華檀各八尺。

二十一人の大名を三分し一は地形を、一は石垣を、一は築山を造らしました。そして「釈迦華厳説法方広仏之体相」であるので方広寺と号けました。大徳寺の古溪和尚を開基としましたが竣功せない先に遷化されたので聖護院道澄を別当職にし天正十七年十月照高院の宮興意法親王を導師とし僧侶一千人で慶讃法会をしております。

それが僅か九年で慶長元年に大地震でスッカリこわれ、仮堂を建て有名な信濃善光寺の本尊を迎えました。処が此善光寺本尊は甲斐の国え持つて行きました時も悪い事が重なりまして元の信濃へ返えした事があります。此度も京都へ迎えましてから残暑の候になつているのに酷烈な暑さで道に倒れるもの、悪疫の流行、野作物の被害とつづき、ようやく峠を越したと思うと俄に寒くなり、楓の紅葉せない先きに飛雪天に満ち、寒気人を侵しコレハコレハと云うている間に病人続出し全く善光寺仏の祟であろうと云う事になり、肝心の秀吉が大病となり命も危ぶないと云うので、とにかく信濃へ帰つて貰う事になり慶長三年八月十七日列をしてお送りしました、其翌日秀吉は歿くなつたのであります。これも善光寺仏の祟であつたかも知れません。

その後大きい銅の大仏は出来上りましたが寛文二年五月朔日大地震で本尊も大殿もこわれてしまい同四年この銅を江戸へ般んで文銭を作りました。大仏の一片であるからと魔除、厄除だとこれをお守りとして使用しない人も多かつたときいています。

次は雷です、よくよくこの大仏つあんは地震雷火事に襲われて再三再四ひどい目に会つていられます。

これは今から百五十九年前のことですが、

〽京の京の大仏つぁんは天火に焼けてナ

三十三間堂が、焼け残つた、アリヤドンドンドン、

コリヤドンドンドン後ろ正面どなた

この童謡は寛政十年七月朔（一説に八月十一日）夜四ツ頃大雷雨になり高十五丈余、東西三十七間、南北四十五間の大仏殿の東北隅に落雷しまして丸盆程の火が軒にあり、落雷の穴も丸盆程の大きさで屋根を打抜きました、雨は小降になつて来ました、堂守並に番人は早々妙法院の宮へ通知し、太鼓をたたき附近の人々馳けつけましたが、この高い処へどうして水をかけるか、水も少なく、竜吐水（昔の消火ポンプ）もとどかない、東本願寺からも竜吐水が来ましたが床机を積んでその上から注水し漸く火は消えたと見えましたが瓦の下を火が廻り右続きの軒から火が出て慌ててそれも消しました、それで附近の人も安心して戻りました処、この右端の火が上棟に廻り棟木が燃え出しました。又々大騒となり寄せ太鼓で人を集めましたが、此度は

も一つ高い処が燃え出しているのですから、竜吐水はとどかず、若者四五人内から屋根へ出ましたが火が下から廻つて飛下りて身を砕いてしまい怪我人も出来ました。これはいけないと体内仏や三つ具足はとり出し避難しましたが仁王門に燃えうつり日本一の大仁王尊も焼失しました、市中は暁七つ前、（午前四時）千本屋敷の早鐘を頻に撞き洛中驚き騒ぎましたがどこにも火の手が見えず、大仏殿の方はスッカリ殿内に火が廻り、火が外え出た頃には、手のつけようがなく一面火の海となつてしまい廻廊、南門、楼門と悉く焼け落ち翌二日午ノ刻、鎮火しました、風がなかつたので近くの鐘楼、三十三間堂、養源院其他町家共別条はありませんでした。

初め妙法院御手火消の防力ではいけないと本願寺へ応援を頼みましたが、どうにもなりませず柱棟が堂内へ落ち大仏つぁんによりかかり鼻から焔が出て入滅の心地で此本尊の焼失を合掌十念を唱える計りでありました、何より幸いな事は此大建築が、場外へ倒れないで内部え内部え焼落ちた事で類焼のない事でありました。

○今の大仏つぁん

寛政に焼失後四十五、六年、復興の話もありませんでしたが、秀吉の生れ故郷尾張の国の有志が天保十四年（又翌年の弘化元年の説もあります）に木像の半身像を作りました。

首長さ三十四尺、首の廻り五十九尺、目の長さ七尺、目の巾二尺一寸、耳の長さ十五尺、鼻の長さ八尺五寸、巾七尺一寸口八尺七、寸、この巾二尺四寸、肩巾四十七尺。仮堂は旧本堂西向の前に南向に建てられ、元の金剛力士の首丈が入口に並んでおり、一時は京見物の方に三十三間堂から豊国社へ、この大仏殿へと巡路が極まつていましたので相当な参詣者がありましたが、近年遊覧バスの時代となり三十三間堂から清水寺へ行くので豊国社もこの大仏殿も閑子鳥が鳴く始末、それより豊臣哀史のこの大鐘や、珍らしい木像の半身大仏を見ないでしまう観光客を惜しいと思います。

のろいの鐘

方広寺

徳川は豊臣一族を滅ぼして天下を我が物にしようと考えています。それには豊臣家から金をなくする事が第一で、金がなければ戦は出来ません。それで豊臣秀頼に対し諸社寺の新築、改造等をすすめ、大仏を銅像にし、我国指折りの巨鐘を造らしたのも、その為めでありました。

此鐘は何から何迄奈良東大寺の巨鐘を模したものでありますし其上音色がよくありませんから梵鐘としては大きいだけですが、それよりも我国幾千と梵鐘はありましてもこの鐘の銘文により我国の歴史を動かした話の方で有名であり、鐘を語れば必ずこの方広寺の鐘は出て来ます。

此鐘は鋳物師棟梁、山州三条、釜座弥右衛門三昌　同　助左衛門、脇棟梁駿州江尻、長谷川武蔵　同　武州ノ推名、伊勢山田源衛門、外大和、河内、摂津、和泉、播磨、備後、作州、若州以上脇棟梁十一人、諸国鋳物師合計三千百余人（玉露叢）の人々の努力で出来上りましたが、その工場は今の渋谷通東大路西入上ル辺で今に鋳物町と呼び、東側民家の裏に鋳鐘池と云う水溜が残つています。慶長十八年四月十六日鋳造の準備にかかり同十九年四月十六日卯刻巨鐘竣功し、タタラ、百三十二丁、熟銅五万二千六百八十斤、白鑞二千三百斤を要したと云います。愈撞初めをやろうと云う時、この鐘の銘文より「国家安康……君臣豊楽」の八字をとり出

露天時代の巨鐘

し家康の文字を二分し兇咀をはかり豊楽とは豊臣家の幸福を祈念するのだからと異議を挾みました。この銘文は東福寺の僧清韓が書きましたが、この国家安康は古くから用いられていますので、何も家康兇咀でも何でもありませんが林羅山と金地院崇伝にアラを捜せと命じて難題をもち出し、棟札の文章にもけしからんと、大仏開眼法要もこの撞初めも許さず、

大阪城攻略にもつて行き、秀吉の偉業も数年の間に徳川にこわされ滅亡してしまいました。この鐘の内部の白いシミの様に見えますのが人の立つている様に見え淀君の亡霊がうらんでいる姿だと云いました。それ以来、鐘楼もこわして地上に打ちすてられ雨露にさらしたままで三百年ならす事も許しませんでした。今の博物館構内の西北隅に置かれていましたが恭明宮建立の時、大仏殿近くに移され明治十七年大きい鐘楼が出来て、久しぶりに京洛の地に其音を響かす事になりました。撞初め式に列した田辺朔郎博士の「石斉随筆」に

「方広寺受難の大鐘撞初めの時は新に落成した鐘楼の廻りに見物人のいる席があつた。第一に鐘を撞いたのは白無垢を着した切り髪の老婦人で某紅店の後家さんであつた、数人の男を従えて静かに鐘楼へ登り、手に白い布の細い綱を握り、その後に撞木を動かす手伝をする男が数人いて静かに第一の鐘声を発した。第二の鐘を撞いた人は島原の太夫で同じく白無垢に髪を切り下げ第三の人も同じ姿の先斗町の芸妓だつた。この撞き初めに志納した金額は、第一の人が五百円であつて、第二の人は二百円内外、第三の人は百円に満たざる金額であつたと聞き及んだ、撞き初めのあつたのは東福寺の炎上のあつたと同じ年と記憶する。初めて京洛の空に響い

た大仏方広寺の撞き初めを見聞した一人として、田辺朔郎識す。」

この問題の銘の処に胡粉を入れてわかる様にしてあり、料金を出すと撞かしてくれます。

我国三大巨鐘の大きさを記しますと

	東大寺（奈良）	方広寺	知恩院
出来た年号	天平勝宝四年	慶長十九年	寛永十九年
高さ	一丈三尺六寸	一丈四尺	一丈二尺八寸
口径	九尺一寸三分	九尺二寸	九尺一寸二分
厚さ	八寸三分	九寸	九寸五分
目方	四万八千九百貫	二万二千貫	一万八千貫

これで見ますと方広寺のが一番大きい鐘の様です。

目方は三ヶ所共推定で実測でなく青木梵鐘博士の説では三ヶ所共八千貫位じゃあるまいかとの事でした。

方広寺は妙法院と共に天台宗、この鐘楼の北の方にあり本尊盧舎那仏を安置、東に伝教大師作三天合体大黒天をまつる大黒堂があるだけで、寺とは云え寺の構えが出来ていません、その東別棟に今の大仏殿があり、木像半身の大仏、後ろの宝物館に焼残つた瓦や金具、一光三尊仏、空也上人、秀吉画像其他沢山什物が列んでいます。

○大仏界隈 此近くの小学校を貞教校と云いまして、耳塚の東側の空地にありました。明治二年十一月開校、同五年六月明治天皇臨幸され、十年豊国神社創立に際し今の鞘町通正面下ルえ移転しました。

此大仏前は大変荒んだ土地で、貧民窟もあり恐い男女が棲み、恭明宮の女官も困り一般人もいやがつた時代がありました。今日はスッカリ変りました。扇子の骨屋商の人々が住み大石垣下には今も此骨が干してあります。

此豊国社前には古鏡の研究家で表彰せられた広瀬都巽氏が永く住んでおられ、古い米穀商としては此地では名家であり其表構も古い建物そのままであります。惜しくも昭和三十二年十一月二日七十才で亡くなられました。

正面鞘町角に「道楽」と云う古い料亭があり、古い食道楽通に知られた家で、茶室は古い建物でありま す。七条通大和大路西入には「わらじや」と云う料亭がありここも珍らしい料理を出しヘチモノ屋で知られた通人好の家です。簞笥弁当、鰻雑炊などしています。

豊国神社

徳川方は太閤坦にあつて日光東照宮より立派だつたと云う豊国神社を惨々にこわし、墓詣りも許さず、建物も分散しましたが、神霊はこわすことも出来ないで処分に困つた様です。どこへ移したか判明しませんでした。その太閤坦へ上越辺にあつた新日吉神社を移して全く豊国社はわからなくしてしまいました。安永年間新日吉社の関係者が調べました処、神社の神供所に豊国社の神霊が奉安されているのを見付けました。然し徳川全盛の時代ですから表向に出せません。境内の日吉七社の一つ十禅師社へこの神霊を移し、内に樹本社と云い、秀吉の元の姓木下をもぢつた名のもとに祭祀をつづけ今尚本社の裏にあります。ですがこれは表向でわありませんでした。

明治元年五月十日明治天皇大阪より還幸のさい、大仏の辺で豊国社はどうなつているとお尋ねになり、徳川方で破壊のままと聞かれ、廟祀再興の御沙汰書を下し六年八月神祇官に命じ阿弥陀峰の墓前で祭典を行わし別格官幣社に列せしめられました、京都府に命じ秀吉の建立した

豊　国　神　社

大仏殿の址の地に（今の地）に豊国神社の社殿を造営し廻廊など恭明宮の用材を使われたと云います。其時元伏見城にあつた立派な唐門が徳川方の大功労者南禅寺金地院の崇伝が境内に東照宮を建て、その入口へこの唐門を貰つて建てました（二条城へ伏見から移し三度金地院へ移した説もあります）処が明治になりますとスツカリ傷みまして危険になり、徳川の扶持（ふち）はなくなるし、寺で維持できなく売物に出しました。奈良興福寺の五重塔が五十円と云った時代、この唐門は二十円で、古美術に憧憬の深かった明石博高氏が購入し解体したまま都ホテルの辺に仮小屋を建てて入れました。そこへこの豊国神社の再興の説をきき、秀吉の伏見城の建物であるから寄進をしようと宮内省へ申入れましたが、再建の費用がないからお断りと云うて来ました。そこで明石氏は「では建て寄進しよう」と云い出されました「書面神妙ニ付聴届候事」と、大きいものを貰うにもこんなあつかましい書面が下されたのです。十一年二月此唐門は本殿前正門として建て二千円を要し委く博高氏の寄附で出来ました、其後大風で倒れ大扉も破損しましたがその修繕費も博高氏が出されました。豊国神社は十三年九月十五日竣工正遷宮を行い秀吉墓所から神座をここへ移しました。此唐門は明治三十年十二月特建指定、此社只一つの国宝建物でありますが明石氏寄進の由来は表示されていません、本殿前には「慶長五庚子八月十八日、天下一釜大工与二郎」の銘のある鉄灯篭があり有名であります。大正十四年秀吉夫人、北政所浅野禰々三百年祭を記念に貞照神社を本社の南手に建て摂社としました。

社務所には恭明宮の名残りの茶の間の一棟、貞照社裏には太閤御馬塚があります。

恭明宮

明治元年孝明天皇崩御後お仕へしていました多くの女官は次の明治天皇に奉公が出来ないで命婦以上十二、三人だけが、恭明宮内に御長屋を賜はり住みました。（大典侍其他の御末、女孺御県服所の人々の多くは、宮中に残り奉公しました）恭明宮は今の博物館の池の辺から豊国神社の北端に及んだ百間四方、その北方に御所から御黒戸の一部をここへ移して霊明殿とし、其スグ西手にお宮を建てました。そして長屋の建物が横にありました。正面御門檜皮葺屋根の車寄せ、霊明殿は凡十間四方、正面栗色臘塗の須弥壇の上には金梨子地菊御紋の唐戸、屋根はアメ臘色、内陣の階段は黒臘色塗金沢掛、合天井総黒臘色、棹椽唐戸面は金飾、金襴錦の打敷の上に天皇の尊牌を安置しました。唐戸は二間が四枚五ケ所並びました。歴代の天皇、皇后、親王、皇子の尊牌を般舟院始め清浄華院、廬山寺其他の寺院にあつたものを皆集めて此霊明殿に安置しました、そして由緒寺院水薬師寺から住職及附弟が毎月交更で日夜の仏事に奉仕されました。女官達も毎日参詣し、十丁程離れた泉山の孝明天皇陵へ参拝するのが此老女官の日々

大仏巨鐘の右 恭明宮社殿 左 仏殿

の仕事でありました。老女官は老体の事とて一人逝き二人死に追々減じ、若い方は皇后職又は皇太后職へ願つて再勤を命ぜられ、其上此附近は明治初年はとてもひどい貧民窟でしたので、女官方はこれをきらい、こう人数が減つては奉仕は出来ないからと歎願し、其内迷信じみた事があつたり境内井戸へ投身変死の事などあり遂に恭明宮は廃止せられる事になりました。集めた尊牌はそれぞれの寺院へ返し、般舟院のものは妙法院へ他は泉涌寺へ霊明殿共移され、仏器類は大方水薬師寺へ下賜せられ現存しております。多くの建物は取毀ち、其当時建築にとりかかつた豊国神社の廻廊に、この用材を用いられ

豊国神社に現存　恭明宮茶室

たときます。茶室四間がそのまま保存せられて豊国神社宮司宅客間になつているのは唯一つの遺品であります。此社には恭明宮の図、恭明宮地坪図外二図あり、特に恭明宮のお宮は前に割拝殿能舞台、手洗井、本殿、土蔵其他の建物が記されています。

女官方は各自邸を構へる事を許され大輔内侍は室町殿と云い、大乳人局は樹木殿、越後局は岩瀬殿、駿河局は篠波殿、右京太夫は田村氏其他数軒に隠居しました。かくして明治七年（又九年説もあります）恭明宮はなくなり創立以来六、七年しか建つていなかつた事になります。沢山な記録は宮内省へ般入後焼失したとききます。泉山へ移つた霊明殿は明治十五年十月十五日焼失しました。まだ恭明宮の写真は見た事はなく、ここに挿入の大仏殿前から見た霊明殿背後の写真が、今の処唯一つの写真と云われています。記録もなく「柳昇遺稿五十年の夢」によりあらましを記しました。

恭明宮の址は京都国立博物館と豊国神社になつています。

お馬塚

豊臣秀吉は慶長三年三月十三日北政所や淀君始め多くの臣家をつれて醍醐へ花見に行きましたのが最後になつて伏見城で同年八月十八日六十三才でなくなりました。朝鮮役中でありましたので其夜近親の人々のみで甲冑兵器と共に其遺骸を東山阿弥陀峯に葬り、世間には喪を秘し高野山の木食興山上人や五奉行の命を受け僧を招いて読経をさせ廟を作らせました。

処が慶長五年関ケ原戦後、秀吉恩顧の大名も死んだものも多く、天下は家康の勢力下になり慶長十九年四月方広寺大仏殿の鐘銘事件後豊臣一族の全滅をはかり元和元年五月八日秀頼母子大阪城に自殺しました。すぐ豊国廟をとりこぼち豊国社々殿を破壊し、方広寺住職で大仏殿別当であつた照高院興意法親王を罷め、常胤法親王を綾小路宮より方広寺の建物をそのまま妙法院と改めてここの門跡を入れ、太閤坦の旧豊国社の前へ新日吉神社を移して、阿弥陀峯へ登れない様にしてしまいました。然し尚豊臣の臣家もあり世間の聞えもあるので大仏殿の東南に高さ一丈の五輪塔を建て「国泰院俊山雲竜大居士」裏に「改口（造か）起立芳墳□□□（梵字）。元和元

太閤お馬塚

年八月十八日敬」と彫り、石垣の上に据え、周囲は土塀にとりかこまれて、一般人は入る事も出来ない様にしてありました。これを世俗太閤御馬塚と云いました。徳川方も流石に気になつたのでしよう太閤の供養塔とも云いかね、太閤の愛馬の墓だと云いふらしました。

明治十年今の豊国神社が創立せられました時、元地より稍東南に移し土塀も徹しました。馬の蒐集家負野英軒氏は大仏前の古道具屋から此お馬塚の石塔の下が空洞になつていて、ここにあつたと云う馬首を求めて所有しているとの事で或はお馬塚の本体かも知れません。此空洞は人が近よりませんので密に集まって賭博場にしておったと云われています。こんな墓がここにある事を知っている人も少なく、全く雑草にとりかこわれています。

此五輪培の秀吉法名は「読書備要」のとは違い「国秦祐松院霊山俊竜」となっています。どうして違っているかは知りません。

因に秀吉の顔が猿の様だと書いたものも多くとりわけ講談師は猿面冠者など云っていますが、信長は北政所への書面に栗鼠と書いていますが猿とは書いていません。徳川方の悪口か、後世の人の悪戯書きが今日迄いいつづけているのではないでしょうか、画像など見ますと栗鼠の様な感じを受けます。

耳塚

「町々の伝説」に記しましたから御覧願います。どうも詳しい記録がありません、大仏前え小丘をこしらえてその上に五輪塔をのせたのか、或は始めはあんなにも小高く土をもらないでおいたのが、大仏の鋳造の型土を置いて御影塚と云つたのに耳塚が合同しまして小丘になつたとも又、大仏殿の大伽藍が焼失して、その焼けた灰を積んで小丘にしたとも考えられます。

此塚が出来まして朝鮮の無名戦死を弔う大法要が行われました。此時西洞院出水下ル西福寺の住職祐存上人に命じて導師をつとめさせ秀吉より資料を貰つたと云われます。

昭和二十年朝鮮独立に際し、取毀つてしまえとか耳塚の絵葉書を没収して廻つた話がありました。昨年あの塚は官有地になつていますので、その地を買収して工場を建てる話が出まして、まだ史蹟の指定はなくとも、保存すべきもので一日も早く方広寺の所有にして、もつと塚も手入れをして豊公の偉業をいつ迄も残してほしいものです。

烏が物お云いました　（烏　寺）

大仏七不思議の一つ、大仏前の北側に熊谷山専定寺があります。

此方面一体野原であつた承元元年九月十四日のこと法相宗の旅僧専定法師、此野原の一本松の根本に憩い京の町の方を見ていました。何やら話声が聞こえますが、あたりには人影もありません、フト頭上を見ますと二羽の烏が松の枝に止つて人声で話をしています。

「今日迄影の形に添う様に昼夜守つていた熊谷入道（直実）が只今西方浄土へ往生をとげられますので此所でお見送りをしましよ」その時空中に紫雲がたなびき、よい香がし、たえなる音楽が聞こえ、来迎の弥陀三尊に守られて熊谷蓮生坊は目出度く極楽へ迎えられました。烏は熊谷は源氏の大将で幾度も戦い沢山人を殺ろし一ノ谷の合戦には吾子と同年の十六才の敦盛の首を打つて世の無常を感じ、黒谷に法然上人を訪ね、念仏行者になられました。こんなに殺生した人でも如来の大願業力のおかげで大往生を遂げられました。私はお念仏を軽んじ他力本願を忌み嫌つていてすまなんだ、と悟を開いて念仏行者に転じこの大きい松のほとりに草庵を結び、熊谷入道の往生に因み熊谷山専定寺と名付けました。そしていつ迄も烏の話をした記念に瓦製の烏二羽を松の枝に上げておきました。処がこの寺の前の宅に石川五右衛門が質屋にカムフラジユウして住んでいました。この瓦烏は幾度も五右衛門に悪い事をするじやないと忠告しましたが、聞き入れないで悪事を重ね遂に釜入の刑に処せられました。松の上の枝に烏がいましたが、この松は枯れて烏は宝物陳列の処におります。こうした事から此寺は烏寺で知られ、専定寺の名は知られていません。浄土宗西山派永観堂末で本尊阿弥陀如来は僧源信作、妙法院宮尭然法親王が大変信仰せられ、元後白河上皇の持念仏として伝わつていたものであります。或夜夢のお告げで如来は烏寺へ行きたい、早く送る様にとの事で、私が日夜御給仕していけませんかと尋ねられますと如来眉間の白毫から光明を放つて、一切衆生を助けたいからあの寺へ行き、門前通行のものも救うてやりたいと云われ、そこに安置の地蔵菩薩が私もお供しましよとの事で親王はこの二体の像を烏寺へ移されたと云われています。その地蔵尊は本堂前にある。北向の地蔵堂内にある獅子地蔵尊であります。元禄年中三条寺町の伏見左近と云う男、此地蔵の霊験をきき、菊花を供へて参詣し自来信心をおこたりませんでした。其年八月、どうしても日を限つて江戸へ下る用事が出来て旅へ出ました。処が大井川の渡場迄来ました処、前日来の雨で川水は渦をまき急流は矢の如く、渡しは止まつてどうにもなりません、今渡らないと約束の日に江戸に着きません、間に合わねば切腹、運を天にまかせてこの濁流へ飛び込みました、処が川上から一疋の獅子（猪）が顕われて左近を背に乗せグングン向岸に泳ぎつきました。お蔭で左近の危い生命は助かりました、獅子はとふり返えつて見ましたが姿は見えません、とにかく急ぐ用件で足を早めて夜おそく宿をとりました、夢枕に立派な僧が立たれ「我れは大仏鳥寺の地蔵である汝先達つて我れに菊の花を供養した、その恩縁により獅子となり今日の危難を救うてやつた今後共命を大切にせよ」と云われたまま目がさめました。処が枕辺に三寸程の地蔵木像があります、宿の者に聞きますが知らないと云いますので、像を持つたまま江戸へ下り無事用件をすまし帰京早々鳥寺に御礼に詣り住職に話しをしてこの地蔵尊を見せますと、これは当山地蔵尊の胎内仏であるとの事で、左近は歓喜の涙と共に御礼を申し上げ、報恩のため地蔵堂を建立し、愈信心をかためた。この話が広がつて獅子地蔵と呼ぶ様になり洛陽四十八願所の第四十三番の札所となつています。

頭痛山平癒寺　（三十三間堂）

寺の名も数限りなくありますが、シャレでなく本名にこれだけハッキリした頭痛が癒る寺と名付けた寺は少ないだろうと思います。一般は蓮華王院の院号で通つています。

後白河上皇は常に頭痛持で困つておられましたいろいろ療法をせられましたが効果なく、紀州熊野へお詣りしてお祈りされていますと御夢に権現のお告げがあり洛陽因幡堂には天竺国より渡来せられた名医（薬師如来）があるから彼に治療を受けられたらよかろうとの事、永暦二年二月二十二日因幡堂に参篭せられ一心に祈念せられました処夜更けて貴僧とつぜん現れ法皇の前生は熊野の蓮華坊と云う修験者で海内を行脚して仏道を修行せられ其功徳により今、天皇となられました、然し前生の髑髏が今もそのまま朽もせず岩田川の水底にあつて、其頭から柳の樹がつらぬき枝をはつています。風が吹く度に動揺すると、法皇の御身に響き御脳となられるのですから急いで川底のかの頭を取上げて苦悩をなくなさる様、香水を法皇の頭に注がれたと思うと夢がさめました。早速紀州へ人を使わして岩田川の川底を捜すと髑髏がありました、ここで大きい十七尺の十一面千手観音座像を作られ、其頭中に此どくろを封じ込み、この像を本尊として三十三間堂を建立し、かの柳の大木を切り堂の梁とせられました。こうした縁起から、寺名が出来ました。この柳の話は「三十三間堂棟木の由来」なるお芝居が出来、平太郎、柳の精のお柳、一子緑丸などが活躍しこれで世上に広く紹介せられました。

三十三間堂は只今では我国第一の長い木造建築として国宝になつております。三十三間ではなく、柱と柱の間を間と呼びます、一間は約二間ですから長さは六十六間となります。此十一面千手観音の両翼には各五百体宛立像の十一面千手観世音が五体宛百体ならび合計千一体いられます、どの観音様でも三十三に化現せられるので三万三千三十三体いられると云つています。毎年一月十五日は終日無料参拝を許され、頭痛平癒の祈願をされます、終日多数の人々が参詣し本尊前で加持水を頂くと年中頭痛を病む事はないと云われています、それで此寺に務める人々は頭痛にかからないと云います。

この千体もある観音は、永年かかつて修理も終り千一躰づらりと列んでいられ一寸他に見られない壮観であります。何れも五尺五寸前後、頭上十一面と四十二本の手のある像で足はぞと腕の付根の部分に仏師の名前や年号が彫つたり書いたりし、中には陀羅尼や仏像を摺つた紙が胎内に納まつているものもあります。仏師は運慶、湛慶、康内其他判明しているもの十数名に及んでいます。本堂の背後には観音を守護する二十八部衆の等身大の立像及び風神、雷神像がならび何れも木造彩色の国宝で鎌倉中期の見事なものであり、廿八部衆の揃つているのも珍らしいと思います。拝観の方は是非注意して見てほしいです。

此堂は長寛二年十二月七(百九十三年前)に後白河法皇の御願で平の忠盛が奉行で出来、千一体の観音がならびましたが、八十五年目建長元年に焼失してしまい、スグに再建にかかり二年目から建築にかかり文永三年四月廿七日十六年目に再建出来ました、六百九十一年前の事であります。旧市内の古建築としましては七本松の大報恩寺につぐもので、よくも残されたものと思います。此頃はこうした大きい御堂や大きい仏像を沢山に作つた話がありますが何れも永い間に焼失しまして、此三十三間堂唯一つ保存されていると云う事になります。

三十三間堂の裏の廻廊では通し矢をやつた事も有名であります。紀州熊野山の蕪坂の源太と云う弓の名人がここで通し矢をやつたのが最初で、徳川時代には年々レコード破りの競争となり星野勘左衛門、和佐大八郎の覇権争いは講談にも読まれています。結果紀州の野呂正祥十三才の少年が安永三年四月二十七日一万一千九百六十五本射て一万一千七百十五本を射通した記録が最高とせられ、近年復古して来ています。

昔は堂前の杜若(かきつばた)が美しく花の名所になつていました。南の南大門から西手えかけての立派な高塀を太閤塀と云つていました今は南方丈で国宝になつています。国宝の高塀も珍らしいでしよ、七条通辺から南一体は古の法住寺離宮の址でありました。

雷　神　像

そばくい像　法住寺

三十三間堂前に二軒の寺があります。北を養源院、南を法住寺と云います、この法住寺は天台宗の寺でありますが真宗開祖親鸞上人自作のそばくい像を安置せられています。

親鸞上人が比叡山の慈鎮和尚について勉強せられていた範宴と云っていた頃、建仁元年、廿八才の時、新らしい宗教を発願され、毎夜山を下つて六角烏丸の六角堂に参籠され未明には山へ戻られ百日つづけられました。多くの朋輩衆は範宴が密に毎夜下山するのは京に女が出来て逢びきしているのだと噂をされ、その話が師慈鎮にも聞えました。和尚は範宴の人物を知つていられるので信じられません。然し毎夜下山するのは事実らしい、それで或夜突然門下の弟子に集る様云いわたし一々名を呼び上ると範宴はハイと答えた。下山して居ないのはウソだ、師は安心して一同にそばを振るまわれました、範宴も勿論食べました、そんな事を知らない範宴が山へ戻つて此事を知りました、範宴として返事をし、そばを食べたのは、範宴が自ら彫つておいた木像が身代となつてくれたものでありました。後浄土真宗を開き豪い僧となられると、

親鸞そばくい木像

この木像は「そば食い像」として有名になりましたその後永らく叡山無量寿院（大乗院）にありましたが天保五年此寺の慈本、山から渋谷に移し堂を建てて安置しました。渋谷通東山通の西南角と云われます。明治になりまして此寺廃寺となりましたので、とりこぼち当時の住職大仏（おさらぎ）天祐が妙法宮（敦宮）の思召しを体して此木像を此寺に移されました。此事は一つの伝説の様になつていましたが昨年寺の土蔵から虫に喰い荒された記録が出て来ました「妙法院宮大仏御殿地所御寄附書」「比叡山無量寿院記録」天台宗発刊「天台宗全書叡山三塔堂舎並各坊世譜」これに此木像が此寺に移った詳しい事情が記されていました。木像を拝観し鎌倉時代である事は私にもわかりましたが、京都国立博物館技官毛利久氏も認められました。それで赤松住職は東西本願寺の当局に話し、真宗にとつては大切な此そばくい像、なた作阿弥陀如来の二像に対し毎月十二日本派二十二日大谷派から此両像顕彰常例布教日と定め両本願寺から布教僧を派遣せられる様になりました。

此鉈作の阿弥陀如来は上人十八才の時の自作せられたもので無量寿院に置かれていましたが、そばくい像と共に仏光寺の学頭信暁が願出て下山し渋谷に止まれたのであります。此如来の背に其心（ごしん）という朱印が二つ、足に上人の花押が朱と墨で三字記され、自作を明かにせられた。

法住寺は永祚元年（九六八年前）に、藤原為光が夫人と息女の菩提の為めに創建せられ、地域は東は東山々麓、西は大和大路、南は八条通り、北は七条の上の方迄の可成広い大きい寺でありました。四十三年目の長元五年焼亡しましたが後白河法皇この地に離宮を建て法住寺殿と称し御所とせられました。法皇は建久三年三月十三日此寺で崩御せられました。御陵を境内に設け此寺がお守りをしており、本尊に不動明王をまつりました、明治になると御陵は宮内省の所管となり同時に寺名を大興徳院と改称しましたが昭和三十年八月四日旧名法住寺に戻りました。後白河法皇の御陵は寺の北隣に入口があり陵は寺の裏にあり、法華堂には法皇の木像を安置せられてあり境内石の手洗鉢に寺号の刻んだものがあり「桐の井」と云う井戸も残っています。

本尊不動明王は身代り不動尊と称え、慈覚大師の作と云われ、赤穂の大石良雄山科に閑居中、辷石越で京の町へ出てくると此寺へはスグでありますので、総ての災厄を此不動尊が引受け身代になつて頂くと云うので祈願をしたと云います。こうした事から赤穂四十七士の木像を作り本堂に安置し毎年十二月十四日、義士会を盛大に行つています。も一つ十一月十五日午後天台宗修験者の人々、稚児、念仏講の人々、田楽法師の一行百数十人が騎馬の住職等と塩小路河原町六条界隈を練り歩き七条通から寺へ戻り、本堂前で採灯護摩供の修法を行われています。

血天井

養源院

徳川家康が伏見城にいましたが、鳥居元忠に少数の兵と共に留守居を命じて上杉景勝を攻に出かけました。大阪方は四万の兵で、此城を攻め、鳥居等二千人よく防いだが敗れ三百八十四人が御殿の廊下で自殺してしまつた、慶長五年八月一日の事、其死体は数日放置せられましたので其血痕が廊下の板にしみつきました。それが顔の型に見えたり足、手、掌と判明します。養源院は慶長元年の地震で破壊しましたので再建の時、この廊下を此寺の天井板にして三方に使用しました、それを血天井と云つております。

此寺は秀吉の妾淀君が百七代正親町天皇の文禄三年、父贈従二位権中納言前備前守長政の菩提のために建立しましたが、間もなく火事で焼失してしまいました。淀君の妹達子が元和七年に再建しました。

淀君＝浅井長政の娘で、大阪城落城に自刃、大虞院殿英岩大姉

徳川秀忠夫人＝淀君の妹浅井達子、伊予の方と称し後水尾天皇妃東福門院の生母、寛永二年

九月十五日卒シ贈従一位。崇源院殿和奥大姉

文禄三年五月開基盛伯（浅井長政の弟）此方丈は伏見城内廿八ケ建物の一つで廊下は鶯張り、庭園は都林泉図会にある立派な寺でありましたがスッカリ荒れています。廊下に見える杉戸は俵屋宗達筆の獅子、麒麟、白象並び松の襖絵があつて重要美術に指定せられています。玄関前に楊梅の大木があり門を入つた白衣弁財天祠は本堂内の聖天尊より信者が多い様です。寺は天台宗であつたが、敗戦後浄土真宗遣迎院派の末寺になつている。因に鳥居元忠の墓は百万辺知恩寺にあります。

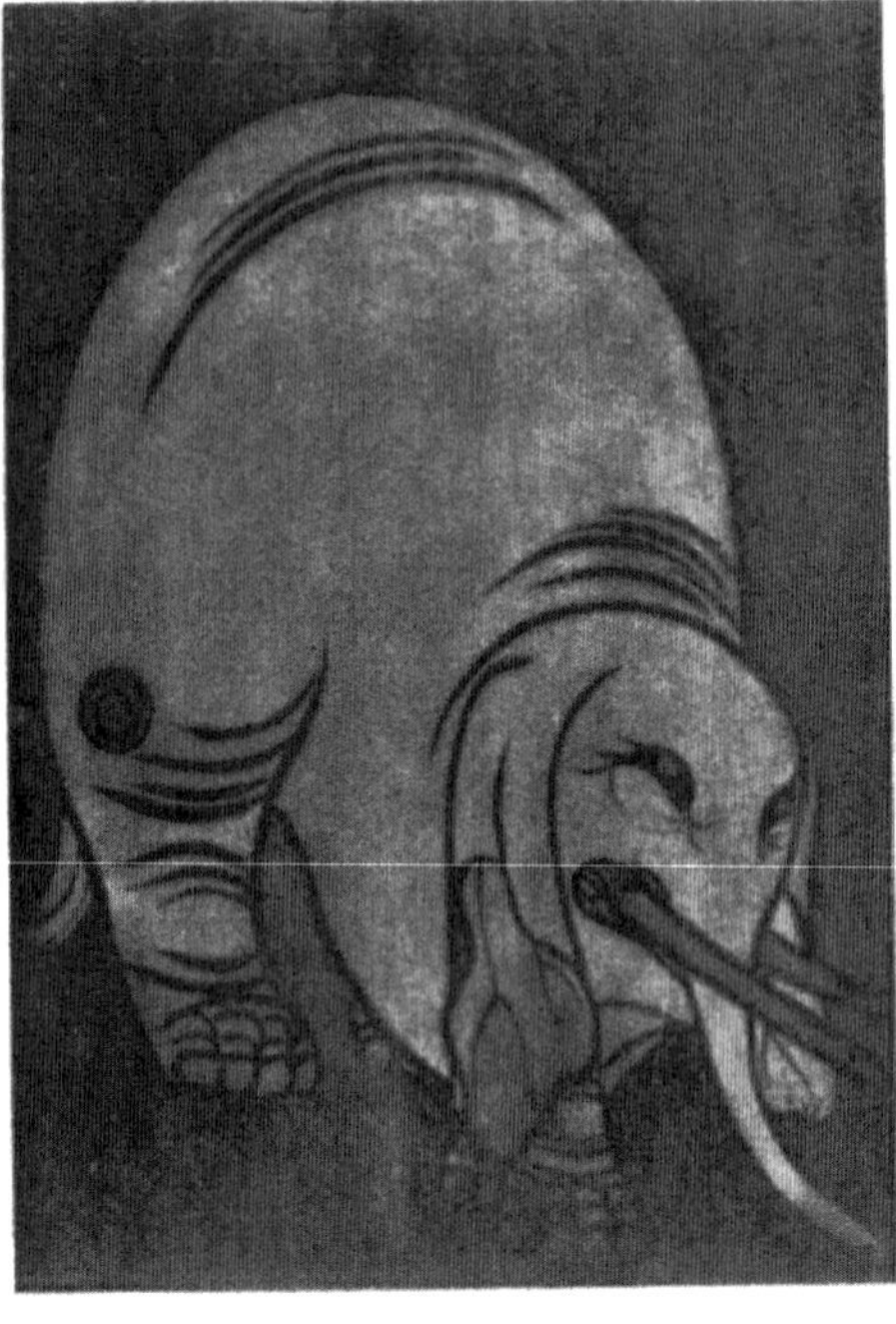

宗達筆白象（重美）

七不思議

どこにもある七不思議は、此辺には三ケ所もありまして少しかわつたものを皆七不思議にしてしまいますが、一向不思議でないのが不思議なんでしよう。それも今日失くなつているものも出来たり、何の事かわからないものもあります。

○大仏七不思議　㈠大仏餅の看板　昔の看板は店先又軒下に出し、両面から見られる様になつていました。処が此大仏餅の看板は真正面に東に向き会つていました。此真向の看板は異例であり、且つ妙法院宮堯然法親王筆と云うので、珍らしがられました。

㈡耳　塚　耳を埋めたとも鼻を埋めて供養塔を建てたとも云いまして秀吉の三韓遠征の話から出来ました変つたお墓。（町々の伝説参照。）

㈢抜け穴　大仏餅屋は兇賊石川五右衛門が養子となり、此裏の土蔵内から伏見城へトンネルを掘り、これから伏見城へ忍び込み千鳥の香炉を盗まうとして宿直に騒がれて捕えられたと云いまして、その抜け穴があつたと云います。先日此家を毀ちました時井戸の中に横穴を見付け新聞に書かれた事もありました。

㈣烏　寺　熊谷蓮生房の大往生したと云う時、松の枝で二羽の鳥が人声をはなつて極楽へ行けるのも阿弥陀如来の慈悲と話した。それを松の根本できいた旅僧の専定が、此所に寺を創立したと云われています。

五右衛門の仮住居と云う家

㈤三つ棟　烏寺の東三軒目の屋根に三つ棟があります。明治頃は花屋が住み駕吉と云いました。

㈦御上り蕎麦　烏寺の近くにうどん屋がありました。妙法院宮へのお出入でありましたので総ての格式が高く客に座布団一つ出さなかつたと云います。

㈥泣　石　大阪城の蛸石と云うのは大きい石で名物になつていますが、其次のがこの大仏の石垣の北端の巨岩だと云われます。この石は前田加賀守が奉納しましたが余り重いので流石大大名の前田もこの経費の重むのに閉口して泣いたので此石を泣石と呼んだといいます。又ここへ据へたら加賀へ帰りたいと石が毎夜泣いたのでこう云つたとも云います。

(八)崩れ門　七条通大和大路の角にありました大きい門を云います。今東寺の南門になつている門で、昔こわれていたので崩れ門と云つたのでしよう。九頭竜門が崩れ門となつたと云われます。桃山時代の建築で、三十三間堂の南門と同じ大きさであります。

(九)赤牛の影　智積院の南方へ牛を曳いて来た牛方がありました、真夏の暑い日盛で牛が倒れてしまいました、牛方は怒つて棒で殴り付けました、処が大きい音がしまして牛の皮が剝げ智積院築地の中へ血が吸いこまれてしまつたと云います。それ以来牛の形をした赤い斑点が出まして、幾度塗りかへても牛形が消へないと云われました。

(十)五右衛門の衡(はかり)　耳塚の西、道をへだてた左、角家に五右衛門が質屋にカムフラジュをして住んでいました、屋根の妻の処に三角形の穴をあけここから捕方を監視させていました。其東の窓に其当時の千両箱と竿衡とが置いてあり、この衡にさわるとふるいつくと云い、一説に質屋でなく両替屋だつたと云います。

(十)淀君の幽霊　今に残つていますの方広寺の大鐘は三巨鐘の一つであります。これの鐘銘に「国家安康、君臣豊楽」と家康の文字を二分にしたと云う豊臣家滅亡の糸口をした鐘と云われています。この鐘の内部に白い雲の様なものがありまして東方のものは人が立つている様に見えます、淀君の怨みがとれない幽霊になつて残つたと云います。

○三十三間堂辺七不思議

(一)棟木の柳　浄瑠璃や芝居になつています、柳のお柳の話、紀州にあつた大柳を切つてこの大きい堂の棟にしたと云われます。

(二)夜泣の井　嬰児に夜中泣かれては家中迷惑そこで、この井戸なり傍の夜泣地蔵尊へ祈願文を書いてお頼みしますと夜泣が癒ると云われ沢山紙が貼られています。

(三)頭痛山平癒寺　が三十三間堂の本名であります、それで此寺の僧侶は頭の痛む事を知らないと云います。一月十五日は無料で此日参拝しますと一年中頭痛がせないと参詣人が列をして詣ります。小豆粥を断つて願をかければ必ずなおると云い伝へられています。

㈣醴　泉　三十三間堂の西手に甘酒の匂ひのする井泉があつたそうです。

㈤通し矢　三十三間堂の本当の長さ六十四間五尺、この一丁以上の遠距離へ矢を射る例は他にはないでしょう。

㈥親鸞蕎麦喰木像　上人比叡山で修業中の出来ごと、自作の木像が蕎麦を喰べたと云います。叡山より転々として三十三間堂前の法住寺（前名大興徳院）に安置されています。

㈦長石手水鉢　同院にあります、大石良雄がここの身代不動尊を祈念しており山科の棲居から寄進したと云われています。

㈧血天井　法住寺北隣養源院の本堂廻廊の天井に手足の型や顔の様なシユミが見えます、家康の臣、鳥居元忠が伏見城に留守を守り大阪方と戦いましたが敗れて部下多数と共に廊下に切腹しました、その遺骸の血形がとれません、その板をこの寺の天井にしたと云い、京には他にもあります。

㈨名木楊梅　同院の前にあります大木で伏見城から移した木で、東山名木の一つであります。

㈩飛び越え見返りの獅子　同院の杉戸数枚に俵屋宗達筆の面白い獅子、象、八方睨の獅子等の図がありまして何れも重要美術品に指定せられています。

○豊国神社七不思議

㈠馬　塚　秀吉の遺骸を阿弥陀峯の頂上に葬りましたが徳川方はこの墓を取こぼちました、そして大仏殿の辺の藪中に馬塚と云ふ名で五輪塔を建て周囲に高塀をめぐらしました、豊国神社境内の東南隅に石垣の上に此五輪塔だけが淋しく残されています。

㈡猿の木目　神社の南、社務所の一部にある建物は明治初年に建てた恭明宮の一部であります、その建物の一部の木目に猿に見える形があります。

㈢唐門の鴻の鳥　唐門の破風の彫刻は左甚五郎作と云い、この鳥がいますので雀が止らないし蜘蛛は巣をかけないと云います。鳥は夜になると飛び出すそうです。此社で特建はこの門だけ、雨垂れに窪みが出来ないのも不思議です。

㈣鷹　石　唐門内に細川幽斉遺愛の名石、鷹の羽根の様に切れた石があります。

大仏周辺の町々

古く此辺一体は鳥辺野の墳墓地であり北方は六波羅探題があつた土地であります。秀吉時代は大体野原であつたかと思われます、それでこそ可成大げさな大きい工事などが出来たものでしよう。此附近には其大工事を語る町名が残つています「京の町名のいわれ」にも記入せないでここに纒めて見ます。

○上人町　問屋町通五条下ル二丁目

慶長七年に出来た通り筋で、大仏像を作ります時高野山におつた木食応其（此僧は後に、興山上人と云いまして秀吉とは特に関係の深い僧でした、木食上人と云うのは何人もあります。その一人です）が此町に草庵を作つて住んでいましたので、町名になりました。

○棟梁町

奈良の大仏殿より一丈から大きい本堂や楼門、廻廊、方広寺を建てるのですから建築関係の人は随分沢山集めた事でしよう。その人達の住居なり仕事場も相当に多くあつた事でありましよう。それで、一応棟梁町の名を附しましたが、それが五ケ町もあります。

○北棟梁町　馬町大和大路西入

○上棟梁町　大和大路馬町下ル一丁の間

○下棟梁町　大和大路馬町下ル一丁下ルより正面一丁上ル西側

○西棟梁町　下棟梁町の西裏町

○南棟梁町　伏見街道本町八丁目と大和大路の間　袋地

○瓦　町

天正、慶長の頃大仏殿用製瓦師の工廠のあつた処から、この名がつけられましたが、中にはその瓦町のどの辺に当るからと町名の上に文字を入れた町名もありますが、とりあえずそれも共に入れました。近年迄大仏瓦は建築の上で、上品(じょしな)として扱われていました、そして大仏の瓦屋と云うと信用のある家と見られていました。敗戦後上建築を誇る人もなくなり従つて上質の大仏瓦も需用者なく、その上他の瓦代用品で事たりる様になり瓦町から瓦屋は殆どなくなり、只町名に残るだけになつて来ました。

○本　瓦　町　塩小路通東大路西入

○新瓦町東組　塩小路通西組と本町との間

○新瓦町西組　塩小路通大和大路東入

○南　瓦　町　本瓦町の南町

○東　瓦　町　東山通七条下ルよりスベリ石越辺から南一丁東側

○瓦役町　馬町通上馬町の西方の北の底地を云います、瓦の工場と余り離れていますが、当然瓦製造を監督する役人達の役宅のあつた町であつたと思われます。

○鐘鋳町　馬町通東大路西入丁とそれを北へ入つた丁。

慶長十九年三月、釜座の工人及下野佐野郷天明の工人等が、此辺で方広寺の大梵鐘を鋳造した其炉鍛場で、東側には鐘鋳池と云うのが残つています。

○材木町　七条通河原町東入より西、間之町の間。大仏殿の用材を高瀬舟で運び、陸揚した内浜の両側に材木屋が多く出来ましたのが町名になりました。

大仏餅屋

大仏殿の出来た頃、この真正面に大仏餅屋が出来たと云います。前の通りは本町通り四丁目で俗に伏見街道と云い、伏見へ行く要路でありましたから、西国方から淀川―伏見―京へ上る人々はこの餅屋で休憩し名物の餅をたべて五条大橋へ出たものであります。此餅屋は隅田と云う古い家が三百余年続いていると云われています。表正面の小屋根の上に唐破風造の屋根がかぶさつてこれに妙法院堯然法親王の筆の「大仏御餅所」の看板が掲げられていました。一説に書家井出正水筆とも云います。道幅の狭かつた頃、看板は屋根下に揚げ両面から読める様に書いたものでした、この大仏餅にも佐々木志津麿筆のこの両面看板はありましたが、この親王筆と云う正面向のものは大変珍らしかつたので大仏七不思議に数えられていますが、今日とは全く反対になりました、親王筆と云うので。表通を通行の大名すら鎗を伏せて通つたとも云います。軒先の暖簾の「洛東名物大仏餅」の字は池大雅筆。江戸初期の変つた商家の表構えでありましたが、営業は止め表間を他人に貸し、家と共に疲弊してしまい本年初秋にこの表構えをこわしてしまいました。此大仏餅は都名所図会に「……其味美にして煎に蕩ず、炙に芳して陸放翁が炊餅、東坡が湯餅におとらざる名品也」と書かれており、茶人安楽庵策伝は「白妙の雪のはだへをもちながら、かちんと云へる色のふかさよ」と詠じています。近年は白い餅の上に大の焼印が捺してありました。一ケ二銭と覚えていますが、戦後二十円になり千倍だと話合つた事があります。此餅が出来た頃は寺町六角誓願寺前にも大仏餅屋があります。この寺の本尊を半大仏と称へ、その名をとつて大仏餅と云いました。この餅

昭和三年　大仏餅屋

屋を江島屋と云い、この息子は其磧(きせき)と云い江戸中期に評判であつた八文字屋本の著者なのであります。そして大仏餅屋の者と云うだけしかわかりませず其親兄弟も住所も判明せなかつたのでした。妙法院宮に仕へていた馬町の中村昭造氏方に大仏餅来由書並に三通の証文があり杉原巳良氏の厚意でこれを拝見し、京都大学国文学教室の野間光辰氏に報らせて調査して貰いました。江島其磧の事がよくわかり京大国文学研究雑誌に詳しく紹介せられ（三十年八月号）ました。それには第一回の大仏殿で地震で倒れ、信濃善光寺本尊を迎えた頃、大仏殿前に白酒屋を営んでいました酒屋新左衛門がありました、毎日如来へお詣に参りました、或夜此如来が夢枕に立たせられ、白酒を止めて餅を作り仏供にそなへよとのお告げを二夜つづいて見、寺の別当尼公のお使があり新左衛門に餅を作らせとの事で餅を供へる事にして商買替を致しました。それから二十年弓屋利衛門や兵左衛門が偽大仏餅をやつているからと板倉伊賀守へ届出ています。これで見ますと大仏餅屋はこの方広寺大仏殿前で二代庄左衛門から餅屋を初め後六角柳馬場上ルへ引越し誓願寺前へ店を出したもので、後にはお旅町や五条御影堂前にも出来ています。江島其磧は四代目で享保二十年乙卯六月廿一日六十九才で歿しております。こうして来ますと三代目庄左衛門が正徳四年二月廿七日永楽屋治左衛門に譲渡していますからこの治左衛門が隅田の先祖であれば寛永の頃からある隅田は正徳から餅屋を始めたか、又別に隅田が大仏餅を売つたかが判然しません七十年間の事がわからなくなります。

安楽庵策伝和尚＝誓願寺の住職で落語の原本の様に云われています「醒睡笑」の著者で八幡松花堂へ大仏餅を贈つた話は誓願寺前の大仏餅である事は云う迄もありません。

文学者其磧を生んだ大仏餅屋が、その後裔者が正統であろうとどうであろうと其大仏餅屋が消えた事は惜しい事で、古い建築と共に残念な事と思います。

伝説ですが石川五右衛門が此大仏餅屋へ養子になつて入り身をくらませ、その土蔵から伏見城へ墜道を堀り千鳥香炉を盗まんとして失敗したなど云われます。

表紙写真

唐門の彫刻で伝左甚五郎作鴻の鳥が余りよく出来ているので蜘蛛が巣を張らず、雀も巣によう せないと云われ七不思議の一つです。

昭和三十二年十一月十五日　発行

【価　百三十円】

著者　田中緑紅

代表者　鳥居郊善

印刷所　協和印刷株式会社
電⑥三九四四・六七六八

京都市東山区東大路松原上ル
安井金比羅宮内

発行所　京を語る会
電話⑥五一二七番
振替大阪三七三五五番

《復刻にあたって》

一、本復刻版は、田中喜代様所蔵の原本を使用しました。記して感謝申し上げます。

一、復刻版には、借用した原本の都合で初版と再版が混在しています。また、原本奥付に紙を貼付して新価格を表示している場合もそのまま復刻しました。

一、文中に、人権の見地から不適切な語句・表現・論、また明らかな学問上の誤りがある場合も、歴史的資料の復刻という性質上、そのまま収録しました。

一、表紙の背文字は、原本の表示に基づいて新たに組んだものですが、一部訂正や省略をしました。

緑紅叢書　復刻版
第1回配本（全26冊）

京の京の大仏っあん〔緑紅叢書7〕

2018年10月31日　発行

揃定価　39,000円＋税

発行者　越水　治

発行所　株式会社　三人社

京都市左京区吉田二本松町4　白亜荘

電話075（762）0368

乱丁・落丁はお取替えいたします。

コード　ISBN978-4-908976-79-7

セットコードISBN978-4-908976-72-8

緑紅叢書 第八輯

師走の京都

田中緑紅

はじめに

歳末と云う言葉は永遠になくなりはしますまいが、そのしきたり風習は、時代と共に亡くなったり変化して参ります。

我国でも一番古い行事や風習が残っている筈の京都でも続々変化して参りますので、いつの時代はこんな事をしていたと云う記録や写真を残しておかねばならないと思います。そうした記録の一つとしてこの「師走の京都」をまとめました。

十二月の京都の行事は、これ等の外に一日北野神社献茶会、十二日妙心寺無相大師忌、十四日石清水八幡宮神楽祭、二十一日天竜寺鎮守火炬諷経、同日終い弘法、廿五日終い天神、クリスマス・パーテー等が催されています。

京都新聞社より資料写真を提供して頂き厚く御礼申します。

昭和三十二年十一月二十日

顔見世招き看板　　南座

十二月一日

臘八大接心　　東福寺
十二月八日

鳴滝大根煮　了徳寺

十二月九・十日

事　始　め　　　井上八千代氏邸
十二月十三日

空也堂　茶筌売

十二月十三日以後

ススハライ　　東本願寺

十二月二十日

知恩院御身拭
十二月二十五日

島原角屋　もちつき
十二月二十五日

燧火式　八坂神社
十二月二十八日

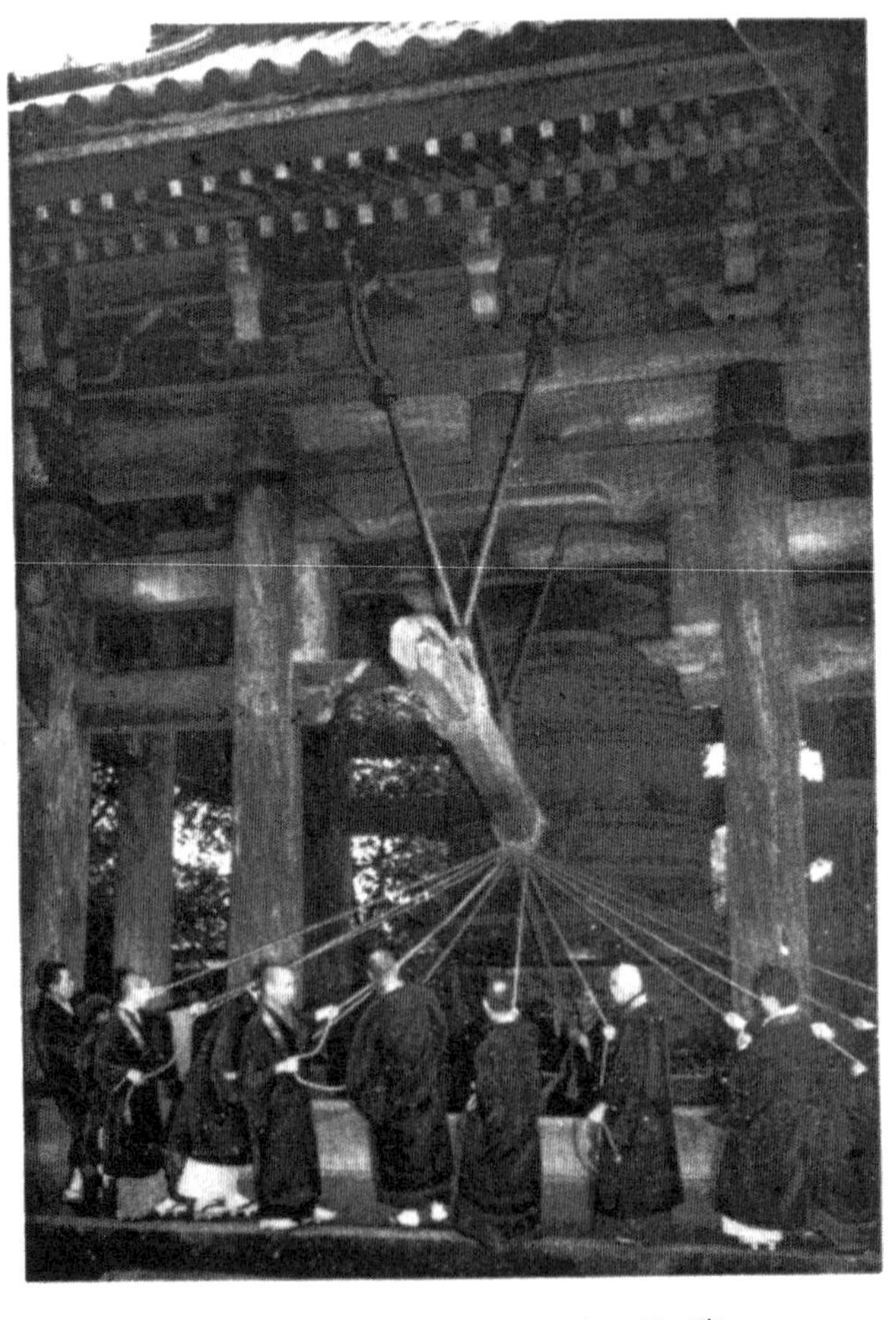

除夜の鐘　知恩院

十二月三十一日夜

目次

写眞目次

口絵

挿絵

師走とは

十二月をしわすと呼んでいる事は誰れでも知つていますが、「何故か」と尋ねると知つている人はいないものです。私もその一人です。それで京の師走を書きますので、第一に師走とは皆様になりかわりあれこれ参考書を見まして、ここに御披露致します。

師走は陰暦の十二月だそうですが、現在は太陽暦のまま十二月を師走と云つています。極月、臘月、臈月、大呂等の名もあります。

師走とは十二月は一年中最後の月でありますから、どの家でも僧侶を招いて仏檀に詣つてお経を読んで貰います。それで事の外お坊さんは忙しいので、東西に走つているから師走と云うのだと云つておりますが、歳極(としはつ)の略転か或は万事為果(しは)つ月の意（大言海）とあり、最後の月と云う事から悪い月貧乏な月と変つて来まして諺が出来ました。師走坊主はおちぶれてみすぼらしい坊主を云い、見すぼらしく不景気な様子のものを「師走坊主だナ」と云います。師走比丘尼も同じ意味です。

○師走浪人　見すぼらしくおちぶれた浪人を云い、みすぼらしい人に「師走浪人の様だ」と。

○師　走　狐　極月の月夜に啼く狐は、特に声が冴えてコンコンと聞えると云います。

○師走女房に難つけるな　師走は忙しくて女房がお化粧している間がないので、難をつけてやるなと云う諺があります。

○師走筍(たけのこ)寒茄子　これも諺ですが、外の諺と違い珍らしく且つ美味と云う事を云つたものです。

顔見世　（十二月一日）

劇場主が多かつた時代は俳優も専属は少なく、契約しても一年交代でありました。それで毎年九月迄に、それぞれの興行主と一年契約をしまして新らしい顔ぶれで九月十二日の夜「世界定」とて立作者、座頭、立女形等座元の宅に集り、帳元、金主方等も加わりまして、顔見世に何の狂言を出すかを相談する儀式が行われました。次で十月十七日に「寄り初め」或は「嚙初め」と称え新座員の顔寄せと披露がありまして、十一月朔日（ついたち）が初日でありました。前夜から提灯を飾り神酒を供え、鳴物入りで前夜祭の様な事をしました。近年の顔見世は松竹と云う大興行師が三都の大劇場を傘下に収め、歌舞伎俳優の九分迄が専属になつていますから、顔見世と云う言葉にははまりません。僅かに関西歌舞伎に東京から二、三人参加する位のものですが、コマ劇場が出来たり、俳優も劇場ももつと自由になれば昔の顔見世が出来、新しい芝居の見られる様になる事になるかも知れません。

明治以前は京の街々には一丁毎に黒い門がありましたので、自由にどの町でも通れるものではありません。四条の都万太夫座(南座)、その向いの早雲長太夫座(北座)へ行きますのに、三条通へ出まして(東海道筋で門がありませんでした)縄手から四条へ廻つたそうで、〃顔見世や一番太鼓二番鶏〃とあります様に、未明に開幕し、三番叟がすんでやつと夜が明けると云う次第でした。〃顔見世や四条五条の橋の霜〃を踏んで出かけます。婦人達は前夜から大騒ぎで、髷は結わんならんし、お風呂へも入らんならん、お化粧をし、誰れに見せるのか一張羅の着物、お弁当の用意と、芝居見も大ていではありません。その忙しい徹夜してでも一年一度の顔見世へ行かなんだら一生の恥だとでも思つていたらしいです。私等が知りました頃は午前七時開幕の木が入りますので、六時半、まだやつと夜あけ頃から出かけた事を覚えています。こうした考え方が、今日も残つていましてまだどんな世界(狂言)かわかりもせず、俳優が誰れであつても、その芸を見に行くのではなく、只顔見世のもつ雰囲気を楽しみに行くらしく、七日前に売り出す切符を前夜から徹夜でならんで買いに行きますが、此列をして寒くなる霜月の夜を立すくんで待つている人、この人達もこれが楽しみなので、こうした苦労して求めた切符に思いをかけ喜んでいるのであります。現在は云う迄もなく十二月一日初日です。今年は特等千円、狂言は昼夜で十二立、関西から雁次郎、扇雀が抜け、関東から猿之助、時蔵が加わつています。

この顔見世は村山又兵衛が京大阪に各三座を持ち、沢山な役者を抱えましたので同じ顔ぶれでは面白くないので、座員の更迭をしたのが始めで、其後、松本名左衛門座が一年契約制をきめ、嵐三右衛門が太夫元の時一座の役者を十月晦日限り解約し、十一月朔日新しい役者を一年間この座の座附としてやりますと披露興行したのを顔見世と云う様になつたのであります。

今日では十一月廿一、二日頃、河原町三条下ル東入竹田耕斉の手で書かれた俳優名を、勘亭流で書いた招き看板を竹矢来に三段に掲げます。この竹は莚に巻いて四条大橋の上え持つて行きまして鴨川の水で清めた心で芝居前へ持ち帰つてバツサリと掛声勇ましく振落します。竹が莚から綺麗に散ればその興行は当ると縁起を祝つたものであります。その竹矢来は東から数えてその高低により来年の米相場を占つたと云う相場師の話も昔語りとなりました。初日が近づくと上一段だけを残して下二段はとりのぞき、中段の辺に絵看板を掲げるのです。古いしきたりはいろいろあつたのですが、殆んどやつていません。大概廿四、五日迄興行し、連日満員をつづけ、不振の南座も、この顔見世だけは絶対に損をしない松竹の米櫃興行だそうです。

成道会（臘八）（十二月八日）

この日はお釈迦様が六年間苦行し、ようやく成道せられた日と云うので、二月十五日の涅槃会と、四月八日の仏生日と共に釈迦の三会と云います。成道会は「成弁仏道、成仏得道」を略して云い、釈尊三十五歳の十二月八日払暁に悟を開き、仏陀になられる事を云うのです。禅宗の寺々では一日の午後から八日の払暁まで飄絎、看読、作務等一切の行事を捨てて食事（この間温糟粥を食べます、これは味噌酒糟を加えた粥とも又は昆布、串柿、大豆、扮菜を加えたものとも云います）以外は、只ひたすら坐禅をして昼夜を分たず精神を鍛練しまして剃髪入浴もしません。これを臘八接心とも云いまして、禅宗坊さんの一年一度のはげしい修業であり、「死に接心」と云う程で、実際死んだ僧もあつたそうです。八日払暁、明星輝く頃、出山釈迦の前に「大悲呪」を合誦してこの会を終ります。近年は禅宗以外の仏教徒も釈尊を讃歎の法会を行い、お事汁と云う小豆汁を食う習慣もあります。

臘八や浮世の粥のたき加減　　句仏

針供養　（十二月八日）

上方では十二月八日、関東は二月八日に行つています。時代は変りましても針を使用する人は絶えないでしよう。和服が減じましてもミシンも針の御厄介です。この針のおかげでどんなにか人生に役立つているか知れません。裁縫は大部分婦人の仕事となつています。古い針さしには蓋をとると赤い縮緬等の針山、その下の引き出しは折れ針入れになつています。裁縫中に針が折れると危険であるのでこの小引出しえ入れておき、十二月八日にこの折れ針を集めて、堅いものを貫くので用いるこの針を、一年一度柔いものに挿していたわつてやるのは女らしいよい行事だと思います。お針に対する感謝の日であります。お針子をとつていた裁縫の師匠宅ではこの日一日は休みとし、床には淡島大明神を祀り、師匠もお針子も、一寸着飾つて集りますす。豆腐又はコンニヤクにこの折れ針を差して其の労をねぎらいます。そしてこの一日は一切針を用いないで休ませ、床え飾り、其の前で終日遊び過します。

この日、けちん汁を皆で食べます。この汁は御事煎、お事汁、むしつ汁等と呼び、午蒡、小

針供養　華頂学園

芋、赤小豆(ササゲ)、焼豆腐、人蔘、大根等七種を入れた味噌汁を云います。昔は醬油汁でありました。この汁を食べると寃罪をまぬがれると云つています。江戸末期は師匠は髷を勝山に、娘達は割しのぶに結い、古針をさしたコンニャクを高い台にのせ、これに神酒及このケチン汁を供え、コンニャクは翌日土へ埋めるか、川、海え流します。

嵯峨の十三参りに行きます虚空蔵さん(法輪寺)ではこの本尊は手芸、芸術を守護して下さるから針を使用している人は素人と云い、本職(縫物師やミシン商、畳商の人々)の人々が廃針を納めにここへ詣りに来ます。

本堂で針供養祭を行い、舞をまわせたり琵琶を語らせたりしています。本堂前には昭和十三年に石の宝塔二基を作り、皇后皇太后御手択の古針の下賜を納め針塚が出来ました。年々参詣者も増加しています。

洛北幡枝の鎮守の一部に針神社があります。古い本には婦人の神様と云つています。粟島明神に古針を納め、針による幸を祈り針による不運を除けられる様に祈念したとあります。針を粗末にすると粟島さんのお怒りで婦人病にかかるとも云います。一般にはこの風は余り盛んでなく、岩上通三哲上ルに粟島堂がありますが、針供養にお詣りした話はききません。然し町ではミシン屋の人や裁縫師が近所の人々へ針供養として菓子を配つている処もあり、女学校では当日が成道会にも当りますので釈尊を崇び、針の労苦感謝の針供養をやつているのはよい行事であります。

異説として針供養は漁師のするもので、年中魚を釣る針に対し、この日を休んで感謝すると云い、それが縫い物針にかわつたのだとの説もあります。

鳴滝大根煮　（十二月九・十日）

紅葉の名所高雄へ行く道に、この鳴滝町があります。市バスが宇多野行で福王子社下車、二丁計り西に真宗了徳寺があります。右京区鳴滝本町です。

親鸞上人が愛宕山中復の月輪寺に往き、元祖法然上人の遺跡を訪われました建長四年十一月、暫くこの寺にお住居になり土地の人々に他人念仏を勧化せられ、多くの帰依者がありましたが特に六人の者は熱心な信者になりました。冬の事でしたので銘々は畑の大根を煮てあげましたが上人は大変喜こばれ、後世の形見にと、庭前の薄の穂をとつて筆にし「帰命尽十方无㝵光如来」と染筆され、薄の名号としてこの寺唯一の寺宝になつています。この事から、この寺では十二月九・十の両日檀家十七、八軒が各百本宛、向いの専念寺（浄土宗）から、昔火災の時了徳寺檀家が働いてくれた感謝の意で三百本、計二千本を年番に当つた檀家から八日の夜二軒から男女二人宛、他の家からも手伝いに来まして一寸五分位にブッ切にしまして九日早朝から境内東北隅に小屋を作り、ここで三つの大鍋にどしどし煮きます。上人御影には塩煮とし、一般のは醤油で煮ます。斉の札を求めた人には大根の上に油揚があり御膳に御飯をつけて出し、大根の札の方は大根を煮た腕をくれます。これを七カ年続けて食べますと中風にかからないと云われています。そのせいですか善男善女何れも老人ばかりです。近年参詣者が増加して二千本の大根では不足となり、本堂前もかけ出しが出来、本堂と云わず、かけ出しの上に座り込んで御飯持参で大根を食べている人も、立ったままパクツク婳もいます。

この両日は、布教師等が出張して説教したり、寺宝の数々を拝観さしています。門前には柚や焼栗を売る露店もよく売れています。近くの常楽寺や専念寺には何々句会の紙を貼つた処も二、三見えました。

事始め　（十二月十三日）

〔事〕をしごとと解し、仕事始め、それは正月の準備をすることなのであります。縁談にも事始めと云う事があり、婚礼の事を始めることを云います。比叡山の僧侶仲間では夕食のことを「事」と云います。「雑談集」（六五〇年前）に「昔は寺々、朝一食だけであつたが後三度食べ、夕食を事と山（叡山）では云う」とあります。それで一日三度の食事が日が短かくなつて夜が永くなる十二月八日から食事を二度にします。それでこの日を事始めと云い、二月八日から又三度に戻しますのでこの日を事納めと云つています。又逆の意味で、二月八日から食事を三度にするのでこの日が事始めで、十二月八日から二度にするので事終めだとも云います。

宮中では十三日から正月の準備を始められる例となつていました。これが民間にも及ぼし、京都中が十三日を正月事始めにしました。しかし江戸幕府は十二月八日を事始めとしていました。農家では旧二月八日から畑の仕事を始めますのでこの日が事始めで、米もとれ、畑仕事の終つた十二月八日が事納めとなります。今日京都で云う事始めは正月準備を始める意であり、これからススハキ、餅搗きなども行はれます。又年男もこの日に定めます。**年男**と云う風習も殆んど消えましたが、大店では多くの店員の中のスンマ（丁稚から番頭になる、その僅かな間の店員を云います、寸間だろうかと思います）の一人を年男に命じます。年男は二月節分迄神事一切を奉仕するのであります。この間入浴の時も主人より先きに入り、神事準備時は一切店の事は手伝わないで正月の神に対しての行事をやります。徒弟制度がなくなつた今日、年男もなくなり、節分の豆撒き役のみ年男の名が残つています。

　事始めから呉服店始め商人は歳末売り出しをやります。これも雑誌の新年号の様に十一月末、十二月初めから大宣伝をやつています。町方や花街では主家や師匠え鏡餅を納めます。各家々では多少のしきたりの違いもありますが、分家別家の人々は礼装して鏡餅を台にのせて主家え年末の挨拶に参ります。食料統制の時は真綿で鏡餅に擬し代用した事もありました。貰つた主家では奥座敷の床に先祖の画像を祀り、この前にズラリと鏡餅を並べます。善哉を作つて振舞いをします。別家分家がなくなつた今日、追々淋びれますが、花街では今なお盛大に行われ、師匠え弟子の芸舞妓より、或は見習い茶屋、姉芸者え妹芸者から、「京都特殊の鏡餅台にウラジロを二枚敷き、ユズリ葉を一枚乗せ、其の上に鏡餅を二枚重ね、昆布を上にその上に橙をのせたものを持参し、「お目出とうさんどす」と挨拶に廻ります。祇園井上流家元八千代さんの宅や師匠達もこの挨拶客で大賑い。亡くなつた松本さださんの宅へも鏡餅が一杯になり、社会事業団体え寄附しておつた事もあります。一時この風習はスタリましたが近年又始められて来ました。

歳の市　（十二月十三日以後）

寺町錦界隈から四条迄、或は祇園石段下や繁華街等には事始め以後正月用品を売る店が並び歳の暮風景でしたが、近年こうした店も出なくなり、大体のものはデパートで揃う様になつて来ました。七五三縄、門松、玉柳、若松、種々な花類を白川女が、年々買つてくれる得意先え廻つてくる時代になつており、こうして歳の市の姿は変つて来ました。

それでも二十日を過ぎますと花屋の店先には正月用の花は皆揃い、ポンセチヤ始め温室物がそろそろ出る様になりましよう。錦小路とか魚屋街は鰤、鱈、海老、煎海鼠、数ノ子、田作り、橘柑、橙、梅干、牛蒡、大根、昆布、栗、榧、串柿、熨斗、黒豆、茶等が店先にうづ高く積まれ、同時に歳末年始贈答品が並びます。鮭新巻、鴨、砂糖箱、橘柑箱が相変らず幅をきかします。これは大変少なくなりましたが、商店や出入の職人が得意先へ配つた品が商売人によつて何々ときまつていました。

魚屋は蛤、

八百屋は笊、

畳屋は暦、

植木屋は石台、又は木の杓、

大工は俎板か塵取、

左官はのし昆布か柄杓、

瓦屋は焼き塩、

屋根屋は柳箸か杉揚子。

これ等は正月のお年玉に配る処もあります。例外かも知れませんが、私の祖父は漢法医でしたので、屠蘇を作りモミ裂の三角袋に入れて患者え贈るのが年々の定めになつていまして、父の代にも続けて差し上げていました。

空也堂茶筌売　（十三日――大晦日）

空也上人は醍醐天皇の皇子との説もあります。山に入つて修業中、いつも出てくる鹿を可愛がつていられました。処が近くの猟夫がこの鹿を殺してしまいましたので、猟師からその角を貰つて杖の先につけ、猟師を諭しまして仏教を教えられました。猟師は発心しまして瓢箪を敲いて上人の法語をとなえて修行して歩きました。これを鉢叩きと云いました。元々鉄鉢を叩いた処から名付けられたものであります。

村上天皇の天暦五年に疫病（伝染病）が流行しまして死者が街にあふれたと云います。そこで空也上人は自ら十一面観世音の像をきざみ、台座にのせ、町を曳いて歩き病人の表迄くるとその病人は癒つたそうです。それで寺を作り西光寺、後に六波羅密寺と称えこの観音菩薩が本尊とせられています。空也上人は蛸薬師通油小路西入に住われ、それを寺とし紫雲山極楽院光勝寺と云います。ここの僧は半僧半俗で、頭も丸頭にせず有髪のままです。この寺の近くに住んでいましたので其の町を鉢叩町と云いました。村上天皇が御病気の時、この観音にお供えしま

茶筌売の姿

したお茶を差し上げておのみになりますと病気がおなおりになりましたので、このお茶を王服茶と云いました。梅干と昆布を入れた大福茶はこれから始まり正月に此茶をのみますと一年中病気をせないと云います。その故事から常にこの僧達手製の茶筌を作り、十三日事始めから大晦日迄、市中を「大福茶筌」と叫んで売りに出ます。茶筌頭巾に白い布で覆面しまして、藁のツトに茶筌に竹串をさし、ツトに十数個つきさし、所望されると、このツトをその人の前へつき出し、随意に取つて貰います。今日空也僧も減じ、希望される家のみ廻つて古風を保存せられていますが、京の歳末風景として続けてほしいものです。この茶筌でたてたお茶を飲むと無病息災と云つています。

義士会　（十二月十四日）

忠臣蔵の芝居から浅野浪士が主人の仇討をした話は有名になり、大石良雄が山科に閑居、撞木町の廓で遊んだとか、京都には浅野（赤穂義士）に関した遺跡や墳墓が沢山にあります。この人達が江戸吉良の邸に討入つたのは十二月十四日と云うので、京都でゆかりのある処では義士会が盛んに行われています。終戦前は小学生が一団となつて参拝、講演会、余興、打入ソバの振舞があつて大賑いでした。近年又復活して来ました。二三を記しますと、

○瑞　光　院　旧堀川通鞍馬口下ル

浅野長政の別邸址に大徳寺普光禅師が寺を建て瑞光院と云いました。赤穂城主長矩の夫人が二世陽甫和尚と俗縁に当りますので赤穂の祈願寺として百石を寄進しました。義士とは一番縁故のある寺で、四十六人の遺髪を埋め、城主長矩を始め四十七士の墓が立並んでいます。

○聖　光　寺　寺町通綾小路下ル

大石良雄と弟の大西坊専貞の二人が生母松樹院の墓を建てました。忠臣蔵の天川屋儀兵衛は

瑞光院義士会

実在していませんが綿屋善右衛門と云う赤穂藩出入の商人をモデルにしたものとの説があり、その墓も、此寺にあります。

○大石神社　東山区山科西野山桜馬場町

昭和十年十二月十三日、大石の棲居址近くに神社を建て大石良雄を祀り、主として吉田大和亟が骨を折りました。同十六年十二月には末社に義人社を建て天野屋利兵衛を祀りました。

○岩　屋　寺　同　町

大石の妻の姉が進藤源四郎の妻になつています。進藤の郷里が此地でありますので進藤の世話で此所に家を建てて住みました。その脇に此寺があつて大石の念持仏の不動尊をまつり義士の木像があります。

○本　妙　寺　東山通仁王門東北角

目賀弥左衛門一族がもっていた義士との書簡が一切此寺のものとなりました。それで境内に義士会館を作り此日展観、新らしい四十七士の木像が出来此館の下の間に並んでいます。墓地には目賀夫妻吉田忠左衛門父子と四人合葬の墓があります。

○西　方　寺　東山通二条下ル

小野寺十内一族の墓がありまして、寺ではこの十内の首を小野寺の下僕が江戸泉岳寺墓地より掘り出し、火葬にし、その遺骨を此寺え埋葬したと云われていますが記録には出ておりません。毎年茶会が催されております。

○上　善　寺　今出川通千本西入

勘平の妻のお軽でなく大石良雄の妾、出版屋二文字屋の娘かじと云うのが世俗お軽だと云っています。此寺にその墓があり、清誉貞林法尼と云います。墓には三つの法名があります。

○椿　　寺　一条通西大路東入ル

天野屋利兵衛を天川屋儀兵衛であるとの説があり、大阪の商人で天野屋理兵衛と云つたのと混同したとも云います。木像、墓があります。

○法住寺　東山区三十三間堂前

大石が山科から辷石越をこして此寺の身代不動尊に仇討を祈願したと云います。

○林昌院　猪熊通五条下ル

小野寺十内妻丹女及び娘梅子の墓があります。丹女は評判の賢婦人でありましたので近くの明徳女学校からもお詣りしています。墓は此寺の向側にあります。

ススハライ

二三十年前迄は初夏の衛生掃除と年末の煤払は必ずやる事にきまっていまして夏は畳も街路へ出して乾したりしますが、冬は畳をたたいてホコリをあをぎ出し、拭き掃除を念入りにやりましたが、敗戦後このスス払をやっている家はなくなりました。然しこれは禁裡でも江戸将軍家でも盛んに行われ御所で文明二年（四八七年前）両御所御煤払い也と「親長記」にあり、日は一定していません。徳川将軍家は廿日にきまっていました処、三代将軍家光の祥月命日に当るので十三日にとりかえたものだそうです。

民間では事始め以後ならいつでも思い思いにやりまして、其前日向三軒両隣へ明日ススハキを致しますと断つて歩きます。煤竹や箒売の男が戸別に歩きました。出入の若人を頼み店のものも女中も家族一同で畳をたたき、其後ろから蓆を棒に巻いたものでドシンドシンとたたき、大団扇で後ろからホコリをあおぎ出します。雑巾掛の時、投げ合いをして女中共とキヤツキヤやるのが若い人達の楽しみで、番頭や主人を胴上げしています。終りますと手伝の人に、銭湯へ行き台所で魚附きの夕食、一本酒がつけば上々。

島原でもこの煤払は年中行事になつており此日は紋日になつていて、芸娼妓仲居等女護ケ島だけに野次馬手伝いがあつたり賑つたそうです。しかし昔の事です。

町ではこの風習は消えかかつていますが、益々盛んなのは本願寺のススハライで、東本願寺は尾張から信者が一団となつて乗り込み両御堂を悦んで骨身惜まず掃除します。日も廿日にきめられており御堂衆や善男善女七十人程が、五百畳の本堂、八百畳の大師堂の広間、先づ仏様に紙張を冠せます。女達は煤竹を両手に一本宛もち一列にならび、合図で敲きもつて前進し、後ろから大団扇であおぎます。長い竿の箒で高い処を掃く、畳のスキマ、柱の間から沢山に賽銭が出てくる数千円あるそうな、正午頃に終了すると法主は玄魚と云う特種な藁草履をはいて出席、仏像の紙帳をとりここに「おススはらい御規式」は終ります。

果の二十日（はてのはつか）――十二月二十日――

私の子供の頃、祖母が十二月廿日の日、街路で遊んで戻ると、「今日は果の二十日え、外へ出る事はなりまへん」と叱られたものですが、何を叱られているのか知らないでしまいました。祖母は明治卅三年に六十九才で亡くなりましたし、其後そんな事を云う人もありませんでした。

陰暦十二月二十日は、一年中の総〆くくりをする日と江戸で云っていました。それが果の二十日となるわけです。商人は店の品の棚卸しをしまして在品調査をしたのですが、これが他人のアラ捜しをする事になり、或る事、ない事をいう悪口を店おろしと云うのもこう云つた事から転じたと云います。役所も此日が御用納めの日、農家も此日で農事が終つた事にします。果の二十日は何もかも此日で其年のザ・エンドにします。牢獄に入れられて、まだ罪名も決定しない人々も此日に取きめられ、今の様に訟訴する事も出来ず、冤罪であろうが間違つていようが、死罪を申渡すと云われればそれ迄で、それ迄の寿命とあきらめるより外に方法はなかつたのでした。京都の獄は古く西洞院椹木町と西ノ京の二ケ所にありましたが宝暦の大火後小川通お池上ルに移り、それが天明八年に焼出され六角通神泉苑の南側に移りました。西牢獄は早くになくなり東牢獄只一つになつていました。此日早朝、六角の牢屋では、正門をあけて門番が「大門開けば西東、皆みん（南）に来た（北）か」と東西南北の意味を含めた文句を云つたそうですが、どう云う意味なんでしょうか。

門前に見に来ている沢山な群集はソリア、出るぞと目を注ぎます。先払の者は「此者は何々の科に依つて、本日唯今より市中引廻しの上、粟田口（又西のお土居）に於てお仕置に処するものなり」と叫びます。囚人は牢獄をこぐりから出る時、口中に銭を含みその小役人が口に手を当てるとこの掌へ、銭をはき出します、その金高の多少により扱いが違うたのだそうで、これは囚人も役人も一切無言でやつたとききます。これを次々とくりかえします。裸馬に乗せられ、菱縄にかけられていますす「徳川政刑史料」これから町廻りに出るのですが、

「先払の非人五人。幟持（手代り共）非人三人。捨札持（手代り共）非人三人。鑓二本（手代り共）谷の者四人。捕り道具二本（手代り共）各の者四人。囚人に附添う非人四人。宰領谷の者二人。宰領小屋頭非人二人。」

非人は乞食ではありません。乞食は貧乏人で又金持になる事も出来ますが、非人階級に入りますと再び普通人の生活を許されません。一生を人交際出来なく、こんな罪人取扱い等で生活せねばなりません。

先払は辻々で此罪状を繰返して読み上げて参ります。道筋は六角牢屋より三条―東へ、油小路を北へ、一条通を西へ、堀川の上に架つている戻橋へ、ここで馬から囚人を降ろし、橋の上で橋の東南詰の花屋から仏花を、東北詰の餅屋から華束餅が与えられ全く仏様扱い、ここで今度生れ替つてくる事が出来れば真人間に戻る様にとわざわざ戻橋（此橋の話は別冊に）迄連れて来るのでした。再び馬に乗せ列を戻して戻橋―一条東へ室町―南へ三条、三条室町の角迄来て東へ行こうとすると三条東洞院上ル尼門跡曇華院から警護の男二人割竹を持ち東行を許さないので此一行は三条を西へ、新町を南下し松原迄下り、この辻で寺町松原上ル浄国寺の住職が待ち受けて一人一人に十念を授けます。これはこの寺の和尚が托鉢で歩いている時引廻しの列に偶然出会い十念を授けてやつた事があつたので以後例になつたもので、この辻を十念ケ辻と云う様になりました。ここで西お土居刑場へ行く連中と分れまして西へ行く連中は松原を西へ、油小路を北へ三条通を西へ、千本を北へ、二条今の太子道を西へ、紙屋川に架る地獄橋（この橋渡れば斬られるので地獄の一丁目と云う意味でしょうか）を渡りお土居の刑所へつき、ここで所断されます。ここは円町西大路の南、山陰線のガードをくぐり小高い石の田畑の見える処だそうです。十念ケ辻で別れて東向いた一行は松原通を東へ、寺町通を北へ、浄国寺前で湯茶をもらい、三条通を東へ、三条大橋西詰で、各罪人の罪状を書いた札を捨てて往来の人に見せます。ここを札の辻とも云いました。三条大橋東詰の壇王法林寺前で最後の湯茶を貰い、粟田口刑場へ来ます。蹴上の水を末期の水として斬首されたものだそうであります。処が、此永い道中の道すがらどうせもう数時間の内に殺されるので、見物の婦女を見れば許婚だとか、親類の女だとか、男女区別なく知らない人々の同行を求めるのです。イヤだと断ると動かないと馬上でわめきたおすので役人共もその人達の同行をうながしたと云います。馬上ですから通筋の二階にいる人が見えます。それで京の家は表通の二階は屋根を低くし虫子にして見られない様にするのだと云い、良家の子女は表戸をしめて、こうした災難をなくしようとしました。ここで始めて祖母の「果の二十日に外へ出るナ」と叱られたわけがわかりました。

冬至　十二月二十二・三日

一年中一番昼の短い九時間四十五分、一番夜の長い十四時間十五分に当るそうです。この日で一年の最後の日と云う見方も出来るので、翌日から一陽来復の時季とも云えます。それで此日を祝い「と」の字のつくものを食べます。唐がらし、豆腐、蕗の苔等々こぢつけて季節物をたべます、こうした冬至を祝いますのは聖武天皇の神亀二年からで天皇は南殿に出御、諸卿から賀表を奉つたと云います。民間では此日柚を入れた風呂に入ると無病息災とか一年中風邪にかからないと云います。これはそんな古い習俗でなく風呂に入る湯治を冬至の語呂にかけ、身体が達者になつたら融通が利くと云う様になり東京の穴八幡社から柚の皮の入つた護符を出しています。このお守を持つていますと融通がきくと云いますがこれも語呂から来たものです。

此日漢方医や、薬種商の者は薬祖神を祭りました。支那の神農、西洋ヒポロテス、我国では大己貴、少彦名命の二神を祀りました。大阪道修町の神農さんは虎の玩具を笹に釣つたものを出し、京都では十一月二・三日二条薬祖神社でお祭をしています。私の祖父は漢方医でしたから此日床の間に神農と大己貴神の対幅を掛け、蜜柑、饅頭を大三宝に盛り供えます。夜祖母の手で孫共、書生、女中等ならび、この供物を撒いて貰い、楽しい日だつた事を思い出します。又此日南瓜を食べると中風にかからないとも云います。

柚子の香の仄かにありぬ仕舞風呂

旧家では「おはぎ」「甘酒」「おしるこ」を食べますが又兵庫県下では「運」を強めると云いまして「ん」の二重音を持つ食物なんきん、れんこん、ぎんなん、にんじん、かんてん、きんかん等を食べるとよいと言います。何れも民間習俗らしい云いならわしです。

餅搗（賃搗屋）

何となく気ぜわしい、もうお正月迄十日余りと云つた頃「エ」「ホ」と前後でかけ声をかけた赤鉢巻の胖天着の男が、太い棒で篭の上にセイロを積み下の口からは割木がどしどし燃え、火種を路上に落しつつ、湯気をたてた篭を二人で舁いで、得意先から得意先きへ小走りにエ、ホと忙がしげに通り過ぎます。市中では、毎日の様に此姿を見たものであります。年々その数も減じ、昭和十五、六年満州事変以来とんと見受けなくなつてしまいました。この賃搗屋は注文主へ先発の者が出かけ台所でこの餅搗の準備に臼に杵、とり水、舟(平たい箱ハンボ)ト り粉等用意し、そこへ篭を舁ぎ込むと早々に餅米を蒸しにかけ、蒸し上るとヤッポンと臼で若人が威勢よく餅搗を始めます。上方落語に「餅搗」と云うのがありまして、死んだ松鶴の話をきいていますと、餅搗を見る様ですが、勿論落語は餅つく金もなく、長屋の近所へ景気よく餅つきをしている音を聞かすので、女房にお尻をまくらし、このお尻をヤッポンと叩いて餅搗の音をさすおかしさで、戦前は禁止落語の一つでしたが、只女房がお尻をまくると云うのがいけないと云つた迄のことでした。餅は家により何升とか思い思いでしたが、普通は幾組かの鏡餅をとり、次に餅をつかみ取して小餅をつくります。或は十二（小さい餅を四ツを三列にならべたもの、歳徳神に供える餅）を作りこれ等をトリ粉にまぶしてハンボーに載せ固まらせます。祝儀をやり、賃搗屋は又竈を舁いで次の得意先へエ、ホと掛け声をして行つてしまいます。昔は臼は木製に限つておりましたが近年石製になり、人力でヤ、ポンと杵でつく様な処わ減じ、自家丈で、又知人が協同して餅搗きしている家もありますが、大方の家庭は賃搗屋、今この名を云はないで餅屋へ何升取の鏡餅を幾重ね、小餅何升とか、ウル餅、粟餅をいくらと注文し、何日迄に持参する様注文します。餅屋は電気杵でドシンドシンと餅を搗きます。歳末の餅搗風俗も機械化して、味のないものになつて来ました。古くは「餅つき餅つき」と呼んで歩き、呼び込まれて、餅搗をしたそうです、家によつては技垂柳に餅をチギつてつけ、餅花と呼び、竈の上に挿し、小さいものは歳徳棚（恵方棚）へ飾る家もあります。東北は此餅花の大きいものを作ります。雑煮には切餅は用いないで丸い小餅を蒸して入れますが近年焼いてスマし雑煮の家が増加しています。

角屋の餅つき　—十二月二十五日—

こうした餅つきの思い出の数々がありますが華かな餅つきは島原廓角屋の餅つきでしょう。

「一目千軒」には　○餅搗の事　餅つきも紋日也これは揚屋のいはふ事也、これも日限不定なり」此本は宝暦七年刊で二百年前の本ですから此頃既に揚屋（お客を遊ばす今のお茶屋）で歳末の祝日にしていた事がわかります。角屋は六条の廓以来の古い揚屋ですから、相当古くから餅つきを行つていた事が知れます。

二十五日午後早々、普段出入の芸妓達二十数人は外出着姿で角屋の暖簾をくぐります（二十数人は此廓の芸妓全部の数であります）ここの台所は二三十畳もある広い台所で沢山な竃で庭の境界になつています。向側は古いよい艶の出ている戸棚と上の方は沢山な神棚で、内玄関（太夫や芸妓其他の人々の出入口）の奥には恵方棚が釣られています。此戸棚の前に赤毛氈を敷き、一般お客は竃側に座ります。芸妓達は人数が少ないので弾手、語手、立方（舞ふ人）を一人であれこれと稽古をしています。それで立方である人が地方へ廻つたり囃方へと全く休む

角屋の餅搗き

間もなく、長唄、常盤津、小唄、清元、浄瑠理等「十二月」「梅の春」「万歳」「梅にも春」「廓の寿」「としま」「末広狩」等々、日頃稽古しているものを着流しのまま踊り唄いまくります。以前太鼓持（幇間）が数人居ました時には裸踊を、この芸妓達の間におりこみ、最後の餅搗にはシャクシ、レンゲ、火バシで囃し、臼の縁をたたいて、男のストリップで思い切つた事をやつたそうで大賑いだつたそうです。此日の来客はこれを眺めております、太夫衆は奥座敷に、打かけを着ないままじーと見ております。一方内玄関の庭では本職の人

角屋　餅搗の余興

々と餅搗を午前中より始めており仲居達や手すきの芸妓達が、餅こねを手伝つております。芸妓達の踊りとは無関係です。午後三時頃には一石二三斗の餅が搗き上ります。最後近くになると三味、皷等を持つた芸妓数人この玄関に集り、三番叟や十二月を弾き餅搗に合し、後には家族の人々が一杵づつ搗き千石万石と祝詞をのべて目出度餅搗は終り、来客一同へは、搗立の餅の入つた善哉の振れ舞があります。こうした色町らしい餅搗は此角屋だけで他のお茶屋ではやつていません、祇園新地でも一力亭でもやつておりません。十数年前迄角屋の親族に当る大阪新町の吉田屋では角屋と同じ様に行はれていたそうです。

太夫が手伝っている写真もありますが、餅こねでも手伝ってくれましようか。

○十二月手まり哥

餅搗にはこの唄がようくうたはれ、京の少女が三味線や舞を稽古すると必ずこの十二月を教はります。この囃子三味線がはなやかなもので寄席や芝居の下座もよく弾きます。祇園甲部京舞井上流では三十二年秋の温習会に舞妓や若手芸妓がこれを舞いました。二上り

へ先づ初春の、暦開けば心地よいぞや、皆ひめ始め、一ツ正月年を重ねた、よはいお客はつい門口で、お礼申や、新造禿はれいのかわらけとり〴〵に、なづな七ぐさ囃子たつれば、心いき〳〵ついおゑびすと、じつと手に手をしめの内とて、内も二階も、羽根や手毬の拍子揃へておともとんとで、ついでもらへば骨正月に、こたへかねつゝいくきさらぎは、もれて流れて、みづはたきぎののふ耻かしや、まやもまつりか初むまそふに、だいてねはんの、くもにかくるる屏風のうちで、とこのひがんか、きくもしやうらいア、よいやよひとゆびてわるじやれにくとふつつり、桃の節供はしほひといふて、ちわのこたつかあしでかいふむ、しゆだうずきこそかうやみえくはさてみづあげの、卯月〳〵ものちにや広々釈迦も御誕生いきもた

へまのとこの練供養、つくによわけの鐘の響は権現まつり、ぬれてしつぼりさみだれ月はとうきやうまさりの幟さほ立まくや茅巻の節供おんたの紋日さけりし長命ぐすり、いくをやらじと、留て答へりやついりんしやうにあいぜんとすずみ祇園のほこ〳〵饅頭、子供じぶんはよいなつかぐらすぎたしるしかいかいてうちんちわう玉子で、せいをつけては皆おはらひや、つける文月、おりにふれてのたなばた客も、娘なかいやくどきとるのかおんどとことよこへてむつちり白きふとももつうをうしなふ萩月さても頼もし、けつきざかりのきをひくちにはおばめい月も、ぐつとつき見りやいざよいきみと又とりかかる。二度めの彼岸、これもじやうぶつとくだつといとしかはいのこへもきく月心せつくや、ちやうですするのが、まめの月とや、まつりしまへば、みなかたはしにのべをきらしてかみなし月は、いのこもちとてこどもおとなのおめいどのあたりを五やも十夜もついてもらへばほんにせいもんばらひや、もちとしもつき、そこがふきやのふいご祭か顔はじやうきのほんにおひたきついしかふしてすすめられつつついしはすれど、おとこおろかやよいことはじめやうきうはきのほうきぎやへこそきたやみなみをはいてまはるが、すすとりのちにくたびれ、ほんのもちつき早節分や、けがれふじやうのやくをはらふて、まめの数とりやつい三百六十、ついた、一二三（ひいふみ）よ。」

此唄の作者は判明していませんが、宝暦年中に出来、仮名手本忠臣蔵の作者竹田出雲が加筆したものだと云はれています。

知恩院御身拭　（十二月二十五日）

東山の名所旧蹟の内、重きをなしているのは浄土宗鎮西派の総本山華頂山知恩院大谷寺であります、大きい御影堂がいかにも荘厳に見えます。ここも両本願寺も同じですが開祖木像をまつっていますのは本廟のつもりなんだそうで、本堂と呼ぶのは違うのだそうです、それで阿弥陀堂が小さくてもよいのだとの事です。

知恩院最大の建物、御影堂の中央に大きい厨子があり、中に法然上人の像を安置しています、この像は国宝勅修法然上人行状絵図第三十七巻。

「武蔵国の御家人桑原左衛門入道が法然上人の御化導により念仏行者となり、報恩の為め上人の真影を写しこの木像を作り、上人自ら開眼をせられ、上人御往生の後は、此像を生身の思いで朝夕に帰依さられ、後これを知恩院に納められたのが本堂の御本尊とせられた。」一のものであります。日頃は毎月二十四、五日御命日に開扉せられていますが毎年十二月二十五日に御身拭法要が行はれています。此日午後一山の僧侶は管長を導師に執事長、宗務部長立合い、華頂、家政学院の生徒も内陣に入り八百二十五畳敷の本堂も一杯の参拝人、読経が一段終ると役僧四人須弥壇の上の厨子へ入り扉をあけ上人の像を台にのせて管長前の荘厳台へ移します。管長は白布で覆面し、用意の白羽二重で木像をくまなく空拭をします、一山の人々の読経はズート続きます。役僧は四畳敷以上と思はれる厨子内を掃除します、拭き終つた木像は役僧の手で元の厨子内に安置し円光や長い帽子を冠むせ、その前に鏡餅其他の供物を三宝にのせて供えます。献茶を管長から捧げ焼香して式は終ります、参詣者に御十念を授けて退出します。

御身拭の羽二重は香染にし法衣商に渡し少さい袈裟に縫い込めて特別信者等に贈られるそうです。此寺では元煤払はしていましたが今の様な御身拭は近年から始めたらしいです。同宗嵯峨清凉寺の御身拭は古くより有名な行事でここは太皷や鉦や誦経でとても賑はしい御身拭ですが知恩院は木魚だけです。京都では本願寺も御身拭を古くから行つております。

八坂神社白朮詣（十二月三十一日）

京の人は氏子の如何に拘はらず大晦日の夜から元日の未明にかけて祇園さんへお詣しこの白朮火を貰ってそれで大福茶、雑煮をたく元火にします。今から五十年程前の白朮詣を記しましよう。

白朮詣は毎年除夜、子の刻より、八坂社頭に焚く篝火を受けて帰えり、元旦雑煮をにる例とするものなるが、今は三十一日の夕刻より既に参詣するものありて群集いわんかたなし。

除夜の祇園（斉藤紫軒）お旅町あたりまで行けば、早鉋屑もて綯いたる火縄を売る、売る者多くは小屋者にて羅宇すげ替か四国詣の早替り、人眼を忍ぶといえば優にやさしきも、昆布の出殻見る如き破れかぶりの頬被り、辻の小陰が電灯柱に身を寄せて吉兆の々々、吉兆の火縄あうまかつた、一本一銭一本一銭。吉兆のと云ふべきを一犬吠えて万犬実を伝り、毎年御旅町より祇園町かけ幾十人の火縄売、皆吉兆の々々といふが如し、四条大橋辺に至れば、火縄売は両側に立並びて声を限りに呼ぶ、往さ来るさに押合い突合ひ雑踏する中を、既に白朮火を取りて帰り途の火縄を持ちたるは河風に振廻して消えなんとする火を煽り立つ、巡査は橋の袂や辻々に制すれども聞かばこそ、振廻しては叱られ、叱られては振廻し、或は帽子に結び附たるが如く、又走馬灯の廻るが如し、押に押れて八坂神社の社頭に至れば、今を出盛の群集、蟻の甘きに寄るが如く、社殿の軒の右側に吊されたる扉のなき大金灯籠の、白朮の篝を火縄にうつさんと、赤き手、白き手、黒き手おのおの縄を振り上げ、投げ入れ投げ入れあせりにあせつて群がり寄る、宛ら数十匹の蛇がうねりうねり、頭を上げて炎を嚙まんとするがの如く、足を踏れて倒れるもの頭髪を焦して遁出すもの、親討たるるも子援けず、子討たるるも子援けず、子討るるも親援けずてふ修羅場を見るかのよう、ここも又階上階下に警官の声を限に制すれど聞かばこそ「押すな押すな、袖がちぎれる」「こら押しちやいかんぞ」「熱い熱い何しやがるんだ、頰ッぺたが焦らア」「オイ其麽に遠くから手を出してもだめだ。女小児や老人は到底寄り付けず、往年は削掛け神事といひたり。

都名所図会に　削り掛の神事は例年元朝寅の刻にして社務福寿院拝殿に於て法施奉らる、其四方には削掛の木、十八所にありて、法楽終りぬればこれに火を転じ、四方へ配し又若水を汲んで奉る、是陰陽和順のしるしとかや、その削がけの火を参詣の人々火縄にうつし家に携帰つて元朝雑煮の焼火とす、是なん其年の厄を免る為なりとぞ。

昔の白朮詣　拾遺都名所図会

世間胸算用　巻四（西鶴）都の祇園に大年の夜、けづりかけの神事として、諸人詣でける、神前のともしび暗うして、互に人貌の見えぬとき、参りの老若男女左右に立ちわかれ、悪口のさまざま云かちに、それはそれは腹かかえる事なり「おのれはな、三ケ月の内に、餅が喉につまつて、鳥辺野へ葬礼するわいやい「おどれは又、人売の請でな、同罪に粟田口へ馬にのつて行くわいやい「おのれの女房はな、元日に気がちごふて子を井戸へはめおるぞ「おのれの父は、町の番太をしたやつじや「おのれのかかは、寺の大黒の果てじや「おのれが伯母は、子おろし屋をしをるわい「おのれが姉は糯せずに味噌買に行つて、道でころびをるわいやい、何れ口がましう何やかやと、取まぜていふ事つきず云々。

年中行事大成巻一に　大晦日子の刻、社前の灯の外委く滅す、暗中に参詣の男女口を放にして、他人の瑕疵を云ふ、仮令、その声をきき、その人を知ると雖も、敢て之を争わず、恨みず、互に放言して言ひ勝てば、その年中利運ありと云ふ。

今はこんな悪口を云う事すらも知らぬ人計りですが、この悪口祭は諸国にありまして、言い勝つ者は其年仕合せに年を送ると云い、河内野崎観音、奥州仙台の「ざつとなー」土佐の佐喜浜の地狂言、常陸国岩間村等にもありました。

今日は十二月二十八日八坂神社で燧火式と云うて、早朝四時権宮司は小穴の沢山ある檜板、これに松の棒の先に山琵琶の尖つたものを付けまして、これを弓で廻し、木と木を摩擦さして浄火を出します。これが中々出ません、この口えホクチを添え、クスボリますと硫黄片木に移し神前の釣灯籠に火をつけ大晦日まで保存します。此日四条堺町角市原箸店より皇室へ納める

以前の吉兆縄売　西楼門内

柳箸の両端を削つたその削りかけを唐櫃に納めて八坂社へ持参します。これに白朮本草綱目などには風塞湿痺死肌痙疸等を癒やし除熱止汗剤で而も長寿の効があると云います、古くは煎じて飲みましたが室町時代以後にはいやな香がして疫神もこの香を恐れたと云う処から燃やした火で雑煮等をたくと疫病にかからないとなつて来ました、この白朮火の煙が東に靡くと近江の国は其年凶作の兆で、西へ向うと丹波の国が凶年になると云いますので、火の廻りの群集が丹波々々と連呼して丹波の方へ向はす様に近江方の人々が努力し丹波の人は近江へやろうとしました。

以前はこの吉兆縄は手に持つたり、竹に結んでたらして売つていましたが、近年これを二万本、神社で用意して希望者に頒布する事にしています。それで四条通での吉兆縄売はなくなつたわけです。神社では元日の祭礼としていますが、三十一日夜になるとこの白朮火貰いに授与していますので大晦日に加えました。火縄に移してからは消える恐れがありますのでクルクル火を廻して持ち帰ります、それが危険だからと行灯に入れた時代もあり、昔の方になつかし味がありました。

除夜の鐘（十二月三十一日）

泣くも笑うも今宵限り、以前は大晦日がこせるとかこせないとか、夜逃げをするとか、大衆はとても多忙な一日を送つたものでした。今迄は品物を現金で求める事は少なく、懸売が一般で旧式の家は半季勘定でしたから此日は早朝より集金に歩き、夜は屋号の提灯を下げ「お事多さん」と得意先を廻りました。支払う方も早く来てくれないと片付かないで困つた位です。集金の方も、待つて下さいのない集金で簡単に埒のあかない処も多いでしよう。夜になるとお正月のこしらえでは、正月は掃除をしません、掃き出すと云う事を嫌うのでした。それでスッカリ掃除が終ると一年最後の入浴。つもごり蕎麦を食べます。その由来はハッキリしていません。蕎麦の様に長寿を祈るとか、ソバ粉は金箔屋が細い金粉を集めるに使用するので金を集める縁起から蕎麦を食べる等云つています。

家によつては徹夜して帳面の整理をしたりあれこれ時を費し、八坂社、北野社、平野社へ斉火を貰いに出かける人、とりわけ八坂社への白朮詣の火縄は大晦日の景物であります。

平野神社　　斉火

その内に十二時近くなると除夜の鐘があちこちの寺院から鳴り響きます。然し市中の寺からは戦争に供出して鐘楼だけ残り、撞きたい鐘のない寺もありますが、東山、西山はラジオにも入ります。妙心寺の黄鐘調とか知恩院、大仏の巨鐘もあり、特に撞き手の希望者の多いのは知恩院の大鐘です。ここは七八人以上の人が引き綱をもって撞きます。鐘の数は百八煩悩を滅すると云います。その百八の数ですが、数珠も百八ケです。

この煩悩を救うてくれられる仏や菩薩が百八尊あるので、除夜の鐘は百八尊の功徳を称讃し、また百八煩悩の迷夢を覚醒するためだと云います。又眼、耳、鼻、舌、身、意の六根に、おのおの好、悪平の三種の不同があり十八の煩悩を生し、色、声、香、味、触、法の六塵にも苦、楽、捨の三受ありこれも十八の煩悩を生じ合い計三十六種、これが又過去、現在、未来にわたつているので三十六の三乗で百八の煩悩となりますと云うわけ。

それは気節の数だと云いまして十二月と二十四気と七十二候との合計百八と云います。

もつとシャレているのは、人間と云うものは此世に生れて四苦八苦するのや、シクは四九三十六、ハックは八九七十二、それを合して百八の煩悩になるやないか。

百八煩悩はこれらの内からお好きなものにして頂きまして大晦日の夜に百七つを撞き、十二時を過ぎ元日の一番に最後の一つを撞いて百八つとするのだといいます「鐘ついて今年え下りる男かな」とはこの事を云つたものでしよう。処が除夜の鐘を撞き切つたら元旦かと云うとなかなかそうでもありません、白朮詣の人々が元日の午前一時や二時でもまだ大晦日のつもりで歩いていてお目出度とは云いません。元日は寅の刻（午前四時）と昔からいいますから大晦日は二十八時間あり元日は二十時間よりない事になります。

表紙写真

八坂神社の白朮火を貰っている人々
（大晦日夜）

昭和三十二年十二月一日　発行

【価　百五十円】

著者　田中緑紅

代表者　鳥居郊善

印刷所　協和印刷株式会社
電⑥三九四・六七二八

京都市東山区東大路松原上ル
安井金比羅宮内

発行所　**京を語る会**
電話⑥五一二七番
振替大阪三七三五五番

《復刻にあたって》

一、本復刻版は、田中喜代様所蔵の原本を使用しました。記して感謝申し上げます。

一、復刻版には、借用した原本の都合で初版と再版が混在しています。また、原本奥付に紙を貼付して新価格を表示している場合もそのまま復刻しました。

一、文中に、人権の見地から不適切な語句・表現・論、また明らかな学問上の誤りがある場合も、歴史的資料の復刻という性質上、そのまま収録しました。

一、表紙の背文字は、原本の表示に基づいて新たに組んだものですが、一部訂正や省略をしました。

緑紅叢書 復刻版

第1回配本（全26冊）

師走の京都〔緑紅叢書8〕

2018年10月31日 発行

揃定価 39,000円+税

発行者 越水 治

発行所 株式会社 三人社

京都市左京区吉田二本松町4 白亜荘

電話075（762）0368

乱丁・落丁はお取替えいたします。

コード ISBN978-4-908976-80-3

セットコードISBN978-4-908976-72-8

緑紅叢書 第九輯

京のお宮めぐり

田中緑紅

はじめに

一、京都に現存しています、元官幣社、府社、郷社を除き、それ等の神社の摂社、末社や村社、無格社、又は寺の鎮守の小祠、町内で祀つているお宮等の話を集めました。

一、手近に古くあるが一向、何の神様かわからないと云つていた社や祠を知つて頂こうと資料を集めました。それだけに、由来の判明せないものが多いです。お気付の点おしらせ下さいます様。

一、稲荷社と天満天神宮は余りに多いので此度は一切記さず、次回に集めたいと思います。何か由緒のある社があればおしらせ願います。

一、同名社も沢山にあります、もつと資料を集めて記録にしたいと思つています。こうした末社、祠に珍らしい祭神があつたり、祇園女御を祀つているのは珍らしい事です。続篇が楽しいと思つています。

昭和三十二年十二月十日

目次

恵方社　中京区御池通大宮西入　神泉苑境内

正月は其年の恵方の方から来ると云っております。正月の神様は歳徳神、又大年神とも云います。表に門松を立てますのは歳徳神をお迎えするしるしであります。決して正月の飾りではありません。恵方は吉方、兄方、明の方とも書きます。恵方は歳徳神の宿る方を指して云いますので干支により決められています。

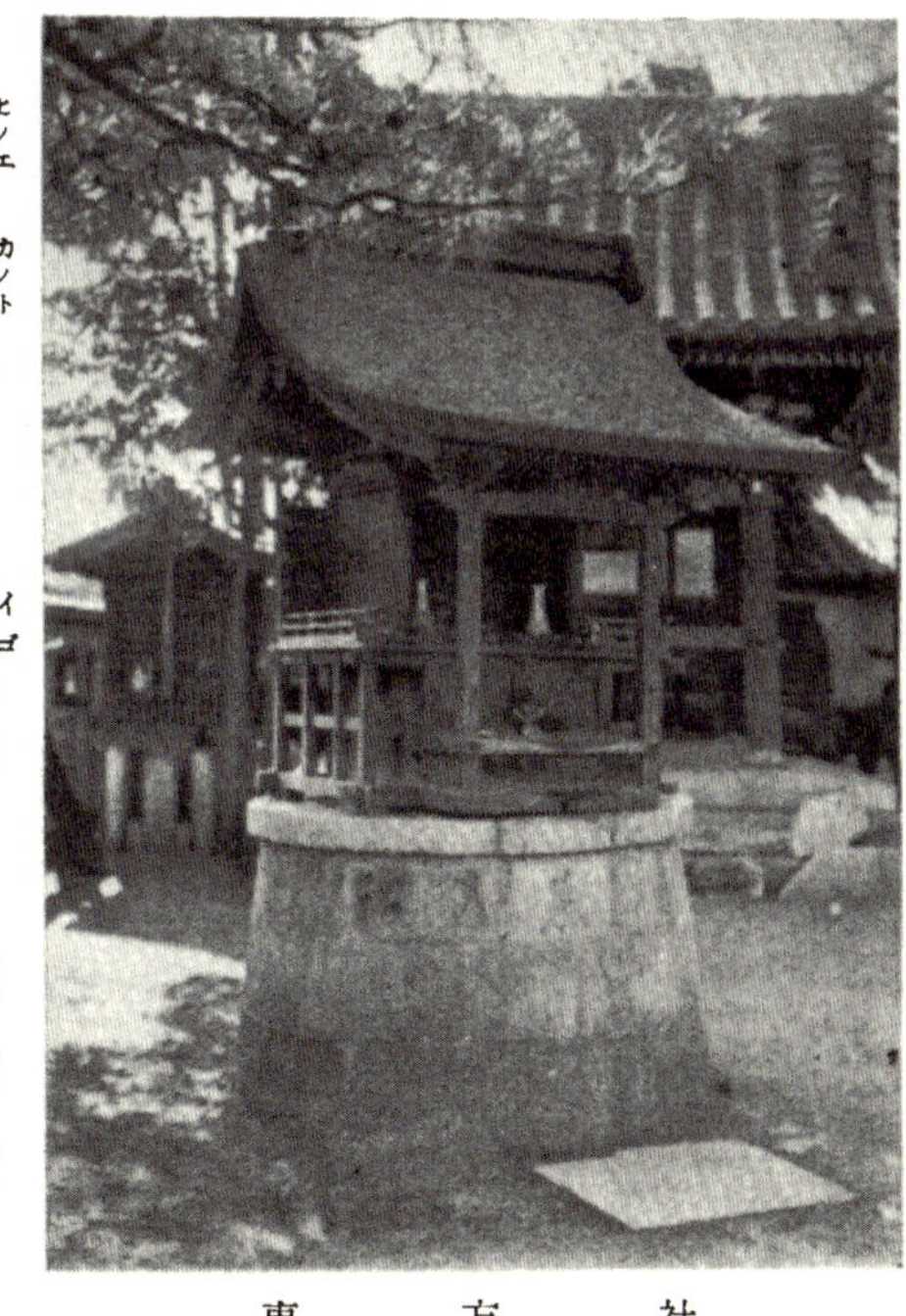

恵方社

甲(キノエ)・己(ツチノト)の年	寅卯(インボ)の間	東北東
乙(キノト)・庚(カノエ)の年	申酉(シンユ)の間	西南西
丙(ヒノエ)・辛(カノト)の年	巳午(イゴ)の間	東南南

丁（ヒノト）・壬（ミヅノエ）の年　亥子（ガイシ）の間　北西北
戊（ツチノエ）・癸（ミヅノト）の年　巳午（イゴ）の間　東南南

今年は戊戌（ボジユツ）の年ですから東南南が恵方に当ります卅四年は己亥（キガイ）年で東北東になります。

古い頃はこんな事は云いませんでしたが徳川時代からシナから伝わり歳徳神と恵方棚や恵方詣りが行われる様になりました。京都で一つの祠で祀られていますす恵方の社はここだけでないかと思います。

神泉苑の西南隅に鐘楼がありまして其前に、円い台石の上に祠があり台石に「恵方社」と彫つてあります。此祠は二人で持ち上ります。珍らしい事に年々大晦日の夜恵方と逆の位置に向を代えます。お詣りする人が恵方に向つて此祠を拝む様になつています。年々お宮の方向の代るのは面白い考え方であり、歳徳神は素盞嗚命の妃櫛稲田姫とも頗梨賽女（はりさいじょ）であるとも云いまして一尺余の美しい極彩色の女神で南山城浄瑠璃寺の吉祥天を思い出す様な木像でありました。

今、此像はない様にきいております。

薬祖神社　中京区二条通室町東入

二条通間之町辺から新町辺迄に薬問屋が軒を並べています。元禄の頃はりまや長右衛門、堺屋嘉兵衛と云う薬種問屋のあつた記録があり烏丸を東入西入に出来ています。安政五年伝染病が流行しました時、隠元禅師が中国から将来せられた中国の薬祖神神農氏を祀り、薬を無料で配布し悪疫を払つた事もあります。明治十七年中尾万三、半井万紹、山村太七等の人々相談し今の地に土地を求め神社を建て大巳貴命　少彦名命、神農氏、西洋のヒポクラテスを薬祖神として祀り、此附近の薬種問屋の人達で銅駄会を作り毎年十一月二、三日薬祖神祭を盛大に行う事にしました。漢薬類を利用した作り物、或は祇園囃子、六斎踊、漫才等の余興で賑い小さい神輿も出来ています。笹につけた錦襴の袋に入つたお札を授与し、両日たえず神楽が舞われています。表紙の写真は此薬祖神祭であります。

冠者殿　下京区四条寺町東入

毎年十月二十日を誓文払と云いまして、特に呉服雑貨を商う店が廉売して賑います。その誓文払の神が此冠者殿です。八坂神社の神輿が並ぶお旅所に二つ神殿があり其西の神殿の西手に

冠者殿祠

祠がありますのが此冠者殿で神名札も出ていないので知らぬ人が多いのも尤もでしよう。素盞嗚男尊が天照大神と誓約された時の御気息（いき）を神格化して祀ると云われ何の事やらわかりませんが、世俗では謡曲「正尊」の話から生れて来たと思つています。義経と兄頼朝の中が不和となり頼朝の臣土佐坊昌俊（正尊）が頼朝の命を受け手兵をつれて義経を討に来京しました。六条の館に居る義経の一党は、こんな事は百も承知、山科へ土佐坊を迎え館へ連れて来て「扨て何の目的で上京して来たか」まさか義経を討ちにとは云えない。主人代参に熊野権現への途上と云い張ります。では神に誓うかと誓文をかかされました。誓文は熊野牛王の裏に書き、これに叛きますと神罰で黒血を吐いて死ぬと云われています。土佐坊は止むなく誓文を書いて許されましたが止むを得なかつたのでした。その夜堀川御所へ夜討をかけました。義経方はそうくるだろうと待つていた処への夜討ですから全員が殺ろされる様な目に会いました。矢張り誓文を破つた罰なんでしょう。その気の毒な昌俊の霊を祀り、芸娼妓は常に客を騙して夫婦約束をしたりしているのでせめて一年一度この昌俊の霊を慰め尚今後の罪ほろぼしを祈り参詣します。商人はかけ引をして儲けているのでハネものや、半切を廉売しますので町の婦人達も大勢でお詣りして此裂類を求めましたのが誓文払の初めだつたと云います。然し誓文払の神社のある京都では恵比須講の方が有名になり、神社のない大阪で誓文払を云つています。此社は古く烏丸松原上ル東側にあり後万寿寺高倉東入に移り、今尚此町を官者殿町と呼んでいます。秀吉の天正十九年多くの社寺と共に市中のものは東の京極其他へ移転しました。其時御旅所も此小祠も共に此地に移りました。

宇賀神社　南区東九条札ノ辻町

此辺一体の氏神で福の神と云われます。神像は白蛇がトグロを巻き、首はシナ式の老人の鬚のある首が載つているお姿で、よく寺の鎮守にある八臂の弁財天の頭の飾りに鳥居が建ちその中に必ずある蛇体が此宇賀神であります。弁財天は水の神であり音楽の神でありますが、後世仏徒が祀る様になつてからこの宇賀神が加わりそれから福の神になられたものです。その宇賀神は保食神の事で稲荷さんです。此社は保食神と脇座に天照皇大神を祀つてあります。大昔金甕を埋めた塚だつたと云いました。応仁乱に焼失し九条家が再興しました。横手に雷を捕えたら石になつたと云う雷石があります。よい森林でしたが近年台風ごとに淋しくなりました。

天神宮社　左京区北白川仕伏町

一般に菅原道真公を祀る天満宮と一緒にして呼んでいる人が多く、天神さんは文字通り天の神様で、道真公の方は天満天神と云わないといけないのです。此北白川天神宮は薬の神様と云う少名彦命を祀り花売女で知られた北白川の氏神で毎年十月廿三日の祭礼には変つた供饌があげられ、神輿、劔鉾が出ます。お宮の創立は大変古く延喜以前と云われ北白川宮が崇敬せられ、鳥居の額は道晃親王の染筆であります。

岩戸妙見宮　北区鷹ケ峰　円成寺境内

法華宗では北斗七星を神格視して妙見として祀っています。或は鎮宅霊符神とも云っています。妙見も二種ありまして能勢妙見は鎧兜の座像で右手の剣を頭上で横にした神像であります。此寺の正面に小い古墳らしいものがありまして周囲に小溝があります。其塚の南部を切り窟が出来ています。此中に高さ六尺石造の妙見さんで脇に七面天女、弁財天女と三体ならんでいます。仁明天皇の承和六年、奥院にあつた天然の岩門に出現せられたのを釈の円行法師が、岩門の後ろの山中に霊巌寺を創立し岩戸妙見宮と崇め勧請しました処、霊験あらたかと賽者が沢山詣つたそうです。寺は亡くなりましたが日任上人此地に円成寺と妙見堂を再興したのであります。

市比売神社　下京区六条通河原町西入

京都が生れた時、千本をはさんで七条上ル辺に東西に方四丁の市場が設けられました。市司といつた役所もありました。延喜年間は大変隆盛だつたそうですが、百七十年程して西市は右京の衰微と共に亡くなつてしまい、東市のみ栄えました。其市の守護神として延暦十四年五月右大臣藤原継綱が市杵島姫命、瀛津姫命、湍津姫の神を祭神として神社を建てましたが、瀛津姫命は御子下照姫命を抱いていられるので四神三座と云われます。俗に市姫明神と云います。応仁乱でなくなり天正十九年正月秀吉の命で今の地に移りました。境内に天真名井（あまのまない）と云う名水があり清和天皇から後鳥羽天皇迄廿七代の間皇子御降誕毎に産湯の中に此水を用いられ、足利義持の生れた時も此水を使用しました。移転と共に井戸もここへ移しました。

神龍社（しんたつのやしろ）　左京区吉田神楽岡町　吉田神社境内

本殿前東の山、二つ目の高い石段の上にある南向の小社、吉田には吉田神道と云う特別な神道があり従二位卜部兼倶を祀ります。此人は吉田神道の開祖で、占を専門にした家柄、節分に数十万の人々の詣る斉場所大元宮が室町吉田家宅内にあつたものを兼倶が此地に文明十六年に移しました。永正八年二月十九日歿しましたので此山上に埋め其上に祠を作りました。後奈良天皇から神竜と名を頂きました。一般に墓所の上にお宮を設けますのは少ない例です。

大黒天堂　左京区松ケ崎町　妙円寺境内

大黒さんと云うと一番有名なのは此松ケ崎の大黒さんでしょう。日英上人の開基の日蓮宗の寺で妙円寺では知られないで、この伝教大師作と云い日蓮上人が開眼されたと云うこの大黒天が有名であります。大黒堂の右に百福堂があり百様の大黒天画像を列べています。大黒天に祈願のものは百願のうち必ず一願は叶うと云われています。京都七福神めぐりの一つです。

神田明神祠　下京区四条通新町西入下ル

西側の民家の狐格子がそれで、ウツカリしているとと通りすぎてしまいます。小祠には東京神田明神の神符が祀られています。天慶二年平の将門は比叡山山頂から京の街を見下して反逆の志をたて、関東へ戻ると八幡大菩薩の御神託を受けたと自ら新皇と云い下総石井郷に王城を築き文武百官を任じ一族を関東の国司に任じました。それで朝廷の方から平貞盛、藤原秀郷を大将として征討軍を出征させ、翌年将門は遂に殺されてしまい、その首をとつて京へ持ち帰り、此辺が空地でありましたので此所に梟しました。凶悪な男でしたので、何かと祟がありまして庶民はいやがりました、空也上人は此事をきき、ここに将門のため供養道場を建てました、これを空也供養道場と云いましたが後世なまつて「こうやく道場」となり膏薬ノ図子といつてい

ましたが近年新釜座町と云うようになりました。以前西側に小丘があり、松があり、将門の首を埋めた塚だと云い二三石があつたそうです。明治三十九年頃人家を建てるのに小丘をこわし、ここにあつた祠もなくなりました。後表側に将門を祀ると云う東京神田明神の祠があつたと云います。今僅かに祀られています。

神田明神祠

垂加社　中京区寺町丸太町下ル　下御霊神社内

朱子学派の儒者（孔子の教えを修めた学者）であつた山崎闇斎、垂加社を開かれ「嗚呼神垂以祈禱為先、冥加以正直為本。」から垂加の語が出たと云います。闇斎は生前より神霊を祀る

新装なつた須賀神社

のが古例だとせられ、親ら霊璽を定めて之を葭屋町の邸に鎮斉せられました。延宝年中、其門下生出雲路信直、これを下御霊社の境内に移し、後猿太彦社の相殿として祀られました。今の宮は文化四年に新造せられました。信直は下御霊社の神官であります。祭日は二月二十二日始めて鎮斉せられた日を用いています。

須賀神社　左京区聖護院東町今の平安神宮内蒼竜楼の東北の方に十一坪程の塚がありますのが、此社の元地で、岡崎神社を東天王、当社を西天王と云い相対していました。

創立は不明ですが一説に近衛天皇の永治二年二月廿一日に生母美福門院の建立せられた歓喜光院の鎮守であつたとも云います。祭神は健速須佐之男命、櫛稲田比売命、久那斗神、八衢比古神八衢比売神の五柱を祀ります。素尊夫妻を縁結び八衢神を道路安全の神として市バスにも此社のお札が見られます。昨年境内を拡め節分は大賑いを呈しています。鎌倉末期元弘二年社殿を吉田神楽岡、日降坂の北側に移されて以来約六百年、近年氏子等の尽力で元のお旅所の地(今の社のある地)に本社を移し大正十三年六月遷座式を行いました。聖護院一帯の氏神で、祭礼には聖護院の町々を通り吉田中大路を、日降坂下に幄舎を設けて式典を行い還幸される事にされています。

出世恵美須社　東山区粟田口　粟田神社境内

本社の艮にある末社で東山十福神の一つ、鯛を持ち左足を岩上に下している恵美須神のお姿、元蹴上一切経谷に祀られていました。牛若丸が奥州へ下る時此社へ参り出世を祈願し、高名をあげたので有名になりました。処が大雨のため谷川が氾濫して此小祠も神体共々三条街道

晴　明　神　社

を流されました。それを拾つた人は青蓮院宮えお届けしました。宮は鎮守の粟田神社境内え祀る様に命じられ、今日に致つております。神像の分身を授与されています。

晴明神社　上京区西堀川通一条上ル

狐が報恩の為め女房となり保名の間に生れた童子丸が成長して安倍晴明となり、朝廷に仕官して陰陽博士となりました。昔から豪い人は只婦人の腹から生れたでは面白くないので、異状出産を考え釈尊は右の脇下から、又樹の股とか光明皇后は鹿の腹から又幽霊飴の話は墓の中から生れた等例は沢山にあります。晴明は此地に住み、近くの戻橋も此人に関係が深い伝説があ

福　長　神　社

ります。九尾の狐が印度中国の王をだまし日本へ来て玉藻前となり天皇を悩ましましたがそれが狐と見現わしたのも此晴明でありま す。寛弘二年九月二十六日八十五才で歿しましたので、九月廿六日を祭日としています。神宝に尊智法眼筆の晴明朝臣の画像がありま す。此晴明の家系は土御門家でありまして、代々天文星占の家元で、後、西七条に移り一月にジジバイ講を行う梅林寺が其菩提寺であります。葭屋町通の晴明宅址を神社にしました。今祭神は此晴明と倉稲魂命となつていま す。

福長神社　上京区室町通武者小路下ル

井戸水の有難い事を知つていた頃からさえ忘れられた井水の神で、水道になつた今日、とんとお詣りもありません。始め一条猪熊に座摩巫祭神五座（生井神、福井神、綱長井神、波比伎神、阿須波神）が祀らていましたが、天正十五年豊公が聚楽邸築造に際し、此五座の内福井、綱長井の二坐を合祀し、其二字をとつて福長大明神と号し今の地に遷されました。

太古　諾冊二神多くの神を生み、その神々に万物を掌るべき職を分ち授けられました。其中で、生井、福井、綱長井の三柱の神は井水神として吾々の飲料を守護して頂く我国唯一無二の水神であります。六十代醍醐天皇延喜式を修せられました時、神祇祀典の制度を明らかにせられ、特に朝廷の記録に載せられる神社三千百三十二座あり、其祭神に依て大中小の別を立て奉幣の数を定められました。当社は中祀に属し奉斉の儀式を最も厳重に行われましたが、時世が変りますと報本反始の観念も衰え、此祠も気の毒になつてしまいました。

野々宮神社　右京区嵯峨野々宮町

能に野宮があり黒木鳥居小柴垣の作り物が出され、それが簡素で趣きがあると云いまして、趣向に用いられる事もあります。大分明るくなり社の前に社務所が建ちましたが以前から名物

嵯峨野々宮神社

嵯峨竹の竹藪の中に淋しく建てられた感じのよいお宮であります。祭神は天照皇大神只一柱で創立は古かろうと云うだけでわかっていません。垂仁天皇の時代に伊勢に大廟を建てられ、それに奉仕する斉宮（いつきのみや）の内親王の潔斉所と定められた所であります。斉宮は崇神天皇六年に第一の皇女豊鍬入姫をして、天照皇大神を倭の笠縫邑に祀らしめられ、垂仁天皇の二十五年に伊勢の今の地に遷し倭姫命を伊勢斉宮にせられ御杖代と云いましたのが最初であります。斉宮の地はよく変りました。そして斉宮は天皇が新らしく即位の度に卜定せられ三年間程京にいて潔斉せられそれから伊勢へ行かれました。その潔

斉所を野宮として伊勢皇大宮を祀りました。斉宮の皇女は七十四代後醍醐天皇第三皇女祥子内親王で終りました。

玉津島神社

下京区松原通烏丸西入

藤原俊成が此町に住んでおり文治二年十一月勅旨を奉じて、稚日女命、息長帯日女命、衣通郎女を勧請し社殿を作りました。ここに和歌所を設置しまして和歌の家元の様な汐梅、応仁乱で全滅しましたが其後裔に当る冷泉家より神社の再興をしました。処が附近の家も一向に建ちません、此前の通が平安朝の五条通りです。周囲は草原で参道も消へますので東西へ松並木を植えて参道をはっきりさせました。その松が三四間の高さになり四条辺からもよく見えました。五条へ行く人が松原へ行くと云い出しましてそれが呼名となり五条通の名が消えて松原通が出来ました。その名の由縁は此玉津島神社から起つた事になります。此社の神官に古典学者俳人で有名な北村季吟がおりまして、ここで次嶺経(つぎねふ)なる地誌を刊行し源氏物語の湖月抄を出して人に知られました。

日吉社（捨山王）　東山区祇園八坂神社境内

本社裏東の方にある末社、祭神は素尊三世の孫大山咋神、七世の孫大国主命、分魂大物主神の三柱を祀り、鎮座は不明でありますが古い社で、室町期の境内図には正門石鳥居の西辺に記されています。白川法皇が悩まれた三不如意の一つ比叡山の僧兵が、日吉社の神輿を舁いで朝廷へ強請に来、いれられないと神輿をそのまま打捨てて引上げてしまいますので、役所も困つて諸所の神社で祀つてもらう事にしました。当社も其一つで神輿振と云いましたが、神様もヒドイ目に会わされた事です。

住吉神社　下京区大宮五条下ル西入南側

京都にはあちこちに住吉社があります。摂津の本社は海の神、航海安全の神として表筒男命底筒男命を祀りここも此神を祀つています。京都では和歌の神として祀ります。近年迄中堂寺村の氏神としていました。今も此界隈の鎮守で、島原遊廓も鎮守とし、其西出口に此分社を作り住吉社お旅所としています。毎年九月二十八日が祭礼で神輿渡御の外に島原廓の女将太夫芸妓酌婦等が参加し、種々な扮装して練物をします。古く番附が出来た位盛大でしたが今では面影を残すだけになりました。

大將軍神社　東山区三条通東大路西入下ル

桓武天皇平安京を作られた時京の四方に大将軍社を作り皇城守護と云われていました。祭神は素尊で相殿に藤原兼家を祀つています。老樹が残り田舎の感じのするお宮です。

柳山明神祠　東山区山科四宮泉川町

仁明天皇の第四皇子四品弾正尹人康親王を祀つた小祠であります。此親王は天安二年二十八歳の時、両眼共に盲目になられ、翌貞観元年五月出家入道せられ法性と改め山科に住われました。此方が第四皇子であつたので四宮様と呼び、それが地名となつてしまいました。琵琶がお好きで又中々名手でした。一般盲人を哀み官を与へたり、長屋を建てて住わせたりしました。それで盲人達は大変四宮を徳にしていましたが貞観十四年五月五日四十二歳でなくなられました。其墓は四宮の建てた十禅寺の（今の十禅寺より東三丁にあつたと云います）傍に建て此祠を作り柳山明神と云い人康親王を祀りました。明治初年近くの諸羽神社に合祀してしまいましたが、元地に其小祠がありましたので土地の人が再び祀つたのが此祠であります。

岩神祠　上京区上立売浄福寺東入北側

明治の末迄西陣で一番大きい劇場は岩神座で、尾上松之助もここに出ていました。処が其横に六尺大の巨岩があり神と祀り岩神様と崇つていました。芝居のものは此岩神様を大切にせなかつた為、岩神座は追々衰微してなくなり工場となつてしまいました。此巨岩は寛永年間岩上通六角下ルに移されようとしましたが巌が大きくて動かなかつたので岩だけその地へ残しまし

岩神祠

た。処が中和門院ノ御所に持つて行つて御池の辺に据えられました処、帰りたい帰りたいと泣いたり怪異がありましたので北御門へ放り出されました。寛永七年運乗院と云う祈禱僧が、貰い受け今の地に寺を建て有乳山岩神寺と称へ、岩神祠を祀つていました。此岩はリンガ形をしておりまして婦人の乳のない人には乳を授け、乳の余る人には預つて貰われると云うので昔から有名でありました。一時工場内にとり入れられて一般人が詣れませんでしたがコンクリート建の寄宿舎の一部を改造し上立売通に参詣道を作り誰れでも詣れる様にされました。

宮道神社　東山区　山科勧修寺

千九十九年前天安元年の話、九月内大臣藤原高藤が山科栗栖野へ鷹狩にやつて来ました。申の刻（四時）俄に雨風となり幸い一軒の家を見付け、軒の下へ馬を止め雨宿をしていましたが、雨は止みそうにありません。この家は宇治郡の大領宮道弥益の館でありました。身分のありそうな若人であるので招じ入れ歓待してその夜は泊る事になりました。此家に列子(たま)と云う十四五の可愛いい娘がありまして、何くれと世話をしました。楽しい一夜を過した高藤は翌日別れる時腰の太刀を記念に残し再会を約して去りました。高藤は初めて知つた列子の事が忘れられず、父の内舎人良門に打あけて頼みましたが許してくれず、其上狩に出る事も許されませんでした。数年後父は病死しました。もう外出も自由なので喪があけると早速、この栗栖野の宮道の家を訪ねました。列子は美しい女になつており高藤の訪問を心から喜んでくれました、父弥益も「先年お泊り下さいまして又来ると仰有つたのを信じてお待ち申しました。今日久々おこし下さいまして喜しく存じます。娘の悦はありません、娘はその節懐妊し無事安産しました。無事に育つたこの女子を御覧下さい」と、高藤も娘の出来ているのには驚いた事でしょう。早速この母子を迎えて戻り列子を正妻にしました。娘は胤子と呼び寛平五年一月二十二日宇多天皇の女御となり醍醐天皇始め四人の皇子を生み、三十九歳で薨去、追尊皇太后、大亀谷街道の小野陵へ葬りました。その宮道の家の址は勧修寺となりましたが、ここに宮道家の遠祖日本武尊其子稚武王の二神を奉祀して宮道家の氏神としました。村上天皇の天暦年中宮道弥益、その娘列子、其母大宅氏の三柱を併祀して五座としました。其後霊元天皇の寛文五年当社再建の時藤原高藤、藤原定方、贈皇太后胤子を合祀して宮道二所明神と云いました。只今は僅かに小祠があるだけですが、其二所明神の古額は、後西天皇の宸翰であります。

還来（もとろぎ）神社　右京区西院艮町　春日神社境内

本社の左手、草鞋が沢山にくくりつけてある東向の末社で、祭神は淳和天皇皇后正子内親王と相殿に贈皇太后藤原旅子、同橘嘉智子の三柱。此地は元淳和院の一部で、本社の西手に西院宮として淳和天皇を祀ってあり、正子皇后は還来神社として祀られています。還来神社と云うと以前の人は近江途中にある同名社の事を思い出し、同祭神と思っている人が多く、私もそう思っていた一人です。そして此春日社に祀られている事を知りませんでした。同名社で関係は

西院還来神社

深いのですが社名はたわいのないものです。途中のは贈太政大臣藤原百川の女旅子（桓武天皇皇后にして淳和天皇の生母）が途中村の竜華荘に住われ後、吾子淳和院に隠居されてこの西院で薨去せられ「余が出生の近江の国比良南麓に梛の大樹がある其下に葬る様」御遺命がありましたので、生れ故郷へお帰えりになつたので其まゝ還来社と名付けたと云います。平治の乱に源義朝が敗走の途ここの社前に武運長久を祈願し白羽鳴鏑の箭と馬の尾に附けてあつた鈴をとつて奉納しました。其後武士が鈴を献じて戦地へ行つても無事に戻られる様、又兵隊にとられても無事に戻れる様それが兵隊に行かなくてすむ様にと徴兵避忌の神とされ、戦争中随分参詣者があり鈴は美事に拝殿に釣られています。西院の方は一寸話が違いまして、貞観十六年四月十九日淳和院が出火しました。皇后は火難を松院（西院寺の内町附近にあつた松下院又は松井寺の事であろう）へ避難されました。処が皇后の御殿洞裏院は焼失をまぬがれましたので二十七日に御殿へ無事お還りになりました。これによつて還つて来られた。還来になつた迄であります。ここは近江の様な兵隊除祈願はそんなにありませんでしたが、旅行に出るものが無事に戻れます様、戦争中は無事凱旋出来ます様祈禱をして貰い、草鞋を奉納しました。余り沢山の奉納で年二回程古く穢れたのを焼いてしまいました。社前に石がありましてこれを撫でて無事還る様におがみました。梛石と云いましたが撫石になりました。又社前に梛木があります。「神木梛木は葉厚く竪に筋あり此の葉を所持すれば災難を遁る。守袋に納め、女人鏡の下に敷けば即ち夫婦の中睦まじくなり、梛は凪にして海上の風波の鎮る事を云う」と神社では云つています。恐らく近江の方の梛から来た話でありましょう。

北向蛭子社　東山区祇園　八坂神社境内

末社乍ら社は祇園造の重要文化財であります。神仏共に北向にはせないもので、例外北向にする時は何かゆわれをつけています。詣る人も北向社は御利益が多いと云つています。元、大丸呉服店が大変信仰し、大丸蛭子と云つた事もあります。祭神は事代主命で恵美須、蛭子、夷子、戎等とかき、似て非な解説がつけられています。元々航海安全、漁師の守り神でありましたのが福の神にされてしまいました。福の神を盗むと幸福が来るとの悪い俗信がありますが、この蛭子神が有名になると、秘かに御神像を盗んだものがあります。フトそれを知つた神主は早速新造して祀りました。盗んで行つた男は自宅で祀つたのですが、幸福どころか悪い事が次々に起つて来まして大弱り、これは蛭子神を盗んだ神罰に違いないと夜ソーと還えしに行きました。神主は新旧二体になつている事を知つて驚きました。古書に神像二体ありとあります。処が今日では信仰者が一体を祀り、此社は一体になられているそうです。

久我神社　北区紫竹下竹殿町

大徳寺の北東四五丁、森の中の小社でありますが延喜式の古い社であり昔は余程大きい神社であつたそうでこの前の通りを大宮通と云う様になつたと云います。

祭神は上賀茂神の祖父、賀茂健角身命（たてつのみ）と申し、神武天皇が日向より大和へ向い敗戦後南海に廻り熊野路より密林を越す時頭八咫烏（やたからす）になつて神武天皇軍を導いたと云われます。その後山城の地をひらき丹波で伊賀古夜（いがこや）姫を娶り玉依彦命、玉依姫命が生れました。此辺は太古久我国北山と云つていました。戦争中は鳥になつて飛んだ神だから飛行の神、飛行機の神として参詣者もあつたそうです。此神と玉依姫命とは下鴨御祖（みおや）神社の神として祀られ、上賀茂神社は玉依姫の子別雷（わけいかづち）命を祀つていられ、此附近一体は賀茂族の根拠とせられていた事がわかります。

金札宮　伏見区鷹匠町

珍らしい名前のお宮です、大変古くから祀られていまして太玉（ふとたま）命、天照大神、倉稲魂（うがのみたま）命の三柱を祀ります。天照大神の伊勢内宮、倉稲魂命が稲荷神として知られていますが太玉命は大幣物を司る神で、忌部氏の始祖、天孫降臨に同行して来られた神です。

孝謙天皇の天平勝宝四年、伏見久米の里に老翁が白菊を作つています。何人かときますと「太玉命の顕現である稲穂がたわわに実るのを悦び、歳久しく秋毎に菊を楽しみ、若し旱魃で稲の枯れる様な事があれば白菊の露をそそいでやろう」手にした白菊を振ると美しい清水が滝々

金　札　宮

と流れ出ました。この白菊の露一滴でもかかると福運立処に至り家運長えにつづくと云うので天皇に申し上げると「金札白菊大明神」と宸翰を賜わり里人協力して社殿を建てました。清和天皇橘良基に詔して白菊翁の神徳を感じ、伏見久米の庄で新らしく神社を建てて、太玉命を祀り、天皇親ら金札の神号を下賜せられました。それが社名になり金札宮と呼ぶ様になりました。謡曲「金札」にもなつています。

清和天皇以来金松氏が神職をつとめ、八百余年後三郎宗広覚如上人より慈誨を受け存覚上人に従い真宗僧となり空性坊了源と称し久米寺を建てて金札宮の神宮寺としました。其後変遷あり、今の地に喜運寺が建ち慶長二年此境内に金札宮を再建しました。此附近四十六ケ町の氏神として九月十五日の祭には十歳未満の子供が烏帽子袍袴の服装でお供をし八乙女や猿田彦神天鈿女命の姿をしたものも加わり神輿渡御をし境内は大賑いです。

赤山神社　右京区山ノ内赤山町　右京区山ノ内宮脇町　山王神社境内

比叡山延暦寺の鎮守として東に阪本の日吉神社、西に修学院赤山禅院があります。延暦寺開基伝教大師の生母が三条紙屋川の西に棲居せられていましたので、伝教大師も再三ここを訪ねられ此地を寺の物として延暦寺の飛地境内としました。延暦寺を山門と呼びましたその山門の境内、即ち山ノ内村と云う様になりました。中畑町には畳一枚位の巨岩を大師坐禅石と云い伝え今に存しています。ここの近くに大師は赤山明神(しゃくぜん)（泰山府君）を勧請してお宮を建てて祀りました。それでその地を赤山町と云いました明治十一年村の鎮守である山王社境内に移しました。いかにも山門の山ノ内らしい話でした。

雨神社　左京区岡崎東天王町　岡崎神社境内

元鹿ケ谷如意嶽奥山、池ノ地蔵の畔にあつた小祠で祭神大山祇命外四座、岡崎神社境外末社で雨乞祈願の神で岡崎粟田口聖護院の百姓がお詣りしました。如意寺があつた頃の鎮守で竜王社宮と云つたのが此祠との説もあります。山の上でお詣に不自由なので明治四十二年一月廿一日神岡崎神社境内東北に移し、鳥居、石灯篭、本殿のある独立社であります。近年旱魃もなく、雨雨乞の話もききません。

厳島神社

上京区御所御苑内　元九条邸池畔

平清盛は安芸宮島を崇敬しておりましたので兵庫福原へ遷都の時築島へ其分霊を移し相殿に

厳　島　神　社

清盛の母、祇園女御を祀りました。足利十二代義晴将軍が鞍馬口後藤邸に滞在中、築島より此神社と共に鳥居をここに移しました。後明和八年三月後藤玄乗の時、内大臣九条道前、幕府に懇望して御苑内の邸内拾翠池の岬に移しました。此鳥居は唐破風で、他に見られない京都の三珍鳥居の一つであります。今では九条邸は亡くなり只此祠と建物一つが池畔に残されています。

岩本社　東山区大和大路松原上ル　恵美須神社境内

本殿前北側に並ぶ末社の一つで南向、祭神は美男代表の在原業平の像を祀つてあります。此祠は昔六波羅密寺の東北の方にあつた阿仏屋敷に祀られていたものと云います。鎌倉時代の「十六夜日記」の著者藤原為相の母阿仏尼が住んでいた屋敷で、此女為家の後妻となり代々歌人の家であるので業平朝臣を祀つたのかと思われます。此屋敷の主が転々としお宮の守が出来ない処から近くの恵美須神社へ持ち込んだものでしようが、業平祠は珍らしいかと思います。

崇道神社　左京区上高野西明寺町

此辺の鎮守で若狭街道に面していますから八瀬大原行のバスは此表を通つています。こんもりした森の中のいかにも鎮守らしいお宮です。祭神は早良親王一柱、此方は光仁天皇の皇子で桓武天皇の皇太子でありましたが、政治の事から敵が出来、桓武天皇は皇太子を廃して淡路へ流そうとしました。それを非常に怨んで自殺せられました。其後朝廷に災難が続きましたので、それを早良親王荒魂の祟と恐れ、追尊崇道天皇とし其霊を祀りました。上御霊、下御霊にも此方を祀り、この上高野にも祀つたもので、その天皇名をとつて社号としました。御霊と名のつく神社は不幸な目で亡くなり其怨魂が総ゆるものに祟ると信じられて神として祀り、其霊を慰さめるのが目的の社です。

処が此社は、此宮の後ろ山から慶長八年に石棺が出まして小野毛人(エミシ)の墓だとわかり、銅の墓誌が出ました。この人は天武天皇の功臣小野妹子の子で其銅板に丁丑と年号があり天平九年だろうと云われています。墓誌として我国では珍らしいもので重要美術になり京都博物館に保管せられ、此話が出ると此社の名が出ると云うので有名なのです。

車折(クルマザキ)神社　右京区嵯峨朝日町

嵯峨で著名な神社で五月に御舟祭が大堰川で催されて年中行事の大物となつています。祭神は文学者清原頼業(よりなり)で、実は此人の墓の上に社殿が建つています。此地は元、隣りに今もある宝寿院境内で清原氏舟橋家の菩提所でこの墓丈残し寺と分離して車折社と称えています。天武天皇第三皇子舎人親王の後胤双岡大臣夏野の後裔でありまして、碩学で大外記明経博士、高倉天皇の侍講で、九条月輪関白の信用厚く朝章典故の事に通じた大学者でありました。早くから祀られていました。後嵯峨、亀山両天皇のどちらかの話なんですが、此社の前を車で通過せられた時、車が動かなくなり降りて其傍の石に休憩せられたので此石を車先石と云いました。車先―車前―車析と転じこの析が折となつたまま社名となり車折をクルマサキとは読めないのを読んでいる事になります。処が文学の神ならばよくわかりますのに此神は金が集まる様、此社前の小石を一つ持ち帰り祈願をかけると金が集り御礼に小石を一つ添えて帰す事になつておりまして「丑年の男、債券五千円が当ります様に」「株式会社××屋、掛金五百万円うまく回収出来ます様に」「昭和四十年迄に百万円貯まります様」「何某に貸した二千円が返つて来ます様に」「一千万円融資を頼みます」等々記され、参詣人も多い様です。これは祭神ヨリナリをヨルナリと勝手に解釈して、貸した金が返つてくると云う信仰になつたもので又古くは瘧の神様とて小石祈願したとも云われます。何れにしても祭神は迷惑な願ばかりでウンザリしていられましょう。此社は古く桜の宮と呼ばれた事もあり、桜樹も沢山に植えられています。富岡鉄斎画伯若かりし頃此社の社司をつとめており、福禄寿を祀つて七福神の寿老神と福禄寿とは同じ南極星を祀るのであるからどちらか一つを祀り六福神でよいとの説を唱えた事もあります。此社におつた時太秦広隆寺の牛祭の中絶を、自分で寄附金を集めて復活に努力し今の牛祭が出来る様になりました。

大政所御旅所　下京区烏丸通高辻上ル東側

天延二年六月（九八三年前）感神院政所として創立せられ、祇園社と同神を祀りました。一町四方の大きいお旅所で、別当を大善院と云いました。醍醐三宝院に属し修験者がお守りしていました。円融天皇の頃助正と云うもの此所に住んでいましたが夢で神託を蒙り、祇園の神がここへ来られました。翌朝調べますと後園に大蜘蛛が倒れて糸をひいています。その糸をたぐつて行

大政所御旅所

きますと祇園社へ通じていました。この事を天皇に申し上げお許を得て六月七日ここをお旅所としまして祇園の神輿を迎えました。その蜘蛛を埋めた蜘蛛塚が永くありました。明治になると此大善院も廃寺になりお旅所は早く天正十九年四条寺町東入へ移り其址に神明宮がありました。明治七年民有地となり僅かに此小祠だけが、昔のお旅所の所在を残しています。

疫　神　社　東山区祇園　八坂神社境内

四条通の東の突当り、西の楼門を潜つた真正面の末社、石の鳥居に社名の額がかからないで疫神社と彫つてあります。祭神は蘇民将来。以前小堀四条上ル西側にありまして今東山通になつています。蘇民将来社と云つていましたのを疫神社と改め此所へ移しました。八坂社祭神素盞鳴尊を牛頭天王、武塔天神と称しました。この武塔天神が南海神（みなみのわたつみのかみ）の女を婚（よばい）に出で坐した時日没となり疲れた足をひきづりとある金持らしい家小田県守（巨旦将来）を見付けて宿泊を頼みましたが断わられました。止むなく次に見つけた見るからに貧乏らしい佐味県守（蘇民将来）を尋ねまた処心よく迎えられ粟柄の座で、粟飯（あわから）を饗応しました。巨旦は蘇民の弟だつたそうでした。翌朝尊は「大変お世話になつた、近く疫病が流行するだろう。その時茅で輪をつ

疫神社と茅の輪

くつて腰の上につけ蘇民将来の子孫と云えば必ず疫病を免れる」と教えられました。果して疫病のため巨旦将来の家は全滅です。蘇民将来の家族は尊の教を守り一人も病気にかかりませんでした。それで素尊を祀つて疫病にかからない様祈願する様になり全国に素尊を祀る様になりました。夏越祓に茅輪をかけるのも此話から起つた事です。処が教つた蘇民将来が、いつの間にやら疫神となつてしまいましたが、これは気の毒な事で、この神を信仰して疫病にかからない様にと云うので一月十九日の例祭日はこの鳥居に茅の輪をかけ、これを潜ると其年疫病にかからないと云われています。神札授与所で粟粥を授けられていました。

俊成祠　下京区烏丸通松原下ル東側

烏丸通を京都駅へ走る。松原をすぎると左側の土蔵の前に南向で入口が西向の無名の祠が見えるのが此俊成の祠であります。藤原俊成は有名な歌人で、松原通烏丸東入町に住居があつたので此町を俊成町と云います。其由縁により町内で祠を建てて祀りました。元東北の民家の表から案内を乞い台所庭を通つて庭園の南端にありました。一時町内にお守する人もなく、前の因幡薬師堂え神体を預けてあつた時代もあつたそうです。いつ頃祀られたのかわかりません。

俊成祠御神像

神体は板に描いた公卿姿でありましたが、後に五寸位の衣冠束帯の小像を作り板絵の前に置いてあります。俊成は通称五条三位と云いまして王朝歌風の集大成、千載集をつくり後、勅選集に入つた四百首もありました。定家の親で、松原の西町にも住み歌神玉津島神社をこしらえました。元久元年十一月三十日九十歳で亡くなり、墓は東福寺の南二丁、光明院の墓地の中涅槃図を書いた兆殿司の墓の処にあります。

椿大神　北区一条通紙屋川西入　椿寺境内

本堂前に小さい祠があつて三つにしきり中央が椿大神、右が鎮守豊川稲荷、左が弁財天を祀つてあります。椿大神は以前、本堂裏此寺の名木五色椿の大木の傍に此祠がありましたが先年の颱風でペチャンコとなり本堂前へ新造されました。此五色椿（散椿）は加藤清正が朝鮮から持帰り秀吉に贈りました。秀吉が北野で大茶会を開きました時、此寺の茶室（瑞雲庵）を濃茶席として秀吉も出ました。その後も度々訪れ、寺の住職道清和尚の乞を入れこの盆栽の散椿を此寺に与え庭に植えましたのが今の様な大木になりました。それで寺では此木の守護神として太閤の木像を祀り椿大神と云つて徳としています。此椿の葉のお守りが授与せられ、毎日一葉を煎じて飲み、翌日はその上に一葉を加えて煎じます。下の病や痔によく効くと云われ信者が多くあると云います。此椿は白紅縞縁取薄紅等に咲き分け、散る時も首からポタリと落ちないで花弁が一枚々々散るのも変つております。地蔵院が本名ですが皆椿寺と呼んでいます。「京社寺俗称」の表紙参照。

寛算社　上京区北野馬喰町　北野神社末社

北野神社本殿北裏に摂社老松社があり、其西に末社が並んでいます。其東端に此社がありま す。神社の神名帳には、祭神（菅原道真）にゆかりのある人とある丈で、どうして祀つたか神職の若い人は知らぬとの事でした。菅公が築紫に左遷せられている時、安楽寺の寛算和尚は大変菅公を徳として師事しました。菅公が天拝山へ上つて天の神に雷神にしてほしいと祈願を込め、屢く願念かない雷神となつて遙か京の空へ走り、仇敵藤原時平の館の上でガラガラとやり出しました。築紫の寛算和尚は此事を知つて菅公お一人では心もとないと、自分も雷神になろうと祈願してこれも雷神となつて菅公雷の応援をしました。二つの雷に襲はれて時平方は誰れもかれも変死し、仇討をとげたと云います。そうした事から祭神とされたものらしいです。

道祖神社　下京区新町通松原下ル西側

道祖神社　下京区油小路通三哲下ル

国土神、猿太彦神と天鈿女命の夫婦神を祀ります。大納言道綱の子が僧となり道命阿闍梨と唱えました。処が此阿闍梨は破戒僧で色好みです。和泉式部のもとへ毎日通いました。今日も式部のもとで楽しい一時を過して戻り、それから仏前で誦経をし未明になつて眠ろうとしていますと何者かがいる様です。誰れかとききますと「私は五条西洞院近くにいる翁であります。今夜は結構なお経をきかせて頂きまして有難とう御座いました。世々忘れる事では御座いません」と、道命は、「法華経は毎夜読んでいるそれに今夜に限りそんな事を仰有るのは変ではありませんか」「そうです。貴僧が精進潔斉して誦経せられている時はいつも梵天や帝釈天やいろいろの仏様がおききになつておいでになりますので吾々は近よれませんでした。処が今夜は貴僧は潔斉もなさいませんでしたので仏様達は来られませんでしたのでゆつくりと聴聞させて頂きました」と云いました。この話は「宇治拾遺物語」にありますから古い話であります。この翁を祀つているのが新町松原の道祖神であります。十年程前迄は此松原角に花びしやと云う小間物屋があり、その裏の狭い空地（四坪半）にこの祠がありました。古くから町内で祀られ、「家人は恐い神様で、よくどつかへ出られます」と云います。「出られますと云うのはどうしておわかりですか」と尋ねますと「台所の走りもとで用事をしていますと何もせないのに跪まづきます。その時がお出ましかお帰へりの時です」と聞きました。道祖神社として古くから祀られ、昔は広大な境内だつたといいます。又道途（かどで）の社とも云います。明治十七年町内でよう祀らないので三哲不動堂の道祇神え神霊を移してしまいました。そしてここは一時廃社としましたが、よくある例で神霊は移しましたが、祠は残つていたので、又此家でお祀りをつづける事になりました、それで二ケ所で祀つているわけです。

不動堂（地名）油小路三哲下ル方の社は宇多天皇が此辺に亭子院御所を作られその鎮守として祀られたと社伝にあります。其後再三の火災で興亡がありましたが天正十九年此地に移されました。其後朝廷の崇敬厚く孝明天皇文久三年四月石清水行幸の際、金幣を奉納せられていま す。御神体は俗に云う天狗とお多福の古面だとききます。五月十一日の祭日に神輿が、合祠の元地新町松原へ神幸しましたが現在は行つていない様です。新町通が疎開で広がりました時、道路に祠が出てしまいまして松原通が新町通に変りました。

美御前社　東山区　八坂神社本殿東側

文化文政頃方除十二社めぐりの十二番に此社の名が出ています。此時巡回地図や、其縁起の小冊が出版せられています。「洛陽十二社霊験記」によりますと神祇拾遺、神社啓蒙等に祭神は三女神で田心姫神（京上臈）湍津島神（岐御前）市杵島姫神（小上臈）を祀っています。「この女神達は天照大神と素盞烏尊と誓をなし給う時に天照大神素盞烏尊の剣を取嚙て三女神を吹出し給う其種は尊の物故に尊の子神とする。此時尊は大神の八坂瓊紫玉を取含みて五男神を吹生したまう其種は大神の物ゆえに大神の子神とする。三女五男の神は尊の荒振り給えりし御心も直り給い大神の御心も和らぎ給い誓をなし給う時に生れまし給える故に和合、愛敬を守り給うなり依て右八神の中なる女神三座をもつて美御前と称号して祝い祭りたるならむ婦女子の事一切の幸福をいのり同く方位安全に万事に人愛を得べき事を願うべく」と記されています。名前が美御前と云う処から疱瘡除の参詣者が多く（今の人は疱瘡とはどんな病気か知らないですが体全体に水疱が出来その瘡蓋が落ちると其跡に小さい穴があくので女は特に顔にミツチャが出来ては嫁入口もないのでこの疱瘡は極度にいやがられ、疱瘡除の手段はいろいろに講じられました）近年は草鞋を奉納して中風が癒ります様にとお詣りする人があり草鞋が奉納せられています。昭和二十八年以来東山十福神めぐりの一つとして毎年一月九日十日には三千人からのお詣りがあります。

はん女祠

繁昌神社

下京区高辻通室町西入

昔、高辻室町のほとりに長門前司と云う有福な人が住んでいました。はんと云う娘がありました。気の毒にとんだ醜婦で養子の来てがありません。幼な友達は皆嫁入つてもはんには縁談がありません。金持ですからそれを目当な養子もはんの顔を見て逃げ出します。その内に娘は廿七になりました。此頃は早婚時代ですからはんはすつかり憂欝になりました。親は可愛想で身分家柄は問わないからと婿捜しをしましたが折角きまつた話が結婚式に綿帽子をとつたトタンに花婿が逃げ出します。はんは悲観して邸内の池へ投身自殺しました。親は歎いて鳥辺野へ立派な葬式をしてやりました。棺を舁いでいる人達はフト棺が軽いのに気がつきました。古い

祠　女　半

本に「あやしくて、あけて見るに、いかにもいかにも露ものなかりけり」蓋をとると死体がありません、こりあ変だと捜しに戻りますと妻戸口に死体は伏せつてありました。再び棺に入れて行きますと又も軽くなつています。調べると死体がない。戻つて見ると妻戸口に落ちています。娘は自分の醜さから家を離れともながつているに違いありません。親は池の中島に葬る事にしました。そうして其上に塚を築き岩をのせました。其後いろいろな怪異がありましたので祠をつくり半女の社と称し気の毒なはん女の霊をなぐさめたと云います。

処がこの祠の前を通る縁事は悉く不縁になり

ます。それから此神は縁切祈願となりました。天正年中東山佐女牛八幡（今の若宮八幡宮）境内に移しましたが奇瑞があつて元の地へ戻しました（山城名勝誌第四）。此地は画家狩野家の所有となり狩野栄川の持地と書かれています。それが寺となつて功徳院と云い真言宗の僧がこの塚を守り別に鎮守として繁昌神社を建てました。田心姫命、端津姫命、市杵島姫命を祀り俗に弁財天と呼んでいました。（此三女神は八坂の美御前、又宗像神社も社名は違つても同神を祀つているのです）明治初年神仏分離の時寺はなくなり繁昌神社は半女祠より東に建てられ町内の守護神となりました。五月二十日の祭礼は町内に造り物や生花陳列等があり祭の行列も出ます。昔は夜子の刻（〇時）に神輿を若者の手で舁ぎ出します。愈出御の時「褌をとりなさい」と宰領は声をかけます。若い衆はストリップでワイショ、ワイショと舁ぎ出します。男を知らないで死んだはん女の霊を慰めたと云います。ユカシイ風習もお上のお叱りで止めになりましたが、祭礼は夜分に近くの町々を廻つたと云います。

表紙写真
二条
薬祖神社祭日

昭和三十三年一月一日 発行

〔価 三百円〕

著者 田中緑紅

代表者 鳥居郊善

印刷所 協和印刷株式会社
電⑥三九四四・六七二八

京都市東山区東大路松原上ル
安井金比羅宮内

発行所 京を語る会
電話⑥五一二七番
振替大阪三七三五五番

緑紅叢書

第一輯　町々の伝説　その一　百二十円
第二輯　京社寺俗称　百五十円
第三輯　祇園会余聞　百五十円
第四輯　京の送火　大文字　百二十円
第五輯　京　の　怪　談　百三十円
第六輯　京の町名のいわれ　百三十円
第七輯　京の京の大仏っぁん　百三十円
第八輯　師走の京都　百五十円
第九輯　京のお宮めぐり　百三十円

写真集　なつかしい京都　八百円

《復刻にあたって》

一、本復刻版は、田中喜代様所蔵の原本を使用しました。記して感謝申し上げます。

一、復刻版には、借用した原本の都合で初版と再版が混在しています。また、原本奥付に紙を貼付して新価格を表示している場合もそのまま復刻しました。

一、文中に、人権の見地から不適切な語句・表現・論、また明らかな学問上の誤りがある場合も、歴史的資料の復刻という性質上、そのまま収録しました。

一、表紙の背文字は、原本の表示に基づいて新たに組んだものですが、一部訂正や省略をしました。

緑紅叢書　復刻版

第1回配本（全26冊）

京のお宮めぐり その一〔緑紅叢書9〕

2018年10月31日　発行

揃定価　39，000円＋税

発行者　越水　治

発行所　株式会社　三人社

京都市左京区吉田二本松町4　白亜荘

電話075（762）0368

乱丁・落丁はお取替えいたします。

コード　ISBN978-4-908976-81-0

セットコードISBN978-4-908976-72-8

緑紅叢書 第十輯

京の話 あれこれ

その一

田中緑紅

はじめに

一、古く諸雑誌に寄稿しましたものから、京に関係ある物を集めてみました。

一、時代が違うので訂正したい処もないではありませんが、追記をかいておきましたのでわかつて頂けようかと思います。

一、写真は適宜挿入しましたので、掲載誌のものと違つております。

一、『半兵衛老人昔語』に「鯉山」の話があり、『心中は御法度』に「殺ろされたお半長」があり本双書第一輯「町々の伝説」と重複しましたが御了承願います。

一、もつと挿入したい写真がありますが、それが見付かりませんので、見付かつたものだけにしておきました。

昭和三十三年一月二十日

目次

京にある崇徳廟

春四月京都は祇園廓の都踊で花が咲き出す（敗戦後、歌舞練場をダンスホールに貸したので都踊が開催出来なかつた）この歌舞練場は元建仁寺塔頭福聚院の址で四千三百坪近くの広大な土地である。

この一等席待合室の裏に小高い丘があつて、その上に小さい五輪塔があり阿波内侍の墓と云つている。その少し東南に土塀に囲はれた一廓があり、其中に石垣に囲はれた中に「崇徳帝廟」の石柱が立つている。狐格子の開き戸があつて、其横の永い竹筒には供花がいつも見受けられる。僅かな土地だが官有地になつており、皇室には何等関係もない土地ではあるが、十年程前にとりこぼつて売却の話が出た、仮りにも天皇の廟と云つて崇拝されているものをと世論厳しく取止めになつた事もある。此地は元、観勝寺の境内であつて、光堂光明院とも云ひ、蓮華光院門跡に属していた。

ここには藤原鎌足が、此地景を愛して紫の藤を植え家門の隆盛を祈られたので、藤はここの名所となり藤寺又は花の寺と云つた。崇徳天皇は藤花を愛されたので屢々行幸された。或時白衣の童子が忽然と現われ、此藤の花は大職冠鎌足の植えられたものの由を教えられた。天皇はここに殿舎を営み寵妃阿波内侍（知足院公種の女）を居住せしめ絶えず通われていた。処が保元の乱によつて崇徳上皇は讃岐国松山に遷幸されて讃岐院と申された、だが阿波内侍はお供出来ず、御所に残つて朝夕讃岐のお上の御身を打案じていた。其後讃岐より形身にせよと、御自筆の尊影並に御随身二人の像と共に画いて内侍に贈られた、又松山で書写せられた五部の大乗経に御製一首

浜千鳥あとは都に通ふとも
　身は松山に音をのみそなく

を添えられ都の内に収めん事を仁和寺宮を通じて上奏せられたが、小納言信西が、若し呪咀の御心もあらんとざんしたので、この御経は送り返えされてしまつた。讃岐院は大変お怒になり十八万六千の魔王の棟梁となつて天下を朕がはからいになさんとお誓になり、御指の血しほを

今に残る崇徳廟

染めさせ給いて一の御願文を認め給い彼の大乗経の筥に「奉納竜宮城」と記し堆途と云ふ海底に打沈め給ふた処忽ち海上に燐火燃出童子波上に舞踏したのを御覧になつて所願成就せりと宣い給い、其後は爪髪を延びるがままになし、人間らしい事は一切断ち六年の後長寛二年八月廿六日（太陽暦九月廿一日）四十六才で崩じられた。その遺骸をどう所置してよいかわからないので野沢井池に沈めて京え伺いをたて二十数日後白峰で火葬し其地を陵とすることになつた。これが白峰陵である。

その後、尊霊がこの地に現われ、夜な夜な光を放つたというので京の町の人々は恐れてここに光堂を建て其御霊をお慰め申し上げた。阿波内侍は上皇崩御を悲しみ、剃髪して仏種尼と改め、其遺髪を請いここに埋めて廟としてあけくれ奉仕した。だがこれは一に上皇かたみの衣服を埋めて塚を築かれ廟とせられ、密に祀られたものと思われる。そうして自分も花藤御廟に隣りした地に葬られたのであろう。其後百年、亀山院の御宇大円法師と云う密家の碩徳修練の行者があつた。ここに彼の霊光を見て、御所に参籠し趺跏持念した。夜おそく崇徳帝尊体を現したまひ、勅して御所に来縁ある事を示宜し給うた。大円法師深く此義を感じ、奏聞して勅語を蒙り文永年中御所に寺を建てて勧勝寺光明院と称し、崇徳上皇の尊霊を祀られて大円住職となつた。それから四百余年、度々の兵火等にて何もかも焼滅しただ古址のみが残つていた。元禄八年、洛西花園の東安井村にあつた蓮華光院を此地に移され旧事を慕ひ、新に讃岐国象頭山から金比羅宮を模し、殿舎美事に出来、再び藤の名所として知られた。

本殿には中央に崇徳院、左金比羅大権現、右源三位頼政を祀り、額には「崇徳天皇」とあり安井の金比羅とて毎月十日は終日群集に賑い、京洛群参神の巨擘であつたと記されている、其頃の図を見ると本社の前には絵馬堂御輿蔵、神楽所があり、本殿につづいて能楽殿、それより小川を渡ると準提堂が東向、其前に通う権現妙見宮、瑜伽権現の小堂等があちこちにあり、池の中には弁天祠、其北に御影堂、毘沙門堂があり、稲荷祠、三社、天満宮も見え、相当立派な境内であつた事が知られる。此前東一体は月見町を隔てて真葛ケ原東山に連り景勝の地である。

明治になつて神仏分離となり寺仏像一切は北嵯峨大覚寺門跡へ移され、其址は小学校が建てられて安井校といつた。金比羅宮はそのまま残り、表通は東山大路となつて電車が敷け、この石鳥居の柱は四角であつて珍らしい。今日では祭神は崇徳天皇、大物主神、頼政の三柱となし安井神社と改称し現存している。今では一部の人には安井の金比羅様で知られ、余り水に縁のない京都であるから船頭のお詣りは知らないが、酒、女、賭博の三道楽を断禁する誓を立てて祈願するものも多くそうした小絵馬が沢山に見受られる。

女房以外の女　三年断ちます

禁酒一年間

花カルタと賽に錠をおろし心とかいて何年禁等、虫のよい祈願をしている。神社の周囲は待合（京都では席貸しと云ふ）が多く、雇仲居と云う芸者まがいの女が出没し、祇園廓に接続している特種な一劃をなしている。

この安井神社の北一丁に、崇徳廟が残つており此廟にあつた光堂も、其前の万寿山蓮乗寺も址かたもなく、万寿小路の名だけが残り日夜艶つぽい女が出入りしている。（廿四・十二・三）

高松の荒井とみ三氏主筆の「讃岐叢書」第三巻一号—昭和廿五年一月一日発行、に寄稿したもので、安井神社は今安井金比羅宮と改称している。

半兵衛老人昔語り

敗戦時迄全国に町会が出来ていました。その町会の先駆となつたのが京都の公同組合でありました。昭和十五年岡崎公会堂で六大都市の助役や専門家がこの公同組合を研究に来て、そして出来たのが町会隣組でありました。昭和十五年八月一日、この組合から「公同」と云う機関誌が生れ、其一、二号にこの「半兵衛老人昔語り」を送りました。同年十一月に二号が生れると、この公同組合解散、町会発足となり翌十六年四月三号を出して公同の結末をつけ、この話も二回だけになりました。

四方の山も新緑一色に塗りつぶされた初夏の午後、北大路で電車を降りると衣笠山一体にかけ、田圃ばかりであつた淋しい処が僅かな間に家又家が建てられ町を作るようになつてしまつた。然し、何と言つても立樹も多く、実にノンビリとした閑静な住宅地である。近々ここへ移つたと云う半兵衛老人の新居を捜すのに少々汗ばんだ頃、前栽に鋏を入れている半兵衛老人の

特徴のある禿頭が見えた。声をかけると、

「ヨオー、珍客だね、すぐわかつたかい。サアサアお這入り、オーイ婆さんや、珍らしいお客だ。」

と気持よく迎え入れてくれた。

半兵衛老人は七十を過ぎても中々元気、京の中心地帯に生れ、代々二百余年間同じ町に近年まで住み、生ッ粋の京都ッ子であり、殊に若いときからの世話好きで種々の会に関係し、学区の功労者で生き字引とまで言われた人であつたが、息子さんが立派に其の家業をつがれてから は公私の職を断つて、斯う

鯉　山

した静かな処に別居した許り。京の話は云ふ迄もなく、どんなことでも知っていると云う愉快な老人である。

「御新居のお祝ひがてら又お話を伺いたいと思って参りました。いつもお元気で結構に存じます。」

「お蔭で体は相変らず元気だよ。それに少々落ちついて来たので、好きな本など引っぱり出したりあちこちのお宮やお寺を訪ねるのを、何よりの楽しみとしている。チト一緒に出かけないかい。」

「結構です、是非お伴をさして頂きたいと思います。時にもう祇園祭も近づいてきましたが……」

「困ったネ、祇園祭と云うのはないよ。あれは祇園会と言って貰はないといけない、祇園御霊会と言うのを略して祇園会と云ったのだから祭ではない。」

「へーえ。お祭と違うのですか。」

「似た様なものだから祭として見るのも差支えはないが其の根本問題にふれると御霊会と祭は

少し違ふ。今そんなことを云うても通らない世の中になつたのだから、どうでもよいがと云えばまあ、それ迄だよ。」

「そんなんですかね、あれは八坂神社の祭の様で、神社に関係がないらしいですが妙ですね。」

「山鉾の行列は氏子のやる私祭で、夜の神輿渡御が神社の祭礼と思えば間違いはない。」

「いつも思うのですが、山鉾町の人々は氏子とは云え豪い犠牲を払つているのじやありませんか。」

「その通りだよ。こんな事でも放任しておくと山鉾も動けなくなつてしまうよ。何しろ今では八坂神社の氏子の祭と云うより京都市全体の祭の様なものだから、僅かな修繕費の補助だけではなく、もつとも巨額な補助をしてやらなくてはいけないよ。その意味に於て昔は寄町が地の口と云つて補助する制度が氏子へ割当てられておつた等、昔の人は考えがよかつたのだね。」

「地の口と云うのは何ですか。」

「地の口と云うのは、例えば函谷鉾には寄町として室町高辻下ル高辻町、寺町四条下ル貞安前町、高倉松原上ル葛籠屋町等々の町が補助金を交付する習慣になつており、それ等の町が山鉾巡行の道順だと茶を出したり接待をする事になつていた。明治になつて此の制度はなくなつたが、少くとも山鉾町以外の氏子各町はそれぞれ多少共入費を負担するか、人物の補助をすればよいと思う。」

「御尤もですね。今御言葉で財団法人にして数ケ所の地の口が其の一部に加担してゆく様にでもなれば、まだ山鉾巡行は継続性があることでせうね。」

「ソリヤ良い考えだ！　山鉾町一ケ町だけが法人組織になるより一層よい方法だろうと思う。何と言つても現代人に感じられないことかも知れないが、公同組織なんかと云つていない古い時代に氏子であるため、他町の山鉾に対し補助しておつた事はよい話じやないか。よい話と云うと清廉潔白が反つて争いとなり、その解決が鯉山となつたと云う伝説を知つているかネ。」

「ヘーエ、清廉潔白が喧嘩になりますか、面白い話ですね。いまでも正直に真面目に町内のために働いて、反つて変な方にとつてしまつて正直者を困らしている話もないことはありませんがね。」

「そんなのがあるかね、やはり……、困つた連中だね。その点鯉山の由来なんかチト薬にしてやるとよいね。それはこんな話なんだ。」

と老人は言葉をきつて、思ひ出した様に四辺を見廻し乍ら、

「――オイオイ婆さんや、話に身が入つてお茶を入れるのも忘れているよ、早く持つておいで……なに、いないのかい、こりや驚いた。婆さん使に出ているらしい。イヤ一寸待つて下さい。」

老人はヒョクヒョクと台所の方え廻つたらしい。庭には飛燕草や小町草が赤、白、紫の色とりどりに咲き乱れて、スキートピーの薫りが風に送られてくる。周辺はシーンとしていかにも長閑である。

まだ蟬の声には遠いが山手には何やら聞えてくる。ウットリと庭を眺めていると両手にお茶盆と鉄瓶をもつて半兵衛老人が戻つてきた。

「ヤアー、失礼したな、まあ菓子でも喰つてゆつくり話してゆきなさい。その内に婆さんも戻つて来ようから。」

「どうもお手数をかけて済みません。お差支えなければゆつくりお話を承り度いと存じます。」

老人が勧めてくれた羊羹を頂き乍ら、暫くは家族の話などに興じていたが、

「では一つ鯉山の由来をお願いします。」

と元の話に戻すと、老人はしばらく古い出来事でも想い出す様に考えこんでいたが、

「それでは始めよう。まあ、固い話ではない、童話の様なものだからそのつもりで……」

と前置きしてから次の様に語り出した。

「現在の室町六角下ル所が鯉山の出る町である。この町にずっと古い昔のこと、露路に住っている大層正直な独り者があった。すぐその近くに其の長屋の大家さんの家があった。この大家と言うのが又大へん曲ったことの嫌いな男で、よく借家人の家を訪ねては親切に面倒をみていた。或る時、この大家はその正直な独り者の宅の入口で話しこんでいたとき『近年にない馬鹿を見てナ』と云い出した。それは所用あって大津えゆき、渡し舟に乗り湖水に出たとき、懐中していた手拭を出そうとしてどうしたはずみか先程受取ったばかりの小判を湖中え落してしまった。早速人を頼んで捜してみたがわからない。で、大家は――これは自分に授からなかったものだろうから――と諦めて戻ってきたが、「人様に云うのも馬鹿げた話でナ。詰らぬ目に遭ったものだよ」と云うのである。「それは酷い御災難でしたナ」と話し合ってから二、三日し

て、この独り者が大津から売りに来た川魚屋から鯉を一尾買い求めた。夕飯の御馳走にと料理をしていると、ナント、その腹の中から小判がとび出してきた。コレは不思議だ、先日大家さんが湖水で落したと云う小判がこれであるかも知れない。これはよい物が手に入つた、早速お返しして大家さんを喜ばせようと、料理もそのままに大家の宅え出かけていつた。」

「ナント正直な男ではないかい。」

と半兵衛老人はここで感心した様に考えこみ乍ら、もう冷えかかつた緑茶を一息ぐつと飲み干すと、

「それからが大変なんだ。この男は大家に会い、『お話の小判はこれではありませんか、お返しに上りました』と云うと、『成る程私の落した小判らしい、然しこの話はチット可笑しいじやないか。第一私はもう湖水え落したものなんだから二度と手に戻ろうとは思つていない。あんたは鯉を買つた、ところがその腹からこの小判が出てきた。しかしだね、あんたが買つた鯉の中から何が出ようとそれは皆あんたのものじやないかネ、だからそれはあんたが持つてお帰り』と。どうだね、この大家も豪い男じやないか。今時こんな人物はいない、ところがこの独

り者もそのまま帰ろうとはしない。仮令買つた鯉の中から出たものであつても、あなたのものと知れているこの小判をどうして私が持つて帰れますか、是非お返し申しますと頑張る。大家は受取らぬと云う。遂にこの争いは上役人え訴え出た。役人もよく調べてみると双方共に私慾を離れた美しい心の持主であることが知れた。そして相変らずその小判を返すと云い、受取らぬと云う。長屋の独り住いの男、気前のよい大家、流石に役人も感心してこの美しい争いは後世迄も美談として残したい。就いては双方共小判を受取らないのだから、幸い同町に住いしている彫刻の名人左甚五郎に頼み、その金で鯉を彫らせ、それをこの町内より祇園会に鯉山として出すことにしたらと云うので両人を褒め讃えて目出度く此の事件は解決した。どうだね、伝説とは言え美しい話ではないかね。」

と老人は語り終つてもう一度感心するのだつた。

「面白いお話を伺いました。子供達に聞かせてもよい話ですね。大家と店子(たなこ)の間が此の両人の様だと問題は起らないわけですね。」

「さうだよ、こうした風に大家と店子の間が互譲精神の下に、然も理解し合つてゆく事が何より大切なことで、それが軈て一町内の団結を計る基をなすもので、その顕著な例として山鉾町の各位の努力を認めることが出来る。山鉾町は経費の上からも、人の手のいることから云つても大変なことで、神事であるからとの信念の下に町内打ち揃つて少くとも一週間、長きは半ケ月余もこの仕事に奏仕することになつている。テンポの早くなつた今日、こうした時間をとられることは金の問題以上に考えさせられる問題で、いかに一人や二人努力家があつても出来得る仕事ではない。別して党派的に無茶を押し通したり金力で同志を作り反対すべく反対する様なことは一町内としては特に留意すべきことで、公同の精神に副はない厭なことである。思想的にも人物教養の上にもこうした悪が目立つてくる傾向のあるのは嘆かはしいことだと云はねばならぬ。」

「御説の通りだに思います。そこで京都の公同組合と云うものが全国的になり、事変となつて各都市に町会が生れる様になり、それが中々京都の公同組合のように良くゆかないと聞きますが、何によつて京都の公同組織がうまく行つているのでしようか。何か理由でもあるのでしたらお伺いしたいと存じますが……。」

「チリチリチリン」

「おや電話だネ、一寸失礼しますヨ。」

と半兵衛老人は電話口に出て行つた。

「ハイハイ、そうで御座います。何、ハイハイ、お居でになつております。お呼びしましようか、一寸お待ち下さい。」

と私宅よりの電話であつた。急用で戻れとの事で折角の話も中途で打ち切つて老人と別れて戻る事になつた。

「折角、ゆつくりお話を伺いたいと思つておりましたが、突然の用事で誠に失礼しました、又どうかおよせ下さいまし。」

「ホントにお愛想のない事でした、それに婆さんも戻らず折角遠方へ来て頂いてすまんことです、いつでもお話しにお越して下さい。」

と親切に云われて辞去した。(下略)

×　　×

鳩と忌明塔

八幡さんに鳩がいる。それが石清水を始め、どこの八幡宮にも鳩がいる。一般に鳩は八幡さんの御使だと云つている。然し何故鳩が使われるかと云うと判然と教えてくれない。

石清水八幡宮の鎮座されている山を鳩ケ峰と云う。これにも八幡宮の使者たる鳩が多く居るから云うのだ(菟芸泥赴)と云う丈けである。鳩は幡と訓通する処から云つたものとか、八幡のは゜と鳩のは゜と語呂が通ずるから出来たものとも云われ、八幡宮の紋所は双鳩を用いる処が多く、文治五年源頼朝が藤原泰衡を征伐した時軍旗に鳩を描かした事も八幡宮へは鳩の土焼を奉納する各地の習慣も、皆同じ所から生れた事である。とりわけ石清水八幡宮参道傍の店頭には楠木製の鳩を売る。寝付きの悪い子供、又は食事が咽喉に通るまじないに用いる。これは楠木正成が此山へ多数の楠木を献納して植えた処から、此山には楠木が多い。現に神応寺境内の大楠は天然記念物になつており美事な大樹である。それで特に楠木製のものを製つたものである。

こうしても一つ判然とせないまま八幡宮と鳩を結びつけたので、今では離す事の出来ないものになり、八幡宮を軍神としての崇拝から、戦争が起ると、さしも沢山な鳩共が大変少なくなつてしまう。これは皆戦場へ出て皇軍を援助するのであると一方では云われている。

石清水にある大五輪塔

処が誠に面白い伝説があつて、神功皇后が三韓征伐の時御出産の御子を地に埋めたまま出征された。凱旋の後弓開（ゆみあき）（斉明）と云い、八幡の「いみあきの塔」（山下の頓宮から蟇目の滝へ行く処に大形の五輪塔がある）へ参詣する事になつた。（京都民俗誌）と云う。鳩が御子を育てると云う事は多くの八幡宮に虫八幡とかの別名のもとに子供生育守護の信仰が沢山ある。これは応神天皇御誕生伝説から生れた信仰であるが、鳩が御育て申し上げた話は仲々味のある話である。

そこで此話にある八幡の忌明塔であるが、最近重要美術品に認定され、鎌倉時代の作で実にドッシリした五輪の大塔で高さ二丈もあろうか、今「航海記念大石塔」と札が立ち高倉天皇の御子摂津尼が崎の某が入唐交易の帰航中暴風雨に出会い石清水八幡宮に祈つて無事に戻り承安年間にこれを寄進したと云うが此大五輪に一字も文字がなく、土地では古くから「忌明塔」と呼ばれ八幡の人は忌明に此塔にお詣りする風習である。或は産後の斉明と死後の忌明と話が一つになつて晩年死後の忌明丈残されたものではなかろうか、ここに「八幡宮と五輪塔」と云う事が何か昔から深い意味があつたものではなかろうかと思われるのである。兵庫県美方郡温泉町（湯村温泉）の鎮守八幡宮の境内に石を積み重ねた三重の塔の様なものがあり、社務所から五輪塔の印を捺してくれる。八幡宮と塔の由来を聞くと「此所は石清水八幡宮の分霊を祀つたもので、其石清水にある五輪塔を写したものであるが、入費が嵩むので塔であればよいと云うのであの寄石塔が出来たので塔と八幡様とは由縁の深いものだそうです」と云つていた。そして土俗にこの前へ箸を渡し自分の疣を「疣渡れ疣渡れ」と云うと疣がとれると信じられている。又大阪堺市の東百舌鳥八幡宮の右手に光明院と云う寺がある。神仏合体時の末寺であつた。元放生川の辺に一本石の五輪塔があり神功皇后三韓御征伐に御因縁深い塔であつて、いくら直立に建てても必ず斜に倒れる。其頂上（空）の処を頭となし、これを撫で頭痛祈願を込めると必ず快愉した。これが今此光明寺本堂東に小堂を建てた中にあり昔からは頭痛除のお守札を出し此中には五輪塔を刷つて入れてある。僅か二つの例ではあるが永年の間に何か忘れられた話があつて深い原因がわからないままに八幡様と五輪塔が残されたものではなかろうか、そうするとこの忌明塔も重要な物となつて来る。

これは京阪電車から毎月刊行されていたパンフレット「京阪」の昭和十四年十一月一日刊四巻五号が石清水八幡号を特輯するから、八幡さんの神使と云われる鳩との関係を書いてほしいと依頼せられたが、枚数も少く、資料を集める事が出来ず、反つて五輪塔の民俗の方が面白かつた。

八坂塔と庚申堂

庚申信仰は関東地方には頗る多いが、一般に関西には少ない、古い京都にも僅か二箇所丈が人に知られていたが其一つ粟田の庚申堂は移転してから僅かにその存在が知られているにすぎない。今一つは東京浅草の庚申堂（現在せず）大阪天王寺庚申堂と共に、日本の庚申堂の一と云われる八坂の庚申堂である。これは近頃お寺らしくなつているが、永らく荒廃のままであつた。何分古くから有名でもあるから古来種々研究せられていようと思つていた処、寺にも其詳しい縁起も伝わらず、住職からあべこべに何かわかりませんかとの事で、それから種々の古書を捜したが成る程八坂庚申堂の文献すら見当らないものが多い。漸くに――八坂庚申堂は、大黒山金剛寺と云い、寺伝では文武天皇大宝元年正月七日庚申の日に毫範僧都、天夢によりお祭りしたとある事丈がわかつた。本章は聖徳太子御作の青面金剛、脇士に大黒天、及び聖徳太子を安置してある、庚申の三足猿の木彫があり、入口の屋根の棟にも瓦製の庚申猿がのつている。毎年正月の初庚申にはコンニャクを求めてこれを本尊に供えて御祈禱してもらい、それを持ち帰り病人の頭上、或は天井からその頭の上へ下げると病気は全快すると云われ、此日の参詣人は万を越すとの事である。

八坂庚申堂

処でこの庚申堂のすぐ坂上には東山にはなくてはならぬ八坂塔と云う五重の塔が聳えている。東山からこの塔を取り去つたらどんなに淋しい事であろう。東山をなんとなく柔く見さすのもこの坂の塔あつての事である。この塔は百三十一尺もあつて聖徳太子が四天王寺より先きに作られたと云う説もある。寺伝では天武天皇白鳳七年に大伽藍が出来たと云われている。

この大きい塔が北西え少しかたむいた事がある。その方角は御所の方に当るので、何か御所に兇事が起る前徴であると大騒ぎとなり、いろいろの手段をこうじたが直ない。それが今から九百八年前、天暦二年のことである。それで天皇も深く御悩ませ給い、浄蔵貴所法印に御命じになつて祈禱せしめられた処不思議にも塔は真直になつた、この伝説はかの有名な京都の祇園会に（日本三大祭の一つと云う、宮幣大社八坂神社の私祭で毎年七月十七日に前の祭、二十四日が後の祭の当日で丈の高い真棒のある鉾や舁ぎ山が沢山出る）出ている山伏山一に浄蔵山と云うのが、此の伝説から出た舁ぎ山だと云う事である。塔は治承三年、正応四年、永享八年の三回火災に罹り現在のは永享十二年（今より約五百年前）に足利義教が建立したものである。塔は八坂法観寺と云うが今でこそ、ただこの塔一つ丈の淋しいお寺ではあるが最初は一丁四方の大きい寺で、この大塔も其の多くの建物の一つに過ぎなかつたものである、同時に庚申堂も其の境内の一堂であつたらしい、応仁の乱の時には、此第五階目から物見をし其の外枠えは幕を張り廻したと云う、古い歴史を持つ塔で、明治四十一年に大修繕が行なわれ、其の時この外枠をとつてしまつた。

処が、余り一般に知られない伝説があつて、庚申堂は全く法観寺内であつたのである。それは「この塔を建てた大工の棟梁に一人の息子があつて、どうも子供の頃から賢こくなかつた。棟梁は種々考えた末、自分の没後 此息子一人がやつて行ける様な方法を授けておいた。数年後、この棟梁が死んでから、この大塔が傾いて来た、それから大騒ぎとなつたがどんな方法をしても直らない、困り切つている時、若い男が私が直しましようと出て来た、よく聞いて見ると、この塔を建てた棟梁の息子だとの事で或は又何かよい方法があるのかも知れないと思つて「直してほしい」と云う事になつた。息子は一人で塔の上に登り、其の三層楼の中心の柱より一つの箱をさぐり出して密かに、その箱をとり出した、これは父の遺言の箱であつてこの中には庚申さんが納められていた。この箱を取つてしまうと、塔は自然と真直に直つたので、役人の人々は大よろこびでこの男が一生涯不自由をせないだけの恩賞を与えたという事である。そうして塔より取り出した庚申を寺の一隅に御堂を建てて安置したのが今の金剛寺の最初であると云われているのである。この話は今の庚申堂の位置から考えても最もらしい話で、これには浄蔵貴所法印は出て来ない。（此法印は芝居で有名な戻橋と云う橋の名をつけた因縁の深い人で、豪い修験者であつたと云う）ただ塔の中心の柱の中から箱をとり出した話はおかしいが、この法観寺とは深い関係のある寺である事は想像が出来る。

（郷土風景　一巻五月号　昭和七年五月一日刊）

京の落語家

現在、京の落語家としては三八がいる丈じゃあるまいか、日露役に伏見にあつた三十八聯隊より出征して、三八となのり其当時大変な人気者であつたが、近頃は又三八かと云われて人気も落ちた、只禿頭を光らして、ムッツリした、ネッチリした話しぶりで、更にさえない然し尚高座も退かず、めつたに大阪へも出ず、京の二三の席を走り歩いている。その外に前座専門の枝雁がいた。名の通りシガンダ顔で、小さい、目を細くあけていつでも半分居眠つている様な男であつた。可成りの年輩であつたと思うが、必ず席が始まると一二番目に出勤して上方式の張扇と拍子木とでガチャンガチャン、ピチャピチャと代りつこに鳴らし乍ら播州廻り、恐らく枝雁程播州廻りをやつた男は少なかろうと思う。吾々も幾度か聞かされて大分覚えてしまつた位である。此男は蛸薬師の図子に餅屋を開業し妻君にやらしていたが、いつも尻に敷かれてグーの音も出なかつた。顔はおかしく噺はまずかつたが、其仲間にも知らさないでいつの間にやら葬式もすませてしまい、枝雁が見えないが、どうしたと云つた頃には白骨になつていたと云ぅ淋しい生涯の落語家であつた、六七年以前愛嬌者であちこちの旦那衆から可愛がられていた文の家文之助は茶店を出して甘酒屋を始め蘭の花漬、芹漬などを売り出し、来客と面白く話をして中々繁昌していた奈良絵風の交通安全手拭、柄杓の手許を工夫して文のすくいなど云つて喜こんでいた。何しろ上方式のネチネチした、あくどい猥談の大家だつた。曾呂利新左衛門の弟子であつた丈に、この方の後継者として、座敷等では猛烈な猥談を聞かせてくれた。之れが又呼びものとなつてあちこちと中々御座敷は多かつた。一度こうした話計りを集めておかないと消えてしまつては惜しからと云つていたが遂にそうしたチャンスもなくなつてしまつた京の落語家も此男でおしまいらしい。文之助茶屋は妻君が今尚盛んに継続している。其の息子はかしくと云い次の画描さんになつている子と共に一向に知られていない、娘が十六七から長唄の師匠となつて、奥座敷で三味線の音を聞いた事も再三ある。その他に変りものの大隈柳丈がある。此人は、お角力の様な大きな体で立派な口髯があり堂々たる紳士であつた。その筈で氏は立派なお医者さんである。本名阿武隈三之助と云い、高台寺桝屋町に棲居して医院へ出勤していた。青い顔の病人の顔を見るより高座で好きな落語をやつていたいと云う変り者で、京、大阪の席へも出ていた。今東京で有名な岡田道一博士の学生時代に有志のものと共に江戸ッ子会を作り、江戸生れ又は江戸育ち、或は江戸に憧憬を持つものの集りとして時々会合をつくり、京都納札会も此の連中の後援で出来たものである。夏になると江戸ッ子会肝煎の団扇を配られ、江戸ッ子式のお花見会で京の連中を驚かしたり、江戸舞踊を見せたりした事もある。此人は江戸浅草の人、壮士芝居に出た頃には河合武雄が女中一役で番附にのつている。学問より道楽の方に精進した面白い人であつた。妻君もそれにふさわしい人で、歌沢の名取り、後下座を弾いて大事な人となつていた。何分東京の落語家が京の高座で踊ろうと云う時、下座が其唄を知らないで立往生した事もあつたが、此人が下座にいれば大がいのものは不自由しなかつたと云う。然し好きではあつたが氏の落語は上手ではなかつた。五目講談などを得意としてよく出された。吾々が出かけると氏は高座から、「ヤアヤアようこそ、しばらく御無沙汰で」なんかやられてお客は目を白黒させられた、雑俳、狂句、短歌もすきで、京の歌壇にも知人が多かつた。昨八年一月十六日大阪の医院へ出張して帰途、脳溢血で京都駅で急死せられた、時に七十二歳。とても若く見えていたので亡くなつた年をきいて驚いた位元気な人で、東京落語界の噂を此の人からいろいろと聞かされたものである。現在江戸人情話を売りものにしている三馬が京都に住居しているが、いやに沈んだ話計りと恐ろしく奥で光る目の玉と痩せこけた男で、一見して感じがよくないので人気は少ない。十年計りも前に新聞記者などが中心になつて、可成徹底した集りがあつた時も、この男は白の毛布を脊から廻し、その先端に竹の竿をつけ両手にもち、カーマンセラの胡蝶の舞の様に体をかくし、くるくるまわつて正面を切り、この竹の先の白布を両方へパッと拡げると、全裸で、隠し処を白奉書でまき、金銀の水引を大きくピント結んで立つた姿は一堂の猛者も拍手を惜しまなかつたと聞いている。江戸ッ子気質のある男には違いない。処で此夜の集りは其筋に知れて、一夜暗い処で夜を明したと云うが、新聞にはのらなかつた。

とにかく京の落語家としては実に淋しいものである。

落語研究の宮尾しげを氏主宰の小噺研究会の機関誌「小ばなし研究　四」昭和九年十二月二十日刊に寄稿したものであります。此頃かしくは踊の師匠をしており近年福松と改め七十五歳、京には小円太、右之助が健在。此記事は二十四年前になります。

心中は御法度

今日のような心中ばやりに何ら手を打っていないが、徳川時代には大岡越前守が享保七年、心中御法度のお触を出している。

申合せ相果候ものの事

一、不義にて相対死いたし候もの、死骸取捨て弔わせ間敷く候。但し一方存命に候わば下手人として死罪。

一、若し死に損して存命候わば三日間人前に晒者とした上、非人の手下にする。

一、主人と下女と相対死を致し仕損じ主人存命に候わば、非人の手下とする。

どちらにしても情死し、仕損じたものは自由人と認めない。寧ろ死んでしまえば両人の願は叶えるが、この非人にされてはおしまいである。よく非人と乞食を同一視している人があるが、大きい違いで文字通り人に非らずというので、人間の形、姿はしていても社会人としての人格も籍もなく、生きている屍にすぎない。

それで非常な大きい借財をして、どうにも返却の道をなくした人が、この仲間入りすると、貸主は一切帳面からこの人の名を抹殺してしまう。人間同志の交際がなくなるのである。京都には岡崎白川の流域にひでん（悲田院）さんと呼び、特殊扱いをしたこの部落が六、七十年前迄あつた。非人には種類があるが、獄門や磔等の刑罰の時、雑役に使われ、女は街付となり三味線を弾いて歩いた。

こうした世の中であつたから、情死の死体は非人頭が捨てる事になつていた。家族はこの非人頭に金子を贈つて秘かに遺骸を貰つて来て埋葬した。それで比翼塚等が建てられる筈がない。

墓は後世の人が作つたものであろう。

「男女色慾にて命を落すものを、上方、江戸在ともに心中と申しならわす。以ての外不届の詞也。心中といつては忠とよませて、論語にも忠は有たけを顕す事なり。何ぞかく愚痴文盲にしてこの世にしては添われず、未来で添うというようないたずらものの、この死を心中とやいわん。勿体なき事也。以来は相対死と申唱ぅべし、これは人間の知恵にて男女相対して死する事は有るべからず。皆禽獣の心に成っていたす事也。かつて心中にぁらず。人にぁらざる所行なれば、禽獣又は人非人というべし。畜生同断の者なれば、死ぞこない存生せし奴原は非人に下さるべし。死に切候ものは野外へ捨つべし。尤も下帯を脱ぎ、丸裸にて捨る。是畜生の仕置也」

徳川中期から義太夫や歌舞伎にはこの心中ものを扱ったものが沢山出来て、禁止してもこうしたものは止むものではない。

お初徳兵衛——曾根崎心中
小春治兵衛——心中天網島
梅川忠兵衛——飛脚大和往来
お千代半兵衛——心中二腹帯
三勝半七——艶姿女舞衣
お妻八郎兵衛——重褄恨鮫鞘

いくらでもある。そしてたいてい女の名を先に呼んでいる。これ等の事件は、作者の筆先でされたものも多かろうが、作者は機敏に当時の市世雑話を巧みにとり上げて、一つの芝居にデッチ上げているものも多い。

京都を土台にした心中物語は事実あつた話で、一応年号までわかつている。

お染半九郎――寛永三年九月二十九日

お俊伝兵衛――元文三年十一月十五日

お半長右衛門――宝暦十一年四月十一日

お染半九郎の芝居は、前の左団次と松蔦のコンビで鳥辺山心中として有名になつた。お染は祇園町の茶屋若松屋の娘、菊地半九郎は二条城普請奉行の属吏で、江戸から上京中、女と鳥辺山墓地内の井戸に投身して情死をしたといわれる。ところで寛永の頃は祇園は祇園村で、町をなしていない。祇園社西楼門下の四条通に面した辺には多少掛け茶屋があり、茶汲み女もあつた事であろうが、人家は少なく畑地であつたらしい。恐らくこの茶汲み女か、この掛け茶屋の娘お染ではなかつたか。とても芝居のような話でなく、放蕩金づまりの結果、井戸に投身心中となり、それが唄になつて市中に流行したらしい。鳥辺山法華宗本寿寺にある「宗秋信士、妙秋信女」の墓がいままでお俊伝兵衛の墓とされていたが、これがお染半九郎の墓と間違つて来たものと思つてよいらしい。寺には過去帳は焼失して現存していないし、これがいずれの人の墓かわかつていないという。

この墓の附近には芸人の墓が多い。以前は徒歩で京名所めぐりをしたものだが、その時案内人はここへ連れて来て、これが鳥辺山心中のお俊伝兵衛の墓であると説明した。それで芸人達の墓もこの附近を選んだのである。この墓石の下は

実報寺のお俊伝兵衛の墓

井戸で、その井筒の上に敷石を敷いてその上に墓を置き、狐格子の屋方で覆われている。数年前、吾々がお俊伝兵衛の墓はもつと下にある実報寺で、本寿寺の方はお染半九郎だと訂正して新聞を賑わした事がある。とにかく永いあいだ間違つておつたが、格子には縁結びの紙で一杯だつた。

お俊は先斗町四条上ル近江屋金七抱えの遊女で十九とか二十とやら、伝兵衛は釜座姉小路下ル西側の呉服商井筒屋の息子で廿二、三歳、母一人子一人であつたが、フト馴染になつたお俊のことが忘れられず、通う金もなし、所詮添いとげられない二人というので聖護院の森で縊死した。というのである。この井筒屋は代々要法寺（三条東山通り西入北側法華宗本山）の檀家であるから、その墓は要法寺の墓地寺（実報寺）の境内へ埋めた事になる。この極道息子と女郎の情死という事件の二月前、九月廿七日付で東堀川一条上ル猿廻し佐助二十九歳が、盲目の母につかえ孝行だというので、お上から青銅七貫目の御褒美を貰つた美談が伝わつた。またこの心中二日前、四条の芝居を見に出かけた戻りに、些細の事から四条河原で、徳大寺家の侍中村主水が連れていた僕、音吉と、所司代土岐丹後守の足軽常五郎、定造の両人と喧嘩して、追々加勢などあつて所司代側のこの両名は殺され。負傷者も出た事件があつた。

こうした三つの元文三年秋に起つた事件を一つの芝居にまとめて、お俊伝兵衛が心中した日から十四日目、十一月廿九日に近松半二作「近頃河原の達引」と題し大阪布袋座に浄瑠璃として出して、際物だけに大評判をとつたといわれる。そして孝行者の猿廻しと盲目の母をお俊の兄と母とにしてしまい、母が近所の女児に教える三味線にお染半九郎の鳥辺山心中を唄わしている。また伝兵衛の方はお出入の伊勢亀山侯の勘定方横淵官左衛門とこのお俊のとり合いとなり、遂に伝兵衛は四条河原でこの官左衛門を殺してしまう。そしてお俊が母と兄に暇乞に堀川の住居を訪ね（ここが堀川猿廻しの場となり、この芝居一番の見どころなのである）両人手に手をとつてその頃は大きい森だつた聖護院へ走り縊死しようとする時追手にとどめられ、官左衛門は悪事露見で殺され損となり、伝兵衛は事なく、お俊の身請も伝兵衛の親がする事になつて目出度し目出度しに事実は変更された。

一昨年この聖護院準提堂前に、山城少掾等芸界の人々で五輪の立派な供養塔が建ち、東堀川下立売下ル灰屋の路次が お俊のおつた 長屋だといわれ、 どういう訳か お俊長屋といつているが、猿廻し佐助の宅とは五六町も離れている。実報寺のお俊伝兵衛の墓は不明だつたが、調査して藪の際にあるのがそれだと知れいまは墓地入口に定められ、縁結び祈願の人もあり、成就したと多額の金子を奉納した人のある話も聞いている。面白い世の中である。

京都市内には古くから一町毎に町名がついている。筆者の町を例にとつて見ると中京区堺町通三条下ル道祐町という。選挙などでは学区とこの町名だけでわかる。普通では町名を呼ばないでも堺町三条下ルで充分わかる。今日上方で発祥した浄瑠璃も沢山にあるが、その内で京の町名を読みいれているのが只一つあつて「柳の馬場を押小路、軒を並べし呉服見世、現金商いかけ硯、虎石町の西側に……」桂川連理柵の中に出て来る。この町名は名の通り虎の形の石が東側の法泉寺にあつたところから名づけられたもので、親鸞上人終焉の地といわれ、東大谷の上人の墳墓の上にこの虎石が残つている。この町の西側に信濃屋というのがあり、半町北に帯屋長右衛門の家があつた。この三十八歳の女房のある男が、フトした事から町内の信濃屋の娘おはんと通じ、おはんは懐胎したので遂に桂川で心中した。おはん十四歳。親子ほど年の差があるので大評判になつた。

一般にお半長といい、落語の「胴乱の幸助」は巧みにこの浄瑠璃の文句をとり入れている。ところがこれはあれもこれも違つている。この親鸞上人終焉の地は右京の柳馬場押小路で、永らく其地煙滅のようになつていた。そのため左京の柳馬場押小路（平安京は朱雀大路――今の千本通――を中心に左右に同名の街名がある）がそうだとされたのであるが、それは右京であり今日では山の内の角の坊別院の地がそうだといわれている。そして元の法泉寺は隣家の柳池中学の拡張で、小山下総町へ寺全部移転したが、戦争疎開にひつかかりこの寺も空地になつてしまつた。

一方お半長右衛門の心中は種々異説があつて何れも心中ではない、殺されたとなつている。どれが真実の話かわからないが、御池通堺町東入北側に明福寺と云う本派本願寺派の真宗の寺がある。昔この寺の住職が還俗して一中節を創作したといわれ今は「一中節発祥の地」の碑が建つている。

この寺の過去帳宝暦十一年四月十一日の項に、虎石町信濃屋次郎兵衛娘はん十四歳桂川にて溺死、官不許葬、釈尼照英とあり過去帳に後世加筆補入したものとは認められない。私がこの寺の住職青池周禅氏を訪ねて聞いたのに他に何も記録はないが。おはんの家は横町で代々この寺の檀家であり、穢ない娘であつたと聞き伝えているとの事であつた。そして今日では全く後継者もなく無縁である。ところが宝暦六年十一月より明和元年十二月まで、足掛け九年間京都町奉行として在職していた松前筑前守俊広と云うのが江戸へ戻り、幕府の御鍼医山崎宗連が訪問して在京中の奇談はと尋ねたところ、世に評判のお半長右衛門の情死の一件は大変違っておつて、自分自身に吟味したとこう語つた。お半は京の町人の娘、長右衛門は大阪の商人、時々京へ商売に来てお半の親と懇意にしておつた。お半は大阪の知人の宅へ奉公にやろうとしていたが、その家から迎えの人がやつて来ない。そこへ長右衛門が京へ集金に来て明日帰阪するので信濃屋へ立よつた。それは幸いだお半を連れて大阪まで送つてほしいとの頼み、長右衛門はそれでは今夜ここで泊つて、明早朝出立しようという事になつた。その翌日四月十一日、お半は着替えの衣服の包みをかかえ両人は未明に出かけた。ところが一刻早く出た（午前四時）ので洛西桂川まで来たが夜があけないので船はつないであるが船頭がいない。やむなく川辺に待つていると、賭博に負けてスツカラカンの悪い奴が、この男女を見つけ、これはきつと駈落者に違いない。旅用の金をまき上げてやれと巧みに欺いて、渡してやろうと両人を船に載せ、中流へ漕ぎ出してこの両人を絞め殺し、長右衛門の懐中していた二十余両の金子とお半の着物包みを奪い、犯罪を隠蔽するためお半の扱帯（シゴキ）をといて両人の体をくくりつけ河の中へ投込んでしまつた。翌朝この両人の死体は情死として取扱われ、それが親子ほど年の差があつたので、この心中は俄かに町中に評判になつた。芝居の作者はこの事件を「おはつ徳兵衛曾根崎模様」の中にとり入れ、大阪の心中にこの桂川の心中をダブらして好評を博している。この浄瑠璃は事件後一カ月余の五月十八日に出来ている。その後安永五年十月大阪堀江の芝居で繰り浄瑠璃として菅専助作「桂川連理柵（れんりのしがらみ）」として、お半長一件は独立した芝居になつた。今日までも芝居にはこれが上演されている。さてこの両人を殺した悪者だが、盗んだ金を資本に商売を始めたが、こんな金でうまく行く筈がない。その内に病気になつた。それで店をたたんで裏長屋へ引込んで療養につとめ、盗んだ小判は一枚宛両替に出して小銭にかえ療養費につかつた。一年余たつて、小判も最後の一枚になつた。反古に包まれたまま両替にやつたが、この反古に長右衛門の名前がかかれていた。悪者は無筆で、そんな事を知る筈がない。両替屋は以前から裏長屋

お芝居のお半長右衛門

から小判の両替をあやしいと思っていたが、この包紙に長右衛門とあるのでフト一年前、町奉行から長右衛門が二十余両盗まれた通知があった事を思い出した。以前からおかしいと思ったが。果して長右衛門殺しの犯人はこの裏長屋の病人だと知れて、早速届け出たのである。悪者はわけなく捕えられ、スラスラとお半長両人を殺害して桂川へ投げ入れた事を白状した。悪者はスグ死罪になったのである。

どうもこの話が実説らしい。とにかく御法度の心中ではなかったが、心中芝居として有名になった。桂川上野(こうの)橋の東堤防には二つの法華塔が建つていて、二人の比翼塚といつていたが、建設年代も後で何の法華塔かわからない。桂川のほとりにあるのでそういつたものであろう。何れにしても心中法度の時代に、これ見よがしの比翼塚など建てられる筈がない。現に明福寺の過去帳に記載の通り溺死官不許葬とある。ところがこの浄瑠璃や芝居で有名になり、その住所が明記されているところから、

誓願寺にあるお半長の墓

これが事実のように思われ、虎石町の西側中ほどの家が信濃屋お半の家の址、押小路柳馬場の角、茨木屋という蒲鉾屋が長右衛門の宅の址だといいふらし、この虎石町有志によつてお半長の法要がいとなまれ、新京極誓願寺の墓地にはこの両人の墓というものが

あり、花立には虎石町とあり、恐らくこの町内の人々が建立し、裏寺町六角長仙院に万事よろしくとこの墓の管理を頼んだものらしい。その後、俳優達が参詣している。そしてその墓は二基あつて左の方が長右衛門両親の墓だといわれ、その右手の「義光浄意信士　俊妙照英信女」がお半長の墓だという。このお半の法名が明福寺の「釈照英」と似ているのは偶然とは思われない。長仙院には過去帳にもないそうである。虎石町の有志が、特に長右衛門宅址のみ茨木屋が世話方で墓参。年回をつとめていたが、当主になつてからやつているようには聞いていない。

京に出来た三つの心中沙汰をとり上げたが、この三つが芝居で宣伝せられたために有名になつたが、その三つが三つとも事実あつた事件を。あれこれと肉附けし骨を作つてでつち上げ、事件の内容は、当人達知らぬままに、その名前だけを利用されて、一遊女であるお俊が美しい情のある女となり、お染にしても茶屋娘として可憐な清らかな女となつている。お半がきたない鼻たらしの娘だつたというが、私は死んだ京家雀右衛門のお半と思い出す。長い袂だらりの帯、コボコボを履いた京の娘姿が眼に浮ぶ。舌たらずの甘つたれた京家独特の科白が、こよなく色気をもち、長右衛門の膝に手を置き長い袂でおおい、ジーと長右衛門を見上げる姿も思い出す。この京の町娘の姿が、そのまま花柳界に入つて舞妓の姿となり、今日京都を象徴するといつてもよい京祇園の舞妓のだらりの帯の姿で、このお半の姿を偲んでもらうとよい。舞妓の変遷を書く時は、このお半の町娘をとり上げねばならぬ。勿論今のような長い帯ではない。腰の上にだらりと一尺余下つているだけであつた。

御法度の時世にしては何と心中の多かつた事が。それが昭和の今日、毎日のように心中の記事が新聞を賑わしている。いつまでもこの心中は絶えないのだろう。

三洋油脂KKより刊行の「三洋油脂ニュース三十三号—昭和二十九年十月号と三十四号に上下二回に記載されました。

表紙写真
八坂塔
法観寺 東より
見る

昭和三十三年二月一日 発行

〔価 三百円〕

著者 田中緑紅
代表者 鳥居郊善
印刷所 協和印刷株式会社
電⑥三九四四・六七八

京都市東山区東大路松原上ル
安井金比羅宮内
発行所 京を語る会
電話⑥五一一二七番
振替大阪三七三五五番

《復刻にあたって》

一、本復刻版は、田中喜代様所蔵の原本を使用しました。記して感謝申し上げます。

一、復刻版には、借用した原本の都合で初版と再版が混在しています。また、原本奥付に紙を貼付して新価格を表示している場合もそのまま復刻しました。

一、文中に、人権の見地から不適切な語句・表現・論、また明らかな学問上の誤りがある場合も、歴史的資料の復刻という性質上、そのまま収録しました。

一、表紙の背文字は、原本の表示に基づいて新たに組んだものですが、一部訂正や省略をしました。

緑紅叢書　復刻版
第1回配本（全26冊）
京の話 あれこれ その一〔緑紅叢書10〕

2018年10月31日　発行
揃定価　39,000円＋税

発行者　越水　治
発行所　株式会社 三人社
京都市左京区吉田二本松町4　白亜荘
電話075（762）0368

乱丁・落丁はお取替えいたします。

コード　ISBN978-4-908976-82-7
セットコードISBN978-4-908976-72-8

緑紅叢書 第十一輯

知恩院物語 上

田中緑紅

はじめに

浄土宗総本山知恩院のいろいろの話を出来るだけ平易に書いて見たいと思つていました。知恩院寺務局から「知恩」なる小冊を毎月出版せられています。それに「知恩院物語」を書く様に依頼されました。昭和廿一年一月から連載され十八回迄続けましたが、係の方が代られると中絶してしまいました。

この度前後に追加原稿を書き、全部編輯しなおしました。写真が十分に入手出来ませんでしたが、宗祖七百五十年に魁けて、纒められた事を悦んでおります。

挿入の写真は知恩院本山の厚意で呈挙して頂き、石川実氏がわざわざ撮りに行つて頂きました。

昭和三十三年三月

目次

華頂山 知恩院

東山の各寺院は何れも立派な有名寺院でありますが、とりわけ清水寺と知恩院が知られております。その知恩院は浄土宗総本山華頂山知恩院大谷寺と云います。

この地から南、双林寺へかけて真葛ケ原と云つていました。その一部、この辺から円山公園へかけて大谷と云ふ地名がありました。こゝに延暦寺の慈慧大師（俗に元三大師）が天台宗の寺を建てられた処と云い、後青蓮院慈鎮和尚が住はれ吉水禅房と云いました。宗祖法然上人（源空と云い、円光大師と勅諡せられる）比叡山で浄土専宗念仏宗を開立しこの地に移り、こゝに浄土宗を弘められ、承元二年法難にあい赦されて帰京せられると青蓮院門跡慈鎮からその地を与えられ庵室を営まれましたが、翌建暦二年一月廿五日（七百四十六年前）八十才で示寂せられ、この地に葬りました。

其後文暦元年、弟子勢観坊源智が本廟下に堂舎を建てましたのが今の勢至堂の処だと云います。四条天皇勅命により殿堂坊舎が出来ましたが、再三焼けたり再建せられ、徳川家康以後大檀那となつて後陽成天皇第八皇子を家康の猶子とし、元和五年得度し良純法親王とて宮門跡第一世とされ、明治迄続きました。華頂宮と云いました。

法然上人は美作国久米南条稲岡の庄の久米押領使漆の時国の子として生れました。長承二年四月七日、母御は剃刀を飲んだ夢を見て懐妊したと云はれます。九才の時父は暗殺されましたが、臨終に「復讐などを考えないで、只往生極楽を欣び、自他平等の利益をはかれ」と遺言され、其年得度し叡山に登り十三才から三十年の間源光、叡空等の名僧に就て勉強し、浄土宗を起されたのであります。

後、九条兼実関白に庇護を受け、四国へ流された時も兼実の計ひで土佐へはやらず讃岐に留り、許されて京へ戻られたのですが、兼実公の月輪御殿へ伺い、上人の後頭に円い輪があつた処から円光大師と崇められた話も出て参ります。又上人の足蹟を廿五霊場として信者は美作の誕生寺から、京加茂明神との話や、嵯峨二尊院に残る足曳の御影の話など有名な話が沢山に残つております。

三門（山門）

知恩院の門は、三門として我国最大の部に入るものでしよう。室町時代迄は誠に小さい知恩院でありましたが、徳川時代になつてから今の様な大きい御影堂やこの三門等も出来ました。二十数段の石段の上に、西向の桁行十四間半、梁間六間半の二階建、柱五本の間に三つの通路がありまして、これを空門、無相門、無願門と云います。三門の両側には山廊がありまして、こゝから二階えの急階段がついています。楼上へ昇りますと前方の桜の馬場が二丁程もあつて東大路通に面した門があり、京の市街が松の枝の間から見られます。高いので門の下の人々は小さく見えます。二階の広間は目もさめる程美しい極彩色で、天井も柱も框も、それはそれは美しい事で、雲中天人、迦陵頻伽、楽器、霊獣、飛竜、牡丹唐草、浪、摩伽羅等々が描かれています。正面の段の上には宝冠をつけた釈迦牟尼仏長さ五尺の坐像ですから人間より遙に大きい仏様を中央に、左に善財童子、右に須達長者がおられます。又左右には十六羅漢が八躰宛ならび、何れも定朝廿二代の孫、大仏師康猶法師の作と云われております。

この本尊前の金灯籠に「洛陽本山大谷寺知恩教院、元和七年辛酉十一月」の銘があり、この正面軒下には霊元天皇の宸翰の「華頂山」の大額がかゝつています。この大谷寺と云うのが知恩院の寺号であります。

この様に三門（又は山門とも書き、楼門とも云われます）の楼上には大抵、宝冠の釈迦如来と十六羅漢を安置する事になつております。処でこの三門は何年に出来たかと云いますと、元和五年ですから丁度三百三十九年前になります。古いのと大きく立派なことで明治三十五年七月に特別保護建造物（現在は重要文化財）に指定せられました。この門は徳川二代将軍秀忠が川勝信濃守、宮本主膳に命じて造営奉行とし、棟梁五味金右衛門が請合つて建築にかゝりました。然し始めからこんな大きい三門の設計ではなかつたのです。処が金右衛門は熱心な念仏信者でありました。折角総本山の三門を一生の名誉にかけて引受けたのでありますから、後生残して恥しくない立派なものにしたいと思いました。それで引受けた設計より大きい今の様な美事なものを仕上げました。出来上りましたが頂いた金ではとても足りません。沢山な仕事師に支払う金もありません。金右衛門夫妻は、二人の木像を作り棺桶に入れ、三門の中二階に置き一切の責任を負うて自刃してしまいました。この大きい三門は金右衛門の霊の籠ったものでありましょう。この人の事蹟は伝わっておりませんが、知恩院にとっては偉功のあった人です。この棺に入った夫妻の木像は今尚三門の中二階におかれてあります。

三門楼上は昔から鳩がたくさんいたらしく、元禄十二年七月の公卿の日記にこの三門に二疋の六尺余の大きい蜘蛛が棲み、毎日巣をしている鳩を捕って食い、血を吸うたと記されています。この三門下の幅広い石段は私にはなつかしい思い出の石段で、五十年前京の中央の小学校には校庭らしいものはありませんでした。からりと晴れた日でも室内で遊んだものでありす。それで卒業記念写真を写す場所がない、教員も生徒も使丁も皆、半里もあるこの石段えやつて来て、こゝで写真を写すことになっていました。

この石段の南、女坂との間に井戸があります。これを小鍛冶の井戸と云っています。日本三大祭の随一と云われます祇園祭、その先頭に参りますのを長刀鉾と云います。高い竿の先きに大きい長刀がついています。刀鍛冶として有名な粟田口の小鍛冶宗近は、娘が疫病にかゝり重態になりました時、疫神として知られた祇園さんに祈願をこめ、娘の病気を癒して頂けば御礼に長刀を奉納すると誓いました。幸いな事に娘は全快しました。小鍛冶は祇園の杜に四本竹を建て七五三縄を張り、こゝに井戸を作り、精進潔斉して大きい長刀を作りました。この井戸がその時のものだと云うのです。この長刀は、疫病の流行する時、これを拝しただけで疫病にかゝらないと云われ、再三転々とし、或時は近江え行き数年間行方不明になりましたが、不思議にもお宮え戻り、遂に長刀鉾町に貰いまして、これを鉾の先きにつけて巡行すると流行病が起らないと信じられ、今では宝物として三重箱に納め、鉾頭には代りのものをつけております。

かく知恩院の三門は大きさに於ても、其の型に置いても日本中の三門中の代表的のものではありますが、古い点では東福寺の三門が現存中のものとして一番古いと云われます。応永年間の建立と云いますから五百年前のものであります。

御影堂（本堂）

知恩院と云ふと左甚五郎の忘れ傘、と云ふ程よく有名になつたものと思います。その傘のある大きい堂は御影堂又は大殿と云はれ、知恩院の本堂です。当山ではミエ堂と申しますが門徒の方ではゴエ堂と呼ばれています。何れも御開山をおまつり申上げて居りますので、当山は云う迄もなく法然上人の木像を奉安し、御丈二尺二寸の坐像、御自作と云はれます。本堂は東西二十四間、南北十九間の大きいもので、三門より後に徳川家光が六年がかりで寛永十六年に建築せられ、今重要文化財となつております。

徳川家康は三河の人で、代々浄土宗でありました。三河岡崎には大樹寺と云ふ大きいお寺が菩提寺でしたので、その本山である知恩院を立派なものにしたいと思い、特に母御、伝通院は慶長九年八月廿九日伏見城で亡くなり当山で葬儀が営まれました。その菩提の為め寺域を拡め沢山の堂や庫裡を建築せられました。この時、今の様な大境内に成つたと云ひます。処がその後二十余年、寛永十年一月九日方丈からの失火で折角の諸堂もこの本堂も全焼し、山上の勢至

知恩院本堂

堂、阿弥陀堂、経堂、三門だけが残りました。しかしこの時の本堂が今のような大きいものであつたか、どうか判明して居りません。時の住持は雄誉霊巌上人でありました。早速江戸へ下り将軍家に頼み、今の様な立派な本堂が再建される事になり、寛永十八年（三百十八年前）に再び御堂も出来上りました。

本堂が余り美事に出来ました事から、こんな話が生れました。霊巌上人は将軍家で木曾の良材を伐り出している事を知られ、寺僧に「自分はこれから江戸へ下り徳川将軍家へ行く、大津の旅館に居るから、其処え着いた頃、本堂の縁側に鉋屑をならべ、誰か火を付けなさい、焔がメラメラと上つたのを見た者は大急ぎで大津の吾が宿へ走れ、そうして大声で、今本堂が焼けましたと云え」と命じて出立せられました。留守居の僧は上人の云はれた通り実行しました。鉋屑の火は自然に消えましたが、使は本堂が焼けましたと告げました。上人は驚いて早速籠で江戸へ走り将軍家え「申訳がありません、本堂を焼いて仕舞ました、大至急に此度は大きいお堂を建立して頂きたい、幸い名古屋に運ばれているあの材木をお廻し願います様に」と頼まれました。外ならぬ知恩院の事でも有りますので、徳川家でも早速に聞入れられまして、どしどしよい檜材を搬ばれまして建てられたのが、今の大きい本堂だと云います。

本堂内は内外陣に別れ、中央だけは板の間でありますが、他は全部畳敷で八百二十五畳と云います。正面の宮殿型の大厨子、それは大きいもので四畳敷以上もあるのじやないでしょうか。この法然上人のお木像は国宝勅修法然上人行状絵図の第三十七巻に出ている木像と云はれ「武蔵国の御家人桑原左衛門入道が法然上人の御化導により念仏行者となり、報恩の為め上人の真影を写しこの木像を作り、上人自ら開眼をせられ、上人御往生の後は、この像を生身の思いで朝夕に帰依せられ、後これを知恩院に納められたのが本堂の御本尊とせられた。」

この宮殿厨子の後の両戸に右に柄香炉を持つた童子（加茂明神）左は同じ様な童子で合掌され（毘沙門天）共に雲に乗つていられます図がかゝれ、この大厨子の背後は一面の白衣の観音像で、この三図共法橋徳応の筆であります。

又、東の脇壇に何れも厨子に入つた多くの木像が安置せられ、常は御開扉せられないまゝに成つて居りますが、善導大師の立像で美事な彫刻であります。次に法然上人御臨終の際、護持の阿弥陀三尊立像（寛印供奉作）があります。これは又立派な阿弥陀様で珍らしい彫刻、その光背もよく出来ていて天女の姿もよく迦陵頻伽もおります。其他本山に功績のあつた源智、聖光、起誉、満誉、雄誉五上人の大小様々の御木像を始め、歴代法主の霊牌が沢山に安置せられています。又、西の脇壇には三つの宮殿型大厨子があり、等身以上の大きい木像、衣冠束帯の坐像、安国院徳川家康、左端は台徳院（二代秀忠）の同型の大きいもので共に康猶作と云います。一年に一度位しか開扉せられないので色彩も新しく見えます。此両厨子の中央は家康の母伝通院の大きい木像で、この方の菩提の為めこの堂が建つたと云いますから大切な木像であ

ります。この間は「大相国一品徳蓮社崇誉道和大居士」と云う家康の大位牌、又法然上人の御両親

菩提院殿源誉時国西光大居士

解脱院殿空誉秦氏妙海大法尼

のお位牌も奉安、九重八角塔の金銅二尺大の変つた舎利塔の様なものもあります。又珍らしい事には烏枢沙摩明王(ウスサマミヨウオウ)の像があります。一般には不浄除の仏様として知られており、京都には数体しか祀られていません少ない仏体であります。当寺では毎年四月の御忌の最終日一切の法会がすみましてから、この像を安置して放生会を行い、終つて魚類や納骨堂の前の放生池に放つ事になつているそうであります。

御忌と云いますと、正面両側の大きい立華は年々近江の篤志家の御寄進で、資料一切を持参してこゝに奉納せられる由であります。なお外陣正面には大正天皇より賜はつた法然上人えの「明照」の大師号の勅額がかゝつております。

本堂の建築に就ては実に立派なもの許りですが、阿弥陀堂の前からこの屋根の妻の彫刻を見

て下さいましてもスバラシイものである事がおわかりの事と思います。この椽側も広く大きいものですが、この本堂及び集会堂（シユウエドウ）、大方丈のくろろには鉄製の亀、猿、蛇、蟬の引手がついて居ますのは気のつかない人が多いので注意して御覧下さい。くろろの落し金であります。

くろろの蟬

勢至堂と本廟

知恩院はもともと今の様な広大な境内を持つ様な寺ではありませんでした。

比叡山の天台宗の勢力は平安京が出来て以来、奈良朝の古い法相、律、華厳などの宗教を入れない様にして東山一帯を白川と云い、今の五条通辺迄北からズラリと三千坊の沢山な寺や里ノ坊があつたらしいです。その白川の名は忘れられて今北の方だけ北白川の名だけ残りましたが、それでも知恩院古門前には白川と呼んでいる流れがあります。

この頃の天台宗は大した勢力だつたのです。その三門跡の一つが粟田の青蓮院で、今の知恩院の北隣にありますが、知恩院一帯もその境内だつたのです。円山公園の上の弁天堂の東北には有名な慈鎮和尚(カシヨウ)の碑と云ふ立派な宝塔があり、鐘堂の上の山中にはホータルの窟といふ慈鎮和尚が勉強せられたと云ふ処も残つています。法然上人が四国の配所から帰還を許されて建暦元年十一月十七日入洛されますと、慈鎮和尚の心づくしで、東山大谷の禅房(今の知恩院の地)に迎えられました。翌年一月老病で寝つかれまして廿五日八十歳でこの草庵で往生せられました。御遺骸はこの草庵の東に葬られました。処が叡山の荒法師はこの御遺骸をあばいて捨てようとしました。驚いて浄土宗の人々はお棺のまゝ嵯峨二尊院に隠し、又危険になつたので太秦の大籔の中にあつた来迎房（今の西光寺）え隠し、遂に西山粟野光明寺え三遷して荼毘にされました。

此所を本堂として法然上人の御影を奉安され、再三変遷がありましたが享禄三年（一五三〇年）第二十三世徳誉上人の再建せられましたものが、今日ある建物です。それで知恩院では最古の建物で重要文化財になつております。今もこの堂には「本地堂」の提灯がかゝつています。慶長九年徳川家の大なる庇護を得て今の大境内になり大きい本堂が建てられました。それで御影をそれに写しまして、この堂には勢至菩薩を本尊にとりかえ勢至堂と呼ぶ事になりました。この堂は一に青蓮院護摩堂であるとも云い、本尊は藤原秀衡の持念仏とも云はれます。外陣には後奈良天皇宸翰「知恩教院」の勅額を掲げられています。又こゝの鰐口には「洛陽東山大谷寺知恩教院公用天文廿三甲寅年七月十五日施主下野足利金井生西」と刻されております。堂内東壇の阿弥陀仏像は三十七世玄誉上人が安置せられ、西脇壇に弥陀三尊仏がまつられております。この堂の北方に山亭があり宝暦九年浄琳院宮吉子内親王（八十宮）の寝殿を頂いてこゝえ移したもので、この堂の客殿にあてられ、眺望佳絶、京の町々一望の内にあり市庁舎、京都ホテルが中心に見えます。堂は本堂の東側本廟参詣道の石段を登りつめた北側で、門を入つた左に鐘楼がありますが、この地は昔阿弥陀堂のあつた処で、こゝには永正十四年に鋳造せられた鐘がありましたが、小さいと云ふので宝永七年これを鋳直し高四尺六寸、径二尺五寸、重さ百五十貫のものでしたが、昭和十七年八月三日応召したのですが、果して今どんなに変つて仕舞つたのやら、その跡は淋しく鐘楼が建つているだけです。こゝから勢至堂迄の東向の建物は位牌堂であつて本尊は地蔵菩薩を安置せられておりますが、大殿えお詣りする人はあつてもこの本廟や勢至堂えお詣する人の少ないのはどうしたものでしようか。

本　廟

勢至堂の門を入つたすぐ右手岩上に見える建物が拝殿と本廟であります。蓮感夢と云はれている地に方三間、南向の御堂でその前に唐門がありまして石玉垣を繞らしてあります。上人が亡くなりますと石の唐櫃に納めてこゝに埋め、廟堂を立てましたが前記の如く粟生野で茶毘にしまして再び此所え埋め、文暦元年（七百廿四年前）勢観房が廟堂を再興しまして遺骨を朱の唐櫃に納め中壇の宝塔に安置し、慶長十八年満誉上人が改築しました。その前の拝殿は宝永七年応誉上人の時、岩をけづり山を拓いてこれを建てられました。こゝは毎月廿四日の法然上人の逮夜の日と命日に現法主が法務係の僧を引率して参詣せられる事になつていますが、常日頃お詣りしている人を見受けません。

人の建夜の日と命日に現法主が法務係の僧を引卒して参詣せられる事になつていますが、常日頃お詣りしている人を見受けません。

本廟の建築は其後宝永七年十一月に修覆せられましたが大体慶長年間の桃山時代の様式が残りまして特に枓栱間の蟇股十二箇と長押上小壁の彫刻が大変立派であります。

正面中央から左方へ（竹に虎）これは江戸初期にかけて流行した彫刻で（葡萄に栗鼠）は他に多く例を見ません（菊）（宝船）浪間に満帆をはらませて行く宝船で此時代の蟇股としましても珍らしいものです（沢潟、河骨）（梅）（松に鶴）（牡丹）（万年青）は此頃以後よく用いられた構図であります（樹花）（牡丹）（竹に鶴）上押の彫刻は雲に竜、桐に鳳凰、梅に鶯、雲に麒麟、松に鶴、桜に鳥、この鳥は鳩の様で此当時としては珍らしいものです。こうした精巧華麗な彫刻がならんでいます。

阿弥陀堂（仏殿）

浄土宗でも浄土真宗でも阿弥陀仏の大切な事は云う迄もありません。山上に本堂のありました頃、本堂と共に、文暦年間に勢観房源智が、開祖法然上人の旧地に当山を開いた時、御影堂と共に阿弥陀堂を建てられました。当山では阿弥陀堂は必ず東向に建てる事になつており、永正年間火事でなくなつてから、東福寺境内にあつた万寿寺の堂字を永正十四年十二月にこゝに移して再建しました。それを宝永七年六月今の御影堂の西え矢張り東向に建てられ、九月十五日に出来上りました。元々古い建物であつた為め大変腐朽して来まして危険になつて来ましたので明治十一年十月に取毀ちました。それから再建新築する事になりましたが、中々募財が出来ません、日露戦後で又おくれ明治四十三年四月に今の御堂が出来上りました。此頃四十二万円と云うのですから大したものです。特に福岡県門司の永井力五郎と云う篤信家があつて欅材一万材を寄進せられたと云うのです。その外沢山な全国門末信徒の浄財喜捨で出来た事は云う迄もありません。

御本尊阿弥陀仏座像は御丈九尺四寸と云う大きい仏様で、元は高麗寺の仏様でありました。高麗寺と云う寺は、南山城相楽郡上狛村大字上狛の東方八町にありました奈良朝時代に建てられたお寺らしく、この辺は欽明天皇の頃、高麗人がこゝに置かれ、帰化した事が古い本にありますので、その人達が建てられた寺であらうと想像されます。斉明天皇の勅命で唐僧恵弁と云う人を住職とし、薬師如来を本尊とせられたらしいのですが詳しい事はわかりません。

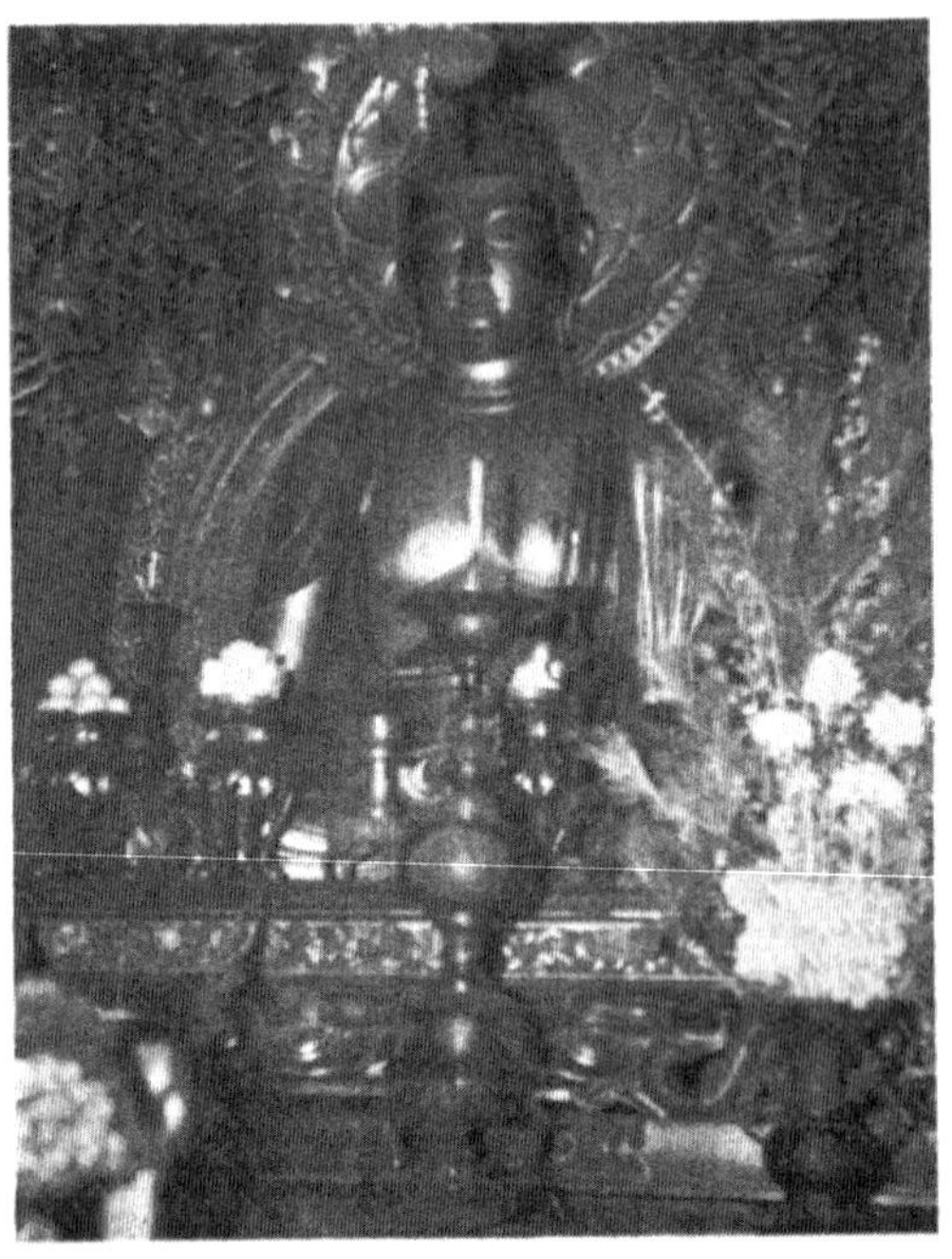

阿弥陀堂本尊

室町時代迄お寺はあつたらしく、徳川時代の地誌には礎石が残つているとだけですから、早くに寺は無くなつたものでしよう。この阿弥陀仏は八幡の南にあつた三昧堂の本尊で仁門菩薩の彫刻と云はれておりました。処がこゝで火事にあはれて、只この大きい仏頭だけが無事に避難せられました。それを今から二百五十年程前宝永年中に、鹿ケ谷法然院の忍澂上人が入手せられ、法然院の宝庫に納め大切にしていられました。宝暦十年当山五十三世麗誉順真上人が忍澂上人から請い受けられまして、仏工田中康教に命じてこのお頭に似合つたお体を加刻されまして、誠に上手に上品上生の阿弥陀仏が出来まして此処の本尊とせられました。元々浄土宗が阿弥陀仏を一番大切にするは云う迄もありませんが、法然上人より尚昔藤原時代には阿弥陀仏の信仰は大変なもので、一般大衆には手がとゞきませず専ら貴族ばかりの独専でしたが、岡崎に最勝寺、法勝寺、尊勝寺、円勝寺、成勝寺、延勝寺の六勝寺も何れも阿弥陀仏を本尊とし、今の鴨沂高校の辺にあつた藤原道長の法成寺、宇治の鳳凰堂、又日野法界寺の阿弥陀堂等(近く国宝の名は古文化財と呼ぶ事になりました)国宝の阿弥陀仏は何れもこの頃出来た有名なものであります。それだけに現存しております、阿弥陀仏で有難い彫刻のものは全国に渡つて沢山に残つております。当阿弥陀仏も計らずも藤原時代の仏頭を得まして本尊にならたれた事は有難い事と思います。明治四十三年再建になりました時、金箔を新しくせられましたので、真新らしく見えますが、御面相は流石に一般の阿弥陀仏と変つている事は誰れしも気のつく事で、天蓋、瓔珞、幢幡、華蔓等もこの時全部新調せられました。その表の額は天文年中、後奈良天皇から賜はつた「大谷寺」の勅額であります。古から大谷寺と云われておりましたが知恩院の院号のみ知られまして大谷寺はどこと云つてもそれは知恩院だと云ふ人は少ない事でしよう。本堂から廻廊づたいに詣れますから御参拝下さいます様に。

経蔵

私の子供の頃、手を引かれて知恩院えお詣りした時、御影堂の東にある五間四方の堂、この正面に唐風の人が椅子にかけ、その左右に子供が笑つて立つています。その背後に大きい八角形の廻転する大箱があり、子供達はこの廻転台の力棒を押し「親の日にト、(魚)食つて、わーら(笑)え、わーら(笑)え」と繰り返えして唄つた事がありました。どうしてこんなものを唄つたのか知りません。これが輪蔵と云うものと云う事は成人してから知つたのでした。

輪蔵は転輪蔵を略したもので、経蔵の一つであります。これにはお経を入れます。仏教の経典は経・律・論の三蔵より成り立つておりまして八千余巻もあります。それがどれもこれも有難いお経でありますので皆誦経したいのですが、こう沢山ではどんなに早く読んでも読まれません。これは仏教の盛んであつた中国の人も同じ事を考えました。傅大士と云う仏教信者の方がこの輪蔵を考案しまして、このお経の入つた箱をくるくる廻すことで読んだ事になる様に考えました。それで経蔵の正面には大ていこの傅大士と、普健普成の二人の子供の像を置く事になつています。この傅大士は斉の建武四年（西暦四九七）東陽郡烏傷県に生れました。それで東陽大士、烏傷大士とも云つています。廿四才の時仏道に入り庵を結び、双樹林下当来解脱善慧大士と称え苦業すること七年、昼は人に傭はれ、夜は妻と共に仏法を広めました。後帝に召されて御殿に上り屢々経をお話ししました。「心王銘」「傅大士録」の著書があります。陳の太建元年七十三才で歿しました。普健普成は吾が子であります。木像は道教徒の冠を頂き、儒家の履を穿ち、仏者の袈裟をまとい、三流を一つにした風格をしております。

当山の輪蔵は柱と柱の間が四間四方、内部は極彩色の美しいものです。徳川二代将軍秀忠の寄進で建てられ三百三十九年前、元和五年のものですから大分あちこち剝落しております。柱も天井も彩られていますから出来た当時は美しかつた事でしよう。天井には音楽を奏している天人、下方の壁面には草花、鳳凰雲間霊獣のいろいろが描かれています。中央の八角殿は一角に六十の引き出しがついており、これに千字文の一字一字が見出しにつけてあります。そしてこれには十冊から十四、五冊のお経本が入つています。今こゝには宗国開元寺版三大蔵経五千六百余巻が入つております。このお経は大変珍らしいお経本でありますので、もつと湿気のない土蔵え移さないとヒドイ事になつてしまつて惜しいと思います。この八角殿は中軸を以て廻転する装置になつており、その下部の周囲には天部推論の状然を現はしております。堂の四隅には西に広目・北に多聞・東に持国・南に増長の四天王の大きい木像が、この経蔵を守つてくれています。正面の傅大士と二子は仏工康猶法印の作でよく出来ております。

この堂正面中央頭貫にかゝつています鰐口には「洛陽東山大谷寺知恩教院経蔵元和七年辛酉年十一月廿五日」の銘があまります。この堂も重要文化財に指定せられていました。

この当山の外重要文化財でありました輪蔵は京都では本圀寺と妙心寺、大和の法隆寺、東大寺法華堂、東大寺勧学院、唐招提寺、東大寺本坊、三仏寺納経蔵、近江園城寺にもあります。上醍醐にありましたのは先年山火事で焼失しました。

集会堂

知恩院の千畳敷と云つている広間、御影堂から三間半に十五間の渡廓下を北え行くと、この集会所、全部畳敷の大座敷で。これから本山三百間からの廊下が全部鶯張りと云つています。嬌音を発し、昔から知恩院七不思議の一つと云われています。これは木が痩せてこうなつたとも又特に建築の技巧とも云いますが、京都にはあちこちにありましてこの寺だけではありません。然しこんなに長くあるのは此処だけで、これは盗賊除の工夫じやないかと思います。広いお宅にこの「キユー、キユー」と云うと何者かゞ歩いている事が判明します。或る所には庭近く「キュ、キュ」となり、建物の方は音のせない処もあります。

この集会堂は十三間に、廿三間半の大建築で本堂、大小方丈と共に寛永年間の建築、誦経講学等沢山の僧侶方の大集会の道場にあてられますので集会所でありますが、寺では衆会堂と申します。大きい告別式もこの室で催さるゝ事があり信徒の希望により本山で種々な行事等の営まれる時もこの広間を使用せられます。この西には武家門があり玄関があるので、種々の催しはこの門から出入します。又、本山の遠忌始め大法要には諸国から集まつた末寺の沢山な住職が、この室で更衣、法衣をつけ、門主及び諸役僧等とのおねりの出るのも此処がその本拠となつています。

明治四年京都に始めて博覧会が催され、会場に西本願寺の鴻の間が使用され大成功でした。それで翌五年の春に三月十日から五十日間第二回を催し、西本願寺の外、建仁寺、知恩院の三ケ所を会場とし、本山ではこの集会堂をそれにあてられました。この頃の出品物は実に多種多様で、この室に陳列したものゝ一部を記しますと、

○短刀（銘国光）　味原正量蔵
○佩刀（銘貞光）　近衛家蔵
○剣　西方寺蔵
○日光反射笠　有本嘉兵衛出品
○島海苔　木村庄七出品
○鋼鉄魚釣　谷川幸助出品
○人物銅鏢　伊吹長左衛門蔵
○銅作蜻蛉目貫　後藤貫兵衛出品
○綿温石　小塚長兵衛蔵
○紅板　下村兼行出品

○簔衣　鈴木平兵衛出品　○大石良雄鎧下　藤屋茂助蔵
○浅碧蛇眼傘　井上伊兵衛出品　○天竺繍屏風　広瀬源助蔵
○油団　奥村佐兵衛出品　○鶴卵菓子盒　明田仁兵衛蔵

これで蔵とあるのは参考品で、出品とあるのは売品らしいです。この時本山三門の楼上で売茶の雅莚が催され、その外鴨川磧で花火を、安井神社で能楽、それに祇園の都踊、先斗町鴨川踊、下河原の東山踊、宮川町の宮川踊、島原の若菜踊等も共々附博覧と呼び、余興とは云いませんでした。この都踊、鴨川踊は共にこの年に開始せられたもので今日尚続いて居ります。博覧会は大成功で神戸より十里以外に出られなかつた外人も七百七十人も見物に来て、入場者四万と云う事です。その翌年から今の御所の御殿を拝借し、例年こゝで催される事になりました。

扨てこの室には中央に阿弥陀仏坐像御丈三尺五寸、観音勢至の脇師も同寸、三体共に恵心僧都の作と云われ玄誉知鑑上人が安置せられました。この室には前記御影堂にも権現堂にもある桟唐戸(サンカラド)及び大方丈の蔀戸(シトミド)の枢(クルル)に、鉄製蟬、亀、蛇、猿等の引手がついています。この室南庭には牡丹が植えられ、殿舎拝観者のたまりもこの東北端にあり、案内所もこの廊下にあります。

大方丈と小方丈

本山の殿舎拝観と云いますと、集会堂から東え広い廻廊を通つて大方丈の各間とその北につゞく小方丈の各室を拝観するのであります。

各地で住職を方丈様と呼ぶ処があります。方丈とは寺の長老の居る所を云いまして、又寺の正寝の間であります。昔は宮様や御門主がお住いになつた事もあるのでしよう。今では客間の意味で呼ばれている様です。重要な室と云えましよう。

本山の唐門から玄関を入るとスグ右手がこの大方丈です。十九間と十三間半の大建築で南向で正面の鶴の間は五十四畳敷の大きい間で、襖絵は狩野尚信の筆、鶴と松が画かれて居ます。大方丈の各室は何れも金地極彩色の美しいものばかりです。一般に古い襖絵等には画家の名を記して無いものです。それでその画風特徴其他色んな点からこれは誰々の筆であろうと云われて来ました。然し近年、その方面の研究が進みまして比較研究やら歴史の上からその年代の上からこれは誰れに間違いなかろうと云う様になつて来つゝあります。本山の襖絵（障壁画と云われ

大方丈と鶯張廊下

ます）は研究が進み、大体狩野興意法橋定信狩野光信の高弟およびこの人の師匠光信の弟孝信より預かつた三子守信（探幽）、尚信、安信を薫育した。その三人共有名な人になつたがこの二子尚信、及び信政（この人孝信の門下で後探幽の養子になつた）この三人が主要画人で、何れも足利時代から徳川時代の初期にかけての名人であります。先づこれ等の人々に間違いあるまいと云われています。この鶴の間と西の松の間とは同筆者で、中の襖を取つても一つ間に見える図柄です。鶴の間は拝之間とも云い、その奥が仏間であります。それでこの間の南広椽に蔀を下げて、一般の室と区別されて居ます。仏間は正面に快慶作の阿弥陀如来観音勢至両菩薩、その両脇に天皇、皇后、法親王の尊牌、三十七基、それに特別援護を受けた徳川氏歴代の霊牌を安置し、その他大きい毘沙門天、偉駄天、地蔵立像、大日如来像其他も安置せられ、本尊前には「金釣灯籠一対、元和七辛酉暦十一月　日、山門金灯籠」と銘があります。

東の間は至尊御成の間で三間に別れ、下段の間に廿七畳、信政筆の劉女、西王母の図で狩野派の美人画としては大変よく出来て居ます。中段の間は九畳、画は鉄枴、張果で筆者は尚信、上段の間は床画瀑布李太白、左の御帳台は一に武者隠（むしゃかくし）と云い、襖四枚これに赤い太い房が下り中央は左右に開く様になりその中は四畳敷の畳敷で、こゝに武士が抜刀して待ち、万一主人が対面者より迫害を受けた時は飛び出して対手を刺し主人を援護する事になつてゐます。こゝの中央に玉座を設け、明治五年明治天皇が御成りのせつ、此処に御休憩になつておられます。この間は十八畳、天井は二重折小組格天井になつております。この室は東側書院窓からよく拝観出来ます。この廊下をくるりと廻りますと、はづしてある杉戸が置かれています。この内花車図は特に有名で美しく描かれて居ります。次の変な動物は麝香猫(じゃこう)であります。次の白黒の小猫を八方正面の猫とて七不思議の一つと云われます。この後が武者隠間の入口になります。次の間は裏上段の間と云ひ、尚信筆の梅竹の図にインコがおり、華頂宮様御得度の間になつて居ります。広さは八畳と三畳の床の間。

菊の間　十畳敷でありますが小さい間に見えます。饅頭菊の盛り上つた白菊、昔の拝観者は手でさわつたのでその胡粉が落ちてしまいました。その菊の上に雀が数羽飛んで居ましたが、余り好くかけていましたので飛んで出てしまいましたのでその趾に穴があきました。今修繕されていますが抜け雀の趾はよくわかります。これも七不思議の一つで抜け雀と云つています。

鷺の間　こゝは二十七畳、菊の間と同じ信政筆柳に雪、それに群鷺の描写、桃山時代よりこうした雪景は描かれて来ましたが、この図などはよいものゝ一つでありましよう。廊下はこゝから南北につらなり北の方は内事局え行く道で執事長、顧問室があり、その奥が寺務室になつています。南え回りますと、

柳の間　狩野定信の老柳に燕、鶺並に流水、岩等を配し、横長の大画面に一杯に老柳をかき誠に雄健で、輿以のものとしては特色の異なるものとしてこの次の間の梅と共に当山の襖絵として優品であります。柳の緑が剝落している処が多くありますが、その青葉が出て飛燕のあるのに雪がかゝっており、その飛燕は実に軽妙にかゝれています。

梅の間　これも雪中の老梅で、雉子、小鳥、それに椿花があります。当山襖絵の内松の間、柳の間とこの間の梅の間が特に美事なものとして知られています。特にこの老梅雪中の図はよく出来、構図雄大、是非この間はよく拝観して頂くとよいと思います。

こゝを出ますと元の廊下ですが、こゝに大太鼓が置かれて居ます。相当に力を出さないとたゝけません。径三尺、「明治二十二年三月、大阪二ツ井戸町和田文兵衛外有志中寄贈」となって居ます。毎春御忌の時、法要十五分前にどんと鳴らします。これで役僧一同は法衣をつけ、追々と打ちならして愈々門主の出座となるのであります。この天井に七不思議の一つ大杓子が置かれています。

小方丈

大方丈至尊御成の間の東廻廊を真直に北え出ますと寺宝展観の硝子ケースがあります。時に陳列替えをせられます。その端に大きい茶釜が据えられて居ます。これは先年焼失しました茶所泰平亭にあつたものですが、詳しくはその項で書くことに致します。

これから東えつき出ましたのが小方丈であります。十二間半と十間二尺、六つに仕切りまして、大方丈と同じ寛永十年（三百二十五年前）の建立と云われます。処がこの建物が二条離宮本丸にあつたものを承応元年（三百六年前）に知恩院門跡え寄進せられたと二条離宮に記されていますが、どうも間数が合はず、また研究中と云はれます。

小方丈は大方丈の様に仏間はなく、普通の殿舎式になつています。これは本山だけでなく大方丈と小方丈とあります妙心寺でも南禅寺でも同じ様になつています。この建物は大方丈のそれに比べますと大変清洒軽妙な感じがします。大方丈の豪快さと相対して面白い対象を示して居ます。上段の間は徳川時代には知恩院宮の御成の間でありましたが、今日では皇族の御成の間に当てられ、書院造として美事な建物であります。雪景山水の間と云い、正面大床は高士雪見の景、右の方には漁船二艘、西の方には高士騎驢、嵜を入れた荷物を両掛とする僕がおります。積雪老松実に風韻のある図であります。東は書見している図で定信筆と云われ、広さ二十一畳

下段の間はその東で同じ広さ、筆者も同じ定信、南画風の山水の景、正面は楼閣、樹木美しく右手は湖畔の景、天井は格天井で御座います。その奥が宮様お成りの間で十五畳敷、大床には雪中岩上に亭のある図、右が書院作り違い棚には細い彫刻の金物、上には唐角の図下には雪中大払の図、左の武者隠には太い朱房が下り中央は左右に開く様になつておりまして雪中松之図。こゝの天井は二重格天井。

この間を左え廻ると武者隠しの間え入る狭の間があり、次が羅漢の間、三方に十四人、十二人の羅漢を描き竜が顕われ剣が飛び、右手の処に乗る羅漢の処はことによく残つて居ります。これには単彩があります。外記の筆と云われて居りますが、この図は三重県津市西来寺の書院の羅漢の図と共に徳川初期の障壁図として珍資料とされて居ります。この間の北、廻廊で別間え行かれますが、宮様専用の広いお便所、畳敷の上に漆塗の便器が置かれ一々取はづす様になつて居りまして、大名方の便所に似たものであります。勿論、普段は便用されておりませんが

珍らしいものと思います。

この廊下をくるりと廻りますと西向に花鳥之間があります。次の蘭亭の間と共に信政筆で右は竹林、小川、流れ鴨が浮んでいます。正面松竹に雁、左は松に白牡丹、雀と金鶏鳥が彩色入で美しく描かれて居ます。

蘭亭の間、正面は大変いたんでいますが左手の四枚は美しく残り、又右手の二板橋の辺は三百年もたつた絵に見えない美しい図で大方丈の金碧画と趣を異にして気品の高いものである事が素人でもよくわかるものであります。

蓮華蔵　本廟拝堂の南、下に方二間の堂宇があり明治十二年九月以来全国僧俗の納骨堂に当てられて来ましたが、昭和五年小西久兵衛氏が三万円、その他の寄附と共に五万円で新らしく経蔵の南放生池に橋を架け基礎をコンクリートで地下に穴庫を造り地上に宇治平等院の鳳凰堂に模した藤原式の堂を建て堂内には極彩色の極楽浄土を描き、弥陀三尊を始め二十五菩薩を並べ、納骨すると極楽往生した様な気分になれ様と云います。これからは石碑を造る事を止めてこうした処へ納骨するがよいのではないでしょうか。

権現堂

「知恩院へは子供の頃から幾度お詣りしていますか知りませんが、権現堂なんか聞いた事もありませんし、勿論見た事もありません。そんなお堂はどこにあるのですか。」

まづ百人共こう云うでしょう。中には僧侶方でも知りませんと云はれる方が多いです。

権現さんと云いますと、金比羅大権現、吉野の蔵王権現、熊野権現などの名を思い出します。権現はカリにアラワスと云う意味で、我国では奈良朝時代から本地垂迹説が出まして平安朝の頃から盛んに行はれました。これは我国の古くからある神様を、印度の仏様に結びつけ著名な神は皆本地は印度の仏或いは菩薩であるとし、宇佐八幡を護国霊験威力神通大自在菩薩、住吉明神を貴徳大菩薩、稲荷神を如意輪観世音、八坂神を牛頭天王等と云いました。権現も神様仏様が、仮に人間の体をかりておられたものと見なしました。それで豊臣秀吉や徳川家康等の偉人等も神仏の仮の姿だと云い、豊国権現とか東照権現などと云う様になりました。徳川時代にはこの権現の称号をみだりに使用する事が禁じられましたが、明治元年三月には神仏混淆を禁じられましたので、神号としての権現も称えられない事になりました。

然し徳川三百年の専政時代に家康を権現様とし、東照宮としてお祀りした処は沢山にあります。誰れも知らない知恩院の権現堂は、小方丈の東北にあつて、常侍局（門主お居間）の東に三間四方瓦葺のお堂を云います。権現様影堂又は単に影堂と云い、総黒漆塗であるので、俗にお黒御殿とも云います。南向であるので東・南・西に扉があり、それには徳川家の三つ葵の家紋がついています。

元和二年四月十七日、徳川家康は静岡で七十五才でなくなりました。家康の菩提寺は岡崎市の大樹寺と云う浄土宗のお寺でした。それでその本山の知恩院に対しては大変に厚意をもつておりました。特に三十二世霊巌上人の道風を聞いて帰敬し、秀忠・家光も又屡々城中に請きまして仏法のいろいろを聞きました。そうした事がありましたので、家康がなくなりますと木像を作り、方丈に安置して祀りました。この霊巌上人が門主となられてから権現堂を作られてこゝにお祀りしたのでした。処が間もなく寛永十年一月九日の出火で焼失しました。慶安元年、十五年ぶりに三代将軍家光は京都所司代板倉周防守重宗に命じて再建さしました。それが今の権現堂であります。その後数回修覆せられております。

立派な唐門から、反つた石橋を渡り石段を上つた処にこの御堂があります。正面には家康・秀忠・家光三代の束帯姿の木像が、各お厨子の中に安置されて、三百年余も経ているとは思はれない程美しいものです。この堂は屋根に銅製の竜頭があつて口より水を噴いた形の面白いものがあります。内部の須弥壇の前の羽目についた唐獅子、又壇上の左右にある厨子の彫刻等は江戸時代初期の特徴が見えます。本山では毎年四月十七日の祥月日に権現忌として法要をつとめられ、毎月十七日法楽を行はれました。近年は中止のまゝになつている様です。京都には徳川家の恩顧を蒙つていた寺院があちこちにあり南禅寺金地院には今尚立派な東照宮があり、一乗寺円光寺にもありましたが、今、堂はなく標木だけになつています。両本願寺にも在つたと云いますが、現在はなくなつている様です。今日では徳川家の交渉は薄くなりましたが、徳川の家紋丸に三つ葵はこの寺の紋として到る処に用いられています。この権現堂の外家康及び秀忠の等身大の木像や、家康の母御の大木像が御影堂の西脇壇に安置されています。

処が昭和卅一年八月七日不浪者が後山から塀をこえて入り、暖をとるため焚火してこの堂を全焼してしまい、三木像も焼失してしまいました。門と築地が残っているだけでいつ再建せられるかわかっていません、惜しい事です。

現法主　岸信宏上人　知恩院第八十三世

前法主望月信亨師の死去により後任に塚本善隆、白川観寿、岸信宏の三師が候補になり三千の末寺より投票による選挙を行う事になりましたが、塚本、白川両師が辞退しましたので岸師が無投票当選ときまり昭和廿三年十月一日郷里和歌山県田辺市浄恩寺を出発、入山し法然上人より第八十三世の法統を継承、就任披露の式典を行い七条袈裟を廃し一介平僧と同様の黒色大師衣で上堂されました。上人は愛知県出身明治二十四年三月二十八日生れ、大正三年東京宗教大学研究科卒、大正十三年以来仏専、西部大学、知恩院専修道場、比叡山学院などの教授、講師をつとめ南河内得生寺を経て田辺浄恩寺住職、学者はだで独身、肉食せず温厚な法主として早くも就任以来十ケ年を迎えられ、各地末寺へ布教に歩き「知恩」に紀行文をよせられています。

忘れ傘と濡髪祠

御影堂中央東よりの庇の隅にある、雨傘の轆轤を指して「あすこに見えますのが左甚五郎の忘れ傘であります、その頃の名工左甚五郎はこの大きな御堂を建てました。実に立派に出来上りました。とかく物事は満つれば缺くると云はれます、それでわざとあの様な処に雨傘を差し込んで、一寸瑾をつけたわけです。こうしてこれを魔除とせられ、三百余年立派にこの大きいお堂が守られています。知恩院七不思議の一つ。」案内者はこんな事を云つています。全く高い処に雨傘の紙がなくなり骨だけになつたのが差し込まれています。左甚五郎はこの本堂建築には参加しておりません。処が本山ではこうは云つておりません、この大きい御影堂が建立せられた時の事、山上勢至堂の堂では小さい、徳川家光は木曾の良材でこの様な美事な本堂（御影堂とも大殿とも云います）を建てました。この本堂が八分程出来、まだ落慶式の出来ない前から、当時の豪い上人であつた満誉霊巌和尚が早くも毎日説教を始めておられました。昔からお説教をきゝには子供は来ないものです。それにおかつぱ頭の童子が毎日聴聞しています。上

知恩院総墓地濡髪祠

人も「妙な子だナ」と思つて居られました。或る日、俄雨になりました、しかも大雨です。この童子は濡れ乍ら何処かに帰つて行きます。上人は呼びかけて「これこれお待ち、頭の髪もすつかり濡れているがな、毎日あなたは説教を聞きに来なさるが、何処のお方かえ」と尋ねられました。童子は神妙に上人の前に出て、「実は私は狐で御座います、私は此所に永らく棲居しておりました。その棲居をこわされてこの堂が建てられました。私はどんなに怨んだか知れません、どうかして仕返しがしたいと思つていました。

その内にお説教が始まりました。毎日聞いて居ります内、これは又有難い、尊いお堂が建てられた事を知りました。益々お説教を有難く聞き、これは怨むのではない、何とか此堂をいつつ迄も守護せねばならぬと思ふ様になりました……」上人は尚半信半疑です。「そうか、それは気の毒な事であつた、一寸お待ち、こう降つては困るだろう、お寺の唐傘を借してあげるからこれを差して お帰り、そうしてそなたが いついつ迄も本山を守護して呉れるのは嬉しい事だが、さてそなたにどんな神通力があるのか私は知らない、一度それを見せておくれ、それによつて小祠を建てゝそなたの棲居も作つて上げよう。」と云はれて唐傘を借し与えられました。童子はこの傘を差して帰つて行きました。その翌朝はカラリと晴れたよい天気になりました。何やら騒いでいます、人々が走ります。上人は役僧を呼んで「何事か」と尋ねられますと、役僧は「御影堂の大庇に唐傘が差してあります、長梯子をかけても届かない高い処へ、誰れが悪戯したのかと騒いでおります」と云います。上人は「さては」と思召され急いで現場へ行つて御覧になると、正しく昨日童子に借してやられた唐傘です。そうするとかの狐は相当な神通力のあるもの、それなら約束通り小祠を建てゝやらねばならぬと、勢至堂裏の総墓地の北端にお堂を建て、濡れて行つた童子を偲んで濡髪堂と呼ぶ事にされました。稲荷さんとして大繁昌、寄進者が多く追々祠も美しくなり、周囲の玉垣、釣灯籠、神器具など、どしどし新しい物が出来、毎日お墓へ参る人はなくとも、この濡髪堂だけは沢山な花街の妓がお詣りして居ります。

民間信仰と云うものは面白いもので、雨で童子の頭の髪が濡れたので濡髪と名付けられたのに、花柳界の人は男女の情事を濡れると云います。「春雨やしつポリぬるゝ鶯の……」と云うのも情事に解し、縁結びの神様と云う信仰が生れました。同時に花柳界の姐さん達の無理な願事でも一切よく聞いて下さると云いふらされ、さてこそ山の下にある祇園の東新地、及び祇園廓の美しい人、少し離れた宮川町辺の女達もお詣りすると云う事になり、本堂前から高い勢至堂の石段から又大鐘楼の裏から一心院を抜けて来る姐さんがあれば必ずこゝへお詣りする人と思つても間違はありません。こうした事から知恩院七不思議の随一と云はれ、菓子にも忘れ傘と名付けた傘の型の最中（もなか）が売り出されています。左甚五郎が大建築に携はつたとか、それが忘れて行つた等は後世の人が云いふらしたものですが、私はこれは火事除の禁忌だと信じています。何処の屋根にも巴の紋の付いた瓦を用いております。この巴は水を現はしたものであります。又、大屋根に鬼瓦と云ふ恐しい顔の瓦が乗つていますが、これも雨竜の竜が変じて鬼面に変つたものと思います。田舎へ参りますと、屋根の妻の処に「水」と書かれてある事があります。何れも屋根の上に水があり雨を降らす雨竜がおれば、火事でも一度に消す事が出来ると云う一つのマジックであります。知恩院の唐傘も、この高い一般人の手も届かない処に雨傘を置かれたのも、矢張り雨を呼ぶ、つまり水があると云うマジックであります。それが又よくきゝまして何百年来火事を出した事もなく、徳川初期の建造物として重要文化財になつて居ますのも全く濡髪童子のお蔭でありませう。さすればさしづめ防火祈願があつてもよさそうですが、そうした事は一切云いません。当山では吒枳尼天(ダキニ)をまつると云はれますが、これが稲荷神と間違えられまして、一般に稲荷社と呼びますが、伏見の稲荷神とは何等関係のない、仏式の仏様であります。

雪香殿と泰平亭

御影堂の奥、廊下を渡つての大広間集会堂の西北の大建物を雪香殿と云われています。台所門の玄関の西の建物で東西十四間、南北十五間、こゝはもと大庫裡でありましたが、三百余年たち大修繕が廻つて来ましたので、大正大典記念と勅額奉安慶讃法要に備えるため、大正三年十二月模様替をする事になり、翌四年九月に着工し、中央に畳敷の歩廊には東西二房とし、西の房は大床を持つ一の間で広さ八十四畳、その添え間二十八畳、二の間は四十八畳あるので、毎年の様に催される種々な講習会や、安居等の集会その他の大会合に使用されています。

東房は八十四畳敷と十二畳敷の間を三間、この北の端の小間は什器係の調査室に当てられています。この畳敷は三百余、時の七十九世山下孝誉現有門主は、これに雪香殿と名付けられました。南の板廊下を東に行くと左に、小庫裡（寺務所）があります。十間四方建坪百十七坪余、寺務所になつていて各係の役僧達がズラリと並び、中央に執事長の机があつて、特別用事のない時はいつもこゝにおつて、各係の寺務上りを見ていられます。大世帯もこゝで一切をまかなつていられます。この北の方の廊下から食堂へ出ます。

寺務所の東方には元茶堂と云つた役寮があり、その東に**古経堂**があります。堂とありますが独立した堂ではなく、東西五間南北十二間の広間で、当山門主と門末寺院や信徒との公式対面所であります。あいている時には、浄土教研究会や勅修法然上人絵伝研究会も此所で催される事があります。北の正面の大額「古経堂」は、第七十五世順誉徹定上人の筆であります。この北の方には学問所があり、その西に内役寮があり共に常侍局に属しており、学問所はお居間、飾り間、控の間、内仏の間があり、何れも門主の常住の間であります。その北の庭に池がありますが知つてる人は少ないでしよう。

泰平亭（茶所）

御影堂の南に北面し三門を登りつめた処にありまして、五間半と十二間半の大きいものであります。惜しくも昭和十八年十二月十八日に焼失して今はありませんが、この大建物を祇園廓の一青楼井筒の女将岸野里子が、この建築を聞いて千両を投げ出し、大師六百五十回忌に一建立したものでありました。本山の礼状に、

元祖大師六百五十回御遠忌前御建立所御手当料として、当る年より三十年中に黄金千両被致奉納度段達大僧正御方御聴候処深志之次第厚御満足に被思召候依之右奉納浄財之内半高は御建立所御手当へ御加入半高は御当山御役所に預り置茶所水主の祠堂に備置毎月諸講中集会百万辺念仏無怠慢可令修行旨被為定置其許先祖代々追福井家族一同二世安穏家門繁栄之御祈念永御修行可被為在者也

嘉永五子年閏二月

総本山知恩教院都監

岸野勝治郎殿祖母さとどの

今でこそ祇園と云うと、万亭が代表の様に云はれていますが、明治初年迄はこの井筒が一番大きい楼で百余人の抱え妓がいました。四条縄手東入北側、今の道具店のある処であります。こ代々この楼主は三味線の名手で、「鳴神」「初音」と云う名絃があつて著名であります。このさと女は性質温良で愛情深く、そして又決断力に富んだ人と云はれました。天保十三年の大改革に、京にあつた遊廓は全部島原へ合併し、廃業を命じられました。その時このお里は、古い家名とその土地を離れる事を悲み、表の方を土間として休息所とし、自然石の井筒を据えて

水とし、風炉に鑵子を具え暖簾をかけ、床几を置いて、天和貞享に始めて許された頃の赤前垂の茶立女、茶汲女の風俗に復さし、祇園さんへお詣りの人々の憩い所としたので、移転の厄を遁れたのでありました。この人は安政元年十二月二日七十二才で歿くなり、その後代々勝次郎の名をついでいました。最後の勝次郎は三絃の名手で知られた人でしたが、明治卅四年歿しそれ以来この井筒の本家は絶えてしまいました。井作、井里、井末などは皆別家の楼であります。

この泰平亭は周囲十一尺余、直径三尺五寸余の五石の水の入る鉄大釜が据えてあつて「慶長九年甲辰暦三月十三日知恩院」の銘があり、京の有名な釜師大西与次郎作といはれています。今小方丈の入口に飾られています。棡間にあつた泰平亭の額は京都町奉行浅野長祚の筆でありました。昭和三十六年、上人の七百五十年に多宝塔と共にこの泰平亭の再建が計画せられていますからやがて又昔の姿が見られる事でしょう。

表紙写真
法然上人本廟
明治三十九年頃
田中来蘇氏撮

昭和三十三年三月廿五日　発行

【価　三百円】

著　者　田中緑紅
京都市堺町通三条下ル

代表者　鳥居郊善
印刷所　協和印刷株式会社
電⑥三九四四・六七八

京都市東山区東大路松原上ル
安井金比羅宮内
発行所　京を語る会
電話⑥五一一二七番
振替大阪三七三五五番

《復刻にあたって》

一、本復刻版は、田中喜代様所蔵の原本を使用しました。記して感謝申し上げます。

一、復刻版には、借用した原本の都合で初版と再版が混在しています。また、原本奥付に紙を貼付して新価格を表示している場合もそのまま復刻しました。

一、文中に、人権の見地から不適切な語句・表現・論、また明らかな学問上の誤りがある場合も、歴史的資料の復刻という性質上、そのまま収録しました。

一、表紙の背文字は、原本の表示に基づいて新たに組んだものですが、一部訂正や省略をしました。

緑紅叢書　復刻版

第1回配本（全26冊）

知恩院物語 上〔緑紅叢書11〕

2018年10月31日　発行

揃定価　39,000円+税

発行者　越水　治

発行所　株式会社　三人社

京都市左京区吉田二本松町4　白亜荘

電話075（762）0368

乱丁・落丁はお取替えいたします。

コード　ISBN978-4-908976-83-4

セットコードISBN978-4-908976-72-8

緑紅叢書　第十二輯

知恩院物語　下

田中緑紅

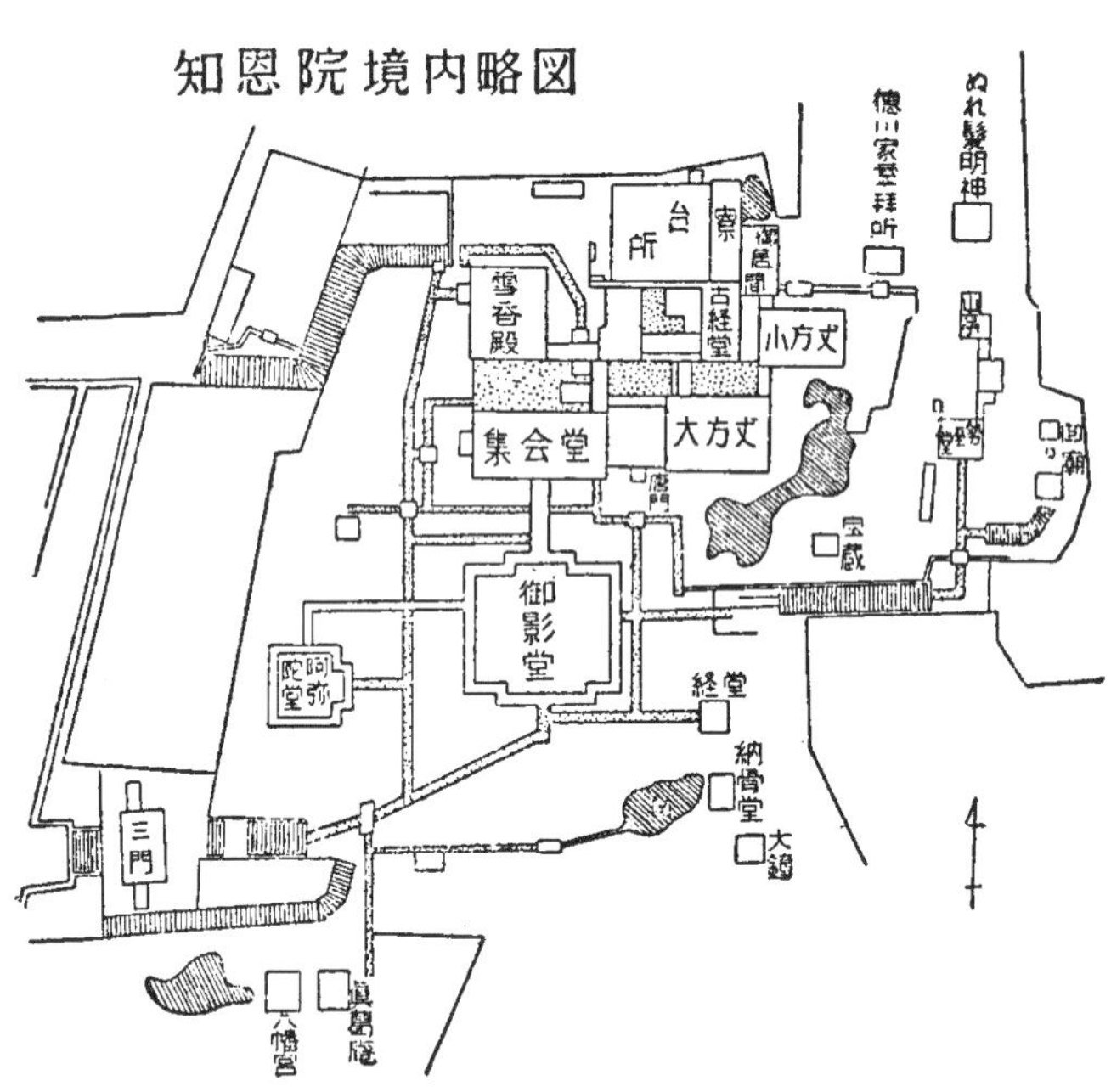
知恩院境内略図
徳川家霊拝所
ぬれ髪明神
台所
寮
御居間
雪香殿
古経堂
小方丈
集会堂
大方丈
唐門
宝蔵
御影堂
阿弥陀堂
経堂
納骨堂
大鐘
三門
八幡宮
真葛庵

はじめに

一、上巻に重要な建物を記しましたので、下巻には種々の一般書に紹介せられていない数々をし記しました。むしろ此方に努力致しました。

一、塔頭の事や、数々の什宝や、著名な墳墓も沢山に書きたかつたのですが紙数がなくなりました。仏足石はもつと大切に扱つてほしいので詳しく書きました。

一、写真は知恩院本山、京都新聞社、石川実氏より御援助頂き紙上を飾らして頂きました。御礼申します。

昭和三十三年四月一日

目次

大梵鐘

毎年大晦日の夜、宵からあれこれして、大方片付いた頃、除夜の鐘が聞えて来ます。ヤレヤレ本年も無事に終つたと自然に思われて来ます。ラヂオは各地の鐘を伝え、ボオーンと荘厳な本山の大鐘も聞えます。

この大晦日の夜に各寺院の釣鐘を撞きます事について二つの説があります。一つは一ケ年を顕わした十二月、二十四気、七十二候の数を合わせた百八つの数でその年を送るのであると云い、又、もう一つの説は百八煩悩の睡を醒ずのだと云われています。成程除夜の鐘は何かを考えさされますが、毎日々々朝晩の時を知らして呉れたり、入相の鐘を聞いて何となくその日一日の無事を祈念する心持は、ミレーの晩鐘の農夫ならずとも、自ら頭が下り、魂の奥底から尊い感が湧き出るものがあります。

寺々で鐘を撞きますのは一般に集合の報せにならします。「朝十声、日中逮夜七声、斉、非時に五声、掃除は三声」と規定した処もあります。知恩院では十八ついています。それでこの鐘は集会鐘、大鐘、梵鐘等とも云います。こうした事の外、非常時の警報に用います事は衆知の事で火事の時、大水の時、又強盗の這入つた時にも用いられ、明治三十九年四月十八日本山の南にあつた也阿弥ホテルの大火の時、本山の大鐘が早鐘を撞かれた事を思い出します。

尚、舟岡山西麓に沢山墓があつた頃、閻魔堂の前を葬列が通ると此処の鐘を撞くのが今世の別れだと云つてならしたり、八月珍皇寺

鐘　　楼

の迎え鐘をつくとお精霊様に聞ゆると云つたり、鐘の功徳は種々になつており、「祇園精舎の鐘の声、諸行無常の響あり」（平家物語）「初夜の鐘つくときは諸行無常と響くなり、後夜の鐘つく時は、是生滅法と響くなり、晨朝は生滅々己、入相は寂滅為楽と聞ゆなり」（小唄鐘がみさき）等云われて参りました。

この鐘は印度に既にあつて犍推（カンチ）と云うのがそうだとも、それは違つていてシナに仏教が伝わつてから仏器として出来たとも云います。我国へは仏教渡来とともに渡つている筈でありますが、どうもその頃の物は残つておりません。奈良朝時代と思われますもの十四、その内年号が分明していますもの二つ、その最古のものは妙心寺の黄鐘調の鐘が文武天皇の二年のもので有名な鐘であります。それから平安朝、鎌倉時代と立派な鐘が沢山に出来ました。処が徳川時代になると品質がズーと下つて良いものが無いと云われますが、本山の大鐘は代表的な立派なものと云われております。三十二世霊巌上人が、奈良東大寺の大鐘に範をとつて作られ、同上人筆の銘文があり寛永十三年九月、多くの信者の寄進により美事に出来上りました。今から三百二十二年前の事で高さ一丈二尺八寸、径九尺一寸四分、厚九寸五分、重量は判明しませんが一万八千貫位だろうと云われます。奈良東大寺、大仏殿のものと似たりよつたりの大きいものでありまして十五人がかりで撞きます。一人が音頭をとり、他の人達が調子を合せて撞きます。音量も大きく余韻も長いので二分毎に撞きます。それで除夜の鐘は二時間近くもかゝります。普段は撞かない事になつておりまして春秋の彼岸と四月十八日より同月二十五日迄の宗祖御忌大法要と毎月廿四、五日開祖御命日の〇時半に鳴らされております。

鐘楼は大分遅れまして延宝六年十二月廿五日に出来ております。京都大仏殿の「国家安康」で有名な鐘とも大体同じ様な大きさであります。本山へ参詣の方々も一寸本堂前の石段を登らねばなりませんのでこの大梵鐘を見ない方がありますが、我国三大梵鐘の一つとして是非見てほしいものです。

門・門・門

本山には門が沢山にあります。一番著名な三門の外に、表門　東山通にあります。三門真正面の広い道の西に当り、表門でもあり北にある古門に対し新門とも云はれています。この地は元祇園北林に属していましたが、延宝六年門前の袋町の寺地と交換して通路となし、このスグ西手に邸があつた近江膳所藩主本多兵部少輔康将がこの両側に桜樹を寄贈しました。それから桜の馬場と呼ばれましたがこの間二百間、桜の寿命が短かく二十余年前から桜は枯死、近年花も少なく淋しいものになつてしまいました。門を入つた左側に門番所がついています。

総門　白川の流れにかゝる石橋は太鼓橋で、忠臣蔵の芝居で知られた天野屋利兵衛が寄進したと云い伝えられています。この橋を渡つた東の方の二間七分の門を総門と云い、慶長以来境内を拡張して、こゝに門を作りこれが正門となつてその門の両側に塔頭がズラッとならんでいました。後、桜の馬場の表門が出来、こちらを古門と云うに対して表門を新門と云い、その前の通り筋も新門前通、古門前通の名も出来ています。こゝにも門内北側に門番所があります。

黒門　はこの総門の東の突当り石段上にドット坐つたしつかりした門、元は伏見城の城門の一つであります。慶長年間道阿弥（山岡景久）の寄進により、此所に移して当山通行門とせられたもので、元は新宮門と云つていました。この門から台所門へかけての石階の処は全く城の築造方式がとられ、東へ北へ、東へ、南へと登ることになつており、一寸古城へ入る感じもあり、映画も時々こゝを背景に撮しています。この石段は文政十一年十一月に中井正治右衛門の寄進で出来ました。門の寄進者道阿弥は慶長八年十二月二十日死去し、塔頭信重院に葬り、墓は本山々上にあります。

薬医門　黒門を上つた処にある間口一間四分の門で、一に庫裡門とも云います。安永二年十二月九日に焼失して同四年十二月に再建され、この西に台所門がありましたが、大正四年雪香殿が出来るとこの門は只の入口として南向のものにかわつてしまい、この台所に入つて東を向くと右手に内玄関が見えます。

武家門　集会堂の玄関の前に間口三間二分の門を云います。

四脚門　武家門の前を通つて南にある間口一間七分の門で本堂、阿弥陀堂へ出る門を云つています。

唐門　（重要文化財）本堂の東北にあり、大方丈の大玄関に通ずる四脚唐門であります。入母屋造前後唐破風檜はだ葺で、寛永年中の建築、全体に江戸初期らしい発達した彫刻があり、桃山時代のものから云うと大変簡素になつています。それでも大桟唐戸二枚、繊細なる透模様も美しく、軒唐破風下に大瓶束に牡丹唐草、正面頭貫上には飛鶴上巻物を持てる老人及びこれに松に配したる彫刻を有する蟇股、背後頭貫上には鯉魚に乗る老人を彫る蟇股を置きます。桃山時代に流行した故事伝説に基く彫刻である。一に勅使門とも云い、特別の時でないとここは開扉せない事になつています。

南門　三門の前を円山公園へ通ずる間口二間一分、一に惠門と云います一般に円山公園から本山に来る人は多くここを通行します。昔山の上の一心院から建設した門だと云う話もあります。

権現堂の唐門　小方丈の北東に唐破風の唐門があります。近頃あける事はなく、ここへ入るのは脇のくぐりから出入しています。

庭　園

庭園は土、石、草木、水を要素として山、建物、石造美術を配し、時代によりその造り方も違い、又その人、個人の好みもあるので必ずしも甲が褒めたからと云つてもよいと云うにきまつたものとは思われません。別してこの要素の内でも特に主となる草木は生きているのでありますから、一尺のものが十数年後には枯れてしまうかも知れないし、又十尺に成育する事もありましよう。造庭の時七尺の高さで下の岩や池水の調和が面白かつたものが数年後一丈からになりますと、岩との空間が出来て趣が違つて来ます。明治末年に出来た庭園をこの頃見るとまるつきり違つたものになつてしまつています。

京都は千百年の歴史を持つだけに藤原時代から各様式の庭園が現存しています。そうして永い間にいろいろ研究工夫させられて来ました。当山の方丈の南方、東方の庭園は常在光院時代から記録にある庭であるが、この寺が出来るとこの庭はその頃—江戸初期—の庭としての代表作と云つてもよい立派なものが出来ました。然し残念乍ら作者はわかつていません。

南　庭　園

蓬萊形式池泉大廻遊観賞園と称せられています庭で、池は南北二部にわかれその一番狭い処に石橋がかゝり、南の池に亀島があり両池共に沢山の出島が出来、西南井泉附近に鶴島があり池はこの辺の地名大谷をとつて大谷池と称え、対岸に蓬萊組と枯滝組――蓬萊組と云うのは蓬萊の諸神島又は動植物を形で現わし、こうした意味で祝言物として喜ばれ、よく庭園に用いられている名です。枯滝組は岩丈で滝が落ちている形を現わしたもので、枯山水など水を使わないで白砂で水や流れを現わすものに枯の文字を用いる――を築いています。

この岩石を配して作られています庭は、いつ迄も変化がないので、作庭としては大地震か人意による変更のない限り作られたまゝの姿が見られます。この庭もあちこち修飾を加えられているので作庭のまゝでない事は勿論で、その背景の樹木やあちこちに配せられている樹木の成長、変更によつて庭の面影の変化も考えられます。而しこの慈鎮石や護法石の附近の集団石組の辺はよく出来ています。

池は瓢形で護岸は屈曲が多く、亀は池の中央の中島で雪見灯籠の横に亀頭石が見えます。大分こわれたまゝですが矢張り亀島と見るべきでありましよう。池の水が余り変らないと見えて池はいつもにごつています。水蓮やカキツバタがあり、昔は蓮があつたらしいです。

この庭は建物と山との間が広くないので、庭がどうしても庭だけ独立せないでこの書院庭園とならねばならん事になります。そうした点からもまあよく出来ている庭と云われるでしよう。

東へまがつた山麓に出島があつたらしく、其処に石灯籠がありまして、鎌倉様式で一寸変つた位置で面白いと云われていました処、この前の地震で倒れ、此度建物近く池の畔に移されましたが、これは元の位置の方に味があります。今の位置は如何にもおかしい。

山上の勢至堂書院前庭は再度手が入つて今のものは明治になつてから直したもので平庭であります。所謂茶庭趣味の書院庭園で、西北隅の大岩を三尊石と云われています。蹲踞附近に石組がありますが、刈込本位のものでとりたてゝ云う程のものでもありません。

宮崎友禅翁の銅像

三門の南に新らしく出来ました華頂友禅苑の東方に京都の恩人である友禅斉の謝恩碑と其銅像が昭和二十九年に建てられました。友禅翁は知恩院門前に住んでいた由で、元は扇面画師でありました。

七不思議

七の数の信仰が、仏教を通じ我国にも民間で親しまれまして弁慶の七つ道具、お寺の七堂伽藍、七福神、北斗七星、一七日と云う様な事やら人は死ぬと四十九日の間、魂が屋の棟を離れないと云う事も七の倍数になつています。印度でも七つの崇拝がありました。我国では陰陽道と仏教思想とを混合して、何か七と云うものに一つの霊があるようにも考えられたらしいのです。各地にある七不思議もこの七の信仰の一つの流れで、特に越後国には七不思議が七つもあり、四十九不思議になると云はれますが、そうした事にかけては京都は大関で、本山七不思議を始め、大本山には大抵どこにもあり、然も本山では七不思議と云うても十八もあり、清水寺は廿六、西本願は廿八もあると云われております。そうかと思うと一つしか無くても七不思議と云つて居りますから、必ずしも七つの文字にとらわれなくともよいかと思います。それに、こんな事が何故不思議なのか、と思われる事まで七不思議に入つております。それが又不思議なのでしょうか。

扨て本山の数々は、○印は本山で云われていますもの。

○（一）忘れ傘　世俗左甚五郎が建築を済ました時垂木(タルキ)の下へ忘れておいたと云われ、本堂にお詣りせない人も、下からこの傘だけを見て帰る人もあります。本山では濡髪(ヌレガミ)稲荷の伝説を云うていられます。（別稿「忘れ傘」参照）

忘　れ　傘

○（二）真向の猫　大方丈の裏側に置かれている杉戸の絵で正面から見ても左右どちらから見ても真向(マムキ)に見えます。白黒の小猫で、三方にらみ猫とも云います。

（三）棟(ムネ)の大瓦(オオガワラ)　御影堂の大屋根の棟の上に二、三枚大瓦が見えます。まだ完成せない印で何時迄も建築中でと徳川氏に対して援助をさしたのだと云う事であります。

○（四）抜け雀　大方丈菊の間の襖絵、万寿菊の上に数羽の雀が書かれていましたが、余りよくかけていましたので飛んで逃げてしまいました。その跡がありましたが、修繕をほどこしてその趾をなくしましたが、よく見ますと羽をひろげて飛んでいる型が見えて居ります。

（五）無名塔　御影堂から阿弥陀堂へ行く廻廊の南へ曲る処の右下に、可成り大きい五輪石塔があります。高さ約八尺七寸、一切梵字も文字もありませんので誰の墓やらわかりません。これは、北野神社や男山八幡宮にあります忌明塔（イミアケ）の一つで、死人が出来て忌中があける時お詣りする塔であると云われますが、又東岸居士、上東門院、忍性上人、自然居士又は山上一心院の住持の墓だとも云われますが、とんとわからないのが不思議なんだらうと思います。

○（六）鶯張の廊下　本山の廊下はとても長いものです。その廊下のどこを歩いてもキュキュと音がします。木が枯れてスキ間が出来、その間がスレて鳴るのであると云う説と盗人除にわざと工夫してこうして鳴る様に造つたのであるのだとも云います。

（七）五本松　三門の東の広場に根本が一本で五岐にわかれている松があります。

（八）鉄盤石　三門下の右手、女坂迄の処に井戸がありその近くにあつた石を小鍛冶宗近が刀を打つた時の鉄盤石であると云われております。元霊雲院の竹林にあつたのを貞享元年十月に此所へ移したと都名所図会拾遺巻二に出ておりますが、その石は今どこへ行つたのかありません。

（九）不断桜　　御影堂の裏に四季咲の桜がありましたが、珍らしいので不思議がられました。今はないらしいです。

（十）一葉の松（ヒトツバ）　　御影堂と阿弥陀堂との間に松の木に一本葉のものがあると云います。

〇（十一）大杓子（シャクシ）　　小僧さん二人で舁いだ長さ一丈、先きの大きさ三尺四寸の大きい飯杓子があります。余り大きい処から、昔関ケ原合戦に真田幸村が何千人かの兵士に御飯をたいた時、三好清海入道がこれを片手で持つて御飯をすくい兵士に振舞つたと云ふ話が出来ました。はつきりわからないのが不思議の一つなのでしよう。大方丈への渡り廊下の屋根裏に挿し込んであります。（表紙の写真がそれであります）

（十二）賀茂明神影向石　　山上勢至堂の東にあつて法然上人御臨終の時、下鴨明神がこ石の上にお姿をお現わしになりましたと云う霊石であります。

（十三）笙の音のするお扉　御影堂の上人の木像を安置してありますす大厨子(ツシ)のお扉を開閉しますす時、笙の笛の様な音がします。

（十四）見え隠れの経蔵　御影堂の東にある経蔵が見えたり見えなかつたりする事があると云われます。又、この経蔵の前に草履を脱ぎ棄て、三辺廻るとこの草履が無くなつてしまうとも、又狐火が見えるとも云われております。（別稿「経蔵」参照）

○（十五）棺の中の木像　三門楼上にこの三門を建てた五味金右衛門夫妻の木像

知恩院の七不思議——瓜生石

を棺箱に納れて保存してあります。此五味金右衛門は二条城を造りました時にも用いられて用材集めの役をしております。（詳細は「三門」の項に）

（十六）寺務所の神棚　浄土宗の寺々にはその境内に鎮守として神様をお祀りしておりますが、本山の寺務所の高い処に神棚があるのが外来者の注意をひいたものと思えます。

〇（十七）瓜生石　黒門の前に石柵を設け、中に岩がある祇園牛頭（ゴヅ）天王が瓜生山に降臨せられ、後再びこの石に来現されたと云い、又、一夜にこの岩の上に瓜が生え繁り花が咲き、その葉の中に「牛頭天王の」小額があつたので、それを祀つて粟田神社の瓜鉾が出来たのだと云い、今でも粟田祭にこの瓜鉾が巡行しています。又、この岩は地軸から生えていると云い、節分には自分の年齢より一つ多く粒石を供える風習もありました。

（十八）親鸞上人逆さ杉　黒門の南、崇泰院の裏に親鸞上人の御廟がありました。其処に大きい杉がありますが上人が杖にしていられたものを地に逆さにして挿されたのが芽が出て成長し立派な大木になりました。只今は惜しくも枯木になつております。

石造美術品

石で作つた美術品、それは灯籠とか石幢とか石仏とか仏足石とか橋とか手水鉢とか墓石もこの内に加えられます。そして特に年号の彫つてあるものが注目せられ、別して徳川以前のものを尊重せられています。勿論、年号はなくともいろいろの点からどれ程古いものか美術品としての価値があるかどうかによつて大切にする様にはなつています。

当山にあるこうしたものを記して見ますと、古門前、白川橋に架る石橋は長さ五十六尺、巾二十三尺もある立派な太鼓橋であつて、天野屋利兵衛の寄進と云はれていますが、どうしてそう云うのか、叉天野屋寄進が確実であつても大阪の豪商の天野屋か、忠臣蔵の所謂天川屋儀兵衛の天川屋かわかつていません。恐らく一人で立派な橋を一建立出来るのは大阪の天野屋でありましよう。この人は後京都に来り椿寺に居をかまえ松永土斉と名を改めましたが、忠臣蔵事件には関係がない人。自分の家の宗旨が浄土宗であるので本山の石橋の改修をしたのではありますまいか。江戸初期の風躰をもつこの橋も再三の改修でわるくなつてしまいました。

南門前石橋、この下を流れる小川は大谷川でこの西から北へ流れ、古門前通の塔頭南側の裏を流れて白川へ入ります。京都では北へ流れる川は珍らしいとされています。この橋は「万治三庚子年五月朔日」とあり四代将軍家綱の頃で三百余

忌明塔

年前、当山第三十六代尊空上人が架けられたと云はれます。

蓮池の石橋　高い石の台に観音像があつて景観を添えています。この池の石橋も前記のものより十七年後の延宝五年七月川井宗於が架せられたと云います。

下乗石　昔三門前の南にあつて二三尺の台の上に乗つていました。今その上部の下乗石と彫

つた石だけしか残つていません。正徳元年に建立、文字は松花堂流、海北雲弁の筆であり、明治初年黒門を入つた北側の継志学寮の入口に搬入されてこゝに保存せられています。

無銘五輪塔　これは七不思議で記しましたが、八尺七寸の大きい五輪塔で、文字は一字もなく、様式上、鎌倉時代のものと云はれ、当山では一番古いものではないでしようか。どうした塔であるかは判明しません。昔玄関前生垣内にあり、鎌倉極楽寺の僧忍性の塔、謡曲にある自然居士の塔(これは東福寺にある)、又其弟子の東岸居士の塔とも云い、御影堂の西松林の中にありと書かれたものがありますが、今の位置も変つていません。京都三忌明塔の一つとも云はれています。

無縫塔　勢至堂上にある、報恩寺開山とあり、大永元年五月八日に寂された西蓮社慶誉明泉上人の塔であります。基壇が二重で上部の八角形の前面に室町様の格狭間、下部の四方にもあり、蓮弁も室町時代のもの、高さ二尺余の小さいものでありますが、珍らしい無縫塔であります。無縫塔と云うと頭の丸い、僧侶の墓と云はれているもので、これにも種々型の変つたものもあります。

池畔の石灯籠　大方丈の東の池の向う、山麓にありましたが、先年の台風で倒れ、現今池の西へ移されて景観を損じた様に思います。これは無銘でありますが鎌倉時代のものと云はれています。

権現堂前石灯籠　高さ七尺九寸、江戸初期頃の諸大名が奉納した同型の石灯籠で、淀の城主永井信濃守が慶安三年九月に寄進したもの。権現堂五重石灯籠、中門東脇にある変つたもので高さ一丈五尺三寸、この変種のものは日光東照宮にもありましたが記銘のある点に於てこのものは注目に価いします。寄進者は前記の信濃守で、慶安五年壬辰二月吉祥日とあり前記のものより二年後に再び贈つているのは何か仔細のある事でありましよう。

仏足石　勅使門を入つた玄関前の西手に大理石の高さ三尺五寸位の石が立つており、それに足形が一対彫つてあります。仏足石と云いまして印度の摩迦陀国にお釈迦様が入滅せられようとした時、そのお弟子達が何かこの世にお形身を残して頂きたいとお願いしました処、それではと石の上に足形をお残しなされたと云います。これを仏足石と云い、古来印度では各地に伝えられ、釈尊の像の出来る迄はこの仏足石が釈尊を表わすものとして尊崇礼拝せられ、パルフ

大理石の仏足石

ウトやサンチー等の石に彫られて有名になっています。支那から日本へと伝来せられましたが、一番著名なのは重要美術品の奈良薬師寺にあるもので、これが印度から支那そして日本と

印度摩迦仏国—唐の普光寺—禅院寺—越田安万—唐招提寺—薬師寺

来たものと云はれています。この足石には仏三十二相の内の七つがあり、判然とわかり難いものもありますが、千輻輪、螺、金剛杵魚、花瓶、万字、梵王冠であろうと云はれます。この仏足石は我国には五十個位あるかと思はれますが、中には

板に彫つたものもあり、又仏像の足裏にこの七相のついたものもあります。薬師寺本尊、法華寺阿弥陀如来画像、京都高山寺仏眼仏母画像、京都聖光寺清海曼荼羅本尊の画にもあります。

京都には仏足石は九個現存しています。当山の仏足石は花洛名所図会に、今は焼失した茶所（泰平亭）の東端に五角の小堂があり、それに仏足石とかゝれています。私がこの図を見て不思議に思つたのはその五角堂と云うものゝ址形もなくなつていますし、それに当山内に仏足石の話を聞いた事がありません。昭和十五年十一月、その頃の宗宝係の藤堂祐範氏に聞きましたが、什物帳にもないし、そんなものがあると云う事も知らぬと云うのですが、私はまた諦らめきれず、寺務所を訪ね庭園を捜す事にしました。あちらこちら縁の下迄見て歩きました処、小方丈の東、権現堂正門前山麓の萩の一叢の中に、上向に苔がつき水がたまつてよごれたまゝの仏足石が見つかりました。ヤレヤレ見付かつたと喜んで何とかしてほしいと役僧に頼んで辞して一両日後、西本願寺竜谷大学禿氏博士のお宅をお訪ねして話していますと、竜大出身の石造美術の研究家当山末寺河原町法雲寺の清水卓夫氏が来られ、仏足石の話が出たので、「当山の仏足石を世間に知らさないか」と云うと「ソンナものはない」と云はれたのです。「私が見付

仏足石のあつた所（花洛名勝図会）

けて来たのだから間違いない、現存している」と説明しますと早速に出かけ拓本をとりその頃の「華頂」にも又、毎日新聞にも仏足石発見と発表せられ、今の処へ建立されたのでありますが、一般は横にしてあつてこの立つているものは大変少なく、摂津清荒神清澄寺のものは大きい石に彫り御光唐草があり立てられています。

他にも一、二あるらしいですが、京都では当山だけで、上部に疵が出来ており彫物より下が長く、「寺仏堂中玉石之上、亦有仏跡」と西域記に記載せられている通りに大理石に彫られている事は洵に尊く拝せられます。仏足石の石材として第一公式と云えるでありましよう。全国的にも稀な仏足石と云つてもよいでしよう。こんな立派な仏足石であるが惜しい事に誰れも目につかない処に置いてあるので日に多くの殿舎拝観の人もこれを拝したものはありますまい。仏像と等しく礼拝対照のものでありますから庭園の一部へ置き廊下からおがむ事の出来る様にしてはしいものと思います。

知恩院の外、京都にある八ケ所の仏足石は

法金剛院　貞享年間　恵光作花園双ケ丘町

法然院　延宝年間　忍澂作　鹿ケ谷御所ノ段町

地主神社　俗ニ景清足跡　清水町一丁目

真教寺　　盧山寺通大宮西入ル

長福寺　慈雲尊者作　西京極中町

成願寺　元長宝寺のもの　一条通紙屋川東入

高山寺　明恵上人作模　高雄栂ノ雄

遣迎院　　寺町広小路上ル（鷹峰へ移転する。）

数々の什宝

本山の創立は古いのでありますから数々の重宝のあるのは当然で、仏典仏画、古美術工芸、稀覯書等二千六百余点もあります。その中には旧国宝(重美)二十五点(絵画七点、彫刻三点、経典其他十五点)もあります。処がこれ等は昔からのものでなく、明治七年本山住職となられた七十五世松翁養鸕(ウカイ)徹定師が蒐集されたものが非常に多く、重美級のものは徹定師が集められたものが大部分で、特に古写経の逸品は大方その内の物であります。徹定師は筑後の有馬に文化十一年生れ、早く東京増上寺に学び、嘉永年間京都や奈良方面で古写経を捜し、明治維新廃仏毀釈の混乱の最中であつたので得難い物が割に簡単に入手する事が出来たらしいのです。その頃、豊国神社の(重美)唐門が二十円、奈良興福寺五重塔が五十円と云われ、京都を代表したあの円山公図の糸楼の大きいものが五円で売れた話が残つています。こうして求められた古写経や古版経は主なるもの約二百点、隋唐の支那のものから、我国の天平時代より室町時代の物迄の大物があり、只コレクションだけの趣味でなく、その一々毎巻の末尾に長文の跋を書き添えられ考証をしていられます。実に根気よくやられたものであります。

上人は武蔵国岩槻浄国寺より東京浅草願寺、小石川の伝通院の住職をし、遂に当山七十五世を継がれたのであります。とても豪い学僧でありましたが、この蒐められた代金が数万円に達したといいます。その借財の責を負い門主を辞せられたと云います。数年前からこの徹定師の功績を残す為に顕彰会が行はれ、師の雅号古経堂によつて名付けられた室に、再三展観やその研究発表もありましたが惜しく今日では中止されています。

廿五点の重要美術品とは

○絵　画　之　部

法然上人絵伝	紙本着色四十八巻	鎌倉時代
弥陀三尊来迎	絹本着色一幅	鎌倉時代
観経曼荼羅図	絹本着色一幅	鎌倉時代
紅玻璃阿弥陀像	絹本着色一幅	鎌倉時代
阿弥陀経曼荼羅	絹本着色一幅	鎌倉時代

地蔵菩薩像	絹本着色一幅	平安後期
毘沙門天像	絹本着色一幅	平安後期
桃李園金谷園図	絹本着色二幅仇英筆	明時代
蓮花図	絹本着色一幅伝徐熙筆	宋時代
牡丹図	絹本着色一幅伝銭舜挙筆	宋時代
法然聖人絵	絹本着色一巻弘願本	南北朝時代
○彫　刻　之　部		
押出三尊仏	銅造二面	奈良時代
阿弥陀如来立像	木造一軀	鎌倉時代
善導大師立像	木造一軀	鎌倉時代
○文書・典籍・書籍之部		
上宮聖徳法王帝説	紙本墨書一巻	奈良時代
大唐三蔵玄蔵表啓	紙本墨書一巻	奈良時代

菩薩処胎経　紙本墨書五帖　大統十六年

天平年間写経生日記　紙本墨書一巻　宝亀年間

大楼炭経　紙本墨書一冊　唐咸亨四年

後奈良天皇宸翰　紺紙金字一巻　大永八年

阿弥陀経

法華経玄賛巻第三　紙本墨書一巻　天平三年

法華経玄賛巻第二・第七・第十　紙本墨書三巻　奈良時代

海竜王経　紙本墨書四帖　奈良時代

大通方広経巻下　紙本墨書一巻　天平時代

超日明三昧経巻上　紙本墨書一巻　天平時代

中阿含経第廿九　紙本墨書一巻　天平時代

菩薩地持論　紙本墨書十帖　延暦十六年

註楞伽経巻第五　紙本墨書一巻　奈良時代

十地論歓喜地巻第三　　　　　　紙本墨書一帖　　　　六朝時代

○法然上人行状絵図　四十八巻

普通勅修絵伝と呼ばれていて、上人行状絵伝中最も顕著なものであります。後伏見天皇の勅命により当山九世舜昌法印の撰述したもの、絵は土佐吉光、邦隆外四、五人の筆になり、絵の部分多く風俗史の上は大変参考になるもので、数年前門主の発意により、勅修絵伝研究会が開かれ、浄土宗の各高僧及有志の人々と共に集り門主一々詞書を読まれ、それにつき出席者一同より話し合い、七巻を終りました。

○法然聖人絵　残缺　一巻

法然上人の絵伝は数種伝わっていますが、その一つで聖人絵は只一巻だけしかありませんがその巻末に「黒谷上人絵釈弘願」の奥書があり、詞絵共に十三段にわかれています。同類三巻は神戸川崎氏に蔵されています。この釈弘願と云ふ僧の事は判然とせないのですが、南北朝頃の真宗系統の僧侶であろうと云われています。

○阿弥陀二十五菩薩来迎図　一幅

日頃阿弥陀如来を尊仰しているものは臨終の時、弥陀三尊が五色の雲に乗り二十五菩薩を従え、たえなる音楽を奏で何とも云えぬ薫香がして浄土から御来迎になり、そうして極楽へ連れて行かれると浄土宗では説明されています。木像にはこの来迎三尊仏が沢山にありますが絵画にも有名なものがありますが、この来迎図は最も優秀なもので上方に極楽の宝楼閣、下方には純大和絵風の山水を描写しており、仏体には截金を用い美しい図で、特に飛雲の書方が巧で、風に逆う雲頭と後に長く引く雲尾とに飛来の速さを現わしています。それで俗に早来迎と云われています。

○紅玻璃阿弥陀像　一幅

密教では両界曼荼羅に五如来を方角五大五色に配し阿弥陀如来は西方、火天、赤色に相当し、如来より光明を発する紅玻璃色である処からこの名があります。この図は密教的な阿弥陀仏で実に精巧で端正尊厳、神祕的な如来の威厳を遺憾なく表現しています。

○観経曼茶羅図　一幅

曼茶羅は密教（一般に天台を台密真言を東密と云つています）で云うもので円満具足の意味

で宇宙の森羅万象を円具するを云つていますが、浄土宗では浄土の有様を図した浄土変相の名称とし、或は絵巻物を次々と現はした式のものも出来ています。この観経曼荼羅は観無量寿経によつて出来たもので浄土曼陀羅とも当麻曼茶羅とも云ひ、天平宝字七年中将姫が五色の蓮糸で化人の手により織られたものと云う伝説のあるものと同図で、当麻寺に原図が残つています。これは其四分の一の大きさであるので世に四分の一曼茶羅と云います。極楽の図で極彩色の頗る美しいもの截金も沢山に使用せられ七百年も経つているのに実に剝落少なく美事なものであります。此外阿弥陀経曼茶羅、九品曼茶羅もあります。

〇毘沙門天像　一幅

普通一般に云われていますす毘沙門天図で、四天王の一つ、多聞天又普門天と云ひ北方を守護する天王であります。古い寺に持国天、増長天、広目天、多聞天の仏像を須弥壇の四方に置き、又此名を紙に書いて貼つてある本堂が沢山にあります。七福神の一つとせられたのは武装であるので取り合せの上で加えられたもので、それから福智を授けられると云う様になり福神になりました。此図は綾地に描かれ藤原時代の末の作品と云われます。

○地蔵菩薩像　一幅

地蔵尊は一般に藤原期に我国に出来た様に云われますが、仏教渡来に諸仏と共に来られ、古い寺に残っています。其から平安期迄は貴族又僧侶の間にのみ信仰があって、一般大衆の手に渡ったのは鎌倉期になってからであります。其れ以来急速に流布せられ、今日では数の上でも仏像の第一でありましよう。此図は藤原末期のもので、真向の比丘形で袈裟を着ており持物はなく変った印相をされ、台座も変っています。顔も強く、精巧な截金彩色があって八百年前のものと思はれぬ美しい図で竪六尺四寸三分、横二尺四寸五分、で我国仏画の代表的なものであります。

○押出鍍金三尊仏像　二面

押出仏像は余りどこにでも見られる物ではありません。半肉彫の型の上に薄い銅版を載せ槌で敲き出して製作したもので、原型があればいくつでも出来るわけ、大きい方が竪一尺五寸六分、横一尺一寸、法隆寺金堂壁画の西方弥陀浄土図を思い出す様な図柄であります。御物にも法隆寺にも同形のものがあり、小さい方は六寸に五寸仏像の椅像は珍らしい。脇は菩薩形の立像、その三尊共一本の蓮茎から別れた三本の蓮華の上に乗つていられます。共に推古朝の末か白鳳朝の最初に出来たものと見られています。勿論京都では当山にあるだけであります。

この外、仇英のシナ図の有名な桃李園図、銭舜挙筆の牡丹図は大作で珍らしいとせられています。この外に、袈裟張屛風、半雙があつて支那製で俊乗房と云う傑僧が仁安二年入宋し、建仁寺栄西禅師と歴遊し翌三年に帰朝、その時持ち帰つたものと云はれ、袈裟に繡仏を用いた例は少ないそうです。九条の袈裟を三曲の屛風に張られ、曼荼羅風に区切つて種々の図が現わされ、刺繡の物としては珍らしい物と云われています。特に記したい古写経や古版経等もありますが旧国宝（重美）だけでも十五点もあり、その他にも沢山にあります。

塔頭の事ども

以前は山門の両側に塔頭が三軒並んでいましたが、万一の事があつて山門を焼いてはと山門前の北西へ移転し、その後は空地とし、南側には蓮池の方へかけて「華頂友禅苑」が出来、宮崎友禅の銅像と謝恩碑が建てられ小公園が昭和廿九年に出来ました。

疏開した塔頭の中、黒門の南側に只一つ残れた「崇泰院」があります。この本堂には他宗ですが法然上人の弟子の真宗開山親鸞上人の像を安置し、その東裏には上人の墳墓の址と親鸞逆さ杉の枯木が残つています。上人は弘長二年十一月二十八日九十才で山之内角坊の地で示寂し延仁寺で火葬し遺骨をこの地に埋め、本願寺が建てられました。三百四十一年後の慶長八年十月八日知恩院境内拡張に際し、徳川氏の命令で准如北鳥部に移し、元地の名をとつて大谷と云い、後東本願寺が出来て西大谷、東大谷の名が出来ました。

家康が知恩院を拡張して諸建築をした時竹村九兵衛を普請奉行に命じ、七ケ年かゝり塔頭支院等出来上り崇泰院も此時出来上りました。九兵衛は後、竹村丹後守道清と改め石州奉行を命

親鸞上人のお墓元地

じられ寛永十二年六月十二日七十三才で没し、その法名崇泰院勝誉道清居士をとり崇泰院開基としました。本尊阿弥陀如来は恵心僧都の作で、立像二尺八寸、藤蘿を材とするので八ッ藤像と云い、九条関白兼実公が念持仏としましたそれを承元元年三月この像を親鸞上人に与へ、覚信尼に伝へられ、当院に安置する事になつたと云はれます。

知恩院宮　は今の華頂学園の地で、元白毫寺がありました。大和西大寺に属し律宗でした。聖徳太子堂があり、太子杉、太子井戸がありました。慶長に移転を命じられ下寺町六条に移りその址が華頂宮家になりました第一世は後陽成天皇皇子八宮直輔親王四才を迎え門跡としました。元和五年宮殿出来、十八才で得度良純法親王と改められました。法親王は幕府の圧迫、皇政回復等に努められ、幕府の忌避にふれ、六条郭八千代太夫と共に甲斐国へ流され、其間十六年、五十六才の万治二年四月廿

泉涌寺にある良能法親王墓

八日勅命で帰京、第二世後水尾天皇皇子栄宮を入れ尊光法親王がいられましたので泉涌寺山内新善光寺に住はれ還俗して以心庵と云つていられましたが、寛文九年八月朔日六十六才でなくなられ、泉涌寺庶民墓地に葬られました。それより第六世尊超法親王迄、此宮家に住はれまし

が、第七世尊秀法親王の時 明治維新となり 明治元年八月復飾ときまり 華頂宮博経王と申し上たげ、知恩宮家は廃絶せられ、明治十九年改め当山住職に門跡号を許されました。

新善光寺 は得浄明院と云い、華頂学園の西に正門がありその奥半町にあります。大本願善光寺別院で大本願百十八世久我誓円尼の創立で明治十五年に創立、信濃善光寺末で、本堂は明治三十七年に出来、一光三尊仏を本尊とし信濃善光寺同様戒壇廻りが出来ています。此誓円尼は伏見宮邦家親王の第三王女でありましたので、此寺におられても尼門跡同様に尊ばれ、由緒尼寺と云つております。二世は二条誓康尼、現在三世伏見伯二女、伏見誓寛尼は明年晋山式を挙げられるそうです。

一心院 は勢至堂の向側にあり称念上人の開基の寺ですが、此上人はとても豪い僧で、念仏三昧に日を送り此所に草庵を開き六時念仏を唱へ信徒が多く集り本堂も庫裡も出来一心院と云いました。天正十七年の冬の事でその後相次で称念上人の志をつぎ捨世派と称え寺を四十七ケ所も創立しましたが上人は四十二才天文二十三年七月十九日こゝに歿せられました。始め青蓮院宮尊鎮法親王帰依せられ、青蓮院護摩堂に安置してありました安阿弥作阿弥陀立像を寄与せられ本尊としておりますす。永く知恩院の別院とされていましたが、敗戦後捨世派の本山を名のりまして、近年客殿墓地も美しくなりました。

良正院 は塔頭の内でもよい寺で、黒門前北側にあり、因幡鳥取城主池田忠雄が母とく女のための香華院とし、元浩翁軒と云う寺の地を拡げ一丁四方の地に伽藍を建立し寛永元年に出来ましたこのとく女は家康の四女池田輝政の室で、二条城に滞在中疱瘡にかゝり元和元年二月五日四十一才でなくなり良正院殿智光慶安大禅定尼と云い知恩院墓地に葬りました。それで寺の名を良正院と云います。本堂、車寄、玄関は二条城三之丸にあつた建物を移したとの説があります。竹之間の襖絵は狩野山楽筆と云い維新の時勤王の士奥田万次郎が此間で自刃していました。後に真下飛泉此寺に寄寓しておりましたので、飛泉作の日露戦争の時広く唄はれた「こゝはお国を何百里」の記念碑を楼井忠温の筆で門前に建てられました。

先求院 徳川四天王と云はれた酒井忠次の庵居所で一心院五世の声誉助念の開基。忠次は文禄四年に法然上人本廟参道の石段を築き参詣人の便を計りました。慶長元年十月二十八日七十才で歿し先求院殿天誉高月縁心大居士と贈り山上墓地に葬りました。

華頂幼稚園前にある勢至丸の銅像

華頂女子学園　明治四十四年宗祖七百年御忌に明治天皇「明照大師」と諡号下賜記念に同九月元の華頂宮邸址に華頂女学院を創設し、現在短期大学も出来福寿院址へ拡張されています。運動場の一部に聖徳太子の太子水があります。

華頂伝道会館　昭和大典と高祖善導大師千二百五十年記念として元忠岸院の址に建てられ、二百八十坪昭和三年十月廿一日落成、種々な会合に使用せられています。会館の南方に童話家として有名な久留島武彦氏(八十五才)が住んでいられます。

華頂幼稚園　昭和七年法然上人降誕八百年記念に幼稚園設立の話が出ました。翌八年皇太子殿下御生誕の奉祝記念に急に話は進行して十年四月に開園し華頂会館西手に五百二坪の地に建てられ二百名の幼児を迎え、その入口には法然上人の幼児のお姿を銅像にし、両手を合掌し「わたしらの勢至丸さま」が日々良い子を守護されています。

尼衆学校　黒門前瓜生石の南にあり、通照院を改造し浄土宗の尼僧にして教師たらんとする者に必要な教育を施す……学校で、中学卒業以上の学力あるものの入学を許し、創立は明治二十一年、昭和七年頃は九十余人の生徒がおりましたがこの頃は二十余人。善光寺大本願百廿五代の鷹司誓玉尼も暫くこゝに在学していられました。

著名な墳墓

知恩院墓所は勢至堂の北裏と、法然上人本廟への永い石段の尚東、山手に総墓があります。

○徳川千姫墓 二代将軍秀忠の女、豊臣秀頼に嫁し大阪落城後本多忠政に再婚、寛文六年二月六日七十才で歿し、江戸伝通院に葬りましたが知恩院が拡張後で徳川家に対しこゝに大きい墓をこしらえたものであろうと思はれます。

○内貴甚三郎墓 京都実業家、第一世京都市長で清兵衛、富三郎の厳父。大正十五年七月十九日七十九才歿。義高院仁誉寿山竹厓居士。

○鵜飼徹定墓 知恩院七十五世、本山の重要什宝を集めた大功労者で明治廿四年三月十五日七十八才で歿、大教正順誉徹定塔とあり右側に瑞蓮社順誉上人金剛宝阿松翁大和尚とあり、別に頌徳碑もあります。

○草場船山墓 肥前の人、篠崎小竹に学び、詩文を能し明治三十年一月十六日六十九才歿。

○前川五嶺墓 前川文嶺墓、五嶺は明治九年十月十六日七十二才歿、覚眠隆次居士。文嶺は

堺招菴聾翁文嶺居士。共に画家として有名でした。

○真下飛泉墓　小学校長童話家、日露役に数多き軍歌「露営の夢」等の作歌多く、大正十五年十月廿五日歿、至心院真往飛泉居士。

○酒井忠次墓　総墓地にあり、高三間の大宝塔。羽州庄内城主、慶長元年十月廿八日歿、歳八十。塔頭先求院を建てた人、先求院殿天誉高月縁心居士、その隣に夫人の五輪塔があります、法号光樹院殿宗月九心大信女。

○本多俊次墓　膳所城主縫殿助康俊が男、寛文八年八月十一日同美作守忠相、忠将と並ぶ。

○神山四郎墓　儒者、富小路三条上に私塾を開き岡本橘仙氏も此所へ通っていたと。明治二

天樹院　徳川千姫墓

十三年四月三日歿。

○池田　督墓　徳川家康の女、北条氏直に嫁し、再婚して池田輝政室となり、元和元年二月四日二条城に卒し、その菩提の為め良正院を建立。

○霊巌上人墓　上総の人、東京霊巌寺を建て、京に来て、知恩院の今の本堂を建立しました。忘れ傘の話は別稿参照、知恩院霊巌大和尚、三十二世です。寛永十八年九月一日寂。

○伴　蒿蹊墓　近江八幡の人、京大仏辺に住み詩文をよくし近世畸人伝、閑田廬随筆の著あり、勤王家として贈従四位。閑田廬幽誉蒿蹊操山居士。文化三年七月二十五日七十四歿。

以後の墓は一心院にあります。

○鈴木百年墓　画家。子に万年、松年あり。明治二十四年十二月二十六日六十七歿。

○田中歌永墓　漢医、歌人、九条家待医明治三十年三月五日歿七十六才、春巌院東壽居士。

○横田永之助墓　活動写真時代横田商会を作り、尾上松之助、衣笠貞之助の映画をとり日活をつくつた映画界の功労者。昭和十八年三月十八日歿、光照院豊誉永信居士。

○高　芙蓉墓　大島孟彪が本名。甲斐の人、京に上り儒者で画もうまくとくに篆刻を能し、大雅堂などに交り、後江戸に下り天明四年四月二十四日歿し六十三才。東京小石川無量院に葬りましたが在京中自ら墓石に「芙蓉居士墓」と刻つておいたのがこの一心院にあります。

○墨隠、繍蝶墓　大亦墨隠は学者にして書家、繍蝶はその夫人、南画が上手でした。墨隠は明治十四年一月十六日六十五才で歿、夫人は明治十三年一月十日六十四才で亡くなりました。

○松本あい墓　祇園甲部でならした井上流後見人。片山あいを家元の養女とし第四世八千代をつがせた。多くの名士を知り大御所であつた。明治二十年十五才で舞妓に出て以来八十二才で昭和三十年六月廿三日歿。華曜院釈尼愛念。松本さだの名で知られていた。

○沢田一斉墓　二条の本屋であつたが岡白駒に学びシナ小説の訳述で知られた人。天明二年二月二十四日七十七才でなくなりました。

○塩川文麟墓　岡本豊彦に師従した画家、字は子温、雲章又木仏道人と号しました。明治十年五月十一日七十才で歿。

○出雲房次郎墓　先斗町廓の取締。鴨川踊に民謡をとり入れた人で先斗町発展につくしました。昭和四年六月廿三日歿。忠誉義心房雄大居士。

こぼれ話

○為恭筆境内図　大和絵の大家冷泉為恭筆の知恩院境内図があります。細長いもので本山諸建物から黒門前の塔頭も皆かゝれており、一部に署名してあります。境内図は参詣者の多い社寺には何処にもありました。今の絵はがきや写真帖の様なもので、本山詣のお土産にしたものです。知恩院にも三種ありますがこの為恭のものには大鐘楼の上に五重塔が描かれています。知恩院の記録にもありません。恐らく為恭のかきました時、五重塔建立の話が出ていたので、かいてしまつたのではないでしょうか。それが何かの都合で中止されてしまつたので、この図だけにかき残されたものと思います。然し筆者が有職故実に詳しい人であつただけに、後世この人を信用して五重塔が幕末に現存していたと見られると厄介な事になります。為恭ともあろう人がウソを書いた事になりますが、この経過はわかつていません。

○御忌　開祖法然上人のなくなられた日の法要を云い、現今より昔の方がはるかに盛大でありました。二百七十二年前に出た黒川道祐の「日次記事」一月十九日の項に「今日より二十五日に至り浄土宗四箇本寺末寺の僧徒を聚開山法然忌を修む、是を御忌と称す。知恩院方丈に後柏原院の勅書に御忌の字あり、京極誓願寺、粟生光明寺も御忌を修む。西九条の農民四箇本寺之厨に水菜を贈る、中古西九条村に疫癘大に行はれ、法然上人禁厭之法を修められ之に依つて一村其災を免る、故報恩之微意也」とあります。又、安永九年刊の都名所図会巻之三に「毎歳正月十九日より一ケ七日の間大法会あり、勅命に依て御忌と称し、音楽の妙なる声は聖衆来迎の思をなし蘭麝のかほりは布金(みて)に満り、法筵の中日知恩院法親王御焼香あり、寺務の大僧正を初末派の衆僧大会の坐列を正し、敬礼渇仰の分野去此不遠の極楽浄土、是皆大師の厚徳顕然たりし謂なりけり、洛陽の貴賤袖をつらねて雲の如く群衆するを、俗に御忌の衣裳くらべと名づくるなり」一月の寒い折りから、衣裳くらべも大変でしたでしょう。

なには女や京を寒がる御忌詣　　蕪村

それで明治十一年から、花の四月に変更しまして四月廿五日を大師御忌日と定め、十九日から大梵鐘も撞かれ廿四日迄は毎日各国末寺の住職が交互に唱導師をつとめ、廿五日は門主が導師をつとめます。近来は遠国からこれに参列する信者も少ないらしく、新聞も余りかきません。

○大遠忌と六斎念仏　五十年目毎に宗祖の大遠忌が行はれます。本堂前広場には露天舞台が出来、こゝで末寺の光福寺（干菜寺で知られています）から六斎念仏の一行三、四百人が烏帽子素袍の男が金銀箔が張られた太鼓を持ち、裃や羽織袴で鉦鼓を敲き、京の市中をねり歩き、この本堂前舞台で六斎念仏を奉納する事になつております。七百回忌が明治四十四年に行はれ昭和卅六年には七百五十回忌を営まうと計画せられています。普段光福寺の六斎は行はれませんが是非此時にはやつてほしい行事であります。

○年中行事と御身拭会　元日の修正会に始り二月十五日涅槃会、三月の春の彼岸法会、四月八日は灌仏会、四月の御忌、五月廿日元祖降誕会、八月十五日盂蘭盆会、九月秋の彼岸会、十月廿三日―廿五日万部会、十一月十五日十夜法要、十二月廿五日御身拭会を行はれておりますが、現今の京の年中行事には殆んど記されておらず、僅かに四月の御忌と十二月の御身拭会が紹介せられているだけであります。

御身拭会は、今まで十二月二十日に法然煤払いと云うて行はれていましたが、近年廿五日に改め、華頂、家政の女学生の参詣もあり盛大に行はれる様になりました。（本双書第八輯「師走の京都」参照）本堂正面の大厨子内に安置してある。法然上人の木像を下の壮厳台に移し、門主の手で羽二重の裂で全身の埃を拭はれ、その間絶えず一山僧侶の誦経が行はれ、大厨子内も役僧が掃除し再び元へ安置せられるのであります。

○節分会　今はやっていませんが、節分の夜、年男が大きい杓子を刀の様に腰に挿し「福は内、鬼は外」と豆を打って歩きます。うしろから下男が大団扇であおぎ「御もっとも御もっとも」とくりかえして広い建物を廻ったものだそうです。

○女坂　三門を入ると急な石段があり、これを上るのは女老人は大変であります。この門が出来て二百年後、文政五年近江日野の巨商中井源左衛門良祐と云ふ人がこの石段の困難なのを救はんとその南方に私費を投じて現在の様な石畳の段をこしらえ南坂又は女坂と云ふ様になりました。

この中井は柳馬場三条上ルに店舗をもち、某大名の御用商人となり諸社寺に寄附し、同じ年九月鐘楼へ登る石段、その十一月にこの女坂の石段をこさえて寄附をしました。この人はこの外大津街道の車道を敷き、蹴上の道が暗いので石灯籠数基を建て、公益のため尽くしました。

心学者だつたそうです。その子孫は糸商として御池通や今出川通へ進出しましたが、今は日野に引上げていると云います。女坂の北つらに、鐘楼坂の登口の石に彫文があります。

○鎮守八幡宮　三門南東の池に架つた石橋を渡ると石段があり、登ると拝殿があり西向の宮殿は二十九世満誉大僧正の勧請で中央に八幡大神、相殿に天照大神、春日山王熊野の神を祀りました。後応誉上人愛宕、弁財天を合祠し七座となりました。この祠の茶所として太田垣蓮月尼にゆかりのある茶室真葛庵があり、毎月三日お釜をかけています。

○茶店と塩昆布　南門を入つたスグ右手に一、二軒の掛茶屋があつて、参詣客が休憩に入つたら必ず塩昆布の入つた茶を出してくれました。私は子供の頃、この店で休みに入るのを何よりの楽しみにしていました。こゝの主婦も愛想よく迎えられ顔馴染になりました。

表紙写真

七不思議の一つと云われています三好清海入道使用の大杓子
（京都新聞社提供）

昭和三十三年四月十日　発行

〔価　三百円〕

著者　田中緑紅
京都市堺町通三条下ル

代表者　鳥居郊善
印刷所　協和印刷株式会社
電⑥三九四四・六七二八

京都市東山区東大路松原上ル
安井金比羅宮内
発行所　京を語る会
電話⑥五一二七番
振替大阪三七三五五番

緑紅叢書

第一輯	町町の伝説　その一	百二十円
第二輯	京社寺俗称	百五十円
第三輯	祇園会余聞	百五十円
第四輯	京の送火　大文字	百二十円
第五輯	京の怪談	百三十円
第六輯	京の町名のいわれ	百三十円
第七輯	京の京の大仏っぁん	百三十円
第八輯	師走の京都	百五十円
第九輯	京のお宮めぐり	百三十円
第十輯	京の話あれこれ　その一	百三十円
第十一輯	知恩院物語　上	百三十円
第十二輯	知恩院物語　下	百三十円
写真集	なつかしい京都	八百円

《復刻にあたって》

一、本復刻版は、田中喜代様所蔵の原本を使用しました。記して感謝申し上げます。

一、復刻版には、借用した原本の都合で初版と再版が混在しています。また、原本奥付に紙を貼付して新価格を表示している場合もそのまま復刻しました。

一、文中に、人権の見地から不適切な語句・表現・論、また明らかな学問上の誤りがある場合も、歴史的資料の復刻という性質上、そのまま収録しました。

一、表紙の背文字は、原本の表示に基づいて新たに組んだものですが、一部訂正や省略をしました。

緑紅叢書　復刻版
第1回配本（全26冊）
知恩院物語 下〔緑紅叢書12〕
2018年10月31日　発行
揃定価　39,000円+税
発行者　越水 治
発行所　株式会社 三人社
京都市左京区吉田二本松町4　白亜荘
電話075（762）0368
乱丁・落丁はお取替えいたします。

コード　ISBN978-4-908976-84-1
セットコードISBN978-4-908976-72-8

緑紅叢書

第二年第一輯
第十三輯

若葉の京都

田中緑紅

はじめに

五月の京都は祭の多い月です。春祭ではなく初夏の祭ですが京の人は春祭のつもりらしいです。秋の十月も多いです。ここに三十六項目あげました。大きい氏子地域を持つ稲荷大社、松尾大社、藤森社、今宮社、上下御霊社、新日吉社それに優雅な葵祭、御蔭祭、古風な上賀茂競馬、とても此小冊では詳しく書けませんが一通りは記しました。写真は半分を京都新聞社から提供して頂きました。こうしたものはどうしても写真説明の方がわかり易いです。

日の変更の多い事は、こうした記録を書くものには閉口しますが、止むを得ない変更もあります。秋に変更したもの、逆に秋から春に代つたものもあります。

資料や写真を貸して頂きました方々に御厚意を御礼申します。

昭和三十三年四月二十八日

目次

五月一日

上御霊祭　　上御霊神社

上京区上御霊前烏丸東入

八所御霊とて冤罪を蒙り亡くなつた方々の怨霊が天災地変疫霊と化して世に災害をするのであると信じられ、皇室、公卿を始め大衆の人々迄これ等の人々を祀り、その霊を慰める様になりました。清和天皇の貞観五年五月二十日、神泉苑で、これ等の人々の御霊（みたま）を祀り種々の花果を供え、近侍の児童や上流の家庭の子弟等が唄をうたい、舞を舞い、公卿衆も沢山見に来て盛んな御霊会が催されました。これが御霊会の最初で祇園御霊会より御霊社の方が少し早かつた事になります。朱雀天皇の天慶二年勧請と云われます。後世相殿に四柱、若宮に一柱を祀り十三柱を祀つています。皇室の産土神として歴代の庇護がありました。それで沢山な宝物も天皇皇后宮家よりの寄附の物多く古文書もいろいろあります。

昔は七月十八日神輿迎（神幸祭）八月十八日が御霊祭（還幸祭）でありまして風流祭礼と云われ、明治維新迄神輿が今出川御門前を通御の時御所朔平門に神輿を奉安し天皇の御拝がありま

上御霊祭　　神輿出御

した。広小路寺町東入北側に中御霊と云つた御旅所がありましたが明治四年に廃せられ民家となり立命館大学になりました。

祭礼行列は五月一日の神幸祭も十八日の還幸祭も同一で神輿三基、指鉾は十三本もありその何れもが皇室下賜となつているのがこの祭の特徴でありましよう。

行列（鉾の下は寄附せられた

天皇等の名）

先導—氏子総代—先払—太鼓—

御旗—獅子—榊—太刀鉾（伏見天皇、永仁二年）—竜鉾（一に劔鉾）（後花園天皇、永享三年）蓬萊鉾（一に松鉾）（後土御門天皇、文明二年）—枝菊鉾（正親町天皇、永禄四年）—矢的鉾（後桃園天皇、安永四年）—鯱鉾（一名蟹鉾）（後水尾天皇、元和九年）—菊鉾（東福門院、寛永二年）—亀鉾（明正天皇、寛永十二年）—紅葉鉾（新広義門院、寛文九年）—宝鉾（東山天皇、元禄七年）—牡丹鉾（桃園天皇、宝暦十一年）—鷹羽鉾（源昭院、享保二年）—柏鉾（有栖川宮、明和三年）—幸鉾八本—八乙女八人—祢宣（騎馬）—金棒—御弓—御箭—御循—御鉾—御劔—一鼓—楽人—荷太鼓—御翳—御錦蓋—鸞鳥—御神馬—御菅蓋—童子—御車（後陽成天皇寄附）—掛杖—掛竿—替牛二疋—神事奉行旗—氏子総代—御神輿（小山郷奉舁）—御神輿（今出川口奉舁）—御神輿（末広組奉舁）—宮司（騎馬）—氏子総代

道筋　一日の神幸祭と十八日の還幸祭とは別な道を巡行せられ、二年間は共に別のコースをとり今年の道筋Aは再来年同じ処を通り、Bは来年通る様二組にわけられています。午後二時出輿され、一日は大体北方東方へ、十八日は南方西方への巡幸になります。

五月一日

上賀茂競馬会足汰式（あしぞろえしき）　北区上賀茂　別雷（わけいかづち）神社

我国最古の競馬で、往古武徳殿で馬を競馳して勝負をきめ、奏楽し、賞を賜わりこれが一つの儀式となりましたが、中絶されてしまいました。それをこの社で催す様になりました。堀河天皇の寛治七年（八百三十年前）に天下泰平五穀成就の祈願として行われ、十番二十四の馬料として諸国の荘園より呈出せられ、競馬後陵王、落蹲の舞を奏せられました。中世以後この荘園も消え応永八年足利義満が参観後各将軍武家が参り馬匹馬具を献じ、徳川時代は京都所司代より年々二頭を始め皇族摂関以下公卿も参観に来て種々奉納しました。明治になり二年五月三日神祇官より、「賀茂競馬は武徳殿の形儀を移されたるものなれば、永く当社に於て保存すべし」との沙汰がありました、現時は旧社領その他の村落より二十頭の馬を集め、旧社家の者が乗尻（のりじり）（騎手のこと）として継続しております。その乗尻の装束は左方は打毬、右方は狛桙の楽服を着ますが古来宮中より寄附せられる事になつています。

一日は宮司以下所司代、目代、後見等が馬場殿に座し、走馬の年齢、毛附をきめ、其早いおそいを走らして見ます。これを九品にわけ、五日当日の番立をきめます。馬の順位は左の如く昔は各荘園より牽立ましたので、二番以下はその優劣と荘の順位によつて番立を定めます。一番目だけは嘉例として倭文庄を左方、金津庄を右方とし、必ず倭文庄が勝つ事になつています。

足汰御馬番立

一　番　美作国倭文庄　　二　番　加賀国金津庄　　三　番　播磨国安志庄
四　番　能登国土田庄　　五　番　阿波国福田庄　　六　番　美濃国脛長庄
七　番　近江国舟木庄　　八　番　若狭国宮川庄　　九　番　淡路国淡路庄
十　番　出雲国出雲庄　　十一番　備前国竹原庄　　十二番　備後国山田庄
十三番　山城国奈嶋庄　　十四番　丹波国由良庄　　十五番　和泉国深日庄
十六番　周防国伊保庄　　十七番　伊予国菊万庄　　十八番　尾張国玉井庄
十九番　伯耆国星川庄　　二十番　三河国小野田庄

五月三日

神泉苑祭　　中京区御池通大宮西入　神泉苑

平安京以来その儘の個所はこの神泉苑、六角堂、堀川その後に東寺だけであります。神泉苑は大内裏外東南の地に南北四町東西二町の大きい禁苑であり、天皇はこの地に竜首鷁首の舟を浮べ曲水宴、狩猟、遊宴、弓射等の催を再三行われ、祈雨の法を弘法大師がこの池畔に祭壇を作り、善如竜王を修法で招き雨を降らしたと云われ、それ以来竜王を祀る事になりました。あの有名な祇園会は千百九十九年前貞観十一年悪疫流行の時祇園の神輿を舁ぎ六十六本の高さ二丈の鉾をもちこの池で御霊会を行い疫病を封じ込めました。これを祇園御霊会と云いました。それで祇園会はこの神泉苑から起つたと云えましよう。そうした数々の説話をもつこの苑池も度々の変遷により只今は一丁四方、十五分の一になつてしまいました。今日では真言宗東寺末の寺院となつていまして、旧八月一日に八朔祭が行われて来ましたが、明治以後五月一日を祭日とし、善如竜王を神輿に移し、神事行列が出来、住職は緋衣燕尾帽姿馬上で神輿に供奉します

神泉苑祭　　神輿と住職の供奉

が、一寸他に見ない例でありましよう。この列は昔の神泉苑境域、氏子信者の地域を巡幸する事になりました。昨三十二年度から五月一日より五日間祭日とし、三日の祝日を巡幸日と改めました。午後二時出発します。

遠見―太鼓―榊―金棒―乾学区供奉―朱雀第一学区供奉―教業学区供奉―唐櫃―若中組旗―若中役員―輿長―神輿―住職―世話人―信徒一同

この日午後一時、真言宗総本山東寺僧侶出仕、本堂で大般若経六百巻転読祈願をつとめ、二時稚児の拝礼及びお練りを東班、西班にわかれ神輿とは別に巡行致します。午後二時本殿前に祭典を行い三時神事行列は神輿と共に巡幸します。

巡幸順路　神泉苑出発　御池通西―女学校前通北―押小路西―千本通南―御池通―女学校前通南―姉小路西―千本通南―三条通西―神泉苑町因幡町南―蛸薬師東―大宮通北―御池通東―岩上通南―四条通西―大宮通北―三条通西―神泉苑北―押小路東―大宮通南―御池通西―神泉苑え戻ります。

この祭日五日間、六十年前に壬生寺より分離しました神泉苑無言狂言を、境内東側の狂言堂で午後一時より六時迄、毎日五六番の狂言が催され、特に二、三、五日は夜十時まで執行されます。神輿と共に三若組の人々が奉仕しております。境内外は一杯の人出で露店も沢山に並び五日共大賑いであります。

五　月　三　日

小楠公鎧着初式

右京区嵯峨　宝　筐　院

楠正行は若くて戦死をし南朝の忠臣と云われ敵足利義詮は、敵ではあつたがアッパレな若武者だから、目分亡きあと正行と墓をならべよと云い、その首級をとつてこの地に埋め義詮の墓と並んで現存しています。正行の首塚と云うものは木幡にも残つています。

そうした縁によりこの宝筺院に小楠公会が出来昭和十年五月五日私の友人であつた伊吹蘇石氏の援助によつて新らしく大鎧を作りその着初式と出陣式を兼ねた式を行いました。南北朝の頃は胴丸腹巻を主として用いましたが、鎧と云うと大鎧が立派でありますので、主将の儀式としてはこれを着用するにこしたものはありませんから、大鎧を作つてこれを着ける事にしました。式の次第は吉服にて口祝献上物披露などの儀を行い盃事が終りますと中門郭より乗馬で庭上を三周し、一同甲冑を脱し鎧親以下に引出物を出し祝宴等の儀を行うのであります。此所では諸事略されていますが、鎧親、役人、介副などが鎧直垂の上から次々梨折烏帽子、鉢巻、守袋、左韝、脛巾、脛当、頬貫、小手、脇楯、腰刀、太刀、箙、扇、末弭(うらはづ)等を着けたり結んだり、出来ると起床弓杖をつき七足反開左に廻り床几につきます。鎧親、前に進み出て賀詞をのべ、前に机を置き肴物(三宝に打鮑、勝栗、昆布、盃箸)をのせ、陪膳銚子を持て酌をし盃をあげ、肴など一切を退きて式を終ります。

五日に催されて来ましたが本年から三日に改めると云う事です。以前鞍馬で義経元服の式を行われましたが永続しておりません。武家の儀式ものは少ないですから、年々催して有志に見せてほしいものです。

五月五日

上賀茂競馬の儀

北区上賀茂

別雷神社

天下泰平、五穀成就の祈願の為めに堀河天皇の寛治七年に始まつたと云います。一の鳥居から二の鳥居の芝原に埒を作り、中央上手は東側に頓宮を作りその南に神職の幄屋を設け、一郭としてその西に鉾五本を立てます。埒の西側は桟敷が並び、昔は武家の観覧所ですが今は招待席と有料観覧席となつています。東側のズート後方には高台を作りこれを階下と云い、横に高い脚立を置き、青竹が立つています。ここには後見が立つて青竹で体をささえ勝負を見ます。階下には黒の袍を着た念人（ねんじん）（黒方の総取締と云つた役）が扶持（ふち）と云う役人二人と座ります。赤方は出発点の五十米程の処に階下を作りここに赤袍の念人が黒方と同じ様につめます。ここに

上賀茂競馬　頓所と神職幄屋

は桐の木が植わり、出発点は桜、決勝点は楓が植つております。

当日早朝乗尻（騎手）二十人は浄衣浅黄差貫で潔斉して催奉行から競馬の廻文をまわし、乗尻は装束などを点検し受取ります。乗尻は菖蒲、鋲鞭、蝙蝠を帯して馬場殿の西庭に列びます。頓宮へ神霊を移し、乗尻はこの矢来の内へ入り蹲まります。第一の番左右が、御前に出まして拝礼し、菖蒲で屋根を葺き、次に左右菖蒲の根合せ取替をします。こうして第十の番迄同じ事をくりかえします。乗尻等は本宮へ参り、棚尾社の屋根を葺き根合せ取替を、本宮前でも同儀を行い境内摂末社を巡行します。これを菖蒲根合之儀と云います。

午後一時乗尻二十人（欠掖、裲襠、差貫）は潔斉し近くの社庁址の小学校に集り、馬に馬具をつけ門前に並びます。扶持（水干）は各十頭宛馬を祓い、乗尻は乗馬左方一番から順次庁舎に向います、左右の念人（束帯）は後見（狩衣）以下を引具してここに集り一同陰陽大夫（衣冠）の祓を受けます。殿上に念人を先頭に向い合つて並び酌人は千鳥についでまわり乾盃、乗尻には勝栗を配ります。この儀がすみますと手を洗い乗馬左方乗尻は一鳥居の東に西を向き、右方乗尻はその前に東向きます。輪を作ります。これを月形乗と云います。ここで皆下馬し、念人を先頭に左方は東側一の鳥居から参進し二鳥居前で陰陽大夫がこれ等の人々を祓い、この鳥居から弥宜橋、玉橋を経て楼門内に入り左方念人乗尻は御𥖚屋前の下屋敷に着座し、右方念人乗尻一同は楼門西廻廊に待機します。左方乗尻は大きい幣を二歩前進して神前に力強く振り再拝して次の者に渡し元の座につき、十人は次々と繰り返します、最後に念人がこの大幣をもつて小庭に進み、祝詞し昇殿して御扉に幣を寄せかけ一同退き右方と代り同じ儀を行います。特別参観者は東の柵より入り東方の席でこの儀を拝観しますが古風な味のある儀で、競馬以外にこんな行事も見てほしいものです。

競馬　上賀茂社

退出しました人々は馬場末で乗馬し埒中を九折南下し、楢小川の西岸に西向にならび、下馬して休幕に入り念人は幄の座につき、右方は東向に並び休幕に入ります。神主、所司代、目代(何れも束帯)は頓宮南の幄屋につきます。これから競馬になりまして、警固二十人（少年が具束をつけこれをモクリ、コクリと云い）警棒を持ち袢帯刀の肝煎（きもいり）（役名）を先頭に埒内を歩きます。第一の番（つがい）が、埒に入り、肝煎が先きに立つてこの馬の足ならしの様な事をくるくると大きく廻り一廻毎に念人は鉦を打ちこれを三度くりかえし巴、小振等の儀がすみますと左方が馳け出します。頓宮前の勝負鉾前を過ぎます時、念人は太鼓を打ち、右方が走り出します。この第一番だけはこうした儀式的な馳け馬で左方が勝つ事に決まつています。勝者は念人の階下の前で勝負を確かめ頓宮埒の入口で禄(ろく)を受け、肩にかけて頓宮に詣ります。第二の番(つがい)から定式通りの式作法通り出来たか、出発時馬は揃つたか決勝はどうだつたか、左右の念人の間で意見が合うと赤と黒の扇子で勝者を現わします。五番の勝負が終りますと頓宮前の鉾を五本伏せ倒し、モクリ、コクリは再び埒内を歩きます。かくて十番共終りますと、神主以下委く、庁舎に集り直会(なほらい)を開きこれで一切の式は終ります。

時代は変遷しまして、上賀茂辺も農家が減じ馬もいなくなり、遂に本年は十二頭しか揃いませず六番しか勝負が出来ません。それに社家の人々も乗尻に出る人がいなくなりこの点も悩みの種になつて来ました。社では古い伝統を守つていられますが、特例を認めこれも保存会を作り市始め有志の人の援助を得て永続してほしいものと思います。

五月五日

藤森祭

伏見区深草鳥居崎町

藤森神社

京都が出来るより三十年も古に出来たお宮だと云われますだけに氏子地域も広く下京塩小路から伏見住吉学区に及んでいます。

此社の祭には鎧武者が出ます。それが室町時代には既に五月五日に催されていましたので、菖蒲の節句に武者を飾るのは藤森社の祭から始まつたものとの説も出ています。又天応元年蒙古軍襲来の時、早良親王は勅を奉じて征伐に向われる時、当社に祈られて敵軍を大いに破られたので、此祭には甲冑武器を身につけて出るのであるとも云われます。

この祭は深草祭とも云いまして、氏子の町が多いので行事は種々に分かれ神輿も三基あり祭神も十二柱も祀られています。扨て五日午前八時本社で式典を行われ、九時神輿渡御になるのですが、その行列は

一、朝渡行列（早良親王東征の行装と云います） 先払、榊、先箱、毛槍、台傘、立傘、大鳥

毛、脇武者、先大将、乗馬大将数名、兒馬、朝渡大将、殿り大将、吹貫、御旗、釣台、傘籠、綱引

二、皇馬行列（清和天皇勅諚深草祭行装）　町旗、先払、先箱、毛槍、大鳥毛、台傘、立傘、鐘太鼓、脇武者、先大将、乗馬大将数名、兒馬、御幣、皇馬、殿り大将、御旗、吹貫、釣台、傘籠、綱引

三、御弓行列（宝祚延長藤原昌栄蚕目祈願の行列）

四、駈馬行事（早良親王東征擬勢の行装）　数年前迄は午前午後に渡り区内十ケ所程で曲馬が行われていましたが、道路はコンクリートになり、交通要路で乗物がくると走れない等々の故障で、神社南馬場で行う事に変更せられました。騎手は赤いシャツの上から網襦袢を着て、下は紺の股引、白地銀杏模様の帯をしめ、豆絞りの手拭で鉢巻をし桃色の襷をします。頭には経五寸位の竹皮のバッチョ笠をチョコなんとつけ、片手に日の丸の扇子、足は草鞋又地下足袋と云う服装、南端石鳥居から拝殿に向つて小一丁の間を走り馬の鞍に足をかけ逆さになつたり、馬上で杉立と云う逆立ち、馬上で身をひるがえし両手離しての仁王立、敵の矢に

当つたと見せかける横乗の藤下りや、敵がくれ、矢の飛んでくるのを馳け抜ける手綱くぐり、後向けに乗つた地蔵乗りを「ハイヨーッ」と勇ましい掛け声で走ります。絵馬舎には五つの曲乗の図の絵馬があります。見物

馳馬　藤森祭

衆は両側竹垣内で見ます。

五、払殿(はつて)行列（神功皇后征韓凱旋纛旗神祀の行装）先払、先箱、毛鎗、大鳥毛、台傘、立傘、鐘、太鼓、脇武者、先大将、乗馬大将数人、払殿馬、殿り大将、御旗、吹貫、釣台、傘籠、綱引、

六、稚児行列大榊、金棒、神主、鐘太鼓、男武者、稚児、女児稚児数人、神主、傘籠

こうした列が氏子の町々を、一つに纒つて行列神輿とつづかないのはこの祭の特徴でしよう。神輿も別行動をとつています。神輿はこの社の元地と云う伏見稲荷楼門前へ入つて行きここに稲荷社から献供があります。この時神輿供奉の人々は「土地返へしや、土地返へしや」と叫びますと、楼門前で稲荷の人々は「今お留守、今お留守」と云うのであると云われ享保十年代の刊行の「山城名所社寺物語」の挿絵にこのこと事を書いています。これは稲荷の神は三ツ峰山上に祀られ、今の処は藤尾社があつたのを永享十年藤森に移り、その後へ稲荷大社が降りて来られました。それからこうした土地を借したので返えしてくれと云う話が生れたものでしよう。この外滝尾神社では奉幣献饌ノ儀を、又泉涌寺で同寺から献供の儀を行われ、この日は夜に入つて本社へ戻られる事になつています。

一時六月五日に日の変更がありましたが昭和二十七年こどもの日と定められましたので、再び元の祭礼日のこの日に改めたのであります。

五月五日

今宮神幸祭

北区紫野今宮町　今宮神社

今宮社から大宮のお旅所へ行かれる行列ですが、十五日の還幸祭の方が中心になり、一般人も今宮祭は十五日と思つています。午後二時出御

先駆神職　車太鼓、竜鉾、葵鉾、沢潟鉾、牡丹鉾、柏鉾、松鉾、菊鉾、扇鉾、八乙女旗、八乙女傘八人、獅子二ケ、真榊、伶人、楽器、幸鉾、神宝、御幣、辛櫃、菅翳、菅蓋、錦蓋、鷺鳥、神馬、唐鞍、灯明講員、牛飼童子、御車、替牛先御輿、中御輿、大宮神輿、神職、神事委員

道順　本社西参道を西、鷹ケ峰千本通南へ、北大路東、旧大宮南、社通南、芦山寺西、千本南、寺ノ内西、七本松南、今出川東、千本北、寺之内東、大宮通北、今宮御旅所に入御

行列の人々は神輿だけ残し他は本社へ戻ります。これから十五日還幸迄連日、御旅所境内は勿論この附近は茶店、酒店、見せ物、パチンコ、金魚釣場等大混雑をします。昔からここの賑は西陣界隈娯楽の書き入れだつたのです。

五月五日

新熊野祭

新熊野神社

東山区今熊野椥の森町

東山通鉄道線辺から南を見ると右手に大きい樟が見えます。そこが新熊野神社であります。応保元年十月十六日（七九八年前）後白河上皇の勅願で、紀州熊野権現を勧請し、用材を熊野から搬んで建造せられました。大樟はその時からあると云われます。又椥だの説もあります。祭礼は古くから行われていましたが近年鳳輦が出来、行列は氏子区内を巡幸します。

先駈―先太皷―お鳥―道具方―武者組―稚児組―子供裃組―神事当町大榊―伶人―副斉主―御鳳輦―斎主―氏子総代供奉―各町内供奉

当日午後一時過ぎ本社出発東山線を北へ―旧山科街道を経て、辷石まで、山科街道を西へ、剣神社に至り東山通に出て南へ、泉涌寺道を東へ、再び東山通に出て少し西へ六時頃本社還幸。

熊野社の象徴は烏です。熊野牛王は烏で文字を書いてあります。誓紙起請文はこの牛王の裏に書き、それを守らないと熊野の烏が一羽死ぬとの俗信があります。

本行列の先頭に持つて出ますお鳥は羽根を広げていますのとすぼめていますのと二羽で、口には御幣を喰えていまして三本足になつております。

五月五日

七里祭

左京区一乗寺修学院一帯

左京区山麓の町々ではこの日氏神祭を行います。一乗寺の八大天王神社、祭神は素盞嗚尊、稲田姫命、八王子、一乗寺村一体の氏神で、下り松で宮本武蔵が吉岡方と決闘した時、裏をかいて、下り松東手の山にあるこの八大天王社に詣り、背後より顕われて吉岡方を狼狽さした話があります。詩仙堂の東上手の静かな神社であります。

鷺森神社　修学院村の鎮守で森の社と云つた感じのするお宮で、西部には一丁余の馬場があり祭礼の日ここで馳け馬があります。祭神は素盞嗚尊一柱で一に鬚咫天王と云つております。御神体は平安朝の木彫だと云われます。

崇道神社　上高野西明寺山にあつて高野一帯の氏神で早良親王をお祀りしております。

今は以上三ケ社になつていますが、以前は七里とて一乗寺、豊楽寺、藪里、修学寺、白川（一に大原に作る）山端、高野の七村を云いまして各村の氏神祭を一様に七里祭と云つています。三月五日ですが、今日五月五日に行います。村中の青年が化粧襌を着け神輿を舁ぎ、皆口々に「さんやれ、さんやれ」と高唱しもつて形をかしく尻を振りつつ練り歩きます。それで尻振祭ともいいます。さんやれはサア遣れの説、「幸有れ」の訛の説があります。「年中行事大成」三巻三月五日項、七里祭比叡山西の麓七ケ村生土神の祭なり所謂一乗寺村豊楽寺村祭神八大天王（祇園三座の内八王子）、藪里村祭神比良貴天王（神輿一村に一基宛あり）祭式古えお旅所の地なりとて田圃の中に竹を立注縄を引て旅所とし神輿渡御はその神慮にまかせ田圃の中を構わず作物を踏荒し横行に渡御あるなり先一乗寺豊楽寺の二基を舁て社を出る。この時藪里の神輿道を替て同じ旅所に渡御あり、両祭とも竹の先に色紙を切付てこれを踊鉾と称へ児童等を先に立て「さんやれ、さんやれ」と諷い、太皷鉦に合しをどり囃す。神輿を舁ぐものも同じくこれを諷う各祭鉾を出す旅所に於て神供の事あり。

修学寺村祭神鬚咫天王、神輿一基竹の頭に扇三本を付て前駆す。又競馬あり。騎者色紙の装束を着す。祭礼前に同じ。

小原村祭神姫宮明神、山端村祭神、修学寺村に同じ、神輿各一基式前に同じ。

高野村祭神、早良親王、神輿一基布鉾とて竹を十文字に組みこれに晒布を六流にかけて先に渡す。次に祭鉾二本御供櫃は婦女子是を戴き旅所に至り神供を献ず。神人黒袍を着し騎馬にて供奉す。競馬あり前に同じ。

町になりましたが、昔のまま氏子は熱心に世話し、三ケ社銘々元の村内を巡行し、半裸に相撲の化粧廻をして尻振りを見た事もあります。鷺森神社ではその西の馬場で馳馬をしまして、土地の人々が両側の堤から見物し数番つづきました。私は十数年前に見ましたが、それぞれ渡御をやっているものと思います。

五月五日

歩射神事　左京区下鴨　御祖神社

葵祭の前儀として、この日午前十時頃より本社で祭典を行い、それから楼門前で烏帽子、直垂(したたれ)の服装で奉仕者六人が二人宛一組となつて、払式、三度弓、鳴弦、蟇目などの儀式を行い邪気を払います。

五月六日

愛宕雷神祭　愛宕神社

右京区愛宕山

愛宕社は鎮火の神としまして関西の守り神様であり、愛宕権現として以前は月詣りをしたものです。ケーブルカーがありました頃は毎日賑いましたが、戦争の犠牲で取り除かれトント淋しくなり、真の信者は徒歩五十町を登らねばなりません。その火伏の神は本殿でなく、奥殿の若宮に祀る迦遇槌(かぐつち)神、雷神、破旡神を云います。この日特に雷神祭を催し雷きらいの人はその災疫を免かれとお詣し、電気事業者は商買繁昌を祈ります。以前は五月七、八、九の三日間、花祭として参詣したものであります。

五月六日

石楠花祭　峯定寺

北区花背原地町

鞍馬の奥、五里、寺谷川の畔に大悲山峯定寺があります。老杉茂る後ろ山は巨嵓重畳、その間には美しい石楠花が乱れ咲いています。三丁登りますと清水寺の様な舞台のあります本堂があり、十一面千手観音を安置し、国宝重美も数々あり全く仙境です。この山を北大峯と称え修験籠山で行場があり、一百尺の大岩に四十尺の鉄鎖があり蟻の戸渡、西の覗を経て峻坂八丁、頂上の鏡岩に達します。その間密林と石楠花の群落、奇岩怪石が次から次に現われます。この日正午本堂で童子が石楠花を仏に献じ行場の戸開を行います。

五月八日

満足稲荷祭　満足稲荷神社

東山区東大路三条上ル

秀吉は伏見城内に稲荷神を祀り、人臣を極め満足をしたのでこの名がつけられ元禄六年今の

八　乙　女　　満足稲荷祭

地に遷座されました。

当社の祭礼は古く宝暦の始め頃四月八日に行われていましたが、明治に入ってから五月八日と改め、この外に二月初午祭、十一月八日火焚祭が行われます。

太鼓―真榊―猿田彦―獅子―社旗―奉行―賛者―八乙女―伶人―金幣―銀幣―御弓―御矢―御楯―御楯―御太刀―幸鉾―幸鉾―御神馬―御唐櫃―旭講社供奉―荷太鼓―荷鉦鼓―楽人―御差羽―御差羽―御鳳輦―神職―氏子供奉―御神輿―宮司―氏子総代

この祭例では稚兒の八乙女が千早と云う小忌衣の類で、神に仕える少女がかけた襷のたぐいのものをかけた装の少女八人を参列させました処追々希望者が増加して二十余名に達し、男子は伶人（雅楽を奏する楽人）の姿をしたもの、これも増加して二十余人になりました。一般に云う稚児の姿と違っていますのが人目をひきます。

道順は新洞学区内を巡幸します。

午後二時本社出御、東大路ヲ東へ疏水浜ヲ北へ二条ヲ西へ東大路ヲ南へ仁王門ヲ西へ新高倉ヲ南へ孫橋ヲ西へ新堺町ヲ北へ新間ノ町ヲ経テ二条へ出デ西へ新東洞院ヲ南へ、新柳馬場ヲ経テ孫橋へ西へ新富小路ヲ北へ新車屋町ヲ経テ二条へ出テ西へ川端ヲ南へ孫橋マデ引返シ仁王門ヲ東へ新丸太町ヲ南へ孫橋ヲ東へ、新籔屋町ヲ北へ仁王門ヲ東へ東大路へ出デ南へ本社へ還御、午後五時。

五月一日より連夜社頭に、神賑いの催が行われ謡曲、映画、のど自慢、演芸大会等で毎夜大賑をします。

五月八日

地主祭　　地主神社

東山区清水一丁目清水寺北裏

京都見物の人で清水寺へ詣らない人はありますまい。在京の人々も清水寺は皆知っているでしよう。その本堂裏の崖の上に、この土地の地主神として祀られている地主神社にお詣りした人は何パーセントあるでしよう。昔は地主の桜は京都桜の名所として有名で維新迄は毎年一枝を宮中に献上しました。別してこの社の祭礼はとても盛大に行われたもので古く文安四年四月九日神輿田楽獅子等が出ています（唐富記）この頃は五条天神をお旅所にあて慶長以来数屋町五条上ルに、松原東大路東に、清水経書堂前にお旅所をかえ、祭日には京都東西町奉行所より目附役が出張警衛しました。清水寺の美しい楼門はこの社のものだと云います。明治迄清水寺と同一でしたが、三年独立し清水坂の人々を氏子とし十四年十二月郷社に昇格しましたが、追々に衰微し、宝永頃に出来た花洛細見図を見てもこの宮のやすらい踊の様な風流花傘、若衆姿も見え、神輿も舁がれています。永らく居祭になつていましたが、近年行列も出来、東山通より

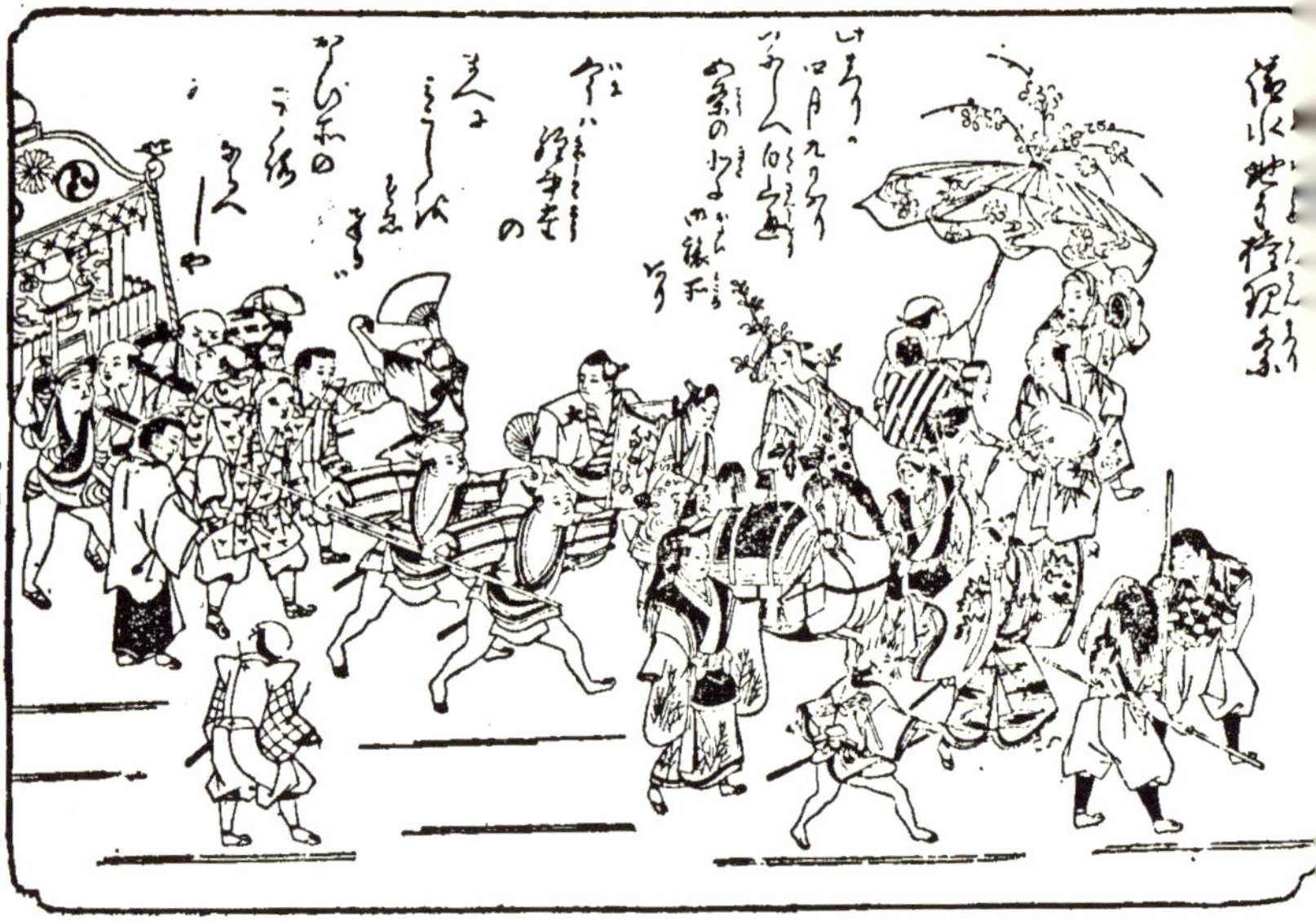

宝永花洛細見図　　　祭　主　地

東を巡行し、午後一時清水寺楼門前出御、五条坂を東山通へ松原通を東へ、三年坂を下り八坂通りを下河原へ、北へ八坂神社へ鳳輦参入、八坂神社から祝詞奏上、南に戻り安井通を東山通へ、清水新道から還幸されます。

行列順

先払―太鼓―獅子―五丁目真榊―供（裃）―奴―一丁目武者―二丁目武者―お供（裃）―二丁目剣―二丁目供（裃）―清水新道一丁目、三丁目、四丁目、清水新道、霊山、五条新道稚児―清水新道供―先駆(神主)―三役―迦陵頻伽、胡蝶―楽人―一皷―太皷―鉦皷―指羽―白川乙女―左右大臣―鳳輦―氏子総代―呉竹―唐櫃―錦蓋―菅蓋―宮司―各町供

五月八日

芸能祭　武信稲荷神社

中京区神泉苑町六角上ル

稲荷大社の三柱を祀ります。此社は往古藤原武信が勧請したと云われます。中世青山播磨守の藩邸となりましたが祭祀は続けられて来ました。以前この社は村社でありましたので、この日幣帛供進使の参向がありました。近年この日を芸能祭としまして午後信者の有志より舞踊、歌謡曲、謡曲等の奉納で、賑わしい半日を送り神賑としています。

五月十日

金比羅春祭　安井金比羅宮

東山区安井

右京花園の東南にあつた安井観勝寺が元禄八年東山山麓に移り旧名をとつて安井と云いこの

境内に崇徳天皇を祀り讃岐の金刀比羅神を迎え明治になつて独立神社となり永く安井神社と云つていましたが今安井金比羅宮と改めました。古来藤の名所でした。祭礼は春秋に行われ春祭は文化と信徒の団らんの祭とし神道座談会、東山史蹟を語る会、卓球大会、演芸大会、少年書画展、浄瑠璃会、将棋大会、弓の競技会等を連日開催します。秋十月には少年武者隊の行列が鳳輦に供奉します。

五月十日

大角豆祭

須賀神社

左京区聖護院東町

須賀社祭を古くから大角豆祭と云つています。ここの氏子は余所の客や、友達に御馳走はせないで一族が相集り内らだけが食べますので大角豆の蔓葉の様だと云うのでこう云うたのだと云います。この社は再三移転し、永らく吉田神社境内日降坂の中程北側に鎮座せられていました。それが三十五年前に古くお旅所だつた地に新築して遷座されそれ以来、ここの祭礼は吉田中大路から日降坂下に幄屋を設けここに鳳輦を安置し逆にお旅所の頓宮にしました。今ではこの所へは行かず氏子は聖護院一帯で広いので祭礼行列も半日町々を巡幸します。太皷、榊、剣鉾、葵鉾、菖蒲鉾、唐胡麻鉾、矢鉾、松鉾、神職、乙女十人、御楯四、幸鉾五本、御弓、御矢、御劔、随身、御鳳輦、錦蓋、随身、辛櫃、神職、氏子総代、神事係、有志供奉の行列が出ます。巡幸は夷川疏水ダムの西の方に幄屋を設け、ここに神饌を供えます。

五月十二日

御蔭祭　左京区下鴨　御祖神社

賀茂神社のお祭と云うと葵祭と思いますが、葵祭は、下鴨上賀茂両社のお祭です。処が下鴨社だけのお祭は、下鴨から東北へ行かれますので市内の多くの人が知らない祭でありますが、其行列の人々の風俗は葵祭と同様で平安朝の絵巻を見る様であります。

下鴨社は御祖神社と云い玉依姫と其父建角身命を祀っております。玉依姫は丹塗矢の霊感により孕り男の子を生まれましたが生れると棟を破つて雷となつて天上されました。それで其御子を別雷命と云い、上加茂社の祭神であります。丹塗の矢は松尾神社の大山咋命の化身と云

下鴨社御蔭祭　　神霊の乗られている神馬

い地の神と云います。その別雷神の生れられた処を御生山と云い、生は出現の事で、この山に二葉葵が生じますので又二葉山とも云います。四季物語にこの祭は地震と雷除の呪だと云つています。鴨の両社も松尾社も神紋に二葉を用い、祭列に奉仕のものは全部二葉葵を用いますのもこうした由来からであります。

この御生山は赤山の北にある山で、ここに下鴨社の境外摂社として御蔭神社があります。この祭はその生れられた御蔭神社へ神幸になりますので当日午前八時、祝部楽人、笙、羯鼓の役、舞人氏

御蔭祭　　東遊　芝切神事

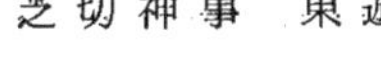

人、貴船社人、町奉行が古い装のまま供奉し神霊を馬に乗せ、その上から錦蓋で被い、両側からこの錦蓋をささえて行きます。後の時代には神輿、鳳輦に神霊を移しますが、馬の背にのせるのは珍らしい事と思います。こうした御蔭神社へ参りますと、神前で東遊が奏し舞われます。午後ここを出発し若狭街道を御蔭橋から、糺の森へ還幸され、本社の前に握舎を建て、ここで切芝の神事が行われ、神霊は馬と共にこの握舎に這入られ、その前で東遊が行われ、終りますと糺の森の白砂の上を楽人が楽を奏しつつ静かに下鴨本殿へ入られてこの祭は了ります。

この祭は中世に行われ、室町時代は盛大だつたそうですが、其後中絶、元禄七年に葵祭が再興されると共にこの祭も行われる様になりました。

五月十三日

大雅堂忌　　上京区寺之内通千本東入　浄光寺

池野大雅は名を無名、字貸成、号霞樵、九霞、公敏、玉海、其他沢山名を使っていました。京都の人で子供の頃から聡明で神童と云われていました。書も上手でしたが絵は伊孚九、柳里恭に学び、南宗画の大家でありました。安永五年四月十三日五十四才で歿しましたが、この寺にも居つたので墓も此所にあり一月おくれの今日大雅忌を営み時に講演会を催したりしています。妻玉瀾も画と和歌で知られています。

五月十三日

市姫祭

市比売神社

下京区六条河原町西入

平安時代東西の市場が朱雀大路七条上ルに出来、西市場は早くになくなりましたが東市場は栄えました。右大臣藤原継綱が宗像神を勧請し市神にしました。空也上人は神託により隣に市堂を建て、金光寺と云いました。この寺が盛大になりまして市神は鎮守社の様になつてしまいました。この地に本派本願寺が建設せられますのに就て只今の処へ移り市比売神社と改め、金光寺も西隣に移りました。明治二年寺と別れ独立の神社となりまして五月十三日祭礼を行われ翌十四日が氏子祭で平居町の菊竜鉾が出ました。元治元年迄は神輿祭具一切ありましたが元治元年の兵燹で一切をなくしました。それに新日吉祭がスグ近くを通りますので、話がすすみ明治卅年頃からこれに参加しまして菊竜鉾（一に振鉾と云い俗に剱チコリンと云う）も供奉しましたが、近年出なくなつた様です。本社では神前祭を行い氏子の平居町、南京極町、都市町の三ケ町の人々がお参りします。

五月十四日

新日吉祭（いまひえまつり）

東山区東大路七条

新日吉神社

約八百年前、後白河法皇近江坂本の日吉大神を崇敬せられ、法住寺離宮の近くに社殿を造りここに日吉上七社の神を鎮祀せられ、新日吉（いまひえ）社と云はれました。大山咋命外六柱で瓦町、今の美術大学辺の拡大な土地でありました。応仁乱で焼かれ衰頽しましたが、徳川氏によつて豊公廟参道の中央に移転造築され立派になりましたが、明治三十年豊公三百年祭に廟改修の時、今の地に再度移転じました。

氏子区域は大変大きく東は本社附近、西は七条新地北は五条通南は鉄道線路の辺で修道、貞教、菊浜、崇仁、六原、一橋、今熊野の学区に互つています。当社の祭儀は古く二条天皇の広保二年四月晦日に始めて行はれ競馬を奉られ、北面衆に馬長（うまおさ）の参勧もあり大変盛観でした、高倉天皇の承安年中小五月会（こさつきのまつり）を行わせられました。この会は往昔、朝廷の武徳殿で行われていましたが中絶をしていましたのを、この社の行事として再興し神輿は中門に出御、里神楽、獅子

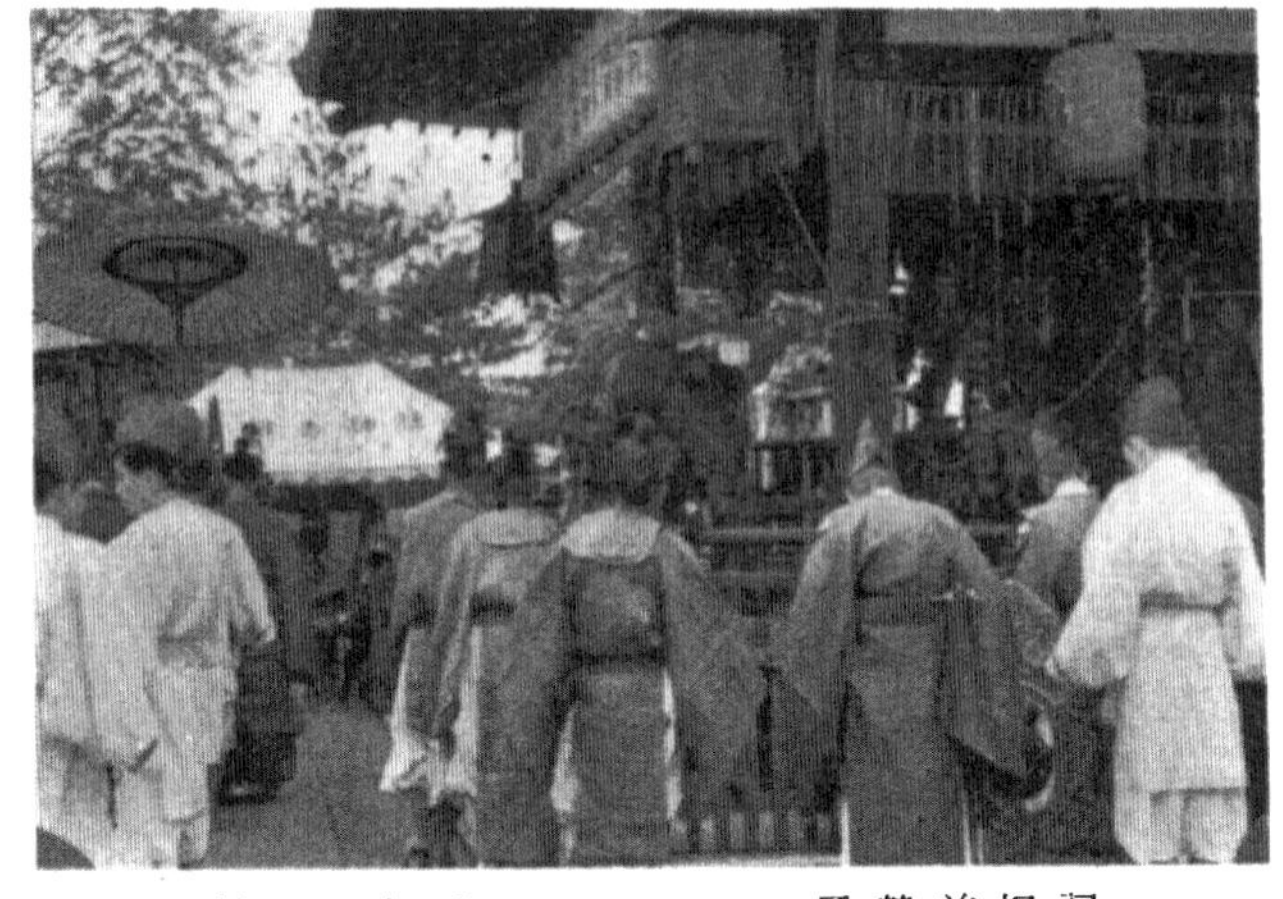

鳳輦前祝詞　新日吉祭

舞、田楽、道張、競馬、流鏑馬（やぶさめ）等が奉じられ上皇、法皇が大臣以下公卿殿上人、随身、北面武士を随へ親しくこの儀を行わせられ、玉海、山槐記、明月記、葉黄記、古今著聞集その他の本に記載せられています。この祭儀は後柏原天皇の文亀の頃迄、三百年間続きました。その後明暦の頃祭祀は復興せられ天明元年より五月十四日と定まりこの宮の別当たる妙法院宮から長橋局を以て奏聞の上、女房奉書を賜り祭礼を行い、禁中各御所より初穂料神事料として白銀等寄附せられました。現在は十四日午前中に大祭を行い、里神楽の奉納。正午出輿、馬場で古式神事御供祭を行い、妙法院門跡が衆僧を率いて参拝の儀を行い、その時の供物は氏子の山王町、十禅師町の人達が、神饌唐櫃に納め行列に供奉し、町内に贈る例になっています。

先駈、先太皷、大麻、一橋組籏、獅子二、元廿六組籏、猿田彦神輿、先払、神饌唐櫃、傘籠、町籏、真榊、傘籠、町籏、真榊、傘籠、箱持、大宮鉾(獅子牡丹)、傘籠、二ノ宮鉾(立葵)、先払、箱持、八王子鉾(菊)、傘籠、客人鉾(竜)、箱持、十禅師鉾(牡丹)、傘籠、町籏、三ノ宮鉾(菊桐鳳凰)、釣台、町籏、当町組籏、箱持、幸鉾、大榊、大太鼓、本道具(奴十七人)、鐘、太鼓、法螺貝、児武者数人、武者数人、騎馬武者、馬印、殿大将、吹貫、流籏稚児数人、児馬三人、禰宜、御盾、手鉾四人、御弓、御矢、御剣、壱皷、荷太皷、荷鉦鼓、楽人数名、紫翳、随身、御綱各二人、御鳳輦、御綱、随身、菅翳各二人、神馬、錦蓋、鸞鳥、菅蓋、宮司、氏子、総代籏、氏子総代、世話方。

参列者は当社神木に因み桂の枝をかざす例になっています。

この外に崇仁組から舟山車が二基出て祇園囃子で賑はしく各町を練り歩きますが道順はきまつていません、以前は七八基あつたそうです。子供神輿も出来ていますが、これも氏子だけの神輿で子供達は楽しんでいます。行列には参加しません。

この行列は八ケ年道順が変り氏子の町々を巡行しますので九年目に又元え戻る様になつています。還幸は五時過ぎる様です。翌十五日は翌日祭（後宴）午後は余興奉納があつて神社境内は賑います。

五月十五日

加茂葵祭

左京区　下鴨御祖神社
北　区　上賀茂別雷神社

古来祭と云うとこの葵祭のことで、日本三大祭はこの賀茂、石清水（南祭）春日の三大勅祭を云います。石清水八幡宮を南祭と云いますのでこの加茂の祭を北祭とも云います。この加茂の宮は上下と別社の様に云いますが一つの社で北にあるので上、南だから下をつけたにすぎません、山城一の宮で平安遷都以前から加茂族の神として祀られていました。この祭は勅祭ですから京都御所から行列が出ます。それを葵祭と云つていますが、実は葵祭は、この行列の人々が先づ下鴨社え到着後行はれます祭儀を云います。京都に祭礼も沢山にありますが神輿、鳳輦の伴わない行列はやすらい祭と祇園山鉾巡行位でしよ、然し此葵祭の行列は又別種な見方で勅使又は上卿等参向の列で一つの祭の行列とします。参列の人々は平安朝の大宮人の姿をそのまま正確にあらはしたもので有職故実の上からも又その優雅高尚なる事から云つても我国第一の祭礼であります。

この祭は三つに分け、宮中の儀、路頭の儀、社頭の儀であります。

宮中の儀

この日御所では勅使を発遣せられます儀式を行います。小御所南廂の御間で、午前八時三十分、勅使、内蔵使(くらずかい)等が東面して著座しますと、奉行が西面して対座し、次に奉行より御祭文並に御幣物を内蔵使に授け、勅使以下御殿を辞し、奉行が退き下りまして終ります。

昔はこんな簡単なものでなく出立(いでたち)の儀がありました。今一切を略しております。

路頭の儀

行列の事で午前九時、御所西門、宜秋門より築地に沿い建礼門前を南下し堺町御門より丸太町―烏丸―御池通―河原町北―出町新葵橋―下鴨神社（正午祭典）

下鴨神社出発（一時）―下鴨本通―北大路西へ加茂堤北―上賀茂神社、祭典

帰路　上賀茂神社出発（四時）堀川通南へ―北大路東へ―烏丸通南―中立売御門より御所着

六時

行列

警部（騎馬）　素襖　看督長　同　舎人

検非違使志（騎馬）

警部（騎馬）　素襖　看督長　同

調度掛　鉾持　火長　如木　同　白丁　馬副　舎人　山城使（騎馬）

童　火長　如木　同　白丁　馬副

馬副　手振　同　雑色　同　取物舎人　白丁　退紅　衛士　白丁

童　取物舎人　取物舎人　白丁

馬副　手振　同　雑色　同　取物舎人　白丁　退紅　衛士　白丁

御幣櫃　白丁　白丁　口取　内蔵寮　雑色　白丁　口取　内蔵寮（騎馬）

御幣櫃　史生（騎馬）

三人　三人　史生　雑色　白丁　史生

雑色　白丁　馬部　馬部　馬部　馬部　舎人

走馬　走馬　馬寮使（騎馬）

雑色　白丁　馬部　馬部　馬部　馬部

調度掛　雑色　白丁　牛童　牛口付　白丁　車方　白丁二人　大工職　掛竿

車　雨皮　白丁三人

童　雑色　白丁　牛童　牛口付　白丁　車方　白丁二人　大工職　掛竿

白丁　棧白丁二人　榻白丁二人　口付　白丁　手明二人　退紅　舎人　雑色　白丁

替　牛　和琴　舞人（騎馬）

白丁　口付　白丁　手明二人　退紅　雑色　白丁

白丁　舎人　舞人（騎馬）　雑色　白丁　白丁　舎人　舞人（騎馬）　雑色　白丁　白丁　舎人　舞人（騎馬）

雑色　白丁　雑色　白丁

雑色　白丁　舎人　雑色　白丁　舎人　雑色　白丁　舎人

白丁　舞人（騎馬）　白丁　舞人（騎馬）　白丁

雑色　白丁　雑色　白丁　雑色　白丁

雑色　白丁　走雑色　牗　舎人　馬副　同　同

舞人（騎馬）　白丁　勅使（騎馬）　居飼

雑色　白丁　走雑色　牗　馬副　同　同

随身 同 手振 同 同 同 朧 舎人 小舎人童 雑色 同 取物舎人 取物舎人 白丁 舎人
牽馬（ひきうま） 居飼 風流傘
随身 同 手振 同 同 同 朧 小舎人童 雑色 同 取物舎人 取物舎人 白丁

陪従（べいじゅう）(騎馬) 雑色 白丁 白丁 舎人 陪従(騎馬) 雑色 白丁 白丁 舎人 陪従(騎馬) 雑色 白丁 白丁
雑色 白丁 雑色 白丁 雑色 白丁

舎人 陪従(騎馬) 雑色 白丁 白丁 舎人 陪従(騎馬) 雑色 白丁 白丁 舎人 陪従(騎馬) 雑色 白丁 白丁 舎人
雑色 白丁 雑色 白丁 雑色 白丁

陪従(騎馬) 雑色 白丁 白丁 馬副 舎人 内蔵使（くらづかい）(騎馬) 随身 手振 同 雑色 取物舎人 取物舎人 白丁 警部(騎馬)
童 風流傘
雑色 白丁 馬副 随身 手振 雑色 取物舎人 取物舎人 白丁 警部(騎馬)

始めに警衛の人々、御幣物や内蔵寮の役人、走馬及び馬寮の役人、勅使及び舞人、陪従（楽士）になつています。この祭は千四百年程前第廿九代欽明天皇の御世、全国的に風雨の大災を蒙り、これが加茂の神の崇であるとトにより、四月吉日、馬に鈴を繋け、ゆうかづらをかけて走らしてお祭をしたのが始めだと云われ、国祭の最初と見られています。嵯峨天皇の弘仁十年

傘流風　　葵祭

三月十六日（類聚国史）中祀に準ずべしとありまして大祀は天皇一代一度の大嘗祭の事で、伊勢太神宮以外ではこの加茂祭だけを重大に取扱う祭であり、平安朝中期が一番盛大で、鎌倉時代も盛儀がつづけられましたが応仁乱でスッカリ中絶してしまい徳川時代に入つてもようやく元禄七年に再興、明治十七年明治天皇の思召により旧儀に戻りました。昭和十八年以来社頭の儀のみ行はれて来ましたが廿八年から葵祭行列奉賛会の後援により路頭の儀も復活せられ、三十一年度からは七百五十年ばかり以前になくなつた斉王の儀が出来ました。

斎王は斉院とも云いまして天皇即位毎に内親王又女王を卜定して賀茂社に奉仕され、伊勢の斉宮に準

じて行われ、東宮御使の列、中宮御使の列、院御使の列続いて勅使の列となり次に斉王の列と
続きました。

火長・火長　執物舎人　執物舎人　女孺　執物舎人　与丁
命婦　命婦　輿長　斉王
火長・火長　白丁　白丁　女孺　執物舎人　八人

手替与丁　女孺　執物舎人　舎人　舎人　童女　蔵人所陪従　蔵人所陪従
騎女　騎女　白丁　荷太鼓　白丁　白丁　荷鉦鼓　白丁
八人　女孺　執物舎人　白丁　白丁　童女

（翔皷）　蔵人所陪従　同　同　牛童　牛口付　車方　白丁　大工職　掛竿　機　揚
牛　斉王牛車
蔵人所陪従　蔵人所陪従　同　同　牛童　牛口付　車方　白丁　大工職　掛竿　機　揚

口付　白丁　手明　火長　火長
替牛
口付　白丁　手明　火長　火長

斉王は五衣裳唐衣（一般に十二単衣と云います）その上から小忌衣を着ます。そして腰輿に乗ります。牛車は女房車で斉王の女房(最も位の高い女官)が乗っていまして五衣裳唐衣の端

が車から出ています。これを出衣と云います。命婦は斉王に仕へる高級女官で、騎女は斉王付の巫子（神事を司る女）で馬に乗つて参向しますので騎女と云います。列の前後を守る火長は今の巡査部長に当ります。

葵祭　斉王の列

社頭の儀

上下両社で別々に祭儀を行います、が両社共同じ神前の儀を行います。午前八時宮司以下神職、社頭に参り神扉を開き神饌を供へ宮司は祝詞を奏します。それから勅使が来られます迄待ちます。行列が社頭に参りますと検非違使や看督長等警護の役人は楼門の外で警衛につきます。鳥居内の祓幄で勅使の修祓をしまして舞人、陪従を率いて参進し、陪従は狛調子を発しながら参ります。勅使は楼門の西廊で劒をはづします。これは下鴨の神様が女神をお祀りしてあるからだと云われます。社頭で待つていました神職は引下りまして、勅使は内蔵使より祭文を受けて舞殿に昇り着座しますと内蔵使が御幣を奉奠し、勅使は御祭文をします。次に宮司、禰宜が御幣物を神前に奉じ、宮司の神宣を伝へる儀、禰宜の返祝詞の儀、神禄を勅使に授ける儀などが次々と行われ、楽の音と共に牽馬があり、舞人の東遊（あづまあそび）の舞があります、これは始め駿河舞を舞い、次に袒（かたぬ）ぎして求子舞（もとめこ）にうつりますこれで式を終りまして再び行列を整え上賀茂へ向います。下鴨社は祭儀が終りますと馬場で走馬を行いますが、勅使はこれに関しませぬ。

加茂堤を上賀茂社へ着きますと同一の祭儀が行われまして葵祭は終了し、帰途につかれますこの日神殿及び参役の諸官や従者、牛車から馬まで参列全部が葵を挿したり懸けて装いますので賀茂祭と云わないで葵祭と云います。

昔から盛大な祭として有名でありましたので院、門院、摂政関白以下一般人も争うて行列を拝観しますのに五間、十間の檜皮葺の桟敷を建て几帳や幔幕を張つて高麗縁の畳を敷き、種々な山海の珍味を揃え、酒をくみ交し、或は御所車を止めて拝観し、源氏物語の車争いの事や古書にもいろいろ書かれ、行列も今よりズット人数も多く、通行道も一条通を西へ大宮通を北上したり、鞍馬口通を通つたらしく、或は加茂堤を北上し大宮通りを帰路についた事もあつたらしく、今日の様に堺町御門を出られ烏丸、御池通を通るのは近年のことで、今迄は宣秋門から建礼門前を東へ清和門から河原町へ北辺、出町葵橋から下鴨社へ参りました。

誠に上品な祭ではありますが、絶対御所御苑内や加茂堤、神社境内で見られると背景と共に実に美しい絵巻物と思います。惜しい事に音楽が入らないためとても淋しい行列でバサバサと音がするのと牛車の音がするだけで、その点静かすぎます。斉王列は婦人連で美しい事でこれに録音雅楽が入りますが、追々人数を増加出来れば見る人も悦ぶ事だろうと思います。

五月十五日

今宮祭　今宮神社

北区紫野今宮町

西陣一帯の氏神で、その創立も古く大己貴命(おおなむじ)、事代主命(ことしろぬし)、稲田姫命を祀つています。五月五日神幸祭で大宮北大路南のお旅所え行われ、今日還幸されます、劔鉾の美事なものがあり京都

の代表祭の一つでありましよ、午後二時お旅所出発

先駆神職（騎馬）、車太鼓、蓮鉾、葵鉾、蝶鉾、剣鉾、竜鉾、枇杷鉾、松鉾、菊鉾、扇鉾、八乙女旗、八乙女傘八人、獅子二ケ、真榊、壱鼓、伶人七人、荷太鼓、荷鉦鼓、幸鉾二本、御楯、御矢、御弓、御劔、御幣、辛櫃、菅翳、菅蓋、紫翳、錦蓋、鸑鳥、神馬、唐鞍、燈明講員、西社町、御車、替牛、先御輿、中御輿、大宮神輿、神職、神事委員

道筋　二時、御旅所出発、大宮を南、寺之内東、小川南、元誓願寺西、黒門南、下立売西、千本通北、下長者町西、五番町北、下長者町西、六軒町北、仁和寺街道東、五番町南、上長者町東、千本北、元誓願寺東、大宮北、五辻西、一色町にて休憩神饌献供、五辻東、大宮北、今宮西、今宮東参道より還御、この間神輿は列を離れて別の道順をとるものもあります。

古くは五月朔日、本社神人が氏子の町々に来て家毎に榊を挿します、町々より行事町という町を順番にきめ、その町内には手入をして六日、七日には家毎に表を飾り、幕を張り、金屏風をめぐらし毛氈を敷き、生花を飾り、六日夜は燈や蠟燭をあかあかとつけお客を招いて御馳走をします。七日の朝は行事町が鉾町を廻ります。町々の人は揃の麻上下帷子で二行にならび先

払は麻裃股立高く括つて、割竹を曳いて行き、当家の門に並んで案内を乞い、祭祀の事共差閊えない様申し合せて巡行します。一色町では粽、荒麦、青梅、神酒を供へます。十八日に神輿払いをし行事町の人々、本社に詣り境内あちこちに幕を張り酒宴をします、ねりものや滑稽俄もあり、風流な人形紙細工や、造花をつけたお迎提灯も出て賑はつております。こんな行事一切今は行なわれておりません。十二本の鉾は

今宮祭　蓮鉾

五辻大宮西入町	劒鉾	大宮五辻上ル東入町	葵鉾
大宮五辻下ル町	蝶鉾	大宮五辻下ル町	蓮鉾

五辻千本東入町　竜　鉾　千本五辻下ル町　沢潟鉾
千本五辻上ル町　牡丹鉾　千本上立売下ル町　柏　鉾
千本上立売上ル町　枇杷鉾　寺ノ内一町北大宮西　扇　鉾
扇鉾の西町　菊　鉾　菊鉾の西町　松　鉾

五月第三日曜日

三船祭　車折神社

右京区嵯峨朝日町

祭神は清原頼業、明経明法の大学者で高倉天皇に進講したと云われます。例祭は五月十四日ですが、延長行事の神事としてこの三船祭を第三日曜日に行つています。大堰川で御船遊を宇多上皇が昌泰元年長月二十一日にお催になつた故事を昭和大典記念にこれを行い神慮を慰めようと云う事になりました。

正午神社で神幸式を行い午後一時出門、牛車に神儀をうつし数百名供奉して三条通を西へ渡月橋を渡り中島公園剣先から御座船に移御し二時嵐峡で御船遊が始まります。竜首船では管絃

三　船　祭　　　　車折神社

楽、鷁首船では迦陵頻、胡蝶の舞が行われ、早くから待つていた詩歌船、俳諧船、書画船、献花船、献茶船、稚児船、琴尺八等の糸竹船、小唄船、謡曲船、嵯峨音頭船その他趣味の船が約三十隻程、下流より上流へ列を正して棹さして行きます御座船は亀山公園入口前の「かなめ岩」の辺に停船し、随侍船は次々と御座船前で各船の芸能を奉納します。その昔足利将軍が天竜寺へ行つた時この川で扇子流しをしたと云うのでそれで扇子に祈願文をかき、或は健康を祈り、又は芸能上達を願い、厄払をこの扇子に托して流すので近年参加する事になりました。

この竜首鷁首の御船遊びは、天皇に限られたもので神泉苑でよく催されました。その後絵画で見るだけのものが、この祭によつて古の夢を見られるのは結構だと思います。午後四時三舟遊は終了し神儀は渡月橋北詰西側の車折神社頓宮に還幸されます。

時候がよいので大変賑わいます、然も京には類の少ない舟渡御で特に人気を集めています。心ないボートの客が、この行列の中へ入つて行きますので何とかこの祭の間だけは遠慮してはしいものです。

五月十六日

熊野祭　東山区東丸太町東山通角　熊野神社

後白河上皇は紀州熊野権現を崇拝され、三十数度も御幸あり、京都に三ケ所熊野の神を祀られ新熊野社、若王子社と当社であります。北は近衛通、南は夷川辺、東は吉田中大路辺、西は鴨川に及んだ広い地域で熊野の杜(もり)と云つていました。兵火に罹り、聖護院宮が鎮守として再興せられたのは寛文年中と云います。享保十九年二条夷川の川東に二条新地が出来ますとその氏

熊野神社　少年鼓笛隊

神としてこの社を奉祀する事になりました。今では丸太町南は二条通、東は新道の東通、西は川端通りの十ケ町、祭礼はこの間を午後一時出発し、聖護院御殿に詣りここに大般若経をあげられてから四時間この氏子地域を廻ります。神輿はこの列とは別行動をとつて廻ります。冷泉通川端東入処に握舎を作り、神輿を安置し、ここをお旅所として供饌の儀を行います。

行列は

熊野少年鼓笛隊―太鼓―榊―猿田

彦—獅子二人—烏鉾—稚児三十人—少年武者二十二人—幸鉾四本—金幣—銀幣—御楯二個—御矢—御太刀—唐櫃—錦蓋—菅蓋—神職（騎馬）—旗—氏子供奉

神輿—宮司—胡麻持—氏子総代

この少年鼓笛隊は、今日各神社で行われていますが、当社が一番早かつたかと思います。丹波山国隊を真似たものです。

五月十六日

恵美須祭　　恵美須神社

東山区大和大路松原上ル

一般に建仁寺の恵美須さんと云うと一月の十日戎、十月のエビス講を思い出します。建仁寺開山栄西禅師、渡宋の際曾祖父の作られた蛭子の像を守り神として持ち行かれ、海上の風波も無事に戻られましたので建仁寺創立の際、境内にお祀になりました。応仁乱で全滅後、再興の時、境外今の地に建立せられたのであります。それで氏子もこれから出来たものでありましょう。今建仁寺附近三十五ケ町の氏神となり祭礼もこの町々を巡幸せられます。以前は九月十六日でしたが、今は初夏五月にかわり昭和三十年から七十人の少年鼓笛隊が出来、本年から子供神輿も新調され、騎馬の稚児神主、神職の別行列も出来る由であります。少年鼓笛隊は維新の際丹波山国村から村民が太鼓、笛の楽を入れて従軍しました姿を時代祭にとり入れて以来、京都人にも親しまれ、数ケ所の祭列に各氏子の少年が勇ましく参列します。当社は少年山国隊と呼んでいます。

松月鉾

恵美須祭

太鼓—先払—獅子二—神蓋—榊—御旗—少年山国隊—武者—博団—山—松月鉾—真榊—神馬—神饌辛櫃—神職（騎馬）—和琴—楽人—一皷—荷太鼓—荷鉦鼓—指

羽―鳳輦―錦蓋―菅羽―菅蓋―辛櫃―宮司（騎馬）―禰宜（騎馬）

正午出発―大和大路―団栗通―川端―四条―大和大路―団栗―新道―新道校南通東―松原―宮川町―五条―金屋町、森下町、山城町、北御門町、薬師町、三盛町、池殿町、洛東中学校を北多門町を松原東大路へ出て松原を大和大路へ、八坂通を東大路、安井神社南通をくるくる廻つて安井通団栗通を大和大路へ出て本社へ戻ります。

五月十六日

菅大臣祭　　菅大臣神社

下京区西洞院仏光寺下

天神御所、白梅殿と云い方一丁の地、菅原道真この地に住み、延喜二年二月左遷され筑紫へ赴かれて以来殿舎は荒廃した様です。曼殊院開基是算国師が作られた神社だと云います。祭神は菅公、尼神、大己貴神で昔から曼殊院の支配下にありましたが明治以後独立神社になりました。前日十五日は午前献茶の儀、午後聖護院門跡の山伏のお練り、二時護摩祈禱が行われます。十六日は午前に祭典、午後二時から鳳輦の渡御、稚児行列等附近を巡幸し、午後狂言の奉納

十六、七日は浄瑠璃大会が催されます。

五月十七日

椰宮祭　　　　椰神社

下京区四条坊城角

ここにはお宮が二つ並び、椰神社は元祇園と云い素盞嗚尊外五柱の神を、北隣の隼神社は隼大神を祀ると云われていましたが建甕槌神、経津主神となり俗に瘡神と云つています。往古この地には大きい椰の森がありました。播磨国から素尊をお迎えした時この森に憩われ八坂郷へお送りしたので元祇園と云うのだと云われています。

二十年前はまだこの附近に田圃も見えましたが近年急促に発展して来まして大した戸数になりそれが皆新らしく氏子となりましたので祭礼も追々隆盛になつてきました。少年勤王隊は一ケ月も前から毎夜練習します。当日は午前九時本社の大祭を行い、十時には神霊を鳳輦に遷し午後一時出発。行列は

先導太鼓、社名旗、少年勤王隊旗、楽長以下数十人、少年武者旗、少年武者、少年稚児数十

人、獅子、猿田彦、神職（騎馬）、真榊、竜鉾、朱雀鉾、鳳凰鉾、虎鉾、菊鉾。日月鉾、橘鉾、御幣山鉾、八乙女、童花傘二本、迦陵頻伽、胡蝶、楽人、神宝御楯、御矛、御弓矢、御剣、随身、紫翳、御鳳輦、菅翳、呉床、御錦蓋、鸞鳥、御菅蓋、斉主（正装騎馬）、氏

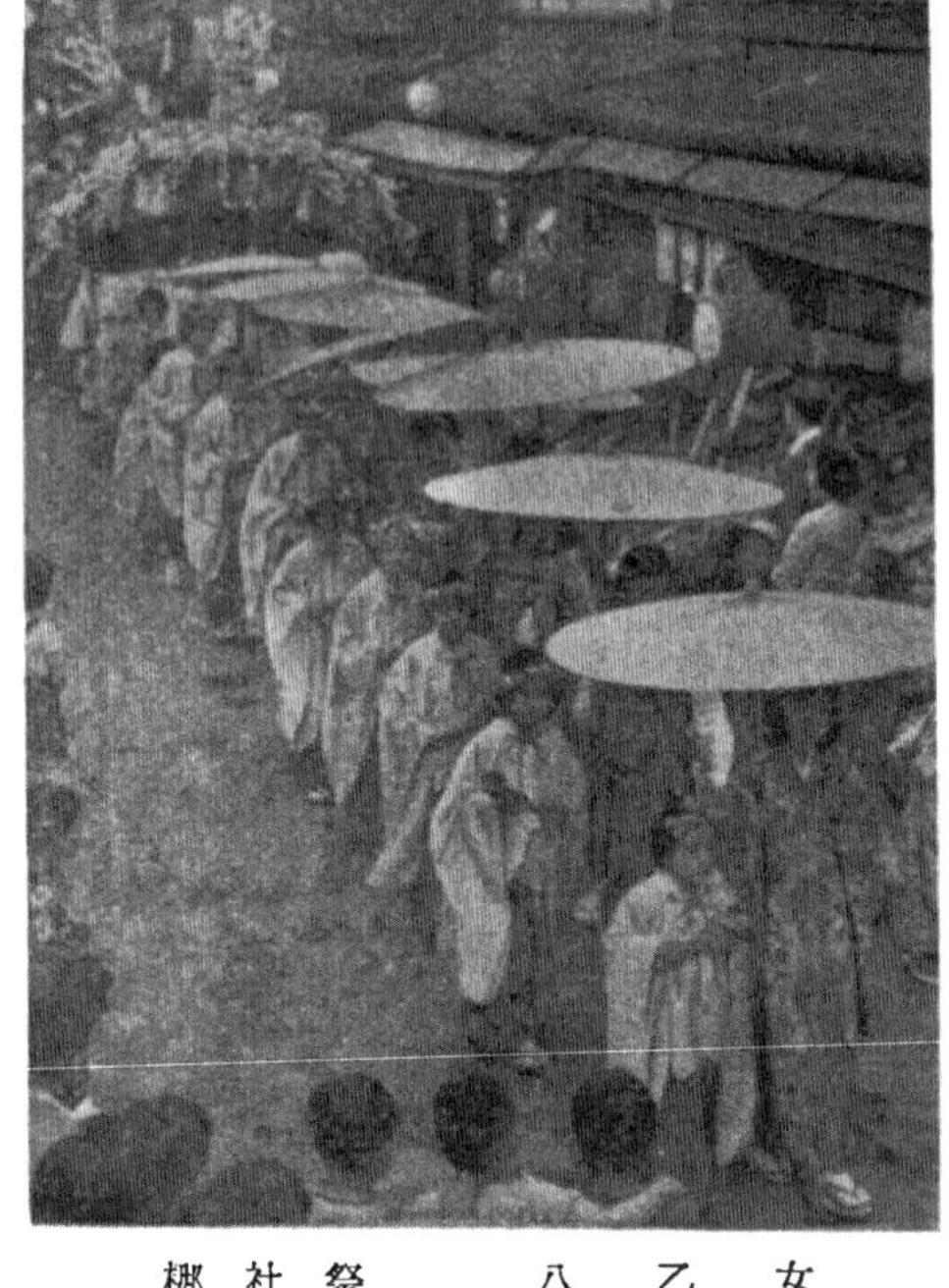

梛社祭　八乙女

子総代、少年神輿、神職、これ等の間に氏子の供奉員百数十名が加わりました賑わしい行列で、本社を出て北は三条通、南は松原通、東は壬生川通り、西は土居ノ内通の間を細かに巡幸し午後五時半頃帰社されます。雨天の時は渡御を中止し、十一日に予行行列が町の一部を巡幸

せられる例は他に見受けません。十六日は宵宮祭で祇園囃子奉納があります。

五月十七・八日

牛尾山牛祭　　法厳寺

東山区山科音羽山南谷

東山清水寺の奥院と云われる法厳寺は音羽山（今牛尾山と云つています）の山上近くにあり十一面千手観音をまつります。本堂西の客殿の裏に丸い石を置き牛塔といつています。寺伝に「正暦二年五月日本中に牛の伝染病が流行しまして飼牛が次から次へ死んでしまいます。国司は仁海僧正に祈願してこの病気がなをります様頼まれました。僧正は二十一日間秘法を修めまして満願の夜半、丑の刻に一頭の疫牛の生皮を剥ぎ、この山にある黒泥窟の黒泥を金生水で延した泥を以て、除病曼荼羅を書いて祈禱して、それを本堂の乾に埋めました。そうしますと、牛の流行病が突然に止んでしまいました。それから牛王山と云いましたが今は牛尾山となりました」この両日牛祭と云い祈禱札を授与し、これを牛馬の小屋の柱や牛馬の首環や轡につけます。京都では珍らしいお祭でしょう。

五月十八日

下御霊祭

中京区寺町通丸太町下ル

下御霊神社

御霊神社は二ケ所に祀られ上の御霊社の外に京極一条の東北にありました下出雲寺の鎮守として御霊八所を祀りました。後に新町出水に変り、天正十七年今の地に移したと云われます。氏子地域も広く、北は荒神口出水辺から南は二条通、東は新高倉、西は堀川通に及び、五月一日神幸祭で拝殿に神輿を飾り、川東の東廻巡幸がありましたが、近頃此日は居祭として式典だけに留め、十八日の還幸祭を賑はしく催されています。俗にケンチコリンと云つています指鉾が六本あり、昭和七年前宮司出雲路通次郎氏は有職古実の権威でありましたが平安朝武官の服装=威儀の本位を子供用に摸したものを造り神幸威儀組（しんこういぎぐみ）と称して参列しますのは他に例のないものであります。又宵宮には京都に古くからありました十二燈（じゅにん）を寺町会青年の人々が舁いで氏子の町々を練り歩きます。当社と粟田社だけに残つています。

神幸列次　―カッコ内は午後（西廻り）のみ

下御霊祭　十二燈

榊枝を持つ先払、太鼓、獅子（石竹御鉾、桐御鉾、扇御鉾、菊御鉾、葵御鉾、技菊御鉾）真榊、猿田彦神輿（朱唐櫃）金幣、御楯、大手鉾、御矢、御弓、御剣、神幸威儀組の旗、太鼓、威儀組児童十五人、釣台、楽人、楽太鼓、楽鉦鼓、紫翳、鳳輦、菅翳、呉床、辛櫃、首房、銀面、唐鞍の御馬（紫翳、錦蓋、鸞鳥、菅蓋）宮司（騎馬）、氏子各組供奉、若宮神輿、神職（大宮神輿神職）

東廻　午前十時出社、本列、若宮神輿、〇時半還幸

寺町北へ上切通東へ新烏丸南丸太町東へ河原町北へ西三本木南へ円通寺前東へ東三本木南へ西三本木北へ仲町南へ夷川西へ河原町南へ二条通東へ二条大橋渡つて川端南へ孫橋東へ新丸町北へ仁王門東へ新籔屋町南へ孫橋東へ新富小路北へ新車屋町二条東へ新東洞院南へ新柳馬孫橋東へ新堺町仁王門東へ新高倉南へ引返して西寺町北へ二条西へ新間ノ町南へ仁王門西へ川端北へ新生洲町後戻りして二条橋渡り河原町北へ丸太町西へ新椹木町南へ二条西へ新烏丸北へ下御霊図子西へ還幸。

下御霊祭　少年神儀組

西廻　本列二時出社、五時半還幸。

寺町本社より竹屋町西へ衣棚北へ出水東へ室町南へ二条西へ釜座北へ夷川西へ小川南へ二条西へ油小路北へ下立売東へ西洞院南へ竹屋町東へ衣棚南へ夷川東へ寺町南へ二条通まで廻つて寺町北へ還幸。

神輿渡御は東廻りも西廻りも本列とは別の道を巡行し若宮神輿は午後二時出社。大宮神輿は午後一時半に出社、若宮神輿とは別の道を巡行する事になつています。

五月二十日

繁昌社祭　下京区高辻通室町西入　繁昌神社

宇治拾遺と云う古い本に長門前司の女はん女を祀ると云われました。今ははん女が繁昌とかわり厳島三女神をお祀りしています。元の話でこのはん女はきりよう悪く婿になり手なく、池に投身してなくなつたと云います。その骸を埋めて岩を置きはん女祠として祀りました。その霊を慰めるため深夜の神輿渡御の際、神輿を舁ぐ若者は褌をとつた全裸で、女神を悦ばしたと云います、私等が知りました頃は夜祭でしたが勿論こんな事はしておりませんでした（緑紅双

書九お宮めぐり参照）

五月二十一日

宗祖降誕會　　下京区堀川七条上　西本願寺

浄土真宗の開山親鸞上人は承安三年五月二十一日（七百六十五年前）日野法界寺畔で誕生されました。本派本願寺ではこの日御影堂で午前十一時より門主導師として降誕会法要を営み各地の信徒及び宗門関係の学生達でかの大堂も一杯の参詣人が詣ります、終りますと国宝の白書院を開放して能狂言会が催されます。開演に先だち、内事部長、裃帯刀で見所正面より舞台正面階段より昇り、橋掛迄進みますと、揚幕がサット上ります。鏡の間には本日の出演の能太夫の人々長袴で平伏します。行事頭はここに座し右手を上げて開演の合図をします能師はお受けをして一礼しますと幕は降され、行事頭は元へ戻り、やがて幕内の調べが聞こえそれから三番の能や狂言が上演されます。別に飛雲閣に茶席が設けられここに多勢の人々が参会します。

以前は門前の商家も軒釣提灯、小旗を掲げ、境内外で煙火をやったり舞台を組んで余興を行い一夜大賑いをしましたが、今はやっておりません。

五月二十三日

嵯峨祭　右京区嵯峨　愛宕神社　野々宮

嵯峨釈迦堂で知られている清凉寺前の西側に安芸宮島にある両部鳥居のある淋しいお宮があります。野々宮と愛宕神社のお旅所なんです。五月一日がお出祭で二基の神輿が飾られ、廿三日がお祭で多くの行列と共に嵯峨の町々を二基の神輿渡御があります。昔は大覚寺門跡がこれを執行せられ、愛宕の神輿は寺門真言僧の六軒が、野ノ宮は八軒村の人々が奉仕しました。八軒村から衣冠の稚児が出ますが、適当な児のない時は幡枝(はたえだ)村から出し、氏子の車楽(だんじり)も出ました。神輿は野ノ宮の前へ据えて奉幣があり、後寺門へ還りました。

現今は午後二時に出輿祭を行い、榊、太鼓、獅子頭二ケ、劔鉾五本、神楽講、道楽土器(かわらけ)、神馬二疋、旗、唐櫃、区長助役、信徒総代、神官愛宕神輿、野ノ宮神輿、神事係の順で清凉寺前から中院、野ノ宮、天竜寺、角倉川崎別荘前から渡月橋に出て一直線に元のお旅所へ還幸になります。

五月廿三日

詩仙堂忌　左京区一乗寺門口町　詩仙堂

儒者石川丈山隠棲の地、仏間はありましても寺でなく、尼僧が留守居をしておりましたが、今日曹洞宗の僧が棲み寺になつている様です。

丈山は元徳川家康の家臣でしたが、三十三才の時止めて此所に住し藤原惺窩を師とし林羅山と親交し、芸州浅野侯に仕へた事もありますが、母親孝行で知られています、母歿後此所に棲みこの家の一室に狩野探幽筆中国の三十六詩仙像を張込み詩仙堂と云いました。寛文十三年五月廿三日九十歳でなくなりましたので、忌日のこの日遺品を陳列し十一時から法要を行い、献香、詩吟、野立茶席等を行います。庭園は新緑でスガスガしく、猪おどしの添水（そうず）がカタンカタンと音をたてるのがここの名物になつています。

上の酉の日

松尾還幸祭　　松尾大社

右京区嵐山宮町

元官幣大社。秦氏がお祀した古い神社で大山咋神（おおやまづみのかみ）、市杵島姫命（いちきしまひめ）を祀られ酒の神として有名であります。西大路西一帯西山迄つまり北は衣笠南に吉祥院の一部が入るのですから大きい氏子地域です。毎年四月下卯日が神幸祭、お出と云い、七基の神輿は本社から桂川に架る、桂大橋近くで、舟に乗せて川を渡御され、西七条三ケ所の御旅所へ着かれます。それから五月上の酉日まで毎、日夜御旅所は賑います。

松尾祭は還幸祭を云います。早朝本殿廻廊拝殿楼門は葵桂で飾り付け玉串にも、神職も葵桂を頭に挿します。それで松尾の葵祭とも云います。各御旅所では午前中に遷霊の儀を行い、午後一時唐橋旭の杜（西寺金堂址）の斉場へ櫟谷、宗像、大宮、三宮、衣手、月読、四大神社の順で神輿が並び、唐橋赤飯座、西の庄宮仲間が真心をこめての特殊神饌が供へられ祭儀が行われます。一寸他に見られない壮観です。午後二時ここを出発し、西大路北、八条を経て御前通を北、七条を東、朱雀御旅所へ入つてここで松保会の神饌を供えて祭典があり、郡、梅津、松尾橋を経て本社へ還られます。先着の榊御面が神門に対侍しています中を次々と御霊代は本殿に奉遷されます。スグ轅下の係員は手早く神輿の装飾を解いて神輿舎に納め拍手して歓声をあげます。最後の大宮社の神輿が納まるのは夜八時頃になります。

この祭は神幸祭の川舟渡御が京都では例がなく、舁ぎ手が農家の人々が多いだけに元気です。神輿を車にのせて曳いているのは以前の様に舁手の肩がダメなのです。松尾祭はその点元気一杯の祭であります。

榊御面とは榊二本を先頭に持つて行きますが、一本に翁の面をつけ、も一つには錦の袋をつけます。これには嫗(おうな)の面が入つているのだと伝えられています。

五月中の卯の日

稲荷還幸祭

伏見区深草藪ノ内町

稲荷大社

我国中、稲荷の神を祀らぬ国はないと云つてもよいでしよう。その総本家のお祭りなんで

稲荷祭　大幣の列

す。昔から「うま(午)うま行つて、う(卯)かう か帰る」と云われ四月中(なか)の午日が神幸祭で、九条のお旅所に来られ、ここに二十日間滞在、廿一日目の五月第二の卯の日に還幸されるのでありま す。お旅中の長いのはこの祭の特徴でありましよう。氏子は松原以南西は中堂寺辺九条一帯で肝腎の本社附近は氏子でないのです。然し氏子の戸数も多く祭礼も立派ですが四月の神幸祭五月の還行祭とも同じ行列で五基の宮殿型の神輿も美事であり、大幣も古式であります。古い社だけに祭礼の記録も古くからあり「年中行事絵巻」にも見、徳川時代に入るとスツカリ様子がかわり、仮装練物があつたり、大母衣を負い強

稲荷大社　神輿

勢を祈り滑稽な姿をして神慮を慰さめ「宝永花洛細見図」又天明頃になるとお迎提灯を飾る山車が出来、見送をつけた豪華なものが都名所図会に出ています。こうした点から見ますと今日の稲荷祭は盛大だと云えませんが、又その内に氏子達から昔に返つて盛大な祭になる事でしよう。

先払、大麻（褉友会）、蜀紅錦大幡（豊栄社）、大賢樹（祭典当町）、釣台、稲榊（植柳区）、氏子川西崇敬会の各学区、稲荷講社々旗、諸講社、五色錦小幡、氏子敬親会、羯鼓、楽太皷、鉦皷（竝鱗組）、伶人、御鉾（河内初穂組）、御白杖、御楯、御弓箭（有隣区）、御劔（稲荷山町）、御翳、御錦蓋、鳳鳥、御翳、御菅蓋、鳳鳥、権禰宜（騎馬）、禰宜（騎馬）、少宮司（馬車）、御神輿（不動堂）、御神輿（東九条）、御神輿（塩小路、中堂寺）、御神輿（西九条）、御神輿（八条）、一番神馬唐鞍、馬部、飼葉桶、二番神馬唐鞍、馬部、飼葉桶、三番神馬唐鞍、馬部、飼葉桶、四番神馬、馬部、五番神馬、馬部、飼葉桶、朱塗大明櫃、宮司（馬車）、禰宜（騎馬）、権禰宜（騎馬）、出仕（騎馬）、行列奉行（騎馬）、押へ

この還幸神輿迎のため神職は午前九時三十分本社を出て西九条お旅所へ、午後〇時半お旅所を発輿し、南門より西、東寺東門へ神輿は次々と据えられ、東寺の僧、一々供物を捧げ般若経を誦し、五基共同様にし終ると大宮の陸橋を経て北上し松原を東へ、寺町を南、五条大橋を渡り本町を南下し本社表門より還幸されます。

昔は東寺境内に五基共並び、一々に供饌して大勢の僧侶により法要をしております。七条通を東へ、大橋畔の松明殿前を通ります時、大松明を燃やしました。それでそこに松明殿稲荷社がありますが、今は道順がかわつています。

表紙写真
葵祭
御所車
加茂堤にて

昭和三十三年五月十日　発行

〔価　三百円〕

著者　田中緑紅
京都市堺町通三条下ル

代表者　鳥居郊善

印刷所　協和印刷株式会社
電⑥三九四四・六七二八

京都市東山区東大路松原上ル
安井金比羅宮内

発行所　京を語る会
電話⑥五一一二七番
振替大阪三七三五五番

京都市上京区智恵光院通五辻上ル
本隆寺内
京を語る会西陣支部
電話㊹五七六二番

《復刻にあたって》

一、本復刻版は、田中喜代様所蔵の原本を使用しました。記して感謝申し上げます。

一、復刻版には、借用した原本の都合で初版と再版が混在しています。また、原本奥付に紙を貼付して新価格を表示している場合もそのまま復刻しました。

一、文中に、人権の見地から不適切な語句・表現・論、また明らかな学問上の誤りがある場合も、歴史的資料の復刻という性質上、そのまま収録しました。

一、表紙の背文字は、原本の表示に基づいて新たに組んだものですが、一部訂正や省略をしました。

緑紅叢書　復刻版
第1回配本（全26冊）
若葉の京都〔緑紅叢書2の1（13）〕
2018年10月31日　発行
揃定価　39,000円＋税
発行者　越水　治
発行所　株式会社　三人社
京都市左京区吉田二本松町4　白亜荘
電話075（762）0368
乱丁・落丁はお取替えいたします。
コード　ISBN978-4-908976-85-8
セットコードISBN978-4-908976-72-8

緑紅叢書 第二年第二輯 第十四輯

亡くなつた京の廓 上

田中緑紅

はじめに

特殊な世界だけに記録は少なく、随筆家が何かに書いている位です。島原は古来種々に書かれていますが、他の廓は、その組合にも記録は残っておりません。写真も集りませんでしたので、又京都新聞社より提供して頂きました。

明治五年各廓より京都府に由緒を出さしました「京都府下遊廓由緒」と云う写本「右京都府下遊廓来由一冊以参事槇村閣下之令与大年寄熊谷真孝謀而成之夫地繁華則婿靡之風易移俗故録有其来由者而立之限以防後年波及蔓延於区外之幣此所以有閣下之令也　維時明治五年壬申春二月　検閲権典事　木村正幹　輯録権大属　鈴木登」と云う記録を頼りに手もとの記録帖より記しました。

「京の廓」の総合的変遷を書き、十六廓を一つ一つかきました「島原と太夫」を別冊にしますので島原は簡単に記しました。

廓と云うのがよいのか花街とする方が無難かわかりません。とにかく廓も花街も売春を目的にした遊女中心の集合地であつて、芸者街でない処と知つて頂きたいです。徳川時代の文学や劇の上にどんなに大きい役わりをしているかは御存じの通りです。この度この赤線地帯が一応なくなりましたので、わかつているだけ記録して見ました。

この遊女屋が立並びます迄、その地は畑地であるか、又荒蕪地でありましたので新しく開けた土地と云うので「新地」と云いました。祇園新地、二条新地、七条新地、皆その例であります。最初から廓として許可された処よりも、何々廓の出店として始めたり、或は煮売屋として免許されて来、後に廓となる例もあります。

京都では遊女も茶汲女、茶立女、酌取女等と呼び、それが女郎とかおやまとか娼妓と呼ばれ、近年酌婦、こどもし、女中、接客婦等と称える様になりました。尚私娼を隠売女と呼び淫売、辻君、十銭、白首等と云いました。

昭和三十三年五月

目次

京都遊所系譜

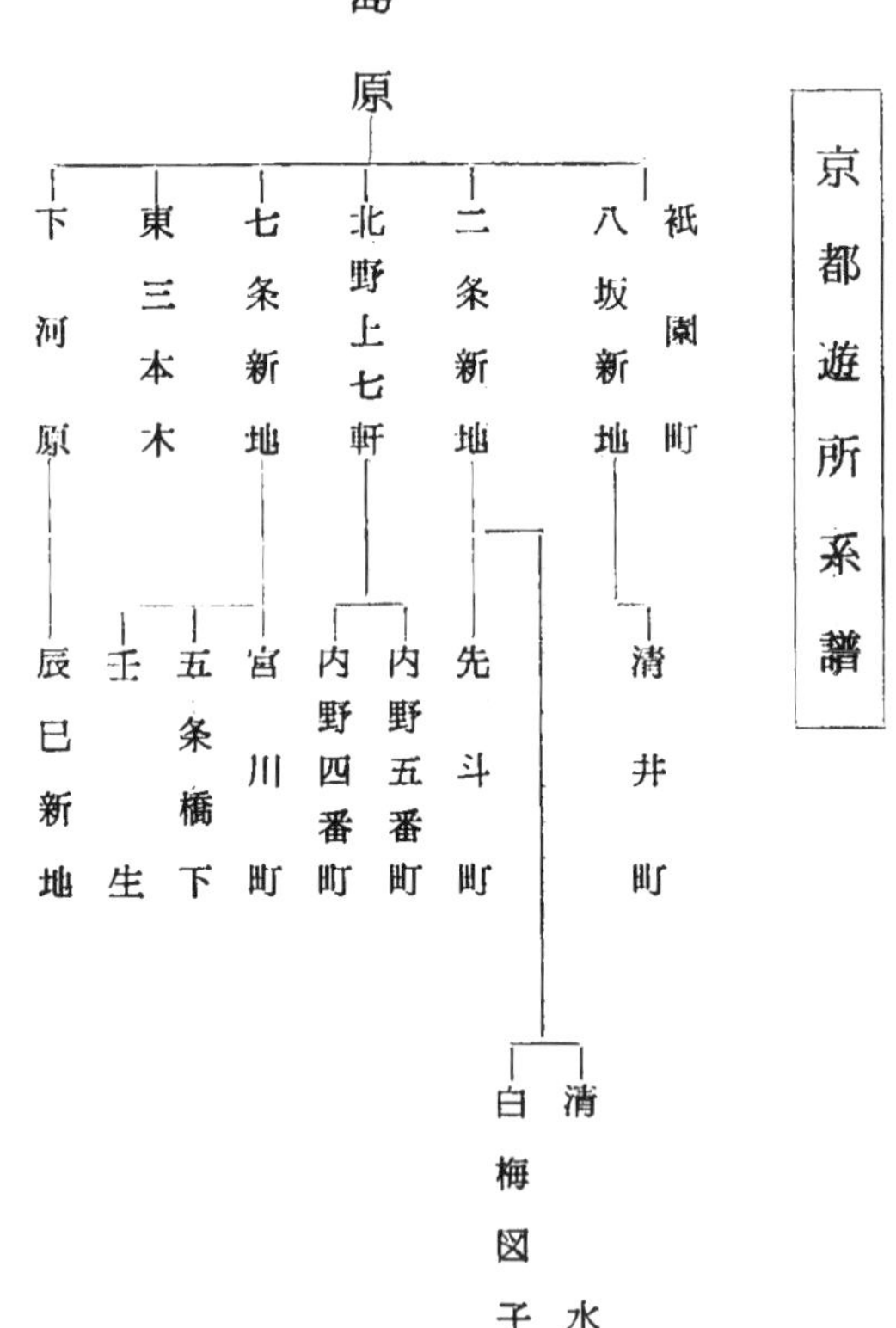

根本
島原
祇園町
八坂新地
清井町
二条新地
先斗町
清水
白梅図子
北野上七軒
内野五番町
内野四番町
七条新地
宮川町
五条橋下
壬生
東三本木
下河原
辰巳新地
右之外伏見三ケ所除之

京の廓

王城の地としての京が、我国第一の都であつたので、各国の多くの人が集り日々総ゆる層の旅人が出入した事も想像出来ますし、そうした人々の相手になつた女が居つた事も考えられます。平安朝の昔から既に遊女の名はありまして、淀川畔の阿陽（かや）（今の大山崎）は船つき場であつたので遊女がおりました。京の町々にもそうした女があちこちにおりました。然しこうしたものの記録と云うものはないもので、文献も見付かりません。足利義満の時代応永四年（一三九二）＝金閣の出来た頃に東洞院七条下ルに傾城町が公許されまして、「九条の里」と云つたと云う話がありますが、これと云う文献がありません。どんな様子だつたのか、どうして七条にあつて九条の里と呼んだのかわかつておりません。沢山な地誌にも見つからないのです。その後応仁文明の乱で、京の町は九分通り焼失してしまいましたから、記録類も一切灰になつてしまつたのでしよう。それから百二十余年後の大永八年にどつかに傾城町が出来、「傾城補任状」

が残つていますので、この頃には遊女屋があつたと云われますが、それを裏付ける材料もなくその土地もわかりませんが万里小路二条辺とも云います。とにかく補任状を信じ、あつただろうとしておかねばなりません。この頃は京の町はまだ昔の様に復活していません。世は戦国時代で織田信長も生れておりません。それから六十年、ようやく豊臣秀吉の代になつて、焼野原の間に町家があつて、どこが京都やらも判明しませんので秀吉は細川幽斉、前田玄以に命じ、京の周囲にお土居を作つて洛中洛外の境としました。

天正十七年(一五八九)、足利の被官原三郎左衛門と秀吉の臣林又一郎の両人が冷泉万里小路に、洛中の散娼を集めて遊廓の許可を願い、許されて開いたのが万里小路の廓とか柳の廓と呼ばれ、公称は新屋敷と云いました。これからが京の廓の物語が始まりますので、全国に魁けて廓が出来ましたのは京都が一番早かつたと云うわけです。それから各地に廓が許され、伏見の撞木町が慶長元年、静岡二丁町が慶長十三年、江戸吉原が慶長十七年、大阪新町が寛永の末、長崎丸山町と寄合町が寛永十九年と云つています。そして何れも廓の入口に柳を植えるのは京の廓の入口のならはしにならつた様です。

柳の廓は追々茶屋も増加し、飲食店や種々の商人も集り忽ち賑わしい街になつて来ました。秀吉も遊びに来た様です。この当時はこうした遊女も、今日の人の様に赤線の女とした特殊な見方はしていませんでした。文禄三年の大地震に伏見城が破壊され、多くの奥女中が死にました時、柳町の遊女を臨時の雑用にさせたと云います。こうして繁昌して来ますと御所に近い事もあつて、ここに十三年。慶長七年六条辺へ移転を命じられ、六条の三筋町の廓と云いました。ここへは皇族公卿の人々も出かけています。何日の世もこうした女のいる処には無頼漢が集り奢侈淫蕩の地となつて来まして三十九年つづきましたが、寛永十七年（一六四〇）七月十二日即刻移転を命じられ、田圃の中央に一廓をつくりそれに移ると云う大騒動が出来ました。西新屋敷と云いますが、俗に九州島原の乱の様な大騒ぎだつたとの事で、島原と俗称されて本名を知つている人が少ないです。

それ以来、島原廓がありますので、ここが傾城の総本家格と見なされるわけです。これから後に各所に廓が許されますので、それは各項に一々変遷を記しますが、ここには何れの廓にも共通した事件を記します。島原も別項を見て頂きます。

現代太夫の姿

　宝暦十一年には、島原が各所の廓の茶屋の惣年寄を命じられまして、京の廓は全部島原の支配下に置かれる事になりました。島原が出来ましてから、各所廓にも定員外の女を置いたり、又許可されないで密にやっていますます散娼が出来まして、見付かると島原へ送られ「島流し」と云われていましたが仲々に止みません。追々島原へ客が来なくなり、それで、寛政二年六月、たまりかねて島原から所司代に請願しまして両町奉行から捕吏数百名をして市中のこの私娼狩を行い、千三百人を検挙しました。市中は大騒ぎで全部島原へ送つてしまいました。そして、各廓共一時営業停止になりました。この度はこの停止された廓から願い出まして、同年十一月、改めて祇園町祇園新地（祇園町は四条通の両側、川端縄手通及び富永町等の内六町を祇園新地と区別していた様で、後には一つに呼んでいます）、二条新地、七条新地、北野上七軒の四ケ所に五ケ年の年期を切つて許され、六月島原へやられた遊女連を引取り、傾城町（島原）へは口銭を差出しその支配を受ける様になりました。

文化年中には芸者取扱も遊女と同様に許可される様になりました。寛政二年から五十二年目の天保十三壬寅八月、閣老水野越前守忠邦は緊縮政策をとり、古来免許された以外の歌舞歓楽街とする事を厳禁する事になり、所司代牧野備前守は祇園町以下の各遊所も禁止となり、六ケ月以内に他の商売にかえるか、止むを得ないものは島原へ引越し、遊女芸者は島原へ住替え島原の人になつてしまえと厳命せられました。今更商売替も出来ず島原へ転居の希望者は一千三百戸ありましたが、実際移りましたのは百三十九戸で、遊女芸者は五百三十三人に過ぎませんでした。

これは八年つづきまして、所司代脇坂淡路守は京都を潤すために嘉永四辛亥十二月、以前の四ケ所へ遊女商売各二十軒宛、女の数も以前の様に一軒に二名、芸者も取扱い十ケ年限として許され島原へ口銭を出し、その支配下である事も寛政年度と変りなく申渡されました。この何年を限り許可はあてになりません。十年たたぬ安政三丙辰十月、祇園町等四ケ所に五年限茶屋営業を許され、遊女芸者を呼寄せては渡世してもよい、尚一時廓外に出ている以前茶屋をしていたものも、この四ケ所へ移住すれば八ケ月を限り茶屋渡世を許されました。島原との関係は以前の通り遊女芸者の口銭は勿論茶屋口銭を納め、その支配下に置かれ、然も芸者等が隠売女の様に猥にならない様取締をする様申付けられています。この頃から幕末にかけて島原は余りふるいませんでしたが、祇園町、先斗町、三本木は幕府方や各藩より上洛してくる者多く、こうした嫖客はあちこちに浮名を流し、木戸孝允の桂小五郎が幾松との情話は維新史を飾っています。

慶応三丁卯十月、各遊所が相談の上冥加金（税金と見てよいものでしょう）を年々に上納しますから年限を切ってのお許を止め無期限許可にして貰う事に願いまして許される様になりました。

明治三庚午四月、京都中の遊所（廓）に大変動がありまして、島原の支配下にある制度も、又出店出稼の名で許されていた事も一切廃止せられ各所で茶屋遊女屋共々会社をつくり、各廓で取締規則をきめて呈示さしました。今迄茶屋遊女屋渡世の鑑札を島原から渡していましたのも廃して府から下附される事になりました。又これ迄島原から各廓へ暖簾や行灯印（あんどしるし）を祇園町及び祇園新地は〔栄〕の字、二条新地は〔東〕の字、七条新地は〔泉〕の字、北野上七軒は〔寿〕の字、（又出店は其元廓の印）を用いて来ましたが、これ等は一切改正されまして㊣遊の篆書で書き行灯印とし府庁より渡し、今迄許可されていました左記二十ケ所以外では茶屋、遊女屋の新開店を禁止せられました。

傾城町 島原

傾城町出稼一 祇園町

八坂新地（元祇園新地）

八坂新地外六町出稼 清井町

傾城町出稼二 二条新地

傾城町出稼三 北野上七軒

傾城町出稼四　七条新地　　二条新地出稼一　先斗町　　北野上七軒出稼一　内野五番町
北野上七軒出稼二　内野四番町　　七条新地出稼一　宮川町　　七条新地出稼二　五条橋下
傾城町出稼六　下河原　　二条新地出稼二　清水　　二条新地出稼三　白梅図子
七条新地出稼三　壬生　　辰巳新地　　伏水中書島
伏水恵美酒町（撞木町）　　伏水墨染

この時無産者失業者に職業を与えるため授産所を設けられましたが、この経費を芸者遊女の花代一昼夜の上り高の廿分の一を冥加金として上納する様布告が出ております。

翌明治四年十一月、療病院（今の府立病院）を粟田青蓮院に創立に際し、芸者、遊女の健康診断をし、そうした方に金を廻すことから、授産所への冥加金をこの療病院の方に振りかえ一昼夜の花代の廿分の一を当てる事になりました。

外国との交通も繁く、我国政界の大改革で明治五年十二月二日附で、太政官令で「遊女芸妓年期奉公人一切解放すべし、就ては貸借訴訟総て取上げず」芸娼妓の様に人身売買に等しい行為は人倫に叛いた悪い習慣だから、こうした女は抱主との契約をスグ破棄し自由になるようにと、これを芸娼妓解放令と云いました。情夫のある妓はその日に夫婦になる事も出来、苛酷なる抱主の下にある妓は籠の鳥を放つた様なもので喜んだのはこの妓達の筈でありますのに、この頃は家が貧しくて売られて来ている妓達のみでしたので、解放されたため生きて行く事が出来ません。それに娘時代をこうした廓の中に日を過したので、女としての日常生活の事も知らず途方に暮れてしまいました。それがお役員に知れまして改めて本人が希望するなら鑑札を下附する事になり、その花代に賦金をかけ毎月芸者は壱円、娼妓は二円、席貸（この時茶屋を席貸としました）は三円を納めねばなりません。この頃米が一石三、四円でありました事から考えますと可成り苛酷な税金であります。然し当時の役員はこうした人を賤業者と見ていまして、こうした人を正業に着かしめるのが目的であるとしまして、救済事業として各廓に「婦女職工引立会社」を作らねば営業許可も鑑札も下附せないから至急この会社をこしらえろと命じました。各廓は思い思いの請願書を長谷信篤知事に出しています。そして、芸娼妓が人妻となり、又独り立ちした時も女一人前の事は出来るようにし、裁縫から糸繰、機織、養蚕、製茶、三味音楽、舞踊、茶の湯、生花も教えなければいけない、廓によりましては紹刺、琴三味線糸の製造、鹿の子絞り、押絵、衿の製造、嚢物、扇子、団扇の製造、髪飾品製造を教えております。その入費としてこの上納金の半分をこの会社へ下附しています。この会社は翌六年三月十一日に成立しましたが、如何にも不粋な会社名でありましたので、七年四月には女に仕事を授ける場でありますが、女工とすると少し感じが違うので糸扁の紅として女紅場と改めました。それは町方の婦人に勉強をさせる処にもこの名を用いていますから、廓の方もこの名がつけられたものでしょう。一般婦人の女紅場は小学校を終えた婦人で土手町丸太町下（現在上電話局）に只一校、英学校と共に開校されましたが、後府立第一高等女学校と改められました。

明治五年春、第二回博覧会開催の時附博覧（つけはくらん）の名のもとに安井社で能楽、知恩院山門楼上の抹茶席、鴨川原の煙火、祇園廓の都踊、先斗町の鴨川踊、宮川町の宮川町踊、下河原に東山名所踊等も開催されました。この頃から十二、三年にかけて、天皇が東京へ行かれた後の京都と云う感じが深くなり、沢山ありました花街地も次々合併廃止となり、明治時代は壬生、白梅図子、二条新地、辰巳新地、清水新地がなくなり、下河原、清井町、祇園新地は祇園町の名で吸収統一せられ、十四年祇園は二分されて祇園甲部と祇園乙部と呼ぶ様になり、乙部は昭和二十四年祇園東新地と改称し、五条橋下は七条新地へ、内野五番町、四番町は北新地、近年西陣新地などと云われました。大正時代は伏見墨染が自然消滅になり、昭和三十三年三月三十一日限り七条新地、西陣新地（五番町）伏見撞木町が廃せられ、島原、祇園東新地、宮川町、伏見中書島が芸者街としてやつて行こうと云われています。近年迄何人か娼妓がいた祇園甲部、先斗町、上七軒は全部芸妓だけとなつています。改めて今日京の花街は、祇園甲部、先斗町、上七軒、宮川町、祇園東新地、島原、伏見中書島の七ケ所であります。

遊廓は昔から売春を目的とした集団地でありました。それで遊女が中心で、芸妓と云うものは徳川末期から生れました。大きい見方では芸妓も遊女の一種と見られていました。追々時代と共に変化し慣習が出来まして、金だけで何人にも身を許さないようになり区別が出来て来ました。芸者のみの花街も一応廓と呼んでおり、今芸者のみの祇園甲部、先斗町、上七軒にも二十年程前迄は多少の娼妓も居りました。

今後は廓の名もなくなり、お茶屋営業だけの土地に変つてしまいましよう。そして芸能が特に問題化されてくる事でしよう。そしてその後援者、旦那と云う人の在り方も変化してくるのではないかと思います。

明治以前ここに記した以外に細手の螢茶屋、壇王裏(孫橋川端東入辺)、六波羅裏(建仁寺松通原下ル毘沙門小路?)、貞安裏(河原町四条下つた辺)、大仏前、三条木屋町辺及び各廓の附近に隠売女と云う私娼がおりましたが、これを一つの廓視しられているのもあります。

明治・大正年間に亡くなつた廓

二条新地

今から二百四五十年前、聖護院のほとりに大きい森がありました。そして川端からこの辺一帯聖護院村で蕪の名産地でありました。その畑の一部三千九十七坪を遊女町にしたいと享保十九年十一月所司代へ願出ました。恐らくこの二年前に、祇園新地内六丁（うちりくちょ）が許可せられていますので、同じ川東のこの畑地を撰んだものでしょう。所司代牧野佐渡守、町奉行本多筑後守の許を得まして北野上七軒吉祥寺より上七軒出店の名義で遊女屋が引越して来ました。そして新先斗町、大文字町を開きました。この町名ですが、川西の先斗町から移行して来たので新をつけて新先斗町ならわかりますが、上七軒から来て新先斗町と名付けたわけがわかりません。夷川通川端より東一筋目東入二条と夷川間の町名です、大文字町はこの町のもう一つ東の通り筋です。ここも町名由来はわかっていません。とにかく畑地を町家としました。近くに神社がありませんので熊野神社を氏神とする事にしました。熊野社は戦禍で焼失しましてから、聖護院宮が再建しましたので氏子はなかつたので始めて氏子が出来たわけです。今でも熊野祭の行列がこの辺を巡幸されます。それから夷川の北に中川町、大文字町の東に難波町、松本町が出来ました。その後二十九年、宝暦十三年東木屋町四条下ル二丁目天王町より遊女屋が移つて来て生洲町が出来ました。それが天明八年の京の大火に全滅しましたが、他の町よりも早くこの二条新地は原状に戻り、文久、慶応と幕末には祇園よりも繁昌した様です。文化、文政の頃、二条通川東の難波町に「銅駄余霞楼」と云う素人料理屋があり、庭に沢山棕櫚（又毛棕竹とも云います）を植えていましたので、主人中島徳規は棕隠と号しました漢学者で、頼山陽等の学者と交友がありました。漢詩では山陽にも劣らなかつたと云います。この棕隠は花街事情に詳しく「鴨東四時雑詞」を著わし、資料の少ない幕末の祇園花街の様子が詳しく記されています。只この漢詩の意味のわかる人は少なかろうと思います。余程極道をした人で店の屋号の「銅駝余霞楼」は二条から北を銅駝坊と呼んでいます。平安朝以来の呼名で銅駄中学校もあります。「どうだよかろう」は「どうだい内の料理はうまいだろう」と酒落たものです。有名な「京の四季」の作者は不明ですが、恐らくこの棕隠だろうと云われています。この人は安政二年六月廿八日七十七才で歿し、黒谷と泉涌寺に墓があります。この人は後秋築橋を北へ入つた処に移つていました。

二条新地は京都の四大花街と認められていまして祇園新地、七条新地、上七軒共に代表的なものの様でした。天保十三年廃止、嘉永四年再許されたのは各廓共同一、この幕末には相当繁昌した様です。今の先斗町はこの頃はまだ名高くなく安政六年六月、この二条新地から出店の名義で移転した店が多く、先斗町は遊女屋として発展して来ました。この頃から七、八年間明治になります迄、血生ぐさい維新の志士と幕府との暗闘時代になりますが、その人々の間に多くの花街の者が陰に陽に関係しております。この二条新地で記録に残る名妓もなかつたらしいですが、川端二条上ルに目明し文吉が妾に茶屋をやらせ、あくどい事をやつていましたので勤王方から憎まれましたが悪賢い男で巧に姿を現しませんでした。文久二年閏八月廿九日、この店に新しい妓を抱え披露目のお祝にこの家に来ている事を知つた土佐藩の人々の急襲に会い、前の二条磧で捕えられ絞殺されています。

慶応三年十月、冥加金を出して無期限に営業を許されました。明治三年三月、清水四丁目や新夷町（白梅図子）に無免許の遊女がいましたので差留められ、改めて二条新地の出稼の名義で許されました。明治四年十一月、八坂新地から鞍替して来た七人の芸妓、福島屋亀鶴、扇屋米香、房路、芳鶴屋友尾、小八重、千歳屋政菊、歌菊等は明治開化のモダン芸者として散髪し、洋服を着たり、高袴をつけて町々を歩き、その姿で客席へ出ましたので物好きな客が、これを招いて繁昌している記事が横浜毎日新聞に掲載されました。

明治五年には杉本町に十二軒、難波町に八軒、中川町に十九軒、大文字町に四十三軒、新先斗町に四十軒、新生洲町に廿八軒の茶屋が営業しております。然しこの年に娼妓開放令が出て女紅場はこしらえねばならず、祇園町や先斗町が発展して来まして二条新地はますます追いやられ荒れる一方でした。それで廓の踊りも催された様子がありません。明治十一年、芸者の外義太夫芸者も小吉、政尾、力葉もおり、芸者十一名、娼妓十二名の名も見えていますが、これで全部かどうかわかりません。明治二十年、大阪にあつた舎密局（せいみきょく）（化学研究所）が洋学校とかわり、これが京都へ移転して来る事になりましたが、新校舎が出来ます迄この二条新地の女紅場へ移つて来まして第三高等中学校と云い、廿三年吉田に新築しまして第三高等学校となりました。この女紅場兼事務所址は会社になつたり薬学校になり、これも山科へ移り薬科大学とかわりました。この三高がここへ移ります時、風紀取締の必要上府令でこの二条新地廃止の命が下り正業に復するものはそのままおつてもよいが、貸座敷（お茶屋）や小方屋（芸娼妓を抱えている家、置屋）は営業を許されないので八坂八軒（東山四条下ル所）下河原へ引移つて営業を続け、この廓はなくなりました。この地には廓建築の家は殆んどなくなりました。モシモシ格子と云つた一尺四方の小窓が開閉出来、ここから手を出して客を招いたと云います。二階も表通りに椽側のある特殊な建物ですが明治末年には転業した、こうした家も多分にあちこちに残つていました。今日は殆んど改造されてしまいました。下河原秋葉さん南通を西へ入つた辺に二階だけそれらしい家が見えます。

東三本木

三本木は丸太町大橋西入上ル処でありまして、東よりが東三本木、西よりが西三本木通と云つています。元東洞院出水から夷川迄を三本木何丁目と呼んでいました。その一丁目より三丁目が宝永五年皇居拡張に際し替地としてこの所に上之町、中之町、南之町となりました。元新三本木と云つていた様です。

この三本木通は、東側は川端から鴨川を隔てて東山三十六峰が眺められる絶好の地ですから遊びに来る人が出来、その酒宴をとりもつ女が住む様になつて来ました。京都には町芸者と云う女がいました、芸者と同様三味を弾き歌を唄い、舞を舞いました。そしてこの女は結婚の儀礼とか、不幸なおりのしきたりを知つておりましたので、町家では何かの時にこの女を招いて手伝わしました。若い人もいましたが人妻が内職にしていたものもあり、大商店の酒日にこの女達が入ると大変便利で、そうした女が料亭に出入しました。今の雇仲居に似ていますが、少し性質の違つた様です。三十年前迄はおりましたが現在はきかなくなりました。三本木は芸者どこで遊女は置いていなかつたと云います。そしてこの町芸者が酒席を賑わせたと云います。

幕末になりまして、志士と云つた人達がこの三本木の料亭吉田屋、清輝楼（後に席貸茨木屋となり大正時代ぁづまやと云う洋食屋となり、いま旅館大和屋となつています。）、上井筒、大岩、月波楼等六、七軒ぁつたらしいです。天保十三年の禁止令の出ました時、京都一帯に遊女渡世を禁じられました時、この町はおかまいなしでした。それはここには遊女はいなかつたからだと云うことでした。この三本木は何も話題になる事件もありませんが、只一つ維新史上忘れられないのは桂小五郎（後の木戸孝允）と幾松の情話です。幾松は此所の町芸者の一人でした。母親も此所に出ていましたのでこの幾松は二代目です。小五郎は幾松の才色兼備、その人となり（武士の娘）に心服し、胸襟を開いて話し合い、幾度も小五郎の危難を助けております。小五郎が京都を出ると幾松は妓籍を脱して長州へ捜しに出かけ四年間赤間関で世帯をもち、後東京、京都に移りました。明治十年、土手町夷川の木戸邸で明治の元勲孝允公に死別後木屋町二条下ルに住み、明治十九年四月十日四十四才で歿し東山霊山墓地に木戸公とならび葬られています。

この幾松のおつた頃が東三本木の全盛で、近藤勇は駒野と深くなり、後藤象次郎も〃いろ〃と云う妓に通いつめたと云います。明治三年公許の遊里となりました。その頃、営業主は東側北より茶屋山本清兵衛、山本長兵衛、神谷ゐい、常浅岩吉二軒、森川喜兵衛二軒、谷出源右衛門、芸者屋植松あい、岡田でん、北村つる、西側北より茶屋奥田いく、芸者屋井上勘助、安藤まさ、西村嘉兵衛と茶屋九軒、芸者屋六軒がありました。ここもさびれて商売にならず、明治九年頃には殆んど客も来ず芸者もいなくなつてしまつた様です。文政の頃、頼山陽がこの町に移つて来まして山紫水明荘を作りここで歿していますが、この花街の賑つている最中のことでした。此家は今もそのまま残つています。

この吉田屋の址には竹内栖鳳の師匠幸野梅嶺画伯が住み、後湯浅が買取り今は祇園の舞井上流の名手尾寿栄が ここの夫人となつて 住んでいます。清輝楼のあとは明治三十三年五月十九日、中川小十郎がここの二階の広間を教室として京都法政学校をはじめ、これが今の立命館大学となりました。

白梅図子

十数年前市電河原町線、府立病院前と出町との間に白梅図子の停留場がありました。寺町と河原町の間本禅寺北通を白梅図子と云つています。今から十六年前寺町広小路下ル東入に住んでいられた下河辺光行氏（八十九翁）に白梅図子の様子をききました処、子供の頃でハッキリ覚えないが白粉をベタベタつけた醜い女が寺町辺やお車道（河原町広小路上ル）へ出て客を引いているのを見た、首に膏薬を張り首の曲らない女がいて恐くてよく行かなかつたとの話でした。それはこの道の中途から北へ行く中筋通の新夷町が中心地であつた様です。御所の附近によく許されたものと思いますが、余り目だたない先きになくなつたらしいです。

元禄十六癸未九月、松屋町通丸太町下ル新松屋町に住んでいた人々が、幕府所司代邸を拡げられるため一ケ町全部が替地としてこの地を与えられ移転して参りました。安永四乙未年、猪熊丸太町下ル夷町の住民も同じ事情で替地として、ここへ移転して来ました。その時住民が移転のための建築費などに困り、煮売茶屋を始めたいから許してほしいと願出ました。その茶屋の茶汲女が追々発展し、人数も増加して来ました。然し下級の女達であつたため、いつもお客は虱を貰つてくるので虱の図子と呼んだのだそうです。お前は虱の図子へ行つたと云われては安物買いを人に知らす様なものですからあそこには白梅と云う美人がいるので、その女を目的に行くのだから白梅の図子だと云う様になつたとも云います。慶応前後は大変繁昌しました。

明治二年二月、この新松屋町と夷町の二ケ町が合併しまして新夷町と改めました。三年三月この煮売茶屋の女達が遊女と紛しい渡世をしているので差留められましたが、四月二条新地よりの出稼として遊女屋渡世を許される様になりました。元々下級な遊所でありました上公許されますと税金も出さねばなりません。それに維新後京都の衰微なども原因して、公認遊廓となりましたものの日々細つて行き、明治七年頃には自然に廃業転業したものらしいです。明治五年、中年寄芝山又兵衛、添年寄村上六兵衛より府へ届出書によりますと、河原町西入北側に竹原たけ、加納ことの二軒、新夷町通北入東側森川長太郎、藤田寅吉、藤岡いろ、柳本光蔵、小西ふさ、上田幸兵衛、青木清助、三木ます、西側南方から佐々木八五郎、藤本いと、大竹久兵衛、織田為三郎、西田しま、中島半治郎の十六軒で、この中島が一番大きい家の様です。現在この中筋通にもそれらしい家は一軒もありません。

墨染

伏見は永らく伏水と書いていました。水の多い土地で秀吉が伏見城を築きまして以来町らしいものになり広くもない土地に三ケ所も花街が出来ました。この墨染は所謂廓ではなく、伏見から京都への交通要路になりまして、深草藤の森神社の西の入口伏見街道を南下しますと間もなく西へ二丁余京町通を南へ伏見の町へ入ります。大阪から三十石舟で伏見の浜に着きますと、ここを通って五条大橋近くへ出ました。通行人の多い土地で墨染寺はこの町の西方にあります。ここから二丁程で撞木町の廓があります。ここは茶屋として許され茶立女を置きました。南新町、七軒町、墨染横町の三ケ町で、いつから出来たかわかっていませんが、元禄十二巳卯年茶屋株を許され、茶立女を抱えて相続をして来ました。天明頃には二十五軒のお茶屋があつたと「伏見諸集記」に出ています。天保改革の時転業するか遊女屋のままでやりたいのなら撞木町か中書島へ移れと命令がありましたが、翌十四年茶屋株の者は旅人宿か商人宿になる

都林泉名所図会　　客をひいている墨染の妓

のなら許す事になりました。しかし飯盛女は召抱えてはいけないと、飯盛女は給仕女です。宿屋には女中はつきものでしよう。それを置いてはいけないと云うのは置いてもよいの話の通りだつたのでしよう。地方によくありました飯盛女の代価いくらと書いたものがあり、結果下等の遊女と何等撰ぶ処のない女と云う事になります。この町の東南端に有馬稲荷社があり、それより西へ西側がこれ等の店で明治五年の中年寄宇野又七、副年寄寺内市左衛門の届出によりますと南側東より吉田ちう、畑寿ゑ、上田とう、藤村つね、上田春、河田源七、池田かつ、池田藤吉、木村八重、平安ひで、渡辺かね、竹中春、中村たき、竹中かな、山下種治郎、辻子を経て、墨染寺、北側東より木村むめ、渡辺のぶ、高安粂治郎、山田伝二郎、辻井せい、佐々木伊助、中村みつ、木村利助、鳥居ふさ、上田芳造の二十五軒ありました。墨染町へ行つて調べましたが折ぁしくそうした事を知つている人に出合いませんでした。京阪電車の線路になつています処に杉野屋があり、疏水の東に上田屋があつたそうですが、子孫もいません。明治十一年に芸者三人、娼妓十一名の名簿があり、矢張り一つの花街とは認められていたものでしよう。明治四十四年に京阪電車が開通すると同時に三十石舟や川蒸汽で来る旅行者はいなくなりこの道筋も俄に淋れ、皆電車で通りすぎます。これでは商売にならないと女中を断り、一軒止め二軒廃業しまして、転業、転宅、それから四十七年後の今日商店街となり、全く別の意味で賑かな町となつています、有馬稲荷もどこへ行つたか知らないと云います。或は藤森神社の末社になつたのでないかともききました。

下河原

八坂神社正門（南の石鳥居のある方）前から南の突当り八坂庚申堂までの通を下河原通と云つていますが、下河原は地名でありましてそれより東高台寺までを下河原何浴地と云います。菊溪川と轟川が出水しますとここで川が合流しまして広々とした磧になりましたのでこの名が出ましたと云います。

ここが廓となりました年月は判明しませんがこの下河原通高台寺総門の辺、東の鷲尾町、西の上弁天町、月見町の四ケ町を云います。

徳川方は秀吉や秀頼・淀君等豊臣一族を全滅さしましたに拘わりませず、秀吉夫人の北政所だけは大変かまいまして慶長十年以来高台寺を作り、ここに自由に余生を送らしました。伏見城内にあつた北政所の化粧間を移し今の円徳院の北に住みその入口は鷲尾町南側にありましてその正門は下河原に面していました。北政所は遊芸の好きな人でしたので、毎日の様に舞芸の出来る女を集め館の附近に住わせて、演芸を楽んでおりました。寛永元年七十六才で歿しましてからその正門をとり居館は永興院と云う寺にしました。主人を失つた女達は下河原鷲尾町に永住し、一般公衆の招きに応じて出かけ祝儀を受けて生計をたてたと云います。これを町芸者と云いまして、他の廓の様な茶立女、茶汲女等の女達とはタチが違いました。品格も正しく技芸も達者で祇園の妓達の上に居つた様に自他共に認めていました。この妓達を普通の廓視してよいのか、実際働いていた様子は判然しておりません。徳川中期以後円山安養寺末の六阿弥と云いました六軒（也阿弥、左阿弥、眼阿弥、正阿弥、重阿弥、連阿弥）の子院や、双林寺、鷲霊山正法寺の子院等の時宗の寺々は、明和の頃（百九十年程前）からその屋敷、庭園を開放しまして席貸屋になりました。そして書画展、種々な講会、詩歌の集り、或は蹴鞠の場となり、料理を出す様になりまして以来、芸舞妓が出入しました。これに下河原の妓達が侍りましたが、特に円山の六坊は高台にあり京の街を見下しますのでお客が多く、その他双林寺も正法寺も何れも山手にありますのでここへ出入の下河原の芸妓達を山根子と云いました。或は叡山の僧侶がいつも聘す妓達だから叡山を山と呼ぶので山猫（俗に芸妓を猫、娼妓を狐、幇間を狸と云い

下河原　舞の会　　　都林泉名勝図会

ました）と云つたとも云います。然しこの山ねこは、技芸と品格を重じたので山ねこを誇と感じていた様で、花代は貰いません。水引のかかつた祝儀（百足より二朱までの扇料）を貰い、座敷へよばれ這入つて来ても、お客に挨拶もせず、客の上座に座り顔見知りだと、「御機嫌さん」と口を切つたとか、云われていました。

踊は初代の井上八千代が流儀を拡げるため第一にこの山根子に目をつけここへ入り込んで教えました。その頃は祇園新地は篠塚流でした。井上流は下河原の方が古くからやつていた事になります。それで鈴木吟が祇園甲部の教師にもなれたのでしよう。祇園甲部は三代目八千代の春子から井上流になつたのです。

天保三年各廓同様禁止令が出ました。その頃の記録「辻打大概記」なる小冊子に

舞芸者　五十七人　下河原

是は下河原、鷲尾町、清井町。下河原町辺に住居仕罷在。祇園町遊女屋とも出張取扱仕候由。円山並に双林寺又は右最寄料理屋へ……上弁天町、清井町両所を山と唱へ申候

明治三年一度停止せられ、島原より出稼の名義で芸者稼を許されました。五年の附博覧の一つとして東山名所踊を催しました。ここは古く「まくづ踊」と云うものがあつて、十数名の踊子が揃いの衣裳をつけての総踊で伊勢音頭の様なものであつたと云います。都をどりが伊勢古市の伊勢音頭を見に行つてこしらえたと云いますが、恐らく誰れかがこの踊を見てやり出したものので、スグこの下河原の東一帯を真葛ケ原と云うのでこの「まくづ踊」の名がつけられたものと思います。色刷の版画があるそうですが私は見ておりません。これが何年続いたものかもわかつていません。東山踊の第一回の名題は「若菜草千代の寿」と云い温習会の様に一幕物をいくつかならべたものとも、十数名の踊子が揃いの衣裳を着て踊つたとも云われています。明治

十一年七月の「都乃花くらべ」には芸者十一人義太夫二人舞子六人の名をつらね、鈴木小里が二十九才、武田はなが二十三才の名も見えます。鷲尾町にあつた大和屋が山根子の総本家の様に云われていまして、この家は前田侯に仕えた白拍子の流れでありました。鈴木小三（後祇園甲部舞踊師匠鈴木吟子）、武田お花、長谷川松吉、宇野小住、小三の母親お里、お花の姉芸者の梶の家小豊等は山根子の人々でした。

この東山踊も何年続いたのかわかりません。此花街も追々さびれて来まして明治十九年府令に依り祇園新地に合併してしまいました。今日下河原は大方旅館街で料亭などが並んでおります。

辰巳新地

東山区二年坂下の桝屋町、八坂塔の周囲八坂上町、南町、金園町辺は法観寺、引導寺等の大寺院があり、その境内に当りますが四百八十年程前の応仁乱で京都全市が焼滅しましてこの辺も荒蕪地となつたままで、八坂塔のある法観寺も焼け、この塔一つ残りそれも大破し、その附近は乞食の棲居となり盗賊の巣となつたと云います。元和五年（一六一九）所司代板倉伊賀守は盗賊を捕え塔も修理しまして、民家を建てまして茶屋を許し茶立女を置き、年々この塔を中心にこの女達と盆踊を毎夜行わせました。それが大変人気を呼びまして、それの見物の遊客がワイショワイショと出かけ、この女達の踊の連れに入つて夜のふけるのもかまわないで踊り狂い、そのままその女達に引づり込まれてここは追々繁昌し、荒地も花街となりました。宝暦八戊寅三月、茶屋株を貸して営業をつづけたく奉行松前筑前守え願出て許されたと云います。寛政十二庚申三月ここの上町金園町の芸者共建仁寺通恵比須神社裏下柳町へ出見世をしておりま田の初年には桝屋町に茶屋飯田す。幕末になりますと殆ど遊女街になつてしまつたらしく、明治の初年には桝屋町に茶屋飯田米吉、太田寅吉が東側、芸者召抱人松山とみ、茶屋岡田為七が西側、北側に芸者召抱人と茶屋兼業の今江長兵衛、上町北側茶屋大橋勇三郎、南側東から両方兼業の尾崎善吉郎、幣之内伊之助、芸者召抱人藤原とく、鵜飼さと、茶屋渡世平尾佐助、井上さく、庚申堂東隣、兼業の星野熊吉、金園町（下河原通南端）、東側兼業の和田新助、西側茶屋神田源七、田中宗兵衛、南町の東方芸者召抱人山口勘助、茶屋上村太七、西側茶屋加藤喜兵衛、井上いしの二十軒しかありません。明治六、七年頃「京の怪談」に書きました「白蛇のたたり辰巳新地は滅ぶ」と云う口碑をのせましたが、果して火災で全滅したのか、営業不振で自然消滅したものか判然しておりません。余程下級な廓であつたらしいです。

清水新地（阿古屋茶屋）

清水寺は古く平安朝以来、参詣者の多い寺で、観音信仰の代表的なお寺で、一つは景色もよく、芝居にも謡曲にもここが背景にせられている事が多く見染めの場には格好な場所になつています。その参詣人目当に花街の出来る例は全国的に見られ、京都でも祇園社に対し祇園町、下河原があり、北野社に上七軒があり、北新地と云つた具合です。清水寺の下にこの清水新地が出来、辰巳新地があつたのも頷れます。

応仁乱後この寺の下一帯は荒地となり、八坂塔附近は特にヒドクなつてしまい盗賊が住み、清水参りの人々を道に要して強盗を働きますので、元和五年板倉所司代から捕吏を出し盗賊を召捕り清水坂二丁目（産寧坂より東）、三丁目（産寧坂下から二年坂辺、清水校の北東）、四丁目（広大な町で産寧坂より西、東山通の両側可成奥迄含む）に茶店が暗黙に認められ、それに茶立女がおり、旅籠屋も出来、これにも給仕女が居り、盛に風儀を乱しました。ことに四丁目にはそうしたものが多かつたので元禄四辛未八月、禁止を申渡しました。然しそんな事でこうした遊女まがいの女が消えてしまうものではありません。それで寛文十庚戌六月雨宮対馬守西奉行の命で、各地共社寺門前町にこうした女がいるのはもつての外だから遊女紛のものは一切いけないが、茶屋には茶立女一人宛は差つかえない事にしました。

正徳三癸巳八月清水三丁目の出火でお茶屋町は類焼してしまつたので二丁目で営業をつづけさしてほしいと願出ました。寛政九丁巳五月には四丁目より西の町、五丁目も茶屋渡世を許してほしいと申出た様です。文化十癸酉二月、お上で茶屋株のあるなしを調べ、清水四丁目は在来の様に渡世を差許すことになりました。天保禁止後安政四丁巳閏五月、四丁目より二丁目と五丁目の茶屋株を四丁目で引受ける事になりました。この清水新地は俗に阿古屋茶屋と云つたと云われます。それは芝居に長谷川千四と文耕堂の合作で「檀浦兜軍記(だんのうらかぶとぐんき)」を享保十七年九月豊竹座に上演せられましたが、この内に清水新地の遊女阿古屋と云う太夫、琴、三味線、胡弓が上手でした。情夫景清の所在を白状さそうとしましたが知らないと云いはり、そこで三曲を奏さして心の乱を試すと云うのが「阿古屋の琴責め」とて有名であります。そうした無い事が真実になつて阿古屋のおつた廓と云う事になり、芸人がこの四丁目に地蔵堂を作り、遊女阿古屋の信仰していた地蔵尊と云い、阿古屋地蔵と云い、今六波羅密寺に移されています。こんな店が後世真実の様に思われますが、之れは芝居名所です。そんな事から、ここを阿古屋茶屋と呼ぶものが出ました。

明治三年三月、水茶屋は許したが、遊女屋は許していない、禁止だと云い出しましたが、スグ二条新地の出店として許すと大びらに遊女屋になつたと云います。最寄りと云う言葉がよく用いられまして、近くに何んとか云う遊女屋がありその附近だから同じ様に認めようと云うのです。明治四年には芸者組合が願出された様ですが、女紅場迄出来ない先きに廃止する事になつたらしいです。それで清水坂（松原通）の遊女屋は明治六年に更生施設も出来ないまま廃止となつてしまいました。

五条橋下

五条橋下は元高瀬川筋、川端畑地でありましたが、宝暦八戊寅十一月新しい家が建ならび、杭木を打ちその後追々に家が建てられ町らしいものになつて来ました。

それから三年たつて同十一年十二月北野上七軒の内真盛町より南京極町へ茶屋株を借受けて渡世を致しましたが、その後文化十年二月に平居町にも同じ様に茶屋株を譲受渡世しました。

寛政二年十一年祇園町外三ケ所に遊女商売を許されました時、七条新地最寄の処でありますので五条橋下の町々（南京極町、平居町、都市町）も七条新地同様遊女渡世を始めました。五条橋下は文字通五条大橋のスグ下手に当りますのでこの名を呼びましたが、又六条新地とも呼んだ様です。

天保十三壬寅年の禁止で傾城町（島原）へ引移り、又大阪の廓へ出店と云うて渡世替したものもあります。安政六年六月七条新地より遊女屋、茶屋渡世のものが宮川筋二丁目より七丁目

（宮川町廓）及び新宮川町、それにこの五条橋下の都市町、平居町、南京極町へ移り営業したものが沢山にあります。

その後元治元年の京の大火に類焼して全滅しましたが、スグ立直り他廓からこの辺から七条新地へかけて移転し来ましたので、今迄に見ない大繁盛をしました。何年頃から七条新地と合併しましたのか、吸収されたのか判然しませんが、五条大橋に近かつただけにこの平居町や南京極町には大茶屋が集まりまして、七条新地の中心地がこの五条橋下へ移つた様に思われました。然し下とか裏とかの名はどうも良い名称とは思われませんので五条橋下とは呼ばれないで、ただ橋下のおやま買等と云われていました。明治末年から写真店とかわり、女達の並ぶ様は見られなくなり、三階建の大店も出来、遊女屋としては京都第一の人数となりましたが、近年は七条新地として橋下と呼ぶ人は少なくなつた様です。

壬生（みぶ）

壬生寺は節分の厄除詣に行く寺として知られ、本尊地蔵菩薩（旧国宝）、又四月に行われます無形文化財大念仏狂言が年々執行せられています。坊城通仏光寺上ル西側方一丁の大きい寺であります。

花園天皇の頃と云いますと、北条高時が執権の時代正和元壬子三月境内で寺の家来で大念仏を開莚の時、境内に茶店を作り、これに茶汲女を傭入て渡世をしたのが壬生の廓の始めだと云われます。

文禄年中大閤秀吉が太秦広隆寺で茶会を催した時、伏見城より壬生寺へ立寄り、本堂裏にあつた茶店が目に留り、これに立よつて茶を所望した事もあり、例年地蔵会と唱えて狂言の節は参詣の群集のため雇女を入れ茶店を出しまして客を留めましたが、宝永年中寺から寺の境内へ女を泊らす事を禁じ、寺の境内茶店は日暮でやめ、以後は門外で営業する様に改めまして、壬生寺の裏側千本通に面しました東側、寺の南の仏光寺通の南側に娼家が並びました。

天保十三年の改革の節、遊女を置く事は禁止されましたが、茶店だけなら渡世してもよいと許されました。然しこれも当分の事で、その頃はこの辺は葛野郡の片田舎で周囲には田圃多く寺の附近は住人衆と云つた寺侍の人々の住居があつた位で、表通の坊門通りより裏の千本通が南北に延びた古い通筋にすぎませんでした。それだけにこの辺の遊女は百姓相手か島原よりも手軽な女と云うので来た客があつたにすぎず、表向花街と云う程でもなく、明治三年三月あんな事ではいけない禁止してしまへとなりましたので、翌四月に七条新地の出稼の名義で営業をつづけました。明治六年壬生村庄家永島幸之進、遊女屋惣代上田佐兵衛の府への届出によりますと、寺の南側仏光寺通の東から遊女屋岩田太祐、岡本志茂、杉原久七、磯崎忠兵衛、新宮きゑ、大塚治兵衛、福井茂兵衛の七軒があり、その西隣は村の共同墓地（今壬生寺墓地）千本通の仏光寺上る西側、藤田茂三郎、上田佐兵衛、中川喜太良、船越儀助、二軒、小沢吉三郎、高橋鶴の七軒が並んでいます。京の人は昔火除の神として愛宕神社に月詣をしましたが、その帰途此所へ立よつて女を求めたらしく、以前に行つたと云う老人に壬生廓の話を聞きましたが、穢い家だつたと云つていました。

紋日は毎月二十一日東寺弘法詣りと二十三・四日の愛宕詣のお客が目当で、それから四、五月に行われました大念仏狂言の二十日間をあて込んでいた様です。今附近の八十翁は遊女屋のあつた事は聞いているだけで覚えていないと云いますから、明治十二、三年頃には全部亡くなつてしまつていた様です。仏光寺通の壬生寺南門前の民家の二階にそんな面影が見られます。

表紙写真
島原大門と
見返柳

昭和三十三年六月十日　発行

【価　三百円】

著者　田中緑紅
京都市堺町通三条下ル

代表者　鳥居郊善

印刷所　協和印刷株式会社
電⑥三九四四・六七二八

京都市東山区東大路松原上ル
安井金比羅宮内

発行所　京を語る会
電話⑥五一一二七番
振替大阪三七三五五番

京都市上京区智恵光院通五辻上ル
本隆寺内
京を語る会西陣支部
電話㊹五七六二一番

緑紅叢書

第一輯	町町の伝説　その一	百三十円
第二輯	京社寺俗称	百五十円
第三輯	祇園会余聞	百五十円
第四輯	京の送火　大文字	百二十円
第五輯	京の怪談	百三十円
第六輯	京の町名のいわれ	百三十円
第七輯	京の京の大仏っあん	百三十円
第八輯	師走の京都	百五十円
第九輯	京のお宮めぐり	百三十円
第十輯	京の話あれこれ　その一	百三十円
第十一輯	知恩院物語　上	百三十円
第十二輯	知恩院物語　下	百三十円
第十三輯	若葉の京都	百五十円
第十四輯	亡くなつた京の廓　上	百三十円
写真集	なつかしい京都	八百円

《復刻にあたって》

一、本復刻版は、田中喜代様所蔵の原本を使用しました。記して感謝申し上げます。

一、復刻版には、借用した原本の都合で初版と再版が混在しています。また、原本奥付に紙を貼付して新価格を表示している場合もそのまま復刻しました。

一、文中に、人権の見地から不適切な語句・表現・論、また明らかな学問上の誤りがある場合も、歴史的資料の復刻という性質上、そのまま収録しました。

一、表紙の背文字は、原本の表示に基づいて新たに組んだものですが、一部訂正や省略をしました。

緑紅叢書　復刻版

第1回配本（全26冊）

亡くなつた京の廓 上〔緑紅叢書2の2(14)〕

2018年10月31日　発行

揃定価　39,000円+税

発行者　越水 治

発行所　株式会社 三人社

京都市左京区吉田二本松町4　白亜荘

電話075（762）0368

乱丁・落丁はお取替えいたします。

コード　ISBN978-4-908976-86-5

セットコードISBN978-4-908976-72-8

緑紅叢書
第二年第三輯
第十五輯

京祇園会の話

田中緑紅

前の祇園会の盛況（七月十七日）

はじめに

祇園会を見られる方にその二十九の山や鉾の由来や有名な美術品の説明や、その山鉾に就ての話を簡単に記しました。

山鉾巡行は昔から祇園御霊会と云つていますが、それを祭と読んでもよいと思つています。その山鉾の順番は本年の巡行順になつております。この順に山鉾が出て参りましよう。鉾の部分の名称や織物の位置は「鉾の名称と鉾建」の項を御覧下さい。織物名称の中に竜文とありますのは竜の文様がある意味であります。

緑紅叢書の第三輯に「祇園会余聞」として今迄に記録になつていない事や、記録の少ないものに写真や凸版を二十枚加えて出しておりますから参照して下さい。

山鉾の話を中心にしましたので、十七日の神幸祭、二十四日の還幸祭を記さないで、神輿洗だけを記しました。この神輿渡御は八坂神社の神職が奉仕せられ、山鉾の方は氏子だけで行われています。昔から神職のいない氏子だけで行う珍らしいまつりであります。

昭和三十三年六月二十日

目次

函　　谷　　鉾　（前祇園会）

孟宗山見送　竹内栖鳳筆　（前祇園会）

鶏　　鉾　（前祇園会）

船　　鉾（前祇園会）

浄　明　山　（後祇園会）

役 行 者 山　(後 祇 園 会)

南 観 音 山　(後 祇 園 会)

長刀（ナギナタ）鉾

四条通東洞院西入

祇園会（マツリ）の先頭に出て来ますのがこの長刀鉾です。鬮とらずで一番にきまつています。この鉾だけは少年の稚児が舞をまいます。屋根の上の長い真木の頭に長刀がありますので長刀鉾と云います。三条小鍛冶宗近が娘の疫病を祇園の神に祈念し全快しました御礼に長刀をうつて奉納しました。その後大永二年、この町に疫病患者が沢山に出来、社前に祈りますと神のお告でこの長刀を病人に授けよとの事、早速町内に持ち帰り病人に授けますと次々に全快しました。悦んでお返しに行こうとしますと長刀が磐石の如く動きません。これはこの町にお止りになられるのだろうとそれを用いて鉾を作つたと云います。今その長刀は宝物として保存し、代品を用いています。天王は和泉小次郎親衡が直衣大口を着まして侍烏帽子を頂き右手に長刀を、左手に小舟を持ち上げている像、屋根裏の群鳥はこの町に住んでいた松村景文の筆、破風の彫刻は片岡友輔の作で前部は振鉾舞、後部の人形は宗近長刀をうつ形であります。水引は江戸初期の刺繍の麒麟、二番水引は八珍菓の図で、中島華陽の下絵、胴掛は古渡の華氈、前掛は殊に優れた華氈であります。見送は中国明朝竜文の紅地鏤金綴錦の立派なものと云われます。

孟宗山

烏丸通四条上ル

中国呉の国に孟子と云う人、字恭武、後に晋の孫皓に仕えて、司空の官にまで立身しました。親によく仕えておりました。厳寒大雪の折、母は筍がたべたいと云い出しました。雪中に無理とは知りつつ、親にたべさせたい一心に、神かけて藪の中を掘りますと不思議にも筍が見付かりました。母親は大変喜びました。これは中国二十四孝物語の一つで孟宗の人形は唐装束で、その上に簑、笠をつけ、左手に雪をかむつた筍を持ち、右手に鍬を肩にかけて立つていまず。人形は大仏師七条左京康朝作と云われます。山の松にも綿をきせて雪中の様を見せています。周囲の飾は地織り綴れの錦、百子（子供の沢山の事）のいる模様、見送りは唐繍いでした。黒塗の欄縁群鳥の金具は栖鳳の師匠の幸野楳嶺の下絵で立派なものです。この町に佐藤梅吉が住み、立派な見送を残したいと特に西陣で白地の綴錦を織らせ、これに多分にドーサを引き、喜寿を迎えた竹内栖鳳に山に因み孟宗竹を墨一色で濃淡鮮に描かれました。丈六尺、巾四尺、栖鳳は氏子の一人として揮毫料を受取らなかつたと評判でした。これが昭和十五年七月のことです。この山は筍山とも云います。

山伏山（ヤマブシヤマ）

室町通錦小路上ル

山伏が大和大峰山入（ヤマイリ）の体を象つたものと云いますが、この山伏は浄蔵貴所（ジョソキショ）だともいいます。この人は宰相宮内卿三善清行（キヨツラ）の八子で大峰山で修行を積んだ豪い修験者で、一条堀川の橋の上で、死んだ父を蘇らせそれから戻橋と云う話を残しています。村上天皇の天暦二年、東山の八坂塔（法観寺の五重塔）が北西に斜きました。御所の方角ですから天皇に悪い事があつてはと大騒ぎとなり浄蔵貴所に命じて祈禱さしました。浄蔵は塔の前に祭壇を作り終夜お祈りしました処、翌朝音もなく塔は真直に立直りました、と云う話があります。この山は浄蔵貴所の山伏姿で、右に珠数、左に斧を持ち、腰に法螺貝を付けています。外に町内に住んでいました仏師左近の新調の首がありますが、これを用いた時悪疫が流行しましたので、その後用いていません。見送は宝蓋雲竜文の繡で最も精巧を極めたものです。前掛も雲竜の刺繡、上水引は中国の宮殿、胴掛は花卉胡蝶文の綴錦で、これ等は何れも元治元年七月の京の大火に焼失しました下町の菊水鉾が、再興の望もなく、幸いに残つたこの鉾の自慢の飾附の織物類を山伏山町に全部明治二十四年に寄附しました。それが今日この山伏山を飾つております。水引は古くより用いられ雲竜金糸にて繡、下画は鶴沢探鯨の筆でありました。

伯牙山

綾小路通新町西入

一に琴割山と云つています。中国晋の伯牙と云う琴の上手な人がいました。その友人に鐘子期と云う男がいまして、伯牙が山の事を思い乍ら琴を弾じますと、聞いています鐘子期は「善い哉、巍々乎として泰山の如し」と云います。又伯牙が水のことを考え乍ら琴を弾きますと、その思いが琴の音となつて鐘子期にわかつたのです。「蕩々乎として江河の如し」と云います。伯牙にとつては、こんなに心持を汲み取る様な友人は他にありません。鐘子期に会うたら琴を弾きたくなり、心から親しい友人同志でありました。その鐘子期がフトした病気から死んでしまいました。伯牙は何より悲しみました。そして好きな琴を見ると、もういくら琴を弾いても心から聞いてくれるものはなくなつたと、この琴を斧で破つて、それ以来琴は弾奏せなかつたと云います。それを顕わした山で唐冠をつけた大きい顔の人形で手に斧を持ち、前に琴がありｍます。一説に戴安道が、晋の武陵王晞の招きを断り琴を割つた話だとも云います。人形は天明以後の作で金勝亭賽偃子の銘があります。

山の前掛は慶寿裂と云う有名な裂で、見送は正明の下絵で三仙一佳人の図、水引は人物文の美事な刺繡であります。

函谷鉾（カンコ）

四条通烏丸西入

中国周の時代に、斉の湣王の宰相に孟嘗君と云う大人物がありました。秦の昭王え使に行きました節、昭王は隣国にこんな才者がおつては安心が出来ないので殺ろそうとしたので、孟嘗君は昭王の寵妃に頼み狐白裘（コハクキウ）なる奇品を贈り、陰に逃れ出て、函谷関と云う国境の関所迄来ましたが、一番鶏が鳴かないとこの柵を開けない定め、孟嘗君は従者の中に声帯模写の上手なものが鶏の鳴声をやり、無事帰国したと云う話があります。それでこの鉾頭は山形の上に三ケ月でまた夜があけない景を見せています。天王は孟嘗君、人形台は関所の柵で、中に薄い金で雌雄の鶏がいます。それで函谷鉾と云います。

この鉾は天明大火に焼失、天保十年再興、それで止むなく稚児を人形にする事になり、一条忠香公に願い大仏師左京が昭憲皇太后令兄実良卿をモデルにして作り父忠香公より嘉多丸と名付けられました。屋根裏の絵は今尾景年の鶏と鳥。前掛はゴブラン織十七世紀頃の仏蘭西の貴女軍人等巧みに織出されています。水引は昭和十二年山鹿清華作手織群鶏之図、見送は弘法大師筆金剛界礼儀でしたが、これは保存し、天保年間河本延之がこれを模写して織つたものを作り、これを用いています。

霰天神山

錦小路通室町西入

祇園会に天神山が二つあります。これは錦通にありますので錦天神山とも云います。後柏原天皇の永正年間に、京の町に大火がありまして、この町も正に類焼するかと思われました時、天から猛烈な勢で霰が降って来ましてさしもの大火を消してしまいました。町内の人々はヤレヤレとしていますと、屋根に上つた者が天神さんがいやはると、一寸二分の菅公の木像をもつて下りて来ました。この町内が助かつたのは、この像のお蔭に違いないと早速にお宮を建てて祀り、これを霰天神又火除天神と称えました。そしてこの附近を霰屋町と云いました。その後一年この町に火事が起りました時、束帯姿の神様が白幣をとつて振られますと火が消えて小火ですみました。町の人は目の前これを見たと云い伝えられています。

宮殿は延宝年間社殿を改築し唐破風付春日造りで極彩色、正徳四年に廻廊を造りました。横に小松十本、紅梅の造花があり、正面の朱鳥居の額は青蓮院宮二品尊澄法親王の筆と云います。前掛はゴブラン織の狩猟人物図、胴掛は中国綴錦の牡丹の図、見送は中国綴錦の竜文があります。別に地織縫づめ金地百子模様のものもあります。

郭巨山（カッキョヤマ）

四条通新町西入

中国二十四孝の一つ、後漢時代に郭巨と云う孝心深い者がいましたが、極貧でその日の生活に追われていました。男子が三つになりますが老母と妻と四人暮でやつて行けません。「子供は又出来ても親に仕える事は二度と出来ません。女房とも相談し老母を養うため、我子を埋めてなきものにしようと相談し、里を離れた人知れぬ土地に穴を掘り、これに吾子を埋めようとしました。処がその地から黄金の釜が出て来ました。「天より孝子郭巨に賜う、官はこれを没収する事はならん、他人も自分のものにするな」と文が添えてありました。我子を殺す事もいらず、天の恵みと打悦び、老母共々一家四人幸に暮すことが出来たと云います。郭巨は唐衣裳で手に鍬を持ち、その子は唐子姿で団扇と牡丹の花を持ち、正面の山に黄金の釜があります。この郭巨と子供の人形は寛政二年、金勝亭九右衛初恭作、鍬と団扇は人形師戸田末三郎作、前掛は天明五年の作唐美人、胴掛は呉道子と陳平の図、石田幽汀の下画で天明五年松屋源兵衛作の刺繍、見送は円山応震の下絵綴織山水人物図文化十三年製、古見送紺絖明人賀寿之文文字金糸縫で縁は繻珍輪違の模様、見送掛の上に牡丹の作り花があり、これは京都博物館に保管されています。

太子山（タイシヤマ）

油小路通仏光寺下ル

聖徳太子は大阪に四天王寺を建立のお志で、その用材をお捜しになり山背国折田郷土車（クシタゴウツチクルマノ）里（サト）（今の京都六角堂の辺）の森を見廻つていられ、暑かつたのでそこの美しい水溜に浴せられ、体を拭いて、脇の杉の大木にかけられておいた、太子の守本尊（如意輪観音）を取ろうとせられるととれないので、通りかかりの者に聞くと、この辺の樹の上には毎朝紫雲で覆われるとの事。それではここは霊地であろうと観音菩薩を安置する堂を建立されました。それが今日尚その土地に残る西国霊場十八番の六角堂であります。その池の傍に坊守が住い立花の家元池の坊が起りました。人形は太子少年像で右手に斧、左手に袙扇（アコメ）を持つて観音を納めた懸守を見ていられる姿で、仏師運慶作と伝えられています。どの山でも松を真にしていますが、この山だけが杉を立てています。

この懸守の内の如意輪観音は現六角堂本尊を模したものと云われています。

前掛は阿房宮の刺繍、胴掛は阿蘭陀縫金地花鳥の模様で大変立派なものです。見送は綴錦花色地竜の模様縁猩々緋ですが、古い前掛には孔雀の羽毛を織り込んだもので別に保存されています。

月鉾（ツキボコ）　四条通新町東入

鉾としての縁起のない、只鉾頭が三ケ月であるので月鉾と云うだけであります。天王は素盞嗚尊の兄上で、天照皇太神の弟御の月読尊であります。天照皇太神を太陽とし、この月読尊を月と見ております。舟に乗つていられる姿で右手に櫂を持つていられ建久四年五月二十八日大錺勘左衛門の銘があり改造の物元亀四年六月三日大錺屋甚右衛門があります。鉾頭の三ケ月は元亀二年作外二個あります。屋根裏の草花は円山応挙筆で有名であります。破風の蟇股の彫は波に兎、伝左甚五郎とありますが時代は後のものです。天井絵はこの町内の住人岩城清右衛門筆の源氏五十四帖扇面図で、天保六年五月作でこの人はこの月鉾のため大変尽力した人で鉾の内部四方欄椽下に腰屏風を設け夏草や瀑布の図をかき、上敷を敷き十六日晨朝茶事を催し気持のよい茶会だつたと云います。破風屋根裏其他欄椽等の金具及び松村景文下絵の具尽の金具等、各鉾中最も精巧緻密なものであります。

天水引は双鸞霊獣の刺繡で天保六年円山応震の下絵、下水引の蘭亭曲水図は文化十三年西村楠亭の下絵、前掛の刺繡は明朝の作、胴掛は波斯製古渡の華氈、見送は中国明時代のもので、山水人物嬉戯の図であります。この鉾にはこの鉾だけの囃子の音譜が出来てゐます。

油天神山（アブラテンジンヤマ）

油小路通綾小路下ル

菅原道真公を祀つた社を天満宮と云い、天暦元年六月九日北野神社へ遷座されました。この日が丑の日と云うので、牛天神と云いました。油小路にありますので油天神とも云います。この町に公卿の風早家があり、ここの邸内に祀つていた天満宮を町有としてこの山が出来たと云います。山は正面に朱の鳥居、天神山の額は妙法院宮堯然法親王の筆、祠の内に宮殿がありまして高麗狗蓮花台に座し三方擬宝珠付の階段、お宮の両脇の随神の板絵は狩野益信の筆と云います。山の松の外に紅梅の作り花の賑わしいものを立て、鈴を沢山つけます。

見送は綴錦、唐子遊びの横様のものと長崎縫臥竜岡劉玄徳三顧之図がありますが、一番有名なのはゴブラン織の人物や樹木、草花を配したもので竪八尺一寸、幅四尺五寸のものがあります。胴幕の古いものに猩々緋高麗錦、雲竜正面に岩に獅子の繍、両脇鳳凰松に梅の繍、縁萌黄地金地入り幔幕。

占出山（ウラデヤマ）

錦小路通烏丸西入

神功皇后が新羅（シラキ）え親征の為め九州へ出られ、肥前松浦郡玉島川の畔へ軍兵を集め、裳の糸を釣糸とされ、縫針を釣針にして、天神地祇に御祈願せられ「皇軍が若し勝利を得られますならこの真直の針で魚が釣れます様に」と川へ針を投げ入れられました。群兵の多くの目はこの釣糸を見つめます。刻秒と、その釣糸が動きます。ソリア釣れたと釣竿を上げますと美事真直な針に魚がかかつています。皇軍大勝利、神の御加護があるゾと喜び勇んで出征したと云います。戦勝を占つて釣られた魚であるので魚編に占を書いてアユと云うのがこれから名付けられたと云います。その伝説により出来た山で、金の烏帽子に太刀を佩かせられ、沓を穿たれたお姿で左手に魚のついた釣糸を把られ、右手に釣竿を持たせられ顔は面をつけていられます。皇后は古来安産の神として諸国に祀られています。祇園会にはこの皇后のいられる船鉾もあります。この占出山の巡行番が早いと妊婦は安産すると云われ、岩田帯を授与されています。水引は三十六歌仙の刺繍で、胴掛は三方日本三景を現わした綴錦、見送花鳥模様の綴錦であります。皇后の御衣装も多く、人気のある山であります。

菊水鉾

室町通四条上ル

徳川時代に鉾出区は天明八年と天治元年との二度の大火で、その多くのものを亡くしました。菊水鉾も天明に焼失後町内の人々が他の鉾に劣らぬ立派な鉾を造りましたが元治元年又焼失しました。それから八十九年目の昭和二十八年に再興し総ての飾装も昭和時代のものばかりで全く昭和の鉾が出来ました。

この町に古くから菊水と云う井水があり、菊慈童の謡曲から出来た鉾であります。中国周の穆王に仕えた慈童という少年、人の嫉みにより酈懸山に流され、王から与えられた二句の偈を菊葉に書き、これを毎日誦みますと猛獣にも襲われず、菊の露を飲んで暮している間に七百年を経たと云います。この菊の露の入つた流れの水を飲むと不老長寿の薬水となります。魏の文帝がこの事を聞き使者をこの山へ遣り、庵に居た美少年が七百歳の慈童と知り、長寿の由来をききこの霊水を持ち帰えり文帝も長命したと云います。それから五節供の一つ重陽の節供が出来、賀の祝には菊慈童の能が演じられます。この町には被害を免れた慈童像を天王とし、銘水菊水をとつて菊水鉾と名付け、正面の屋根はこの鉾だけの唐破風、水引は御簾にし、鉾頭に透し彫の十六菊を上に向けてあります。

木賊山

仏光寺通西洞院西入

夫木集　木賊刈その原山の木間よりみがかれ出る秋の夜の月　仲　政

この歌を本として謡曲「木賊」が作られたと云います。その謡曲からこの山を考えました。昔信濃国伏屋の里に、老翁が松若と云う子と共に貧しく住んでいました処、或日その松若が何者かにつれ出されたまま行方知れず、それから後は老人には絶えられぬ淋しい毎日を過し、どうか松若に会わせてほしいと神仏にお祈をつづけました。神仏も不愍と思召されましたか、園原山に木賊を刈つて独り物思にふけつていますと、都の方から一人の僧が子供を伴いましたがその子が捜していた松若と知れ再会を喜んだと云うのです。この山は子の帰りを待つ木賊刈る老翁を現わし松には半月がかかつています。

木賊刈る老翁の首は春日作と伝えられ、紺地厚板に金の雲竜の衣裳を着て、腰に簑をあて、左手に木賊、右手に鎌を持つています。山棚の三方は木賊が立ち並びその欄縁の金具は精巧なものです。

前掛は杜甫の飲中八仙の詩を繍つたもので胴掛は朝鮮錦、水引は綴錦の鳳凰文と人物文、見送は長さ八尺七寸、幅四尺四寸中国古渡の縹地牡丹双鳳文の綴錦であります。

芦刈山（アシカリヤマ）

綾小路通西洞院西入

大和物語に難波浦に住む貧しい夫婦がありました。別れ難い別れをして女は京に上り宮仕えして遂に高位ある人の後妻と出世しましたが、昔の里に夫が相変らず淋しい姿で芦刈をしているのを見、美しい衣を脱ぎ与えて戻つたと云います。これを少し変えて謡曲「芦刈」が出来ました。これには日下左衛門夫妻、離別後妻は高家の乳母になり幸に暮し、故郷に芦刈る夫を尋ね左衛門は妻の出世を恥、隠れますが「悪からじ善らんとてぞ別れにし、何か難波の浦は住み憂き」とよんで、夫婦打ちつれ都に帰える事になつています。この山は難波の浦に芦刈る老人と周囲に芦が立つています。この老人の首は天文六年（一五八七）六月七条仏師運慶七代の孫康運の作、と書かれ、人生疲れはてたと云う顔つきで、町内の人がこの行事につき面倒がつたり、粗末な扱いをしますと必ず悪い事が起ると恐れられています。この山は明応年間の創建と云われ元治の大火で木組を焼失､明治五年再建し、欄縁の雁金の彫金は川辺華挙下絵､藤原観教作、明治三十六年新調されました。前掛はゴブラン織四枚続いたもの、外に唐子遊びのものもあります。胴掛は竜文の刺繍、見送は中国古代の花鳥を繍つた稀代の逸品と云われています。

鶏（ニワトリ）鉾（ボコ）　室町通四条下ル

中国唐（モロコシ）の堯（ギョ）帝の時代は実によく政治が行き届き、天下泰平でありました。帝は、何か訴訟のしたい人は太鼓を出しておくからこれを敲きなさい、帝自ら訴（ウッタヘ）や諫（イサメ）を聞くであろうと云われましたが庶民お互に不平もなく、この太鼓を打つものがありませんので、太鼓には苔がはえて来ますし、鶏が太鼓の上に上つて遊んでいます。実によく治つた時世でした。そうした心を写して出来た鉾であります。

鉾頭は三角の中に円形を現わしていますのは練鼓の中の鶏卵の意とも又神代の昔、天地混沌としている様と常世の長鳴鶏を表徴しまして、鉾頭は太陽と雲を現わし、天王は住吉明神、船中より月を見る体と云われます。

稚児人形も早くから用いられ、生稚児に対し木稚児と云つています。見送は旧国宝のゴブラン織、長浜の鳳凰山の見送と一つのものを二分したもので、十七・八世紀に銭屋五兵衛が輸入したと伝えられ、羅馬の貴族コリオラスが、その母パトリヤ及び妻ホルムラヤと愛児二人と逢う図で、沢山な見送の内の逸品であると云われます。胴掛の華氈は万暦氈で有名なもの、天水引の麒麟、鳳凰図は下河辺玉鉦の下絵、下水引の郭子儀図は松村呉春、百蝶図は松村景文の下絵と云われます。

白楽天山

室町通綾小路下ル

中国唐時代に白居易と云う人、字を楽天と云いました生れて七月にてよく書を読み、後詩を作り世に大学者として白楽天と呼びました。唐の憲宗の元和三年四月翰林学士の官に任じられました。或時道林禅師を秦望山に訪ねました。この禅師は常に松樹の枝の上に住んでいましたので鳥巣禅師とも云いました。楽天はこの樹下に立ち禅師に仏法の大意に就て問いますと禅師は「諸悪莫作、衆善奉行」と答えました。楽天は「そんな事は三つの子供も知っています。禅師からそんなお答えを得ようとは思いません」と云いますと、禅師は「そうなんだ、三つの子供でも云うが、八十の老翁でもその通はようせないではないか」と云われ、白楽天も大変感歎しまして厚く礼をのべて帰つたと云います。その時の模様を現わしましたもので、道林禅師は縮緬の衣裳に紅衣を着まして花色羅沙の帽子を冠り手に珠数、払子を持ち山の上に座し、衣の下から松の枝が前につき出ています。左側に萌黄の錦の衣裳、唐冠をいただき笏を持つた白楽天が立つています。

前掛の一部はゴプラン織の人物の図、胴掛は雲竜文の綴錦、見送は竜鳳文の綴錦、昭和二十八年山鹿清華作北京万寿山の景観を形どつたものを新調。

保昌山

東洞院通高辻下ル

丹後守平井保昌と云う武士は胆智勇決、膂力人に過ぎ、武芸に達し又和歌もうまかつたと云います。上東門院に仕えていました和泉式部を恋しまして思いを文に托しましたが式部はききません。再三の事で式部は真に妾を思つて下さるなら南殿（御所内紫宸殿）の紅梅の枝をとつて下さいと返事して来ました。南殿へは一切入れない掟がありまして、無断侵入は射殺されます。命がけの難題です。保昌は忍び鎧とて音のせない鎧をきて、この南殿に忍び込み紅梅をきりとり垣を越えて出ようとする処を見付けられ、射たれた矢は保昌の髻を切りサンバラ髪になりました。その伝説によつて出来た山で、保昌は目的通り式部を妻としました。それで縁結びのお守を授与し一に花盗人山とも云います。人形は六尺大、緋縅の鎧を着、太刀を佩び、金梨地の台に紅梅を一杯持つています。頭は明応九年の作、胴は町内に住んでいた彫刻師勇祐、寛政の作、胴丸の金具、大立挙の脛当は室町時代延享二年のもので別に保存しています。前掛の緋地に蘇武牧羊図及胴掛の張騫巨霊人に鳳凰虎を配した図の刺繍は円山応挙の下絵、見送は福禄寿、弁財天に唐子を配した寛政十年の作、水引は雲竜波濤文に鳳凰鶴虎を配したものであります。

放下鉾（ホウカボコ）

新町通四条上ル

天王に放下僧がいます。諸縁を断つて遊戯を以て讃仏乗の因として諸人にすすめます僧で、帽を冠り、太刀を佩き、腰に払子、前に羯皷をつけ手に撥を持つています。鉾頭は日月星の三光が下界を照す形で左右下に出ている線は光を現すと云います。この形が洲浜に似ていますので洲浜（スワマ）鉾と俗に云うています。この鉾の真木は十二間五尺もあつて一番高いと云われています。古くは烏丸通三条下ル町にありましたが応仁兵乱で焼かれ、慶長年間、祇園会山鉾復興に際しこの町に移されました。この鉾には永く稚児がおりまして長刀鉾とこの鉾の二つでしたが、経費の都合等で昭和四年木稚児となり久邇宮多嘉王から三光丸と名付けられ、機械で生稚児と同じ様に舞う様になつています。近年この町に村田伍兵衛と云ふ人代々献身的にこの鉾に尽力し、明治二十四年大修繕後天井の金箔を張る等努力しました。下水引の金地刺繡、琴、碁、書画図は与謝蕪村の下絵でこの鉾では大切にしております。見送は文政十一年西陣で織らしました雙鳳唐子遊楽図の綴錦。この村田氏に昔の稚児が着ていました総刺繡の袖四枚を小屏風にしたものが残り、稚児の豪華さがうかがわれます。

岩戸山(イワトヤマ)

新町通仏光寺下ル

　天照大神は弟御素盞鳴尊の粗暴に怒らせられ、天の岩屋に入つて隠れられたので世の中は忽ち真闇(マックラ)になり、百鬼横行し諸の神は大変に困られ相より相談せられました。そして隠れられた窟の前に集り庭燎を燃やし、中央に天鈿女命(アメノウズメ)が半裸姿で踊り、男神はその周囲をとりかこみいろいろの鳴物で囃し大賑いになりました。大神は、何が始まつたかとその石戸を一寸開けてすき見をしようと思われました。その隙に天手力雄命(アマノテジカラオ)と云う強力な神がその石戸を引き開けて大神を引き出されたので、世の中は元の様に光明を仰ぐようになりました。この故事によつて作られた山で、以前は舁ぎ山でしたが、四輪をつけ鉾同様にし囃子を入れる事になつています。天照大神は白衣で前に鏡をかけられ、戸隠大明神(天手力雄命)は白衣で唐冠をかむつていられます。屋根の上に太刀を佩き、唐冠をかむり手に天瓊矛をつき出されている伊弉諾尊の像を天浮橋から逆鉾を下していられる姿と云います。人形は何れも小さく、近年の作と云われます。

　古い見送に狩野永徳の墨絵のものがありますが、今のは山水唐子遊図中国の綴錦、前掛の華氈は和蘭陀製、屋根裏の四季草花の図は今尾景年の筆であります。

船(フネ)鉾(ボコ)　新町通綾小路下ル

山国の京都では古来船らしいものを見ていない為でしょうか、この船鉾は大人気で前の祭の最後から巡行します。神功皇后三韓征伐の出船の舟だと云います。皇后の人形は男装して鎧を着けその後ろに立烏帽子、錦大袖、鎧、唐うちわ。長刀を持つた鹿島明神が梶取を、前面には大将として冠、錦大そで、鎧、大口、矢びら弓を持つた住吉明神、舳には皇后に向つて海神安曇磯良(アヅミノイソラ)が竜宮より取りよせた満珠干珠の二つの玉を台にのせて立つていられ、鬼面赤(シャ)ぐま半臂姿と四つの人形が立つていられ、囃子方はその間に一杯混つてます。皇后には神面をつけますが、この面は安産に奇瑞があると云われまして、宮中でも尊崇せられ、明治天皇御降誕の時にも持参したいと云います。一般妊婦はここで岩田帯を受け、祭礼当日皇后は数十本のこの帯を胴に巻いて巡行せられ、帰つて来られてから各妊婦が受けて戻る習俗があります。安産のお守も出されています。

鉾の舳に鷁首があり、宝暦年間長谷川若狭の彫刻、船尾の飛竜螺鈿の舵は美事なもので寛政四年の作、水引の雲竜の刺繍は西村楠亭の下絵、前掛は唐織浪に登り竜文でしたが、山鹿清華昭和八年手織錦岩上怒濤、散雲に鶴その間に盤竜彩のものを作りました。

北観音山（キタカンオンヤマ）

新町通六角下ル

観音山は二つありまして、この山を作ります時下野国二荒山より観音像を二体送つて参りましたので、下の町の人々と相談しまして一体宛をまつり観音山として祇園会に参加し、隔年に出すことにしまし。。この観音菩薩は二体共楊柳観音でこの観音さんは三十三観音の第一、右手に柳枝を持たれ「この菩薩の慈悲深くして衆生の欲望を満足せしむる事、楊柳の春風に靡くが如くなるを示す」と云われます。この像は恵心僧都作でしたがいつかの大火に焼失し、今のは洛陽大仏師法橋定春作の墨書があります。

この山は元舁ぎ山でしたが囃子方が乗り屋根を作り車をつけて曳き山にしました。真木は松でその三の枝に尾長鳥がいます。観音座像石座あり、鏡を持つており横の花瓶には柳をいけ、脇士韋陀天の立像があります。この山は一に上り（ノボ）観音山とも云い後の祇園会の先頭をします。見送の横から大きい柳の枝を出します。

破風の彫刻は天保四年片岡友輔の作、各部の金具も立派です。上水引は猩々緋雲竜の縫、下水引は唐織紺地、縷金（ヨリキン）模様麒麟・鳳凰唐花等、胴掛は四方共華氈、見送は地織の雙鳳及群児の綴錦です。

橋弁慶山

蛸薬師通烏丸西入

「京の五条の橋の上……」童謡に親まれ、謡曲橋弁慶で有名な牛若丸と弁慶が五条大橋の上の乱闘を現わした山であります。弁慶は鎧姿で長刀を斜にかまえ、牛若丸は橋の欄干の擬宝珠の上に下駄履のまま立ち片足を曲げ、右手に太刀を抜きはなち、左手を拡げてつき出していま す。橋は黒塗で牛若丸の人形は五尺余、米二、三斗の重さがあり、下駄の歯の下に擬宝珠をつきぬいた差鉄一本で支えています。これに天文六年（一五三三年）右近信国と彫つてあり、四百余年前の下駄の形がわかります。唐織錦振袖外袖萌黄地長絹半切太刀は古いのが盛光作、今は享保年中近江守久道作を用いています。橋弁慶の人形は六尺余、文禄六年七条大仏師康運作で、昔は黒韋肩白胴丸包小札脇引、大立挙の臑当は室町時代の作で京都博物館に寄托してあります。今は紺皮縅と紺糸縅の鎧を併用しています。長刀は近江守の作。

前掛、後掛は共に明朝の雲竜波濤文の綴錦、胴幕は綴錦で賀茂葵祭の図、円山応挙の下絵と云います。水引は百児文の綴錦、見送は竜文の綴錦。この山は古来鬮取らずで北観音山の次に行くことになつています。

黒主山（クロヌシヤマ）

室町通三条下ル

頭髪の薄い白髪チョン髷の痩せた老人が反りくり返つて桜の花を見ている人形であります。大友黒主と云う歌人は近江滋賀大友の生れであるのでかく呼ぶのだと云います。歌は上手でしたが、この人の歌を紀貫之が古今集の序文に「黒主の歌の調子は、いわば樵夫（やまがへ）が薪を負うて、花の蔭にやすめるが如し」と評しています。元は樵夫の姿でつま木一荷を傍に置いて花を眺むる態でありましたが、後には立派な羅綾を飾りまして、何人の像かわからなくなりました。黒主でもなく、西行桜と云われますが、西行の姿でもありません。この人形には寛政元年（一七八九）の銘があります。この前の桜の造花は粽同様に戸口に掲げますと悪事が入らないと云われています。見送は壇王住職袋中上人が琉球国王に招かれ、琉球の軍旗を貰つて帰京せられたのをこの町内に贈られ、それ以来この山の見送に使用せられています。見送は別にも一枚あり交えて使用しています。左右の胴幕は唐織綴錦洲崎地、赤桃色、白浅茜などのぼかし、その上に模様がありまして仙翁の様な草花に飛蝶がありまして、左右の脇は猩々緋であります。古くは、松と桜の木は山科から持参し、町内一軒が三十宛この花を造り町内一同に餅を配り花付け餅と云つていました。

鯉山　室町通六角下ル

白孔六帖に「異国竜門鯉登り化して竜と成登らざるものは額点し腮をささず」その竜門へ登ろうとする鯉で、左甚五郎作と云います。処でこんな話が続近世奇人伝にあります。室町三条下ル商家の裏長屋に料理好きの鰥がいました。その家主が大津へ商用に行き、湖水へ三両金を落し悲観していました処、湖畔の魚屋が大鯉を売りに来て家主は断りましたが鰥はこれを求め、スグ料理しました処腹中からこの三両が出て来ました。家主の落した金だと家主へ持つて行きましたが、落した以上私のものでないと受取らず、お上へ訴えその裁によりこの金で鯉を作らせて山としたと云うのです。

山には朱塗の小さい宮殿があり、これに牛頭天王を祀ります。鯉は浪の上におりお宮の横上から水が落ち登鯉する処です。

波の金具は田中一華の下絵、飾つけの織物は全部ゴブラン織で、その見送は凱旋将軍とも見える夫妻を中心にした人物文で、函谷鉾についで有名であります。前掛は花鳥牛馬風景、その左右上部に草花果物の刺繍、水引、胴掛も人物風景の文様であります。

行者山

室町通三条上ル

役小角は行者さんと崇められています。大峰葛城山の入口に、石橋を架けさせんと一言主命に石を運べと命じましたが、一言主命は体つきが醜いので夜運びたいと云いましたのを、行者は呪しましてこの神を幽したと云う物語を山にしたと云い、正面の山は洞になつて中に役行者が角帽子袈裟をかけ錫杖を持つています。葛城神は女体にしてあります。手に宝輪と末広を持つています。前鬼は赤熊を冠り手に斧を持ちます。行者は能く鬼人を使役したと云いますのでこの鬼を置いたものでしよう。

見送は二枚ありまして、朝鮮軍旗を二枚合せその中縁は左右共赤地古金襴安楽庵裂を用いていますものと、天和頃の製にかかる紅地唐美人のものもあります。特に優秀なものは唐子遊びの模様で地織金地綴れで、これは讃岐国生れ西山勘七と云う男、この町の鍵屋嘉兵衛方で織職を習い、十四、五才の時西陣の高機からヒントを得て、我国最初の綴錦を製出し、文化八年六月この水引を織つたと云います。この山は毎歳、聖護院より修験者の人々を招き護摩をたかれ、祭日に山を舁ぎ出す時、三条室町の角で老人行事番組頭などが神酒を頂き、それから山を送る古式があります。行者餅を二十二日だけ柏光で売ります。

浄明山（ジョミョウヤマ）

六角通烏丸西入

宇治平等院の一劃に扇ノ芝と云う源頼政の遺蹟がありますが、治承四年（一一八〇）四月頼政は後白河天皇皇子以仁王を奉じ平家討伐を行い、宇治橋の橋板を外し、河を隔てて戦いました。味方には三井寺の僧兵がいます。その一人筒井浄明と云う荒法師、雨霰の様に飛んでくる平家の矢を物ともせず、宇治橋の橋桁を東に進み長刀を水車の様に打振つて矢を払いのけ戦いました。その頃は橋幅狭まく一人が中央に頑張りますと、後から前へ進めません。仲間の一来法師、先頭に出て功名をと考えましたが、浄明のため行けません。「悪しう候御免あれ」と浄明の頭へ手をかけて飛び越え、先頭を切り敵味方もその武勇を讃えたと平家物語にあります。それで古くは「悪しう候山」とも云いました。白顔の一来法師が弁慶の様な浄明の頭上を飛び越える珍らしい山です。浄明の鎧は足利時代の黒革肩白縅の胴丸で、正平六年六月朔日とある由京都博物館へ寄托、今のは代品。

見送、当町住人本山善右衛門、他町にないものと苦心の末三年かかつて綟（カラ）り織を作り雲竜文。水引は珍らしく荒波の彫刻で、胴掛は黄の呉呂服連異国人物、天鵞絨の人物。この山は後方に柳の大枝を出して川を顕わしています。

八幡山（ハチマンヤマ）

新町通三条下ル

応神天皇を祀り八幡宮と云います。九州宮崎、宇佐、京都石清水、鎌倉の八幡宮はよく知られています。その八幡宮を勧請した山で、宮殿内の神像は運慶作と云っています。前の鳥居の上に鳩が二羽向い会つていますが、伝左り甚五郎作と云います。普段から町会所の庭にお宮が祀られ、ここに神像を納められています。町有の小屛風がありまして海北友松筆で、後の祇園会山の巡行の図で、今は見られない鷹山や凱旋の舟鉾がかかれています。大切な参考品と思います。前掛三枚続き、中央は唐織の慶寿きれという。左右は国産織又針金織とも云つています。この慶寿裂が補修出来ない程破損しましたので円山派の応祥が下絵をかき中央に鳩三羽を飛ばせ、左に遠山、右に白砂青松と海を配し、金糸で雲と霞を描いて、大自然の晴朗感を出している明るいものを加藤武夫が織り縦四尺三寸、横五尺赤毛氈で縁どりされ、昭和三十二年七月に出来上りました。見送は蝦夷錦には日輪双鳳人物文と縹地雲竜文の二種共に宝暦年間の作、水引は中国の花鳥風景を模した総金の唐櫃で、文政年間の寄進欄椽房掛等の金具は八木奇峰河原林秀興金屋五郎三郎等作者名が判明しているのはよい事です。

鈴鹿山（スズカヤマ）

烏丸通姉小路下ル

延喜（醍醐天皇）の頃、伊勢国鈴鹿山に鬼丸と云う悪魔があらわれまして、毎夜山中より忍び出て通行人や附近の村々を掠奪しますので、国司は捕吏を出しますが、とても手におえません。鈴鹿にお祀してあります鈴鹿権現（瀬織津姫命）はこの事をお知りになり、捕吏を助け、種々なるお姿でこの悪魔をなやまし遂にお退治になり、附近の人々も通行の人々も大変悦び、益々鈴鹿権現を崇敬したと云う伝説にもとづいて作られた山であります。左手に長刀をもち、右手に扇子を持ち、金の立烏帽子を冠り面をつけます。赤地錦の小袖、右の肩をぬぎ、緋の精巧な大口をはき、石帯をつけられています。後ろの山には赤熊の鬼の首があり、松の真木には杉と鳥居ノ裏に宝珠を描いた小絵馬が百枚程松枝にかけられています。祭礼の山車に小絵馬をつけるのは全国的に珍らしい事です。前の朱の鳥居には宝鏡寺尼宮筆の額がかかり、見送は明朝の頃の雲竜の刺繍、前掛唐織金地綴れ錦仙人の模様、胴幕は同様の織物で西王母寿老人等の模様があります。町内東側全部電電公社の大建築となり、町内土蔵は西側に移され、近年姉小路下るスグ西手の地を得て、ここの土蔵内に納められています。女神であるので安産の御礼や神影を授与せられます。

南観音山（ミナミカンオンヤマ）

新町通蛸薬師下ル

下り観音山とも云い、最後から参ります。北観音山と同じく楊柳観音を安置します。ここのは宝冠をつけていられます。脇士は善財童子、昔は北観音山と交代に出ましたが、今は鬮とらずで前後から出ます。前の祭の鉾同様祇園囃子賑わしく、真木が松である以外鉾と何等変りません。二十三日の夜おそく、町内の人々この本尊を台に置せ町々を一巡してから山の上へ飾るならわしが残っています。天明の大火で焼け、観音の首だけ残り胴はその後のものであります。松の下より二枝目には白鳩がとまっています。

水引は土佐光孚の下絵で舞楽図の刺繍、見送は明時代の雲中人物青海波の綴錦。

後の祇園会は七月二十四日午前九時、三条烏丸に集合し寺町四条を回つて帰町しますが、明治以前は囃子の入る曳山の鷹山があり、外に布袋山もあったらしく、南北観音山の外に凱旋の船鉾もありましたから、前祇園会程の賑わしさはなくとも相当に楽しいおまつりであったと思います。

三条通室町西入　鷹　山　人形三体と犬
蛸薬師通室町西入　布袋山　布袋像
新町通四条下ル　後の船鉾　人形織物

が残存しています。

八坂神社

京都に都が定められない古い事、先住民族として北に加茂族、出雲族、西に秦族が住み、東山の中央には八坂造族がおつたと云われます。その八坂造の人々が祀つた神が牛頭天王で、この人達が八坂塔を建立したのだとも云います。八坂神社のある辺は祇園の森があり、この神もこの森へ降臨されたとも、北白川瓜生山とも又播磨からお迎えして久世を通り四条の西、元祇園から今の地へ移られたとも云います。神社では天智天皇即位六年（六六七年）感神院と称しまして牛頭天王社、祇園牛頭天王などとも云いました。祇園は仏語で、今の下河原に清和天皇の貞観年間に常住寺の僧円如が神託であると、播磨国広峰から牛頭天王を勧請しまして精舎を建て、之を祇園天神堂と云いました。祇園精舎の守護神は牛頭天皇であると云うので、やがてこの神社と混同する様になりました。明治以前は感神院があり、薬師を本尊とし、別に祇園社をお祀していました。外に夜叉神や元三大師も安置していました。明治四年神仏分離して仏堂を払い、多くの坊も取こぼち（その一つ宝樹院の庭に円山公園の夜桜の大木がありました）官幣中社として京都中心街五百三十六ケ町、約三万戸を氏子とする神社になり、大正四年十一月官幣大社になりましたが、昭和二十年この官幣制度は廃止になりました。

祭神は天照大神の弟御と云われます素戔嗚尊(スサノオノミコト)を中央に、妃櫛稲田姫命(クシイナダヒメノミコト)を東座、八柱の御子とて八島篠見神(ヤシマシヌミノカミ)、五十神(イタケルノカミ)、大屋比売神(オホヤヒメノカミ)、抓津比売神(ツマツヒメノカミ)、大年神(オホトシノカミ)、宇迦之御魂神(ウガノミタマノカミ)、大屋毘古神(オホヤビコノカミ)、須勢理毘売神(スセリヒメノカミ)を西座に祀ります。神輿も中御座が主神、東御座は一に少将井の神とて櫛稲田姫命、西御座は八角型の屋根で八王子がいられる事になつています。

素戔嗚尊を祀る神社は全国にわたり二千六百五十一社、社名は祇園、八阪、弥栄、弥坂、津島、八雲、須賀、鐡川、氷川等々変つた名でも祭神は一つで、我国各地に祀られます。稲荷、八幡、天神と共に広く知られた神社で、八坂神社はその総本家の様に云われています。京都市内でも粟田神社、岡崎神社、須賀神社、藤森神社、地主神社、諸羽神社、大将軍八神社、鷺森神社、八大神社、花園の今宮神社、樫原三ノ宮神社、横大路田中神社、醍醐長尾天満宮、新日吉神社にも祀られています。

八坂神社は京都人に親まれています東山円山公園の西にあり、氏子ならずとも京都の市民に親まれ、祇園会の外に歳末大晦日の夜より元日未明にかけての白朮祭(オケラ)は数万の人出で、昔は悪口祭とて、口占の縁起を祝つたものと云い、白朮火を貰つて帰えり各家庭の大福茶、雑煮をたく火の種とする風習は昔のままに行われ賑わつております。

祇園会の変遷

大昔の人々は何より病気を恐がりました。とりわけ疫病（伝染病）は次々死んで行きます。その頃の医薬ではどうにも仕様がありません。どうしてこんないやな病気がはやって来たのか、この頃の人々はこれを不幸な事で死んだ怨霊の仕業と考えました。それは旱魃も暴風雨も雷落、不作、一切天地の悪い出来事も神の荒魂（アラミタマ）の仕業でなければこの人の怨霊だと信じました。又疫病の神とも考えました。祇園の神をこの疫病の神として、この神の霊を祀り慰霊法会をしてこの悪疫がなくなる様に祈念しました。清和天皇の貞観（ジョウカン）十一年（八六九年）この御霊会が行われました。貞観十八年又も悪疫が流行しましたので神道の大家卜部（ウラベ）日良麿（ヒヨシマロ）に命じ、六月七日我国六十六州に擬して長さ二丈計りもある鉾を六十六本京の町々の人々これを持つて御霊会を行い疫癘退散祈願を致し、又同月十四日、洛中の人々祇園村の百姓祇園の神輿を担がせ鉦鼓を鳴して、神輿を神泉苑に奉じ御霊会を行いました処、流石の疫病も止んでしまい氏子は大喜びで、これが祇園御霊会、略して祇園会の起源になりました。今日の鉾も、神輿渡御も我国最初であると云われます。其後も疫病は再三流行しましたが円融天皇の天禄元年（九七〇年）

六月にこの祇園会を致しまして、それ以来毎年六月十四日を祇園会の定日ときめました。

一条天皇長徳四年（九九八年）田楽法師无骨（ムコツ）と云う男が大嘗会の標（ヒヨウ）の山になぞらえて山の形をしたものを曳きました。これが今日の山の起源といわれます。其後馬長（ウマオサ）、童、巫女、田楽、獅子舞が参加し天皇も御覧になつています。南北朝時代には作山（ツクリヤマ）、笠鷺鉾、久世舞車（クセマイクルマ）等が出来ています。山は台の上に山を作り、樹木や人形を立て或は人間が芸をして見せた様です。笠鷺

放下鉾　稚児の舞

鉾は錦蓋の上に鷺を立て、下で赤熊（シヤグマ）か冠つた神人が、鉦や太鼓、笛で囃子、空也上人の念仏踊をやつたものだろうと伝えられます。鷺の傘は傘鉾と変り、鷺舞として、鷺の頭や羽根をつけて踊る様にな

り、傘鉾には赤熊をつけた棒振が加わり悪魔退散を祈りました。今宮神社のやすらい踊の鬼と同一のものであります。久世舞車は、今の謡の仕舞の様なものを車の上で舞つたもので今日鉾の上で稚児が舞うのはこんな処から出来たのであるまいかとの説があります。五六百年前の室町時代には、手に持つて歩きました鉾を舞車の上に載せる事になりました。今日の鉾の起源になりました。この頃から傘鉾や、踊車等風流が増加しました。山鉾が今の様な型になつて来ましたが数も鉾六十余、山百八十四と書かれています。

鯉山の見送　ゴブラン織

一四七〇年頃京都で応仁の乱が起り十一年間京で戦い大方焼野原にしてしまいました。町は仲々復活しませんでしたが山鉾は二十九年間中絶しましたが明応九年には三十七の山鉾が出来ています。織田信長はこの祇園会のため補助をして、それを見に来て本能寺に泊つている時光秀に襲われて自刃しました。徳川時代になりましてからも寛永五年、天明八年、元治元年に京に大火がありまして山鉾も多数焼失しまして、菊水鉾だけは先年再興しましたが、蟷螂山は土台と織物類を失ない、傘鉾二つの内綾傘は大方道具は残つていますが出ませず、後の祇園会の鷹山と凱旋の舟鉾が出来ておりません。

古いまつりですが江戸時代にやつていました行事の中で中絶しましたものもあります。

祇園会の日程　江戸時代と現在

行事	内容	江戸時代(陰暦)	現在(陽暦)
致斉	八坂社、御旅所其他に榊を建てる	五月朔日	六月一日
吉符入	神事始	五月二十日	七月一日 五日
囃子初	会所二階で行う	同　未刻	同　夕刻
神輿洗	夜四条縄手の辻で水をそそぐ、今は四条大橋の上で行う。ねりもの、お迎提灯あり、今ねりものなし。	五月晦日	七月十日
稚児社参	お位貰い	六月一日	七月十一日
鉾建		六月四日	七月九日

鉾引初	六月四日	七月十五日
舁山建	六月五日	七月十三日
手洗井戸開　烏丸錦上る東側にある	六月五日	七月十七日
鬮取　昔は六角堂、今は市役所で行う	六月六日	一定せず
宵宮飾	六月七日	七月十五日 十六日
前祇園会山鉾巡行	六月七日	七月十七日
祇園会神幸祭	六月七日	七月十七日夕
後祇園会曳山建	六月八日	七月十八日
同　山建	六月十一日	七月廿日
同　宵宮飾　屏風祭とも云う	六月十三日	七月廿二日 廿三日
同　山巡行	六月十四日	七月廿四日
祇園会還幸祭	六月十四日	七月廿四日
神輿洗　前の神輿洗と同じねりもの、お迎提灯あり、今はなし	六月十八日	七月廿八日

鬮取り

四座の雑色並下雑色等八人は裃姿で六月六日明六時、六角烏丸東入六角堂に集り、山鉾順番を山鉾町から代表を出して鬮できめます。これは古く天覧する時、各山鉾が先を争い喧嘩になりましたのでこうする事になり、三間幅の道路では鉾の建てられている順で動かさねばなりませんので、長刀、函谷、放下、岩戸、舟鉾の五つ、後の祭は北、南観音山、橋弁慶の三山は鬮取らずとなつています。祇園会当日は雑色衆は素襖上下姿で四条高倉東入、後の祇園会は三条高倉に鬮改場を設け、各山鉾町より選出の者が、文箱に入れたこの鬮を順番通に来ているかを確めます。各町内で趣向をこらしてやります。舁山はこの前で一廻転します。今日では市役所議事堂で市長立会のもとに山鉾連合会で鬮をやり、鬮改めも市長がやる事になつています。一時は区長がやつた事もありました。

この改め場近くには昔桟敷を組んで天皇、将軍が見られた事があつたそうです。今でも一番よい見所はここと云う事が出来るでしよう。三十三年度は祇園会後援会の希望で昔は陰暦六月十四日後の祇園会の鬮取日でしたので太陽暦に変えないで六月十四日に鬮取をやつてしまいました。

鉾の名称と鉾建

鉾の長い竿を真木と云います。神を迎える依所だと(御神木と同じ)云います。この真木の頂上を鉾頭と云い各鉾共違つています。次に四尺位の小旗、天王と云う人形が真木に括りつけられます、これは山の上の人形と同じ様、神様扱いをしまして姿は一般に見せません、鉾で一番大切にしております。人形台は三尺位隔てて下につけます。鉾の真下から上を見ますと人形を人台形の上につけますとその人形台の裏だけしか見えませんのでワザと離します。嚢巻(シャグマ)(房)の数は鉾によつて違います。大抵十個位です、この間に大旗があり、綱が二本、御幣があつて榊のタバがあります。これも鉾によつて形が違います。其下に赤羅沙で包んだ網隠があります。その下が大屋根、その天井裏からは囃子、囃子方の居ます六畳位の大きい部屋、それは黒椽欄間の手すり左右は笛方鉦方の腰かけになります。その上の方に上水引を三方に、欄間から下は一番水引、二番、三番と重なるものもあり、其下が前掛その左右両脇は胴掛又胴幕、後ろは屋根下よりズート大きい見送が下ります装飾の内でも重要視されるものであります。音頭台の下が石持が二本この背の高い鉾はこの二本の石持で支えています、その左右には六尺程もある大きい車が四輪あります。この鉾は一切釘を用いません。悉く縄で巻き、何処は何本ときまつて

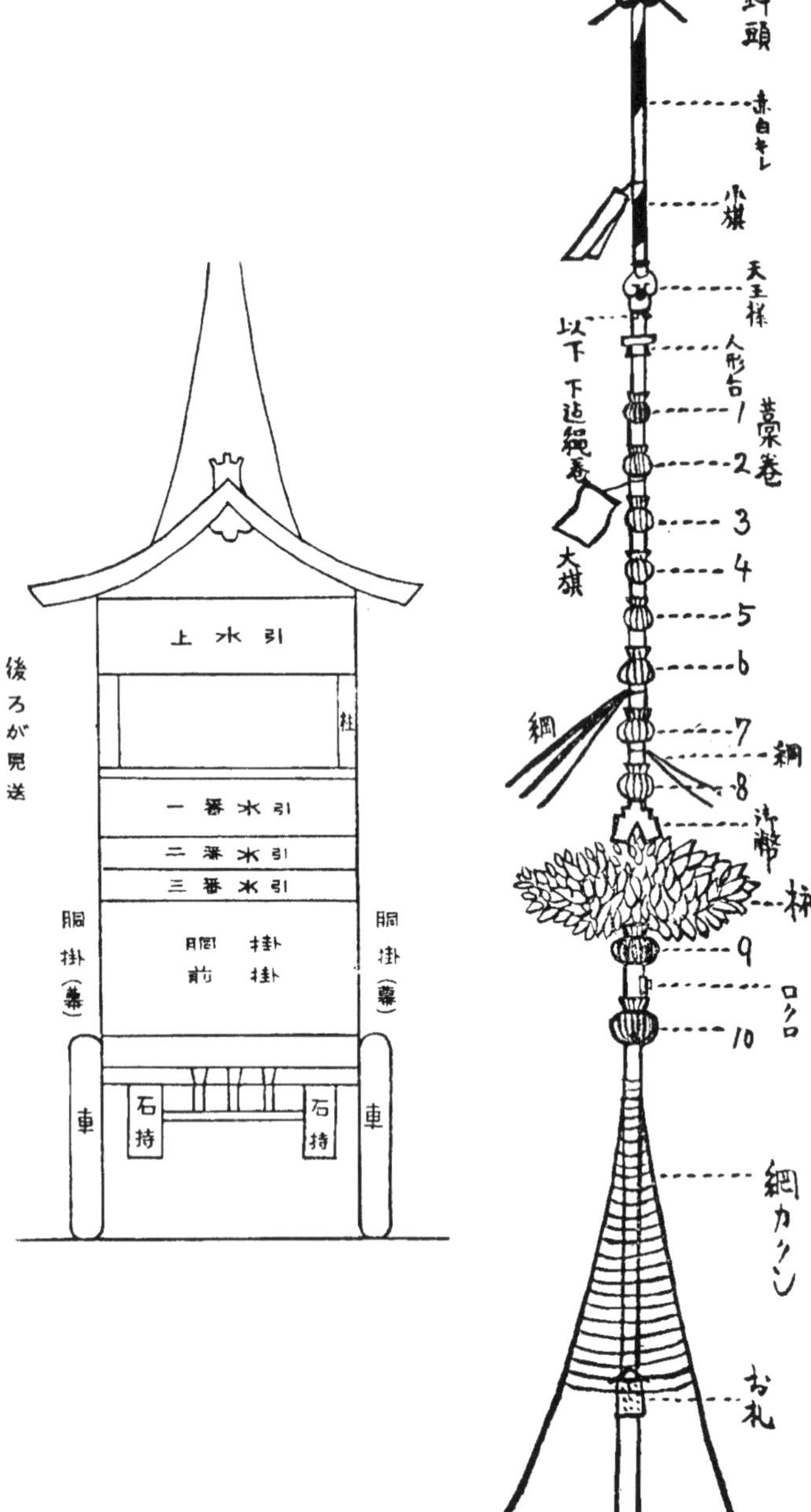

鉾頭
赤白キレ
小旗
天王様
以下
人形台
1
2
3
4
5
6
7
8
蕓巻
下迠縄巻
大旗
綱
綱
御幣
榊
9
ロクロ
10
綱カクシ
お札
上水引
後ろが見送
柱
一番水引
二番水引
三番水引
胴掛（幕）
胴掛
前掛
胴掛（幕）
車
石持
石持
車

函谷鉾の鉾建

いまして一本でも違うと鉾の調子が狂い倒れる恐れがあります鉾の用材だけでも大変な目方ですがそれに四十人位の囃子方が乗ります。それですからこの鉾建も慎重にやらないと危険です。この用材は鉾町の倉庫にしまい下にこの用材、二階に其装飾品や稚児人形を入れます。

七月八日この用材を洗い、材料を整えます、そして基本の胴体の組建をします。九日早朝よりこの胴体を寝かせ真木をささえます四本の力柱が胴につけられ真木を横にして鉾頭以下の天王をつけ薬房も、榊枝も次々と上向けて括りつけます。全部出来ますと綱を、多くの人々の手により引起します。ロクロを用いる処もあり、無事に建ちますと拍手で祝います。十日早朝から四本立柱大屋根等の外廓一切のものをつけ、午後車をつけて曳き初めをし、囃子方も鉾の上で囃します。十七日巡行を終つて帰朝すると大方裸にし翌十八日午前中全部取片ずけます。

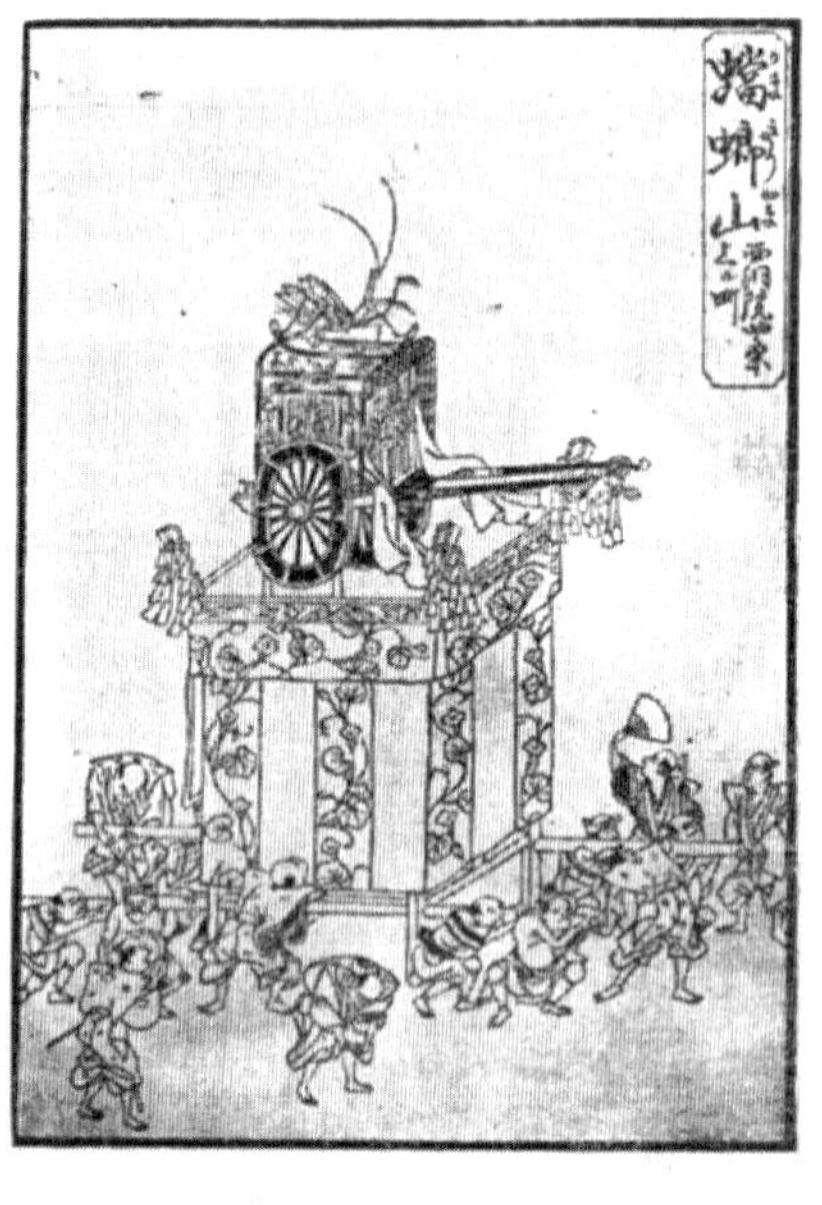

今は見られない蟷螂山

神輿洗

三基の神輿は七月一日拝殿に飾り、十日に神輿洗の式を行います。この日早朝加茂川の四条橋畔に清い水を手桶三杯に汲み取り、川端四条下ル疏水端に四方笹、白砂の上に台、これに御用水の高張提灯を立てこの桶を重ね、午後清払を致します。夜八時、竹松明を舁いだ七度半の使が本社と四条橋を往復し、中

神輿洗の御用水

御座の神輿の飾一切をはづした裸の神輿一基を代表で三若組の人々石鳥居を出て神幸道を石段

下へ、四条大橋の軌道の上に据えます。神職は其前で祝詞を上げます。そして手にした榊の技を手桶につっこんでそれをバラバラと神輿にふりかけます。これが神輿洗で、済むとスグ八坂社え還幸です。これが二十八日にも行われ、これで祇園会は終了する事になります。竹松明の消炭は厄魔除になるとの俗信があります。古い図では四条縄手神明宮前で手桶の水をザーとかけています、段々形式化したものでしょう。

お迎提灯

氏子は疫病を恐わがり早くこの祇園会の来るのを待つております。それで各氏子の町々からはこの十日の神輿洗を待兼ねて各町で趣向をこらした種々な型をした提灯や行灯を竿につけて夕方から八坂社えお迎えに行きます。それでお迎え提灯と云いました。只の浴衣のままでは余りに智恵がなさすぎます。その頃役者が何々の役で評判をとつていますと、その紛装を真似てこの提灯の列に加わる者が出来ました。アレはよいナと他町の者は来年は負けるものかと、今迄は提灯、行灯(アンド)の趣向がこの度は変装の競演となりこれがこのお迎提灯と分離しまして祇園町や祇園新地では男女共に「ねりもの」として一つのものが出来て来ました。

このお迎提灯は明治初年には永久的な提灯となつて来まして、その形を競う事もなくなつた様で、衰微した様でした。二三ケ町でそれを見ましたが、お社え出かける事もなく、近年全く忘れられてしまいました。昭和二十七年灯にゆかりのある祇園社境内を明るくしています祇園万灯会の人々と相談しまして、鉾町の囃子方の応援を頼み趣向した提灯の前後に鉾の囃子を入れて四条東洞院から出て四条―河原町―三条―縄手―四条―石段下を神幸道から八坂社へお詣りする事になり数十年ぶりで復活し、追々少年武者の列　少女鷺踊、六斉踊行進、平安朝以来行われていました風流、馬長（ウマオサ）などが加わり今年で七年目を迎えました。そして本年は御池通市役所前―木屋町―三条と延長する事になりました。

ねりもの

よく世人はおねりと云いますが、おねりは寺院の大遠忌等に所属の和尚達が美事な袈裟をつけ、境内をゆつくりねり歩きますのを云います。そのおねりの様にゆつくり歩くのでおねり見たいにねり歩くので「ねりもの」と云います。花街の行事になりましたが大阪新町や各花街、京都でも島原の氏神住吉神社の祭礼に出まして番附も残つております。京都では祇園町で催し、現在判明していますのは宝暦十四年が古く、その後明治二十六年迄に催された文献で判明しましたものは三十一回行われています、尚数回増加しましよう。芸妓は後援者と相談して銘々豪華な衣裳を新調してこのねりものに参加します。神輿洗は二度ありますので二度共その日、廓内をねり祇園さんへお詣りします。馴染客から「所望」の声がかかりますと一行は止まつて名差しの妓が、紛装に因なむ舞をまいます。こんな事で仲々前進出来ません。夕方から始まり十町程歩きますのに翌未明になる事もあつたと云います。祇園甲部は明治二十六年を最後にしてその後行われませんが祇園乙部が、昔の様な組織でなく組合事務所で衣裳を作りそれを廓内の芸妓に着せ昭和十一年に催し三十二年度三度行いまして三条河原町御池寺町四条と歩きましたが、次回は何年に催されますか。

拙著「祇園ねりもの」に詳細に記してあります。

明治二十六年のねりもの　池田まさの　静

祇園囃子

コンチキチンと云うと祇園会を思い出します。あの山鉾巡行からこの囃子がないと淋しいものになりましよう。祇園祭が古くから催されましたからこの囃子も相当古くからあつたものとは思いますが文献には見えません。能狂言に二三祇園会を取扱つたものがありまして町内の人々が太鼓、笛、鉦方をやる事になつていますから四百年程前から囃子があつたものと思われます。今日の様に優美な囃子になつたのは徳川中期以後、能の囃子方により祇園囃子に発達して来たものと信じています。

山鉾の世話を町内の人々が奉仕をすると同時に囃方も町内の有志でやつたもので町内の六歳の少年は一応囃方に加はり小学上級から名前も発表されます。太鼓方が主な役となつていますが一番厄介なものは笛方で八人と交代を入れると多数になりますので他町からの有志の人を参加させます。町内の住人が他町へ移転してこの囃子だけに通う人もあります。とにかく一応は無報酬で、好きなればこその出演で、揃いの浴衣も作る事がありますし今の世に儲けにならぬ、矢張り神事奉仕で、これをやらないと気分的に不愉快だと云つている人もありました。古くからやり乍ら鉦の音譜は出来ていましたが、笛、太鼓は今尚出来ていません、月鉾だけ昭和七年に立派なものが出来、三つの楽器で三十余の曲目が演奏される様になつています。

曲目は各鉾によつて異い、同じ曲であり乍ら名称の異うのもあります。四条通を四条烏丸で集まつて寺町迄五丁だけがお渡りと云つて悠々たる曲でゆつくり進みます。一曲は五分位かかりますのでレコードにはこのお渡りの曲は入つていません、四条寺町角で八坂社の神に神楽の曲を奏し寺町へ曲りかけますとカラコの曲にかわり寺町通え向きますと戻り囃子になります。これからは急テンポでコンチキチンと賑わしい囃子になりそれを次々と演じ、曲目の木札を次々と膝え乗せて次の曲を知らします。それを繰り返えし乍ら自分の鉾町へ戻ります。

月鉾曲名（渡りの部）地はやし、揚げ、あとあり、三光、井筒、初音、はつか、まぬけ、神楽唐子、打上げ（戻りの部）戻り上げ、つき、朝日、紅葉、立田、立田上げ、御幸、四季、よこ、横上げ、榊、登里、獅子、扇、ともえ、八百屋、尾寅、一二三、鉾、鉾あとあり、長井野、うさぎ、日和神楽、今野

熱心な鉾によりますと季節でなくとも練習しますが、普段は七月一日吉符入から始める町内の方が多いです。各町の囃子方は他の町へ移る様な事は源則としてはない様で、各鉾銘々一番うまいのは我が町と誇を持つています。

稚　児

先頭の長刀鉾には稚児が宝冠を頂き正装して要所々々で舞います。以前は船鉾以外の鉾には皆稚児がおりましたが今は長刀鉾以外は人形になりました。鉾町には稚児係があり町内に八九歳から十二歳位の男児を、町内に適当な者のない時は他町の子供と契約し二月頃結納を納めます。七月一日八坂社へ町内の関係者一同お千度をし或は鉾により町内会所の二階で昨年の稚児と今年の稚児が盃を交し稚児は往来に向つて舞い初めをします。十一日はお位貰いと云い十万石の格式で供揃をし、昔は籠、今乗馬で禿二人町内の人々紋付袴で供して八坂社へ詣り神殿正面より昇り、祝詞盃事あり終つて本殿を三回廻り二軒茶屋中村楼で休憩、ここで炙餅を串にさして豆腐に合せ味噌引として是を合餅と称しましたが、今は稚児餅と呼び中村楼がこの日だけに作るもので参列者一同え配ります。五位の位を貰つた稚児は元の列のまま、その日の午後親族、知友を訪問します。その夜より毎夜十六日迄、四条通を徒歩親兄弟、町内稚児係と共に八坂本社へ、戻つて各山鉾町を廻ります。十七日宝冠をつけ正装し、音頭方に舁(カノガレ)れて正面大梯子をかけ、これから、鉾え昇り正面に座り左右に禿が並びますと、梯子を取り囃子の太鼓が響いて祇園会(マツリ)巡行が始まります。巡行が終りますと一応大責任はすみます。翌十八日から後の祇園

会になり宵宮に山めぐりをし、二十四日の八坂社神輿還幸祭に乗馬のまま多くの供を従えて三

放下鉾稚児　お位貰い

函谷鉾　二階の飾りつけ

条烏丸東入中井方で休憩して三条を寺町へ四条から帰町して稚児の役目は終ります。昔から神と人の間の地位になるのでこの稚児の日常起就食事入浴衣裳総て男子が奉仕し、母親も姉妹も一切稚児の身辺に触れる事を戒めております。

人形の稚児も神様扱にし鶏鉾は判明しませんが、函谷鉾は嘉多丸、月鉾は於兎丸、放下鉾は三光丸、菊水鉾は菊童丸と云つて何れも沢山衣裳を持つています。毎日お供物をとりかえ当日は正装にとりかえます。

宵宮　屏風祭

七月十六日と七月二十三日を宵宮と云いまして氏子の家々では、前の祇園会は蛸薬師通より南松原迄、後の祇園会は蛸薬師通より北二条通迄を区域としますが実際宵宮として賑いますのは山鉾のあります東洞院から油小路迄でしよう。

山鉾のある町は各戸幕を張り祇園の神えの献灯の提灯建を出し表の間も屏風を出し籐席を敷き生花をいけ中庭から奥の座敷、奥庭迄見通せる様にするのが各家のならわしでありました。古い因襲に捕われている京都のしかも中京の旧家が、祇園会の時だけ座敷の奥迄見せるのは普段厳重な開鎖主義の点から実に不思議な位であります。処が時世が変り古い家も、数代続いた暖簾の商店も、奉公人の制度もかわり店員となり通勤の者が多く、主人家族は郊外などに棲居を移して、店だけとなると、誰れがこうした家中を取片ずけ飾付をするかと云う事になり家宝の各名画家の屏風も手離す人が多くなつてしまいました。明治三十年頃がこの屏風を飾り（博物館、美術館もなく写真版のない時代）、有志の古美術愛好者に開放して見せた話も語り草となりました、然し今でも捜せば鉾町などに数軒その面影を見る事が出来ます。後の祭の方が名屏風の持家が多く番付が出来たぐらいであります。それで屏風祭と云いました。

鉾町は、各自の鉾を本飾りにし、夕方から前後の沢山な提灯に電灯をつけ、毎夜練習していました各鉾の囃子方は最後の夜を賑わしく囃しつづけます。十一時もすぎ、電車、自動車等一切の乗物の通行止めをして宵宮見物の十数万の人出もようやくまばらとなり乗物の通行を許される頃、各鉾の囃子方はその鉾の名を記した高張提灯をつけ四条通、三条通をコンチキチンの囃子をしながら進行します。これを日和神楽と称え翌祭日が晴天になる様祈願するのだと云います。四条大橋辺から引きかえします。山町の方は囃子はありませんが、山の人形によりお守札を授与します。占出山と船鉾は岩田帯と安産守、霰天神山は火除、保昌山縁結び、鈴鹿山安産、役行者山厄除のお札を出します。町内の子供は声を揃えて「安産のお守はこれより出ます、常は出ません、今晩限り、御信心のお方様は受けて お帰りなさいませ」「お蠟燭一丁献じられましよ」とくりかえしくりかえし歌の様に唄っています。宵宮の一風物としてなつかしいものです。

表紙写真
前の祇園会の
長刀鉾

昭和三十三年七月一日　発行

〔価　三百円〕

著　者　田中緑紅
京都市堺町二条下ル

代表者　鳥居郊善

印刷所　協和印刷株式会社
電⑥三九四四・六七六八

京都市東山区東大路松原上ル
安井金比羅宮内

発行所　京を語る会
電話⑥五一二七番
振替大阪三七三五五番

京都市上京区智恵光院通五辻上ル
本隆寺内

京を語る会西陣支部
電話㊹五七六二番

《復刻にあたって》

一、本復刻版は、田中喜代様所蔵の原本を使用しました。記して感謝申し上げます。

一、復刻版には、借用した原本の都合で初版と再版が混在しています。また、原本奥付に紙を貼付して新価格を表示している場合もそのまま復刻しました。

一、文中に、人権の見地から不適切な語句・表現・論、また明らかな学問上の誤りがある場合も、歴史的資料の復刻という性質上、そのまま収録しました。

一、表紙の背文字は、原本の表示に基づいて新たに組んだものですが、一部訂正や省略をしました。

緑紅叢書　復刻版
第1回配本（全26冊）

京 祇園会の話〔緑紅叢書2の3（15）〕

2018年10月31日　発行

揃定価　39、000円＋税

発行者　越水　治

発行所　株式会社　三　人　社
京都市左京区吉田二本松町4　白亜荘
電話075（762）0368

乱丁・落丁はお取替えいたします。

コード　ISBN978-4-908976-87-2
セットコードISBN978-4-908976-72-8

緑紅叢書 第二年第四輯 第十六輯

京のお地蔵さん 上

田中緑紅

はじめに

京都は八月二十二—二十四日にわたり地蔵盆が一番盛んで子供達の夏の楽しい行事になつています。各町々にお地蔵さんをまつり種々な名称がつけられています。

この度はお地蔵さんの説話のみを集めました。書いていますとまだまだ出てまいります。地蔵信仰・六地蔵・子供と地蔵尊・地蔵四十八願所、京都とお地蔵さんをもつと書き残したいと思います。地蔵盆にはこの小冊を子達に話をして上げて下さい。

地蔵尊と子供の説話は殆どありません。あれば子授、子安（安産）、子育で、これは大変に多いです。出来るだけ違つた話を集める様にして見ました。只何々地蔵尊とだけで、どうしてそんな名がついていますのかわからないものが常に沢山あります。こうした名称だけでも集めておきたいと思います。

一項の終りに引用のものでよりとありますのは縁起やら何かの本よりとりました話であります。

昭和三十三年七月二十日

目次

釘抜地蔵

上京区千本通上立売下
石像寺地蔵堂

京都で一番お詣の多いお地蔵さんはこの釘抜さんでしよう。石像寺の名は知らない人が多いでしよう。以前はこの堂の周囲は八寸位の本物の釘が二本宛絵馬にして一面に貼つてありました。御本尊は弘法大師が中国から舟に積んで来られた石に自ら地蔵菩薩を彫られたものと云われます。

後奈良天皇の御代弘治二年、油小路通上長者町辺に紀ノ国屋道林という有福な人がおりました。四十才の時、何が原因であつたのか急に両手が非常に痛みましてどうにもなりません。医者を呼びお薬をつけますが癒りまん。祈禱加持もききめがありません。フトこのお地蔵さんのあらたかなことをきき、それから七日間を期して癒して頂きたいと祈願をしました。その満願の夜、道林は夢告で「お前のこの度の手の痛みは只の病気ではない。お前は前生に人の怨をかい、人形(ひとがた)を造つてその腕に八寸釘を打ち呪われている。その罪が今のお前に報いて来たのである。然し吾れにすがるので吾の弘力を持つてその昔の怨の釘を抜き取つてやる。これを見よ」と示されたのが血のついた八寸釘でありました。道林は気がつくと両手の痛みはスッカリ癒つ

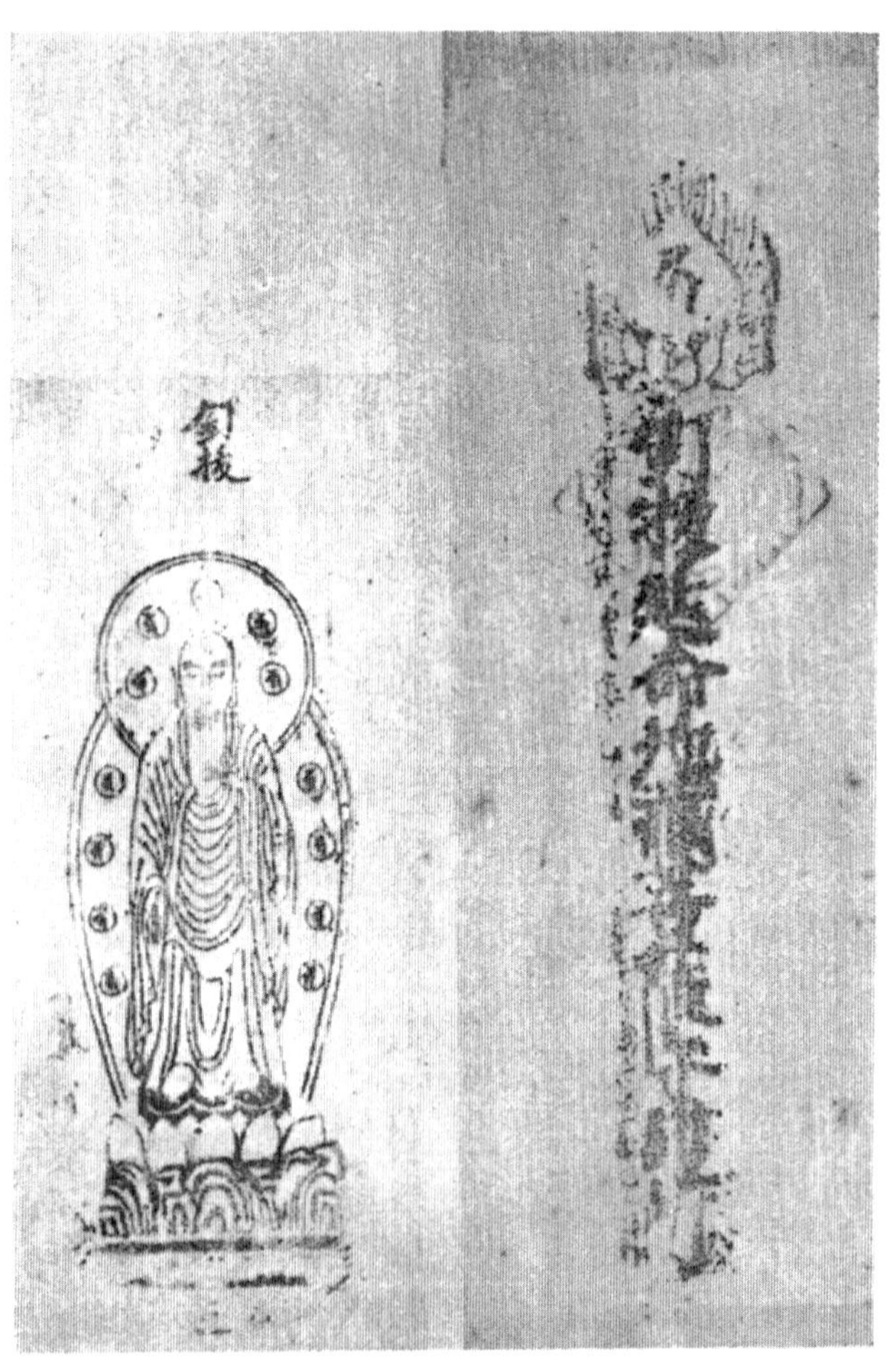

釘抜地蔵尊御影

ています。夜の明るのを待つて早速お礼に参り、お厨子を開いて貰うと地蔵尊の御手は血にそみ八寸釘を持つていられました。道林始め参詣の多くの人々と共に御利益の有難いことを知りました。それ以来道林は百ケ日のお礼の参詣を続け、地蔵堂を建立しました。人呼んで釘抜地蔵尊と云う様になりました。その後どんな病気でもその患部に釘がささつていますからその釘を抜いて下さい。釘がぬけることは病気が癒ることとなります。西陣で一番参詣者の多いお寺でいつも香煙が昇つています。近年又本物の釘をお礼に奉納する人が増加しました。

駒止地蔵（首斬地蔵）

下京区富小路通六条下ル
蓮光寺境内地蔵堂

この寺のある辺は源平時代は鴨川原で、六条川原と云つていました。刑場の様になつていまして、この川原の西方でよく斬首せられたり、獄門にかけられたりしました。そうした罪人の冥福を祈るため石地蔵をまつりました。人呼んで首斬地蔵と云いました。鴨川は昔から大洪水で有名であります。上から大砂を流して来ましてさしもの、大きい石地蔵さんもひつくり返り、その上砂をかむつて、首斬地蔵さんは流されてしまつたと言いました。

平清盛は源氏を都から追放つて権勢並びない大人物になりました。厳島で太陽を招き上げたと云う勢です。馬に乗つてこの辺を通りますと、俄に馬が進まなくなつてしまいました。鞭をあてても嘶く計りです。これはおかしいと、この地に何かあるに違いない。ここを掘つて見よと命じますと、大きい石地蔵が顕われました。それで馬がすすまなかつたのでしよう。それから駒止地蔵と呼ぶ様になり、後ここに蓮光寺が移つて来まして境内堂となりました。永い間に像がいたみましたので上から土を塗り土仏にしてしまい胡粉で真白に塗り目鼻を書きました。二米半もある大きい丈六座像です。本堂の右手、墓地の入口にありいつでも詣れます。

ぬりこべ地蔵

伏見区深草有野山墓地
地　蔵　堂

この度新らしく出来ました深草の市営墓園の西北に稲荷の神官荷田東麿の墓のあります有野山墓地の西端に東向の地蔵堂があります。他に例のないのは郵便受の小箱のある事です。これに毎日の様に山城ぬりこめ様とか、深草歯のお地蔵様とか、どこえ配達したらよいのかと思う様なハガキは皆このお地蔵さんへ届けられています。塗り箸をたつてお祈りすると歯痛を治して頂けると云う信仰があります。治つて塗箸を奉納します。参詣して線香をあげている人も見受けますが、ここはこの郵便依願が多いのです。「勉強ノ時ニハ歯ガ痛クナリイツモビリデス、ナントカシテクダサイナ　兵庫県二年生」「入歯ががたがたで豆が、かめぬ、お助け下され、八十一才の女」「連日上歯の奥から二枚目が痛みます。これが着き次第お治し下さい　大阪三十八才の男」こうした願文が以前うづ高く一二万枚もありましたが、墓番の人がたまると焼いてしまいますと云つていましたが、大変な数でした。近年は毎日数枚になつていますそうですが、

木津の少女がヒドク歯が傷みまして食事がとれません。父親がついて汽車で稲荷迄切符を求めてこのぬりこべさんにお詣りにつれて来ました処、宇治で空腹をうつたえ弁当を求め、きれいに食べますので歯はどうかと聞きますと、もうどうもないと云います。お地蔵さんの御利益に違いないと、祈願に来ましたのがお礼参りになつたと云います。

以前は今の師団街道の旧火薬庫近い墓地にあつたお地蔵さんでしたが、十六師団が設置せら

れます時、その辺の墓と共にこの神葬墓地に合葬しましたので、この有野山墓地には仏教の人々の墓の方が多くなつています。

米(よね)地蔵

東山区三条通広道下ル山ノ中腹
粟田尊勝院本堂内

この寺は粟田神社の上にありますが、明治以前は三条南裏通白川東入にありまして粟田の庚申さんとして知られています。この地蔵尊はその内陣にいられます。

天台宗の慈覚大師が唐より将来せられたものと云う説と、同大師が自ら彫られた地蔵尊との説もあります。第百十二代霊元天皇が信仰せられたと云います。粟田に貧乏なその日を過し兼ねている女が住んでいました。よく働く女でしたが、毎日この地蔵尊を信仰しまして、いつも御本尊から米袋を授つておりました。それから追々家計が豊かになつて参りました。人々は米地蔵尊と称え信仰者が追々に増して参りました。この女は衣食住に不自由することなく、お地蔵さんのお蔭だと忠実(まめ)に働き安楽に暮すことが出来たと云います。（尊勝院略縁起より）

殺生石 鎌倉地蔵

左京区浄土寺真如町
真如堂境内地蔵堂

天竺では華陽夫人として善民を殺し、中国では幽王の後宮褒似となつて国を亡ぼし、我国へも来て近衛天皇に官女玉藻前となつて、天皇を悩し、時の陰陽師安倍泰成に見現され、本体九尾の狐となり、遠く下野国那須野ケ原へ飛び去りました。天皇は三浦介義明、上総介広常の両人に命じ那須野ケ原へ来て狩り立てました。何分甲羅を経た狐でありましたが、遂に逃げられないことを知り石となつてしまいました。しかし執念が残りまして、この石にさわる者、この石の上を飛ぶ蝶や虫けらとんぼ迄殺されてしまいますので、この石を殺生石と呼び恐れられました。僧大徹と云う人この石の怪を止めんとしましたが出来ませんでした。相州海蔵寺の開山源翁（世俗玄翁と）禅師ここへ来て鉄杖で三度石を敲き、「汝元来石頭、性いずれより来る、霊何より起る」と、石は俄に震動して破砕し、生気もなくなり毒気も消えその一部は遠くへ飛んでしまいました。この話から石屋の用いる鉄槌を玄翁と呼ぶようになりましたと云います。この飛んだ石が鎌倉にあることが知れ、多くの生物を殺した石ですから、これに地蔵菩薩を彫り、堂を造つて安置し殺生石地蔵と称し、死者の霊を弔いました。その后慶長年間慈覚大師天海僧正の門弟甲斐豊後と云う人、この像を深く信仰されていました処、「我を都の神楽岡鈴声山に遷座するよう」霊夢を感じはるばる、京都へ搬び真如堂へ納められました。特に無実の罪におとされた人が祈願するとその難を逃れるといわれ、永く鎌倉にいられたので鎌倉地蔵と称え、三重の塔の西の小堂に安置せられ、等身大の立像で、温和な顔をしていられます。この話は謡曲殺生石となつています（海蔵寺開山伝、真如より）

泥足地蔵

中京区六角通大宮西入
善想寺門前地蔵堂

桓武天皇の御宇、伝教大師が衆生化益の為め自ら刻み一刀三礼の霊像で、大師一代念持の菩薩であります。後阪本村でおまつりをしています時、旱ばつで、田は涸れ苗の植付も出来ません。百姓は徒らに天を仰いで嘆き悲しむだけでした。作兵衛は日頃この地蔵尊を信仰し人々にもすすめて雨乞をし、三日三夜祈念しました処、大雨は忽ち田に一杯水をはつてくれました。百姓達は我先きに植付をしましたが、作兵衛は折りあしく腹痛で寝たきりで植付が出来ません。村の人々は明日は皆よつて田植をしてやろうと云い合つていましたが、翌朝田へ行つて見ますと作兵衛の田もきれいに田植が出来上つていますのに皆驚きました。或人は薄暮に一人の出家

が植付けているのを見たと云います。余りに不思議なので地蔵堂に行つて見ますと御腰から下、足にかけて一面泥にまみれていられますので、このお地蔵さんが田植せられたものと知れ、それから泥足地蔵、田植地蔵と云う様になり信仰する人が増加しました。

天正十五年三月二十三日この寺の開山正誉上人法春大和尚不思議の因縁をもつて、この寺にお迎えして諸人にお詣しよい様に門の横に地蔵堂を作りましたので、誰れでもお詣りしやすくなりました。

文化五年秋、堺町に勘兵衛と云う男、その妻が俗にユスリ産と云う難産で、十二日間昼夜たえまなくシキリますのに産れません。或人に教えられこのお地蔵さんにおすがりし、一日一夜勘兵衛が御祈しておりますと、家から安産の通知をして来ました。安産ときいてお地蔵さんに御礼を申し上げて見ますと、お顔一面に玉の様な汗が流れていました。それ以来汗出地蔵尊と呼ぶものが出来ました。それだけでなく夜半寺の和尚にお告げがあり驚いてはね起きますと、台所から煙が出ています。無事に消し止めることが出来ました。眼病で困っている信者が平癒したからお礼詣に来た話等、数え切れぬ程あります。洛陽第六番。（同略縁起より）

子授地蔵

右京区四条通西大路東北角
高山寺本尊

四百八十余年前応仁文明の乱で、京都の町は十一年間戦場となり、二十七万の軍勢が争い惨々な目に会わされ、平安朝以来六百七十年の遺物をなくしてしまいました。

銀閣を建てた足利義政将軍には嗣子がなく、弟が僧侶になつていましたのを還俗させ、義視が将軍を継ぐことになつていました。これを残念に思つたのは義政夫人冨子でした。足利氏の祖尊氏は地蔵信仰者で近江堅田の田圃にある地蔵尊の霊験を知り、暦応年間これを洛西、西院の東に安置し、寺を高山寺と云いました。子授安産の地蔵とてお詣りする人が多いことを思い出し、この本尊に鏡餅を供え、どうか男子が生れます様にと祈念し、そのお餅を頂きました処懐妊し、立派な男子を得ました。義尚がそれで、所謂ヘンネチ子です。ここに執権山名、細川が義親、義尚について西陣、東陣にわかれて戦争したのです。この地蔵尊の御利益がなかつたなら義尚が生れず応仁の乱も起らなかつたかも知れません。

この地蔵尊は始め叡山横川に安置し恵心僧都がお守りしていました。僧都入寂後、志賀里木村成近が信仰し自宅に奉安しました。その後逆乱にかかりこの像を抱いて北国へ落行き、その途堅田の平林に棄てて逃げました。そこに夜な夜な光明を放ち白日の様でした。村人は何事かと尋ねて見てこの地蔵尊から出ていましたので早速地蔵堂を建て田中の地蔵尊と称えました。文永(一二七〇年頃)年中、この村の名村小太夫重俊夫婦が子供のないので、それのみを悲んでいましたので、この地蔵尊を祈念しました処、忽ち妊娠し、無事男子を生みました。それで子授地蔵尊と云いました。それを尊氏が京都へ移したのです。この高山寺は後に三丁程西の四条通西大路北東角へ移りましたが、木像の本尊と童子の脇立、別に六体地蔵尊もあり、本堂前には黒谷から移した石の大きい地蔵立像があり、その足元に百数体の石仏があります。徳川時代には西院磧(さいのかわら)の地蔵は此所だと云われ、宝暦七年釈章瑞著の「勧化西院河原口号伝」五巻が刊行せられていますが、三代実録の「貞観十三年閏八月制ありて百姓送葬の地を定めたまう条に下佐比、上佐比をもその地と定めらる。佐比寺は延喜式にも、九原送葬之輩、更留二柩於二橋頭一と見えたり」とあります。世に佐比の河原は此処で、今日の吉祥院の西門口町の日本新薬会社の西の桂川の川原に当り、桂川の再三の出水に墓地も石地蔵も流されて無くなつたものと思います。高山寺のは西院をサイと読む処から出て来た説と思います。とにかく地蔵尊を本尊とし、両脇士六地蔵のある寺は珍らしいと思います。

歯形地蔵

上京区御前通一条下ル
万松寺本堂内

元禄時代のころ、三条に糸問屋がありました。娘のお梅は美しい京娘でした。店の番頭吉助を恋していました。然し吉助は御主人の娘ですからと素気なく柳に風と受付けぬ様にしていました。お梅は素気なくされる程思いがつのります。このままにしてはと案じ、主人に数日休暇をもらい、娘に秘して生家へ帰りました。自分の姿が見えなければ娘も冷静になろうと思つたのです。処が娘はどうかして吉助に会いたいと北野神社へ日参を始めました。吉助は京へ戻り久しくお詣りしていないので北野さんへお詣りしましたが、フトお梅の姿を見て驚いて馳け出しました。お梅も気がつきました。吉助はとある店へ飛び込み家の人に頼み、その裏口から逃げ出しました。お梅は尚も追いかけて来ます。吉助はこの万松寺に逃げ込みました。住職は吉助の羽織を墓地にある石地蔵にかけました。お梅は境内をうろうろと捜し、フト見覚えの吉助の羽織を見付けて思わず薄情ものと石地蔵の右肩にカブり付きました。忽ち口はさけ眼はとび出して息絶えましたが、石地蔵から離れられません。住職が読経しても離れません。本山妙心寺の管長に来てもらつてようやく離れました。その石地蔵の右肩に三つの大きい歯形が残りました。お梅の死体は両親から懇に葬つたことは申す迄もありません。この石の一尺五寸位の座像の地蔵尊は歯形地蔵と云われ、その後歯の痛みがよくなる。歯が強くなると云つた信仰が出来、密に恋を願う者もありましたが、近年こうした願の人はなくなつたらしく私の知つた頃は、台所入口の脇に安置してあつて誰れでも詣れましたが、近年本堂本尊裏へ移されたので、一般の人はお詣りしにくいのではないでしようか。京の数あるお地蔵さんでは色つぽい話ですが、お地蔵さんこそ娘にかぢりつかれて御迷惑なことです。

歯痛祈願の同名の地蔵尊が千本通鞍馬口上る東側にあり、元夢の浮橋の下にあつたと云います。

将軍地蔵

東山区清水一丁目
清水寺本尊脇士

清水寺は田村麿の建立した寺と伝えられています。勅命により奥州へ叛逆の高丸を征討に赴く時、日頃信仰の清水寺観音菩薩に祈念して出発しました。両軍矛を交えますと、高丸軍はとても強いのです。味方は矢を射つくしていますのに敵は続々射て来ます。処え見知らぬ若者と小僧が敵の矢の損じないものを拾い集めては味方へ届けてくれます。敵の矢があたつても平気で矢を拾つて持って来てくれます。そのおかげで矢を射ることが出来ます。敵は後退し始め田村麿の放つた矢は美事高丸を斃して凱歌をあげました。帰京後清水寺へ詣り本尊に御礼申し上げ、フト両脇の勝軍地蔵、勝敵毘沙門の像を見ますと、足は泥にまみれ全身に矢傷を負うていられるので戦場を思い出し、不思議な若者と小僧さんはこの両脇士であることを知り、桓武天皇に奏聞しま

北白川　将軍地蔵堂

した。（清水寺縁起より）京都には将軍地蔵は沢山まつられています。明治になります迄愛宕山にはこの将軍地蔵をまつりました。（蓮華三昧経）に頭に畢竟空寂の冑を戴き、身に随求陀羅尼の鎧を着、金剛智の太刀を佩び、発心修行の幡を標し、悪業煩悩の軍を斬る劔を執る。左右に掌善掌悪の二人の童子ありとあります。お地蔵さんの分野は広く軍神もいられるわけです。愛宕山のは各坊にも将軍地蔵をまつっていたらしく、西山金蔵寺、粟田尊勝院も愛宕の本地仏は当方に移されたと云われています。外に北白川瓜生山の石像、七条権現堂、泉涌寺の来迎院、嵯峨鹿王院、醍醐の如意輪堂、北野西雲寺、泉涌寺塔頭即成就院には石造の新らしい像があります。

夢見地蔵

左京区西寺町二条下ル
三福寺

洛陽二十六番霊場、一条天皇中宮上東門院彰子(あき)の方懐妊中再三お悩になりますので、地蔵尊を御念じになりますと、或夜夢の中に地蔵菩薩が現われられ霊感を授けられましたので、中宮はすぐ仏師定朝に命じられ、夢中感得のお姿をそのままを彫らされ、日夜一心に御念になり、やすやすと皇子（後一条天皇）が降誕せられ、このお地蔵さんを夢見地蔵と称えました。永く

九品山阿彌陀院三福寺

宮中に安置せられていましたが後法成寺に移され、御朱印地を御供料として寄附せられ（延元元年七月紀伊郡横大路領二十五石、明治初年迄続きました）その後今の三福寺に遷座されました。除疾安産招福、延命の現世の大利益を授け給うとて皇室公卿百官の御信仰も厚かつたと云います。（縁起より）

獅子地蔵

東山区大仏正面本町東入
専定寺境内地蔵堂

この寺は烏寺で知られています。本堂東に地蔵堂があります。本尊は小野篁作。元禄年中のこと三条寺町に伏見屋左近と云う人がおりました。常にこの地蔵尊を信仰し、菊の花を供えて戻りました。この左近何日迄に江戸へ行かねばならぬ急用が出来まして江戸へ急ぎました。大井川迄来ますと洪水で水高く急流で渡し舟は止まつています。日の定つた急用で、舟が出る迄待つているわけには行きません。命を屠してその急流へ飛び込みましたが、直ちに押し流され溺れようとしています時、突然一疋の獅子(猪)が現われまして左近を背にのせ、向い岸へ送つてくれました。左近は喜んでフリ返りますと、もう獅子はおりません。とにかく命が助かつたので、次の宿迄行き一泊しますと、その夜端正美麗な僧が来られ、吾れは大仏鳥寺の地蔵である。先日菊の花を供養してくれたその因縁により獅子になつて、そなたの危急の難を救つたのだと云われました。左近は起き直つて合掌し御礼を申し上げました処、三寸位の地蔵木像が枕元にありました。宿の者にききますが知らないと云います。この像を懐中して江戸へ行き用件をすませ、帰京しますなり鳥寺へ行き住職にこの小地蔵を見せますと、これはこの寺の地蔵尊の胎内仏に違いないとのことに左近は大いに驚き厚く礼を述

べ、一建立で地蔵堂をたてて一層信心したと云います。それから獅子地蔵と呼ぶ様になりました。（鳥寺縁起より）

お首地蔵

北区北野紅梅町
路傍小堂

紙屋川一条橋の辺にこの地蔵さんが安置せられています。百年程前のこと、この辺は高いお土居があり、その上は竹藪で淋しい処でした。この紙屋川の西は大将軍村であり、夜な夜な辻強盗が出まして、通行人はバッサリ首を切られ、持物一切をとられました。近くの人々や、ここを通行する人達が相談しまして、殺された人の霊を弔い、辻斬りの出ない様にお地蔵さんを三体まつりお祈りしました。ところが或夜この三体の地蔵尊は「首切り」「胴切り」「ケサ切り」にあわれました。その後辻斬りはスッカリ出なくなり、この一帯も無事になりました。全くお地蔵さんが身代りになられたものであろうと云われ、何事でも御願いすれば聞いて頂け、特に頭痛や、歯痛などの首から上の病は何かによらずよくきいて下さるとの評判、処が近年はサラリーマンがクビにならぬ様祈念する人が多くなって来ました。お首地蔵さんに、首を大切に願うのはホホエマしい願いでありましょう。

輪形地蔵

下京区東洞院通塩小路下ル東入
正行院門前地蔵堂

京都は古い都でありましたので、諸方から物資の出入が多く、牛馬車や荷車の数も夥しいものでありました。特に多かつたのは三条、竹田、鳥羽の各街道でありました。その何れもの街道にはズラリと敷石をならべて、これに凹を二本造りまして、これに車の輪を入れますとレールの上をすべらす様に車が楽に通行出来ます。これを車道と云いました。七条通は昔の竹田街道です。いつの頃かこの車石が敷かれ、伏見から東九条大石橋をすぎ、一直線に七条通に達していたと云います。この辺迄葛野郡塩小路村と云つたらしいです。こ

輪形地蔵尊

の村に若山某と云う信心深い人がありまして、大変地蔵尊の信仰家でした。慶長五年三月十五日の夜、一人の老僧が枕元に立ち「我れは永い間畜類の重い苦労を救けてやろうと泥の中に身を沈めて牛馬の通行を楽にしてやり、庶民をも往来を安全にしてやつた。これからは一般の人々を済度してやりたい、早速掘り起す様に」との声のみ残つて夢が覚めました。若山は不思議に思い、まだ夜があけきらぬ先きから家の前の車道を見ますと、その石から赫々たる光明を放つています。早速掘り起して見ますと、夢告の通り地蔵尊が彫つてあり、背中には太い輪形がついています。吾家へ安置し輪形地蔵と称しました。それから五年目の十年三月十五日、出現せられた近く（東洞院通七条下ル半丁東側）に小堂を建てここへ輪形地蔵をまつり交通守護の霊験を数々蒙り、牛馬車の危難を免れたものは数知れません。三百年間この村がお守りをして来ましたが、明治五年四月、槇村参事の辻堂廃止の達書により、今の正行院に移され、永く本堂本尊の傍にありましたが昭和八年八月鎌倉時代の様式の堂を寺の勝手口の横に新築され、盛大な落慶供養が行われました。スグ南手は汽車、省線電車が走り、交通量の多い塩小路や高倉陸橋が近いのに交通事故のないのはこの輪形地蔵のお蔭だと信じられています。（輪形地蔵尊縁起より）

かづらかけ地蔵

東山区松原通大和大路東入
六波羅密寺本堂内

観音さんで有名なこの寺に本尊に劣らない立派な地蔵立像が安置せられています。昔は地蔵堂が別にありました。この地蔵さんは左手に女の髪の一束を持つていられますので、かづらかけの名がつけられました。又の名を「山送り」地蔵とも云います。

東山のほとりに貧しい母娘がありました。心がけのよい娘は日頃から、この地蔵尊を信仰し

補陀洛山六波羅蜜寺

ておりました。母親がかりそめの病で重体になつて来ました。看病のひまには早く癒ります様にと熱心にお詣をつづけていました。寿命のつきたものは仕様がないもの、遂に母親は死んでしまいました。たださえ貧乏なこの家は、母親の薬餌代に何もかもなくしまして、お坊さんを招く事も出来ません。娘はただ呆然と母の死骸を淋しく見つめているばかりでした。その夜見知らぬ僧が訪ねて来まして、その様子をききますので娘はありのままの貧しい暮を話しました。僧はそれをきき懇ろに誦経し、その死体を背おつて鳥辺山へ山送りし、死体を埋め土饅頭を造り、花を手向け一切の野辺の送りをしてくれました。娘は大変喜びまして、御礼のしようがないので母親のかもじを僧に贈り、とにかくお葬式（一に山送りといいます）をすませました。翌日は早々に地蔵尊へお詣りしまして、フトお地蔵さんを見ますと、その足に土がついており、お手には昨夜坊さんに贈つたかもじを持つていられました。日ごろ信仰していますこのお地蔵さんが、この娘を助けられたのでありました。この話が広がりまして、このお地蔵さんを山送りの地蔵、かづらかけの地蔵ととなえる様になりました。本尊観世音と共に国宝でありまして、古くから名地蔵として知られています。

矢取地蔵

南区九条羅城門町
矢取地蔵堂

平安京の出来た頃、皇城守護として東大宮に東寺、西大宮に西寺を建て空海に東寺を、守敏に西寺を与えました。

天長元年の夏、連日のカンカン照に農家は水枯の田圃と、青空を交互に眺めています、天皇は守敏と空海に降雨の祈禱を命じられました、天皇の禁園神泉苑は東西二丁、南北四丁の大きい池や築山や楼閣がありました。この神泉苑で竜神に雨を祈る事になり守敏が一七日間祈りましたが、ききめがありません、この度は空海の番です、守敏は若し雨が降ったら負になりますので竜神を封じ込む祈禱をしました、空海はそんな事を知りません、降雨の祈禱をしますが少しも降りません、変だと思い調べて見ますと守敏が邪魔をしていますので先づ竜神の封鎖をとくお祈をしますと、雨神は天へ昇り、見る間に黒雲がむくむくと出て来まして、アレヨアレヨといつているうちに雨は沛然と降つて来ました、朝廷の高官も愁眉を開き、百姓達は生きかえつた稲を見て喜んでいます、納まらないのは守敏です、あの空海さえなければと空海を亡くしようと考えました、機を伺つていますと羅城門の辺を通る空海を見ましてその後ろから矢を射ました。空海に矢が当つたかと思いました時、一人の僧が現われましてその矢はこの僧に当りました、空海はそのことを知らないで無事に助かりました、この空海の身代になつたのは僧ではなく地蔵尊でありました、そのお地蔵さんの背に矢が立つていました、人々は四つ塚に地蔵堂を建てまして石造座像五尺の大きい地蔵尊を安置しました、右手に錫杖、左手に宝珠をのせていられます矢取地蔵、或は矢負地蔵と云つています、今も羅城門址と云う石柱のある前、九条大路に面してある地蔵堂がそれだと云います、然しこれは地蔵尊ではなくて僧形八幡菩薩ではなかろうかとの説も出ていますが、お地蔵さんでよいと思います。

南無地蔵

東山区五条坂東大路東入北側

この辺は昔から鶴林と呼び葬場でありました。明治初年頃は白い梅林があり、その間に土饅頭が数知れずありました。ここに地蔵を安置し南無地蔵と云いました。ここへ天明の大火で焼死した人、維新の戦いに死んだ人、行路死者等の無縁の人々を埋めました。東山消防署新築の折、地下から遺骨が俵二百俵かに一杯になつたと云います。近年土から掘り出された石仏をここへ集め、地蔵塔が出来ています。歓喜光寺の管理とかききます。（表紙の写真がこの南無地蔵堂であります。）

星見地蔵

上京区御前通一条上ル
西福寺本堂脇壇

宝亀年間、阿刀（あと）と云つた家に子供がないのを悲み一七日の間明星を拝みましてよい男の子をお授け下さいと祈りました、その満願の未明天はかき曇りまして明星が見えません、これでは吾願も叶えて頂けまいと一心に地蔵尊を念じました処、何処ともなく一人の見知らぬ僧が現われ天を指してどこかえ行つてしまいました、阿刀氏が天の一方を仰ぎ見ますと黒雲の中から明星が煌々とかがやきましたので阿刀氏は必ず願いをかなえて頂けようと悦びました、果して懐妊しまして十二ケ月目、宝亀五年いとやすやすと出産、男児でしたのでその児は貴物（とうともの）と名付けられその子が成長して弘法大師となられたと云います、母御は大師と相談し霊木をもつて自

ら明星を仰見られる高さ一尺八寸の地蔵尊を彫られました、寛文年間、真言の僧玄恵律師、阿波国より西雲寺良海に授けられこの寺に移され安置せられ、霊験あらたかと云われます、他に類例のない珍らしいお姿のお地蔵さんです。（同略縁起より）

玉章（たまづさ）地蔵

東山区本町十五丁目東福寺山内
退耕庵内小町寺

我国美人の代表に小野小町があります。余りの美しさに貴賤共に艶書が数知れずとび込みました、小町と云う女はだらしない女の多かつた平安朝の人としては中々堅い人だつたと云います、大櫃に一杯になつたこの艶書を七尺もあろうと思われる大きい土の地蔵座像を造り、その腹中に皆入れてこの多くの色餓鬼を済度してやろうとしました、後になりましてこの地蔵の腹部に一杯ラブレターがあるので、平安朝の恋文を見たかつたのか土像の後ろをこわしたものがあつたと云います。豊臣秀吉の北の政所の祐筆に小野於津宇と云うのがいまして、小野小町の苗孫と云いまして、この地蔵を貴敬しておりました、それでこのこわされた処を自分で紙を張つて彩色したと云います、七尺の土仏で全部紙で張り目鼻を書いたグロな感じがします、腹部には三尺位の五輪石塔があり慈眼大姉と彫つてあるだけで何の戒名かわかりません。（山州名

跡志より）

処が艶書を土仏の上から張りその上から又張つて張子像にしたので玉章地蔵と云うとの説もあります、この小町寺は渋谷街道の花山の火葬場入口前北側にありまして、ただこの土仏だけのささやかな寺であつたらしいです、住職もなく明治八年この退耕庵境内へ移し、門を入つたスグ右手に東向に小町寺の額を掲げ、格子からこの大地蔵が見られます、特に縁結びを祈願する人の噂もききません。

子安地蔵

丹波街道老ノ坂
大福寺本尊

丹波街道を西へ老の坂のトンネルの右崖の上にささやかな大福寺があります、本尊地蔵尊は坐像二尺一寸、誠に素人彫の感のする粗像ですが昔から難産の婦を助けられると言うので有名であります。一条天皇の頃恵心僧都は宇治の里恵心院に住んでいました、或時毎夜西北の方から瑞光がこの院にさしています、どこから出ているのかと捜してこの坂の西の野原からとわかりました、附近の農家にここは何と云う土地かとききますと、この辺は市原と云いまして毎月市をするからです、又この辺に市森長者が住んでいたからとも云いますとのことでした、とにかく怪しげな光物だからと夜通しここに誦経せられますと真夜中に一人の女が顕われ、僧都を拝みます、何者かとききますが昔この所に住んでいました市森某の娘で桜姫と云う女の幽霊で、難産の為め一命を落しました、そのまま永年黄泉(よみじ)に漂うています、あなたは天下に比類のない豪いお坊様とききき、夜に光を放つておりました、どうか成仏が出来ます様に済度して頂きたいと云います、僧都はこの幽霊に種々説法されました処、有難とう御座います漸く苦輪をぬけ出ることが出来ました、今後共妾同様難産で苦しむ方をお救いし出産が楽に出来る様に致したいと思います、どうか地蔵菩薩像をおつくり願いここに安置して頂きたいと云い、そのまま姿はなくなりました、僧都はこの女が消えた塚に柏の大木がありましたのでこの木を切つて地蔵尊を造り、丹波へ行く老の坂の人通の多い処に地蔵堂を建立しここに安置しました、お詣りします産婦に松の木を削つて与え、陣痛の時産婦にこの松の片木を口に啣えさしますと安産をすると云

われ、僧都がこの堂を建てていられる時にお詣りした産婦に建築材料の残りの一片を与えましたら誠に楽々と安産をしましたのでその後も続けて与えているのだと云われます。近年はバスも定期で通います。大江山の鬼の首を埋めた首塚神社へも三丁程ですからお詣りになるとよいと思います。（山州名跡志巻之九より）

油かけ地蔵

伏見区下油掛町
西岸寺境内地蔵堂

摂津の国境に近い山崎は昔は油屋が沢山にあつて、有名な山崎宗鑑も油を売っていました。淀川を渡り伏見の町に得意をもち毎日行商する油屋がありました、今日はどうしたことか一向に売れません、日没も近く疲れた足をひきづり乍ら、「おやもうお地蔵さんの前やな」と思つていました時、何かにつまづいたはづみ、両掛の油荷を転がしてしまいました、しまつたと思つた時は大方油は流れてしまつていました、何と云う悪い日だつたのだろう、油はなくなつたが怪我をせんだけでもよかった、このお地蔵さんが守つてくれられたのかも知れん、お礼にこの残つた油を進んじようと、石地蔵さんの頭から壷の底に残つた油をかけて御礼を云つて、重い足を引づりながら戻りました、翌日元気を出して出かけました、処が売れますこと売れますこと殆ど売りつくし大変早くこの地蔵堂前へ参りました「今日はお蔭でよく売れまして、一寸しかありません」と頭からかけました、こうしたことが続きますと共に商売は繁昌して来ました、石地蔵さんは一日一日黒光りになります、油をかけない翌日は妙に売れません、このお地蔵さんは油がお好きなのに違いないと思い、それから毎日油をかけました、この話はあちこちに伝わりまして油をかけてお祈すると諸願成就間違いなしと大評判です、大商人になつた油屋は地蔵堂を建立しました。庫裡が出来、寺となり油掛山西岸寺と呼び、その町も油掛町と云う様になりました、以前は夜店が出て賑いましたが、近頃は淋しい様です、お堂の左手に芭蕉塚があり「我衣にふしみの桃もしづくせよ」と刻つてあります。

油をかけて祈念します油かけ地蔵尊は、右京区梅津中村町長福寺前、右京区嵯峨天竜寺油掛町の二股路にもありまして、油をかけて祈願するときいて頂けると云われております。

雨止・畔地蔵　めやみ(目疾)地蔵

東山区四条通大和大路東入
仲　源　寺　本　尊

鴨川は縄手通から、西は川原町をこして寺町辺迄、雨が降りますと洪水になりました、四条縄手西詰に地蔵堂がありまして仏師定朝作の丈六の大地蔵座像がまつられまして胎内には聖徳太子作の地蔵小像が納められていると云われていました、縄手（堤防）にありましたので畔の地蔵と云われていました四条磧は橋が洪水で流され川幅三丁位の時もありましたので俄雨には、この地蔵堂へ避難する人も多く多勢が助かりましたので雨止み地蔵とも云いました（今の鴨川の幅になりましたのは寛文十年頃です）八十六代後堀川天皇の安貞二年八月、又も鴨川が大洪水で溺死するもの多く、洛中泥土となりました、勅命で勢田正親町判官中原朝臣為兼が防鴨使となり川上から洪水の様子を見て歩きました、民家は流され、橋は一つも残つていません四条迄くると叢の中から人の声がします、馬を乗り入れて見ますと、地蔵堂があり、数名の人が地蔵さんにとりすがつて助かつています。突然一人の稚児が現われまして「水に勝つものは土である、土の神の地蔵菩薩を念じて困つている人々を救うがよい」と云いました、為兼は神のお告げであると思い、早速地蔵尊に祈念しますと水はドシドシ引いて平常の様になりました、それで天皇に申上げ一寺を建立し勅願寺として鴨磧の中洲にありましたので、それに人と水を添えて仲源寺と称することになりました七百余年前のことです。

その後、錦小路に宗内、妙昌と云う老夫婦がおりました、大変このお地蔵を信仰しておりました。宗内はフト眼を患い遂に見えなくなつてしまいました、妙昌はあんなに信心しているのにとぐちをこぼしました、その夜宗内がもとにこの地蔵尊が現われ、「汝は常に三宝に帰依しているが、宿業逃れ難く盲になつたが、特に秘法を授けてやろう、本尊の阿伽水を汲み、これに薬をつけて洗眼せよ」と教えられ妙昌は毎日この阿迦水を貰いに行き教えられた通にしますと、宗内の眼が一日一日快方に向い遂に元の様に癒つてしまいました、両名は悦んで御礼詣に参りますと、本尊の右の眼の玉が朱に染り涙が出ています、宗内の病目の身代になつて頂いたものと一

めやみのお地蔵さん

層信心する様になつたと云います、それから雨止のあの字がとれてめやみ(目疾)地蔵と呼び、今日ではこのめやみ地蔵で知られています、徳川中期には雲居寺の十一面観世音と二体陳んでいられましたが、今日では地蔵尊だけにして、観音の大きい像は西側の小堂に安置せられています、一に禹王との説がありますがソレは全く別の話で、この辺では一番古い史蹟でありましよう。(寺の縁起より)

引導地蔵

中京区木屋町通三条下ル
瑞泉寺本堂前地蔵堂

豊臣秀次は養父秀吉と確執を生じまして高野山で自刃を命じられ、その首級を文禄四年八月二日三条川原に竹矢来を作り、ここに置き妻妾子女三十四人、この処で全部を斬首しました、寺町大雲院開山貞安上人はこの気の毒なことをきき寺にありました定朝作と伝えます地蔵立像をここに運び、一人々々、最後のお詣りと後生を願い和尚に十念を授かってから銘々は死につかれました、誠に気の毒な人々でした、その後角倉了意、一寺を建立し瑞泉寺と云い、秀次始め四十九霊の墓が出来、この地蔵尊は地蔵堂に安置せられています。

梯子地蔵

右京区嵐山薬師下町
薬師堂境内地蔵堂

西山松尾神社の辺で 生れました少年が、 比叡山に登り仏弟子となり末には偉いお坊さんになりたいと思い僧坊に入つて勉強しました、処がこの小僧さんには悪い持病がありまして毎夜

寝小便をすのるです、本人も何とか治したいと、お灸をすえたり種々手をつくしましたがなおりません、兄弟子も何とか治してやりたいと小便垂には布団を背おわして塩を貰わすと治ると云う風習を思い出して、小僧に布団をおわせて門外へ放り出しました、小僧は門の外で永いこと泣いていましたが、いつの間には姿が見えなくなつてしまいました、僧坊の

人々は手別けして捜しましたが見付かりません、どこへいつたのかと思つていますと、兄弟子の夢枕に立つて「自分はこの病気で、どんなになやんだか知れません、皆にいやがられますし自分もつらかつたので、どうかして治したいと思いましたが、どうにも治りません、世の中には私と同じ様に困つている人もありましよう、私は死んでお地蔵さんに生れかわり生れ故郷へ姿を現わします、そうして将来同病で難渋する者を救うてやりましよう」と告げました、翌日西山松尾へ来てあちこち捜しますと、松尾社の北一丁、少し山手へ上りました薬師堂の横の岩の上に地蔵石像が現われました、大変驚きまして、村の人々と共に地蔵堂を建ててここへ安置しました。寝小便だけでなく、病気のためシモをとつて貰わねばならぬ病人達も祈禱をかけますと治して下さると云いまして沢山お詣りする人が出来て来ました、御礼にその人の年齢だけの階段をつけた一尺位の梯子を奉納しました。五才の子は五段、六十才の老人は六十段の一尺五寸位の梯子を作りまして納めました。十数年前はこの小さい梯子が堂の裏に沢山かけられていました、人呼んで梯地蔵と云いました、附近の農家がこの地蔵尊の御影を預つていまして希望者にわけていました、今もお詣の人を見受けるそうです。

安産・矢負・手引　極楽寺地蔵

下京区富小路五条下ル
極楽寺本堂内

洛陽四十六番の地蔵立像は本堂に安置され、一体の地蔵尊に三つの名がついています。安産地蔵、この地蔵尊は元摂津住吉の井鼻と云う処にいられまして、弘法大師直作と云います、源頼朝の室丹後局が懐妊中に臣猿渡某を供にして紀州へ行きます途、この住吉を通りましてこの地蔵尊を知り無事安産を祈りました、そして易々と生れましたのが後の島津三郎忠久だつたと云います、その後島津家から崇敬を受けました、そして安産地蔵と呼ばれる様になりました。

後円融院の永徳二年和田和泉守正武は敗戦の末山名陸奥守氏清に捕えられました。然し僅なスキに巧みに逃走しこの住吉へ来ました、島津薩摩守忠国がこの地蔵尊へお詣りに来ましたのを見違えまして、敵方山名勢だと思い、矢を七本放ちました、その矢は島津方に当らず全部地蔵尊の台座に立ち忠国は勿論無事でありました、これが矢負地蔵の名のおこり。この極楽寺第二世廓連社岌然上人は住吉の浄光寺におられましたが、迎えられて入洛することになりました、その時夢告がありまして井鼻の地蔵が都へ出て岌然上人を助けて何事も成就さそう、そして安産の咒を教えられ都へ行けと錫杖を枕辺に置かれました、夢が覚めて地蔵尊へ詣りますと錫杖を持つていられません、遂にこの極楽寺へお連れしましてここに安置されました。

天正十七年十月十日一人の子供が五条京極（五条寺町）で迷子になつてしまいました、その子の住所も書いてありませんのに一人の僧が一条烏丸の子供の家へ連れて行かれ両親に渡しました、どこのお坊さんかと尋ねますと極楽寺とのことでした、話をしている間に急に降雨はげしくなり傘と木履をかりて僧は帰りました、翌日両親は極楽寺へ御礼に来ますと寺の人々は知らないと云います。地蔵堂を見ますと昨日貸した傘と木履があり、昨日の僧はこの地蔵尊の手引されたことが知れ洛中の評判となり手引地蔵の名が呼ばれる様になりました。（極楽寺縁起より）

腹帯地蔵

伏見区醍醐南里町
善願寺本尊

醍醐三宝院の南四丁、大きいカヤの木の下に国宝丈六の腹帯地蔵を本尊とする善願寺があります。永らく真黒に塗られ黒大仏と呼ばれていましたが最近修理せられ元の型に直されました、腹部に帯をしめられていますのが岩田帯に似ていると云うので腹帯地蔵尊と云いますが祈願を

こめて安産したとか、お願いして懐妊した例が沢山にあります、このお地蔵さんはここから南日野萱尾神社の西にあり行基菩薩の自作と云われていました、このお地蔵さんに祈つて受胎し、安産しますと近くの法界寺の薬師如来に乳の出る様に祈願したと云います、天保年間、中興慈円は今の地の東に池を深く掘りこの池に大魚が育てば寺が隆盛になろうと祈願をしまして魚を放ちました、処が魚が育つて大きくなりました、この地に寺を建てて腹帯地蔵尊をここに移しました、慈円は人相を見ましたので急に信者が増加し

修理の出来た腹帯地蔵さん

て明治初年頃は大変繁昌しました。

醍醐の高田某夫婦の間に永く子宝に恵れませんでしたが是非一人子供を授けてほしいと夫婦で詣り住職に加持祈禱して貰い、口伝の秘法により十一月に受胎を伝えましたが果して同月受胎し後女子の安産があり夫婦で御礼詣りに来られたと云います、こうした実例は多々ありました、江州草津市大路井町、島川某再三難産にて苦み困惑しておりましたがこのお地蔵さんのことを聞いて安産をお祈りに参りそれから数度お詣をしていますうちに懐妊しましたのでお寺の腹帯を受け子供の智恵の御守を持ち帰り産気付きますと本尊前の燃え残りの蠟燭に火を点じ、御影をまつり家内一同でお祈をしていました処誠に軽く男児が生れました、初めての安産でしかも嬰児も元気よく、全くこのお地蔵さんのおかげだと電話でお寺へ安産を通知して参りました、こうした霊験は数限りなくありまして、自ら地蔵の申し子だと本尊に帰依せられる人もあります。（住職永田詔道氏談）

生身地蔵尊

中京区寺町通三条上ル
矢田寺本尊

京都が出来て間もない頃、大和国矢田寺に満慶上人と云う高徳がありました、その頃政府出仕に小野篁と云う学者がいました、この人は満慶上人を尊敬していました、篁は冥府にも仕えていました、或時閻魔王が篁に「前世の因縁で、この身に受ける禍が大変多い、この憂を取のける良い工夫はあるまいか」篁は「仏教の戒を受けたらよいでしよう」『よい師匠を迎えたい」この問答の末、篁は満慶上人を推薦し、矢田寺へ行き上人に冥府へ来てほしいと頼みました、上人は「篁さんは自由に往還せられるが、私はそう云うわけには行かない」「それは私の背で御案内しますから御心配はいりません」そこで寺のものに「七日の間不在にする戻れば合図をするから」と篁の背に負われ目をふさぐと間もなく、「よろしい」と云うので目をあくと冥府へ来ていました。閻魔王に会い仏の戒を説明しました、王は大変悦ばれ何か御礼がしたいと云うので地獄を見せてほしい、王自ら案内して八寒八熱の地獄を次から次え見せてくれました。経文の通り物凄い情況でしたその大小の地獄の中を一人の坊さんが袈裟をかけ、錫杖を持つたまま沢山な罪人と一緒に熱湯の中や、火の中に浮き沈み、或は劔の樹や刀の山にかけ登りしているのを見て、どうした坊さんかと尋ねますと、閻魔王は本人にジカに聞いて御覧とのことで、かの人に話しかけますと「私は地蔵菩薩である、釈迦の教に従い多くの人の苦しみに代り慈悲の心を以て救いつつあるのである、そなたが娑婆へ戻れば、私の姿を作れ、生きている人

矢田寺

達を済度してやろう」と云われ喜んでお礼を云つて別れました。閻魔王は一つの桝を渡し「これには上人の一食分の米が入つている、決して二杯をあけるではない、これを食事の都度用いれば一生困らない」と、上人は王の厚意を謝し再び篁の背に負われて上人の部屋に戻られました、貰つた桝からは米が続々と出ました、世人はこのことを知り上人の徳を讃え満米上人と呼ぶ様になりました。上人は仏師を招き自分が見て来た地蔵菩薩の姿を彫らし光背を火焰にしました、地蔵尊の光背としては珍らしいものです、この矢田寺は綾小路新町西入ル処にありまして大和の分寺でありました、天正にこの地へ移りました、この寺の縁起が大和の寺に残らずこの寺に残り今旧国宝になり「矢田寺縁起」は京都博物館に出品してあります、ここの本尊も本寺と同一のもので日本最初の地蔵尊とか生身の地蔵尊と云います、この寺の梵鐘を送り鐘と唱え、死者の出来た時や、お精霊が戻られる八月十六日には必ず撞きに行く風習がありましたが忘れら

れ、本堂の上に釣してあつた鐘は供出のまま、まだ出来ていません。(元享釈書より)

鍬形地蔵

北区一条通紙屋川西入
椿寺境内地蔵堂

北野の西、大将軍村一体が田畑であつた昔の話、納屋の庄兵衛と云う強慾な百姓がいました、或夏のこと大変な旱魃で附近の田には亀裂が出来て水騒動です、この辺も水が乏しく、紙屋川の水も僅かになつています。庄兵衛はその水を他の田へやらないで自分の田にばかり入れますので、近くの人は小言をいいますが乱暴者で、云うたからとて聞いてくれる様な男ではありません、それで皆泣ね入でした。この頃見なれない坊さんが田圃の間を見回つているのをよく見受けました、今日も早朝からこの坊さんが見廻つています、庄兵衛の近くへつかつかとやつて来まして「皆も水には困つているのであるからチト他の人の田にも水をあげてはどうかナ」と優しくいいました、庄兵衛は「ナニ」と顔色を変えて「お前は何だ、糞坊主ッ」と手にしていました泥だらけの鍬で、この坊さんの頬を殴りました、坊さんは頬に手をやりましたその下からタラタラと血が流れました、坊さんは一言も云わないでどこかに行きました、おかしな坊主だと庄兵衛がついて行きますと、近くの五色椿で有名な椿寺(地蔵院)に入つて行きます、この寺の坊さんなら知つているが、こんな坊さんは見たことがない和尚さんに聞きますと知らないと云います、地蔵堂の扉があいています、フト本尊の地蔵尊を見ますと左の頬から血が流れています、さすがの庄兵衛も思わずその前に座り込んでしまいました。そしてお地蔵様にお詫びを申し上げました、それから庄兵衛は全く心を入れかえ、村の人とも仲よくし、自分でこの地蔵尊のあらたかなことを云いふらし、お顔に傷がありますので鍬形地蔵尊と云い、寺も地蔵院と呼ぶことになりました。寺門の正面の地蔵堂がこの本尊で寺の本堂はその右手にあり五劫思惟の阿弥陀仏を安置し、立派な十一面観世音もあり、本堂裏には五色椿と云う花弁の散る椿がありまして今ではこの椿寺で知られております。(寺の縁起より)

世継地蔵

下京区富小路通五条下ル
浄徳寺境内地蔵堂

昔は男子が生れませんと家督が継ませんでした、どこの家庭でもこれは大きい問題であります、養子を迎えるより吾子に後をとらしたいのも人情でしよう、それで神仏に頼つて男子が生れます様日参をする人も多かつたそうです、下寺町の世継さんと云いますと世に知られた名地蔵で庫裡の西に北向に堂があり六尺大の石立像が安置され、浄徳寺では人が知らぬ位です、明治天皇御生誕の前、兄君が夭死され男子誕生をどんなに心配せられましたか、この地蔵尊にお願いしたら世継が得られると云うので女官が秘に参詣をつづけ明治天皇の御安産となつたのだと云われます、今日は子なき人の切な祈願、子授け祈願が多くなつて来ました「一生のお願申します、男の子か女の子でもどちらでも結構で御座いますから元気な子を一人お授け下さい御願い申します、男卅七才、女卅五才」外沢山祈願文が張つてあり、中絵馬が沢山奉納してあります、堂の裏に又地蔵尊の小堂が三四あり、参詣の人はこれ等にも線香を上げて祈願されています、古くは墓地にあつた地蔵尊でしたが世継の子を授けられた話が続々出まして、有志により地蔵堂が建立せられたのだと云われています。墓地に冠句の祖雲鼓の墓があります。

世継地蔵尊

鯉地蔵

中京区新京極蛸薬師
蛸薬師堂前小地蔵堂

「気の毒やけんど、この手紙を川東の叔父さんとこへ持って行ってほしいのや、この文箱の中には今日中にお渡せんと命にかかわる大事なことが書いてあるのや、私が持って行きたいのやが知っての通り足が悪うて歩けへんのや、気ばかりあせっているのやが、どうしてもあんたに行ってもらわんと行って貰う人がないのや、すまんけんど大切に届けて貰われやへんやろうか、雨が上ってからと思うたが、止みそうにもない、鴨川も増水しているやろうが、頼むから行ってほしいのや、呉々も云うておくが、これが先方へ届かないとエライことになるから気をつけて行ってや」店の若い者に、病床の主人は懇々と頼んでいました、心がけのよい若い者は早くこの文箱を大事に持って雨傘さして必ずお届けしますと出かけました。

いつもお詣りしています、寺町蛸薬師堂の北向地蔵尊に詣り無事に届けられます様にお願いしまして鴨川へ来ますと大分に水が増しています、この頃は鴨川には五条橋が只一つ架っているだけで、あとは徒歩で渡ったものでした、それに鴨川は急流です、これは危ぶないと思いましたが渡らないわけには行かず、思い切って流れへ入りますとスルリと転んで、文箱を流してしまい、青うなつて茫然と見ていますと、大変大きい鯉が、この文箱をくわえて現われ、若者のいる処へ泳いで来ました、文箱をとると鯉は見えなくなり、この度は注意をして無事に川を渡り濡れ鼠のまま叔父御の方へ届け責任を果すことが出来ました、日頃心がけのよいこの若者をこのお地蔵さんがお助け下さつたのでありました、それから鯉地蔵と呼ばれたと云いますが、これは先年歿した住職から私が聞いた話で、文献は一度も見ておりません、それに鯉地蔵と云わないで北向地蔵の提灯があがつています、北向の神仏はよく願事をかなえて頂くと云うのでこの名を呼んでいるのかと思います。

表紙写真
五条坂
南無地蔵堂

昭和三十三年八月一日　発行

〔価　三百円〕

著者　田中緑紅
京都市堺町通三条下ル

代表者　鳥居郊善

印刷所　協和印刷株式会社
電⑥三九四四・六七六八
京都市東山区東大路松原上ル
安井金比羅宮内

発行所　京を語る会
電話⑥五一一二七番
振替大阪三七三五五番
京都市上京区智恵光院通五辻上ル
本隆寺内
京を語る会西陣支部
電話㊹五七六二番

緑紅叢書

第一輯	町町の伝説　その一	百三十円
第二輯	京社寺俗称	百五十円
第三輯	祇園会余聞	百五十円
第四輯	京の送火　大文字	百二十円
第五輯	京の怪談	百三十円
第六輯	京の町名のいわれ	百三十円
第七輯	京の京の大仏っぁん	百三十円
第八輯	師走の京都	百五十円
第九輯	京のお宮めぐり	百三十円
第十輯	京の話あれこれ　その一	百三十円
第十一輯	知恩院物語　上	百三十円
第十二輯	知恩院物語　下	百三十円
第十三輯	若葉の京都	百五十円
第十四輯	亡くなつた京の廓　上	百三十円
第十五輯	京祇園会の話	百五十円
第十六輯	京のお地蔵さん　上	百三十円
写真集	なつかしい京都	八百円

《復刻にあたって》

一、本復刻版は、田中喜代様所蔵の原本を使用しました。記して感謝申し上げます。

一、復刻版には、借用した原本の都合で初版と再版が混在しています。また、原本奥付に紙を貼付して新価格を表示している場合もそのまま復刻しました。

一、文中に、人権の見地から不適切な語句・表現・論、また明らかな学問上の誤りがある場合も、歴史的資料の復刻という性質上、そのまま収録しました。

一、表紙の背文字は、原本の表示に基づいて新たに組んだものですが、一部訂正や省略をしました。

緑紅叢書　復刻版

第1回配本（全26冊）

京のお地蔵さん 上〔緑紅叢書2の4（16）〕

２０１８年10月31日　発行

揃定価　３９、０００円＋税

発行者　越水 治

発行所　株式会社 三人社

京都市左京区吉田二本松町４　白亜荘

電話０７５（７６２）０３６８

乱丁・落丁はお取替えいたします。

コード　ISBN978-4-908976-88-9

セットコード　ISBN978-4-908976-72-8

緑紅叢書 第二年第五輯 第十七輯

亡くなつた京の廓　下

田中緑紅

はじめに

古い歴史を持つ撞木町ですが大石良雄が遊びに行かなければ何一つ話題のない廓でした。七条新地と五条橋下とはよく一つと見なされていました。赤線の女が廃止されましたが、新研芸者(雇仲居)として組合が出来「五条歓楽街」と称してやる様です。祇園乙部は再び改称し「祇園お茶屋組合」と名をかえました。

宮川町が蔭間で有名な土地であり乍ら、何も記録が見付かりません。中書島も芸妓だけでは経営が大変だろうと思います。島原も芸妓だけで二十数名、「島原地域歓楽街組合」として、別にアルバイト太夫はショーとして何処えでも出張し道中、かしを見せる会社が出来たそうです。遊女は無くなつてもいつか又戻るものと旧業者は見切がついていませんし、どう云う様に変化して参りますか、ここ数年花街の様子を見守つていようと思います。

変化のない祇園甲部、上七軒、先斗町の三花街は一ヶ所宛別に記録をつくるつもりで資料を集めております。京都花街史は島原と共に六部になるつもりでおります。

昭和三十三年八月二十日

目次

昭和三十三年三月廃止した廓

撞木町（恵美酒町）—伏見区—

柳町の廓が我国最初であれば、それより七年目の慶長元年林又一郎（柳町創立者の一人）、伏見田町に遊女町開設の許を得ましたこの廓は第二番目のものとなりますが、間もなく衰滅しました。渡辺掃部、前原八右衛門が時の伏見奉行長田喜兵衛と柴山小兵衛両人に願出で田町より東、富田信濃守邸宅旧地に慶長九年十二月二日に再興しました。夷町と云いましたが町の形がT字型でしたので、撞木町と俗称する様になりました。今恵美酒町の文字を用いています。この頃は京の六条の廓は盛大でありました。その頃京の公家衆は親王等も六条廓へ通い華頂門跡良純法親王が八千代に熱くなつた等の話が残つていますが、ここだけで満足出来なかつたのでしようか、遙か離れたこの撞木町へ数多遊びに参りまして「睡余寄観」に「伏見の色さとへ公家衆数多来られしゆへ、京都の町奉行、度々公家方へ意見せられしかど不聞入、年月重るに従ひて、公家衆弥増に通れしゆへ、京都町奉行より所司代松平紀伊守へ達しければ、所司代聞取られ、即時に紀伊守殿の利の字の紋を付し灯燈を遣はして、是を毎夜町の口々、遊所町の家々にともすべしと被命しに、公家衆例のごとく色町に来りて、この灯燈を見て大に驚き帰りぬ。その後は一向来り給はずとかや、是は紀伊守殿の謀也」とあります。

その後元和六年江戸葭原に遊廓が出来ますので島原や撞木町の娼家が移転しまして京町を作りました。その後共に各地に廓が出来ますと語り合い移転して京町を作っております。『箕山大鑑』に当処の傾城、先年半夜女ばかりにて、いたく凡卑なりし、万治三年初音、小左衛門という二人の囲女(かこい)(遊女の位で太夫、天神、かこい、半夜の種類があり、この廓には太夫はいませんでした)が出来、また寛文三年淡路、小藤とて天神も出来たりしが、同五年の頃なくなりて天神中絶しぬ、とあります。

遊料は天神二十八匁、囲十六匁、半夜八匁なりしかど、挙屋困窮によりて、延宝四年より囲十八匁、半夜九匁宛とあります。赤穂家老大石良雄が山科西野山に住み、遊所として、ここが一番近く、そんなに金を浪費する程のお大尽でなく、ここの囲い浮橋を対手にして笹屋清右衛門で遊興し、仲間の人々と遊んだのであろうと思います。この廓の入口に万亭と云う編笠茶屋があり、そこの離れ座敷で密談をしたと云われます。祇園で遊興した事はわかっていません。文政八年(一八二五)の秋に橘春暉の撰述しました『北窓瑣談』に「伏見撞木町の青楼は大石内蔵介山科に在りし頃、折々行通いし所なり、安永(一七七二)の末つ頃まではいまだ数家残り居て、賤しけれども妓女も数十人有り、余が初めて伏見に来り住し頃は、大石の行通し笹屋清右衛門といへる青楼、撞木町第一の大家にて大石の時のままにて家居広く、昔のありさま思い出されたり、亭主の清右衛門も七十余の老人なりしが(代々この楼の主人を清右衛門と云いました)、この清右衛門、母も若かりし時の事にて大石もよく見覚えて、文なども多くこの家に所持せり、大石、俳名をうきといいしとて文に見えるは皆うきとしるせり。その他の武士も大石とともに来り遊びし人々の文とも多く残れり、母の物語なりとて、清右衛門余に毎度いろいろの珍敷事共物語せり。二階座敷の鴨居のらんまに、山科より伏見迄の山の姿を写して彫て付けたるも有、又大石既に江戸へ下らんとせし前にこの楼上にて酩酊の上、天井の板に感慨の辞を書付しも、墨迹淋漓としてその天井そのままに残れり、天明の頃にいたり、この天井は取放し屛風の如く造成して諸国の見せものに出せし、その後撞木町も年々おとろえ、町は草原となれり云々。この大石落書の板は大阪の筧氏の手に入つていると云われ、「今日亦逢遊君、空過光陰、明日如何、可憐、恐君急払袖、帰後世人久不許、逗留不過二夜者也」の三十六文字だと云われます。文政頃草原となつたのでしようか、天保十三年の諸国遊所定場所の外全部差とめになりましたが、この伏水の中書島や、この恵美酒町は由緒があるからとそのままとし、翌十四年五月この両廓共相続を認められていますから小さい廓で残つていたと見るべきでしよう。明治三年十月京都の廓に準じて遊女商社取結ぶ様命じられました。明治五年の現状は東西南と三方に入口があり計十七軒営業していました。笹

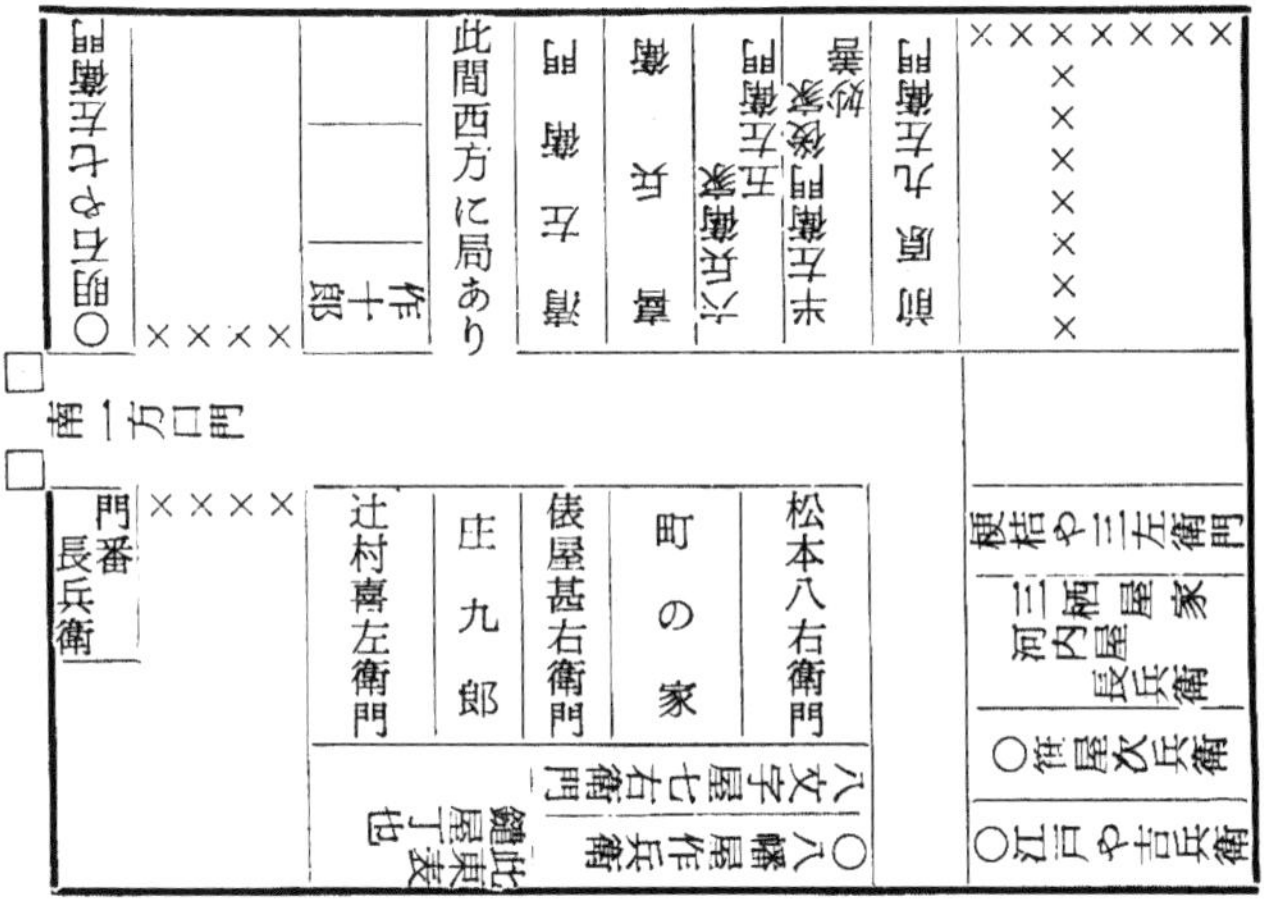

前原九左衛門
末左衛門後家妙寿
次兵衛五左衛門後家
喜兵衛
清左衛門
此間西方に局あり
作十郎
○明石や七左衛門
南ノ方口門
門番長兵衛
辻村喜左衛門
庄九郎
俵屋甚右衛門
町の家
松本八右衛門
八文字屋七右衛門
○八幡屋作兵衛
此東屋丁也
桔梗や三左衛門
三嶋屋家
河内屋長兵衛
○笹屋次兵衛
○江戸や三右衛門

○印之分五軒揚屋なり　色道大鑑所載（延宝六年刊）

撞　木　町　　昭和32.2.26日

屋も早く転じその址に碑が建つています。東入口から入つたスグ南側に万亭一力と云う茶屋がありますが、大石の遊んだ記念に大正初年に建てて、この家号を作つたと云われます。現在で一番大きい茶屋でしよう。昭和二十年頃迄は三十軒程も茶屋があつたそうですが、三十二年には九軒となり接客婦は四十名で、京の廓としては一番小さい遊所になつてしまいました。

元禄時代は中書島廓が出来、二三町しか離れていない墨染にお茶屋が許されました。然しここは急速に発展せなかつたせいでしようか、これと云つたお茶屋がなかつたのでしようか山科の大石良雄はこの墨染廓を通行して撞木町へ通うております。撞木町には古来有名な遊女はいなかつたものと見てよいのではないでしようか。後世客も旦那衆は行かず、身分の低い人々を客としていた様です。遊女達も手強い妓が多く、伏見の町の人々も撞木町は行つた事はないと云つていました。古くからそうした遊所であつたと見てよいらしいです。大石良雄によつて世人に知られていただけで、それだからその大石の何か遺跡でもあるとよいのですがそれもありません。

七条新地

東は鴨川、西は河原町、北は五条下つた処、南は正面までの大きい一劃で中央を高瀬川が流れています。以前は少数の芸妓もいましたが、全部娼妓の廓でした。

七条新地と云うてしまいますが、明治初年までは五条橋下と七条新地と二ケ所でありましたこの地は元荒蕪地でありまして、古い地図には非人小屋や藪があつたとかかれています。妙法院宮の所領地でありました。これを開いて町家にしたいと届出まして宝永三丙戌十一月、北は大仏正面通南側より、南は七条下ル所迄と場所をきめましたが正徳二壬辰三月、南は正面通北側より、北は五条橋南迄に場所を変更しました。その後五年享保二丁酉年妙法院宮へ御願の上、煮売屋として営業を許され、一軒に酌人二名、見習女を置いてもよい事になり、南は上二之宮町、下二之宮町、上三之宮町、下三之宮町、十禅師町の五ケ町で商売を始めました。追々発展して北七条五町へと拡がつた様です。この辺は妙法院所領地でしたので、その地主神としてい

七条新地婦女職業引立会社　　明治六年

ました新日吉神社の氏子とし、畑地が町屋となりましたので、近江阪本の日吉神社にゆかりのある町名（緑紅双書第六輯京の町名のいわれ参照）をつけ、今も新日吉祭の行列は此等の町々を渡御せられます。

その後宝暦十一辛巳年十一月前に許されました煮売株六十軒に増加され、他の廓同様傾城町（島原）の支配を受ける様になつた様です。他の本にこの年十二月北野上七軒真盛町より茶屋株渡世を都市町に分ち六条新地と称したのが所司代阿部正右の認許を得たのが七条新地の起源の様に記されていますは、それは五条橋下廓の方で、前記の通りこの両廓を一つのものと信じられていましたので話が混交しますが別に考えてほしいです。天明八年正月の大火で悉く類焼しましたが、復旧と同時に高瀬川の両岸に娼家が並ぶ様になりこの頃は五条橋下と七条新地と別々に呼んでいました。

寛政二庚戌六月京都全廓及び各所の隠売女を傾城町に送り下婢とし、茶屋株を一時差止められ七条新地も同様な目に会いました。この当時は祇園町、二条新地、七条新地、北野上七軒の四ケ所が代表的な廓でありました。この四ケ所より再許可を願出で、僅か五ケ月目に引上げられた売女を各廓へ引取らせ傾城町へ口銭を差出す事で五ケ年を限り許可せられました。

文化年中には各廓共に芸妓が遊女同様に許可せられ傾城町に口銭を納める様になりました。その後宮川筋、五条橋下、西石垣、斉藤町（この二ケ町は先斗町に属します）へ追々遊女が出稼の名儀で転籍しています。

天保十三壬寅八月は幕府の改革で全国的に遊女屋、茶屋は商売替を命じられ遊女は傾城町に奉公住替を命じられました。この度は寛政二年の時とは違い八年もこのまま続き、嘉永四辛亥十二月、所司代脇阪淡路守は寛政二年再度許可せられた時の通りに再び許される事になり前記四大花街に遊女商売各二十軒宛を十ケ年を限つて、芸者取扱も共に許し傾城町の差配を受け口銭を差出し渡世をしております。この頃南北十町に拡げた様です。

安政六己未六月、この七条新地より遊女屋、茶屋をやつていたものは宮川筋二町目より七町目迄、新宮川町、五条橋下の都市町、南京極町へ年限あるかぎり移つて営業を許されました。元治元年七月の京都の大火に、この廓も全焼してしまいましたので、祇園新地内林下町、橋本町へ移転したものも出来ております。その翌年、慶応三丁卯十月、京都中の各廓共に年々冥加金を上納しますから年限をきらずに営業を許して頂きたい、それは四大花街だけでなく今迄出店などの名目で許されていました所も全部無期限に遊女屋渡世を許される様になりました。

明治五年人身売買令禁止の後、(上巻十五頁参照)許されて女紅場を作りました。その翌六年この廓の地図を見ますと上下二宮町、上下三宮町、十禅師町、岩滝町、早尾町、波止土濃町、八ツ柳町、聖真子町の高瀬川西東十ケ町となつています。橋下廓とはこの高瀬川を隔てていますだけですがいつ頃合併したのか判然しておりません。橋下廓は上巻に記しましたが、大

七条新地　33.1.9日撮

正時代に入りますと、七条新地に併合し、大正元年八月二十三日の区域は平居町（新寺町に沿いたる表側及同通以西を除きます）、南京極町、聖真子町、八ツ柳町、岩滝町、早尾町、波止土濃町、菊屋町、高宮町、富松町（高宮町に面した表側）、平岡町（高宮町に面せる表側及菊屋町につづきます部分と、その部分に面した表側）の十一ケ町でありました。大正二年末の調査では貸座敷二百五十六戸、芸妓二十四人、娼妓九百四十五人、同年中の遊客数十二万四千九百六十人、それが近年になると貸席を営む業者百七十一人、ここに寄宿して働く女中（娼妓）は五百五十人。昭和の初め頃は芸者も二十余人いましたが、全部居なくなりました。

この姐さん達全員を会員とした七条新地巽会を昭和二十二年一月に結成され、会員の自治経済、衛生、教養、互助親睦を目的とし、この人達から役員をきめ初代会長浜田弥佐子、二代松本二美子、三代に再び浜田弥佐子、四代国見菊代とつづき、この人達によつて「都の華」なる月刊新聞を発刊し、編輯を森美義に依頼して数回出しましたが二年間程で中止しました。この会は京都府下三千近い会員が出来（会員娼妓達のみ）「言葉を慎み、礼儀作法を守ること」「室の飾りつけ、持物に趣味をあらわすこと」と花街婦人の心構を申し合したり、文学欄を設けて和歌や俳句を発表しました。

わが一生いかにか過さむおりふしに、おもくばあわれ心ゆらぎて　七条新地　真　弓

府警本部保安課調べの三十二年十二月三十一日現在業者は百七十九軒、接客婦六百九十三人で、京都では一番大きい廓であり、平居町には三層楼の大きい店がならんでいました。京都駅からも一番近く、賑つていました。

北新地（五番町）

京の西北の花街として北野上七軒は西陣の旦那衆の行くところ、職人衆は内野四番町五番町へ出かけました。

内野は平安京の大内裡が二百余年後火災や種々の原因で今の御所へ移りましてから、東西八町、南北十町の広い土地が田圃となり、蕪の名産地と変りました。ここを内野と呼びこれより北に北野、平野、柏野、紫野とつづきます。秀吉がこの内野の東北隅に聚楽邸を造りましてその周囲に諸大名の邸宅が並びましたが、大名でない武士達の住居が聚楽邸の西南に七ケ町にわたり組屋敷が置かれまして一番町から七番町迄出来ました。豊臣の没落後、この町は田畑となつてしまいました。

宝永五年三月八日の京都の大火で烏丸辺も類焼しました。今の御所の西側烏丸下立売下ル辺に住んでいた人達、この機会に御所御苑内を拡げる事になり、一番町に替地をもらつて移り、七番町迄民家が立並ぶ様になりました。この四番町に藪之図子（三ッ石町）、西蓮寺南町、相生町の四ケ町を合併して一町になり、花街になりましたのは三ッ石町と西蓮寺南町であります。五番町は小さな町でありました。享保の末年には茶屋株を許され営業を始めた様です。同時代に祇園町内六町や二条新地も許可になつています。この頃は何年限りと許可されたのですから一寸不都合があると禁止せられ、歎願されると又許可となつた様です。明和元年何戸と制限して茶屋渡世を許されています。天明元年区域を広め大変賑つた様です。この四番町と五番町は同じ処にあり乍ら、別々に許可をとつた事もあるらしく四番町は安永四乙未三月官庁へ出しました請書写に享保年間三番町、四番町、七番町の者に煮売屋株を免許せられ茶立女を置かれ、寛政以前に三ッ石町、利生町に茶屋株や旅籠株が茶立女共に認められています。寛政二年十一月には四番町、五番町共北野神社や愛宕山への参詣筋だとて煮売茶屋として茶立女共許されました。その後も又停止、遊女渡世不許可となりましたが、安政六己未六月北野上七軒より五番町へ遊女屋茶屋を出店として許され、慶応三年冥加金上納の為め無期限に営業が出来る様になり、総合して五番町として独立遊廓地になりました。

明治七年各廓同様、女紅場をこしらえ芸娼妓に女としての教育をし、風儀向上を計りましたが、ここはその後立消えになりました。十九年七月府は五業取締規則を作りましたので、組合を作り事務所を設けました。三十年に貸座敷取締規則を出され、営業区域を四番町、五番町の二ケ町だけとせられていましたが、大正元年八月区域を改められました。

五番町地域　上京区一番町（四番町に面せる表側）、四番町（中立売通に沿いたる表側を除く）五番町、三軒町（中立売通七本松に沿いたる表側並に中立売以北七本松以西を除く）、白竹町、利生町。

この廓は明治末年頃東西二組合に分れ東部は芸妓部、西部は娼妓部とわけ、昭和四年東部組合芸妓始業式の記録を見ると里見取締、西村副取締役員に辻金時、田中なみ、関谷つう、水野ひさがおり、一月二十四日の始業式には浄瑠璃、寿豆撒＝和田芳の広吉、哥沢初音＝玉三桝の政弥、舞勅題＝三福、雛鶴、久松、その他、長唄松の緑＝立方玉子、金なべ蔦家、蔦勇他、常磐津乗合船恵方万歳＝三福三栄、田中春子他、清元喜撰＝辻小金他。

この頃この廓で重きをなしていたのは、辻鶴の女将で芸妓だつた辻金時でありました。昭和六年四月六日、四十六才の時芸妓生活二十九年で引退しましたが、この頃は相当盛んにやっていた様です、何分ここから五、六町北西には古い伝統をもつ上七軒がありますので、芸妓街でやつて行く事は骨が折れた事でしよう。そのためか、遂に芸妓組合は解消して元の娼妓だけになつてしまいました。五番町の名称は下級花街と思われていますので北新地と改めましたが、市民には中々この名を云つてくれないで五番町と呼びました。昭和十二年十二月娼妓の食事等でとかくの問題があるので共同炊事場を作り廓内生活改善、栄養食による体位向上を計り貸座敷営業者百二十戸、家族、娼妓、引手等計一千名を一日一名分二十五銭で日に三度各戸毎に配給する事にしました。敗戦後西陣新地と改めましたが、この名も慣れない先きに赤線業者廃止となりました。この四番町の北端に浄土宗の報土寺があります。ここにこの廓で病死した女で身寄りのない気の毒な人の共同墓がありまして、廓から年々回向されたと云います。娼妓は年期間勤をして年期が終ると三ケ月とか半年とかお礼奉公と云い無料で働きそこで始めて主人（抱主）に御恩報じをして一人前になつたと云い年期中に死んだ者は報恩せないから畜生と呼んだと云います。そうした者を葬り弔うてやる事は美しい話であります。

遊女を止めて芸妓街に変つた花街

島　原

柳の廓が天正十七年に公許開始し、慶長七年六条三筋町へ移されて相当に繁昌した様です。ここにおつた頃から今島原揚屋町で特建になつています角屋が新町六条坊門(今の五条通)下つた西側(今は五条通の道筋になつてしまいました)にありました。この六条三筋町へ知恩院宮の第一世後陽成天皇の第八皇子良純法親王が茂々通われ、八千代太夫を寵愛せられ、廓の女達は八さん八さんと親しく呼んだと云います。親王の放蕩はそれが幕府に対する鬱憤らしいので板倉所司代は困りました。それで板倉はこの八千代太夫を落籍し良純法親王は甲斐国に流されました。八千代も同行し十六年間親王に附添いかいがいしくお世話し、ようやく許されて帰京され還俗せられて寛文九年薨去されました。八千代は後尼になつて親王の冥福を祈つたと云います。

灰屋紹益と二代目吉野太夫の話は芝居にもなり、吉野はかしこい立派な女とされていますのもこの六条三筋町時代の事の様です。この頃は知名な人も出かけたらしく、公卿さんも続々馴染を重ねています。その頃貴族の奥方は金蒔絵の立派な駕に乗つていられた様です。太夫の内に公卿の麿さんにねだつてこの女乗物に乗せてほしいとねだり、屋敷から取寄せられました。太夫は喜んでこれに乗つて奥方気どりに歩きましたところへ板倉所司代が町を馬上から見廻つていました。この女乗物で外出の時は所司代へ届け出る事になつていました。板倉は女乗物が廓近くを通るので怪訝に思いましたが下馬してこの駕をやりすごし、役所へ戻つて調べましたが、廓近くを通られた届が出ていません。早速取調べました処、太夫が乗つていた事が判明しまして板倉重宗は大変怒り、町に廓を置くからこの様な不都合をしでかす。それに近年廓が発展して来て風紀を乱すとか町方の苦情もあつたので、「即刻朱雀野へ移転せよ、今夜から明けろ」と厳命、これには大勢の廓の住人は大変驚き、戸板を運んで野原に仮寝の床を作るやらテンヤワンヤの大騒動、それが寛永十七年七月十二日、そして田圃の一廓に堤を作り小溝をつけ文字通の廓とし、東北に出入口に大門を作り内部は六ケ丁、中央東西通を胴筋と云い、一筋目南北の通を北を中之町、南を上之町、二筋目の北を中堂寺町、南を太夫町、三筋目の北を下之町、南を揚屋町といいました。西新屋敷と云いましたが、二年前肥前島原の乱が起つた時の

島原大門　　都名所図会

様な大騒ぎが似ているからとも、あの地の島原が三方山に囲われ海の方だけが出入口であつたのも同じ様なので、人呼んでここを「島原」と呼んだのだと云います。

この地は平安京の始め、朝鮮人等外国人を泊めた東鴻臚館の址で、その後観喜寿院があつたとの説がありますが判然としません。昔、松屋町を南下し大門通へ出ました今の花屋町です。大宮通より四丁西、入口の大門には大きい柳があり、柳の周囲の竹垣をサラバ垣と云い、その門から少し東の板橋を衣紋橋、尚東の壬生川に架る橋を思案橋と云いまして、遊客がここ迄来て思い切つて廓へ行こうか、止めて家へ戻ろうかと思案した処だと云われ、やつぱり行こうとこの橋を渡ると、こんどは女に逢うので衣紋をつくろうて行つたと云うのです。今日この二つの橋はなくなりました。そして今日迄島原は我国最初の廓として三百十八年変動なしに続いて来ました。この永い間には位置は変りませいでも種々な変遷はあります。この廓のどこにもないのは遊女を太夫、天神、かこいと云つた階級があつた事です。太夫は一時江戸大阪にもありましたが、皆なくなりただ京都の島原だけに残つていたのでした。

　太夫と云いますのは遊女の最上級の呼び名で、もとこの遊女達はこの人等だけで一座を組んで遊女歌舞伎をしました。その上手な者を太夫と呼びました。それが後にその名だけが残り、遊女の上のものを太夫と呼ぶ様になりました。それで島原では楼主もこの太夫をたてまして、女将（ここでは花車と云います）も此方（こち）の太夫さんと親しんで呼ぶのを「コツタイ」と云います。近頃太夫に「コツタイ」とふりかなつけるのは間違いで、太夫さんがコツタイなのであります。昔の太夫には学問もあり遊芸にも達し、貴賓の相手として恥しからぬものもおりましたが、そうした人で今に名を残す人はそんなに沢山はありません。今の人は太夫を花魁とかき、

「オイラン」と呼びますが、古来京阪間の太夫は「タユー」であつて「オイラン」と呼んだ例がありません。オイランは関東のお職女郎を云い、後吉原の遊女達をオイランと呼びました。京阪は太夫でないと間違いであります。

この島原は京都の遊廓の総取締役となりまして、遊女廃止の時も古い歴史があるからとここだけは除外され、各廓の女や私娼狩をやつて皆この所へ収容しています。次には冥加金をここへ納めて営業を許される様になり、どこも頭が上りません。さりとて三百年来隆盛を極め続けたと云うのでもありません。盛大だつたのは元禄十五年頃で、揚屋二十四軒、茶屋二十軒、太夫十三人、天神五十七人、鹿恋五十四人、端女郎百八十四人と云いました。天明八年（一七八八）の大火には島原は被害を受けませんでしたが、それから十四年後の享和二年「島原の廓は今大いにおとろえて曲輪の土塀も壊れたまま揚屋町の外は廓内穢い」と記され、天保元年の大地震には大きい楼はこわれ東山辺へ仮宅して出稼したと云います。

天保十三年（一八四二）八月、京の廓は全部禁止となりここだけになりましたので大繁昌をしましたが、八年後嘉永七年八月二十二日出火、八分通り焼失し、各所へ仮店出張をしました

太 夫 道 中　(昭和9年4月21日)

安政六年頃大方昔の姿に戻りましたが幕末志士という人々で一時賑いまして明治になりました。明治十一年七月刊「都の花くらべ」に、薄雲、雛窓、色雲、松扇、初扇、東雲、末広、隆窓、光人、若鶴、若紫、若緑、立花、初紫、松人、光扇、花紫、総角、若君、大橋、小、桜木の二十二人の太夫がおり、松人の十五才が若く、隆窓二十九才が年長で記載されています。十七八年頃は太夫四人、天神以下十二名、芸者五人と云うさびしさです。大正になりますと一時大変隆盛になり、大正十五年にはお茶屋百十二戸、置屋十二戸、太夫二十八人、白人六十六人、娼妓二百四十三人、芸妓六十名おりました。昭和になつて太夫は減じましたが、昭和七年十一月太夫十四人、白人三十二人、女郎五百二十五人、芸妓六十人、茶屋百四十軒、二十一年道中も再興されましたが、太夫は六人、翌二十二年は島原文化研究会の指導で島原がここへ来て以来三百年の太夫の風俗道中を行い、当廓の芸妓連に扮装をさして現代太夫十人が後に続きました。こうした道中が数回催されましたが、三十一年度限りでこれもやれなくなりました。卅二年十二月末日六十六軒、接客婦百九十一名となつています。

島原名物は古く種々催されていましたが、七月の燈籠は大変盛んで趣向をこらしたものを各戸で作り、番附も発行しています。それに太夫の道中ですが、昔は毎月廿一日新規に出た太夫の挨拶顔見世に廓内を歩きましたが、後四月廿一日だけにし、代表的の太夫十五人程がねり歩きました。それを見に行く人は午前中に大門を閉める盛況もありました。年々番附も出されて太夫の競演で他地方に見られぬものでした。

島原と云えば六条三筋町以来の揚屋、角屋（すみや）を思い浮べます。一般に角屋には遊女太夫がおり所謂女郎屋と思つている人が多いのですが、角屋は昔から客を遊ばす楼で、太夫とか遊女は抱えておらず、これ等の人等はここへ通うて来るのです。それで古い家ですが太夫のもの等は残つていません。十三代の現当主が自分の趣味で花街関係の文献や裲襠等も蒐集されています。角屋は三十数畳敷の大台所、それに、網代（あじろ）の間、松の間、翠簾の間、扇の間、草花の間、馬の間、孔雀の間、八景の間、梅の間、囲いの間、青貝の間、檜垣の間、緞子（どんす）の間等あります、障子のさんだけ見ても珍らしいものがあり、襖絵は天明頃の石田幽汀、円山応挙、岸駒、与謝野蕪村、山田峨山、江村春甫等の画人が描いています。廓建築で旧国宝はここ一軒であります。ここの年中行事の内十二月廿五日の餅搗は廓らしい賑はしい催で、「師走の京都」を見て頂きま

太夫のお手前（角屋一青貝の間）

しよう。

この家の古い各室には電燈がつけてありません。蠟燭の光に螺鈿のはめ込んだ青貝の間で見る太夫の「かし」は、幽艶そのものであります。大勢で見るものでなく、蠟燭のあかりで見てほしいものです。太夫と云う遊女は数年前なくなり、芸妓が太夫の扮装していました。今日は太夫の姿を見せるだけの女がショーとして道中や、かしを見せています。

宮川町

南座の西通鴨川に接した通筋を四条から五条迄を宮川町一丁目から七丁目と呼びます。祇園祭最中鴨川に架る四条大橋の上で七月十日夜八坂神社の神輿に、この日未明鴨川の四条下つた辺の清い水を手桶にとり、この水を榊の枝で神輿にふりかけて神輿洗の式を行いますので鴨川の四条五条間を特に宮川と呼びます。

鴨川は四条辺から西南に曲りますので四条辺で縄手通（大和大路）の間は半町程ですが、松原では二丁、五条では四丁の開きがあります。四条から一丁余、団栗通迄を宮川町一丁目、団栗通より南、二丁目から七丁目迄と新宮川筋西御門町を宮川町遊廓区域とせられています。この地は古く鴨川の磧でありましたが、追々耕地となりました。近くの四条磧では寛永の末から芝居小屋や禽鳥類の見世物が出て中々賑いましたので自然この辺迄も茶店が出来、茶汲女等の遊女まがいの女もおつた事でしよう。女歌舞伎が舞台以外に遊女的な事があり、六条三筋町の太夫も芝居しています。それにかわつて若衆歌舞伎が出来ました。美少年を主演とした歌舞伎でしたが、これが又衆道（男色）に陥り、かつて鎌倉時代に僧侶や武士の間にのみ行われました衆道風俗が庶民に拡がる様になり、舞台の上でも演技よりも顔見世的に遊女歌舞伎の様になつて来ましたが承応元年（一六五二）に禁止され、それから前髪を剃つて野郎歌舞伎と云はれる様になり、これから女形が生れる様になりました。名前は変りましても衆道は益々盛んになり、宮川町はこれ等の役者を抱え、軒並みに屋号の入つた軒行燈をかかげ、そうしたお茶屋を子供茶屋、若衆茶屋、蔭間茶屋と呼び、総体的に子供衆を色子と云いましたが、京都では若衆とか子供と云いました。江戸は一番盛んで芳町、湯島外八ケ所、大阪は道頓堀、京都は宮川町、江戸には三百人おり宮川町には八十人もおつたそうです。この色子は七、八才から抱えまして芸事を教え、十四、五才で芸が出来る様になりますと舞台に出しました。普段から振袖に巾広の帯をしめ、髪の櫛も遊女と同じ様なものを用いました。「今の歌舞伎若衆は名さえ女形として総体みな傾城風あり、人をたぶらかし物をとるを本意とす」とあつて、全く売色本位になりました。その花代は銀十五匁（一歩）だつた由ですが銀四十三匁に上り、太夫よりは安かつたのですが天神より高かつたそうです。お客は東山辺の僧侶に武士、町の人も多く、中には後家や奥女中が出かけています。元禄十四年大石良雄、主税が京都山科に滞在中、宮川町の蔭間と馴染みになつた話を残しております。有名な井原西鶴は「男色大鑑」（一六八七年刊）八冊本を出し、前半二十章に武家と男色、後半二十章に町人と若衆の男色の物語を書いておりますす。宮川町で蔭間が盛んであつたのはもつと後迄もつづきまして、宝暦、明和、安永、天明頃迄もつづいた様で、京都では唯一の変つた廓でありました。

宝暦元辛未五月、京都所司代松平豊後守資訓、町奉行稲垣能登守正武の時、一町目より六町目まで、茶屋渡世を十ケ年間許されました。俳優に音羽屋とか紀之国屋とか成駒屋等屋号を呼びますのは恐らくこの若衆茶屋の屋号が残つて、播磨屋歌六と云うのであろうと思います。宮川町は明和七年祇園町と共に茶屋株継続を許され、天保十三年に遊女町は島原だけにしぼられましたが嘉永七年八月十五日島原廓大火で揚屋町だけ残り、仮宅としてここへ移り住むものがありました。安政六己未六月、七条新地の遊女屋の出店として宮川町の営業を認められ、慶応三年八月各遊廓から年々参千両を上納する事によつて無制限営業許可を受けました。幕末には松

宮川町遊廓　(昭和30年7月1日)

原橋を渡つた北側には芝居小屋があり賑いました其頃、松原通の建仁寺通へ出る北側の一劃に物吉(ものよし)村があつて気味の悪いレブラ患者が収容されて恐れられていましたが、明治になるとこの一劃は取除かれました。宮川町は何年頃から芸妓がおつたのかわかりませんが、明治の末には京風舞の篠塚流の東三、玉うの師匠が勢力を占めていました。盛んなときは貸座敷三百、芸妓七百、娼妓三百と云はれました。大正元年の調べには貸座敷三百二十九戸、芸妓二百六十六人、娼妓二百七十二人との事でした。近くに恵美須神社がありますので、一月九・十日には宝恵籠が十数台出まして廓をあげて応援し京の町々を歩きます。

昭和七年七月、芸妓四百五十余、娼妓三百三十余、お茶屋は三百余、遊嬉楼、福山楼、明治家、平井、大和屋、西秀等は代表的な家でした。義太夫芸者はこの廓の誇、ダンス芸妓も四十余名いました。芸娼妓は置屋と送り込制とがありました。舞踊は楳茂都扇性、陸平とつづき、その頃叶乃と云う名妓がおりました。温習会で面白い振付を見せてくれましたが各廓で廓の踊を催すので、二十五年秋から「京おどり」を始め、廿九年から南座で催す様になりました。この廓は十二、三年頃からダンス芸妓が百五十人からいまして相当花代を稼いでいましたが、三十年頃舟橋聖一の風流抄に紹介されたり、京マチ子が「偽れる盛装」の映画で宮川町の芸妓になつて、芸者とお客とお金と割り切つた女をやりました。卅三年三月十五日お茶屋二百三十七戸、接客婦百五十一名で遊女は廃止となりました。

宮川町の名称は、始めに記しましたが廓事務所では加茂の斉王の宮がこの辺で鴨川の水をせき止めて潔斎せられたので宮川と云うと云いますが斉王は古い時代の話で、そうした記録はなく、加茂の近くにみそぎ川の名が残つていますので祇園社の宮川がよいと思います。

祇園お茶屋組合（祇園乙部・祇園東新地）

古くは祇園新地の一部で明治になつてから甲部と乙部に分れました。俗にぜぜ裏と云い、娼妓中心でした。ここの歴史は祇園町祇園新地と同一であります。

祇園の社は古くから鎮座されていましてお参りの人も多かつたので、その石段下から縄手へかけて掛茶屋が並び、茶立女等が盛んでしたが、南の方は建仁寺の大きい境内、北の方は祇園村の農家と田圃、縄手から川端にかけては他より早く家も多く建てられました。寛文六年（一六六六）川端通の川端町と宮川町一丁目、南座のある中之町、縄手通四条上ル西側廿一軒町、弁財天町、常盤町を祇園外六町として開拓され、これを祇園新地と云いました。そして祇園町は四条通の両側だけを云つたもので別に云はれました。それから六十六年目の享保十七年、元吉町、末吉町、清本町、富永町、橋本町、林下町を内六町として茶屋渡世を許しました。ここも他廓同様、茶立女、茶汲女、酌取女が遊女となりましたので上巻の京の廓の変遷のとおりです。年限を切り、女の数を制限したり許したり禁止したりをくり返えしましたが、傾城町の島原に次いだ大きい廓でありました。文化、文政の頃から芸妓が認められ、幕末維新の志士がこの廓の妓と艶聞を流した事は有名でありました。

元治元年の京の大火に類焼した七条新地から移つて来たものも多く、大変繁昌しました。処がその翌慶応元年三月二十六日、末吉町縄手東入より出火し、膳所裏方面、橋本町、林下町を除く大部分を焼失し、廿六ケ町、千八百戸が罹災しました。新地焼と云つています。然しその復旧は早く間もなく元通りになりました。明治五年三月第二回京都博覧会の附博覧として都おどりを新橋通東大路西入(今の東新地)南側松之家で行いました。六年には芸娼妓に女として知つておかねばならぬ読み書き、裁縫は勿論、製茶、養蚕、機織迄教える婦女職工引立会社を作り、翌七年女紅場と改称しました。これは府へ納めました賦金参円の内半額を組合へ還附し、それでこの女達の教育費に充てる事になつていました。下附された金は毎月二千円になりますが、実際費つていたのは二百円で、残金が積立てられ、それが相当な金額に達し、その間不審があると膳所裏の人から四万円を納附者へ返えせと十四年春より紛糾して来ました。六月には富永町他六ケ町からも十余万円を返えせと訴訟騒ぎとなり、膳所裏は分離し十月には検番も別に作り祇園乙部となり、残つた大部分は祇園甲部と称える事になりました。

乙部の歴史はこれより始まるわけです。乙部と称えましたが一般人は膳所裏と呼び、芸者は数少なく大方娼妓であつたのと「ぜぜうら」の名称が、何か下品に聞え、宮川町と共によい廓と見られませんでした。この膳所裏と云うのは江州の膳所藩本多の京屋敷のあつた附近を云つたもので、東は今の東山通の西側全部、西は薬湯の町の東側全部、南は東富永町の北側全部、北は新橋通南側人家の裏から南全部が膳所屋敷でありました。この膳所藩は、亀山、篠山、高槻、郡山の四藩と共に禁裡の守護を主とした京都月番の御火消役を勤めまして、他の藩は他方面に京屋敷をもつていました。膳所京屋敷は幕府から与えられた土地で、小堀通の中央（今の東末吉町通辺）に表門があり、道路から五、六間西に東面してありました。その左右は高塀で南側は富永町通、北側はこの屋敷の長屋の裏手南側には今の様に四条通への路次にかけて小さい茶屋が建ち並び、ここを膳所裏と云いました。薬湯町東側は人家なく、高塀と土塀でその内部は藪地で、北新橋も同じ藪つづきで外は高塀土塀でありました。表門を入つて西の行当りに大きい平屋建でそこに火防道具が置かれ、馬繋場や馬場があり、この平屋の屋上には背の高い火見櫓が設けられてあり、当屋敷の留守居の邸は元の祇乙女紅場や組合事務所の辺りから西へかけ稲荷社の辺迄の大きい建物で、藩主が上京の際ここに宿泊されたので広い屋敷と大きい庭園、池や島がありました。

その樹木の後は藪が茂り南の方は畑で菜や大根が栽培され、士分の屋敷や人夫の詰所は表門の南側や北側にありました。西の藪には狐がいまして夜間には鳴き声が聞えたと云います。

池には亀や緋鯉が沢山にいました。或日、この中島

歓亀稲荷祠

に甲を乾していた一匹の亀を目がけて裏の藪から突然狐が一疋、勢いよく亀に飛びかかりました。そのまま狐は池へはまり亀はヌーと首を出しました、狐は溺死して亀は助かりました。狐は庭内に葬りその由を膳所の本藩へ報告しますと、藩主は京屋敷の守護として稲荷を奉祀せよと命じられましたので庭園にお宮を建て歓亀稲荷と称え鎮守とされました。慶応元年の新地焼もこの膳所屋敷の西側で火は止り、大正四年頃、薬湯町斉春から出火した時も乙部のお茶屋は一軒も焼けなかつたのはこの歓亀稲荷神の御守護だと云い、不思議にこの廓は火事が少ないのです。今も無格社のまま祀られこの廓の守護神となつています。膳所屋敷は正しくは祇園町北側三四七番地ノ五四といい、一筆で六千余坪ありました。明治初年廃藩と共に膳所へ引揚げ、その跡は所有者が転々としましたが昭和五年頃は神戸の乾新兵衛のものとなり、番頭の山本彦五郎が保管していたとの事です。それが全部お茶屋となり明治十九年には東末吉町に美麿女紅場及び事務所が建築せられ、完全に祇園乙部として五業組合も出来ました。その頃の花代が木版一枚刷で出されています。これを見ますと芸妓と娼妓に分け、一花五銭一時間三ッ取、娼妓は四ツ取、仕切は夕六時より十二時迄十四取、娼妓は廿四取、日柄二十銭になつております。

東新地遊廓（祇園乙部）

明治三十三年府令によつて貸座敷組合を設立しますと、雪亭の主人小山友次郎が取締に就職、この廓の改善に努力し、昭和十年七月十二日八十一才で亡くなつています。大正元年末には貸座敷百九十三戸、芸妓八十五人、娼妓二百二十六人でした。どこの廓でもこの娼妓の事に就ての調査は人数の異動だけですが、芸妓は芸能に対し種々記録が出来ています。篠塚流から井上流にかわつた舞踊が昭和になつて藤間流となつてしまいました。そして年々美磨女紅場で温習会が開かれて技芸を奨励して来ました。とかく低い地位に見られていましたこの乙部が昭和十一年七月十日に、古く祇園甲部でやつていました「ねりもの」をやりましてから急に乙部は見直されて来ました。そして名称変更の話もありましたが、十三年後の二十四年三月、今迄の演舞場や事務所を処分し、東山通に面し東末吉町と東富永町の間に三百卅六坪の地に祇園会館を建て、廓の名も「祇園東新地」と改称しました。廿七年十月廿一日第一回の祇園おどりが「京井筒」、「京都アルバム」で発足しましたがここも狭いとあって三十三年三月廿三日、六間幅の舞台も八間とし、五百人の定員が千人となり延八百五十坪の大きい建ものになり、七日間記念公演を行い、秋十一月十五日から十日間祇園おどりを続演する由です。

娼妓連で変った事は昭和十一年十一月十一日、芸妓、酌婦、ダンサー等二百四十名が三交会と云う労働組合に準じたものが出来ました。卅三年売春婦廃止の三月十五日は、お茶屋百四十八、接客婦百三名となつていました。こうして接客婦と云う妓は廃止せられましたので、祇園東新地の名称もその翌三月十六日に「祇園お茶屋組合」と改称する事になりました。現在お茶屋は百十九軒、芸妓は七十人程で、芸妓組合が出来豊治が会長になつております。代表的な妓は、愛みつ、叶二、つね香、市子、幸三、市づる、豊和、真知子、幸宥、つる文がおります。

中書島

伏見には撞木町廓の出来る前から阿波橋の西柳町に遊女がいました。それに舟着場として南浜にもそうした妓がおつた様です。この柳町には小舟の舟着場が近くにあったので船頭や馬子等の対手の女達であつたであろうと思はれますが、ここの出身者に薫と云う名妓や、後六条三筋町で有名な良純法親王に一生をささげた八千代がいます事は珍らしい話だと思います。

中書島の地は、秀吉が伏見城におつた頃、脇坂中務の邸宅がありました、元々葭等の生い茂つた荒地を開拓しました。徳川時代ここは又元の荒無地になつてしまいました。元緑年間、伏見奉行建部内匠頭がこの島へ渡る宝来橋と今富橋をかけ、柳町(又は泥町とも云つていました)や南浜の妓達をここに集め、元の柳町の名称をとり東柳町、西柳町にわけて花街地としました。元は堀内村でしたが明治になつて伏見町に所属しました。

徳川時代は大阪—京の交通要路に当り、参勤交代の西国の大名は皆伏見を通り、それが淀川を下つたものが多いので、この京橋から南浜にかけては日夜大繁昌しました。その前にあるのがこの花街です。天明七年（一七八七）刊の拾遺都名所図会に「近年遊女町となりて古の江口、神崎に準え旅客の船をとどめ揚柳の陰に鷁をめぐらし、あるは歌舞の妓婦、花のあしたに袖を飜し、琴三弦の音は月の夕に絶える間なし」と云つています。船着場には宿屋が多く、船頭衆の慰安場所としても相当賑つた事でしよう。明治になりましてもここは豊公以来の古い由緒ある土地とて、継続営業を許されて来ました。明治五年の記録によりますと、蓬萊

伏見中書島女紅場

橋筋を堺としましてそれより西が西柳町で二十三軒、東は弁財天（元禄再興の時大亀谷よりこの東端に移しました真言宗長建寺と云います、中書島の守り神様で芸娼妓も信仰し毎年七月廿三日の弁天祭はこの街の大紋日で、神輿も出で船渡御でこのぐるりを廻ります）の辺迄を東柳町と云います三十六軒、計五十九軒の名が上げられています。

大正の初め京阪電車が開通してから南裏に停留所が出来、宇治線も京都市電もここを終点としましてから、南方が急速に発展しまして今富橋通が南端であつたのが、通り筋も出来る様になり、今富橋東詰には日本一の大柳であると云つた喜多家と云う料亭があり、その頃舞台のある座敷は珍らしかつたのです。わざわざ京都の人々も宴会をここ迄持出し、ここの芸妓を呼びました。昭和八年貸座敷は八十四軒、娼妓は約四百人居まして、店は写真をならべ、大概居稼で部屋を持つていましたが、送り込みもしていました。遊ぶものは時間制で、仕切花、廻しは一切とりません、一時間二円位、半夜は四円、全夜は六、七円見当で、入口で引子と値段をきめて登楼します。注文せなければ台の物はつきません。税金は一割二歩でありました。

この廓は京都全体としては三流格に見られていましたが、少数の芸妓は温習会を催し、七遊

中書島遊廓（昭和30年6月15日）

廓の競演会に出演し錠席の小奴は代表美人で舞踊も達者でした。後祇園甲部に移り永楽家の若二として知られていました。この廓は廃娼問題が盛んになつた昭和三十一年、遊女屋の子として生れ、この地で育ち東大卒業共産党員西口克己著「廓」三部作を発表し、長く続いた廓の悪を、売られた女の身の上等、無関係の者は驚異の眼で見た事と思いますが、ある廓の取締の人にこの事を話しました処、あれ以上ヒドイ、アクドイ事を知つているからとの事でしたからまだまだヒドイ事をやつていたと云えるでしよう。

三十一年十二月、貸席業者は五十八軒、接

客婦は三十年六月二百五十人、年末には二百二十人、三十一年末百八十三人、一軒で一人又は二、三人、多い家で六、七人の女を抱えていたと云います。ここは芸妓街として花街を続けようと云う人々と、酌婦を帰らして学生下宿街にかえようと云う二派にわかれ芸妓の花街と京大宇治分校と桃山の学芸大がありますので、この学生を入れる下宿業とに別れましたが、夜おそく迄、近くの芸妓街で騒がれては学生は落ちつけまいし、果して続けてやって行けるか危い事の様に思われます。

表紙写真

島原芸妓

富代の扮する

文化文政時代

の太夫の姿

昭和三十三年九月一日　発行

〔価　三百円〕

著　者　田　中　緑　紅

京都市堺町通三条下ル

代表者　鳥　居　郊　善

印刷所　協和印刷株式会社

電⑥三九四四・六七二八

京都市東山区東大路松原上ル

安井金比羅宮内

発行所　京　を　語　る　会

電話⑥五一一二七番

振替大阪三七三五五番

京都市上京区智恵光院通五辻上ル

本　隆　寺　内

京を語る会西陣支部

電話㊹五七六二番

《復刻にあたって》

一、本復刻版は、田中喜代様所蔵の原本を使用しました。記して感謝申し上げます。

一、復刻版には、借用した原本の都合で初版と再版が混在しています。また、原本奥付に紙を貼付して新価格を表示している場合もそのまま復刻しました。

一、文中に、人権の見地から不適切な語句・表現・論、また明らかな学問上の誤りがある場合も、歴史的資料の復刻という性質上、そのまま収録しました。

一、表紙の背文字は、原本の表示に基づいて新たに組んだものですが、一部訂正や省略をしました。

緑紅叢書　復刻版

第1回配本（全26冊）

亡くなつた京の廓 下〔緑紅叢書2の5(17)〕

２０１８年10月31日　発行

揃定価　３９、０００円＋税

発行者　越水　治

発行所　株式会社　三人社

京都市左京区吉田二本松町４　白亜荘

電話０７５（７６２）０３６８

乱丁・落丁はお取替えいたします。

コード　ISBN978-4-908976-89-6

セットコードISBN978-4-908976-72-8

緑紅叢書 第二年第六輯 第十八輯

秋の奇祭

田中緑紅

目次

はじめに

有名な祭でありながら、これと云う記録がありません。太秦の牛祭は喜田貞吉博士が民族と歴史六巻六号に「太秦牛祭の変遷」を、三巻一号に「摩多羅神考」を発表せられ、絵は文化十四年に出した千春の縮図岸本由豆流の木版本がある位で十年前私が「太秦牛祭」の小冊を出しましただけで、もつと研究してほしいと思います。この私の小冊には二三思い違いをしておりましたことが後になりまして資料を得ましたのでこの本で訂正致しました。尚、摩陀羅神の陀は吒、多、咜等書かれていますが引用書の通り写しました。

鞍馬の火祭は可成古くから行われていながら記録はなくこの度も鞍馬に在住の坪井正直氏と名衆仲間の林武雄氏から種々話を伺い写真をおかりしました。表紙や火祭の写真の一部は京都新聞社の提供であります。皆様に厚く御礼を申します。

こうした記録がもとになりいろいろなことが研究されますれば嬉しいことと思います。

昭和三十三年十月六日

摩多羅神祭文を読む

太秦の牛祭

十月十二日夜右京区太秦広隆寺で牛祭が行われます。今宮社へお詣りする「やすらい祭」鞍馬由岐神社の「火祭」と共に京都三奇祭と云われます嵯峨や嵐山え行く電車もバスもこの太秦広隆寺の大きい楼門の前を通り停留所もあります。普段は閑散としています この広隆寺の境内、楼門を入つた右手に講堂（南向）左手に金堂（東向）—以前の祖師堂—があり北に太子堂その西に方丈、その北方に霊宝館があります。この日は金堂前に西向に仮拝殿を板張で作りその周囲に竹の埒が出来て、ここが、牛祭の式場になります。その他は通行道をあけて両側露店がずらりと並び、電灯がつく頃から附近の人々がやつて来ます。この日は太秦の氏神俗に云う蚕の社の祭礼で午後から神輿渡御があります。村の人々はこの祭で半日を過しその夜が牛祭で二役をつとめる人が相当にあるわけです。広隆寺講堂近くには時世を物語る出店で賑います。この牛祭は古くから行われ、種々なものに書かれていますが、も一つはつきりした記録はありませず行列の仕方も参列者も違つていた様です。私は大正八年に初めて見ました。その後も五六度も見ました。昔は牛祭だから丑の刻に行われ私の知つた時は十二時頃に終了しました。

油断して京へ連なし牛祭　　召波
太秦の萩も実になり牛祭　　蜃楼

角文字のいざ月もよし牛祭　蕪村

空暗し月や最一つ牛祭　几董

牛祭露けき松の下桟敷　野風呂

牛をかけて牛より下りぬ摩吒羅神　王城

客殿の椽より牛に摩吒羅神　兎月

松明にむせぶ鬼あり牛祭　比古

牛の尾に紙幣つけて牛祭　ながし

松の間に続く高張牛祭　雄月

牛祭松の奥なる太子堂　紅朗

牛祭は二つの見どころがあります。一つは行列の出発を本坊で見ることです。も一つは金堂へ入場してこの祭文を読む時です。これは何か本坊で許可を得なくてはなりません。処が本坊を見て金堂へ来るともう一杯で腰かけもありません、一度は本坊で一度は金堂と二度にわければ楽に見られましょう。

本坊の奥の間で四天王及び立役の摩陀羅神に扮する人々が集り衣裳をつけ面を冠ります。こ

摩陀羅神、式場へ行く

の紙面は摩陀羅神と云う白い無表情な一尺二寸位の四角い面で天上眉、大きい耳、鼻は三角の大きいものがつけられています。眼は書き目で孔があけてありません。口も紅で描かれているだけ、この大きい鼻から先方を見られる様になつています。四天王は赤鬼と、青鬼が何れも阿呍で口を開いているのと、口を閉じているもの阿は上歯から大きな牙が二本、呍は牙が上下に向つていまして、これ又眼孔もなく口も描いたままで、鼻の孔から見る様になつており共に額と両頬に金箔がついています。一尺二寸の面をどこで顔に止めますか両側から紐をつけては面がまがります。面の裏側でこの大きい鼻の左右に紙に巻いた五寸位の径一寸位の藁束を面に結りつけます。この藁の棒に紐がつき、これが顔に当り冠つている後頭でこの紐を結びますと、面は折れないで冠れます。頭には冠の様な白い行燈型の幞頭(はくとう)をつけ、四天王は一々図の変つた額をつけます。衣裳は何れも狩衣で、四天王は手に二股と三股の剣を持ちます。ドラ、太鼓、チャンポンの少年囃方が方丈の縁側に並んで盛んに囃したてます。いかにもノンビリした音楽です。その内この庭の前後には太秦の各町々から角行灯や提灯、それには「五穀豊登」「摩陀羅神」「国家安全」等書いたものを持ち数名の裃姿の町内の代表の人々と集ります、縁側の西方には台を置き加持の器物が置かれます。撰ばれた立派な黒牛が這入つて来ました。牛の背に御幣が立つています。広隆寺住職はこの牛に対して灑水（シャスイ）加持せられます。終る頃には囃子方は盛んに囃します。摩陀羅神はこの黒牛に跨り御幣を持ちこの表門から祭の行列は西門へ出発します。

一、棒持金棒二人　一、各町神灯　一、囃方の少年六人　一、箱提灯二人　一、神事奉行裃着用の者四人

一、若党今はなし　一、松明二本　一、四天王赤鬼二人青鬼二人　一、松明二本　一、幣持今はなし

一、摩陀羅神乗方　一、牛方　一、牛肝煎一人　一、箱提灯二人　一、各町神燈

四天王の行列

西門を出て三条通を東へ楼門前を通り右京民安南側より境内に這入り埒内へ来て拝殿を摩陀羅神だけ牛に乗つたまま三周します。多くの町々の行灯、提灯はこの埒に立ち、四天王は拝殿へ上ります。拝殿前の篝火は一層薪を入れてあかあかと照します。摩陀羅神は牛から抱き下して貰い拝殿の中央前列に出て腰を下ろし。四天王は立つたまま警護します。埒の外は群集がとりまき、金堂も又一杯の人が拝殿に向い、式の始まるのを待ちます。数個所の篝火は盛に燃やされます。この金堂から拝殿迄莫座を敷いて通行道をあけます。

金棒を持つた二人は拝殿の両前方に立つて居て頻りと金棒をジャラジャラと鳴らします。牛の鞍から幣が下され摩陀羅神の手に渡します。牛は埒外に連れ出され、摩陀羅神は高声で叫んで幣を振ります。払いをしているのでしよう。この幣は神事奉行に渡され金堂へ持つて行き、引返えして三宝に祭文を乗せて恭しく金堂から拝殿の摩陀羅神に渡します。群集はサア始るぞと静かになります。摩陀羅神はこの巻物を拡げてこの祭文を読み始めます。一句一句ゆつくりと節をつけて四天王も合唱します。この面には眼孔がないので三角の鼻の穴から覗いて見るのです。然しこの祭文はここにいる五人共暗記していますので読む体裁をしているだけです。一くだり読むと一寸休みます。又一節を読むと又沈黙です。五度、六度、聞いているものも見物衆も何を読んでいるのやら、他に何等することもなく見るものもないので退屈します。「見るも阿呆見ぬも阿呆、同じ阿呆なら見る方がましや」と云つたのも、こうした動の少ない間のぬけた式を云つたのでしようか。「しつかりやれ」「声が出ないなら代つてやろうか」「お粥腹で声が出んのやろう」「もうへこたれたか」等応援しているのか罵倒しているのか、埒の外の群集が喚きます。一節毎にこんな声でも聞いて笑つていないと仕様がないのです。これが一時間近くも続きます。漸く全文を続み終ると同時に摩陀羅神は祭文をつかんだまま四天王の鬼も共にアッと云つている間に、面をつけたままこの拝殿の階段から金堂へ向つて一目散に駆け込みます。これでこの祭は全部終了したのでした。誠にアッ気ない終末です。昔はこの五人の面をはぎ取ると年中の災厄を除かれると云われましたので、取られぬ前に金堂へ飛び込むのだと云います。百八十四年前に出された「翁草」にはこう牛祭を書いています。

「山城国葛野郡太秦広隆寺牛祭は、九月十二日なり、元来は、当寺の大念仏会にて、十一日より十三日迄執行す。十二日は、その中にて守護摩吒羅神を祭るなり。その規式は、承仕法師五人、毎年あらたに、紙の面、木冠を製し、一人は、牛に駕す。その鞍に、摩吒羅神を乗せ奉りて牛の尻に駕するを神主とす。天堂の前に台を作る。扨て戌の上刻の頃、祭礼出る。村民、高提灯を灯し連れ、太鼓をたたき、前後に行列し中央に件の牛を立て、広隆寺境内を打ち廻り、夫より右の台に五人の法師上りて、神主祭文を誦す。この祭文は源信僧都の作なり。男女一切の悪業並に畜類の悪作業を載す。是れを高声に読上ぐる。いと可笑き文章なり、いかなる謂にや。一章句終る毎に、見物の者、最一つと声を懸くる。誦し畢りて、その面を脱ぎて堂中へ走り込む。この面は、人畜一切の疫疾除災の守りとなる故に、諸人、是れを奪い取らんと、堂内へ追い懸けゆく、その式、大に古雅なり」

又「大菩薩峠」の著者中里介山の牛祭記に、この祭文誦唱を「左の巻物の残された部分はまだまだ部厚なものである。流石の小生もこうなるともう意地だ、いくらでも読め、最後まで聞いてやる、という気になつた。意地でお祭を見物する心構えなのだ。ところが相手の摩陀羅神には一向お感じがない。さすが根比べでも力負けがしていると、この落ちつき払つた摩陀羅神の奇古な童子の面が迫らざる何となく重々しい一種の魅力を現わして来ることが不思議である。白い束帯も亦、何となく愛くるしい威厳が出てくる。そういう奇古な姿をまた堪能して見る気にもなつて来る。まだあるのかと思つていると不意に、読み終つた摩陀羅神が真しぐらに壇を飛び下りて金堂へ馳け込んでしまう。四天王の鬼がそれ劣らじと馳けこんでしまう。それで牛祭の儀式は終りなのだ」これでもわかりますが全くこれがこの祭の主をなすのですから、なる程奇祭だと云えますでしよう。

この摩陀羅神始め四天王の赤青の鬼の紙の仮面は我国の紙面の内の異色あるものとして郷土玩具界で重きをなしています。大正十年頃は五枚一組八十銭、一枚二十銭で寺から授与し面の裏に広隆寺の朱印が押してありました。今日では一枚百円、笹につけた小面三枚を百五十円に

仮面を作つているところ

なつており当日だけで売りつくしている様です。入口に掲げておくと悪魔除になると云われています。陶器の香具にして出したこともあります。

扨てこの祭文ですが

謹請再拝、謹で啓す。

維南胆部州大日本国、応永九年無射十二の天、朝日の豊登り、夕日の豊降ります中に、銀に花栄え、金に実結び、天門開き開けて、地戸和合したる今夜、当時の当僧四番大衆等、誠を二花の嶺よりも高くし、志を五葉の底よりも深くして、恒例不闕の勤として、摩陀維神を敬祭し奉ることあり。神明を祭るは招福の計ごと、霊鬼を敬うは除災の基なり、上は梵天・帝釈・四大天王・日月・五星・二十八宿・七曜・九曜・三辰・九禽、下は炎魔王界五道の大神・泰山府君・天左宇・司命・司禄別して当所鎮守三十八所、五所護法・飛来天神類眷属、総ては日本国中大小の祇神、田中にはあらね共稲積、片山にはあらね共榎本(えがもと)・椙本(すがもと)・木枯(こがらし)・藤杜(ふじもの)・嵯峨の奥なる一拳(いとこぶし)打たれては、軈(やが)てうさい辻々の道祖神、家々の大黒天神の袋持に至るまで、驚かし言して曰(まう)さく、夫れ以(おもんみ)れば、性を乾坤の気にうけ、徳を陰陽の間に保ち、信を専にして仏に仕へ、慎を致して神を敬い、天尊地卑の礼を知り、是非徳失の科(とが)を弁ふる。これ偏へに神明の広恩なり、茲に因つて単微の幣帛を捧げて敬みて以つて摩陀羅神に奉上す。豈神の恩を蒙らざるべけんや、茲に因て四番大衆等、一心の懇切を抽でて十列の儀式を学び万人の逸興を催すを以て自ら神明の法楽に備へ、諸衆の感嘆を成すを以て、暗に神の納受を知らんとなり。然る間に柊槌(さいづち)頭に木冠を戴き、鍬平足(くわひらあし)に旧鼻高(ふるびかう)を絡(から)げつつ絨牛(からげうし)に荷鞆を置き、瘠馬に鈴を付けて馳るもあり。踊るもあり。惑る鞍爪に大閫(おおつむ)を詰めてにがみ、或は荷鞍に尻瘡を搯剝い悲しむもあり。企は載に十列の風流に似たりと雖ども、体はただ百鬼夜行に異ならず。この如き等の振舞を以て、摩陀羅神を敬祭し奉る事、偏へに天下安穏、寺家泰平の為なり。これに因て長く遠く払い退くべきものあり。先づ三面の僧坊の中に忍び入りて、物取る世古盗人め、奇怪すわいふわいや小童ども、木々のなり物取れとて明障子打壊る骨なさ法師、頭も危ふ覚る。扨はあた腹・頓病・風・咳嗽・疔瘡・癰瘡・閙風、ことには尻瘡・蟲瘡・膿瘡・あぶみ瘡、冬に向へる大胝、並びに胼・咳病・鼻たり・癨心地・癲狂・択食・伝死病、しかのみならず鐘楼・法華堂のかはつるみ・讒言・仲人・闘諍合の中間口、貧苦男の入たけり、無能女の隣ありき、又は堂塔の檜皮喫い貫く大烏小烏め、聖教破る大鼠・小鼠め、田の畔穿つ土豹、此の如きの異類異形、不道無慚の奴原に於ては、長く遠く根の国底の国まで払い退くべきものなり。

右九月十二日太秦広隆寺牛祭祭文なり。

恵心院源心僧都

応永九年九月十二夕日書之

この祭文は源心でなく源信でありましよう。恵心僧都と云ぅ天台の豪い僧でした。「往生要集」の著者としても有名です。この祭文は一方では弘法大師作とも云います。恵心僧都は一〇一七年寛仁二年七十六才で歿していますからこの応永九年より三百八十年前のことです。恵心僧都が亡くなられて三百八十年の後応永九年に写したものと見るべきものでしよう。処が都名所図会の記事にある祭文は、この文と全々変つた文面で所々同文がある位です。どうしてこんな変つた文面にかわつたのか、一番大切なものだけに不審に思います。今は源信作と云う方を誦文しています。

この祭の起源については「三条天皇の長和元年（一〇一二）のこと、一代の高僧、天台山の恵心僧都は、齢巳に古稀を越えて道念益々堅固、日夜信心を凝らして極楽浄土の阿弥陀如来を拝せんことを欣求して居ましたが、或夜の夢に異形の人ありて、安養界の真の無量寿仏を拝み奉らんと思はば、広隆寺絵堂の本尊を拝すべしとのお告を受けました。そこで僧都は大に歓び直ちに広隆寺に詣りこの尊像を拝し、霊夢の空しくなかつたことを喜び、報謝のため本尊の前で一刀に三礼しながら、弥陀三尊の像を手刻しました。そして常行念仏堂を建立し、その年の九月十一日から三日間、唱名念仏会を修し、摩吒羅神を護法神として勧請して国家安全、五穀豊穣魔障退散の御祈禱法会を修し、その祭を十二日の夜に行うことに定め、今の祭文の一巻は、その砌り僧都自ら起草したものと云われ。僧都はこの年七十一才だと云います。こうした話が伝わつておりますが、一般にその名も知られていない摩陀羅神と云う神の名も出て来ますし、これには牛祭とは云つていませんがどうしてこの摩陀羅神を祀りこれを牛祭と云つたので

太秦牛祭絵巻所載　祭文よむ僧

しようか。相当古くから行われていますがそうした答を見ておりません。

摩陀羅神と云う神は我国にも祀つている処は大変少ないのではないでしょうか。喜田貞吉博士の研究によりますと陀の文字が吒や多になつておりダでなく多のマタラジンと読むのがよいらしいです。経典にもなく天台・真言両宗で祀つられ民間で信仰せられ摩多羅神＝山王権現＝赤山明神＝夜叉神＝金毘羅神＝新羅明神＝泰山府君の異名とかとの説もあります。どうも本体は判明しませず威霊ある神として祀られ、後世になる程その神体も種々の説が作り出されたもので、聖天・荼吉尼天・弁財天の合体したものとも云われ、その性質も、歌舞の優しい神と云われたり一方では獰猛恐るべき夜叉神だとし、滑稽諧謔を好む神として祀られる様になりましたが、除災招福神として仰がれる点に於ては間違いがない様です。

この神が広隆寺に祀られる様になつたことも判然としませんが修学院の赤山禅院に祀られていたものを太秦へ移したとも云われ、いつ頃からこの摩多羅神を祀るこの牛祭が出来たかもわかりません。岸本由豆流の「太秦牛祭絵巻」＝文化十四年写して上梓「都名所図会」＝安永九年月刊と今行われています牛祭とは殆ど別物の感じのする程登場人物の姿も変つていますので一貫した考えはわかりません。想像出来ますことは、今のは本来の祭と変つたものになつていますが、摩多羅神は夜叉の恐ろしい碍礙神でありますので、滑稽なことをして神意を慰めた祭であつたと見てよい様に思われます。岸本由豆流の絵巻を見ますと僧侶が主役をしていまして、祭文を読む僧は堂の前に腰かけ拝殿の上に上つていません。この僧は面をつけていませんそして烏帽子の僧が、祭文を読む僧の坊主頭を指先きでいたづらをし、多くのものは木冠をかむつています。端の僧は鼻高の伎楽面の様な大きい面をつけてジート膝に両手をついて傍らで謹聴しています牛のお尻に乗つている一人はこの面をつけ、一人は面なしで腰に幣をつけています。一人は馬に乗つています。必しも牛に乗つていたと限つていません。恐らく見物衆には笑を誘う様なことをしていたのではありますまいか。そして祭文読む僧は摩多羅神とは思われません。神は堂内に祀られ、役をもつものが祭文を読んでいたものと思われます。貞享二年(一六八五)頃に黒川道祐著「日

太秦牛祭絵巻　所載

次紀事」に「太秦亦有二此社一（摩多羅神を祀る）故寺中今夜神事亦祭二摩多羅神一者也、寺中行者著二紙衣一牽レ牛出二上宮王院前一高声読二誦祭文一委懺悔之詞古寺僧交勤之然其事以近戯謔近世使下二行者一修上レ之レ」貞享二年頃今から二百七十年程前には寺の僧がこの役をや

会所載

都名勝図

らないで行者にやらせてやつていたことになります。それから百年程後の都名所図会を見ますと、スッカリ変つたものになつており役者（こんな名称はありませんが仮にこう呼ぶことにしておきます）五人皆同じ様な天狗の顎髯のある仮面をつけその中の一人は頭に外国の帽子の様なものを冠り裂を垂らし牛に後向に乗つています四人の役者は二人は鉾を持ち一人は太鼓、一人は鉦を持ち四人共陣羽織、タチッケ袴に脚絆素足で鉾持ちの役者は大根と筍の冠り物、太鼓は松茸、鉦は茗荷の冠りもので四人共太刀を帯びています。外に裃姿の男が扇子を開け松明や鞭を持つています。祭文を読む処はどうしていたかわかりませんが、何れも走つています。ふざけた祭と云つたことは感じられます。こうした祭がいつ迄続いていたかもわかりませんが文政年間の俳諧誌を見ますと又すつかり変りまして今の姿になり白面の神主と赤青の四天王と云う鬼が鉾を持つて主役を演ずる様になりました。恐らく中絶していたのを誰れかがこの姿にかえたものと思われます。これも又明治維新後止めてしまつたのではないでしょうか。たまたま嵯峨車折神社に居つた富岡鉄斉、これの復興を考え有志と計り自分で図入の「うづまさ牛祭由来記」を書きました。

　抑我広隆寺は、聖徳太子の御創建（こんりう）に出て既に千余年を経たる古名藍霊場なるは天下能知る所今述るに及ばす故古来より故実と伝来せる祭事あり世に太秦の牛祭りとて尤も名高く児童も能くしれり。例年九月たりしも、今は陽暦を用いて十月十二日とす摩多羅神の祭事なり。その趣意（わけ）は五穀豊登、国家安全を祈禱す。その祭文は源信僧都の作にて古今の名文たり、その行装(よそほひ)の奇異(あやしげ)なる古画(ふるきえ)に照らして知るべし先行者牛に跨り摩多羅神を安置し奉り随従の者鬼形に出たち金鼓を鳴し奔り薬師堂に至りて祭文を誦するや世に神事祭礼多しと雖

鉄斉筆　太秦牛祭お礼

古雅奇異なるはこの祭を第一とするは是亦世偏く知る所也然るに近年この祭を懈(おこた)り廃(はい)するは都下(みやこ)の人は更にて他国へも大に惜み嘆(な)げくに至る故今年十月十二日再び執行し年々永遠に継て行せんと世話人協議し洛西の故典を復興し就てはその祭具を整頓し又欠物(ふそく)を補うべし年々保存の挙を為すべきに付その費用の資金を有志の諸君寄附あり度千万希望す是は世間尋常祭礼を行うと同視すべきに非ずその深旨は別に述ぶべし

明治二十年九月　　牛祭世話掛某徒謹白

こうして明治二十年に復活して参りましたが、昭和になつて経費のことや世話方の問題があり、広隆寺主催が村の世話方に一任することになつた時代もありました。戦争前、昭和十五年以来中止二十三年度より再び行われて来ました。

こうして広隆寺の牛祭は京名物と見られて来ましたが、この催をどうして牛祭と云うのかわかりません。古くは牛も馬も用いていますし、その後も牛に乗つたものがいましても、それだけで牛祭と云うのも変なものです。応永九年に出来たと云う祭文の中にも牛祭らしい文句はありません。この祭はもつともつと古くから行われていたものではありますまいか。この太秦の地は仁徳天皇の頃、中国秦族のものがこの辺に帰化して住んだと云われます。この広隆寺も秦川勝が創立したものであります。喜田博士は民族と歴史にこう書いていられます。

こうした漢民族が、古くその人達で行つて来ました漢神を祭るのに牛を犠牲にしていたことは広く各所に行われていました。然し我国では天武天皇の時代に、牛馬犬猿鶏等を殺し、その肉を喰うことを禁ぜられましたので、この牛を屠つて神に捧げることも出来なくなりました。永い風習のものは容易に止められるものではありません。延暦十年九月太政官宣符を以て若狭・越前・近江・美濃・伊勢・尾張・紀伊等の諸国では、牛を殺して漢神を祀ることを厳禁せられました。その後延暦二十年にもこの禁が繰り返されて居ます。これ等の諸国は孰れも近畿地方で山城・大和等と共に漢民族の分布の甚だ多い処で古い遺風があつたもので山城・大和の名のないのは帝都の近くであつたので早く中止したのでこの禁令中になかつたものでしよう。アイヌには熊を犠牲にして神を祀り熊祭と云い、近年迄熊を祀る儀式の様に見られていました。これも決して熊を神として祀るのではなく、熊を殺して神に捧げ、一同その撤下物を喰つたものに異いありますまい。丁度同じ様に思われるのはこの牛祭であります。太秦では牛を殺ろす事は古くに止めになり、牛を祭儀に引き出すだけになつて牛祭と云つたと見てよいのではないでしようか。これはこの牛祭の名が古くからあつたものとしての解説で、祭文にある通り荷鞍を置いた農家使用の牛を、ただ祭に曳き出し牛だけでなく馬も共に用い。その馬に乗ることを止め牛だけになつてから、牛祭と云うのなら当然漢神を祀つた牛祭の説は撤回すべきものであります。

摩多羅神を祀る祭に摩多羅神が祭文を読むのは何よりも変な話でこれは或は聖徳太子が読まれたか、神主が読むかでないとおかしな話であります。以前この五人を五大尊と呼んだこともある様です。永い時代にいろいろ次々と変つて来たものでしよう。祭文にもあります通り夜叉の恐ろしい摩多羅神を滑稽な祭文と滑稽な仕業で神の心を慰めて福徳を授けられ、五穀豊登を祈る祭になつたものと考えてよいのではないでしようか。天台の慈覚大師が唐から伝えられたこの神と漢神を祀るこの祭とが習合されたのかも知れません。

夜おそく行われましたこの祭も遠方から人々の便などから八時頃から始まり九時過ぎには祭文誦読が始まり十時頃に終了する様になつております。

鞍馬の火祭

鞍馬火祭神楽松明

鞍馬の火祭は十月二十二日の夜であります。この日は京の街では平安神宮の時代祭の当日で夕方迄ゆつくり九百年の風俗を見て、夕食後叡山電車鞍馬行（出町柳駅）で、三十分で鞍馬へ行けますからこの祭も是非見てほしいものです。

鞍馬は貴船神社のある貴船町、二瀬町も今鞍馬町に入つており、鞍馬は鞍馬本町と云つています。以前は上之町、大門町、下之町の三つに別れ、百三四十軒の町であります。鞍馬と云うと、鞍馬寺と云う程で、全く鞍馬の町からこの寺がなければ一般人は誰れも行かない、何も見るもののない処です。鞍馬寺は毘沙門天、千手観音菩薩、魔王尊の三体を一つとし、本尊と云い、元天台宗でしたが今独立して鞍馬弘教の本山と云つています。古い寺で、延暦十五年藤原伊勢人が夢のお告げで白馬がこの山に現われ、ここに寺を建てたとの伝説があります。

鞍馬駅から一丁、寺の山門があります。それから坂路を三丁登りますと変つた拝殿が見え、その中央石段を昇りますと、この鞍馬の町一体の氏神由岐神社があります。古くは鞍馬寺の鎮守と云われていましたが、今日寺には直接関係はなくなつています。鞍馬の火祭と云いますと鞍馬寺の秋の行事の様に思われていますが、寺は没交渉で鞍馬本町の人々によつて古くから行われています。

由岐神社は靫（ゆき）（昔の武具の一つで矢を入れる器です）神社とも又由木神社とも書いています。祭神は大己貴命（おゝなむちのみこと）と少名彦命（すくなひこのみこと）を主神とし、相殿に八所明神（加茂、春日、松尾、日吉、稲荷、八幡、貴船、率川の八ケ所の大神）を祀ります。この社はもと御所内に祀られていましたのを天慶三年（九四〇）九月九日の夜、今の地に勧請遷座せられたと伝えられます。その夜、葦の篝火をたいて道々を照らし遷行せられた故事にならい、火祭の祭典を行なう事になつたと云われます。町の人は由岐大神を「正一つぁん」八所明神を「八所さん」と呼び、医薬の神、火鎮めの神として敬つております。

その後、慶長十五年（一六一〇）徳川家康は豊臣方の持つ莫大な軍資金を浪費さす手段として、豊臣秀頼に洛中洛外の社寺の大修繕をさせました。由岐神社もその一つとして再興して立派にしました。その時に作られた拝殿が明治四十年八月特別保護建造物に指定せられました。この拝殿は六間二間単層入母屋造の檜皮葺で、東から三間目の一間を通り路となつていまして割拝殿の形式でありますが、崖に拠つているので舞台造となつています。通路の上は唐破風となり、蟇股は桃山時代の彫刻で牡丹と唐草になつています。その擬宝珠には

鞍馬寺由岐、豊臣朝臣秀頼公御再興也

由岐神社拝殿

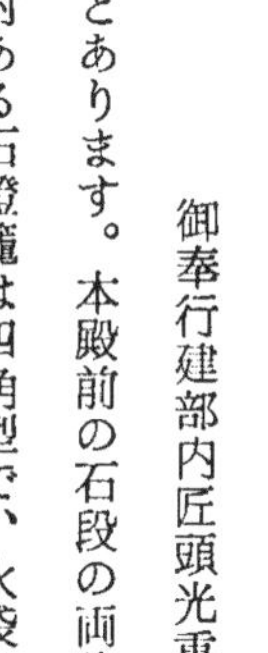

慶長十五年庚戌正月吉日
御奉行建部内匠頭光重

とあります。本殿前の石段の両脇に一対ある石燈籠は四角型で、火袋を失い今木製になっていますが、慶長二十年（一六一五）の銘が見えます。今京都博物館に寄託の石造狛犬一対がありまして、子供を抱いているのが変っています。中国宋風の珍しい狛犬で、鎌倉時代のもので旧国宝であります。神社に置かれていました頃には、この狛犬に祈願して子供を授ると云われていました。

境内末社に岩上神社があります。大

己貴命を祀り、元は今の郵便局前、鞍馬川の岸に沿うた処にまつられていまして、境内も広く拡つていましてこの地の氏神と云われ、由岐神社がこの地へ来られるより古くまつられ、明治初期迄由岐神社祭礼に小さい神輿を子供達が担いでいたと云います。

鞍馬の町民と鞍馬寺とは古来不離不即で、南北朝時代にはこの寺にも山法師衆徒をもち、可成り永く続きました。その人達が徳川時代になりますと、山を降りまして妻帯し、鞍馬の村民となりお互に組織的になり七組の仲間組が出来、寺の御用を勤めました。この仲間の話を町の故老から調査せられました坪井正直氏の説には、

大総仲間(おゝぞうなかま)は大惣仲間とも書き、鞍馬法師と呼ばれた人々で、寺との関係は一番深く、七つの仲間中で一番格式を持ち、仲間の長老は全仲間の代表でもありました。五十才以上になると長老の資格が得られますが、長老から一老称講、二老称講、講司が選ばれます。俗に坊主仲間とも云われ、家名の代りに法師名を伝え、浄安とか、道覚、福安、長徳等、家を指す時は姓名よりこの法師名を呼ぶ方が多いです。それでこれは他地方にもあることですが、伝統を重んじて直系の男子以外は相続を許しませんでした。又、明治の中頃迄は坊主仲間を標榜しまして、戸主は頭を剃つていました。仲間が死亡しますと、仲間達が仏名をつけます、それでこの仲間

の制裁の掟は重く、規約に反したり不都合をした場合には、この仲間中の若衆に下るしきたりがあり、罪の軽重によつて米一俵から味噌二百目や豆一升等の処罰がありました。これは何んでもない様に思われますが、耕地の少ないこの土地では相当な痛手であつたことでしょう。勿論、古いしきたりですが現在この仲間は九戸。

宿直仲間（しゅくじきなかま）　と云うのは日宿直で今六戸。

僧達仲間（そうだちなかま）　寺の雑用係、十戸。由岐社の祭にこの仲間は神輿の鍵を大総仲間に受け渡しをする役目をします。

名衆仲間（みよしゆうなかま）　氏神関係の仕事をし由岐社の神職などもこの仲間から出ることになつています。

祭日の本田楽に出る子供もこの仲間の子供です。七戸。

大使仲間（たゆうなかま）　祭礼の雑用役で、神輿の神幸の時、猿太彦の面を捧げたり、又、七五三縄切りもこの仲間の仕事ですから七五三切仲間とも呼びます。一戸。

大工衆仲間（だいくしゆうなかま）　は大工仕事で六戸。

脇仲間（わきなかま）　にはきまつた仕事はありません。外地から移住者はこの仲間に入ります。二十戸。

この仲間は古くから共同の山林を仲間の財産として、その収益はこの仲間全体のために使用

街路の大篝火　（大正九年十月二十二日）

し、尚各個人にも均分して配分されます。今日では寺社の年中行事に関係するだけで昔の山法師時代から数百年の永い伝統に培われ血肉の様に体内にしみ渡り、相伝えられて来ております。寺の住職は変つても坊主仲間はこの町に住みついて変らないと云うわけです。

こうした仲間により鞍馬寺の六月二十日の竹伐会式も、十月二十二日の由岐神社の火祭も出来共に永く続いて来ております。

これからその火祭を話しましよう。

私が始めて見に参りましたのは大正七年でしたので四十一年前です。バスも電車もなく下鴨から二軒茶屋、市原、二瀬、貴船口から鞍馬村（昭和二十四年四月京都市に編入）迄三里近くを歩きました。十王堂附近迄来ますと、路上に大きい大木の根を掘り起してこれを三四尺の高さに積み上げ、その上に松を挿して夜八時頃から燃やします。これが鞍馬全村、殆ど各戸で燃やしますから山村が火の明るさに照らされます。見物の人もボツボツ増加して来ます。十月下旬少し寒くなつて来ますので、この焚火に手をかざす人もあります。五丁ほどで鞍馬寺の楼門前え出ます、村では山門と云つています。ここはこの祭の中心点だけに大分人も集つております。私等はこの村に住みつき鞍馬焼の竈元をやつていました佐々木

小松明を舁ぐ少年

粛虎氏宅に入りましたが、ここは街道筋で家の前はスグ鞍馬川が流れています。今の鞍馬山荘の処であります。二十三日午前〇時頃、拍子木が聞えて来まして「神事に参らつしやーれ」と触れて来ました。これを「神事ぶれ」と云つています。この頃神社では祭典が始まつています、通道には六七才位の少年が長襦袢をきて、化粧廻しの腰に鈴や南天をつけ、白い鉢巻に黒足袋、武者草鞋、白布の肩当、これに一間位の松明を担ぎ「サイレヤ、サイリョ」と声をあげて街道をねり歩きます。この松明は身長や力量によつて大小があります。これに小さい子供は母親が附き添うて行くのもあります。この村は一本道で十丁程もありましよう。それを往復します。それが淋しくなつて来ました頃、若者達が大松明を舁いで出て来ます。この松明は太鼓柴三束程を末広に外側を竹か木端で包み藤蔓で縛り後から棒を突つ込んで作ります。裸体で肩から両手にかけて背中の部分のない船頭小手をし、締め込みの上からサガリを垂らし足は紺の脚絆、黒足袋、武者草鞋、白い鉢巻、黒襟のかかつた長襦袢、肩に雲斉の肩当をします。元気な者は長襦袢をつけていません、これ又、銘々の力量に応じた大松明を舁ぎ藤蔓を手にもつてささえます。二三十貫の重いものもあります。火が燃えて来ますと往来に投げ出して燃えかすを落し、又舁ぎます。そして「サイレー、サイリョ」の懸け声で腰で重心をとつて一歩々々歩きます。これが数

裸体の青年松明を舁ぐ　（前は鞍馬川）

十人つづいて来ます、戸毎の前の大篝火の間をこの若者達が往復します。この間に祭礼打合せの伝令が、この松明の若者達によつて下在地の大総仲間から中在地え伝えられ、此処から又別の若者によつて上在地に通知され、上在地から更に別人の使いが中在地――下在地に知らせます。それは鉾の準備や時刻の打合せ等であります。こうした使があちこちと伝えますので、「七度半の使い」と云われています。

二十三日午前〇時半、この祭で重大視します七つの鉾が出ます。蝶鉾（上の大総仲間）、観音鉾（下の大総仲間）、椿鉾（中の大総仲間、この鉾は修繕毎に名前が変つています)、竹に鳳鉾(元は百足虫でした鞍馬寺の寄進)、葵鉾(僧達仲間)その外桐、菊等があり、これに幡(ヘレンと呼んでいます)をつけますが、一番大切にしています。それは、有栖川宮、青蓮院宮の下賜の物と云います。この鉾の係は鉾元と組頭二人は裃、武者草鞋に白足袋、鉾棒持者は鉾の幡を持つ者は尻からげ、脚袢、黒足袋、武者草鞋で各保管地から出て来ます。神輿に乗ります甲冑武者も加わり、松明を手に手にもつて山門え集ります。山門前には各仲間が待構えて居り石段の上からも、下からも神輿を担ぐ若者が集ります。大松明は立てかけて火の塀をつくります。そして祭

武者と剱鉾

礼にたづさわる者全部が「サイレヤ、サイリョ」と叫んでいます。見物の衆もここが一番の見処として人又人で埋まり火の海に照されています。山門前の休憩所も桟敷を組んで多くの客を入れています。集つた鉾の人達は各仲間の間にお互に立ち並んで礼をします。

そうして午前一時、この祭礼の最高点に達します。石段の上に立てられています二本の青葉のついた精進竹に張つてあります七五三縄を地上三尺位しばります、大使仲間の一人は素袍大紋姿、袴をからげ太刀をぬいて合図を待ちます。それは多くの松明や、手松明で白昼の様です。見物も全部の人が呼吸をつめてシーンとします。合図の太鼓が鳴ると、サッとその七五三縄は切られ、待つていた神輿舁きの人々も松明持つ人々と、それに村の女達女房も娘も総出でこの由岐神社迄の急坂を三丁馳け登ります。残るのは戻つてくる神輿を待つ見物衆だけです。

由岐神社では拝殿出しの儀がありまして神輿二基を出します。鵜鳥のある方が八所明神、宝球型の方は主神の神輿で、僧達仲間の者から大総仲間え渡す儀があり、直ちに神霊移しがあり終ると掛声諸共神輿は舁ぎ上げられ八所明神の神輿は中在地以南の若者が担ぎ、先頭になり参道を下ります。列の先頭は七五三縄を切つた大使仲間の者が猿太彦（天狗の面）を捧げ、次に剣鉾が二本先供し二つの神輿の間に三本の鉾が挟まり後の神輿に二本従います。主神

大使仲間　七五三縄を切る処

の神輿は上在地（かみざいじ）以北の若者がかつぎ、両神輿に甲冑武者が一人づつ乗るのは他に例を見ません。これを役者と呼んでいます。参道の繁みの下を精進橋迄下りますと、大総仲間の者と僧達、宿直仲間の者とが諸札をします。（只礼をするだけを云います）神輿はこれから急坂を下りますので、前えのめつては前を舁ぐ若者が大怪我をしますので神輿の中央うしろに太い綱を二本結びつけ、これに全町の女達、それは亭主や息子或は親や兄弟の身の上を考え過のない様、神輿が同じ歩調で下り、辷らない様女達は「サイレヤ、サイリヨ」をくりかえしうしろへ引き戻そうとします。女達が神輿渡御に一役買う例は少ないのではないでしょうか、古くから婦人は穢があるとした考えから神事には携わらない処が多いのですが、ここは古くから男女平等に、むしろ女の力によつて無事に神事が遂行されていると云うことが出来ましょう。

サア群集の待つています山門石段に神輿が下山して来ました。神輿を正しくしようとするには前方を余程高くせないと神輿は前下りになります。そこで二本の梶棒を舁ぐ若者二人、梶棒を肩にして両足を広げて逆さ大になり、下の男（これを「チョッペン」と云います）はこれの背中にささえ尻を持ち上げて平均をとります、全く他に見ない舁ぎ方で。この重い神輿がノメッたならチョッペンの身は一番危険でありましよう。女達はこの力綱にしがみついて懸命にサイレー、サイリョを叫んでいます。

やつと坂を下りますと、三丁程南のお旅所へ向います。多くの松明に守られ、群衆は狭い道で動きもなりません。後の神輿も同じことをして下りて来ます。これもお旅所へ、ここで二基の神輿が安置せられますと町々に「神輿に参らつしやれ」と神輿ぶれが町を廻ります。大松明の上部に数本の薄板を出し、茶筌を思わしますものを神楽松明と云います。高さ三、四間、二十貫の大松明で数人で舁ぎ、これに綱をつけて子供が引いています。各町より十数本出ることもあ

神輿を舁ぐチヨッペン　後ろは婦人達

るそうですが、私が見たのは八本でした。それを「サイレー、サイリョ」の掛け声で拝殿を三回廻りこの境内を出ます。次の神楽松明が又数本立代つて拝殿を廻ります。拝殿の上では六十余の姥が巫子の姿をして鈴を持つて神楽舞をします。二組に別れ婦人が頭に御供（ごくう）を戴き、それには栗赤飯、茗荷、甘酒等倘達仲間の献饌です。これも仲々古風です。名衆仲間から撰ばれた宮司は祝詞奏上とお旅所の式典は続きます。

境内には先に神輿に乗つていた武者姿の役者もいます。剣鉾も来ています。この式典が終り、両組のものが各町々に引き上げます時は夜も明け始め（午前五時頃）燃え

拝殿前に神楽松明揃う（大正九年）

残りの松明は白煙を上げています。

これで神幸祭は終りますが、一般参観の人は神輿が山門からお旅所へ行くともう帰路につき、一行の引揚げ迄見る人は少なかつた様です。私も佐々木氏邸で徹夜で疲れましたのでしばらく眠つて、二十三日鞍馬寺住職信楽真純師を訪い、この祭が寺と無関係になつているのを惜しいと思いました。午後帰京しましたが、村では翌二十三日は還幸祭です。午後二時頃、お旅所で献饌がありまして四時頃になります。夜八時、再び「神事に参らつしやれ」と神事ぶれがありますが、見物衆は殆んどなく村の人々計りです。「七度半の使い」と云う伝令は、この度は上在地から出されます。

夜十二時頃、各町々の鉾は山門前に集ります。お旅所から二丁北で下在地の鉾と上在地の鉾は出合いまして「くらやみの諸礼」をします。双方が並びまして三歩前進し半歩退いて礼をするだけのことですが、手松明一本宛しか明(あかし)をつけませず暗いままで行いますので、こう呼んでいます。この鉾を此処に残したまま役員の人々はお旅所に集り、ここの鳥居前で下在地の代表達と諸礼をしましてお旅所境内へ入ります。拝殿前で修抜玉串の儀が行われます。それから本田楽があります。各神輿の前に名衆仲間の子供二人烏帽子水干姿で腰かけさせ、前庭には素袍大紋をからげた二人の子供を立たせます。三、四才の幼年でチョコチョコ走るのを悦びます。この子供は神輿に対して三度も突進を繰り返しまして、最後に一廻転してから突進します。終りますと「オウ」と声をかけて若者は神輿を舁ぎます。お旅所を出て還幸されます。このとき由岐大神の神輿が先に出まして鳥居を出た所で停止し、後からの八所明神の神輿を先きに出します。山門前に来ますと休憩しましてこの度は神輿の前に綱を二本結びます。この綱を村の女達が引張ってこの急坂を上ります。それでこの度は女達が先に上ります、この女達の力が落ちても、降る時の様な神輿舁ぎの

婦人達神輿に綱をつけて曳き上ぐ（片岡氏撮影）

人々を危険に陥入れることもありませんので「チョッペン」もいりません。「サイレイ、サイリョ」の金切声を上げて由岐神社へ戻ります。本殿前で早速神霊を本殿に移します。大総仲間の者から僧達仲間え返す儀礼があり、若者達には万才楽の儀がありまして、これで二日間の火祭は終了するのであります。

敗戦後の鞍馬村は町となり、村人が町の人に変つた様に、山の木は皆切つた為め永くやつていた林業も出来ず、炭焼の人もなく、耕地はなく、昔は花背などの奥地から材木、薪炭をこの村に集めて問屋がありましたがトラックで運ぶ様になつて問屋もなく、今では林業は三軒だけ他の町の人々はサラリーマンで鞍馬から通勤し、全く住宅街に変つてしまいました。まだ七つの仲間の習俗は残つてもこの町を離れる人も出来て昔の様に村の伝統をつづけることは追々出来なくなるのではありますまいか。青年達も力仕事をする人はいなくなりますから、重たい松明を舁ぐものも減じてくるでしよう。それに火祭の経費の出所がありません。鞍馬火祭協賛会が出来、種々骨を折つて永続に努力せられていますが、何分場所が限られた溪間ですから数万の観光客を迎える場所がありません。昨三十二年は神楽松明は一本も出なかつたそうです。

まだ祭礼の伝統は大方守られていますが、二十二、二十三の両日では経費も大変かかりますので昨年から二十二日夜の時間を早め、お旅所へ神輿を安置しまして儀式を行いますと二十三日の夜の還幸祭を引つづき催し、二十三日の未明には由岐神社へ還幸されて祭礼を一夜で終了することに改められたとききます。それで今日では

十月二十二日夜七時＝篝火点火、八時＝神事振れ、九時＝子供松明、午前零時（二十三日）＝山門の七五三縄切り、一時＝神輿渡御、二時＝お旅所着、三時＝神楽奉納、四時＝還幸

に改められ見るものには幸いであります。電車も午前二時頃迄つづき、朝は五時頃から運転しますから昔のことを思いますと楽に見られる様になりました。

一番よい見物場所は山門前の茶店や有料桟敷え入ることですが、ここえ余地のない程群集が集まりますから子供連れは危険でしょう。それに山間だけに寒いです。冬着仕度か外套でも用意されるのがよいかと思います。

お土産はこれと云うものはありませんが土地で作るものは〃木の芽煮〃でしょう。山椒の葉と皮と共に醤油で煮つめて細く刻んだもの、大原女人形、天狗の面や玩具等も山門から駅売

店に列んでいます。簡単な食事も出来ます。

余聞

○　相殿として祀られていますハ所明神は今も鞍馬寺本堂の傍にも祀られています。何かの理由で由岐神社に合祀せられたのが、改め寺で祀られて二ケ所になつたとも考えられます。こうした例は沢山にありあます。

○　七つの仲間　は鞍馬寺の隆盛な頃の寺に属していた僧兵に類していたものと思われます。それが寺属から別れ、村え下りて銘々で生業を見付け妻を娶り村人となり、寺の行事等に何々仲間として働くことになり、間接寺に連なつて今日に及んでいるものと思われます。

○　この火祭はいつ始められたかもわかりませんですし、今の様な裸に近い姿で舁いだりする風習がいつ生れたかもわかつていません。仲間の記録によつて、徳川時代宝暦四年（一七五四）のものに今の様な祭礼になつていたことがわかります。私の出かけました大正頃は、「祭は吾々がやつているので他所から見に来るもの等にはかまうことはない」と云つたことを若者から聞きましたが、これも時代で変つて来ました。然しどこの祭にもつきものの飲食は、ことに村と云つています土地は、行事も大切でしようが、何より飲む食うことの自由を楽んだもので、重い松明を持つのも酒の力でと云うわけです。二十二日は朝から栗赤飯をたき、或は鯖ずしを用意して客にも家族も共に食します。

○　古くは九月三日から三日間行われましたが、八、九両日にちじめられ、九月九日は由岐神社が御所から遷座の記念日だからと云われ、太陽暦に直して十月二十二、三日と改めたと云います。十月十六日から関係者は潔斉に入り、家の内外も掃除し、飲食物も新たにし、外客えの煮焚の火も別にします。こうした習慣は所々にも見られ、

少　年　松　明　（大正九年十月二十二日）

加茂の勝手火等賀茂の人は年中、来客とは同じ火を使用しなかつたと云います。大総仲間は七五三縄を戸口に張り、表に青竹で垣を作ります。宵夜には掃き清めた軒先の神燈の提灯にも献灯し、十九日から村一般の人々も潔斉します。この年に死人を出した家、出産した家は不浄だとしまして、二十二、三日戸を閉めて謹慎し、止むなく外出の時は鞍馬川の川伝いで笠を被つたり帽子を冠つて通行します。特殊な役目を持つ人は七五三縄を張り「神事につき不浄の者入るべからず」と記して表に張ります。こうした不浄を忌むことは何処にも見られます。殊に出産の家も穢れありと見なしているのに、神輿に一村の婦人が参加を許されているのは珍しいと思います。神も夫や息子等の神輿を舁ぐ男の身の上を案じ、婦人の穢れを忘れて手伝わされたものと思われます。

この祭礼には音楽らしいものは殆どきけません。太鼓をどんどん敲く事もありません。ただ「サイレイ、サイリヨ」を叫ぶだけです。

この祭で一番珍しいチョッペンの写真が見つかりません。幸い宮尾しげを氏とこの祭を見に参りました大正十五年、四、五回東京毎夕新聞に連載されました挿絵の中にこの図がありましたので紹介致しました。

鞍馬寺の竹伐会式は徳川時代の地誌や随筆にも紹介せられていますのに、それよりも永い時間火の祭典として立派なこの鞍馬の火祭が記された古いものがありません。私の知つています限りでは川村文芽氏が明治時代に文芸倶楽部にかかれたのが一番古い様です。佐々木嘯虎氏が大正八年十月郷土趣味に書かれています。今火祭の絵はがきはありませんが、大正年間私等の手で写真を森田氏にとつて貰い、五枚一組にして作りました。本輯に皆挿入しました。

これだけ火を扱い、町の人々は歩くのに必す手松明を持つことになつていますし、火の子も散りますが、不思議と昔から火事になつたことがないと云われています。

表紙写真

鞍馬

由岐神社

火祭　七五三縄

切り前の松明集

合

昭和三十三年十月十二日　発行

〔価　三百円〕

著　者　田中緑紅

京都市堺町通三条下ル

代表者　鳥居郊善

印刷所　協和印刷株式会社

電⑥三九四四・六七六八

京都市東山区東大路松原上ル

安井金比羅宮内

発行所　京を語る会

電話⑥五一二七番

振替大阪三七三五五番

京都市上京区智恵光院通五辻上ル

本隆寺内

京を語る会西陣支部

電話㊹五七六二番

《復刻にあたって》

一、本復刻版は、田中喜代様所蔵の原本を使用しました。記して感謝申し上げます。

一、復刻版には、借用した原本の都合で初版と再版が混在しています。また、原本奥付に紙を貼付して新価格を表示している場合もそのまま復刻しました。

一、文中に、人権の見地から不適切な語句・表現・論、また明らかな学問上の誤りがある場合も、歴史的資料の復刻という性質上、そのまま収録しました。

一、表紙の背文字は、原本の表示に基づいて新たに組んだものですが、一部訂正や省略をしました。

緑紅叢書　復刻版

第1回配本（全26冊）

秋の奇祭〔緑紅叢書2の6（18）〕

2018年10月31日　発行

揃定価　39,000円+税

発行者　越水　治

発行所　株式会社　三人社

京都市左京区吉田二本松町4　白亜荘

電話075（762）0368

乱丁・落丁はお取替えいたします。

コード　ISBN978-4-908976-90-2

セットコードISBN978-4-908976-72-8

緑紅叢書

第二年第七輯
第十九輯

西陣を語る　第一話

千両の辻

田中緑紅

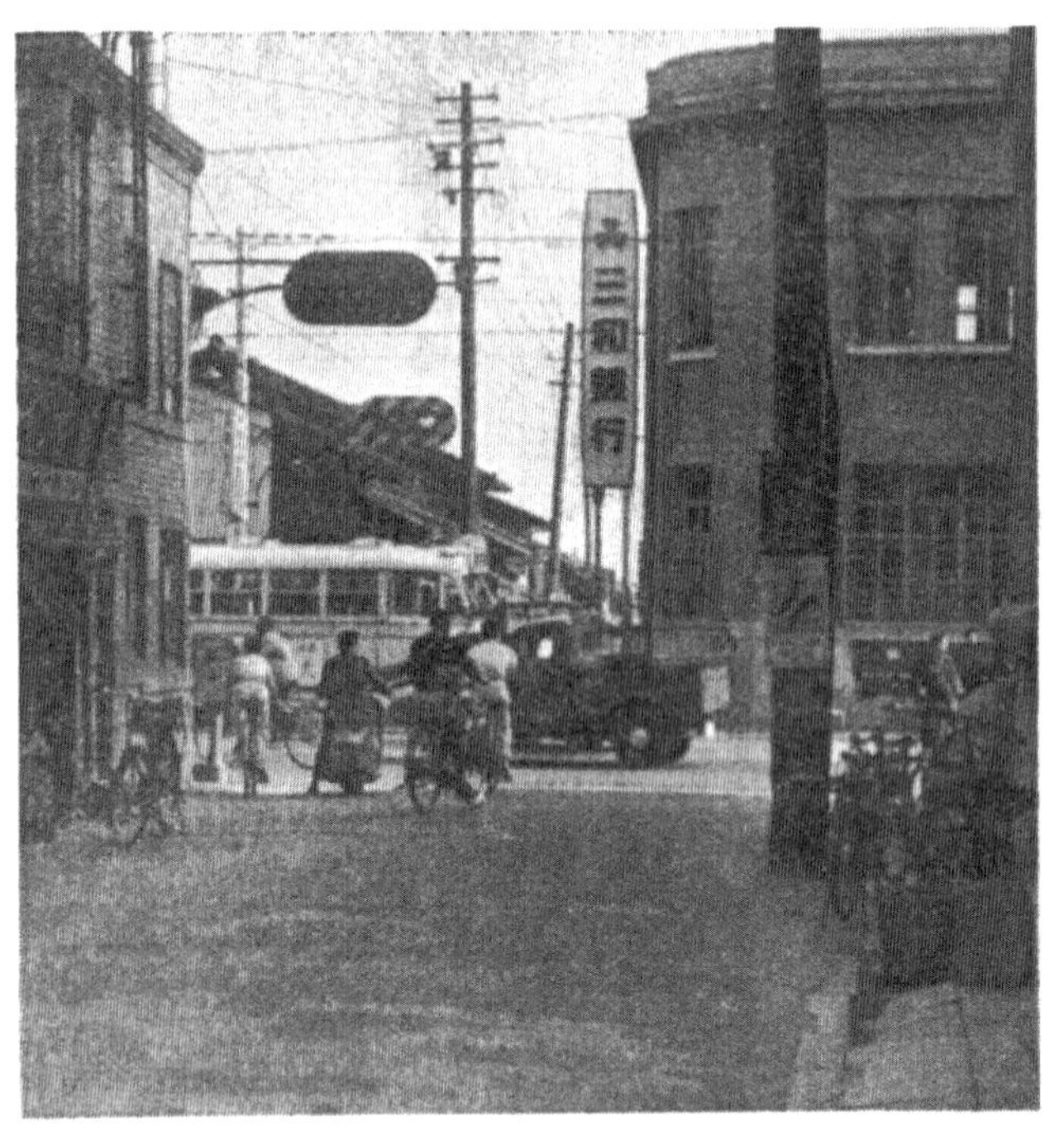

千両の辻

西陣大宮 今出川角

——京都新聞社提供——

はじめに

西陣と云う区域は昔からありません。時代々々で変つています。この「西陣を語る」は何冊になりますか三、四冊になるかと思います。この「千両ヶ辻」は東は堀川の辺、西は浄福寺通、北は上立売通辺、南は中立売辺としまして資料を集めて見ました。

織物のことは今迄に沢山専門書が出版せられていますので、ここには一切触れないことにしました。

西陣の名称は応仁乱から起りました。その応仁乱を記したいと思いましたが、予定の頁数になりましたので次の機会に譲ります。

案外資料がありませいで骨が折れました。本隆寺の林日邱師、知恵光院水谷徹成師から資料を頂き、雨宝院谷田隆雄師、竹内隆治郎氏から種々お話を伺いました。写真は石川実氏に援助して頂きました。皆業の御厚意を御礼申します。

昭和三十三年十一月十一日

目次

千両ケ辻

大宮通今出川の角を千両ケ辻と云つていました。十両とつても首の飛ぶ徳川時代、この辺が西陣織屋街の中心でありまして、大宮通今出川下つた辺から、上つた町、五辻を東西に糸問屋の大家がならんでいまして糸屋町八丁と云いました。それへ毎日千貫千両の値打のある、糸や織物が通つたので、この千両ケ辻の名で呼ばれる様になりました。

それは西陣の誇りであります。恐らく享保頃からこう云つて、京の街に一日に千両の品を通らす処はあるかい、西陣にはチヤンとあるぞと鼻を高くしたものでしよう。「五辻はな、糸屋の大旦那はんばつかり居やはつたとこどした。殿村はんに、東西の竹上はん、島田はん、小関はん、森庄はん、どこも三十人、四十人と店のものを使うていやはりました。夕方になつたら、よい着物を着た番頭はんが上七軒の芸子はんを連れて歩いていやはりました。」七十姥の思い出話。それが全部と云つてよい程変つてしまいました。織屋は三代と続かないとも聞きました。千両ケ辻の名はもう忘れられています。そして今はもつと大きい金が、この附近の銀行から日本銀行へ自動車で運ばれているでしよう。だが西陣の名と共に千両ケ辻の名も残してほしいものと思います。

西陣織物館——西陣の変遷

今出川通大宮東入北側にあります。

応仁の乱でこの辺始め、京都全部が焼野原となり、庶民は各地へ避難しました。西陣方面の人々で泉州堺へ移住した人も多く、堺はその頃の貿易港として諸外国の織物等が輸入せられましたのを見て啓発されたと云います。その人達が西陣へ戻り、機業をやり徳川の初期には室町より大宮通、一条から丸太町辺の街々は昔の様な碁盤目の街になり、あちこちに機の音が聞える様になり、西陣の機業が再興して来ました。元禄享保頃は泰平無事な世で、皇室公卿将軍大名、社寺等より高級な帛の注文が来る様になり、製品

西陣織物館前　　記念碑

の種類も、機屋も増加し、鞍馬口、千本と西陣区域は拡がつて来ました。西陣織はこの頃に基礎が出来たと云つてよいでしよう。処が、各地方でも織屋が出来まして盛んにやり出しましたので西陣は延びなやんだ形でした。明治になりますと洋服が入つて来たり、天皇が東京へ移られ、京の経済界も不振、西陣も衰微しました。二十余年間は西陣の更年期でした。織法も染色法も変れば職工養成も、取引の仕方も変り改善に努めて西陣の名誉のため全力をつくし新時代に応ずる様にしました。大正初年には御前通の辺、昭和になつて西は等持院辺、北は紫竹をこして鷹峰辺迄と機業者は追々増加し東西三粁余、南北四粁に渡る広い地区になりました。

機織法が研究せられ、同業者間では組合をつくり明治四十一年烏丸上立売上る地を求め、四十二年三月染織試験場を作り諸機械を動かしました。処が時代は日進月歩、組合の仕事よりもつと大きいものにしたいと大正五年九月これを市に寄附し、市立染織試験場となりました。

西陣織が立派なものだからと安閑としていられぬ時代になつています。古今東西の優秀な織物を集め、同業者の参考にしたらとの説が起り大正二年今の地に組合事務所と織物館を建設する事になり、大正四年十月五日竣工し開館しました。

当時はこと織物に関する名家秘蔵品の陳列会やそれに因んだ古代人形展や、古代裂、名物裂の展観など続々催されました。田畑庄三郎、池田有蔵、鳥居栄太郎等の人々の努力は大変なことでした。その後平凡に過した様でしたが、昭和二十年前後、又も世の中が変り、組合も変り殆ど休館のままの様でした。近年着尺組合と西陣絹人絹織物工業組合の事務所となり、この館は運営委員が維持して行くことになり、市の観光に一役買い遊覧パスはここに停つて西陣織の様子や製品を無料で見せることにしました。

本館前に荒木京大総長の篆額西陣織物顕彰記念碑が昭和三年十一月に建てられました。その碑文で

古来朝廷ニハ大蔵省ニ織部司アリテ綾錦ヲ織リ及ビ染物ノ事ヲ掌レリ後其業民間ニ移リ織工等大舎人座ヲ組織シテ高機ヲ携ヘテ大舎人織手師ト呼バル応仁ノ乱ニ東西ノ両軍京都ニ割拠シテ攻戦十一年ニ及ビ其間西軍ハ五辻道大宮東入ル山名宗全ノ邸ヲ中心トシテ堀川以西一条北ノ辺ニ駐屯セシヨリ此一画ヲ呼ンデ西陣トイフ是時ニ当リテ戦乱相次ギ京都ノ織工多ク難ヲ避ケテ和泉堺ノ海浜ニ居住セリ堺ハ乱中幕府ノ遣明船発着ノ港トナリ貿易殷賑ヲ極メタル乱平ギシ後京都ノ織工帰リテ西陣ノ地白雲村ニ居リ明ノ織法ヲ伝ヘテ其面目ヲ新メタリ天文中大舎人座中三十一人アリシガ元亀二年其六人ヲ内蔵寮織物司ニ補セラレ御寮織物師ト号ス

天正中豊臣秀吉白雲ノ水質不良ナルヲ以テ出在家ニ移セリトイフ此前後ヨリ印度支那及ビ西洋諸国ノ織物ヲ伝ヘテ其業益精シク機業ノ隆盛ヲ来スト共ニ織工ノ家西陣ノ故地ニ櫛比シ西陣織物ノ盛名宇内ニ喧伝セラルルニ至レリ今茲ニ西陣発源ノ地トシテ碑ヲ建テ其来歴ヲ明ラカニス

文学博士　三浦周行撰　　山田得多書

昭和三年十一月

山名宗全ノ館址 ——山名町——

上立売の南通堀川西入町に応仁文明の乱を起した山名宗全の館がありましたので山名町と呼んでおります。

山名は清和源氏、新田義重の長子義範が上野国新田郡山名を領しまして以来山名姓となりました。源頼朝の御家人となり時氏の時足利尊氏に属して功を立て伯耆の国主となりました。その時氏の子氏清は楠木、和田を討ち破り、丹波、美作、因幡の守護となり、一族で十一ケ国を領しました。持豊(モチトヨ)(宗全)

山名町北側にあり

は応永十一年（一四〇四）に生れ幼名を小次郎と云い出家して宗全を名乗りました。永享七年（一四三五）家督を継ぎ但馬、因幡、伯耆の守護となり、諸将と謀り足利義政を将軍としました。嘉吉の変に赤松満祐を討つた功績で播磨国を領し、一時衰えました山名家を再興しました。しかしこの持豊は性質が驕慢なので義政将軍は憎んで持豊を殺してしまおうとしました。それを細川勝元の取持でこの話は一応納まりました。それで持豊の子教豊を代りに出仕させ、自分は但馬に行つてしまいました。後になると赤松家を勝元が再興させましたことから、勝元を憎むことになり対立する様になりました。許されて京都に帰り、ついに応仁の乱となつて京都全市を灰燼にしてしまい、この山名の邸も応仁元年五月二十六日、兵火に全焼し再建しましたが、持豊歿後西軍解散と共にこの館も廃されてしまいました。宗全はこの乱中文明五年三月十八日七九才で病死しました。法名遠碧院殿最高峰公大禅門と云い南禅寺塔頭真乗院に葬り、大正十一年修築しました。持豊歿後山名家は追々に衰え但馬村岡だけの領主となり明治になりました。町内北側に「山名宗全旧蹟」の自然石の碑を建てました。この宗全を中心に西陣の名が出来ました。もつと意義のある戦ならしようがないと思いますが、自分たちだけのことから京都を灰にしてしまつたひどい男だと思つています。

元伊佐町

この町は今出川通猪熊より西へ、大宮東入辺一帯を云いましてその北側に西陣織物館があり、その北裏に織田稲荷社があるわけです。天文年中（一五三〇－一五五〇）足利義輝の臣で野本式部少輔輝久の妻、久我晴通の女で伊佐と云う女、輝久が死にますとこの地に草庵をつくり、尼となり法華宗日安を師として妙法尼と云い、この寺を亡夫の法名をとつて恵光寺と名付けました。こう云う寺がある町は寺名をとつて恵光町とかする例は沢山にありますが、この町はこの妙法尼の俗名の伊佐をとつて伊佐町としましたのは京都の町名としては珍らしいことです。妙法尼述懐の歌「なき人の手向となせし法の花このみの残る世こそつらけれ」

処でこの寺はこの町になく、天正年中浄福寺通笹屋町下る東側に移転し日蓮宗本国寺に属し、慧光寺としています。伊佐町を移転し烏丸上長者町に来ました。この頃から秘法の目薬を製し頒布しました。この地に移つてからもこの目薬を製しておりました。享保十五年の火事に類焼し今の建物はその後のものであります。

大宮上立売上ル一筋目西入を伊佐町と云いますが、この元伊佐町とは関係なく伊佐殿町又伊佐の辻子とも呼び、その町名起原はわかつておりません。

信長の首を埋めた阿弥陀寺 ——織田稲荷祠——

織田信長は秀吉を中国高松城に毛利を攻めにやりましたが、ラチがあかないので明智光秀に応援を命じ、自分は少数の部下と本能寺へ宿をとりました。天正十年六月一日のことです。この頃上立売猪熊西入辺から今出川に及ぶ広大な地に阿弥陀寺がありました。今も西陣小学校の西に阿弥陀寺町と町名に残つています。この寺は元、近江国坂本にありましたが、元亀元年八月正親町天皇より綸旨を賜いここに堂宇を建立し阿弥陀如来を本尊とし寺名としました。ここの住職の清玉和尚は幼時織田家で養育せられ後僧となり、この寺の住職になりましたので、織田家とは昵懇にしていました。六月一日信長が本能寺へ来たことを知り八十余才の清玉和尚は本能寺へ訪ねに行き永く話して戻りました。光秀が信長を襲つたのはその翌日未明です。寺は炎上し大混乱です。信長の身の上を案じました清玉上人は二、三の僧と本能寺へ行きました。西の正門から南北の方もまだ燃えつづけています。東側高塀の一部に西洞院川よりの水門がありましたので、それから入つて、信長と対面したあたり、寺の東北隅らしかつた様です。死体を捜しましたが焼けて判然としません。焼け残りの白い衣服、それは信長と対面した時着ていたものでしたので、その死体から首をとり、そのキレに包んで、阿弥陀寺へ持ち帰り、とにかく境内の南端近くに埋めました。それから森蘭丸始め信長方の家臣の遺骨を集め百二十人の墓を作つたと云います。それから三年目、豊臣秀吉関白に任ぜられ、京都の都市計画をやり町々の寺院を東の京極大路東側に集め、その裏にお土居を築きました。その時この阿弥陀寺は寺町今出川上る五丁目に移りました。そして信長とその長子信忠の墓二基をならべ、その北側に蘭丸始め家臣の墓もここに移しました。

その元地黒門通今出川上る西側に小祠を建て、後稲荷を祀つて織田稲荷社として今日も町内で祀られています。明治十三年六月船岡山東麓に信長を神として（信長が衰微した皇室を助けた功績を讃え）別格官幣社建勲神社を創設せられました。今東山上に移されました。十五年この地が信長首塚の址と云うゆかりの地として建勲神社のお旅所としましたが、いつか止めてしまいました。この話はその当時秀吉が知らなかつたのか、何か他の理由がありましたか、秀吉は船岡山で丁重な法要を連日営み信長の木像を焼きその灰を埋めて五輪の大きい塔をつくり寺を建て、正親町天皇の勅使を迎え大徳寺山内総見院をつくりました。ここで墓が二つ出来たことになります。そのいきさつが知りたいと思つております。信長の木像は今の阿弥陀寺にも、大徳寺方丈にもあります。

村雲 ——草子洗井——

堀川通一条上つた辺一帯の地名を村雲と云います。昔から村雲村と云つていた様で、この堀川辺から西の方数ケ町を云つたらしいです。堀川を村雲川の別名もあります。冷泉大納言藤原為益がこの地に住んでおり、村雲大納言と云つていたと云いますからこれから出た地名かと確井小三郎氏は云つています。東堀川一条上るに足利直義が僧妙喆をして一寺を建立し大休寺と云い、丈六の盧舎那仏を本尊としました。東西一丁、南北二丁の大きい寺であつたと云います。これを村雲寺又雲の寺と云つたと云い、堀川元誓願寺の橋を村雲橋と云い反橋であつたそうです。六百年程前のことらしいです。

寺は応仁元年五月二十六日、寄手は雲の寺に火をかけ、一丈六尺の盧舎那仏、多宝塔倉庫、方丈を焼きました。その後この寺は再建されていませんが、太平記巻二十六に、「聽て一条堀川村雲の反橋と云所に寺を立て、宗風を開基するに左兵衛督日夜の参学、朝夕の法談、隙なければ、基趣に随わん為に、山門寺門の貫首、宗を改めて衣鉢を持ち、五山十刹の長老も風を顧て吹挙に臨む、況乎卿相雲客の交り近つき給ふ有様奉行頭人諛たる体語るに言も及ばず、車馬門前に立ち列び、僧俗堂上に群集す、其一日の布施物一座の引手物なんど集めば山の如く積む可し」

この辺の東方は民家もなく東山の方が一望にながめられた時代がありまして、東山より出る月が、信濃更級の景に似ていると云うので更級（サラシナ）とも佐良志野とも云つたとやら、その南の小川の流を佐良志野川と云つたとの説もあります。

一条堀川の東北角は古く近衛家の所有地でありましたが、後太閤屋敷と云いました。又小出勢州屋敷になつたと云います。ここに立派な枝の垂れた松がありまして下り松と云いました。一条の下り松は、一乗寺の下り松と混同し平の敦盛が子を捨てたのはこの辺だと云います。この松は夙くなくなりましたが、その下に井水があり清和水、更級井等と呼び、これが草紙洗井で、謡曲の「草子洗小町」から生れた謡曲名所であります。御所で御歌合せがあり大伴黒主は小野小町の相手と定められました。黒主は小町の敵でありません。敗けるのも恥しく、小町の私宅に忍び入り、小町の歌を聞き、そこを万葉集にかき入れ古歌であると計りました。清凉殿の歌合せには、天皇始め紀貫之等多くの歌人が集まりました。先づ小町が自分の歌「水辺の草蒔かなくに何を種とて浮草の波のうねうね生ひ茂るらん」と読みますと、黒主はそれは万葉集にのつている古歌を小町が盗んだのだと云いはり、証拠にその草子を出しましたので、小町はこれは入筆したものであるから、洗えば消えようと云いまして遂に皆の前でこの草紙を洗いますと、その加筆は皆消えて大伴の計略も大失敗に終つたと云うのです。その草紙を洗つた水がこれと云うのだと云い出しました。私が三十年程前に見に参りました時は大きい構えの家で、草の茂つた西南隅に野井戸がありまして、これが草子洗井だとききました。こうした伝説からこの井戸の辺に小町塔があつたそうですが、私はそんなものは見ませんでした。

村雲御所――瑞竜寺――

西堀川元誓願寺上る日蓮宗本圀寺末の尼僧門跡であります。文禄四年関白秀次は高野山で養父秀吉の命で自刃しました。秀次の実母は秀吉の姉です。我子の死を悲しみ尼となり日秀と称し秀次の菩提の為め村雲の地に一寺を建立し、題目宝塔釈迦多宝仏を本尊としました。後陽成天皇は瑞竜寺の名称を賜い寺領千石を寄せられました。寺格を黒御所に定められ、紫衣を許されました。寛永二年将軍徳川家光が上洛の時二条城内の一棟を寄進して客殿としました。そして五百石を加増しています。この建物は天明八年の大火に類焼し今のはその後のものです。歴世尼宮とし五摂家及宮家より住持されましたので地名をとつて村雲御所と云いました。これは明和元年十二月二十八日、瑞竜寺を自今村雲御所と称す可しと摂政より命ぜらると「六条家記録」にあります。今千七百六十七坪余を占めています。

我々は御所と云いますと天皇の皇居を云うとのみ思い、大方の方もそう思つているのではないでしょうか。処が古くから御所は天皇だけでなく、上皇、三后（太皇大后、皇太后、皇后）親王、将軍、大臣等の住所も御所と呼びます。それで京都には御所八幡宮（足利の御所の鎮守）八条にある御所の内町（清盛の屋敷址）今熊野御所坂とか御所ノ井、岡崎御所町等々の名が残つてをります。誰れか高貴な方の住居されていた処と知つてよい様です。

瑞竜寺門前

門跡の内八世常光院日円は有栖川宮音仁親王の王女、九世瑞正文院日尊は伏見宮貞敬親王の王女、十世瑞法光院日栄は伏見宮邦家親王の王女で文久二年六月二日八才で得度せられ大正九年三月二十二日六十六で歿せられました。十一世現門跡は仙石元子爵家の出で九条日浄と云います。ここの門跡は九条家の猶子になることになつています。

猶子とは何処の後続ぎになる人は、何々家の名義だけを借りないと世継になれない掟の家があり、この瑞竜寺は九条家とは何等縁故はなくとも、九条家猶子でないと世継になれませんので、ここの住職になる人は九条家へ使者を出し、今度何人が瑞竜寺の住職になりますので九条家の猶子をお認め下さいと云う挨拶をするだけの一つの儀礼となつています。それで九条は名乗つても九条家の吉兆にも出て来ません。全く名でだけの九条なのです。古来歴史の上には猶子の文字が見られ、養子と混同しますが、一寸違う様です。

大正頃、尼門跡と云うと村雲日栄尼の名ばかり新聞などに出まして、尼門跡代表の豪い方と思つていました。天皇皇族の出入に村雲尼公の送迎、何処そこへ村雲尼公臨席と云うぐ合でした。この頃宮家の王女が尼になつていられたのはこの方だけでしたので、皇族扱いで代表に世間がしてしまつたのです。尼門跡は内親王、王女、摂家の娘がなりましたので、我国には十五ケ寺あり、京都には十二ケ寺あり、その順序も厳しく第一は大聖寺（烏丸今出川上ル）の御寺御所、第二は宝鏡寺(寺之内堀川東入)百々御所、この瑞竜寺は九位になつており、今日ではどの尼僧門跡も旧華族の娘が住職で門跡の名も追々寺格だけで住職は平民になつてしまいましよう。

各寺はその境内に墳墓のある処はなく、別に墓地寺があります。この瑞竜寺は左京区神楽岡善正寺内に一域をなして秀次の正墓（木屋町三条下ル瑞泉寺は首塚と云つています）を始め門跡代々の墳墓もここにあります。

晴明神社

葭屋町通元誓願寺下る晴明町西側にこの神社があり、祭神は安倍晴明、倉稲魂命でありま
す。この地が安倍晴明の宅址だとの説もあり、町名もこれから出来ています。今日西堀川通が

晴明神社本殿

疎開し民家がなくなりましたので、石の鳥居や石高麗狗がならび堀川通から葭屋町にかけ通路が出たことになり神社は立派に見られる様になりました。

この社の創立は不詳ですが、絹本着色の晴明朝臣の画像、尊智法眼の筆と云い、本朝画史には「頗る健筆にして其相好端厳漫に犯すべからず、実に神品たり」と云っております。この社は天明八年、安政元年の大火に類焼して社記を焼いてわかりません。維新の時

この社は廃社になろうとしたので、七野神社から紀氏稲荷社を移し稲荷社として残存を許されました。この稲荷社は本社の北東に東面して祀られています。今は斉稲荷社と呼び一尺位の稲を荷う神像を祀り、清閑寺家に祀られていた稲荷社もここに合祀してあります。その東南向の末社は昭和三十一年、堀川一条上ル堀川上ノ町に大日堂があり、その下に井戸がありまして水神明王として祀られていました。それを当社に移し地主明王社と共に祀りました。次に秋葉明神の社、これも西堀川一条上ル北部に松平高松藩邸がありましてここに大きい銀杏があり、その木に天狗が棲むと云うのでその根元に秋葉権現を祀り藩の鎮守としていました。この藩邸もなくなり町内で祀っていましたが、当社の末社として祀ることになりました。二戸の祠は元誓願寺通堀川西入小野猪之助方に祀られていた天満宮、又一つには春日神をお祀りし、小さい絵馬堂もあります。晴明水は本社の裏にあります。

この社の社紋は晴明桔梗とて☆ペンタグラム又五芒星と呼んでいます。外国にもある悪魔退散の呪の形だと云います。八月の大文字もこの形の端を結びますと大になります。弘法大師はこの形をとつて大の字とし、五穀豊穣天下泰平を祈つたと云われます。社では当社だけの紋ですが、鞍馬口の閑臥庵が鎮宅霊符神を祀り、これを寺紋としています。

当社の祭礼は九月二十六日、午後三時一丁余の行列がこの附近を廻ります。劔鉾二本、獅子、幸鉾、神輿一基、八乙女、四神稚児、神具稚児に少女をつかっています。

この安倍晴明は平安朝時代の天文学者で、安倍大膳大夫益材の子、賀茂忠行やその子保憲に就て陰陽学、推算、天文を学び、後には大膳大夫、右京大夫、播磨守等に歴任し、従四位天文博士になりました。寛和二年（九八六）六月二十二日京の夏は暑く、眠れぬまま、庭前に出て床几の上で寝転んでいました処、空は冴えて星は一杯大空に輝いています。突然星が落ちました。晴明は天皇の身辺に異変があると見まして、夜中乍ら改衣参内しました。宮中は何事もなかつた様に静まり返つています。ヤットのことで花山天皇が宮中を逃れ出られたことに気がつきました。矢張り晴明は天文でこれを知つたことになります。

花山天皇は十七才で即位されました。この頃藤原家の内で勢力争いが激しく、その内に天皇は女色にふけり特に藤原為光（ためてる）の女で美人の〓子（よしこ）を愛し弘徽殿女御と呼んで大変熱中しました。女御は懐妊しました。この頃懐妊しますと里へ帰り出産する習慣でしたが、天皇は帰さないで寵愛を続け、病人になり漸く里へ帰しました。然し天皇はまもなく参内を命じて引とめ、弘徽殿女御は重体となり父為光に引とられて間もなく十七才で亡くなりました。天皇は大変落胆して、右大臣兼家に出家になりたいともらしましたので、兼家は子道兼と共にしきりに柢子の冥福を祈る為めにも僧になる事をすすめ秘にお伴して宮中をぬけ出て渋谷越えを通り花山村元慶寺に、在位一年十ケ月で退位落飾せられました。入覚と号し花山法皇と云いました。西国巡礼を創立されたとか、復興せられたと云う話も出ました。兼家は出家せず、その孫懐仁を天皇とし一条天皇七才で位につかれ、兼家が摂政となり天皇を無視した行動が多かつたと云います。

処でこの安倍晴明と云いますと古い種々の本には十二神呪が大きく記されています。晴明の住居から一丁たらずの堀川に架る戻橋があります。晴明は鬼の形をした職神を十二体作りこれに種々な用事をさせました。処が晴明の妻はこの十二の職神が昼間はよいのですが、夜になると人形ですから食べることも眠ることもないので夜中うろうろします。思いがけぬ処で鬼が出てくるので、夜だけ何とかしてほしいと云いました。晴明はそれを入れてこの戻橋の橋の下へ魂をぬいて十二体を吊りました。処が中にはこの魂を抜くことを忘れた鬼が近くの宮中へ入つて女官を襲うたと云います。又橋の下に入れてあります鬼の話を聞いて橋占をしたと云います。吉凶を橋の袂にいて通行する人の話にて占うのが橋占、四辻で通行人の話を占うのが辻占と云います。治承二年十一月十二日、中宮御難産の時二位殿この戻橋の東の詰に車を留められ橋占を問われたと源平盛衰記に出ております。

晴明は「古事略決」「金烏玉兎集」を著し、その子孫は代々陰陽学、天文、暦道を伝へ安倍神道、天社神道、安家（あんけ）神道、土御門（つちみかど）神道等と云います。土御門家は晴明十九世の孫有修の時従三位に叙せられ土御門の称号を用ゆる様になりました。江戸時代の末御前通七条下ルに移り、ここに天文を調べ、近くの梅林寺にその墓があります。

一説に晴明邸は上長者町通新町西入北側にあつたと云います。上長者通は昔の土御門通りですから、晴明の子孫を土御門家と云われるのは、この名から出たとも云います。大鏡や宇治拾遺物語にも出て来ます。

戻橋

平安京は北一条から、南九条迄ありました。その頃の大内裡（皇居）は一条—二条、東の大宮—西の大宮（今の御前通）でありました。そして堀川の一条に架つている橋を土御門堀川橋と云いました。皇居に近い北の幹道に当り周囲は政府の役人の住居が沢山にあつたことも考へられます。源の頼光等が皇居を守つていた頃は千年程昔で菅原道真歿後六、七十年、紫式部が源氏物語を書いていた時分で一応平安京も百五十年経過して町らしいものになつていたことでしよ。然し既にこの頃京都の入口である羅生門は傷み天延二年二月渡辺綱が羅生門で鬼の腕を取つたと云う様な話が伝はつております。その頃を考へ、大平記にある渡辺綱が美女に化した鬼に出会つた話などから、寛政十二年江戸河原崎座の顔見世狂言に「戻橋綱顔鏡」を上演し、それを河竹黙阿弥が竹本、常磐津をあしらつて明治廿三年十月「戻橋」と書き改め菊五郎の小百合実は鬼女が好評で、その後音羽家系の十八番となり先代梅幸が再三上演しました。町家の間の戻橋では芝居にならず、野原の淋しい背景になつています。

いづくにも帰るさまのみ渡ればや、もどり橋とや人のいふらむ　　和泉式部

この土御門橋が戻橋と呼ばれる様になりましたが、昌泰四年（九〇一）文章博士となつた三

善清行（ヨシキヨユキ）と云う学者がありました、この人の八男に浄蔵貴所と云ふ修験者の有名な人がいました、八坂塔の傾いたのを祈祷して直したとか、加茂川の流を北え流したとか奇瑞を沢山に行つた人です、吉野山中で修行中、京の父清行が重病の報をきき急いで帰京しこの橋迄来ますと葬列に出合い、それが父の棺と知り、列を止めて肝膽をくだき念珠をもみ、大小の神祇を祈り、咒力陀羅尼の徳により閻羅王界に撤じ死んだ父が生き戻りました、悦んで共に宅へ戻つたと云います、それから戻橋と云ふ様になりました。この説が種々な本に記されていて、戻橋と云ふとこの話でした、処が左京区田中馬場町千菜寺（光福寺）に二度の観世音と云う変つた名の観音像があります、どうしてこんな名がついたのか不明でしたが、昭和廿八年秋、その略縁起の版木が出て来ました、それによりますと、人皇六十三代冷泉院の御宇藤原知晴と云う人天皇から罰を受け摂州難波の浦に流されました。この知晴は常にこの観世音を信仰しておりましたので配所にありましても常に宝号を唱えておりました、或夜夢の中にこの観音が告げられますのに「汝の罪を赦されて再び都え帰へられるであろう」とのことで知晴は大変感激しまして、夢がさめてからも観音経を誦え観音大士のお告を有難く思い、そーと都え上り、日々安養谷のこの観世音に日参し九十九日になり明れば百日の満参になると悦び一条堀川の橋を通りますと不思儀な子供、それは何とも云えぬ貴い顔をした天から降られた童子が顕はれ、和晴に告げられ「汝は信心堅固で吾前に詣ること百日になつたので、汝の願をかなえてやろう」と姿が見えなくなりました。知晴は有難く思い、自宅へ戻らないでこの橋から引き返えして観世音の宝前に厚く御礼申し上げました、一日に二度お詣りしましたので二度の観世音と称え、また橋を戻り橋と名づくることになりました、いま云ふ戻橋はこの橋のことであります。この観音は恵心僧都の妹、安養尼の守本尊でありました、百七代正親町天皇の皇孫一品式部卿智仁親王、太閤秀吉の猶子となり八条の宮といいました、この宮の宝庫に納められ文禄四年七月秀吉の命により堂宇を六斉念仏の総本山干菜山斉教院光福寺境内に建立しこの堂に安置することになりました。これは今迄に見ない記録であります。

橋占のことは晴明社の項で記しましたが、晴明が十二の職神を置いたこと、吉凶判断をこの橋の畔に居て、問ふとこの職神が通行人にとりついて話すのでこれを聞いて占つたと、恵心僧都は西方往生の得否をこの橋占で占つたと念仏三心要集に出ています。また法然上人の弟子西山上人が出家する時、その母親がこの橋で占つたと証空の伝記に出ています。

また古老の話として橋の辺の土中一丈計りの下に石櫃の如きものを畳み蓋をしたものがあり

先年洪水の時これが見えましたが、皆恐をなして土をかむせて埋めたと云います。

徳川時代の末になりまして毎年十二月二十日を果の二十日と云いまして、罪人を牢屋から引き出し、裸馬にのせ、非人は罪状の札を立てて町廻りをします、六角神泉苑の獄から数人の罪人がならんで出ます、三条―油小路―一条通―戻橋引返へし一条―室町―三条―新町―松原―寺町―三条―粟田口刑場へと歩きます、戻橋へ来ますと罪人は馬から下ろされ、戻橋の上で、橋の東詰南側の花屋から供花を、同北側の餅屋からオケソクを貰い、役人はこの次人間に生れてくる時は真人間に戻れよと云い渡し、その為めわざわざ三条から十三丁北のこの橋迄連れてくるのだといいました、この花屋は私は存じませんが、大正の頃迄北側の餅屋がありまして古い木印を捺して貰いに行つたことがあります。

橋は土橋が木橋となり今コンクリートになりましたが長さ十八尺三寸、巾十五尺ありまして京都にも可成橋はありますが、この戻橋は名橋の一つと呼ばれています。堀川通が広くなりましてから大変貧相な橋に見えます。下は堀川と小川の合流点近くで東の橋は主計橋と云います。加藤主計頭清正の邸宅が東堀川一条下にあつたのでこの橋の名となりました。

観世屋敷 ――観世稲荷祠――

大宮通今出川上ル観世町　この町の西側は大方桃薗小学校でありますが、東側は西陣の糸屋問屋らしい建物がならんでいます。

観世稲荷社

謡曲ばやりで洋服のまま座らされて稽古している姿も見られ、家元に金剛流が京都にありますが、以前から観世流も盛んで、その他喜多、宝生、金春の流を汲んでいる人もあります。その謡(うたい)は京都が発祥地じゃないでしょうか、能楽の創成者たる観阿弥清次や二代世阿弥の頃ではありますまいか、足利義満の非常な後援を受けて能楽を世に出しました、この桃薗校の地を足利家より観世太夫が拝領して観世四座の家があつたと云います、それから観世町の名も出ました、観世四座と云ふことは能太夫、小鼓方、大鼓方、太鼓方の四座を云つております、これが足利の誰から観世の誰れが貰つたのかわかつていません、そして何時頃迄ここにおつたのか、どうしてここを手放したのか大分調べましたが残念乍ら資料がありません。

学校の南側は横町の今出川通の北側民家の裏になります、この学校の南、今出川通の民家の境界に観世社と云う稲荷社があります、観世屋敷のあつた頃からの鎮守の社であつたらしいです。一時廃社したらしいですが三十年程前は心細い乍らお粗末な社がありました、近世観世家の関係者により美しく修繕されています、学校も一時はこの社の存在に迷惑したらしいですが、とにかく残されてよかつたと思います、この社の前の南側に「観世井」があります、どうしてかこの井戸は南側の東海銀行の敷地になつて塀をつくりましたが、この井水が渦をまき観世水と云う花配りもこの水を模したものと云はれる大切な井戸と云ふのでこの井戸だけは共用する様にしまして井戸の塀もとり、今この社からこの井戸を覗くことが出来る様になつています。然し見ても水の渦巻は見えませぬ。

智恵光院　——六臂地蔵尊——

智恵光院通一条上ル西側、浄土宗知恩院末で中々大きい寺であります、本尊は伝安阿弥作の阿弥陀三尊。創立は伏見天皇の永仁元年（一二九四）五摂家の鷹司家第一代摂政関白兼平が僧如一上人に帰依し開山とし一条の北にある花園に寺を建立して智恵光院と名づけられたと云います、異説がありまして岡崎法勝寺の辺にありましたがどうして今の地に移つたのか判然せないと云います。この地に建てられた翌永仁二年八月十五日兼平薨じ、その後二十七年元享元年三月六日開山如一も歿しましたが、その当時の後醍醐天皇は如一上人に国師号を贈られました、浄土宗で国師号の最初と云います。その後応仁の乱があつたりしまして記録を失い、沿革はわかりません、寛永年間中興玄誉聞益上人再興し、寺内に要終院、芳秀院、智福院、吟松院の子院を建て弟子を住持さしました、寺域は元禄十一年頃東西四十四間、南北三十九間ありましたと云はれます、その後天明八年の大火に類焼し鐘堂と宝蔵だけ残りました、十五世聖誉大察今の庫裡を建て塔中智福院、吟松院を再建しました、本堂は十九世顕勇上人安政二年に建て大勇上人は地蔵堂をたてました、昭和十九年七月第一次強制疎開で福智院門番所等をとられ、今門番所を新築し茶枳尼天をまつる智恵姫稲荷大明神祠を境内東北に移しました。梵鐘は挙出し鐘楼を東南隅に、その西に開基鷹司兼平の祀つた智徳弁財天があります。
開山如一国師は諫議大夫（カンギタユウ）大江斉光（ナリミツ）の孫、法壽丸と云い、父家光に早く別れ無常を感じ百万辺智恩寺第四世道意上人の門に入り如空と号し数人の上人に就て浄土教を研究し、知恩院第八世となられました。

本尊を「泥足之弥陀」と云います、天明八年の大火に前本尊も焼失しその後、安置されたらしく、当時の住職他行の時俄雨に会い困つていると、見知らぬ僧が傘を持つて来てくれました、帰院途中もあの僧はだれかと考え乍ら戻られました、寺の者に一々尋ねましたが知らぬと云います、本堂の前から須弥檀まで泥足がついています、この阿弥陀如来であることを知り感泣したと云います。

地蔵堂は可成大きく、正面に日本一躰六臂地蔵尊立像極彩色が安置されています。誠に珍らしいお姿で、小野篁作と云いますが六地蔵を一体に刻み六道能化をこの一尊で済まそうと云ふので他に見ない珍らしい地蔵尊であります。古く相国寺の地にあつた百万辺智恩寺にあつた賀茂河原に神宮寺を建て賀茂の河原屋と云いました。ここにこの地蔵尊を安置し庶民の参詣の便を計りました、後この寺の開基兼平この地蔵尊を守本尊としこの寺に移され、享保十九年直指上人火事に会つては大変と土蔵をつくり菩薩堂と名づけ、二十五菩薩と併せ安置しました、毎年八月廿二三日盛に地蔵盆を行い、千本組六斉踊が奉仕し、毎月廿三日御詠歌講が法施しており六地蔵六体もまつられています。ここに二十五菩薩像がまつられています。

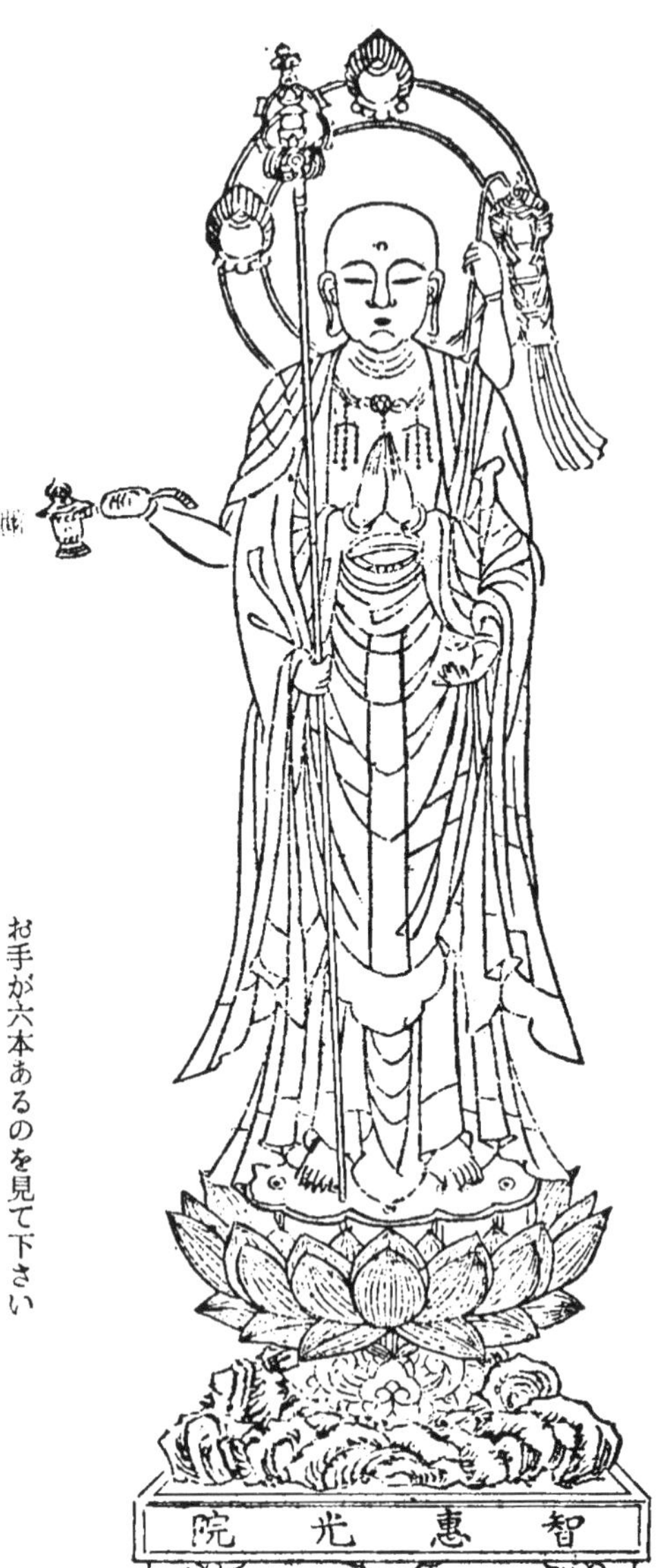

お手が六本あるのを見て下さい

本堂裏に墓地があり三条細辻永楽屋の墓が多く、沢山あります。

自然石の筆塚は一見連城画伯が生涯使用の画筆を埋めました、大正七年九月三日五十二才で逝去、当寺に老松の額と浪に千鳥の襖八面があります。

神供（カミトモ）先生之墓は、唯幸と云い五辻通浄福寺西入に私塾を開いて子弟の教育に力を尽された人で明治三十一年四月六日三十五才で逝去、若い方だつたので世上には余り知られていませんが、三十三年門人一同が氏の墓碑を建立されたと云います。

首途八幡宮 ——桜井——

知恵光院通今出川上る桜井町西側に新らしい鳥居春日燈籠等が建ち美しい参道の出来ました内野八幡宮があります、祭神は応神天皇とも桃園親王とも云います、どこの八幡宮も一般に応

今宮社にある首途八幡宮

神天皇或はその御両親仲哀天皇神功皇后をお祀りしています。古くは一ッ目神を祀つていたと云います、内野は大内裡がなくなりましてその址北一条通南二条通東大宮通、西御前通の間が野原になり内野と呼びました、然しこの地は内野より北になります。正しくは内野八幡宮とは云えない筈ですが内野が近いので内野八幡宮と云つたものでしようか、も一つ

首途の名は、この地は金売橘次末春（又吉次）の宅址で今も井戸が残つていると云います。この橘次は承安四年三月、源牛若丸を誘い関東へ連れて行き、その首途に無事と出世を祈つた八幡宮であると云ふのでこの名がつけられました、この橘次の宅は右京区花園の東木辻がそうだとの説もありますが、ここは木辻、こちらは橘次の間違いでしよう。

いつここにお社が出来たかわかりませんが、町内の守護神となり、西側露路の奥に一段高くなつた岡の上に小さな社がありました、明治五年、町内の社としては可成立派な本社や透し塀、石燈灯等一切を、西陣一帯の氏神、今宮神社境内西の方に移転しました今も今宮社にあります、そしてこの地は相国寺末瑞喜院と云ふ屁僧地になり小庵を作りました、それでこのお宮を今宮社え移したのかも知れません、その後矢張り町内で祀らないと今宮社迄は遠いからと、今宮社の首途八幡宮の分身を申し受けて再び元地に祀られることになりました、それが近年町内の人々により美しく境内も見違える様になりました。

この町内には文明の頃（一四八〇年頃）東側に桜井基佐が住んでおりました、この人は本名弥三郎と云い、宗祇法師に習い連歌を学び永仙と号しました、また和歌も上手で「基佐家集」を残しております、この人の住居で使用していました井戸を桜井と呼んでおりました。

法華本山 本隆寺

智恵光院通五辻上るにあります本隆寺は法華宗真門流総本山で、長享二年（一四八八）僧日真六角西洞院に創建し、本尊題目釈迦多宝仏を安置しました、間もなく四条坊城に移り壬生の本隆寺と云いました、天文五年七月二十七日叡山の僧兵等、京都にありました法華宗二十一ケ寺を焼打しこの寺も焼かれました、それで一時泉州堺の宿院町調御寺に移り、七年目の天文十一年（一五四二）に京都に戻り、杉若若狭守の邸宅を寄進されて今の地に本隆寺を建て正門は西面し、浄福寺通に面しておりました、承応二年六月廿二日本堂焼失し日遼上人の努力で万治二年春完成しましたのが今の本堂です。享保十五年六月二十日俗に云う西陣焼に附近は全焼しこの寺も類焼し本堂の巽柱に火がつきました処異容の婦人が提桶を下げて現われ、本堂前の千代の井の水を汲むで本堂えかけますと猛火は忽ち消えました、本堂に安置の鬼子母神の衣が焦ていますのでこの異容な婦人は鬼子母神であることが知れました、天明の大火にもこの奇蹟がありまして本堂は無事でしたので不焼寺と云われました、このことを書いた碑が千代の井の東に建つています。

塔頭は元十六ケ院ありましたが、合併して八院になり本城院、玉客院、玉樹院、慶成院、正寿院、是好院、本法院、宜妙院が本山を護っています、建物はこの本堂の外二重屋根の祖師堂、ここには日蓮上人、脇に日朗日像両上人、別厨子に開山日真上人及び歴代の尊牌をまつっています。三十番神堂は日像作の三十番神が安置、転法輪蔵には黄檗版の一切経を収蔵し、扁額は槇村知事の筆であり、宝蔵には宗祖より天目上人え授与の御本尊を始め日朗日像上人開山日真上人の曼荼羅。重要文化財指定法花玄論、十巻金銀箔散料紙法華経十巻、外に鐃鈸の銘器「松風」後水尾天皇御愛用の雅楽器三管があり、国立博物館え寄托したものもあります。

本隆寺本堂と千代ノ井

開山の常不軽院日真大和尚の父は中山

家十代権大納言正二位藤原朝臣親通。母は山名家九代時義の女玉露夫人、但馬豊岡九日市に生れました、長じて妙境寺の日全上人に就て僧となり叡山、三井寺、妙顕寺等の学問場で仏教諸学を修め、妙顕寺の学頭となりましたが四十五才の時本隆寺を創建し八十五才で入寂されました、二代日眞上人より現九十一世日邵迄連綿として法脈を継がれて来ました。

本堂に安置の本尊は元法華曼荼羅掛本尊でありましたが、慶長十三年八世日饒上人諸尊を造立して本尊に改め、本堂は焼けましたがこの本尊は安泰でした、脇に鬼子母神、大黒天を擁護神として左右にまつられています。

千代の井は本堂前にあり茶の湯に用いられた名水と云はれます。衣棚寺之内の千代野御所宝慈院尼門跡の開基で景愛寺を創立した如大無着尼が、満月の夜この井戸の水を汲んとして桶底がぬけ月影が水と共に消えたことから悟道に入られたとの説があり

とにかくにたくみし桶の底ぬけて水たまらねば月もやどらず　千代埜

如大尼は幼名千代野、後に賢子と改め金沢越前守顕時に嫁し、その孫に足利尊氏が生れています。

夜泣止の松　本堂の左にある松で当山五代日諦上人の弟子日脩上人が幼児で弟子入して夜泣

をするので困つて松の周囲を題目を唱えて廻ると夜泣が止んだと云います、それからこの松の皮をはいだり松葉を拾つて枕の下え敷くと夜泣が止むとの俗信が生れ、松は幾度も枯れて植つがれています。

境内の西北は総墓地です、ここに

黒田正玄墓　小堀遠州門下、承応二年八月八日七十六才で亡くなりました、茶道用具茶杓、匙杓等を造る名人で代々これを作つています。

清水蓮成墓　美濃の人、謡曲、花道、囲碁、特に和歌は名手で五楽坊と云つていました中山一位局始め女官公卿と交友があり明治三十年に歿しています。

黒川道祐墓　儒医、名を玄逸、静庵、遠碧軒また梅林村隠と号しました、安芸の人で林道春に経書、堀正意に医術を学び藩医をつとめ、後京師に来て、故典、地誌、医学の本を顕し寛文三年「本朝医考」三巻と云ふ我国医史学の濫觴と云はれます、貞享二年「日次記事」十二巻翌年「雍州府志」十巻を著はしています、元禄四年十一月四日歿しました。

西陣聖天 ―雨宝院―

智恵光院通と浄福寺通の間、上立売上ル一丁の間を聖天町と云います、またこの通を聖天の辻子とも云います。この聖天図子上立売角にこの西陣聖天さんがあり、雨宝（ウボウ）院と云う本名を知つている人は少ない様です、正門は東向、上立売通にも南門があります。

真言宗新義派智積院末でしたが今は高野山末になつているそうです、空海弘法大師を開基とし千本五辻にあつて大聖観喜寺と云つていました、中古禅宗になり千光寺派に属し亀谷寂庵を当派の開基としましたが、応仁文明の兵燹に罹り荒廃し、沿革もわかりません、僅に一字が残り雨宝院と云いました、天正年中この地に移り、元の真言宗に戻り享保十五年、天明八年の大火に焼けまして今の建物はその後のもので、明治十九年頃は金胎寺末になつていたことがあります、今の建物は土蔵造をならべ、屋内から通れる様にしてあります。

本尊は大聖観喜天、つまり聖天尊ですがその両脇には沢山な神仏がまつられています、京都の真言宗、天台宗の寺院では大方聖天を安置してありなす、当本尊は住職も拝していない由ですが木製で等身大六臂で、一人立だそうです、一般には男女象頭人身で抱擁した像です、ここのは男身一体であるのでその前に十一面観音を婦女と見て置かれています、こうした例は大変

西陣聖天本堂

少ないと思います、観世音や諸仏は中性としております、観世音は三十三身に化すことが出来ると云いますので白衣の観音等は特に婦女の様に見られています。この本尊の様に観世音を婦女と見る話

密教字彙にこうした話があります『大昔印度の或る国王は牛肉と大根ばかり食べていましたその為め国の牛が少なくなつて来ました、それで牛肉の変りに死人の肉を出しましたが、それもつづきません、次に生き

ている人の肉を食べ出しましたので大臣や人民が怒つて国王を殺ろそうとしました、王は大鬼王毘那夜迦（オキラビナヤカ）となり空中に飛び去りました、その後国中に疫病が流行して人々は大変困り、十一面観世音にこの難をお祈りしました、観世音は婦女身となり、毘那夜迦の処え行きますと美しい女であるので情慾をおこし女の体に触れようとしました、観世音は退けまして「仏教を信じ私の教えに随い、世の人のために守護してやりなさいその誓いが出来るなら」と云はれますと毘那夜迦は「それでは人は食はないが大根だけは食べる」と云いまして観世音の女身を抱擁し観喜しました」それで観喜天と呼び大根を奉納するので特に二股の大根を喜ばれるのだと云います。」

聖天を祀る処は鳥居を建てています、鳥居は入口を現はしますものですから神仏何れに用いてもよいのですが、一般には神社の前に建てるものと思つている人が多いので聖天は神か仏かと不審に思つている人もあります、当寺正門正面の土蔵造、屋根の上には宝珠が並び珍らしい建物です、石の鳥居があり、この本尊を安置し本堂であります、弘仁天皇が御病気の時弘法大師に勅命あり清涼殿で大師自らこの聖天像を作られたと云はれています、本尊右脇には金剛薩埵の木像、五道子筆墨絵の聖観音画軸、左脇に小厨子の聖天尊十数体、それに彩色の雨宝童子

雨宝院十一面觀世音菩薩

があります、この寺では雨宝童子は聖天の化現であり、それで寺名を雨宝院と云うのだとききましたが、一般には天照大神の日向に下生した時の姿といい、また大日如来の化現したと云つています、南端は稲荷堂で右脇多聞天、八臂弁財天、中央は白狐に乗る荼枳尼天でシッカリしたお顔、左脇、九星、七福神、稲を荷ぐ稲荷神。不動堂内には愛染明王、阿弥陀如来、中央四尺大岩の上に坐す不動明王、左には役の行者前鬼、後鬼等、本堂の北には庚申堂があり三奇庚申とて青面金剛を安置しどこにもある庚申猿はありません、日輪大師、虚空蔵菩薩、商財恵美須神と大黒天、室町時代の釈迦如来、小地蔵が沢山あり厨子に入つたものに伊佐町、新美濃部町のものもあり、地蔵盆に迎えに来るのであります、次の堂には妙見菩薩、十一面観世音、七福神、融通聖天と云う如意宝珠の絵軸をまつります。南向に大師堂があり弘法大師坐蔵は胎蔵界の口をあいていられる木像で阿の大師、また汗かき大師と云います、その脇に大日如来、薬師、韋駄天があります。正門入つた右脇に東向の観音堂があります六尺七寸八分の大きい十一面観世音を安置し重文で藤原初期の作、一木彫漆箔で立派な作であります。右に嵯峨天皇像、左に準胝観音、他に石製十一面観音がありますこの堂の向つて左に小祠が三つあり鎮宅霊符神、瘡神様、弁財天をまつられています。

京都には寺院が多くあり諸仏を安置せられていますが、当院程沢山な神仏をまつつている処は珍らしいと思います、この寺は無檀家ですので参拝道場として信仰をあつめ、毎日沢山な信者が詣られます。境内には枝を広げた「おしのぎの松」があり、久邇宮朝彦親王参詣の時俄雨がありこの松の枝の下で雨をしのがれたと云います、本堂前の桜は梅園家寄贈で、お室の八重桜と同種で根元から八重の花が沢山につき、歓喜桜と呼ばれ親樹は枯れ、檗が成長し見られる様になりました。

境内東南隅の井戸を染殿井と云い、この水を染物に用いるとよく染るとて染物業の人が貰いに来ると云われ、干魃の時もこの水はかれたことはないそうです。

岩神祠 ——岩神座址——

上立売通浄福寺東入大黒町北側のコンクリート二階建の家の中央に「岩神」の額がかかり、それから入りますと長野織物工場の一部ですが、ここに鳥居が建ち東向に六尺大のリンガ型の岩が祀られその下部に丸い石が見えます。古くからここに祀られ乳の神様として信仰を持つています。明治になつてから祭神を櫛石窓神、豊石窓神と云つておりました。

岩　神　祠

正徳元年（一七一一）の山州名跡志には木の鳥居も社も南向で霊石を祭つておりました。聚落城内山里仮山に移されたとも、寛永年間中和門院（後陽成天皇女御）の御所内のお池の辺に置かれましたが、夜な夜な「帰りたい」と泣いたので、北の御門外に出されました。それをいつも御祈禱に参つていました蓮乗院と云う真言宗の僧が申受けて元の地へ還したと云われ、女房奉書にも出ています。

この岩は妖怪と見られ、或は禿童に化けて夜、町を歩き人々を恐がらせたとも云います。ここに神として祀る様になり、乳の祈願に参る様になつてからこの怪異も止んだ様で、有乳山岩神寺と称え、この大岩を本尊にしました。享保の大火に類焼し本尊はそのまま残り、寺を再建しましたが天明八年の大火に又々焼失し、小堂一つになりましたが明治になつてその堂もなく、岩神だけになりました。この岩は陽石と見られ京都には数少ない性的神で、陽石としても大きいものでありましよう。こうした神体を道祖神（さうそじん）、幸神（さいのかみ）、金精（こんせい）大明神等と呼んで古くから農業の神、道路交通安全祈願から縁結びの神として各地、特に中部以東に尚沢山祀られています。

この神は猪熊二条下ル処にあつたとも、今もある岩上通六角下ル岩上町の中上神社の神体とも、それは名前が似ている間違いとも諸説があり、この中山社は祭神は素盞鳴尊で相殿に陰陽二柱神、菅神、宇賀魂神を祀り、或は素盞鳴命の十握ノ剣とも豊石窓神、奇石窓神を祀つていたのだとも云います。この神名は岩神祠でも云つておりますので話がごつちやになつたものでしよう。この中山社は桓武天皇の平安京をつくられた延暦十三年に勧請し、天喜元年四月初めて官幣に預ると云われていますが、岩神祠にはそうした記録は残っておりません。

この上立売の岩神祠の地は大昔藤原時平の屋敷址とも又この岩神には時平の乳母の魂がのり移っているので、仲の悪かった菅原道真を祀る北野天満宮へ参るものは、この前を通って行くと御利益を頂けないと云われていました。この五辻通を西へ突き当ると北野天満宮東入口であります。

この地は永らく荒蕪地のままでして祟があるといやがれていました。明治になってからも誰れの所有地かわかりません。それはこの空地に税金をかけられたら、大変だと云うのも一つの原因らしかったのです。処がこの空地にあった岩上さんが、その中央に移されていましたのを突上北よりに前上立売通に空地をつけて岩神座と云う芝居小屋を建てられ、岩神は今の地に移されました。この空地の東北隅に一丸稲荷祠がありました。この稲荷さんは祟ると云うて岩神さんよりも恐がられていました。移転します時、祠の地下に石棺がありまして掘り起して開けますと完全な狐の白骨があったそうで、木箱に納め又石棺に入れて、今の岩神さんの附近に移しました。その後祟をききません。附近の人の知らぬ間にこの芝居小屋が建ちまして驚かされたそうです。この地は五百八十余坪あつたそうで、芝居として下に南座、上に岩神座と云われた大きい西陣代表的な大きい芝居小屋だつたそうです。市川右団次、静間小次郎等の名の知れた芝居もかかり、吉田奈良丸、雲井不如帰の浪曲もかかつたそうです。それが明治末年にはスツカリ人気をおとして経営がなりたたず、松竹合名会社に抵当に入れて金を貸りたとか、南座の鈴木支配人に交渉し、十数年空屋であつた為め、立ぐされになつていた。大正六年遂に話がついて、その利用できる用材は大宮中立売西側にあつた大宮座の修繕に使用したと云います。私はこの芝居へ尾上松之助の籠釣瓶の芝居を見に参りました。然し又大正四年の暮失火でこの小屋は焼失したともききます。そして岩神の址は長野織物工場と生れかわり、岩神祠はこの工場内に入つて一般参詣者は工場の表門浄福寺通りから受付へ断つてお詣りしました。その頃私は日出新聞に「京の伝説」を三十回程書き、この岩神祠へ自由にお詣り出来ないことを書きました処工場主は早速、上立売に入口をあけ、以前の如く乳の祈願や、縁結びにもお詣りする人の為め便利を計つてくれ今日に及んでいます。以前ここから宝船を授与されたこともありました。お花を供え今に参詣者がある様です。

表紙写真

左手戻橋其下の流が堀川其右手の家餅屋

右手は主計(カズエ)橋その下の流れは小川

大正八年頃

昭和三十三年十一月二十日　発行

〔価　三百円〕

著　者　田中緑紅

京都市堺町通三条下ル

代表者　鳥居郊善

印刷所　協和印刷株式会社

電⑥三九四・六七八

京都市東山区東大路松原上ル

安井金比羅宮内

発行所　京を語る会

電話⑥五一二七番

振替大阪三七三五五番

京都市上京区智恵光院通五辻上ル

本隆寺内

京を語る会西陣支部

電話㊹五七六二番

《復刻にあたって》

一、本復刻版は、田中喜代様所蔵の原本を使用しました。記して感謝申し上げます。

一、復刻版には、借用した原本の都合で初版と再版が混在しています。また、原本奥付に紙を貼付して新価格を表示している場合もそのまま復刻しました。

一、文中に、人権の見地から不適切な語句・表現・論、また明らかな学問上の誤りがある場合も、歴史的資料の復刻という性質上、そのまま収録しました。

一、表紙の背文字は、原本の表示に基づいて新たに組んだものですが、一部訂正や省略をしました。

緑紅叢書　復刻版

第1回配本（全26冊）

千両の辻　西陣を語る第一話

〔緑紅叢書2の7（19）〕

2018年10月31日　発行

揃定価　39，000円＋税

発行者　越水　治

発行所　株式会社　三人社

京都市左京区吉田二本松町4　白亜荘

電話075（762）0368

乱丁・落丁はお取替えいたします。

コード　ISBN978-4-908976-91-9

セットコードISBN978-4-908976-72-8

緑紅叢書 第二年第八輯 第二十輯

忠臣蔵名所

田中緑紅

はじめに

京都は名所の多い土地です。千余年の歴史をもつ京都ですから史蹟名所の多いのも当然です処がそれ以外にも文学の上の名をとつた名所も出来、謡曲名所、芝居名所等と史実にない仮定の人物、地名が現実のものと混合しまして、ただ名所として扱われますと史蹟と間違えられる恐れが多分にあります。

忠臣蔵と云えば知らぬ人がない程有名な名でありますので内容も虚実とり入れ人情忠義など織り交ぜて、芸題につまつたら忠臣蔵と云われ、これさえ出せば大入で赤字にならないとされています。近頃は映画の大作もこれをとり上げ若い層迄知る様になりました。

良雄等が京都へ来る様になりまして山科に住居しましたのは僅か一年四ケ月間ですから、この人達の遺跡がそんなにあろう筈がありません、然し十二月十四日の義士討入日にはゆかりのある社寺では盛んに義士会をやつています、ここにそれ等を取り纒めて一冊にして見ました。

忠臣蔵の人気者、お軽の過去帳が出て来まして本名おかぢと云う本屋の娘である事だけは間違いなく、上善寺の墓も本物で間違いのない事がわかりましたのは、本誌の一番の特種となつたわけです。もう少し本人の経歴がわかると面白いですが、尼になつて大石等の菩提を弔いましたこともよいことでしたが、残念乍ら歿年がわかりませんので享年もわからないのをおしいと思います。

天川屋儀兵衛は男で御座ると、義侠家としてうたわれ、本名天野屋理兵衛とて椿寺の土斉と云つている墓、木像はそれであると云われて来ましたが、全く仮空の人物で、たつてモデルを捜しますと綿屋善右衛門のことではあるまいかと云われます、そして椿寺の天野屋理兵衛は大阪の豪商で、後椿寺に閑居しここに歿しましたので墓地に葬りました、それで、ここでは、忠臣蔵外として扱いました。

その外、とにかく忠臣蔵に関係のあつたものとして、あれこれを入れました、古くから云つていてもそれが口碑伝説であつて確証を得られませんものも入れました。

墓の写真だけは間違いのないものですが、例により石川実氏に撮影に廻つて頂いた外上善寺、聖光寺、岩屋寺住職に御手数をおかけしました御礼申します。

昭和三十三年十一月三十日

目次

忠臣蔵とは

播州赤穂城主、浅野内匠頭長矩（五万三千五百石）は伊予吉田城主伊達左京亮村豊と共に京朝廷より下向の勅使の接待係を命じられました、その儀礼は高家吉良上野介義央等に聞くことになつていました、高家と云ふのは扶持が少ないので教え代として各大名から相当の謝礼をするならわしでした、元禄十四年三月十四日浅野の江戸詰家老の不注意から、短気な浅野は殿中で上野に斬りつけたので、徳川の法により本人（三十五才）切腹、お家改易となりました家臣の間に議論がありましたが五十余名は復讐を誓い四月十九日赤穂城を明け渡し、城代家老の大石良雄は残務整理をして京都山科に住み、同志と連絡をとり種々苦労して、復讐禁止の令を破り最後迄決意をかえなかつた四十六人と共に、吉良の下邸へ乱入して本懐を遂げ泉岳寺の主君の墓にその首を捧げ、大目付へ自首して出ました、それで細川、松平等四大名に分配して監囚し翌十五年二月四日切腹を命じました。

天下泰平の世に大勢が復讐し、切腹したので世人の同情が集り大変な人気で義士義士ともてはやされました、早速これを芝居に仕組みました、世界を鎌倉時代とし、何れも名を替え相当事実でないことをとり入れ、竹田出雲、三好松浴、並木千柳の合作で「仮名手本忠臣蔵」（十一幕）寛延元年八月竹本座操浄瑠璃で上場しました、古今大当りと云うので同年十二月歌舞伎に移され大阪嵐三五郎座で、江戸は翌寛延二年二月森田座と次々と三都名優の競演となり、それから二百年余の今日迄、芸題につまつたら忠臣蔵と云う迄に、忠臣蔵さえ出せば客がくる、芝居の上にもこんなものは一つもありません、それでこの赤穂義士中心の芝居は六十種をこすと云います、この「**仮名手本忠臣蔵**」の梗概を記します。

大序（兜改め）足利将軍尊氏は新田義貞を討ちその兜を鶴ケ岡八幡宮に奉納するので、塩谷判官の妻顔世御前は兵庫司の女官であつたのでその兜改めの役を命じられました、多くの兜の中から、たきしめた蘭奢待の名香の香で直にそれと見分け大役を果しました、女好きの高師直（こうのもろなを）は顔世御前に横恋慕、和歌にことよせて艶書を送りました、短気な桃井若狭介は意地悪な高師直と大口論を始め神前で刀を抜こうとしましたがことなくすみました。**二段目**（松切り）桃井は師直との口論に無念やるかたなく、一家断絶を承知で殿中で刃傷しようとその決心を家老の加古川本蔵に打ち明けました、本蔵は分別者、疳癖の強い殿に逆わず、松の枝をすつぱり切り落し、殿の疳気を走るだけ行かせて、つと側え外らす手段を講じました。本蔵の娘小浪は塩谷の家老大星の息子力弥と許婚の間で、今日しも殿の使者として桃井家に来た力弥を迎えてうら恥しい対面をしました。**三段目**（松の廊下）この度将軍家接待の役目を命じられた塩谷と桃井、その礼儀作法万般の師範役は高師直であります。本蔵は師直に賄賂を贈っておいたので、桃井に出会うと師直は平伏して意に逆らわない様にしますので桃井は切りつけもせずに去ります、塩谷からは賄賂が来ていません、それに顔世にふられた恋の意趣もありますので塩谷を散々に苛め恥しめました。短気な塩谷は刀を抜いてはいけない掟を忘れて師直に斬り付けました、驚いて後ろから抱き止めたのは本蔵でした。**四段目**（切腹の場）殿中で刃傷に及んだ塩谷判官は切腹を申しつけられてお家断絶。家老大星由良之助は思慮深い男、逸る若武者を鎮めて城を明け渡し、山科へ去ります、塩谷の家来早野勘平と腰元お軽は手をとってお軽の親里へ道行します。**五段目**（山崎街道）零落した不忠者斧九太夫の子定九郎は山崎街道で追剝強盗を働き、来かかつたお軽の父親与一兵衛、お軽が勘平のため身を売つて作つた金子五十両、定九郎に命と共に奪われました。猪打ちに出ました勘平の二つ弾丸は誤つて美事に定九郎を射殺しました、その懐から奪つた縞の財布の五十両は計らず勘平の手に入りました。**六段目**（勘平切腹）帰りが遅いと案じられていた与一兵衛の宅へ死体が村の人の手で舁ぎ込まれました、勘平は戻つて来て縞の財布をそつと出して見て、昨夜暗闇の中で撃つたのは舅と早合点し、姑のお萱も親殺しと怒ります、勘平は主君の仇討の御用金調達の為めとは云え、現在の舅を殺ろして金をとつたでは言訳が立たないと面目なさに腹を切ります、そこえ同志の千崎弥五郎、原郷右衛門の両名、刀傷と鉄砲傷は違うと勘平の寃罪は晴れ、臨終に一味の血判状え加えられます。**七段目**（一力茶屋）由良之助は敵討の本心を包んで祇園の一力茶屋でお軽を相手に日毎放埒三昧、九太夫は敵の諜者となつて大星の本心を伺う、力弥が持参した顔世御前からの密書を大星が読んでいるとお軽は二階からのべ鏡、九太夫は縁の下から眼鏡越にのぞく、大星は大事を知つたお軽の一命を兄平右衛門に命じて取ろうとしましたが、その真心が見えたので助けます。お軽は九太夫を刺して勘平の身替りに功を立てます。**八段目**（道行）本蔵は塩谷が師直を斬りつけた時、後ろから抱き止めたことを深く悔いていまして、桃井から長の暇を乞い虚無僧姿となつて山科へ来ます。妻戸無瀬も娘小浪を連れて山科の力弥の許へ嫁入りの道行。**九段目**（山科閑居）はるばる江戸から山科大星閑居へ辿りついた小浪母子は、大星の妻お石からきつぱりと力弥の縁談を断わられます、本蔵の仕打を恨んでです、母子は生きて居られぬとまづ母が娘の介錯、振りあげた刀の手の内、待てと止めたのは門前に尺八を吹く本蔵でした、本蔵はわざと悪口を吐いて力弥と立会い我と我腹へ槍の穂先をつき刺して、由良之助え身の言い訳、婿えの引出物として師直邸の絵図面を贈り、ここに一同心も解けて目出度祝言、大星は江戸へ発足します。**十段目**（天川屋は男で御座る）堺の廻船問屋天川屋儀平は一片の義俠心から一身一家を犠牲にして義士の為めに武器、軍用金を調えます。**十一段目**（討入）討入つて本懐をとげ両国橋へ引上げ、泉岳寺焼香迄。

これが仮名手本忠臣蔵ですが、今日この通狂言としては長すぎて四時間、五時間でやれません。これから後の人は見ることとの出来ないものでしよう。このまま舞台を客席から見ている通りに上手な役者にはまる役をもたせ、この脚本通りにやつて貰い、キャメラも大写しなどせないで、観客の眼になつて映画にして残してほしいものと思います。

忠臣蔵はこの外に所作事として、中に挿んだり一幕物として出すこともあります。本来は浄瑠璃でしたが長唄、常盤津、清元が発達して賑わしいものになり「道行旅路の花聟」お軽勘平「道行旅路の嫁入」となせ、小浪等がよく上演されました。

赤穂義士の法名・享年・役・禄高・変名

					変名
大石内蔵助良雄	忠誠院刃空浄剣居士	四十五才	家老	一五〇〇石	(池田忠右衛門 垣見五郎兵衛)
吉田忠左衛門兼亮	刃仲光剣信士	六十三才	郡代	二〇〇石	(篠崎太郎兵衛 田口一真)
原惣右衛門元辰	刃峰毛剣信士	五十六才	足軽頭	三〇〇石	(和田元真 前田善蔵)
片岡源五右衛門高房	刃勘要剣信士	三十七才	小姓頭	三五〇石	(吉岡勝兵衛)
間瀬九太夫正明	刃誉道剣信士	六十三才	大目付	二〇〇石	(三橋浄貞)
小野寺十内秀和	刃以串剣信士	六十一才	京都留守居	一五〇石	(仙石十庵)
間　喜兵衛光延	刃泉如剣信士	六十九才	馬廻	一〇〇石	(杣荘喜斉)
磯貝十郎左衛門正久	刃周求剣信士	二十五才	物頭並側用人	一五〇石	(内藤十郎左衛門)
堀部弥兵衛金丸	刃毛知剣信士	七十七才	元江戸留守居	三〇〇石	(長江長左衛門)
近松　勘六行重	刃随露剣信士	三十四才	馬廻	二五〇石	(森清助 田口三介 三浦十右衛門)
富森助右衛門正因	刃勇相剣信士	三十四才	使役	二〇〇石	(山本長左衛門)
潮田又之丞高教	刃腮空剣信士	三十五才	馬廻	二〇〇石	(原田斧右衛門)

早水藤左衛門満堯	刃破了剣信士	四十才	馬廻	一五〇石（曽我金介）
赤埴　源蔵重賢	刃広忠剣信士	三十五才	馬廻	二〇〇石（高畑源五右衛門）
奥田孫太夫重賢	刃察周剣信士	五十七才	武具奉行	一五〇石（西村清右衛門）
矢田五郎右衛門助武	刃法参剣信士	二十九才	馬廻	一五〇石（塙　武助）
大石瀬左衛門信清	刃寛徳剣信士	二十七才	馬廻	一五〇石（小田権六）
大石主税良金	刃上樹剣信士	十六才	良雄嫡子	（垣見左内）
堀部安兵衛武庸	刃雲輝剣信士	三十四才	馬廻	二〇〇石（長江長左衛門）
中村勘助正辰	刃露白剣信士	四十五才	祐筆	一〇〇石（山彦嘉兵衛）
菅谷半之丞正利	刃水流剣信士	四十四才	代官役	一〇〇石（政右衛門）
不破数右衛門正種	刃観祖剣信士	三十四才	元馬廻	一〇〇石（松井仁太夫 町人八左衛門）
千馬三郎兵衛光忠	刃道互剣信士	五十一才	馬廻	一〇〇石（借主　原之助）
木村岡右衛門貞行	刃通普剣信士	四十六才	馬廻	一〇〇石（石田左膳 町人八右衛門）
岡野金右衛門包秀	刃回一剣信士	二十四才	父物頭並	二〇〇石（岡野九十郎）
貝賀弥左衛門友信	刃電石剣信士	二十四才	蔵奉行	金十両米二石三人扶持（町人　喜十郎）

大高源吾忠雄	刃無一剣信士	三十二才	金奉行 腰物方	二〇石五人扶持	（脇屋新兵衛）
岡島八十右衛門常樹	刃袖払剣信士	三十八才	勘定方	二〇石五人扶持	（郡　武八郎）
吉田沢右衛門兼貞	刃当掛剣信士	二十九才	兼亮嫡子		（田口左平次 町人　佐　助）
武林唯七隆重	刃性春剣信士	三十二才	中小姓	金十両三人扶持	（渡辺七郎右衛門）
倉橋伝介武幸	刃鍛練剣信士	三十四才	中小姓	二〇石五人扶持	（十　左　衛　門）
村松喜兵衛秀直	刃有梅剣信士	六十二才	扶持方奉行	二〇石五人扶持	（村松　隆円 荻野　隆円）
杉野十兵次次房	刃可仁剣信士	二十八才	中小姓	金八両三人扶持	（借主 杉野九一右衛門）
勝田新左衛門武堯	刃量霞剣信士	二十四才	中小姓	一五石五人扶持	（町人嘉右衛門）
前原　伊助宗房	刃補天剣信士	四十才	中小姓	一〇石三人扶持	（古着屋権次郎 米屋五兵衛）
間　新六光風	刃摸唯剣信士	二十四才	光延次男		（杣　荘　新　六）
小野寺幸右衛門秀富	刃風颯剣信士	六十一才	秀和養子		（仙　石　又　助）
間　十次郎光興	刃沢蔵剣信士	二十六才	広間番　光延養子		（杣荘十次郎）
奥田貞右衛門行高	刃湫跳剣信士	二十六才	重盛養子		（田口左平太 町人　左　助）

矢頭右衛門七教兼	刄擲振剣信士	十八才	父二五石	五人扶持	（清水右衛門七）
村松三太夫高直	刄清元剣信士	二十七才	秀直養子		
間瀬孫九郎正辰	刄太及剣信士	二十三才	正明嫡子		（三橋小一郎）
茅野　和助常成	刄響機剣信士	三十七才	徒士横目	金五両三人扶持	（富田藤吾　町人　助五郎）
横川　勘平宗利	刄常水剣信士	三十七才	徒士横目	金五両三人扶持	（三島小一郎）
三村次郎左衛門包常	刄珊瑚剣信士	三十七才	台所役人	七石二人扶持	
神崎与五郎則休	刄利教剣信士	三十八才	徒士横目	金五両三人扶持	（美作屋善兵衛　小豆屋善兵衛）
寺坂吉右衛門信行	節巌了貞信士	七十五才	足軽		

この赤穂義士のことを書いた本はいくらあるのでしょう、数多いだけに間違っているものも沢山ありましてどれが正しいのか、年令も違っています、これは数え年です。役、禄高も、法名も一か逸か、秋か湫か、林か梅か、腮か想か誤記している様です、変名を大方のものが使用し、三つも変えているものもあります。

この人達は何れも寺坂の外元禄十六年二月四日に死んでおります。

瑞光院

旧堀川通寺之内上ル五丁目東側、忠臣蔵で一番京都に因縁のあるのはこの寺でしよう、昔この辺は朝野と云うた原野でここに朝野宿称と云う人が清和天皇の胞衣を埋め、その上に小祠を建て朝野稲荷祠と云うたと云う話もあります、その内に西の方に雲林院と云う大きい寺が出来後この北に大徳寺が出来ました、それも応仁乱で亡くなりました、天正十五年(一五八七)豊臣秀吉が京の地を開拓し聚楽第を作りました時秀吉の臣浅野長政がこの地に別荘を開き、そこにあつた朝野稲荷祠を邸の鎮守とし朝野を浅野と改めたと云います、然し聚楽邸は八年で壊してしまい附近の諸候も皆引払い伏見え移りました、大徳寺の普光禅師の嗣法琢宗林和尚、この浅野の邸地に一精舎を創建し、讃岐丸亀城主山崎家の菩提寺となりました、その瑞光院殿山崎左馬充家盛(慶長十九年十月八日歿)の院号をとりまして瑞光院と号しました。処が明暦年間山崎家が断絶しましたので檀家がなくなりました、そこで浅野内匠頭の妻瑶泉院が、この瑞光院第二世陽甫宗隣和尚と叔父、姪の間柄になりますのと、この地が浅野祖先の由縁のある所でもありますので浅野家の武運長久の祈願寺とし再興しました、そして供米を百石寄附しました、処

瑞光院　義士の墓

が元禄十四年三月十四日松の廊下の出来事で、浅野侯は切腹し城はなくなり大石始め家臣が京都へ来て、当院で密議をしました、そうしたことから内匠頭（たくみのかみ）の衣冠を境内に埋め供養塔を作り小祥忌等追善を行いました、今本堂西手の墓がそれです。

翌元禄十五年十月義士達は三々五々江戸へ下り十二月十四日本懐をとげました、義士の人々は公儀へ名告り出て四軒の大名に預けられまして翌十六年二月四日に切腹を命じられました。瑞光院宗湫禅師は病気で出られませんので法眷宗海首座を早く江戸へ遣わし二月三日良雄に会い禅師の言を伝え、その時大石良雄は瑞光院殿として

兎も角くに、思いは　はるる身の上にしばし迷の雲とてもなし。

それから義士の銘々から遺書と鬢髪を集めて、京へ戻り当院、内匠頭墓の傍に四十六名の俗名を連刻した碑を建てました、その後浅野稲荷とこの義士塚へ詣る人が年々にふえ、特に今宮祭の時及び二月四日の歳忌には群詣して香華を手向る者も多かつたでしたが、その後故あつて寺は荒蕪となりこれ等の墓石もこわれその上文政の始めに火事で仏殿庫裡も焼けて跡もなくなり内匠頭碑だけが茂竹、蔓草中にあるのみとなりました。有志の人々仮殿を作り、浅野の後裔浅野長祚選の遺躅碑を建てました。

瑞光院遺躅ノ碑

碑者悲也。紀レ悲也。如ニ我宗家故臣大石良雄一。誰不レ悲ニ其志ニ焉。洛之西北。紫埜大徳禅寺有ニ子院一。曰ニ瑞光院一。実主ニ宗家之香火一。元禄之辛巳宗家滅。良雄退寓ニ山科邨一。距レ洛不レ遠於レ是与院主湫禅師謀埜冷光府君碣于ニ院内且謂曰。吾心有ニ丹者寸一。在ニ督報将レ怨。果得レ報怨レ。死而可レ瞑。雖ニ則瞑一矣。如ニ魂気一何所不レ之師其佗日一招ニ我魂一有ヨ以陪ニ饗亡主

之霊一。則吾願足矣。居無レ何良雄去而東与二義衆報其所怨禅師聞之躍然。前二於良雄等伏刄一之一月。遺二一芯芻一東下竊得二其鬚髪一而帰。瘞二於府君碑側一。例二植唐　石四十六柱一。各掲二名氏一以祭焉。蓋償二良雄遺志一也。嗚呼良雄之志。誠可レ悲矣。而如二禅師一可レ謂下克有二始終一者上已。既而禅師示レ寂。灑掃不レ供。磨石日以圮壊。無二一存者一。大綱尊者今之耆禅也。掛二錫黄梅院一。兼主二此院事一。深悲二良雄之志一。募二縁四衆一。累レ銖鳩レ寸至二癸丑歳一。遂即二擬址一。而更新レ之。既成以レ書来請下得二余一言一勒レ石以示中于後上。嗚乎余也。辱承二宗裔一元禄之変。耳熟レ之久矣。毎三言及二良雄一。未三嘗不二涙下一。尊者既悲二良雄之志一。而有二此挙一。余安可レ不レ為二尊者一紀二良雄之志一之可二以悲一者哉。既而繋以レ銘其詞曰

紫埜之麓　水清竹緑　精爽所レ降　猶尚在レ矚　仏唄仙梵　弔二斯遺躅一

嘉永七年歳次甲寅秋七月　中務少輔浅野長祚撰幷書目丹

その後の様子はわかりませんが寺の地域は可成大きかったらしいでした。追々狭くなり古く拾翠庵と云うのがありましたが夙くなくなり南方は大きい織物会社の機の音がやかましく聞えて来まして寺と云う感じがありません。義士関係の什物もあり義士の木像もありましたが無檀家の寺で維持出来ず、次々と売却してしまいました、寺も大徳寺黄梅院が見ることにな

り、昔ありました墓石も管理が出来ないので義士以外のものはこの寺へ移しました。明治三十年庫裡を再建しました、同四十三年春、京都師範学校の有志が桜樹を寄贈しました時、土中から毛髪の入つた数個の瓶が出て来ました、これが義士のものとわかり改めて埋め直し、内匠頭の墓を中心としその周囲に四十六人の墓を作りました、それが、今ある墓です、大石遺愛の梅の古木があり傍らに富岡鉄斉書の碑が建つています、ここに丹女招魂碑があります。義士の一人、小野寺十内妻丹女は貞女の亀鑑と云われました、本圀寺了覚院にその墓がありますが寺はなくなり墓だけ残り詣る人もないので鉄斉翁、この義士に縁故の深い瑞光院に改葬を交渉しましたが地主が交渉に応じませんので、その墓の土をここに移し墓石だけ残して、この寺へ招魂碑を建立し碑の裏に「元禄十六年六月十六日、発起人富岡春子、加藤こま」と彫りました。昭和十年代は十二月十四日に小学生、青年団、有志の人々が参詣し、警察官が交通整理に出ました、二十二、三年頃は参詣者は一人もない時代でしたが、廿七年には宝物もならべ法要もする事になり義士会をつくり盛んにやろうとしています。

良雄山科に住む

大石良雄は赤穂城をあけ渡して浪人しますと脇坂播磨守、鍋島肥前守等々の諸候の招聘を固辞し京八幡（やはた）に弟専貞を訪ね、従弟で良雄妻睦（よし）の姉婿進藤源四郎等と相談し、進藤が同じ赤穂の家臣であり鉄砲頭で四百石山科の出身のため万事進藤に頼み西野山の地を求め土地の庄屋、年寄に証明を出し進藤より村に請状を出しています。

一、この度播州赤穂浪人大石内蔵助儀は我等親類にて御座候に付我等方へ亡人に被成引越申候此者慥成る者にて御座候万一此内蔵助儀に付何様の六ケ敷儀出来候共我等罷出急度埒明申へ少も御苦労に掛り申間敷候尤おこりたる儀為改申間敷候宗旨の儀は禅宗則寺請状此方に取置申候依て為後日請書如件

元禄十四年辛巳七月　　進藤源四郎 印

庄屋年寄衆

良雄一家はここに棲居を建て、田畑を求め、庭に牡丹を植え、元禄十四年六月廿八日に落付きました、然し源四郎は義士の仲間に入らず、後安芸に赴き戻らなかつたと云います。良雄は

ここから京や伏見え通いました、西野山から辷石越（又馬背峠）を西へ下りますと今熊野ですからこの道を一番よく通つたと思われます、それで此峠の上の方に大石腰掛石と云うものがありました。翌十五年仇討の議がすすみますと、家族迄罪人になりますので妊娠中の妻お睦と二子を但馬の里へ帰えし離縁したことにしました、そして二文字屋娘かぢを小間使に入れたことになります、八月寺町梅林庵に移り十月江戸へ参ります、その遺址には碑を建てました、安永四年宮部義正外二名碑を建て、拾遺都名所図会にも記載してあります。

是故赤穂侯重臣大石良雄所二仮居一之処也。如二其忠精光諾既伝而膾二炙人口一不二復贅一焉。嗚呼百載之下其人与レ骨皆已朽一矣。雖二則其人与レ骨已朽一矣乎。毎履二其地一而思二其人一。懍々如レ有二生気一。豈非二其忠精所レ激名声不レ朽者一乎。今也鐫レ石以誌焉。顧当后之過レ此者乃有レ涕以従焉矣。銘曰

焦レ心飲レ胆。薄言潸鋩。死而不レ死。名姓永光。

建レ石者為レ誰。武府人孫八宮部義正。同所恵五郎上田正。並書レ之者為レ誰。伏水人竜公美子玉也。于時安永四年乙未冬

この家屋は弟大西坊専貞にまかし調べますと良雄自筆の遺物分配目録が出て来まして宅址は

進藤え、什具は岩屋寺と進藤関係の人々に分配しました。その家屋は山科郷士大野木常右衛門が購い、山科安朱に移し今旧東海道通山科駅近くに上田藤兵衛所有になり大石煎餅を商っています。別説に大阪府北河内郡四条村竜間、曹洞宗竜光寺境内にある古い建物が良雄邸で討入直前この寺の玄光、良雄より贈られ解体してこの所に移したと云います。

今でも民家少なく、天禄の頃は山科神社（巌屋神社）も、岩谷寺（明治になつて岩屋寺と改めたと寺の説です）も只あると云つれだけの淋しい存在であつたことと思います。この寺の下に家屋を建てたと云うのですが、全部新築か、古い建物を求めて再建したのか、どんな間取であつたか入口はどちらを向いてあつたか、全く資料なくわかつていません。良雄が死んでから人がやかましく云いましたのですから、ここに居つた頃は問題でなかつたことと思います。使用人も果して何人おつたのでしょう。おかぢも淋しいので困つていたことでしょう。二つ年下の主税は同居していたであろうと思います。

岩屋寺

大石神社の西南、山腹にある曹洞宗の尼僧寺院です、山科の東一帯が見通し出来る景勝の地です、この寺のスグ下に良雄が閑居していたのでした。

この寺は叡山三千坊の一つとも、又真言宗勧修寺末の大巌寺であつたとも云われています、元亀二年織田信長の兵火に焼失し古記録も一切なくしました、スグ南に山科神社があります。式内社で西の巌屋大明神と云い千七十年の昔の創立で、この寺はその神宮寺であつたと云います。その後永い間衰頽のままでした、徳川時代に細やかな寺として智証大師作不動明王を本尊としていました、良雄がこの地に棲居した頃はまだ微々たる寺であつたらしいです、良雄はこの不動明王を信仰しておりました、江戸で切腹の際、足軽寺坂吉右衛門に命じ、良雄の遺髪及遺品を寺へ届けさしました、それで遺髪は、境内に埋め遺髪塚と云つていました、その後文化年間にこの寺の什宝を展観した板木がありますから寺らしくなつたものと思われます、弘化年間西川仙随尼と云う旅僧がこの地が大石ゆかりの寺と知り、村の有力者田中一郎の極力援助と、托鉢してこの寺の再興を不動明王に誓願しました、この頃京の奉行は浅野の一族でありま

義士堂　良雄遺髪塚

した中務少輔浅野長祚でありましたので田中は岩屋寺の再興と大石宅址の保存を出願しました、嘉永六年は大石等の百五十回忌に当りますので奉行長祚は紫野大徳寺の黄梅院大綱和尚を助けて堀川頭の瑞光院に遺躅の碑を建立したあとでもありますので、岩屋寺のため白銀三枚を寄附し、旧浅野家中子孫にも呼びかけ文久年中現在の本堂が建立せられ、田中一郎は庫裡と玄関を建てました、それで寺らしくなりました、この頃良雄の髪碑は籔の中になつていましたのでこの籔を進藤家より下附して貰い境内に入れ、池を作り良雄自作の弁財天をまつり義士木像堂を建立し、嘉永四年八月摂津西ノ山社人大石長太夫秘蔵の四十七義士の木像を納めました。その他各種の義士に関した宝物があります。

大石地蔵（福王寺）

辷石越を下りて来ますとこの町の公会堂がありその横を西へ入つた処に浄土宗の小さい福王寺がありますます良雄はここの本尊地蔵尊を念持仏とし大石地蔵と呼んでいます、文政年間江戸にここの什宝と共にこの地蔵尊の出開帳が行われています、その霊宝目録には

小野篁作、本尊地蔵菩薩、弘法大師作、文珠菩薩と十一面観世音、梅天神画像、良雄持念仏薬師如来、義士の位牌、良雄山科住居之砌進藤源四郎請合書、手鎗、木刀、茶湯釜外数点大石所持品が列記されています。それは文政五年五月のことで住職天随、村の浜名屋半六、近江屋喜兵衛等江戸浅草寺境内に出開帳の約定書を作つており八月には開帳延期願を出したりしています、その後の変遷は判明していません、今寺には地蔵尊とこの文書だけ残つています、恐らく寺の疲弊していますます間村庫に預つていましたが、それが近くの極楽寺、岩屋寺、進藤家に分割せられたとも考えられます。

大石断食石（山科花山稲荷社）

市パス大石通を花山をすぎますと東の畑中に赤い玉垣の稲荷社らしいものが見えます、入口は北と東にあり、これが花山稲荷社であります。大石良雄の棲居からも六七丁位、良雄は山科に滞在中当社へ再三参詣し仇討成就を祈念し華表を寄附しましたり境外の岩の上で血判をしたと云い伝えられ大石稲荷と呼んだとも云います、この鳥居は引きぬき本社の裏に保存しております、境内東南に大石断食石と云つています石があります、元は境外にありましたが、稲荷新田が出来ます時、田の中のこの岩をとり除けようとしましたのを、前神職が口碑を残したいと思い今の地に般んだと云います。大石は当社に参拝の時、この岩の上に息い又座つて沈思黙考、数刻に渉り食事を忘れている様でした、それから断食石と名付けられた様です。尚本社透塀中に上が平たい大石血判石と云うている石がありまして大石が義士等の心底を試みんと神前で、この石に血判させたと云うのです、神社に伝わる話だそうです。境内は樹木多くその間に沢山なお塚がありまして崇敬社の多かつたことがわかります。本社の北の玉垣の中に百坪程の丘がありまして稲荷塚と云つています。三条粟田口に住んでいました刀鍛冶小鍛冶宗近が、当

大石断食石

社を信心しまして この社地の埴土で鞴を築き斉戒して名剱を作りたいと祈願しました。三人の童子現われて相槌を打ち美事な名刀が出来たとも云います。これが小狐丸だと云います。このことを知つた全国の金物師が金の神として賽しますものが多いと云われます。

神社は宇迦之御魂大神、神武大市比売大神、大土之御祖大神の三柱で伏見稲荷大社の祭神と同じです、六十代醍醐天皇の延喜三年（一五六三）この地に行幸の時創建せられた社で花山、一条、高倉天皇も崇敬されたと云います、所在地は東山区山科西野山欣ノ上町。

大石神社（山科西野山桜馬場町）

大石神社は赤穂にもありきす。チョンガレと呼ばれていました浪花節は、この赤穂義士伝と云う新作で武士道鼓吹の旗じるしを立て先づ桃中軒雲右衛門が顕われて浪花節を一般芸能に劣らぬものにしてしまい、続いで吉田奈良丸が立派に基礎を作り今や浪曲としてラジオも多くのファンをもつております、その雲右衛門は大石閑居の地へ大石の銅像を作ろうと原型も出来上りましたが出来ないまま亡くなりました。

奈良丸は二代に名を譲つて大和之亟となりました、この義士をうたつたお蔭だからと報恩のため大石良雄の神社を建てたい、赤穂にはあつても、その本懐を達する元をきづいたのはこの山科である、昭和四年十二月十四日山科町勧修小学校の義士講演会に吉田大和之丞出演し、この会の主催者の人々と義士会館創建の議が出ました。六年三月十四日この人達が集り山科義士会発会式を行い大和之丞はこの会の後援を引き受け、同二十九日山科義士会と大和之丞の両者より義士会館建設の企図し京都府知事佐上信一に申出ました処、知事は大石神社を創立し会館を附属建物の一部にしたらと提議し一同同意して大石神社創立の議が始めて出来まして、四月三十日今の地を撰び神社を建設する事になり五月二十一月知事より内務省神社局長に大石社創許否の見込を門伺し六月九日府社寺課内に大石良雄崇敬会を設置し、寄附金を募り八年十二月十四日地鎮祭、十年十二月鎮座祭を行い府社に列格しました、境内坪数二千五十三坪、経費六万七千九百六十三円、戦前のことで大変参拝者もありましたが何分交通便わるく十二月以外の賽者なく神職も置けない始末でした、元陸軍少将、杉村勇次郎氏無報酬で宮司を引受け報仕をつづけていられます、その後十六年十二月、山科に住む変り者片山真太郎と云う人、例え話は芝居だけであつても天野屋利兵衛の男らしい処は大いに称讃すべきじやないかと知友の工芸家と語い秋月国立試験所々長が白雲陶器製の大陶

大石神社

義人社

板を天井板としこれに堂本印象山桜を描き、楠部弥弌高麗狗其外秦蔵六、浅見五郎助、岸本景春、清水正太郎、堂本漆軒外多数の人々神具を寄贈し、大野屋利兵衛の座像を陶器で作り神体として「義人社」と名付け同社の南東に東北へ向けて摂社として祀りました。本年十月七日市バスが日岡より大石街道を南下し社より二丁位に停留所が出来ましたから又参詣者も増加することでしょう、十二月十四日は義士祭で賑います。

茶席含翠軒（泉涌寺山内）

泉涌寺の九十七世、九十八世の長老は良雄の親族進藤家の出身でありましたので、良雄が山科へ住む様になりまして、その頃身分証明の様な寺請証文が入りますので、泉涌寺御陵入口の北手から坂を下りますと弘法大師一刀三礼の三宝荒神をまつります来迎院があります、良雄は進藤と共に時の住職泰以宗師に頼みこの寺請証文を書いて貰いました、それで茶席含翠軒を寄進しました、この境内には弘法大師が独鈷で山麓を掘られましたら名水が涌出しまして千余年の今日迄絶えず出て、安産のお香水と喜ばれております。この水は茶の湯にもよいと云われています。良雄は念持仏として将軍地蔵を祟め大望を祈つて、この寺へ寄進しました、又進藤源四郎と共に客殿を再建致しまして義士の会合につかいました、明治の頃迄赤穂忠臣談合所の札を含翠軒にかけ、毎月十四日大石遺愛の湯釜を中心に茶会が催されています。

本堂本尊には運慶作と云う弥陀三尊を安置し、僧智鏡を中興としていますす文明年間兵乱で焼け慶長に再建し、台所の神三宝荒神（重文）が有名であります。

大石の遊んだ撞木町

大石は仇討をカムフラジユする為めに、遊廓へ通うたのか、女が好きだつたので漁色をあさつたのか、私にはわかりません、忠臣蔵の七段目の様に祇園一力で遊んだのは全く芝居ごとでありますが、山科の居宅から南へ中之茶屋をこして西下しますと深草へ出ます、ここから六七丁墨染も遊女がおりましたがここを通りこして夷町、俗に撞木町廓へ通うたことは事実の様です、この廓はかこいと云う位の遊女が十八匁、これ以上の天神とか太夫のいない廓ですから浪人の良雄には手頃の娼のおつた処です、十八匁と云つても私等にはわかりませんが、太夫は七十六匁で金一両一分、天神が三十匁で金二分、鹿恋が十八匁で金一分と銭百五十文だつたそうです。(この廓の変遷は緑紅双書第十七輯亡くなつた京の廓「下」を参照)元禄十五年九月板行「遊里櫓太鼓」の撞木町名寄を見ますと、一、文字や内夕霧、花崎、しら藤、浮橋、今坂、よし野、花川、中川、今川、大崎、かほる、八塩等の名があり同十四年刊「色三味線」名寄にも同じですから、良雄が山科へ来ました元禄十四年七月から翌年十月迄の間には、当然この妓達がおりますから狎れた事でしよう、その内浮橋と云う鹿恋を敵娼にしていました、島原廓へも行つたらしいですがここにはこの頃十三人の太夫がいましたが、良雄は太夫でなく天神のうきぶねを買つたらしく、共にうきの名のつく娼でしたので自分の粋名をうきと呼んだのではないでしようか。

小野寺十内（ほくたん）大高源吾（しよう）中村勘助（なか）村松三太夫（たんすい）富森助右衛門（春帆）小野寺幸右衛門（しげ）勝田新左衛門（せう）潮田又之亟（才野（さいや））

こうして本名をかくしていました、笹屋で遊んだ時、良雄は天井え楽書をしましたが、ここの下女つまが火燵のやぐらを搬んで来、つまは硯をもつたと云います、その硯はこの十六才の下女つまに遺りました、ここで遊ぶ内に「狐火」「里気色」の歌を作り、殊の外はやつたと云います。

同志と共に遊興していますが、この浮橋を落籍したとか、他え囲つた話もなく、吉良の間諜がこの廓へ来た話も伝わつていません。

忠臣蔵七段目　一力

この芝居で一番華やかな舞台はこの七段目の祇園一力の場でありましょう。この一場だけ出す事もありましたが、近年余り出ない様です。こうしたものに実際はどうかなど野暮な穿鑿はせないがよいと思いますが、それではわかりませんので、止むなく調べますと、祇園が色街になりましたのは二回に許可せられ初めはこの赤穂事件の元禄十五年より三十六年前の寛文六年祇園外六丁として縄手通より西、加茂川の岸迄の六ケ丁にお茶屋が出来ました。二回目は一力のある内六丁で、これは享保十七年に許可元禄十五年より三十年後になります。それで今の一力の名にとらわれなければ、外六丁にはお茶屋があるのですから、或はこの辺の青楼へ良雄が登楼したことは認められます。然し良雄が撞木町又は島原へ行つたことを書いた本はありますが祇園新地の名は出て参りません。遊女、軽に対しては別稿に書きました通り仮空の人ですから問題外で、矢張りこの七段目はお芝居だけでよいのと思います。

花見小路四条に万亭と云う祇園甲部第一のお茶屋があります。徳川時代からありまして幕末には井筒と共に代表的なお茶屋でした。元治二年三月二十六日夜、末吉町縄手東入南側より出火し東北部の一部を除き祇園新地を九分迄焼失しました新地焼と云っています。この時この万亭（一力を一字にすると万になりますので一力と呼ばず万亭と呼んでいました）が近年一力と呼ぶ様にしています。明治初年ここの主人は新らしく生れかわろうとしている祇園新地をもりたて槇村参事と共に「都をどり」を始めたり大変尽力しました。代々次郎左衛門と云います。芝居名所として一力と云えば赤穂義士を連想し、一力のためにはこの忠臣蔵の芝居は神様の様です。それで報恩の意味だろうと思いますが四十七士の木像を安置し（この家神道）毎日おまつりしています由。それで義士関係の書画を代々集め相当な分量になっています。それで毎年三月二十日を「大石忌」としてその一部を陳列し知人、

三月廿日相営　於拙宅　正午十二時より午后五時限り

大石忌　壹客

諸君子贈賜書画展観

一力亭

大石忌招待券

お客を招待し、日頃出入します祇園甲部の芸妓や舞妓がサービスをし、お茶やおそばの接待をします。大石良雄が愛用した三味線「初音」を飾り、京舞井上流家元八千代の「深き心」名取

連の「宿の栄」が手向けられ、京の年中行事になつています。一方は四条通が拡張せられる迄四条通に入口があり、一時祇園神幸道にありましたが明治十五年今の地へ戻りました。現代も祇園甲部の重鎮であります。

○荷田春満大人

伏見稲荷大社、拝殿の南に東丸神社があります。祭神春満大人は、稲荷社の祠官で、義士達を援助しましたことは「三十六家集略伝」にも大高子葉と深く交り、堀部弥兵衛、同安兵衛等も親交がありました。吉良邸の中の図を細かにかいてやつています。

十二月十四日のことも大石三平（良穀）に知らせています。これによつて十四日に討入する事を決定したのであるとも云われています。

お軽は遊女？（上善寺）

忠臣蔵の芝居には女が沢山に出てきます。塩谷判官（浅野長矩）の奥方顔世御前（瑤泉院）大星由良之助（大石良雄）妻おいし（お睦）大星力弥（大石主税）許婚の小浪等々ありますが何と云つても早野勘平の恋人おかる、後遊女かるが一番の人気者でしよう。

処が早野勘平と呼ぶ萱野三平は独身で摂津豊能郡萱野村字芝の自宅で自刃しています。それで誰れか恋人があつて道行の色模様が見たいのですが残念乍ら作者の筆の上だけでおかるは出て来ません。それで五段目もウソ、お軽は身売もせず、与市兵衛も身代金を定九郎に奪われる心配もなく、山崎街道の猪も出てくれず、大石も一力茶屋で「由良をには、またいな、とらまえて酒のまそ」と云う科白もきかれず、兄平右衛門もなく七段目の遊女軽はただ芝居の上だけの事になります。それではお軽と云う女は居なかつたのかと云いますと、このお軽は実在していまして本名をおかぢと云いその墓も今出川千本西入上善寺に現存しています。処が一説に島原中ノ町に一文字屋次郎右衛門と云う大きい置屋があつてその娘におかるがおつたのでそのお軽を良雄の妾にしたのだろうと云いますがその説は私はとりません。

このおかぢは元、一番町に住んでいた上善寺の檀家で本の彫刻（今で云う印刷屋）をしておつた二文字屋の娘としてここで生れました。年頃になつた頃、店は寺町二条に移転して本屋を開き出版元をやつていたらしいのです。良雄は山科西野山に居宅を建て、妻お陸は懐胎中でしたが娘のおくら（十三）と次男吉千代（十二）とを連れ但馬豊岡のお陸の里へ帰えしました。出産の為めでもありましようが、離縁の形をとり、妻や子に罪のかからぬ様に考慮したとも云います。それで山科の浪宅は長男主税と男住いでしたので伏見に居ましたかじの伯父の小山源五衛門が、女手がないでは身の廻りも台所も出来ないので、このおかぢを小間使

（右端）おかぢの法名

として入れることになりました。おかぢは十八才、小間使兼側女を承知の上のことでした。それでおかぢは大石良雄の妾としての存在を忠臣蔵の作者は一力の遊女としました。義士関係は勿論あろう筈がありません。それが元禄十五年一月のことと云います。八月に大石は道場の梅林庵に移り時々おかぢと会っていたと云いますが、義士の人々と密議のためか、ここが交通便の為めか山科に居にくくなつたとしますと、おかぢだけが山科に居たか梅林庵に近い親元に帰つていたかもわかりません。十月六日夜大石はおかぢと会い別離の小宴を催し、翌七日大石に日野家の用人垣見五郎兵衛と変名し同志十人ほどと三条大橋を出発しおかぢも見送つたと云います。寺は前記上善寺でこの寺は享保十五年、天明八年、嘉永四年正月の三度の火事で焼失し過去帳も焼失してしまつたそうですが時の住職が檀家を廻り判つている限りの各檀家の過去帳、位牌を写し粗末な手帳に控へたものが、近年出て来ましたので、今、毎日の夕刊に新忠臣蔵を連載中の舟橋聖一氏、山本支局長等と共に見せて貰いに参りました。三十二年十二月十四日京都新聞に写真が出ておりますが私の発見ではありません。この過去帳には、おかぢは後双林寺に出家しここで死し、上善寺に葬り本堂裏、東向の一基中央に宝蔵院法印祐清（かぢの父親で次郎左衛門）右、清誉貞林法尼（おかぢ）左、快誉清輪法尼（かぢの母親）の三人の法名が記されており、その北隣の一基も二文字屋の墓です。おかちは過去帳に十月二十三日とだけで年号はありません。寺町の出版屋もどんな店かわからず、その子孫が昭和六年頃大阪市東

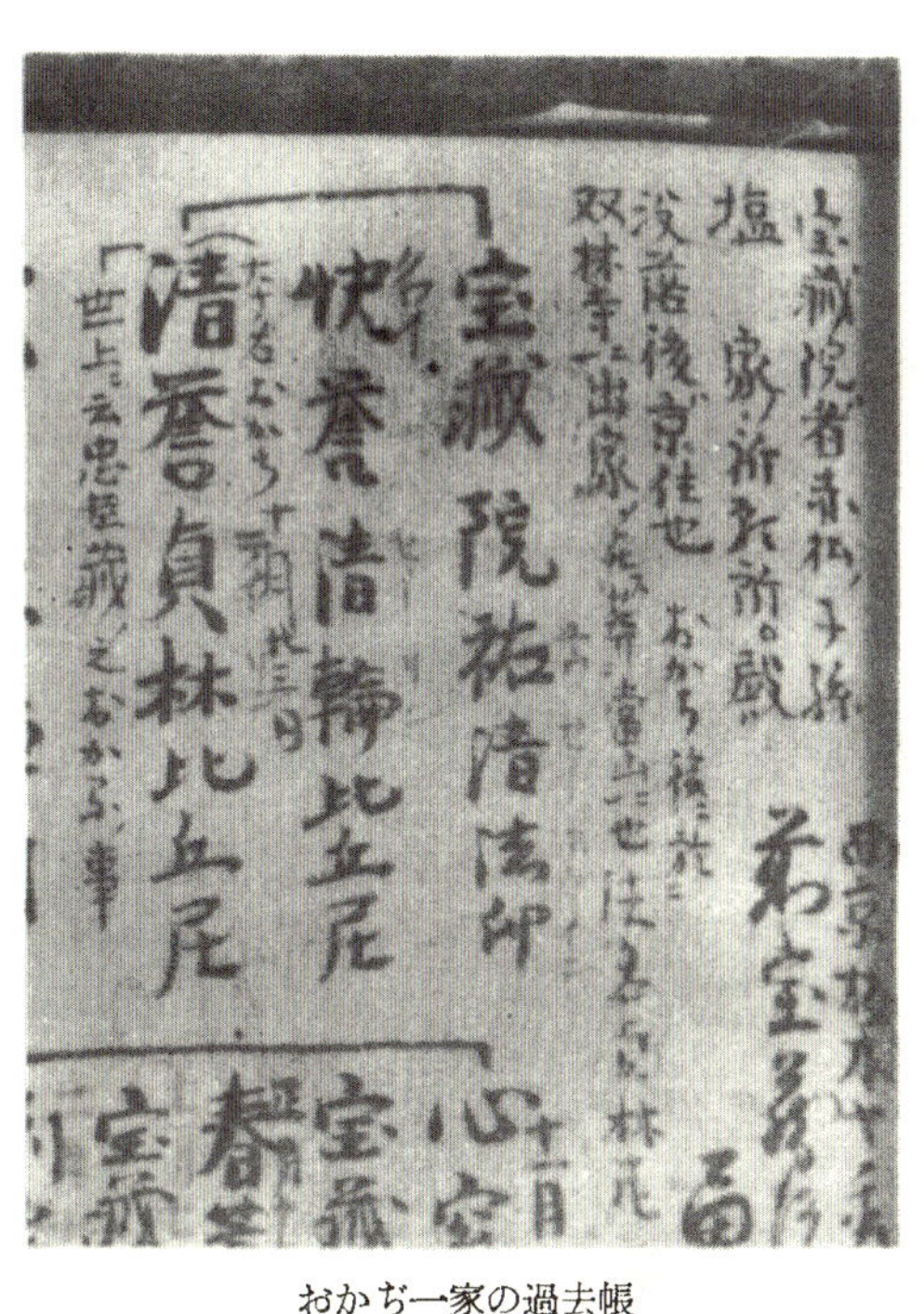

おかぢ一家の過去帳

成区粉浜町東之町四丁目百番地扇田秀代と云いこの頃墓参していたそうです。一番町（今の立本寺のある辺です）の宅は七十年程前にはまだ残つていたと云います。近頃参詣されることもない様です。

上善寺は天台宗真盛派で、始は貞観五年僧慈恵の開基で阿弥陀仏を本尊とします。元地は不明ですが、永禄九年後柏原天皇の勅願所となり文禄三年今の地に移つたと云うことです。

義士の木像

身代不動尊（法住寺）

良雄は山科西野山に棲居してからも京の町へはよく来ております。辷石越えを通り京の町の見える辺に「大石腰掛石」があつたそうです。そうして瓦坂から町へ下りますと三十三間堂前です。ここに法住寺があります。この本尊は藤原時代の不動立像で、今尚信仰を集めております。慈覚大師作と云われ後白河法皇も霊験を受けられたと伝えられ、良雄も町へ出ますとここえお詣りして仇討成就を祈念しました。この寺が妙法院の院家でありますので、宮方を通じて公儀の情勢をうかがい、同志との連絡、会合の場所にせられたとも云います。そうしたゆかりで義士の木像を作り本尊脇に並べられています。毎年十二月十四日に義士会を開き終日参拝人で賑います。

当寺には親鸞上人自作そばくいの像があつて有名であります。詳しくは緑紅叢書第七輯「京の京の大仏つぁん」に紹介してあります。

○大石親子

大石一族の末孫に九州肥前伊万里に良知と云うのがあり、又方角違いの奥州弘前市代官町に良郷と云う人がおります。伊万里の方は何一つ遺品らしいものはない様ですが、弘前の方には可成り立派な書翰類や遺品が数十点ありその内の記録によりますと「良雄は一体の作り痩形にて梅干に見るが如く……大望杯思慮有体には曾て見得ざる人体也とあり」「主税は非常に大男で疱瘡を患つたので、あばたの醜い男」との事で芝居に出る良雄はデップリ太つた偉丈夫、主税は紅顔の美少年、大概女形が扮していますが……えらい違です。

梅林庵に住む

新京極四条上ル東入を花遊小路と云いまして明治時代迄花遊軒と云う庭の広い精進料理屋がありまして芋棒を名物にしていました。もつと古い時代はその北隣にありました金蓮寺と云いました時宗（じしゅ）の寺で今の美松の処が本堂庫裡に当り一に四条道場と云い、境内も広く塔頭もあり、芝居小屋、飲食店、揚弓場、露店がならび、京の市中の人は道場へ行こうと、とても賑いました。それが土地を売り鷹ケ峰の麓へ移転しましたまま売つた金を使いこんで庫裡だけ立ちましたが本堂は立腐となつてしまいました。梅林庵は南側にありました。塔頭十八軒の一つです。ここえ大石は山科を出て当分この梅林庵に居を移し、十月にここから江戸へ行つたらしいです。それでこの寺に義士の人を集めて密議をしたと云われています。何のために山科を出てここに棲居をしたかわかつていません、この時天明の大火で全焼しましたのでその遺跡はなくなり、後花遊軒と云う新京極の名物料亭にかわりました。その図を見ますとSY京極の境界まで南はお旅町北側裏迄、中央広く四季の花樹があり庭内に座敷をあちこちに中々広かつたことがわかります。それが大正元年にお旅町への通り路と両側に店屋が並び今の花遊小路に変りました。北側東よりに「大石地蔵」と云う小祠がありましたが……。

妙蓮寺

上京区寺之内通大宮東入、北側にある法華二十一本山の一つであります。

昭和十五年頃、私は竹内栖鳳の師幸野梅嶺の墓に詣るつもりでこの寺の墓地を捜しに参りました。入口近く左側西向の普通の墓に劔の法名のついた戒名が一列に九名五段にづらりと並んでいる墓を見ました。劔の名のある戒名は刀で、亡くなつた人につけるのだときいていてましたので右脇を見ますと片岡氏、左は元禄十六年とあります。これは赤穂義士であるまいかと思い、片岡氏は片岡源五衛門の名を思いうかべ、元禄十六年は切腹した年であります。これは必ず、この源五衛門の関係者がこの寺の檀家であつたので、その四十七士の人々の供養のために建たものだろうと思い、寺務所へ入つてききましたが古くから無縁でその片岡氏の何処の人か、これが赤穂の義士であるかどうかも知らないとのことでした。

帰宅して調べますと四十七士の戒名に違いありません。そして義士を専問に調査せられていました人々の記録にもありません。全く忘れていた義士の墓である事がわかりました。その後もお参りする人もない様です。

聖光寺の二つの墓

下京区寺町通仏光寺上ル東側にある浄土宗の寺、台所の横から南へ廻ると墓地に出ます。その始めての処に二基の墓があります。一つは大石良雄の実母の墓で、も一つは天川屋儀兵衛のモデルではあるまいかと云われています、また綿屋善右衛門（一名安田好時）の墓でもあるまいかと云われます。

大石母の墓は松樹院殿鶴山栄亀大姉、右側に施主、浅野内匠頭家臣大石内蔵助良雄、八幡大西坊専貞法印とあります。元禄四年三月十四日とあるそうですが見えません。その位牌も本堂にありましてこれには松樹院だけで殿がついていません。この寺にこの墓は無縁のままでありましたが昭和十四年先住河勝良英氏にききますと昭和七、八年頃赤穂女学校々長が来られ、某書の中巻に大石の母の墓が聖光寺にあると書かれているのでこの墓はまぎれもない良雄の母の墓であると云って戻られ、良英和尚赤穂へ行き華岳寺を訪われました。確かに松樹院は良雄の母親でありますが花岳寺に葬ったとあります。

○池田男爵家系図――松樹院生家

良雄の母の墓

池田由之（備前天城三万二千石）由成（備前天城三万二千石）女熊子、播州赤穂城主浅野釆女正長友臣、大石権内良明の室、明暦三年丁酉十月四日縁約、万治三年戊戌二月十六日婚儀元禄四年辛未三月十四日播州赤穂ニ卒ス

同所華岳寺ニ葬ル　松寿院鶴山栄亀（後松樹院ト改ム）義士良雄母親也。

○大石小山譜（大石後裔蔵）

良雄ノ条ニ　母者松平新太郎少将光政家臣池田出羽由成ノ女　元禄四年辛未三月十四日於京都　歳五十五　号松寿院鶴山栄亀　葬于寺町仏光寺上町聖光寺塔頭西光堂。由成者池田出羽由之嫡男也禄知二万三千石延宝四年丙辰　正月八日於備前岡山卒歳七十一　号心宗院一峰幻入　葬于

備前天城領分西江山禅寺禅宗也

この方は聖光寺になつています。八幡の大西坊専貞は良雄の実弟で亡父の菩提のため僧になりました。それで或はこの専貞を尋ねて京都に来て、滞在中に歿したので何かのゆかりで聖光寺塔頭の西光院に葬つたと見てよいのでないでしょうか。それで良雄と両名の名で建碑したものでしょう。元禄事変より十年前に死んでいます。良雄は三十五才の時に当ります。

綿屋善右衛門は安田善右衛門好時と云い呉服問屋で赤穂の出身だと云われています。城内へ出入し家中の諸士にも心易うしていたらしいです。室町二条に店をもち自宅は一条智恵光院東入にあり町の年寄をつとめていました。忠臣蔵の天川屋儀兵衛の様に武器の製作を密に頼まれ、怪しまれて「天川屋儀兵衛は男で御座る」と義俠的な話はとんと出て来ません。女房子供を責めつけた話もわかりません。たつて浅野家出入商人の内義士の人々と昵懇だつた人はと云うとこの綿屋善右衛門より他にないそうです。この人は義士の一人貝賀弥左衛門の東上の時一人娘の身の上を引受け、親がわりになりまして斉藤方へ嫁入らせており、又義士切腹後、仁王門本妙寺に貝賀外親族の者も共に供養塔を建てています。その斉藤の家もこの聖光寺を菩提寺にして墓もあります。大正年間日出新聞記者であり小説を書いていた斉藤紫軒と云う人がありました。胸を患い瘦せた病身らしい人で私も再三会いました。本名源三郎と云い、間もなく亡

綿屋善右衛門の墓

くなりました。その母トラと云うのが生活に困り、家に伝わっていたと云います綿屋伝来の義士達と交遊の書面などの書類を売ることになり本妙寺が買い取りました。そしてトラさんは養老院で亡くなり、墓は無縁となっているそうです。

綿屋の墓は正面に×仁誉貞実好山居士　実誉松岸貞月信女　浄誉真方好西禅定門　妙誉正相清西禅定尼　右側　安山好時之墓　裏面ニ行宝永五戊子年十二月二十二日　×享保十二丙未年七月五日とあり　（×印が善右衛門の法名享年であります。）

聖光寺の地は大仏師康慶の草庵址と云います。浄土宗第二祖鎮西大紹宗国師（聖光上人の贈号）ここに居られたことがあります。

十内の首は京へ（西方寺）

京都の浅野家留守屋敷は下京区綾小路高倉西入にありました。その留守居役は小野寺十内六十一歳でした。十内は他の人々と江戸へ下り本懐をとげてお上の命令通り自刃しその首は泉岳寺へ埋めました。十内の妻は貞女として知られた丹女で豪い女だつたと云います。下僕を密に江戸へ下し、夜蔭に泉岳寺の十内の墓からその首を掘り起し、他へ運んで火葬にし、その遺骨を持つて京都へ帰り丹女に渡しました、それをこの寺に十内の母等の墓があるのでここに小野寺一族の人々の名を記して墓をくりました。表に、

刃以串劔信士　小野寺十内秀和　寿六十一　刃風颯劔信士　同　幸右衛門秀富　寿二十八

刃回逸劔信士　岡野金右衛門包秀　寿二十四　刃無一劔信士　大高源五忠雄　寿三十二

右脇　元祿十六癸未二月四日　小野寺十内妻丹建之　左脇　浅野内匠頭長矩家来藤原末葉小野寺氏有

奥州　勢州何某　小野寺嫡孫

そして十内の歌の師匠だつた金沢慶安がそのことを書いた色紙が寺に残つております。宝永

第二西二月三日とあります。十内が京を出ます時、社中へ残した和歌もあります。

宮古のひんがしに住いして秋の末つかた吾妻に下るとて

おもひ出は音羽の山の秋毎の色に分れし袖ぞとも見よ　秀和

小野寺等の墓

この寺では義士関係はこの小野寺の墓一つですが、昭和十三年より小野寺義会が出来、十二月十四日茶会を開かれています。江戸の大通三田村鳶魚氏来京のせつ、この話をしました処「それは初耳であるが、あの当時墓を掘つて首を掘り出す様なことはありえないと思う、勿論そうした記録は知らない」と云つていましたから、事実であれば珍らしい話だと思います。

十内の母の墓もこの墓地にあり、過去帳には「転学院法室妙愉大姉　九十三才　元禄十五壬午年九月九日歿」とあり十内と同年の秋に死んでおります。いつ亡くなつたか、どうして取り去つたのか十内等の墓と並んであつたそうですが、今は何も残つておりません。

西方寺は知恩院末の浄土宗文治の始め左大臣従一位藤原経宗、大炊御門の別館を一条町尻（新町）に移し、法然上人の弟子となり法性覚と云いました。文治五年二月二十八日七十一才で薨じ館を寺にしまして西方寺と号けました。それから後両替町丸太町下ルに天正年間寺町下立売に移り宝永大火後今の東山通二条下ル町に移されました。本尊は旧法勝寺本尊、定朝作と云われる阿弥陀座像の立派なものです。境内に綾小路、五辻、大炊御門三旧公卿の墓もあります。

貞女小野寺丹

小野寺十内の妻で和歌をよくし、文字も実に名筆でした。姑に仕え。夫には貞節をつくした模範的な女と云われていました。丹女は浅野家臣武具奉行で百五十石を貰っていました灰方藤兵衛の妹で、小野寺へ嫁しまして、娘いよを儲けました。十内の姉は大高源五の母で養子幸右衛門の実母であります。それで娘いよをこの幸右衛門と娶すことにしておりましたが元禄十五年四月二十一日病死しました。丹女は主人と共に綾小路高倉西入南側、浅野の京邸の留守居として住み和歌や茶の湯の指南をしておりました。丹女は本圀寺に参り祠堂金五両を納め亡くなつた夫や娘の回向を頼み、江戸へ下り泉岳寺に墓参し、十内の姉の病気の看護に行き、姉死去、百ケ日をすませて京へ戻り、この本圀寺塔頭了覚院の娘の墓「妙珠院栄心日香信女元禄十五年壬午四月二十一日」の前で自刃して死んだとも絶食して死んだとも云います。それでその墓の横に墓をつくりました。

梅心院妙薫日性信女　左側播州赤穂住小野寺十内藤原秀和妻灰方氏女丹、右側に元禄十六癸未天六月十八日

とあります。どうして姑や自分の建てた主人十内等の墓のある西方寺に娘や自分の墓を作らな

いで宗旨違いのこの寺へ埋めたのか不審に思つております。この了覚院は廃寺になり、肥後の加藤家の墓と共に、この墓がとり残され、僅に参道だけ残りました。その寺の敷地を求めた山内と鉄斉とがイザコザをおこし瑞光院に丹女招魂碑が出来たわけです。鉄斉夫人は灰方出身なのでこの丹女の墓をよくしようとしたものらしいです。

丹女　娘いよ墓

今林円院の管理になつております。普段は岩上通万寿寺下ル一音院が入口の鍵を保管しております。大正八年十二月十四日丹女会が出来、同十二年吉岡宗雲作の丸髷短冊を持つ一尺位の木像を作り丹女の命日や十二月十四日に遺品展観をしていますが、肝煎の大八木春暁翁が死んでからの消息をききません。昭和十八年五月、「貞烈小野寺丹女」の小冊が出来ております。

本妙寺

左京区仁王門東山通東入、日蓮宗妙覚寺末の本妙寺があります。この墓地に刃仲光剣信士、刃当掛剣信士、刃寵石剣信士、深信妙順信女　左側、宝永甲申四月二十二日、施主綿屋善右衛門、右側に浅野内匠頭家来墓、元禄十六癸未二月四日の墓があります。この四人は

吉田忠左衛門兼亮（細川越中守邸にて自刃）六十三才

吉田沢右衛門兼貞（毛利甲斐守邸にて自刃）二十九才

貝賀弥左衛門友信（久松隠岐守邸にて自刃）五十四才　弟

同　　妻　　さん（京・綿屋善右衛門宅にて歿）宝永元年四月二十二日

綿屋善右衛門は義士の内特に貝賀と心易くしておりまして、江戸へ下ります時その妻さん、娘百を預け後事を托して行きました。弥左衛門が自刃しました翌年に妻おさんは四十五才で綿屋の宅で死にましたので、貝賀家が日蓮宗のため綿屋はこの寺に貝賀夫妻及兄吉川と息子の同族四名のため墓を作り冥福を祈りました。義士三人は鬢髪を埋めたと云います。綿屋は貝賀娘お百を羽前庄内酒井藩の御用商人衣棚通御池上ル斉藤源兵衛に嫁がしお高と改名し、綿屋が

死去しますとここに伝わる義士との往復書翰をお高に渡し斉藤家は九代つづきました。その最

義　士　宝　物　館

後のトラ女からこの遺墨七十余点、遺品四点を昭和五年九月にこの寺で購入し、新洞学区有志の人々から醵金して京都義士会を作り、義士宝物館を新築し、階上を陳列場集会室とし、階下に義士の木像を新調し。位牌を並べる事になりました。四十七士の木像は有志の寄附で穐山幸親作で、数年で完成しました。

この墓地には、有職故実の多田南嶺、画家横山清暉、春暉、儒者佐々木庸徳の墓もあります。

赤穂の医官　寺井玄渓　（長楽寺）

円山公園長楽寺の墓地に玄渓の墓があります。正面に桐庵玄渓居士、左側に宝永八年辛卯二月二十日とあります。この人は赤穂の御殿医で、浅野長矩に従て江戸詰となつて参りましたが、事変後一度赤穂へ戻り、大石等が京都へ来ますと自分も上京し円山長楽寺の麓に住み（又押小路柳馬場下ルにもおつた様です）良雄等と仇討に参画し、一行と共に江戸へ下ろうとしましたが、八十一才の老体であり医者でもあるので良雄に止められて京に留り、義挙をきいて、息玄達を東行せしめて義士の人々の病気を護らせたと云い

寺井玄渓墓

ます。ここに住んでいます時顔なじみの人々が切腹して果てましたことを知り、近くの岩に「夢」の字を彫りつけ、人世の有為転変の極まりないことを感じ「人生は夢である」とこの夢をほりつけたと云います。今も円山公園滝の北方石段脇にあります。ここで九十才で歿し長楽寺へ葬りました。

長楽寺は宇多天皇の寛平年中の草創で天台宗でした。円山の高所にありますので古くから祇園清水長楽寺と唄われています。建礼門院がこの寺で落髪せられた話は有名であります。今時宗となり、本尊千手千眼観音、東山十福神の布袋和尚を安置してあります。

天野屋理兵衛（椿　寺）

芝居で有名になりますと、仮空の人物である事は知っていても実在の人かの様に思われ、殊にその人が忠臣とか孝子とか伙人とか云うと信用と尊敬とで益々信じられてしまいます。天野屋利兵衛と云う浅野家出入商人がモデルで忠臣蔵の天川屋儀兵衛が出来たとされましてその利兵衛が隠居して松永土斎と名をかえ一条通紙屋川西の五色椿で有名な椿寺にその木像がありその墓があります。この墓は何か願ごと一つだけなら必ずかなえてくれると云い、酒ぐせの悪い人はこの墓に供水を献じ、この水を一滴、酒に入れて飲ますと酒が嫌いになると云われます。木像はいかにも町人らしい姿で、この理兵衛が使用したと云う算盤も元禄の年号があります。処がこの人は天野屋理兵衛に違いないのですが、赤穂とは無関係の同名異人と云うことが判然としました。この人は大阪思案橋東詰に住んでいた惣年寄でした。よいことをしたのですがそれが奉行から叱られまして土地追放を命じられました。一番軽い罰で、家族はそのまま大阪に止まり本人だけ大阪に住むな、家族と出会うことも一切おかまいなしと云うので、この人、この椿寺の一隅に庵を建て、隠居して松永土斉と改め風流で一生を過しました。それで忠臣蔵に関係のない人と云う事をハッキリさせておきます。

表紙写真
旧堀川頭
瑞光院内の
浅野稲荷神社

昭和三十三年十二月十四日　発行

〔価　三百円〕

著者　田中緑紅
京都市堺町通三条下ル

代表者　鳥居郊善

印刷所　協和印刷株式会社
電⑥三九四四・六七六八

京都市東山区東大路松原上ル
安井金比羅宮内

発行所　京を語る会
電話⑥五一一二七番
振替大阪三七三五五番

《復刻にあたって》

一、本復刻版は、田中喜代様所蔵の原本を使用しました。記して感謝申し上げます。

一、復刻版には、借用した原本の都合で初版と再版が混在しています。また、原本奥付に紙を貼付して新価格を表示している場合もそのまま復刻しました。

一、文中に、人権の見地から不適切な語句・表現・論、また明らかな学問上の誤りがある場合も、歴史的資料の復刻という性質上、そのまま収録しました。

一、表紙の背文字は、原本の表示に基づいて新たに組んだものですが、一部訂正や省略をしました。

緑紅叢書　復刻版
第1回配本（全26冊）

忠臣蔵名所〔緑紅叢書2の8（20）〕

２０１８年10月31日　発行
揃定価　３９、０００円＋税

発行者　越水　治
発行所　株式会社　三人社
京都市左京区吉田二本松町４　白亜荘
電話０７５（７６２）０３６８

乱丁・落丁はお取替えいたします。

コード　ISBN978-4-908976-92-6
セットコードISBN978-4-908976-72-8

緑紅叢書

第二年第九輯
第二十一輯

京都の七不思議　上

田中緑紅

はしがき

七不思議は世界中にあります。自然現象又は人間生活に関して不可解なものを七つ集めて七不思議と云い我国各地にも云っています。越後の七不思議は古来有名であります。

これが七不思議か、何故か、どこが不思議なのかわからないものも沢山にあります。昔云うていた七不思議が消えてしまい、新らしい七不思議が生れて来ますし、七つなくとも七不思議であり二十いくつもある七不思議もあります。今日では不思議と云うより珍らしいものと云つたものの方が多いのかと思いますが、これを誰人が、いつ頃から云い出したものかもわかつていません。社寺、通り筋等に七不思議と云いますが、寺社に勤務している人も知りません。案内者が聞いているものに興味深く話すために七不思議の一つですと説明しているものも多いです。

京都にはことに多いのですが、明治以前から記された本としては大変少ないかと思います。個条書きに並べ、その説明のないものは何が何やらわかりません。とにかく解説をして見ました。本願寺の七不思議は七宝物と書て不思議と仮名を振つているのは面白いと思います。禿氏(トクシ)氏所有のものをここに紹介さして頂きまして次に順序なく記して見ました。

此外にも京都にも沢山な七不思議があります。その内下巻として見て頂くつもりでいます。この京の七不思議に古くから注意せられている方に久保翠山翁、井上頼寿氏がいられます。井上氏は昭和十九年に「京の七不思議」として出されました。久保翁は克明に捜し廻り聞き正して記録されました。この度京都の七不思議を上下二冊にして見て頂くつもりで執筆しましたが、この両氏の方のものをあれこれ参考にさせて頂きました。

写真にとつて面白いものはないものです。此度も石川実氏に大変お世話になりました。又大田沢は神社の写真です。

本文中重文とありますのは重要文化財指定のものであります。

昭和三十三年十二月二十日

目次

京都には古い話が沢山に残つています。七不思議なるものも又沢山残つています。然しそうは云うものの明治以前からその七不思議をとり上げたものは余り見かけません。竜谷大学の禿(トク)氏(シ)先生所蔵の小冊はそう云つた点から珍らしい本だと思います。それをここに掲げる事に致します。

本願寺七宝物(ななふしぎ)由来

小形の和本、表紙は長秀画、鐘楼の図、合羽刷、裏表紙二頁は太鼓楼附近の木版が八枚、刊行年月がありませんが、禿氏先生は安永頃のものだろうと云われます。本文は平仮名が多いので漢字に替えました。

抑々御本山の釣鐘は、むかし聖徳太子鋳させ給いて、太秦広隆寺にかけおき給うところの法器なり、そののち時の変にかかりて近きほとりの底なしの池と申竜宮城まで、通ぜしと云い伝うるほどの深き池に沈みしが、或時不思議や一夜のうちに砂わき上り平地となる。然るにその中央にふし高き所あり諸人あやしみ、その所をうがち見るに釣鐘あり。その事四方にかくれなく、東寺よりしきりに所望致しあまたの人夫を遣わし掘りいださんとせしに鐘はしだいに底へ沈み、少しも動かざる故、せんかたなく竜頭に縄を付て引きし所竜頭のみ離れて鐘は上らず、すべきようもなく、竜頭ばかりを持ちかえり、今に什宝とす。その後この鐘は村人の夢に告げ曰く、われ仏法繁昌の霊場たる大谷本願寺に行きたき願念なり、願わくばかの地へおくりたまわる様にと告ること度たびなり。この事御本山へも聞え御所望ありしに兼て夢の告げもありし事故村人共も早速に承引す。それより掘出さんとするに この鐘 おのづからまろびいでたり、人々奇異の思いをなし急ぎ御本山へ持参り釣らんとするに竜頭なし。いかがせんと評議まちまちなり、所へいづくとも知れず山姥とも云うべき老女一人来たり、吾願くばその竜頭をこしらえ寄進仕るべしと申して去る。諸人不審に思いいたりし所に翌朝、かの女附子（ヌルデ）の木にて竜頭を造り持参し、はなれし所へ合せ見るに、格好相応しもい○付し竜頭の如く、かねと木と融合し少しも動くことなし。まづ試みに釣て撞木を当るに清調□声の声して誠に妙なるひびきあり、それより鐘楼堂を建立あり、これを掛け給うに、何ぶん木にて付たる竜頭なればあやうげに見ゆる故に鐘の下に台を据えてあり、今に至りて、その台もその儘にあり実にまれなる霊験なり。

一、時太鼓　は太閤秀吉公、朝鮮御征伐の時かの地より取よせたまいて、始は南都西大寺に納給う。その後西六条、今堀川に御本廟御造営の時節かの太鼓、殿下の御夢に告るようはわれ願わくば本願寺へ遣し下されたくと願いし故秀吉公も奇特におぼしめされ太皷番まで御寄進あり古の太皷を御本山の時の太皷として寄附し給うこの太皷胴は躑躅の木なり、但し胴の内に豊心丹の方書あり、今に下間家に伝来するはこのいわれなり、世にまれなる重宝なり。

一、御影堂向拝柱の沓石を木にて造りあるは、十三代目教興院様の御代に御修覆のみぎり御庭前に百日紅の老木ありしが御前の夢に一人の翁と現じ告げ奉るようは私百日紅の大木にて候。年来久しく御庭に成長仕りその上の大法にけちえんし奉り果報大の恩沢を蒙りなにかな御報しやと存じ奉りし処に今度は御大層なる御普請を遊ばさるるに付き何とぞ私も御用に御つかい下され候はば有難く存じ奉る。翌朝御覧ある所さしての風もなきにその夜の内に倒れてあり、御感の余り頭梁を召し出され、この木をば何なりとも普請に用ゆべしと仰向られしになにぶん短かき木故に用ゆべき所もなししかるに御拝柱の沓石双盤の手当あて末これなく、これ幸の事なりとて右の木をもて柱根の沓石とす。その後この木くさりし故に信明院様御代に大御修覆の節、石にて仕替候ことはいかがと御伺い申上げし所、心(しん)をば石にいたし、めぐりをば欅にて包みおくべしとの仰せに付、欅の寄木にして四方に金物打てあり、これまた奇特の事にあらずや。

一、御白砂水屋手水鉢は往古東寺羅生門にて渡辺の綱、鬼の腕を切て入おきし所の石からとなり、しかるにこの石本願寺へ行度い行度と毎夜泣きし故に東寺より御本山へ寄附す。それより手水鉢となづく。天明年中より故ありて御殿の奥庭に移し給う。今奥の御庭にあり。

一、大仲の入口に三面大黒天の像あり、左り甚五郎の作なり。これは元伏見桃山の御殿にありしが、時の将軍の御夢に末代まで永くたいてんなき本願寺へ送り下され度と告げ奉る故、大仲御玄関飛雲閣その外の御座所まで御寄附となり誠に不思議の霊像なり。

一、黒書院の御庭に梟の灯籠というあり。これは御本廟御造営の後不思議なるかな、翌日雨天なればその前夜には必ず梟泣いて告ることとしきりにして、ついに晴雨違うことなしとなり。

一、西山御坊に佉知佉知（けちけち）の面と申あり、応仁年中天子より故あつて蓮如上人え賜わりしなり。昔より変事ある以前にはかならずケチケチと泣きて告しことあり、それ木石非情の類といえども、深く仏祖の恩徳を思いて報謝の誠にあらわし仏法結縁を厚く喜びて御本廟の御高徳をしたうことかくの如し。いわんや人倫においておや。この御法流に浴しながら、知恩報徳の志しなくんばあに木石にだにもしかざるべけんや。今その大むねをあげ記して一味の御同朋につげて、共に仏祖善知識の御高徳を仰ぎ、同じく報謝の志をぬきんでたまわんことをこいねがうのみ。

東福寺

東山区本町十五丁目

臨済宗大本山　聖一国師開基、五山の一つ。万寿寺を併合し、旧法性寺の五大堂が境内にあります。現塔頭二十五ケ寺、境内六万八千五百七坪。

㈠ **日蓮柱**　法華宗の日蓮が当開山聖一国師の庇護を受けたので、国師が寺を建てる時は必ず一本の柱を建てて謝意を表すと誓いましたので、仏殿の出来ます時、殿内の巽の柱を寄進し「日蓮柱」と云いました。旧本堂は明治十四年十二月二十六日焼失し、現在の建物は昭和九年四月十四日落慶、日蓮宗の人々、古きを思い、巽の柱を復興し九条道実日蓮柱と書きました。

㈡ **魔王岩**　仏殿の東南小高い処に鎮守五社明神祠があります。その域内に岩があり、鞍馬山の魔王が降臨すると云われ魔王岩と云つています。

㈢ **竜頭のない鐘**　この寺の古鐘は古く西寺にあつたと伝えられ又義経鐘とも云います。この東福寺の隣りに天竜寺と云う寺があり開基を摩訶阿弥陀仏と云いました。或時一つの釣鐘の竜頭をもつて戻ろうとしますと、東福寺の偉駄天尊が飛んで来てこの鐘は東福寺のものだと鐘身を押えました。二人はお互に金剛力を出して引張り竜頭は摩訶阿弥陀仏の手に残り、東福寺の鐘はこの竜頭はなくなりました。竜頭なしでは鐘楼に釣れませんので針金で釣りました。重要文化財になつています。

㈣ **幽斉遺愛石**　霊雲院の座敷庭の小高い処に変な石の水盤があり、その中に岩があり浮んでいる様に見え、細川幽斉の遺愛石と云い、多くの学者雅人の詩・歌の巻があります。この石は元六条佐女牛八幡宮、今の五条坂若宮八幡宮にあつたとも云われます。

㈤ **伝衣塚**　愛染堂の西に無銘の五輪塔があります。忌明塔とも無準禅師の衣を埋めた塚だとも云います。

㈥ **反古張の地蔵**　小野小町え贈られた恋文で作つた地蔵が玉章地蔵の名で退耕庵内にありま

幽斉遺愛石　霊雲院（都林泉名勝図会）

東福寺　東司

す。渋谷小町寺がここへ引越して来たのです。

(七)　**猫のいる涅槃絵**　猫は魔物として涅槃図には入れないものが多いです。この寺の大形の軸物は当寺の画僧明兆の筆で、人物も動物も実物大にかかれています。猫も立派にかかれています。

(八)　**五色溪又絵具溪**　明兆が涅槃を描く時、猫がこの溪から絵具になる鉱物を啣えて搬んだので猫を描き入れたと云います。

(九)　**東司**（百人便所）参禅の僧達の共同便所で百人の人が使用出来ると云われ七間と四間の大きさ室町初期の建築で重文であります。準国宝の便所は恐らくここただ一つではないかと思います。今日は殆ど使用していませんが、三門の西側、禅堂の南にありまして、これが便所と云つても納得の出来ない大きいもので東西窓下が小便台です。東福寺を知つている人もこの東司を知つている人は少ない様です。

(十) **大不動尊** 境内には五大堂があり不動明王を安置し正月二十八日、火災除滅の護符を出しますが大が読めません。今日は二字にして十万不動と云つています。法性寺の遺物で本尊は重要文化財になつております。

(土) **梟灯籠** 元万寿寺のものとも三聖寺のものとも云います。当寺方丈廻廊脇庭に大破損のまま置かれていました。火袋に梟が浮彫であり、寺に兇事がある時は鳴いたと云います。(表紙の凸版がそれです)

金閣寺

北区衣笠金閣寺町

足利義満が西園寺家の北山殿を譲り受けて三層の金閣を建て死後鹿苑寺と云う禅寺にしました。昭和二十五年七月二日放火で焼失、三十年十月十日昭和の金閣が落慶しました。

(一) **金閣** 家中を金箔で張りつめてあります。

(二) **南天の床柱** 境内夕佳亭(茶室)の床柱に太い南天の幹が使用してあります。南天にこんな立派なものがないと云うのです。

(三) **楠の一枚板** 焼けた金閣三層楼の楠の一枚板は美事なもので、下鳥羽から持つて来たと云われています。

㈣ **浄蔵貴所の塔** 金閣寺の門前にあります。貴所のことは戻橋で奇蹟を顕わした修験者でした別説に藁天神の大岩をそうだと云い又清盛塚とも云い、南区鎌達稲荷境内にもあります。

㈤ **岩陰の鏡石** 金閣寺前を北三丁、千束へ出る通筋に大きい岩があります。鏡の様に何でも写るので鏡石と云い、都名所図絵（巻六）に婦人が姿を写している図があります。前を通る牛が恐がつて歩かないのでいぶして写らない様にしてしまいました。

㈥ **白蛇塔** 西園寺家時代の地主神の神使を祀ると云われます。西園寺家は代々正妻を娶らないで、家に祀る弁財天女が夫人とされ、身の廻

鏡　　石

りを世話をする女を置くならわしでした。

㈦ **生身の不動明王**　この寺を拝観して出口に来ますと岩を彫つた不動尊をまつる不動堂があります。本尊は山陰道を歩いて来られた仏様と云います。年々八月十六日の盆日に参詣した水塔婆を親火にして左大文字をつけます。

新　京　極

三条・四条間

古い京極通後の寺町にあつた誓願寺、誠心院西光寺、円福寺、安養寺、歓喜光寺、金蓮寺の門と本堂の間の高塀をとり南北に通り道を作りこれを新京極と名付けました。明治五年槇村参事の京都繁栄策の一つでした。

㈠ **誓願寺の門は両袖門**　今のはコンクリトに変つていますが、焼失前には小ぐりの門が左右にあるのが珍らしがられました。

㈡ **迷子道しるべ**　同正門左側にある石標で正面に「迷子道しるべ」右側が教ゆる方　左側が尋ぬる方と彫つてあり明治十年の建立です。以前の警察の用事、今のラジオの用事をしたもので迷子、落しもの等の時、紙にかいてこの石に張りつけます。落した人は尋ぬる方へ、拾つた人は教える方へ、この石を一に「月下氷人石」と云いまして、北野天満宮松蔭亭（茶席）の勝手口に頭を欠いて、も一つ八坂神社の拝殿の東に長方形の献灯になつてあります。

誓　願　寺

(三) **内臓のある阿弥陀如来**　山脇東洋が囚人を解剖して始めて胎内の有様を知り我国の医学のため貢献した話は有名であります。解剖された囚人は東洋を恨みました。それでその五臓六腑のある弥陀如来を作り誓願寺の本尊としましたのある弥陀如来を作り誓願寺の本尊としました大きい仏様だつたと云います。京都には深草元政庵本尊釈迦如来にも内臓があります。詳しくは叢書京の怪談を御覧下さい。

(四) **長仙院の未開紅　誓願寺塔頭**　本山方丈入口前の長仙院に蕾の間は紅色ですのに蕾が開きますと白花に開く梅があります。一寸変つた梅です。古い本には本山鎮守春日社の前にあつたそうですが本山には一本もなく長仙院に残り広島の誓願寺にも分株があつたそうです。

(五) **たらたら坂**　三条通から新京極へ入る処が坂になつていましてタラタラと下りてしまうと

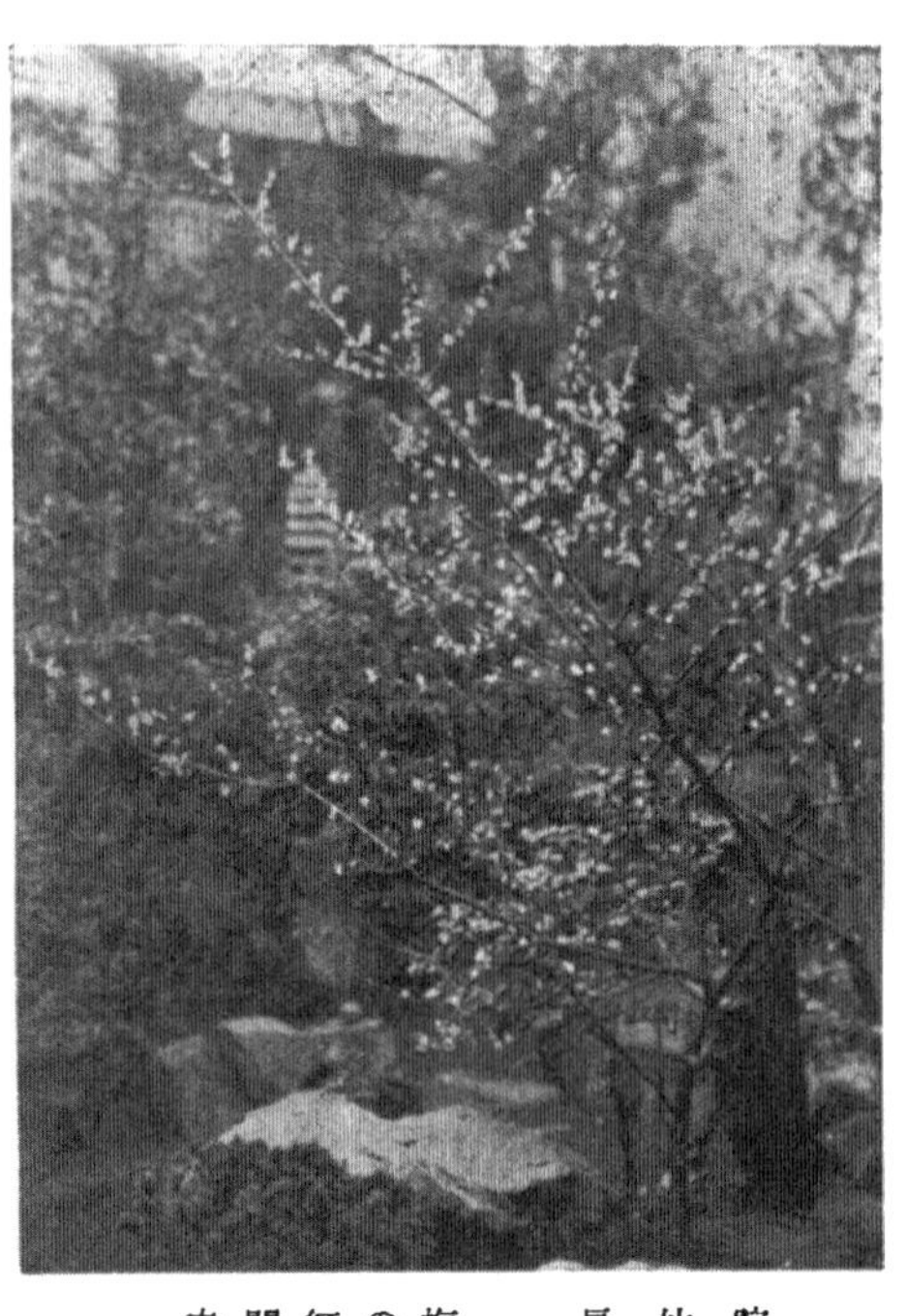
未開紅の梅　長仙院

云いました。スグ西の寺町にもこんな坂がないのに、ここだけにあります。これは秀吉の時代に三条大橋の橋梁を高くしましたので、橋の東西通りを堤にしました。三条通寺町東の南側は地下室が出来ており、北側は寺町上ル天性寺へ入つて行きますと石段が下へ降りており、墓地は低地にあります。

㈥ **軒端の梅**　六角下ル誠心院に、和泉式部の墓と云う宝篋印塔の立派なものがあり、その脇に梅の古木があります。軒端の梅とて和泉式部が東北院に植えた梅で花弁外側紅色、中は白く紅点があり花形小さく花心が凹み一に小川梅と云います。この塔が和泉式部のだと云いますのでいつしか植えて軒端の梅と云つたものでしよう。謡曲「東北」にあります。

㈦ **逆蓮華**　蛸薬師下ル安養寺の本尊阿弥陀如来は春日明神の作と云いまして蓮台を作り乗せ

ましたが二度共こわれてしまい、仏前に籠り仏の示現を待ちますとこの如来は女人が往生の出来る如来である。台座の蓮は逆の八蓮にせよ女は五障三従の形だからと云われ、逆蓮花の台座を作つて安置せられました。女は罪深いものと云いましたが、この仏を念ずる女は極楽往生が出来ると云う珍らしい台座であります。

(八) **染殿地蔵は裸仏**　お旅町巡査派出所の裏の染殿院の本尊は七尺大の裸の地蔵尊と云います。京都には只一つの裸身地蔵であります。

西本願寺

下京区堀川正面

浄土真宗、本派大本山で有名であります。親鸞上人をまつる寺で、再三各地に移り天正十九年八月秀吉よりこの地を貰つて建立、後伏見城聚楽第の建物を移しました。

西本願寺七不思議は前掲「本願寺七宝物由来」にありますが、その七つの内「鐘の話」は飛雲閣の方に入れ太鼓、沓石、石櫃、三面大黒、梟灯籠ケチケチ面の六つは重複しますが追加をここに記入しました。御了承下さい。

(一) **水噴銀杏**　本堂の正面に大きい公孫樹があります。天明八年の京都の大火には京の街を七分通り焼いてしまいました明治三十五年十一月二十九日には南隣の興正寺が焼けましたが、両回共この銀杏から水を噴いて大伽藍を守つたと

太　鼓　二　階　楼

云います。銀杏は火に会いますと葉の水分が湧出ると古来云われております。

㈡ **躑躅の太鼓**　寺の東北に鼓楼の高い建物がありまして内に大きい太鼓があります。二つありまして、古い方は准如上人の時金宝寺より寄附したものと云い、その以前は大和国西大寺のものだつたとも、加藤清正が朝鮮より将来した説もあります。太鼓の胴は躑躅木の中央をくりぬいてその裏に朱書の銘があり、又豊心丹の薬法や梵字が数多記入せられています。

㈢ **日暮門**　元聚楽第の門で、その彫刻が精巧であるのでこれを見ていると日が暮れると云い、日暮通の名が出たと云います。この門には雀が棲まないと云い、蜘蛛が巣を張らないと云います。破風の鶴は左甚五郎作でよく飛び出すので首を切つたと云います。

㈣　**三面大黒天**　法華宗、禅宗の寺の台所には大黒天を安置し台所の神と云われますが、真宗の大本山の寺に三面大黒のあるのは珍らしいことと思います。左甚五郎作で元伏見城にありましたが、徳川将軍が夢に現われ、西本願寺へ移せと告げられたので移したものと云います。三面大黒とは正面が大黒天、右が弁財天、左が毘沙門天の顔がついており三神の御利益を得ようと云うのです。

㈤　**鬼の腕を入れた石櫃**　渡辺綱が羅生門で鬼の腕を斬りとつた話は有名でありますが、その腕を入れておいた石櫃がこの寺へ移り白州水屋の手水鉢となつていましたが、天明年間、奥庭へ移されたと云います。

㈥　**月見の欄間**　白書院は伏見城より移した建物で重文になつています。雁の間の欄間の飛雁の彫刻の間から次の菊の間の框の上の月がうまく雁の間から見え、月に雁と云うわけです。

㈦　**麝香猫の杉戸**　紫明の間の椽座敷の杉戸に木下応受筆の牡丹の花の下に麝香猫がおりまして三方正面を向いています。

㈧　**抜け雀**　白書院にあります、雀の間に沢山な雀がかかれ円山応瑞筆でその内の二羽の雀は抜け出したと云います。

㈨　**遠くから見ると大きく見える人物**　白書院鴻之間の床の間に貼符してあります。狩野探幽筆の張良引四皓謁恵帝図があります。一番南に坐つてこの図を見ました時、最も大形に見えると云われています。

㈩ **大飯杓子**　報恩講の時や、時々大勢の客に食事を出します時にこの大杓子を用います。

㈩㈠ **梟の手水鉢**　黒書院の庭に梟のいる手水鉢がありまして、雨催いの時には鳴くと云われています。

㈩㈡ **本圀寺の灯籠**　この西本願寺の地の一部は元北隣の本圀寺がありました。本圀寺の旧地だつた記念にそこにあつた石灯籠を置いたままになりました。それでお返しするから取りに来てほしいと云いますが一向とりに来ないそうです。

㈩㈢ **双磐が木であること**　御影堂の向拝柱の双磐が石でありますが、その石の上から欅の寄木材で覆つてありますので、どう見ても木製に見えます、これは百日紅が夢に現われ奉仕を申出で、これを用いましたが、後の修繕の時欅でやりかえたのだと云います。

㈩㈣ **鶴亀の松**　御堂前の銀杏の近くに松が二本あり鶴亀の松と云つていましたが、近年亀松は枯れました。

㈩㈤ **天狗瓦**　総門の棟に用いられています。

㈩㈥ **けちけちの面**　桂に西山御坊があります。ここの什宝に、応仁年間に蓮如上人が拝領した面がありまして、天下に大事変の有る前にけちけちと声を発すると云われました。近年本山にもつて来てあるそうです。

㈦　**薩摩石**　堀川の内にあります薩摩の島津の紋のある石を云います。一に見残し石と云いまして、大阪石山本願寺の戦が、和睦しました時、薩摩藩では島津の紋のある石を探して取つて帰りましたが、一つだけ見残したと云います。この石はこの川水の加減で一年間の天候を占うことが出来ると云います。

上賀茂神社

北区上賀茂

下賀茂御祖神社と共に賀茂の神と云います。

伊勢神宮につぐ神社で、古くは斉宮がおられお祭を葵祭とて、勅祭であります。

㈠　**車返しの桜**　円山の糸桜二世がまだものになりませんが、当社のは実に美事な枝垂桜です。文久三年、孝明天皇行幸の時、車の簾を掲げて御覧になったと云います。同名の桜が御所御苑内にもありますが雄蘂に花弁の出来る種類だと云います。

㈡　**手摑みの御料のあること**　太古の遺事。

㈢　**楠の化石橋**　社務所から本殿に行く小川に架つている石橋が楠の化石になつたものと云います。

㈣　**物を云わぬ神職**　明治初年迄精進頭と云いましてこの役の修養期間中一切無言で参拝するならわしがありました。

㈤　**賀茂の勝手火**　賀茂の社家の家では、賀茂以外の人には煮た物を食べさせません。得手勝手な話で他へ行つた時は他家のものも平気で食べます。戻ると賀茂川に浴して身を清めて戻ることになつておりました。

㈥　**社殿と鳥居**　境内に摂社末社がありますが何れも向が変つており、鳥居も同一の向になつておりません。

㈦　**みあれ祭の時**　藤蔓で作つた輪形のおすずを戴いた者は幸運を得ると云われます。

㈧　**大田沢の杜若**　摂社大田神社境内に二百余坪の池がありここに八百年前の杜若が残つています。藤原俊成の歌に

神山や　太田の沢のかきつばた　ふかきたの

大田沢のかきつばた

みは　色に見ゆらむ

とあるのも、これを読んだものと見られています。天然記念物とされています。

㈨　**賀茂の演能は祟る**　神社で能の「賀茂」を演じますと、必ず大雷雨が起り、能師が驚いて逃げ出したことがあると云われます。

㈩　**上賀茂のすぐき**　この地で出来ましたすぐきは形も味も特別においしいですが、これを他へ移しますと、すつかり味が落ると云われます。

出　水　通

出水千本西―七本松通

㈠　**光清寺の浮れ猫**　南側にある建仁寺末の寺で伏見宮慈眼院殿の建物を賜つて寺としたと云います。門を入つた左に西向の玉照神社があります。今出川の伏見宮邸の鎮守を移したと云います。弁財天、陀枳尼天、愛宕大神を祀つています。その祠の北側に金網をかむせた中絵馬がありまして牡丹の花に蝶が飛んでおり下に真向の猫が描かれています。近くに花街がありますので、三味線の音色が聞えて来ますとこの猫が浮れて出ると云い、又毎夜鳴き乍ら水を飲みに出るとも云います。

㈡　**福勝寺九重桜**　御所から頂いた牡丹桜の美しいのがありましたが、昭和の初めに諸堂を改築しました時に枯れてしまいました。真言宗善通寺派の寺です。

㈢　**玉蔵院応挙の幽霊**　妙心寺末の寺で六軒町東入南側、ここに三幅対の軸があり中央は安信筆の白衣観世音、右は榊原文翠筆の太夫の図、左が円山応挙が長崎へ旅した時、肺を患い瀕死の遊女を描いたと云うのを幽霊の図と云つています。

㈣　**華光寺時雨松**　日蓮宗妙顕寺派　豊臣秀吉の叔父日堯上人の開基、秀吉手植の松がありその下に立つと露が落ちますので時雨松と云いましたが、大正三年に枯れました。この寺には豊公寄進、鞍馬寺のと同体の毘沙門天があり、鐘楼の鐘は清正が将来したものと云います。人によつてこの寺の四脚門を七不思議に加えるものもあります。

㈤　**地福寺日限薬師**　七本松通出水下ル七番町東側、ここの薬師に祈願をすると聾を治して頂けると云い、日を限つて穴開石を奉納してお詣りするのだと云います。

㈥　**善福寺の本堂へ**　千本西入南側浄土宗百万辺末の寺、入口の門を入ると本堂は東向に建つており、その間が余りにも空地が少ないので、こんな寺は珍らしいと云うのです。

㈦　**五劫院の寝釈迦**　六軒町西入南側百万辺末の浄土宗尼僧寺、門の小袖門の框の欅とか檜とか云いますが、この木目が釈尊が横たわつている様に見えますので不思議に見られています。以前雀天狗と云う鬼瓦があつて不思議に加えられていましたが、今はありません。

(八) **極楽寺の両小袖門** 七本松出水下ル西側

普通の門には小袖門は一つでありますが、ここのは両方にありますので三つ門とも云います。これは比叡山にありまして信長が山の建物を全部焼いてしまいましたが、この門は焼け残つたと云います。豊公はこの寺にあります金谷水を茶湯に用いたと云う処から金谷山と云う山号が出来ました。一に勝井と云いまして、この水を飲むと必ず勝負事に勝つと云われ不思議の一つとも云います。

(九) **観音寺の大門扉** 極楽寺の隣の寺、知恩院末で慶長十二年創建、この門は伏見城の遺物とも云われます扉は楠の一枚板で美事なものです。一説に横木の門とも云い扉の木目が横になつているのが珍らしいとも云います。

祇園の社 (八坂神社)

東山区祇園町

平安京が出来ますより以前からあつた古い社で牛頭天王(素盞嗚尊、其妃、八王子)を祀ります。京の著名神社で今も祇園さんと呼んでいます。社の下には祇園花街があり、神社の祭は祇園祭です。

(一) **正門は石鳥居** 下河原通に面した石鳥居が正門であります。重文ですが石鳥居の重文は少ない様です。鎌倉時代のもので、江戸初期に近江芦浦の観音寺の僧が修理改造したと云います。それで両柱だけは古いものです。この鳥居の一部が欠けておりその石片は鞍馬に現存していると云います。

石の鳥居

㈡ **神社に玄関**　本殿の東の方に車寄せの様な処があり、祇園造と云うのはこの形が裳腰となつているから云うので、境内の北向蛭子神社もこの形をしています。

㈢ **竜吼**　禅宗の仏殿には天井に竜が絵かれています。その下で両手を拍ちますと天井に鳴り響きますのを天井の竜が吼くのだと云います。この玄関の入口の東の柱から西向いて手を拍ちますとピキンと反響します。

㈣ **本殿の廂の角**　廂は長方形で四つから成り隅の部分が直角に截れています。それに母屋も長方形で、他に類例の少ない遺構であります。

㈤　**本殿下は竜穴**　神殿の下に底知れぬ深い井戸があつて竜穴と云つています。何分神殿の下でありますので知つている人はいません。何かの用で大工が入りまして、井戸を覗き込んだ時金槌を落したそうです、ハツと思いましたが、それが水面に届けば音がする筈ですが、何も音が聞えなかつたと云いますから、全く底なしだと云います。又この井戸は竜宮へ通じているとも云います。

㈥　**吉兆水**　本殿の東に神饌所がありそこにある井水で、外からは見ません、大晦日にこの水を戴くと招福除疫霊験があると云われます。

㈦　**北向蛭子神社**　守札授与所の西南にある小社で建物は桃山時代で重文であります。大丸蛭子社と云つていました。神社でも仏堂でも北向にはせないものと云われます。それに北向であると、ことさら北向何々と尊びます。

㈧　**南楼門が高くなつています**　正門から入りますと楼門から舞殿迄石段で下ります。その楼門とこの舞殿（拝殿とも云います）と、本殿とが同じ高さになりますので三位一体を意味するものと云います。

㈨　**鳥　門**　所謂祇園石段下の朱塗の西向の楼門は、四条通の東突当りですから誰れでもこの門をこの社の正門と思つていますが、この門は脇門で正門は南、下河原通の石の鳥居のある方です。それで神輿も祇園祭の稚児もこの門は通りません。楼門は鴉の様で、この屋根の下へ昇棒を入れますと鶏と同じであるから鶏門と云いまして京都には珍らしい楼門とせられていきす。屋根に降棟がありません。冠木が長く出ています。処でこの西門だけにも七不思議があります。四条通の正面であるのに正門でありません。雨垂の窪所が出来ません。この門には蜘蛛の巣が張りません。棟瓦の経の巻が五個ありまして、而も水平面に位置しています。祭礼になり公の催しにこの門を通らないで南門の方を通ります。等。

㈩ **夜泣石**　境内の東北に捨山王社がありま す。その前にある石は夜、人声を出して泣くと云われます。

(十一) **忠盛灯籠**　斉館の北にある石灯籠を云います。平家物語にも出て来ます平の忠盛が鬼だと見られた者を生捕りにしその勇気をめでて祇園女御を賜つた話は有名であります。その鎌倉時代の灯籠だと云うのです。然し笠石は五輪塔のものを用いた寄集め灯籠で、明治初年迄は西門の脇にあり三度位置をかえ今の地に置かれています。

(十二) **応挙の鶏**　応挙のかいた鶏の図を見ていた百姓が「応挙ともあろうものがウソをかいている。この鶏の羽根は秋頃の鶏でよく描けているが、その下の草は春の草だ」応挙はこれを聞いて早速かき変えました。大変な名作で鶏がとび出すので衝立にして画面に金網を張つて出られない様にしました。今清々館に置かれています。

(十三) **鳥居の貫に文字を**　西楼門入つた処の疫神社の石の鳥居の額のかわりに貫に疫神社と彫りつけてあります。この例は少ないです。

(十四) **二見岩**　舞殿の東にある何でもない岩ですが、地軸に達していると云われます。

(十五) **二軒茶屋**　正門の石鳥居と楼門の間の東西に掛茶屋があり二軒茶屋と称え、室町時代からあると云われ、本社修繕の余材をもつて修覆したと云いますから、余程神社と関係の深いものらしいです、始め西側に藤屋が出来、東側に出店をつくり中村屋と云いましたが、後に独立し二軒茶屋になりました。藤屋は東山病院、常盤殿と変り亡くなりましたが中村屋は中村楼となり、店には昔乍らの鑵子のかかつた都名所図会に掲載のそのままの姿が見られます。

稲荷大社

伏見区深草藪ノ内町

我国に無数にある稲荷神社の総社とも云うべき、大きい信仰を集めています大社で、秦氏が祀つた神社で倉稲魂神を主神とし、山には無数に赤い鳥居が奉納されています。

(一) **御山の土**　を一塊持つて田に入れますと稲がよく実ると云います。初午の柚、でんぼ、つぶつぶはこの稲荷三ツ峰の土で作られ、これを田に入れますのはこの山の土を入れるのと同様

おもかる石の灯籠

で、伏見人形は同じ意味のものであります。

㈡ **御塚の多い事** 何々大明神と彫った石碑をお塚と称え、三ッ峰一周一里の間、無数に立ちならんでいます、これに一つ一つアラレを供えて詣つている人を見受けます。

㈢ **重い軽い石** 命婦社へお詣りする北側に背の低い石灯籠があり、その上の宝珠を拝し祈願を込めてこの石を重くなつてほしいとか、軽くなつてほしいとかを頼んでこの宝珠を両手で持ち上げます、大分重いのでドスンと下ろしますので笠の上の方は石粉で白くなつています。これは十数年前から行われる様になりました。

㈣ **験の杉** 初午の日この社の神木たる杉の枝を抜き、自分の家へ持ち帰り植えます、根がよく着きますれば吉だと云われます、今日はお守として守札所で受与しております。

㈤ **八嶋殿に社殿がない**　お山の北方に樹木の茂つている八嶋殿があります、社のないお宮で玉垣だけです、元は社がありましたが焼けてから再建せなかつたと云われます、この前に石製の三宝がありまして、これを重い軽い石としたこともありますが、後この三宝は見えなくなりました。

㈥ **藤森神輿饗応**　大社の境内は昔藤森神社がありまして稲荷大社が三峰より山麓へ下りられた時、藤森社の境内を借りられたと云われています、それで今でも五月五日の藤森祭の日には神輿が、稲荷社の石鳥居から入つて楼門前北側藤尾社の前へ安置せられます。稲荷社から供饌を上ります。以前は藤森祭の騎馬から「土地返しや」と叫びますと稲荷社の方から「今お留守」と答えたと云いまして「山城名所内裡雛」（宝暦七年刊）にそのことが図になつています。

㈦ **三劔稲荷**　三条小鍛冶宗近が刀を石にあてたら三段に斬れたと云います、小鍛冶が刀を作る時、稲荷の神が相槌を打つた話は謡曲にも芝居にもなつており相槌稲荷社は京都に六ケ所もあります。

㈧ **宗近の井戸**　宗近が名刀を作る時に用いた井戸で、この山の上にその井戸があると云われています。

㈨ **奴禰鳥居**（ヌメ）　御山の荷田社にある石鳥居で島木と貫（額を揚げてある処）との間に豕子叉子の様なものがあります。鳥居に十数種々類がありますがこの奴禰鳥居は珍らしく、この社と新京極錦天満宮内日出稲荷社前のコンクリート造の二つだけだろうと云われる珍らしいものです。

(十) **お産場の蠟燭**　八島ケ池から開土町へ抜ける処にお産場稲荷祠があります昔から安産の神として有名で、神前の神灯のもえさしの蠟燭を貰つて帰るとお産が軽いと云われ、特にローソク奉納者が沢山あります、お山のお塚へ奉納する大小のローソクは一ケ年二百五十万本に上るだろうと云われます。

(十一) **数えられぬ鳥居の数**　大社の境内は歩いて一里あると云われます、それに石や木の鳥居がづらりと列んでいます、数を読んで廻りましても根元がくさりまして取り除くものが出て来ますので読んだ跡からとりこぼちますので正しい数は現わすことが出来ないと云うことになります。

東寺

南区九条町

弘法大師が嵯峨天皇より賜はつた平安京東西の鎮護として千年の歴史をもつ寺。東寺左寺と云い本名教王護国寺。この寺の五重塔は我国第一の高い塔と云います。

(一) **大仏殿写しの金堂**　金堂は豊臣秀頼が慶長四年立柱式を行い同十一年に再建しましたがこ

の時東山の大仏殿の建物を写し、正面の屋根が切れています。

㈡ **蓮華門** 西門のことで開けずの門とも云います、延暦十五年創建以来の古建築で中古文覚上人が源頼朝に勧進して修理した門で、江戸時代不倫な僧侶がありますと深夜この門から番傘一本で放逐されたと云います、又この門に不動明王が蓮華座にお立になつたので蓮華門と云うのだと云います。

㈢ **逆さ塔** 有名な五重塔は境内東南隅近くにあります、その東側大宮通九条上ル東側に葛屋葺の大工の家がありました、戸を閉めますとその節孔から五重塔が逆さに写ります、それを鏡に写すのが名物になり、見せて貰いに来る人が沢山あつたと云います、それも電車が開通し大宮通が広がつてこれも亡くなりました。

㈣ **竜灯** 諒闇の時、五重塔の竜頭に灯がともると云われています。

㈤ **蓮池** 境内東南にあります池は、安政の大地震に五重の塔が傾きましたので、この池を堀りまして安定を計つて成功したと云われます。

㈥ **猫の曲り** 東寺の築地の東南隅に四神の内の一つ瓦製の白虎が留蓋として置かれていました、この虎が猫に見えましたので世俗猫の曲角略して猫の曲りと云い、猫は魔物であると云うだけでなく、明治二十年頃迄は藪があり、九条通の南はお土居の雑木林で昼でも追剝が出るいやな処で、農家が二三軒あるだけで、又猫の棄て場にもなつていました、とにかく魔所として恐れられました、その白虎の瓦は明治初年に取除かれました、婚礼に関したことにはここを通らなかつたと云います。

(七) **矢の根門** 東の門(慶賀門)の南の門を云い足利尊氏直義兄弟が新田勢と交戦した処であると云われます。

(八) **北面大師** 御影堂は北向で、弘法大師の住居と云われます、椅子に坐つた小さい大師の像を安置してあります、四条天皇の時勅を奉じて康勝が彫刻した像で、今も生前の様にお仕えしていると聞きます。

(九) **独鈷松** 御影堂の辺にあります、空海が唐の青竜寺から自分の住居へと三鈷を投げられました、その三鈷がここの松にかかつたのと云います、今はありません、同じ伝説は高野山にもあり、高雄神護寺にもあります。

(十) **白　蛇** 境内に白蛇が棲んでいると云います。

(土) **枕返し** 蓮池の東に寺がありまして、その寺の一室に寝ますと「枕返し」に逢うことがあつたと云います。

(圭) **宮本武蔵の抜穴** 東寺北門前に観智院があります、二刀流の宮本武蔵が住んでおり鷲の墨絵が襖にかかれております、又同人が抜穴を造つたと云われ、修理後形だけを残したと云います。

(圭) **猫間の戸** 同院の書院の南の廊下の東西両

端にある戸で、左右へ開く板の折戸を猫間の戸と云います。

(十四) **変つた障子** 二間に三枚の障子を立てるものがこの寺にありました。

(十五) **文覚の校倉** 建久九年に袈裟御前を殺してから僧になつた文覚が修理した倉と云います、これには立派な宝物が蔵つてあると云うので石川五右衛門が何とかして盗みたいと眼をつけましたがどうしても入れなかつたと云います。

(十六) **灌頂院の井戸** 境内西南隅に土塀に囲れた堂を灌頂院と云い、修正会の時真言宗の大僧正ここに籠り聖上の無窮、国家安穏の祈願をされます、その時使用する井水がこの北門入つた処に屋形井戸があります、この阿伽井には善女竜王を祀り、この水は神泉苑に通じていると云われ、この家形の楣に朱色の馬の中絵馬が三枚揚げられ（四月廿一日御影供の日一日だけ、この北門をあけて何人でも入れます）前日大師がかかれて正面に左が昨年の分、右が一昨年のもので、この馬の図の描きようでその年の稲作を占いますので近郷の百姓達が思い思いに批評していいます、又この絵馬は前日自然に水中より浮んでくるのだとも云います。

(十七) **細長い大師の像** この院の後七日の御修法の時、家中所蔵の細長くかかれた大師画像を借りて掲げております。

(十八) **土用入の泥** 観智院の南手に弁財天祠があり前に蓮池があります、七月土用入の日、この池の泥を足につけると脚気や足の病気によくきくと云われ、青竹の筒に入れて帰える人もあり中々参詣人も沢山にあります。

(九) **北向地蔵** 食堂の北面に立派な地蔵菩薩の立像があります。前年の大火にも持ち出されて災を除かれられました、以前から仏画の宝船と見るべき版木を刷つて節分に出されており、上に厄ツコ払の文句のある珍らしいもので、宝船党が珍品扱いにして騒いだこともあります。

伏見街道

東山区本町一丁目―廿二丁目

東山区本町一丁目は五条から始まり二十二丁目迄を、俗に伏見街道と云います。

(一) **街道にある橋には伏見と書かずに** 伏水と書いてあります。

(二) **法性寺廿八面観音** 本町十六丁目に東福寺の出来ぬ前に法性寺と云う大きい寺があり、その観音堂の本尊三面千手観世音春日作を安置しています。平安時代のもので厄除観音と云われ、頭のお顔は廿八面あります。大変立派な珍らしい観音で国宝であります。

(三) **極楽寺の十王** 本町廿二丁目東側、閻魔王始め十王がいられます、京都で十王の揃うている所は少ない様です。この寺の本尊は丈六の薬師如来、病気全快の九つ頭のある九竜王がま

二十八面観音　法住寺

つられています。

㈣　**滝尾社の水飲み竜**　本町十一丁目東側に滝尾神社があります。昔は貧弱な祠でした大丸の主人下村の祖先が祈願して成功したら立派な社を造ると願いました。その頃は商人は社寺を造れませんでしたので某宮を施主として、拝殿一杯に竜を彫らして寄進しました。その竜が滝尾川の水を飲みに行つたと云いますが、今川はふさいで暗きよとなり、竜も出られなくなつてしまいました。

㈤　**猿　松**　滝尾社境内の松の枝に陶器製の猿がくりつけられていましたが、その松が枯れ猿だけ舎内に祀られています。

㈥　**桶屋の薬**　本町五条下ルに生毛屋と云う桶屋がありまして家伝の毛抜や小児の薬を売つています、桶屋が薬を売る不調和を七不思議に入

水を飲む竜　滝尾神社

れたものです。

㈦ **赤　玉**　正面下る処を云います地名なんですが昔は雲助達の継場所、交代所でありましたカルタ製造の大石天狗堂の辺と云います。

㈧ **大仏餅**　大仏の七不思議にこの大仏餅屋の看板が入つています、餅の名に大仏の名を冠したのをとり上げたのでしよう。

㈨ **道が上り下りする**　京の町は北が高く南が低いのですが、この街道筋はあちこちに高低があります。

㈩ **七条下ル角に丁字七**と云う店があり、不似合な髪油を売るのが問題になりました。

要法寺

東山区三条通東大路西入

法華廿一本山の一つ、花園天皇の頃日尊創建今の地へは宝永年中に移りました。

㈠ **豊公の手水鉢**　この寺の庭園にあります。

㈡ **景清の牢の石柵の石**　平家の臣悪七兵衛景清は、敗戦後源氏方に捕えられ、音羽川の辺の牢屋に入れられましたが、その牢を破り鬼界ケ島に流されたと云います、その牢の谷の石柵の石がこの寺の庭にあると云います。

㈢ **本堂の隅柱に釘**　が立つています。

建仁寺

東山区大和大路四条下ル

僧栄西、源頼家から土地をもらつて創立（一二〇二年）後五山の一となり室町時代五山文学の中心となりました。栄西禅師は茶を我国に拡め禅宗の寺を創立した豪い禅僧です。

㈠ **陀羅尼の鐘**　源融の河原院の鐘が洪水で鴨川の鐘ケ淵に沈でしまいました。そのことを知つた栄西禅師、官に許可されて引揚げ様としましたが水から上りません。竜頭に網をつけ、多くの僧や出入の人々がエーサイ、チョスザと掛け声をかけて引き上げ今も東の鐘楼にかかつて

鐘ケ淵から鐘を曳き上げる　都林泉名勝図会所載

います、昔は毎夜半に九十声、晨朝に十八声、合せて百八声を陀羅尼経を誦しつつ撞きましたので陀羅尼の鐘と云います。

㈡ **宋の菩提樹**　開基栄西禅師が宋より将来した種子が立派に育ちました。

㈢ **楽神廟**　この寺の鎮守で明星尊を祀りますので明星堂とも云います。栄西禅師の母が、この神を祈つて栄西を生んだので祀られたと云います。

㈣ **左女ケ井**　妙徳石、焼香橋を七不思議と云われますが、何故かわかつていませんのでこうしたものが加わつていることだけ記します。

㈤ **矢の根門**　勅使門で元小松内大臣重盛の六波羅の第の門を移したもので、柱扉に鏃痕が残つていおり鎌倉末期のものとして重文になつております、八坂通の小さい門がそれです。古い本に門脇教盛の館の門とありますが寺では重盛邸の方と云われます。

㈥ **長曾我部の公孫樹**　豊臣の勇将長曾我部盛親は元和元年五月戦いに敗れ、十一月二十六日徳川勢に捕えられ六条河原に斬られ、南座の裏の大公孫樹にこの首をかけたと云います。その念が残つて葉にお多福形の痕があると云われます。

㈦ **地獄の入口**　僧堂の南に珍皇寺がありますハ月のお盆の仏を迎えに参る寺で、この寺の東北の庭に小野篁が閻魔王庁への入口があると云われます。

本圀寺

下京区猪熊通花屋町上ル

日蓮上人が相州鎌倉松葉谷に建てられた最初の寺で法華堂と云つていました。貞和元年光明天皇の勅により今の地に移しました。東西二丁南北六丁の広い土地でした。

㈠ **古井の尊像**　八寸許の日蓮上人の坐像が塔頭瑞雲院にあります。永禄年間日乗上人が大宮八条の辺を通られますと、何かお経を読んでいる様にきこえます。耳をすましてききますと法華経の要文でしたので不思議に思い近よりますと古井戸がありましてその水底に聞えて来ます井戸に入つて捜しますと高祖の像がありました持ち帰つて当院に安置しました。足利義昭が尊信したと云います、その古井に稲荷神をまつり古井稲荷社と云います。

㈡ **烏帽子石** 真如院の庭に烏帽子の様な岩があります。永禄三年の春、本圀寺にて天下安全の祈禱を行われた時、足利義昭が参詣し、境内を一巡してこの烏帽子石は面白い、これもよいあれもよいと寺の宝物をもつて帰えろうとしました。日乗広円は再度義昭に諫言しましたがききません。遂に日乗を真乗院から逐い出し石を三つに破り捨てました、その夜寺内の狐が沢山義昭の頭上に石をのせたり胸を圧迫して苦しめたので義昭は閉口して日乗を許し、宝物を返しまして狐も引退いたそうです。一説に義昭が烏帽子をかけたので烏帽子石と云うと。

㈢ **菅公が売りにきた大黒天** 本堂の北に二尺計りの大黒天立像のある大黒堂があります。天正年中、老翁がこの大黒天を売りに来ました。その時の住職日栖上人、霊像であるからスグ求めようと云いますとこの老翁は明日金を貰いにくると云います。どちらの方ですかと尋ねますと紙筆をかりて一首の和歌を書き残して去りそれ以後姿を見せません。

遙〱と北野の松の下住居 宿は葎(むぐら)のかげの
菅原

この歌によりこの老翁は菅神だとわかりました。

㈣ **人麿社** 方丈の庭にあります。初は紀貫之の勧請で、歌神柿本人麿を祀り俊成もお詣りしてお社を修補しました。その後堀川の出水にお社は流され一帯荒廃しまして、ただ一堆の塚だけ残りこれを人麿塚と云いました。本圀寺を鎌倉からここに移します時足利尊氏が和歌を詠じお宮を再営しました。

行水の柳に淀む根をとえばいつか昔の人丸の塚

今もこの寺の町名を柿本町と云います。

㈤ **太閤部屋** 豊臣秀吉がまだ名が出ない、木下藤吉郎の頃、吉祥院に住居して、炊事もやっておりました。それで太閤部屋と云い、又秀吉が隠れていたとも云います。什宝に秀吉の画像があります。

㈥ **鶴亀の井** 多門院に鶴井がありまして織田有楽斉が茶の湯によいと賞しました。本堂の西に亀井がありまして古く田面(たもの)の清水と云っていました。鶴亀両井共名水と云はれています。山門には持珠院の松蔭井、真如院の真如水があります。

㈦ **出陣門** 加藤清正は法華信者でありました文禄年間朝鮮出陣の際、本尊に詣り成功を祈りここの赤門から出ました。それ以来一般人は通さないと云います。天明の火事に焼けて今のはその後の再建です。

㈧ **福大明神社** 勧持院は加藤清正慶長八年再建しその庭園も作りました。この庭に十三塔がありますが、山科花山の僧正遍昭の墓標だつたと云います。東方に福大明神社と云う小祠がありまして一杯の位冠束帯の木像があり、紀貫之朝臣の像と云います。天文五年の法乱に寺僧抱いて避難しました。その後怪異があると再びこの寺え戻りましたが白狐を祀り稲荷社だとも云います。葭屋町中立売上ル民家にも壬生通五条下ル処にも同名の祠があります。

愛宕山

京都は山城の北部にあり東西北と山で囲まれていますがその西北の愛宕山を最高とし、永く市民から火の神として崇拝せられ、愛宕神の献灯があちこちに見られます。

㈠ **樒のお守り**　愛宕神社にお詣りしまして細長い守札を受け、これを樒の枝にくくりつけて持つて戻ります。そして知人の宅え配り竈の上に挿しまして火難除に致します。神社であるのに榊を用いません。

㈡ **幼児を連れて登山**　三才迄の幼児を背負い参拝さしますとその児一生火難を免れるとの風習がありまして五十町の坂を幼児をかかえて登山をする人をよく見受けました。

㈢ **試みの坂**　鳥居本から小高い坂を越しまして、清滝へ出ました。足弱のものはこの坂でまいつてしまつてとても愛宕社へお詣りが出来ません、そうした人は神のお受けのない人と云いました。この坂を越したものは登山が出来ると云うテストコースでした。

㈣ **不浄のある人は登山が出来ない** 火は不浄をきらいますので、そうした人には罰があたり腹痛で登れないと云います。

㈤ **上の亀石 下の亀石** 本社前の礼拝石が上で、鳥居本にあるのを下の亀石と云つています。

㈥ **時雨桜** 山の中腹に月輪寺がありまして、九条兼実公が居りました時、大変援助してもらつた親鸞上人がお別れに来ました時植えた桜と云います。いつも枝葉から涙をこぼしています。四月中旬から五月にかけて咲きます。

㈦ **金灯籠の猪** 猪の彫刻を甜めますと足の疲れがスグ治ると云われています。

㈧ **愛宕神社へ粽奉納** しますと粽に猪形がつくと云います。明智光秀が、この山で連歌の集をしました時に伏見から献じた粽を噛み乍ら歌を作つた為めと云います。

㈨ **空也滝の土砂をとるな** 愛宕の山の神は物に対する執着甚だしく、砂が草鞋について持去られるのも忌み、土砂を取ると身体の具合が悪くなると云われます。

㈩ **鳥居本の人形硯** 愛宕詣りの土産には砥石か、人形の形をした硯石を持つて帰りました。鳥居本で一、二それを売る店がありました。公卿姿が多かつたのですが天神、娘、小野道風等もありました。スッカリ見かけなくなりました。

大仏（方広寺）

東山区正面通本町東入

豊公が天正十四年大仏殿を作り、奈良大仏殿より大きい大仏を作りました。再三崩壊し今のは天保十四年に出来たものです。

一、　大仏餅の看板
二、　耳　塚
三、　五右衛門の抜け穴
四、　鳥　寺
五、　御上り蕎麦
六、　泣　石
七、　三つ棟
八、　崩れ門
九、　赤牛の影
十、　五右衛門の衡
十一、　淀君の幽霊

三十三間堂

東山区七条大和大路東入

蓮華王院、後白河法皇の命により造営され焼失しましたが一二五一年再建し湛慶等千一体の千手観音を始め二十八部衆の鎌倉時代の傑作が現存し、六十六間の長大な木造建築であります。

一、　棟木の柳
二、　夜泣の井

三、　頭痛山平癒寺
四、　醴　泉
五、　通し矢
六、　親鸞蕎麦喰木像
七、　長石手水鉢
八、　血天井
九、　名木　揚梅
十、　飛び越え見返りの獅子

豊国神社

東山区正面通本町東入

豊公歿後太閤坦に神と祀られ徳川方により取毀たれ、明治天皇明治八年再建を命じられ旧大仏殿址に建てられ十三年九月十五日正遷宮を行い、旧別格官幣社であります。

一、　馬　塚
二、　猿の木目
三、　唐門の鴻の鳥
四、　鷹　石

以上三ケ所の七不思議の解説は第七輯「京の大仏つぁん」に出ております。重復しますので項目だけ掲げました。

表紙凸版
三聖寺梟の灯籠
東福寺の項参照
都林泉名勝図会
所載

〔価　三百円〕

昭和三十四年一月十日　発行

著　者　田　中　緑　紅
京都市堺町通三条下ル

代表者　鳥　居　郊　善
印刷所　協和印刷株式会社
電⑥三九四四・六七二八

発行所　京　を　語　る　会
京都市東山区東大路松原上ル
安井金比羅宮内
電話⑥五一二七番
振替大阪三七三五五番

《復刻にあたって》

一、本復刻版は、田中喜代様所蔵の原本を使用しました。記して感謝申し上げます。

一、復刻版には、借用した原本の都合で初版と再版が混在しています。また、原本奥付に紙を貼付して新価格を表示している場合もそのまま復刻しました。

一、文中に、人権の見地から不適切な語句・表現・論、また明らかな学問上の誤りがある場合も、歴史的資料の復刻という性質上、そのまま収録しました。

一、表紙の背文字は、原本の表示に基づいて新たに組んだものですが、一部訂正や省略をしました。

緑紅叢書　復刻版

第1回配本（全26冊）

京都の七不思議 上〔緑紅叢書2の9（21）〕

2018年10月31日　発行

揃定価　39,000円+税

発行者　越水　治

発行所　株式会社　三人社

京都市左京区吉田二本松町4　白亜荘

電話075（762）0368

乱丁・落丁はお取替えいたします。

コード　ISBN978-4-908976-93-3

セットコードISBN978-4-908976-72-8

緑紅叢書

第二年第十輯
第二十二輯

如月の京都

田中緑紅

太 元 宮 (重文)　　吉田神社摂社

はじめに

二月の京都は、一番寒い日の続く月で、行事としては、節分会が市中全体に賑わしく、初午詣は伏見稲荷大社の大祭で前日巳の日から大混雑をします。月末近く二十五日は北野天満宮の梅花祭で、梅もボツボツ咲き初めます。

挿入の写真は京都新聞社、市観光課より資料を呈挙して頂きました。

稲荷大社の初午の項は、改めて京都の稲荷祠と、伏見人形も共に一冊にして出したいと思っていますので簡略にかきました。

昭和三十四年一月二十二日

田中緑紅

目次

如月の京都の行事

二月二日　節分前夜祭

三　日　各社寺節分会

三　日　天竜寺（嵯峨）七福神巡り、境内塔頭七ヶ寺を巡り紙絵馬、御守のついた福笹及び福引、余興やら接待があります

大黒天(三秀院)、毘沙門天(弘源院)、弁財天(慈済院)、福禄寿(松巌寺)、恵美須神(永明院)、身守不動尊(寿寧院)、宝徳稲荷神(妙智院)

七　日　妙心寺開山無相国師降誕会

八　日　鹿ケ谷安楽寺、住蓮坊、安楽坊両開山のため法要を営みます

九　日　貴船神社雨乞祭、今年の雨水のよろしきよう五穀豊穣を祈念します

十　五　日　　妙心寺涅槃会法要

十　六　日　　宗祖日蓮上人降誕大法要、法華各寺院

二十三日　　醍醐寺仁王会、五大力さん、盗難除のお札を授与せられ信者が多い

二十四日　　上賀茂大田神社、さんやれ祭

二十五日　　北野天満宮梅花祭

二十八日　　千家千利久忌

日の一定せないものに稲荷大社の初午祭、各大黒天をまつる初甲子祭、初庚申詣は八坂庚申堂、山ノ内猿田彦社、初辰神事は貴船神社、乙子の日に行う上賀茂社の燃燈祭等もあります。

節分

たいてい節分は二月三日（年により四日）を云います。中国伝来の行事で、相当古い記録があります。暦の上では冬の節から春の節に移る分岐点で大寒の終りですが、我国では太陽暦になつていますから一年中一番寒さの厳しい頃であります。気温が上昇して春を思はしますのは中頃からでしよう。中国は大陸性気候、我国は島国的環境から生れるのでしよう。太陽の位置で一年を二十四節季にわかちまして、節と云う変り目を作つたのは太陽を尊重したためでしよう。節分は一年を四等分にわけ、

立春　雨水　啓蟄（ちつ）　春分　清明　穀雨
立夏　立満　芒種　夏至　小暑　大暑
立秋　処暑　白露　秋分　寒露　霜降
立冬　小雪　大雪　冬至　小寒　大寒

この日の前日が節分なので、この節分は四季にあるのですが春の節分だけが年中行事として残され、節分は二月のものと思われる様になりました。この立春（二月四日）、立夏（五月六日）、

立秋(八月八日)、立冬(十一月八日)の頃は気候も不順で、いろいろの災害を蒙りやすい時であり、農作物も被害をうけますのでそうしたものも少なくくい止めたいと云う止むに止まれない欲求から起つたものと云えましよう。ただ農作物だけでなく、人間一人づつが、身の災害を逃れたいと云うことも、何人たりとも考えることであります。

大寒の終りは年越に当り一年の最終日です。今の一月一日は春と云う気分がしませんが、年賀状でも春の文字を多くつかいます。つまり元日が立春なのであり、節分は大晦日と云うことになります。古い気と新しい気が交錯し、このすきに乗じて様々な災厄がやつてくると昔の人は考えました。その災厄は邪鬼だと信じました。それでその災厄の鬼を来させない様にしようとしましたのがこの追儺、鬼ヤライであります。

易で云います鬼は丑の陰気のむすばれた気と、寅の陽気の発生した気との入り混つた意味で、この雑気を払い清めることが大切であるとされています。丑寅の方位は東北で、俗に鬼門また生門と云います。それに対して未申(ひつじさる)の西南が裏鬼門また死門と云いまして、その方角の神仏へお詣に行くと云います。この鬼門は悪魔のいる処だと云いますが、実は神の居ます処でありますので建物も建てないで除けて、いつも清浄にします。それが逆説になりまして悪い処

豆まき　厄はらい　—御伽双紙所載—

であるから、鬼門と云うのだと云う様になりました。それが悪い方角と解釈せられ、移転するのも鬼門をさける、どうしても鬼門の方角に移らねばならぬ時は、この節分の夜「片違」をすればよいと云われました。これは平安、鎌倉時代に公卿、武士の間にも行われていまして、こんど移る処から西南に当る以外の方角の家、それが宿屋でも親族でも知人の宅でもよろしいので（それも主人一人だけでよいのです）そこで一泊して翌立春の日に移ればよいと云います。またその主人の年廻りの悪い人も節分の夜他で泊つて翌日自宅へ戻つてもよいことになつています。自分の家、自分の居間にも節分は汚れが染んでいるのであるから「片違」をするのだと云います。室町時代には将軍家もこのことをやり、室をかえ、家来が鶏鳴しますと元の室へ戻りました。鶏が鳴けば夜があけて立春になつたと云うのです。

お化け　節分の日四方詣に行くと、十二三才の少女が丸髷に結い、赤いてがらをかけ、または老婆が高島田に結い、赤い襟の娘姿になつているものを見受けました。何年頃から始めたのかわかつていませんが、少女は早く良縁を得て人妻になれる様に、老婆は若がえつて島田髷のふさわしい娘の様に若返り、元気になる様に神詣をしたものですが、花街の女が多く、近年娘達は洋装となり普段和服を着ることが少なくなり、特に日本髷の桃割れとか結綿、三つ輪、島田等に結うことがないのと、どこかに日本娘には日本の味が身にしみているので何かのチャンスに和装、髷を結いたい、それには正月とか祭礼とかがよいが、この節分にはお化けとて、こうした姿が平気に出来るのでこの日を選ぶのでありましよう。

この節分の髷に白い鶴の羽根一本、それには俳優の紋がついていました。その由来として七代目片岡仁左衛門が節分の日にお客より鶴を一羽贈られました、早速料理してその日訪ねて来た人々、家族、門弟等と鶴の肉の入つた吸物をふるまいました。その年の仁左衛門は大人気でした。それから節分には必ず鶴の吸物を振舞うことにしましたが、その沢山な羽根の処分に困つてこれに丸に二引の松島家（仁左衛門の家号）の定紋をつけて近所の娘に与えました処、これが大人気で遠近の女達、娘、芸者、お家はん、おさんどん迄、神詣と称してこの松島家の家に押しかけ、人気者の役者の素顔が見られるだけでなく、本人から鶴の簪を贈られるので全く門前は往来止めで大阪の節分の人気をさらつたと云います。その上、このことを知つた他の役者迄鶴の簪を銘々の定紋をつけて贈りましたので顔のさす女達はお高祖頭巾で顔を隠したりして行つたと云います。後には小間物店や露店の簪屋で売り出し、昭和の初めには壬生寺近くの露店で見たものでした。

柊と鰯　この日赤鰯を焼き麦飯をたべます。そしてその焼鰯の頭を柊の枝につきさして入口におきます。この鰯は古くは鯔(なよし)であつたと云います。「土佐日記」の元旦に家々鯔の頭を柊にさすとあります。鯔は大きくなりますとボラと称します。一名イナとも呼び大きくなつて名が変るので出世魚と云われ、その縁起をかわれました。柊はどんな寒い時も平気でおり、葉に針がありますので鬼は近づかないと云うのです。鯔はいつの間にやら鰯になつてしまいました。一説に田作が間違とも云います。近年殆んど見なくなつてしまいました。

結婚と移転　結婚の吉日は大安の外にもある様ですが、この節分の日は一切そうしたたちさわりの吉凶共にない日と云われ、結婚式を挙げる人が多く、神社ではこの日一日で数十組の挙式があると云われ、平安神宮や八坂神社は勿論、近年はどこの神社も神前結婚をやらない処はなく、その上、ホテルや丸物デパートもその準備が出来て大変盛大に行われています。移転もこの日がよいとせられています。

厄

人間は誰れでも一生を無事に過す人はいないでしょう。永い年月の間には必ず悪いことに出会いましょう。幸福のみを祈つていましても、何か災難に出会いましょう。それは現実的にも精神的にも不幸を見ることがあります。自分で求めないで降つてわいた災難も多分に襲いかかつて来ます。そうした「危き場合に出合うこと、災難」を厄と云つております。誰しも災難を喜ぶものはいません、どうかしてその災難を除こうとするのは当りまえです。それが厄年と云うことになつたり、厄落しになつたり、厄払になり、厄除詣りになり、厄病、厄塚、厄月、厄日等々と陰陽説の入つて来まして、どうかして厄を逃れようと考えて来ました。それにいろいろな副産物が出ましして宝舟でよい夢を見るとか、起上りで縁起をかつぐとか、それを年越にもつて来ましたが、節分にまわしてしまう様になつてしまいました。

厄年

よく云うことですが、男二十五、四十二、六十才。女は十九、三十三才を厄年と云い、特に女三十三、男四十二を大厄と云います。別に根拠のあることでなく、三十三は散々、四十二は死にに通じると云う語呂合だけのことで、その前の年三十二才、四十一才を前厄と云い、三十四才、四十三才を後厄と云いまして、身辺に不幸なことがありまた災禍が起ると云つて来ました。それでこの三年間は特に摂生を重んじ、色情問題に気をつけ、移転、投資、新築、女子の結婚はいけないとか新事業を始めるのも面白くない、遠方へ旅行するのもいけない、総てのことを控え目にせよと云います。この数字の語呂を気にする必要はありませんが、生理的にも心理的にも故障を戒めたものと云うべきでしょう。拾芥抄という古い本に男女区別なくともに十三、二十五、三十七、四十九、六十一、八十五、九十九才を厄年としています。

この節分にのみ厄を思い出すのでなく、厄除の文字を冠した神仏は全国にあります。普段お詣りしたこともない人々が、厄を逃れようと云うので特に節分は厄除詣りの参拝者でゴッタ返えします。厄年に関係なくあちこちの神仏に参り、その年の除厄と幸福を祈ります。別してその神仏に厄除何々とあれば、厄除阿弥陀如来、厄除観世音、厄除地蔵尊、厄除大師、厄除不動明王、何れも大繁昌です。この厄年を忌む風習は全国的でありますが、京都は古い都であつただけにこうした風習が多く、節分は到る処参詣者で賑います。

厄おとし

いつ頃からこんな厄除とか厄おとしとか云つているのか、恐らく奈良朝平安朝時代からあつたことと思います。文献には宗長手記下に大永六年(一五二六年)十二月二十五日、節分の夜、京には役(厄)おとしとて……と出ています。

節分の夜、身についていたものなら何なりと(と云つても結果肌衣類になりますが)、襦袢でもシヤツ、猿又、犢鼻褌、腰巻などを四辻に落してくると厄が落ちると云いました。これは少し違いますが、正徳三年、四時堂其諺著の「滑稽雑談」に、『今世和俗、厄年にあたる前年節分、厄落しとて自秘蔵の衣服或は器物等を持出て、山野或は街衢また橋上に捨て、是を厄落と称す、按に祓除の法に形式など云儀に似かよいたる物、或云民間には下帯、古犢鼻褌などを厄落しとて、中華除窮、鬼の日、弊衣を捨るの義おなじと云』また玉田永教の寛政十二年刊「続年中行事」第五に『四十二才の男子、自ら犢鼻褌を落す、是を𡰱丸落(フリオトシ)と云(祓なり)厄は焼と同じ、厄病と云も火の焼が如き勢ゆえに号(ナヅク)と云』とあります。節分には関係がありませんが、財布を落したとか時計を失なつた時、これが今年の厄落となりますようにと云うことがあります。一種の諦めでしようが、大負傷したとか大病にかかつたら数万の金がかかる、その身代りと思えばと云うことでしようが、悪事災難を除こうとするのはどんな人間でも同じだろうと思います。

少し話は違いますが、節分の夜、悪い癖をなくそうと云うことから寝小便売り、枕はづし売りと云うことをしました。寝小便を垂れる丁稚や子供、日本髷で眠る女中、小婢が木枕をしますが、知らぬ間に枕をはづします、髷は完全にこわれてしまいます、何とか枕をはづさない習慣を……、明治時代迄の女は大方こうだつたのではないでしようか。今春の漫談に、今年は和服姿の娘が多かつた、あこがれの島田とか、桃割れとか髷を結つて貰つたため眠ることが出来ない、座つたなり眠つたので、眠むたげな目をしている娘が歩いていると云つていました。今は女も坊主枕で、昔の木枕を持つている家は少なくなつているでしよう、その枕はづしを他人に移して自分はチャンと正しく枕の出来る様に願い、まだ人の寝ない九時―十時頃、知らぬ家の表戸をたたきます、家の人が出入口の戸を開けに来て「ハイ」とか「どなた」との声が聞えると「寝小便売つた」「枕はづし売つた」と叫んでとんで帰ります。返事のあつた家へ売つたと云うのです。処がそれを知つている家では、戸を叩くと中から大声で、「この方にもあります」と先き云いますと枕はづし売りはダメになるとタワイない話ですが、これも節分の夜の一風景でした。

年　男

近年節分に、社寺で節分会をします時、高台から煎豆を撒きますのに知名の男女に撒(まか)し、この人達を年男と呼んでいます。

年男は古くは武家、近年大商店でも年末年始からこの節分会迄一切神事を司る人間を年男と云い、段々時代と共に神事に対し丁寧にやらなくなり、後には一家の主人が年男をやつた時代もありました。十二月の事始めから商家ではスンマ（丁稚と番頭の中間の店の者）からこの年男を選びました。この年男はこの二ケ月程の間、店の用事は殆んどせないでこの年末年始のこの家の用事のみを行います。この間は入浴しますのも主人より先きに入ると云います。歳徳棚を作ること、期日々々の燈明を上げたり、門松を表に七五三縄を張り、鏡餅を飾り、一切の用事をやるのです。一月六日夜、唐土の鳥の七草を囃す仕事も年男、それで節分の豆を煎るのも主人始め一家中の男女の年齢より一粒多い煎豆を紙に二包作り、一つには銭を入れて厄払に厄を払わせ、また一つの豆だけの方は銘々食べて健康（まめ）になります様に祈ります。そして家中豆まきしますのもこの年男の役なのであります。

また、節分の夜「なるかならぬか」と云うのをします。果樹の木のある家庭ではこの木の根元に一人の男を忍ばせておきます。年男は裃をつけ片肩ぬいで斧を振り上げ、

「ヤイ何々の樹、去年はまるで実がならなんだやないか、今年は沢山鈴成りになるか、なるならよいがならんのなら今切つてしまうが、どうや」

と呶鳴ります。木の根元にいる男はこの樹になり変つて、

「今年は必ずたんと成ります」

「それならきつとなれよ、切るのは止める」

と云いまして、伏見人形屋で求めておきました十個をくくりつけた土鈴をこの樹の枝にひつかけまして、鈴成りのゲンを祝います。数本あればこの問答をくり返えすとききましたが、近年年男制もなくなり、稲荷の土産の伏見人形屋も少なく鈴は売つていない様です。

この年男をつくらない家は主人が年男の仕事をしました。それも殆んどやつていないようです。そして今日では社寺の繁栄策として干支(えと)の名士、俳優、角力、画家等を招いて年男にし、紙に包んだ豆撒きをします。近年は干支もかまわず知名人や人気者に来て貰いまして豆撒きをさせたりしてその人達を年男と云つております。

追儺（豆まき）

節分と云えば豆まきを連想します。これは古く追儺（ついな）と呼んでいました。大変古くから中国では行われていまして、漢唐の時代禁中にその式があつたそうですが、我国では文武天皇の慶雲三年と云いますと奈良に都の出来る前（七〇六年）の話で、その追儺の模様は「十二月晦日夜戌の刻に官人が追儺の舎人をつれて承明門の外に伺候して、中書省の処分を待ち宣陽、承明、陽明、玄暉の四門に分れる。定めの一刻にその舎人が門を叩いて『なやらう人等率で参入』と呼ぶと、親王以下参議迄は、官職姓名を名のる。そこで方相(役名)に仮装した黄金四目玄衣朱裳の者が、矛と盾とをとり、紺布朱衣の二十八人（或は八人）の侲子を従え殿門を入り、中庭に列立する、そこで陰陽師が斉郎を従えて奠祭の式をする。それがすむと方相がまづ儺声をなし、矛を以て三度盾をたたく、親王以下は桃の枝をとりて唱和して悪鬼を逐うて四門を出る」とありまして、時代によつて多少の相異がありましても大体この様なやり方で皇居内で催されて来ました。

この方相氏は追儺の時悪鬼を逐う役の名で、侲子を小儺というに対し大儺とも云います。

方相氏鬼を逐う　―吉田神社―

処がこの方相氏の面が黄金色で眼が四つあり、大きい口、歯、平安朝の末期にはこの鬼を逐う役の方相氏を疫鬼と見てしまいまして、この方相氏を殿上人等が桃弓葦矢を持つて射ることに変つてしまつた事が「江家次第」に出ています。無形の疫鬼を逐うのは興味がありませんので遂に方相氏を射ることになつたものらしいです。然し方相氏はあく迄鬼を逐う役ですから「喪葬令」に「凡親王一品、方相轜車各一具、太政大臣、方相轜車各一具」とあり、方相氏の服装は追儺と同一で轜車を導くとあります。

この追儺の式が室町期には既に廃せられ、江戸時代へかけて豆打ちに変つて来ています。宮中では内侍は畏きあたりへ芋、豆を土器に入れ、別に円い曲物二つに豆を入れ、三方にのせて献じますと、天皇はこの豆を三度打たせられ、勾当の内侍も各御間から湯殿迄豆を打つて廻ります。それから年齢数の豆と、御年数の鳥目を引合（紙の名）に包み、お上へ持つて参りますとこれで体を撫でられになつたものを祓わせられたと云います。武家の方では老中が桝に豆を入れ箕の上にのせ、上段の間に「福は内」を三度、「鬼は外」は一度、これを三回くりかえし豆を打つたと云います。

追儺式は古になくなりただ記録だけでしたので、大正十年の節分に、寺町広小路の元別格官幣社梨木神社の大森宮司が江馬務氏とはかり、この追儺式を行われました。その式次第は

一　午後六時　上卿以下神楽殿前に整列す

一　衛府は一の鳥居前を警固す

一　斉郎は桃弓葦矢を上卿以下に授く

一　方相氏は侲子を率いてこの鳥居前に北面して立つ

一　斉郎は上卿以下を率いてその背後に列せしむ

一　陰陽師は斉郎を率いて拝殿に上り坐す

一　近衛は拝殿に上りて楽を奏す

一　陰陽師は呪文を朗読し、楽師と階を下る

一　方相氏は大声、楯を以て鉾を撃つこと三度群臣呼応す

一　方相氏は庭を走り鬼を追うこと三回、侲子上卿以下これに従うて大声これを追い矢を射、一の鳥居前に至りて止む

当社では年中行事にしたいらしいようでしたが、経費のことなどでしばらくで中止しました。その後、吉田神社で節分の前夜、洛北鞍馬寺では節分の午後にこれが行われて今日に及んでおります。ここは鬼を出しません。

それで豆を撒くことについて上賀茂神社では、社宝の「御影像谷祭礼之縁起」と云う絵巻物があります。寛平(八九〇年頃宇多天皇)の御代に美曾呂(深泥)池の東北にある大きい洞くつに藍婆惣主という頭の八つもある悪鬼がいて、多くの手下を率いて節分の夜人民を悩しました。若しこの洞くつを埋めたなら自分が神力を加えて悪鬼を全部退治してやろう、そして節分の日、池の西北で祭礼を行えば万民の災を取り除くであろうと神託がありました。それで加茂の県主が洞くつを埋めるとともに、昔、慶雲年間(文武天皇の御代)より追儺の儀があり、節分

の夜いり豆で鬼は外と秡い、福は内と祝えば悪鬼は消滅し、寿福が家中に満ち国民は富み栄える、と宇多天皇に上奏しました。天皇は全国にこのことを触れさせ、以来節分の行事が世に伝わつたといぅのです。処がこれとよく似た話が「壒嚢抄（あいのうしょう）」に出ております。宇多天皇の時鞍馬の僧正谷、美曾呂池の方丈の穴に藍婆揔主といぅ二頭の鬼神がいまして都へ入ろうとしましたことを毘沙門天の示現によりまして、鞍馬寺の別当が天皇に奏聞しました。天皇は明法道に命ぜられ七人の博士を召し、七々四十九家の物を取つて方丈の穴を封し、三斛三斗の大豆を煎つて鬼の目を打つ様に、又門鼻と云う鬼が人を喰おうとしましたのをイワシを炙串と名付けて家門に指せよ、とありますとやら、豆は魔滅する意味だとも、魔の目に当てるのでマメを用いるとも云います。又豆を煎つて用いますことにつきまして、鬼に捕えられた賢い人がありまして、捕まつた以上は仕様がありませんが、まだ仕残した用事も沢山にありますからこの豆が芽を出します迄私の命をお待ち下さいと頼みました。物わかりのよい鬼と見えまして豆の発芽の早いことを知つておりそれ位なら待つてやろうと許しました。その男は豆を煎りまして芽を焼いてしまいましたので豆は芽を出しません、それでこの男は助かりました。豆撒きの豆はよく煎つておかないといけないのだと云います。美曾呂池は上賀茂の東に今も残つております。池の東北に大豆塚があります。節分の夜の年取豆や、諸方で囃す豆を鬼がとつてここに埋めたのだと云い、古くは塚の上に小祠があつたと云います。この塚より二丁西の山の下にに桝塚があります。この池は京都の鬼門であるのでここ迄桝に豆を入れて来てここで鬼やらいをし、ここに豆と桝を埋めたのだとの説もあり、都名所図会、雍州府志、京都巡覧集にも出ております。

節分の鬼は地獄の鬼や、羅生門の鬼とはまた別な鬼で、疫鬼だけでなく世の中の悪事災難を一切鬼と見なしてその災難と云う鬼を追つ払うものと見なされています。

四方詣

節分の厄除詣に神仏へお詣りする人が中々多いです。四方詣とてどこへ詣らねばならぬと云うことはありませんが、とにかく誰れでもお詣りしますのは吉田神社、八坂神社、稲荷大社、壬生寺、北野天満宮で、その他沢山な社寺がそれぞれ趣向をこらして参詣人を待つています。

吉田神社（吉田神楽岡）の名でお詣りしますが、京都大学前を東へ登つたこの社は、奈良の春日の神をお迎えしました藤原氏の氏神で、厄除にお詣りする神社ではありません。この社の摂社で本社より一丁余南にある太元宮へお詣りすべきなのですが、案外知らない人が多いらしく、別して近年はこの春日社だけ詣つて戻る人が多くなつて来た様です。

太元宮には我国に祀られる天神地祇、八百万神をお祀りしているのですから、世の総ゆることを祈願してよい筈です。元来近衛室町に居つた吉田家卜部氏の私第に祀られていましたが、文明十六年（一四八四年）足利義尚が卜部兼倶に命じ今の地に移し、足利義政夫人日野富子が社殿を造営しました。この神殿は入母屋造八角形の屋根で社殿の後方に祈禱所が組合され、一寸他に例のない変つた神殿です。その上千木（ちぎ）、勝男木（かつをぎ）が同一でないのも珍らしいです。南側の千木の切口は外ソギで、北側は内ソギになつています。棟の中央に置かれた八咫（やた）の御霊を境い

太元宮　疫塚

に南側の勝男木は丸太を三本づつ組んで三ヵ所に、北側のは角材を二本づつ二ヵ所に置かれています。この建物は慶長十四年に建てかえられまして以来三百五十年になりますので重文に指定せられています。昨三十三年二月国庫補助百万円を得て修理が出来上りました。

この本社の東西には国別に三千六十三柱の神を祀り全国にわたります。社の北裏には内宮外宮があり、中央の空地は皇居に祀られていた八神殿を移されていましたが、明治二年八月東京皇居内に移されました。

疫　塚　一月十九日、本殿前に疫塚を造ります。八角の台の上に八角の一丈ばかりの白木捧を立て、その上端に薄の穂束三つを竝べ御幣榊で飾り、捧と台とは全部菰にて包み、その上を注連縄で巻きます。捧の下方に百日紅の若枝と榊とを差添えます。穂の下部から神殿正面の長押え八筋の注連縄を引き渡します。参拝者は各自の姓名年令を記した紙に賽銭と疫豆（煎つた豆）を包んでこの疫塚に投げつけて疫払を祈念すると、またこの八筋の注縄に当てればよいとも云います。これが吉田社への厄除詣の仕方ですが、殆んどの人は知つていません。神社では前日午後斉員一同、本社から守札の入つた唐櫃を奉じて太元宮へ参進し、神前に唐櫃を据え、お札類を始め天地四方を祓うた後この櫃を後殿に納めます。次に中門に饌案を設け門外に疫神を祀り、神酒洗米を門外に散じ疫神の山川曠野に静かに還つて貰う様祈願します。次に太元宮の四方の扉を開き、天神地祇八百万神に疫神の災を除き給わんことを祈り、後殿にすすみ守札に移霊の儀を行います。節分当日は未明に太元宮にて祭典を行います。午后十一時火炉祭が行われます。太元宮中門外に八角形の大きな火炉があります、この周囲を八角形に青竹をめぐらし、笹付の竹を立てこれに注連を幾重にも張ります。各社寺で受けました守札は一カ年しか効力がないことになつていますから、毎年新しい守札を求めねばなりません、その古い守札を参詣人がもつて来まして、この火炉内に入れます、それはうづ高く山の様に積まれます。

当夜十一時、火炉祭が行われます。先づ本殿前の疫塚を撤し、参拝者の納めた人形（ひとかた）、それに山とつまれた守札の前に神酒を土器につぎ供え、斉火をもつてこれに火をつけます。何分紙類ばかりですから燃々ともえ上ります。土器に入れた神酒をかけ、間もなく消えますと、神殿の神饌を撤し御扉を閉じ、全く祭儀は終ります。近年は参詣者数万、その持参する守札も一ケ所では積めませず、その上重文建物で火はやかましく四日午後第二回をやることにしています。春日社の前にも火炉をこしらえております。この社の前では節分の前夜、中古宮中で行われていました追儺式を行います。これは昭和十年頃、林宮司は那智俊宣、山上忠麿氏等とはかり梨木社で行われた追儺式を行うことになりました。二日夜七時衛府は鳥居前を警固、上卿以下整列、斉郎(さいのを)は桃弓葦矢を渡します。この時方相氏矛と楯を持ち侲子四名を従え、北面して立ちます。この時陰陽師は斉郎を従えて拝殿に上り近衛は拝殿に上つて奏楽、陰陽師は祭文を朗読し畢れば方相氏は大声で「オー」と叫んで矛をもつて楯を打つこと三度、拝殿を下つて鬼を追います。上卿以下これに従つて矢を射つつ一の鳥居に至つて戻ります。この式の前、芸能人などを呼び年男として豆まきを行うこともやつています。何と云つても節分第一の参詣場所であります。

壬生寺(坊城仏光寺上ル)　延命地蔵尊を本

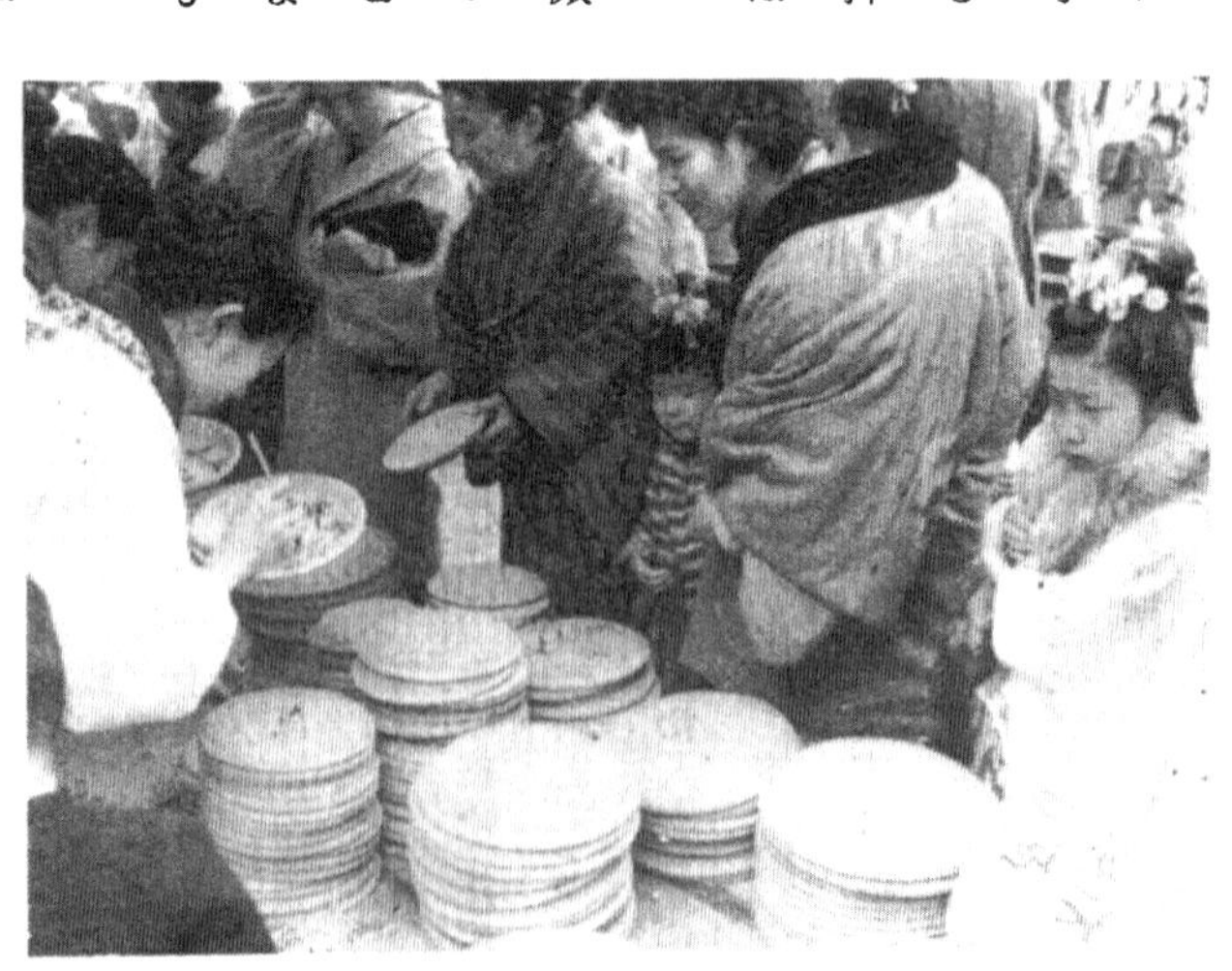

ホーラクを求める人々　—壬生寺—

大念仏狂言　節分　―壬生寺―

尊とし、無形文化財の大念仏狂言で知られた律宗の寺です。起上りの小さいものや、お多福の小面、厄除守り、身代守り等を授与し、本殿では星祭を行い、二日は山伏達で大護摩祈禱と稚児の行列、三日はこの壬生狂言の内節分を午前十時から五回くりかえし参詣人に無料で見せます、吉田社に次でお詣りが多いです。

壬生寺詣での特徴はホーラク奉納でしょう。豆や胡麻を煎ります素焼のホーラク（大小種々何れも随意）に午年の女とか何々家家内安全とかを墨書しまして、これを寺へ拾円を添えて奉納します。四月下旬境内狂言堂で十日間大念仏狂言が催されますが、毎日第一に上演しますのがホーラク割で、この時節分に奉納したホーラクを割るのです、割ることによつて厄を除れると云われます。毎年万をこす沢山なホーラクも土煙りと共に厄がなくなつたと云われます。

八坂神社（四条通東突き当り）京都人には古くから親まれている神社だけにこの日の参詣人は年々増加しています。三年程前から拝殿で氏子管内の祇園甲部、先斗町、祇園東新地の芸者達のうち厄年に当る姐さんの奉納舞踊を行い、二、三日にわけて奉仕し、その妓達により豆撒きが行われ、交通安全車体用懸守、純金、銀のお守りのあたる福豆、蘇民将

芸妓達の豆まき　一八坂神社一

来の木守、厄除鉾等を授与します。

芦山寺（寺町通広小路上ル）　近年バスの巡拝コースに入つてから特に人に知られる様になつた行事で、天台宗の元三大師が節分の日に福寿増長の修法をしている時に三鬼が修法の邪魔をしたので三杵で鬼を打たれたと云います。それが大和吉野蔵王堂に蛙飛の修法と共に伝わつていましたのを前住が、ここえ移され大正末年に始められました。鬼の法楽と称え、本坊で参列の役員の列をなして正門より寺町通へ出で北門から入り毘沙門堂へ上りその宝前で住職、僧侶により福寿増長の修法中貪（どん）を現わす赤鬼は左手に松明、右手に剣を持ち、瞋（しん）を現わす青鬼は斧を持ち、痴の黒鬼

鬼　踊　―廬山寺―

は大槌を振りまわして北門から入つて来ます。太鼓と法螺に合せ、足拍子をとり剣、斧、槌を振りまわし群集の間を踊りながら堂へ上つて来ます。修法が終る頃宝前の杉葉をくすべ、三鬼は本尊壇を踊りまわり、追儺師は大声を上げてこの鬼を追い蓬莱豆を投げますと、鬼は門の外へ退散します。当日は大鬼喰い切りの三杵、宮中へ参内の時、元三大師使用の降魔面を公開せられます。貧瞋痴は三大毒を現わし、一切の悪魔障礙の退難皆失の追儺式だと云つています。以前は節分の午后に行われましたが、近年次々とバスで来る人が増加しましたので二日午後七時、三日は午後二時と七時の三回行うことになつています。

北野天満宮(北野馬喰町)　北野神社は近年改称されました。五、六年前大爺権宮司と茂山千之丞君が私宅で集り本社末社に福部の社があるので狂言の福部の神と節分を一つにまとめ、二日の午後、上七軒芸妓の奉納舞踊に次で特設の神前の舞台の上でこの北野特有の追儺狂言をなし、福の神は神殿より現われ、鬼は三光門から出てくる、最後は狂言の人々や芸妓達によつて福豆を撒きます。当日は祈願祭だけを行いますが、ここもバスのお客が続々とやつて来ます。

伏見稲荷大社(伏見区深草)　京都代表大社として、お詣りせないと気がすまないらしい。ここでも拝殿で芸妓の奉納舞踊が行われています。

鞍馬寺（洛北鞍馬山）　ここも宮中追儺式を模し、本堂で行われ鬼逐は鬼を出さず、本堂の縁を三度廻つて庭へ矢を射ます、群集はこの矢を拾います。式中陰陽師は豆を煎つて桝に入れてすり足して斜に進み本堂内の参詣者に対して豆を打ちますが、これはこの寺の古いしきたりであります。昼間に行われます。

聖護院（春日通東大路東入）　修験者の大本山本堂前広場で両日共柱源護摩が行われ、三日午後二時山伏問答、法弓、法剣の古儀を行い、山伏多数によつて採灯大護摩を執行し、夜は山伏達や或年は文楽の人形が豆撒きをしました。

上賀茂神社（上賀茂）　古式による卯杖の神事が行われ、うづきの一尺ばかりの杖に山橘、日蔭蔓をまつわらせたもので悪鬼を追い、災厄を払うものと云われ、昔は正月初卯の日に行われました。

須賀神社（聖護院向側）　花嫁姿の豆撒きや、懸想文売を歩かせたり、剣の魔除神事を行つています。

下鴨神社（下鴨）　朝十時舞殿で追儺、お弓神事とて、一年を十二の的にわけ破魔矢を射て邪気を払うと云われます。この弓は御神宝の弓を用い、矢は鶴の白羽で矢先に柊で造つた玉がついています。午後二時境内摂社比良木神社々前で御真木祈禱が行われます。

これ等の外、出水千本西入**福勝寺**ではかなり古くから金銀財宝融通守と云う小瓢のお守りを出し、四条坊城角の**なぎの宮**でも神楽奉納、剣幟守、鉄斉筆宝舟を授与、円町東の**だるま寺**では起上り達磨の珍らしいお守を出し、蹴上の**日向太神宮**は境内の天の岩戸のぬけ詣りや招福餅まきを行い、三十三間堂前の**法住寺**でも廬山寺の鬼踊りと同じ三鬼の出る追儺が行われています。須賀神社前の**御嶽教会**も芸妓の豆まきを、城南宮東の**北向不動院**でも星祭、採灯護摩供を執行します。七本松の**千本釈迦堂**、衣笠赤坂町の**不思議不動院**で厄除護魔、太閤坦の**新日吉社**では神猿木彫御守を授与します。

地蔵詣り　この日、六地蔵や京の町に沢山安置されています地蔵尊へ厄除にお詣りしまして近頃来なくなつた厄払に渡す年の数の煎豆を紙につつんで奉納します。

厄払い

京都では「やつこはらい」と呼んでいます。節分の夜、粗衣をまとい、手拭で頬冠りをし草履ばきの男、或は四、五十才位のオバハンと云つた風の女が「厄ッこ、はらいまひよ」と大声で連呼して街を流してあるきます。十数年前まではしきりに来たものでした。落語にも「厄払い」と云うのがありまして、与太郎に叔父が厄払いの文句を教え間違いだらけの文句をならべます。昔は乞食が厄払いに出て来たと書かれています。各家庭では、家族の数だけ別々に煎豆をその銘々の数え年の数だけ包み、一つ豆を多くしたものをその本人が食べ、年の数だけを紙に包み、それに一銭二銭の銅貨を入れて待つています。通りかかりの厄払いを呼び止めて「払つて下さい」と云い、盆にこの豆包みをのせて出します。厄払はこれをとつて厄払の文句をのべます。貰つた金高で長短をかえるものもありますが、銘々思い思いに云つています。古くは「アアラ目出タヤ、ここの旦那の御寿命、申さば鶴は千年、亀は万年、東方朔は八千年、三浦大介百六つ、二葉の松は雲井遙に悪魔外道を引からげ、西の海へさらり、コッカコ」この詞は後になると風流人が、いろいろに創作しましたが、大方は出たらめに目出度い言葉をならべ、最後は「この厄つこ払が引捕え西の海へと思えども加茂川の水底へさらり」と結んでいるものが多いです。そのいくつかを記して見ましょう。

「とうとう十には十の倉、八方には八つの倉、倉と倉とのあわいさに、白き鼠が十二疋、大判小判を引きくわえ、あなたのお庭へ引き込んで、それでも旦那の御吉兆、きたの悪魔が来たるとも、賀茂川の水底へさらり」

「おうちのお裏の五葉の松、東の山から黄金の鳥が飛んで来て、しばかきよせてすをくんで立つときに金の盃、黄金の銚子、福はこなたにとびこんで、いかなる悪魔が来るとも、この厄払が引つ捕らまえ、西の海とおもえども、近く賀茂川の真ん中へ、まつ逆さまにさらり」

「やあらめでたやな、正月の芽出たきおかどで払うなら、正月の御祝儀、扇ひらけば鶴と亀、五葉をかくは慰と姥、御歳をいくつと尋ねたら、七里が浜の石の数、ほうらくづきんのしりもくづれ、これも旦那の御吉兆、如何なる悪魔が来るとも、ちくらが池の水底へ真逆さまにさらり」

「去年生れた鶯が、ことし始めて伊勢まいり、伊勢の路で巣をわすれ、一夜の宿もとりかねて、梅の小枝を宿として、十二の玉子を産み揃え、これまた旦那の御吉兆、いかなる悪魔が来るとも、この厄払が引つとらまえて、西の海と思えども、近くの賀茂川のみなそこへ、まつさかさまに、さらり」

「一に富士山、二に愛宕山、夢に見てさえ吉野山、御家繁昌黄金の山、あなたまつやまとりこして、奥へ通つて眺むれば、さあてなあがめた蔵のだん、白い鼠、黒い鼠が十二疋、これ取つ捉えて、西の海へと思えども、前の堀川の川中へさらり」

「やあらめでたやな、めでたやな、めでたいことで払うなら、一にからさきの一つ松、二ににつこり庭の松、三に一乗寺の下り松、四に善峰の臥竜の松、五つ御家の五葉の松、六つ昔の高砂や、尾上の松も下よりに、黄金のほうらく振りい出し、ひりりはらりと、いつたる豆は、福は内へ、鬼は外へと打ち出して、彼悪鬼奴を引つ捕え、近く賀茂川の水底へ、まつさかさまにさらり」

「春うす雪や、ちらほらと、長きに積るしほらしさ、ちよつとそのべのそえもんは、清水寺へ参詣して、げに色ぞめや、桜花、一枝おつて、こひのつなぎで払いましよう」

「めでたやなめでたやな、風呂や尽しで払うなら、熱つけら、梅に鶯や、ぬるけら、竹に村雀、こよいの垢がきたなけりあ、この湯で洗いましよう」

「伏見の上てにあたる稲荷さま、おうちに悪魔こんこん」

私達の知つています厄払に出て来る人々は、寺裏街の人々が多かつた様です。ここには数人の親分があり、銘々数名の子分をもち、払詞をその親分が教えます。それで払詞が違うのだと云います。街へ出て多くの人の厄を払いますと、その人達の厄をこの厄払いが引受けたことになるのだそうです。それで親分の処へ戻りますと、親分はその子分を払い、その多くの厄を引受け、親分達は誘い合して大津市大谷の蟬丸神社へ詣り、ここで一切の厄を払つて貰うのだとききました。これは二十年前の話ですが、昨年などは吾々の街へは殆んど「厄ッコ払」の声を聞かなくなりました。然し花街や下河原、木屋町と云つた辺では数人の厄払を見たと云うことです。厄払が来なくなりましてから、家族の年齢数より一粒宛多い豆を紙に包み近くの地蔵尊をまつる寺院へ納めに行くと云つています。

この厄払は三都にもありました。「昔は大晦日また節分の夜等人家に来り銭を乞いて、その厄難を祓うこと、またその祓うべき詞を唱ふる者、これに己れが齢の数程の鬼打豆を紙に包み銭を添えて与う、古えの追儺の遺風と云う」と『大言海』にあります。『歳時記栞草』に「今宵乞人綿巾を以て面を覆い、自ら疫払疫落しと称し、終夜街衢を往来す。唐丈には丐者の厄払ということとみえたり」とあります。これも中国から来たものでありましよう。厄払を研究している人を知りませんが、今讃岐白鳥に帰つていられます猪熊信男氏が昭和八年に雑誌「京都」に「厄払」を連載されています。厄払の祓詞は氏の蒐集されたものを転載致しました。

宝船

宝舟とは一枚の紙に舟の図、それに福づくしの種々なものを描いたものでありまして、中には肉筆もありますが木版画が多く、古くは墨刷でしたが中には多彩刷のものもあります。節分の夜、これを枕または布団の下に敷いて眠り夢を見るものと云いまして、東京では一月二日の夜の行事となり、「お宝、お宝」とイキな男がハッピ姿に手拭をかむり、東京の街々を売り歩きました。これは極く粗末な美濃版四分一位の大きさに七福神が同座した宝船でした。枕の下に敷いて眠りよい夢を見ればその宝船は懐中に納め一年中の幸を願い、悪夢であれば川へ流しました。然し明治以前は九条家では節分の日、当家の宝船を刷り晩方君公初め一家一族、奥向

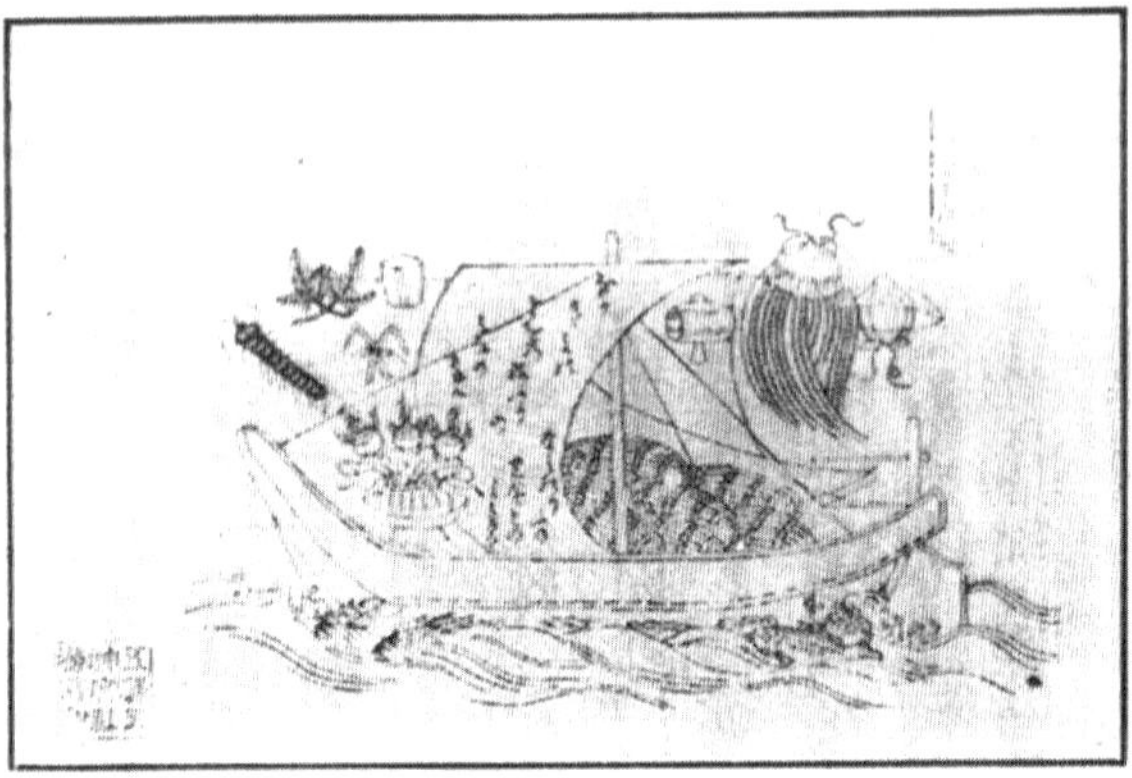

旧一条家宝舟　—五条天神社—

及び臣下一同に分配します。そしてその翌朝、吉凶の夢は問題にせず年男の一人が鳥冠袢の服装で（これをお鳥さんと云います）宝船絵を取集め、庭園の一部に穴を堀つて埋めました。宝舟はただ夢を見ると云ぅ以外に厄払的に考えられたと見えます。

いつごろから出来たかと云いますと判然しませんが、足利時代に既に行われたらしいです。画面から見ますとただ舟の型下には一、二本の曲線で波を顕わし、舟の中には稲の穂数本（京都五条天使社より授与しています）あるだけですが、人間に一番大切な稲は宝物に違いありません。宝舟を顕わした一番要領のよい図です。次は相阿弥筆と云われている小舟の上に米俵満載の図です。その内に「なかきよのとおのねふりのみなめさめなみのりふねのおとのよきかな」と云ぅ歌が舟の上の方なり、或は帆の中に書き入れることになりました。これを廻文歌と云いまして、最後から読んでも同じであります。眠ります時、この歌を三度唱えて寝るとよい夢が見られると も云われています。その内に舟の上や波の中、或は穂の外に縁起のよいものを書き入れる様になりました。小松、違丁字、長柄杓、百足、熨斗、打出小槌、隠笠、隠簑、金嚢、宝珠、鍵、鶴、亀、鯛、鰕、米俵、分銅、松竹梅、三宝、錨、福寿草、酒壷、杯等、その上に七福神を入れました（七福神は室町時代の末に狩野派の画師が取合して七神をならべたまでで、深い意味はありません）。帆には貘の画や文字を入れましたが、これは貘は夢を食う獣だと云うので、昔の木枕にこの貘の絵のかかれたものもあります。その貘の字が御陽成天皇、後水尾天皇の宸翰との説もあります。

私達がこの宝船に着目しましたのは大正五年でした。一向関心を持つていませんでしたが天皇の宸翰があり、将軍家、五摂家、仙台等の大名、公卿、社寺から出しており或は捜せば種々変つた宝舟を見付けられようと思い、急にこの宝舟蒐集が流行しました。とりわけ私の父来蘇は熱心で九条家の宝舟は漬物石の台にされていたものを見付けましたり新聞雑誌に紹介しました。大正五年迄に発行されていましたものは、

五条天神社（西洞院松原角）　古図と旧二条家のものと小形のものと三種あります。

熊　野　神　社（丸太町通東大路角）　小形藍刷、獏の朱字は光格天皇の宸翰と云います。

下御霊神社（寺町通丸太町下ル）　狩野常信筆と云うものと外一図あります。

上御霊神社（上御霊前通烏丸東入）　井上和雄案。

若宮八幡宮（五条通東大路西入）　猪熊家のものに似た図であります。

仲　源　寺（四条通縄手東入）

今　宮　神　社（紫野今宮町）　賑わしい帆掛舟で白鼠のいるのが変つています。古版と二種。

有　栖　川　宮　家　　―藤森神社―

旧　鷹　司　家　　—豊国神社—

大将軍八神社（一条通御前通西入）　明和五年二月改版の文字があります。

吉田神社（吉田神楽岡上）　黄半紙、旧聖護院宮家のもの。

雨　宝　院（西陣聖天町）

平野神社（平野宮本町）　禁裏の宝舟を模したものを出されています。

赤山禅院（左京区修学院）　禁裏版は磨滅した図ですが、ここのはその原図になっています。

東寺食堂北向地蔵尊（東寺境内）　変つた図で帆に六字名号、阿弥陀如来観音勢至と四天王が舟に乗り、不苦者有智、遠仁者残首、永い厄払の言葉が入り文政三庚辰改暦、施主高師三笠堂春海とあります。

閻魔堂（千本通寺之内上ル）　波の上に一弁の蓮、その上に弓矢が立っています。異種宝舟と見てよく、長方型のものです。

これ等の外十一ケ所ありました。その翌年から社と云わず寺も個人も古版を模造したり、新しく画家に描いて貰い、大正年間には二百数十種の発行を見る様になりました。

豊国神社（大仏正面）　鷹司家版複興

梅宮神社（梅津フケノ川町）　九条家版複興

聖護院門跡（聖護院町）　古版

下鴨御祖神社（下鴨）　旧甘露寺家模

天道宮（仏光寺猪熊角）　旧一条家模

東照宮（南禅寺金地院内）　徳川将軍家模

は古版で保存してもよいものと思います。

地方には大阪、東京、岡崎、名古屋、堺、大津外各地に出来、古くは浮世絵にも種々出来ています。

初午（伏見稲荷大社）

古中国、秦の国が亡びてその秦人が日本へ逃げて来て帰化し、近畿地方には二万人からいたと云います。太秦から西山松尾方面、それに東山の南部に住んでおり、農耕、養蚕、機織、建築、醸造の枝に長じていました。平安京の出来ます三百余年前のことで、その頃の日本人はこんな文化を知りませんので秦族の人々はどしどしと富豪になり、大地主になり、長者になりました。深草にいた秦伊呂具もその長者の一人で、立派な邸宅と広い耕地をもち沢山な五穀をもつております。弓矢で遊んでいました処、的にするものがなかつたので、餅を搗いて円めたまのものがありましたのを、それを竝べて的として矢を当てて遊びました。次々と矢が餅の的に当たりますとコワいかに、その餅に羽根が生え白鳥になつて飛び出しました。一羽、二羽、三羽と上空高く、東の山上へ飛び去つて見えなくなり、アッ気にとられていましたが別に気もせずにほつておきました。それが元明天皇の和銅四年二月七日（または十一日）だつたと云います。処がそんなことがあつた後、どうしたことか伊呂具の家では何をやつても失敗ばかり、田畑のものは不作となり見る見るうちに大変な貧棒となつて長者は没落してしまいました。陰陽師は五穀の祟だと云い、考えて見ますと食物でも特に大切な餅を的にして遊んだことです、そうだアレが神の怒りに触れたのに違いない、餅は東の山へ飛んだのだ何か手がかりがないかと山へ登りますと、峰は三つになつておりましてその峰々に稲が生えておりましたので神の仕業と知り、そこに五穀の神を祀りました。その時、山から杉の小枝を持ち帰り、邸内に挿しました処根が生じ、杉の木が生育するに従い再びこの家が栄え元の長者になりました。その日が和銅四年の初午の日に当りますので、初午の日をこの神の発祥の日と定めました。そして稲生りが伊奈利と書いて神名になつたものと思います。また飯成社と書く処もあり飯を盛つた様な山との見方もありますが、も一つ別に東寺の弘法大師に関した話があります。

大師が東寺に住んでおられた頃、弟子実恵が南大門前をうろつく老翁老媼の異体なるものが数多の眷属をつれ、何れも稲を荷つていまして、余程遠方から来たらしく疲れて南大門に休息しているのを見ました。ただの人間とも思われませんでしたので大師に告げましたところ、大師は中門へ迎えて話されますと、比叡山伝教大師が守護してくれよと召請せられたので行くのだとのこと、あそこには比叡の神(日吉神)が鎮守となつていられるから、この東寺の仏法を護つて頂きたいと云つて承諾せられましたので、共に歩いて今の稲荷山に鎮座せられました。稲を荷つていられたので稲荷の神の名を呼んだと云います。まだ他の説もありますが別に一冊にしたいと思つています。

この社が山上におられたのですが、五穀の神、農業の神、福の神として信仰する人がどうにも山上では困りますので永享十年四月二十八日山麓藤尾の社を南に移し（藤森神社）そこへお祀りしたのが今の稲荷大社ですが、二月の初めの午の日を初午、その前日巳の日の二日共に初午祭として祭をつづけられています。この日「験の杉」のお守りを出され福の神として受けて戻ります。

初午詣の雑踏　一伏見稲荷大社一

祭神は宇迦之御魂(うがのみたま)大神で素盞嗚命と神大市比売命の間の御子で豊受毘売(とようけひめ)神、保食(うけもち)神、御饌津(みけつ)神などと云い、伊勢の外宮と同祭神であり五穀始め食物の神から福の神、商売繁昌の神として

伏　見　人　形　―伏見稲荷大社―

我国第一の神であります。第二柱佐田彦神は猿太彦神として地の神であり、導の神として道路交通の神として知られ祖道神として祀られます。第三柱は大宮能売神で天宇豆売命として佐田彦神の妃で、演芸歌舞音曲の神と云われます。稲荷五社大明神と云うのは相殿の田中大神、四大神を合せて云います。

昔は農業の神だから門前に沢山な種苗屋があり、土の神と云うので稲荷山の土を一塊持ちかえり自分の田畑に入れると豊穣だと云いました。それが土焼人形となり、伏見人形となり、初午の土産は伏見人形とりわけ布袋さんは求めねばならぬものになつていました。柚、デンボ等は土の代りに求めて戻り田畑に入れたものです。人形になつたのは後世で、素焼のもろい焼物ですから壊れるのが名物で、伏見人形は壊れ易いものとされていました。我国に沢山ある各地の郷土玩具のうち、土焼人形はこの伏見人形を元祖と見なしてもよいようです。伏見人形を鵤幸右衛門が始めたとの説がありますがこの人の事蹟はわかりません。私は芝居の人物と見ておりまして実在していないと思つています。そのモデルらしいものもわからず、後世この幸右衛門の名をつけて人形を作り幸右衛門型など云いましたが、商人の仕業と思つています。この人形の創始説に東福寺三国伝来の布袋尊、瑞塔寺の千体鬼子母神説もありますが、どうですか。

初巳、初午は文字通り満員つづきです。本殿周囲だけでなく一週一里と云うお山全体が人でうまります。昔は本町街道は人の波だけでなく、高瀬川四条からあの高瀬舟が初午詣の客をひき交通機関のなかつた頃、座つていて行かれるので仲々賑わつたと云います。

さんやれ祭　(上賀茂大田神社)

二月二十四日上賀茂では、十五才になつた青年が元服を祝つて部落（村の各字）部落で氏神に詣ります。この十五才になつた者をアガリと呼んでいます。大島絣の対、木綿絣の衣服に対の羽織、黒足袋、下駄履、首巻を首から垂し、学生帽何れも新調です。〆太鼓を持ち揆でたたきます。十四才の少年は学生服のまゝ首から鉦を垂らし、十三才未満の子供はアオキの木に幣をつけた枝を銘々が一本宛持ち、これが先頭となりこの子供達は「オンメデトウゴザル」をくりかえし、大人は応援に笛を吹いて参加します。各部落からこの列は囃し乍ら大田神社へお詣りします。この社は上賀茂別雷神社の摂社ですが天鈿女命、猿田彦命を祀り長寿延命、歌舞音曲の神と崇められています。さんやれ祭の一団はこのお宮の前で青年の将来の幸福と健康を祈願します。大田社特有の古い神楽を氏子の人々により

さんやれ祭　—大田神社—

巫子となり囃子方となつて舞い、宮司の祝詞があつて、ここを出て大田峠を登り各部落の山の神、そこには小石が積だだけのもので、この上から神酒をかけ、その周囲を囃し乍らまわり最後に別雷神社に詣り、各自の部落当家へ戻りアガリの者が十四才以下のものに御馳走をします。それが済んでからアガリは大人達と共に宴をはり、それで上賀茂から数組出るわけです。

以前は男子だけでしたが、近年少女も加つて来ました。これはいつ頃から始められたかわかつていませんが、寛永の銘のある鉦が現存していますから相当古い頃から行われていました様です。然し上賀茂だけの催で、京都人には知られていませんでした。数年前から一月十五日が成年の日、それはここでは古くからやつていると二月の行事に加える様になりました。さんやれ祭と云いますが、幸有祭であろうとも山生祭、山荒祭とも書きます。このさんやれと云う言葉は京の東北一帯の祭をさんやれ祭といい、一乗寺、修学院、高野方面の祭の囃し言葉にこの「さんやれ、さんやれ」と云つています。

梅花祭（北野天満宮）

延喜三年（九〇三年）二月二十五日、菅原道真公太宰府の配所でなくなられました、五十九才です。北野天満宮はこの菅公を祀りその菅公の祥月命日の二月二十五日に菜種御供を献納しましたので菜種御供と云つていましたが、太陽暦になりますと菜種はまだ咲きませんので、梅花を用いることは改め、それ以来梅花の御供をあげますので梅花祭と云う様になりました。北野の神苑の沢山の梅樹もあちこちに咲き出します。

七十四代鳥羽天皇が天仁二己丑年勅旨によつて菅公のなくなつた二月二十五日にお祭をすることになり、その御供料として山城国葛野郡西院村領より二十九石四斗四升（この米は梅花御供だけでなく、毎日神前へ供える御供料でありました）の御寄進があり、その後八百二十余年今に到る迄この祭は北野天満宮の年中行事中でも重要な祭となつて続けられました。

この御供は大御鉢神供、小鉢神供、香立瓶子の三つに別れ西ノ京安楽寺一之保御供所（俗にほととぎす天神と云います）で社人（一般に社家と唱え、神職もこの家柄を出た人も多く、特

梅花御供　—北野天満宮—

にこの社では天神侍と云いました）一同が調製しました。毎年二月二十三日神事入りとて社人一同御供所に集り参籠潔斉し、二十四日調製して二十五日酉の刻行列を整え、ここを出まして御前通の跡追地蔵尊前で、松明、箱提灯、高張に火をつけて順路御前通りより右近馬場を経て今出川御門より入り、本社神殿内に運び入れます。社人一同熨斗目麻裃帯刀でお供をします。社人中三役とて幣使、随従、奉幣があり、社中の長老がこれを勤めます。幣使、随従は浄衣を着まして奉幣は衣冠束帯で一老の人がこれを勤めます。明治以前迄北野宮政所として曼殊院宮より出張の検使役及び社務職、社人、宮仕、伶人等威儀を正して定めの位置につき奏楽中に宮仕、神前に献供し、奉幣、祝詞を奉り、式を終つて順次退出します。

明治六年七月、安楽寺ほとときす天満宮を北野神社境内に遷座し、一之保御供所を廃しましして以来、梅花御供の調進は北野神社の神官が調製献供しておりましたが、明治四十年社人の末裔の者等の間に話がすすみ、昔の七保の御供所にちなみ七保会を組織し、旧記により二月二十四日早朝より潔斉別火して北野社務所に集り御供を調製しまして唐櫃に納め、神殿石之間に置き、翌二十五日七保会々員（旧社人）一同礼装して祭典に参列し献供致します。別に小御供を作りまして一之保社（安楽寺ほとときす天神）御霊社（社人の先祖を合祠しました社）へそれぞれ献供し、昔を忘れないため年々継続しています。

梅花祭　野立席　　—北野天満宮—

一　梅花御供、大鉢御供　所要白米二斗七升也

一　小鉢御供　所要白米一斗三升也、共に二度蒸にて型につき込みまして調製します。

一　香　　立　大は四十二個、小は三十三個、三杵米に所要の米は一斗です。紙で筒を作り米を入れ上に梅花の枝を挿します。

一　瓶　　子　は朱塗にて梅松の模様があります、中くみ二升を盛り、口に雄蝶雌蝶の折紙を附けます。

諸国年中行事大成（文化三年）二月二十五日北野菜種御供、今夜西の京御供田を預る家より大小の御供北野の社に献ず、宮司の老少相向いならび立て幣殿より神前の階下に至つて手毎にこれを伝う。宮司の一臈、巫子文子とおのおの直にこれを取つて神前に供す、是を手供と云、また転供とも称す、菜種の御供と称してその御供の上に黄菜花をさす、故にかくいう。年によりて菜の花いまだ開かざる時は梅の花をさす、是を見んとて下の森、上の森の群集夥し、西の京の神供所にて調べ、これをゆか輪に入れて婦女等頭にいただき参詣の中を押わけ押わけ通る事、目ざましき有様なり」

これが大正になると多少変化し、時の山田新一郎宮司の談によりますと、「二月二十四日早

朝から西ノ京の旧社人斉戒沐浴の上社頭にて仮神饌所を作り、玄米二斗四升を二度蒸しとし、神饌所に移し、二つの大盤小盤に円く型を押して盛り（大盤は一斗三升、小盤一斗一升）黒塗の舟に戴せ、また紙立と称したものを三方二台に供する。これは小さい仙花紙で袋を造り底に土器を入れ、中へ玄米を入れ上から梅花を挿す。男女の厄年に象り四十二と三十三ケを戴せたものである。この時白酒、黒酒を高さ一尺の朱塗の瓶子に盛る。瓶子は片方は松、片方は梅の蒔絵がある。而して瓶子の口には折紙の雌蝶雄蝶を挿すのである。これは二十五日早朝に常の御饌と同時に供えるものである。この祭典が終れば、この白蒸の神饌を切つて参詣の人々に授与せられる。これは非常に御利益が多いと云うので参詣人が沢山来ます、これを乾して病気の時にこれを煎じて飲むという。」

この梅花祭の行列は明治以前は人数も多かつたですが、昭和三年の記録では人数も少なく、

一、金　棒引　白丁二人
二、榊　白丁
三、幣　浄衣
四、幣使　狩衣
五、大御供　白丁三人浄衣二人
六、小御供　白丁二人浄衣二人
七、御船白丁二人
八、会員一同羽織袴供奉

となつております。今も社人は川井銀之助氏等が奉仕して行われていますが、昭和二十五年の梅花祭、上七軒茶屋組合から芸妓達が奉仕して、野立の黙茶席を設けることになり会員券を発行し、三光門外西手に梅花薫る樹下に席を設けて役員女将の応援のもとに西方寺で稽古したお手前を芸妓達が奉仕して、反つてこれに人気が集つています。

表紙写真

吉田神社追儺式の方相氏と鬼

昭和三十四年二月一日 発行

〔価 三百円〕

著者 田中緑紅
京都市堺町通三条下ル

代表者 鳥居郊善

印刷所 協和印刷株式会社
電⑥三九四四・六七二八

京都市東山区東大路松原上ル
安井金比羅宮内

発行所 京を語る会
電話⑥五一二七番
振替大阪三七三五五番

緑紅叢書

輯	書名	価格
第一輯	町町の伝説 その一	一三〇
第二輯	京社寺俗称	一三〇
第三輯	祇園会余聞	一五〇
第四輯	京の送火 大文字	一二〇
第五輯	京の怪談	一三〇
第六輯	京の町名のいわれ	一三〇
第七輯	京の京の大仏っぁん	一三〇
第八輯	師走の京都	一五〇
第九輯	京のお宮めぐり	一三〇
第十輯	京の話あれこれ その一	一三〇
電十一輯	知恩院物語 上	一三〇
第十二輯	知恩院物語 下	一三〇
第十三輯	若葉の京都	一五〇
第十四輯	亡くなった京の廓 上	一三〇
第十五輯	京祇園会の話	一五〇
第十六輯	京のお地蔵さん 上	一三〇
第十七輯	秋の奇祭	一三〇
第十八輯	亡くなった京の廓 下	一三〇
第十九輯	千両の辻 西陣を語る第一話	一三〇
第二十輯	忠臣蔵名所	一三〇
第二十一輯	京都の七不思議	一三〇
第二十二輯	如月の京都	一三〇

写真集 なつかしい京都 八〇〇円

《復刻にあたって》

一、本復刻版は、田中喜代様所蔵の原本を使用しました。記して感謝申し上げます。

一、復刻版には、借用した原本の都合で初版と再版が混在しています。また、原本奥付に紙を貼付して新価格を表示している場合もそのまま復刻しました。

一、文中に、人権の見地から不適切な語句・表現・論、また明らかな学問上の誤りがある場合も、歴史的資料の復刻という性質上、そのまま収録しました。

一、表紙の背文字は、原本の表示に基づいて新たに組んだものですが、一部訂正や省略をしました。

緑紅叢書　復刻版

第1回配本（全26冊）

如月の京都〔緑紅叢書2の10（22）〕

2018年10月31日　発行

揃定価　39,000円＋税

発行者　越水　治

発行所　株式会社　三人社

京都市左京区吉田二本松町4　白亜荘

電話075（762）0368

乱丁・落丁はお取替えいたします。

コード　ISBN978-4-908976-94-0

セットコードISBN978-4-908976-72-8

緑紅叢書 第二年第十一輯 第二十三輯

新京極今昔話

その一

田中緑紅

新京極の恩人

京都府参事 槇 村 正 直

はじめに

京都の繁華街の代表である新京極は、古くは鴨川の西端でありましたが、戦国時代が終り、豊臣時代になりますと京の町中の社寺を東の京極通に移して寺町と呼ぶ様になり、その三条、四条間の四ケ町を明治五年に寺の境界の高塀をこわして出来た街で、それから八十六年、今迄にこの変遷誌が二、三種出来ていますが、簡単なものばかりです。私の宅から三丁半、物心ついて以来六十年、私の見聞しただけでも書き残したいと思いました。

第一編として新京極の生れた事情と、その根本の寺社の変遷をまとめました。寺院の名の上に▽のありますのは、以前存在していまして、今はここになくなつている寺々です。境内の凸版は何れも安永九年刊都名勝図会の挿絵です。これを見ますと、現在のこの寺院と様子の大変化が見られます。それで大きく入れました。

第二京極や花遊小路は新京極の変遷のおりに記します。誓願寺塔頭長仙院、大善寺、頂源院は裏寺町の時に記したいと思い、ここにはのせませんでした。

昭和三十四年三月十五日

目次

新京極の生れるまで

平安京が出来まして朱雀大路(千本)を中心に、北には大内裡がありました。北は一条通、南は二条通、この間十一町、東大宮通、西は西の大宮通(御前通)この間八町――この二条から四丁目毎に条筋が九条迄、東西は朱雀大路から東が左京で東の京極通迄十六町、西は右京で西の京極通迄十六丁、これが平安京でその周囲に羅城と云ぅ堤があり、その九条の中央朱雀大路の外に羅城門がありました。

平安京が出来て以来、再三京の街には戦争がありましたが、とりわけ大きいのは延暦十三年にこの平安京が出来て六百七十三年目の応仁元年から十一年間、東西に分れて二十七万の軍兵が京の街で戦い、九分通りを焼土としてしまいました。この頃は大内裡はなくなり、土御門内裡(今の御所)が僅かにありました。この附近はボツボツ家も建ちましたが、それから戦国時代、織田信長が一応平定し、豊臣秀吉により多少安定し、京都の大きい都市計画が行われ、京の周囲にお土居と云ぅ三間―十間の堤を作り、この中が洛中、その外が洛外としました。そして市中の寺院を東京極、鞍馬口通より松原の間東側に移転さしましたのでいつしか京極通を寺町通と呼ぶ様になりました。そして鴨川を今の河原町と裏寺町の東側寺院の裏側にこのお土居を作つて鴨川と境界をつくりました。ですが広小路辺から五条辺迄のお土居は、京の街が東へ東へ発展し邪魔になりますので追々こわされてしまいましたので、鴨川の大洪水には河原町をこえて水が入つて来ました。徳川時代には宝永・天明の大火等ありましたが、幕末元治元年の鉄砲焼、それから八年で明治となりました。

とにかく種々の変遷はありましたが、桓武天皇が延暦十三年に今の京都を都にせられましてから千百年、京都市民は日本の都は動かないものと思つていたことでしよう。そして市民は皇室に対し特に親愛と尊敬の念にかられて永年の月日を送つて来ました。それが慶応三年十月十四日、徳川十五代将軍慶喜が大政奉還しまして、慶応四年九月八日改元して明治元年と改め、翌二年三月七日、神器を奉じて明治天皇は東京へ遷られました。然し市民は皇后様が御所におられましたので天皇もそのうちに御帰京になるものと安心していました処、どうやら皇后様も東京へおこしになるらしいと云うので、数千の市民は御所のまわりをお千度して京都におつて頂きたいと哀願したと云います。十月四日皇后様も行啓、そのうち官庁も、多くの公卿役人も東京へ還り、京都市民はどうしてよいのやらボンヤリしてしまいました。朝廷では京都の町人総代として各町の年寄一人宛を建礼門前に集め、天盃（土器の中央に金色の御紋章がつき、箱に納めて今も各町内で保存せられている処があります）を下賜せられ、府庁で饌を賜わりました。その後、京都人は商売も衰え、人の出入は少なく、何をしたらやっていけるのか手もつきません。時の知事は長谷信篤と云う人でありましたが、お公卿さんで何も出来ない方だと云われました。然し太政官に種々願を出し、十万円の産業基立金の御下賜がありました。それを基にして新しい事業を次から次と考え実行したのは府参事槇村正直と云う人で、その下で仕事をしたのが、この一月二十七日逝去しました明石染人兄の厳父で明石博高と云つた人、その相談にあづかつたのが府会第一回の議長をつとめ、市商工会議所々長をやり、新島襄を補けて同志社を創立した山本覚馬と云う豪い人と三人のコンビで京都の産業復興につくしてくれました。その槇村参事は後に府知事になつた人です。

今から百四五十年前文化文政頃は、維新の騒動もまだ芽ばえぬ頃で、徳川も十一代家斉の時代、京の町の人々も平和な日を過し、天明八年の大火後二十年余大分民家も建ち、焼けた社寺も復興して参り洛陽三十三所観音廻り、四十八願寺廻り、十二薬師めぐり、二十九所弁財天、二十五天神、二十一神明等々大流行しました。

寺町の三条から六角の間には浄土宗深草派本山誓願寺があり、塔頭十八ケ寺、ここは昔から施餓鬼寺として参詣者も多く、従つてこの参詣人相手に茶店が出て茶汲女が出る様になり、揚弓場の仮小屋があちこちに出来て来ました。見世物小屋は曲芸、猿芝居、蟹等があちこちの空地に小屋掛しまして街々の人々は「誓願寺さんへ行こう」と次々と出かけ、誓願寺の境内は賑いました。古い見世物の番附を見ますと、誓願寺、和泉式部寺、歓喜光寺、錦天神の各境内で催しております。下の方では「道場へ行こう」といいます。寺町上ル金蓮寺は時宗で四条道場と云います、三条―四条間で広い境内を持つています寺は、上の誓願寺と下のこの道場です。それで下京の人は近いこの道場へ行きます。嘉永年間、因幡薬師境内から宇治嘉太夫座の操芝居が移つて来まして、道場の芝居と云つていました。染殿地蔵脇にありました丹金の〃善ざい〃もこの道場の名物でした。その外、種々な見世物小屋、食べものや等があつた事は誓願寺と同一でした。

元治元年七月十九日の鉄砲焼は、寺町三条―四条間の寺社は九分通り類焼しまして、金蓮寺の本堂は焼け残りましたが塔頭寺院は大方焼失し、誓願寺も大方焼失してしまいました。それかう四年目が明治元年になります。この寺町の東側に中川（または京極川）が流れておりました。一間位の溝川で各寺院の入口には石橋が架つており、寺と寺との間は高塀がめぐらされ、隣りの寺へ行く時は寺町通へ出て、中川を渡つて隣りの入口から入らねばなりません。槇村参事はこの誓願寺と道場の庶民の娯楽所を結んで、ここに各商店を集め萎微している京都の人に娯楽場を与え、且つ京都の各本山へ参詣の地方の人々にも楽しんで貰われば京都の繁栄になること、これは万難を排して実行しようと考え、高塀をとり、各寺の入口から本堂との間の手洗井、観音堂、地蔵堂その他の建物をこぼち、移転して上地を命じました。世間ではよく寺の墓地を多くこわして石碑だけ移動させて道路を作つたのであるから、あの地を掘ると白骨が出て来るなどは土地を知らない人の臆測です。大阪ですと寺の入口から本堂迄は墓石で一ぱいですから、そうしたことを考えたのかも知れません。誓願寺の三条の入口は今のタラタラ下りと同じ辺で、西側に自休院、福正院、光照庵や竹林院があり、東側には西林庵、松吟庵があり、六角下ル西側の真如庵、長金寺は全部とり払われまして明治四年から工事にかかり明治五年に出来、槇村参事は京極の東に新しい京極が出来たのだから新京極と名付けました。

この道は三条通から六角通で一寸まがりますが、寺町の三条が同じ様に南西に折れておりますので新京極も折れまがつたのでしよう。も一つ今のピカデリー劇場の北方にこの誓願寺の大建築を一建立でしてくれた秀吉の側女松の丸と、その子国松の墓がありましたので、これの移転を拒んだのではないでしようか。この二つの墓は明治三十一年豊公の墓地東山阿弥陀峰の中腹太閤坦に移されて現存しておりますが、まだ夷谷座時代、この二つの墓にはもて余していまして、ここだけさけて建てており、上の窓から五輪塔が二つ見えていたのを覚えております。

こうして通り筋は出来ましたが、こんどは見世物屋も飲食店もよりつこうとしません。これには発案者の槇村参事もよわりました。そう云つた業者もどうなるか見当がつかなかつたようです。一坪五十銭（侍であつたものは半額）と記されていますが、ちよつと高いように思います。この値を出そうとせなかつたらしい。費用の点や何かを三条河原町西入〝みすや針〟の主人に受人になつてもらい、以前からこの辺一帯を縄張りにしていました大道芸人や香具師の差配をしていました阪東文治郎と云う男、維新前、長州の志士を陰から助けたこともあつたと云うことです。槇村参事はこの男に目をつけ諸国から大道芸人や香具師の類を集めさすようにしました。そして土地無償使用とふれましたのでどしどし集まつて来ました。源水直伝の独楽廻し、軽業曲芸綱渡り、劔の刃渡り、手品、手なし娘の足芸、生人形、亀山のチョン平、糸細工、貝細工、居合抜の歯薬、ドッコイショの張ったり、チョンガレの立読み、軍談読み、猿・犬・鼠芝居、テレメン油、蟇の油、山嵐孔雀等の鳥禽園、若い女が生きた蛇を隠しどころへ入れたり、ヤレ吹けソレ吹け等の猥褻なものが小屋がけでならび、その間には軽い飲食店、それに揚弓店や大弓場、これには若い女がおり、こうしたものに人気が集り、翌明治六年には槇村参事の思いのままの繁昌ぶりを見せて来ました。槇村は馬に乗ってこの様を視察に歩き、新京極の人々は表へ出て参事を迎えたと云います。

新京極をこしらえた槇村正直

槇村正直氏は長門国大田村で天保五甲午年五月に生れました。家は山口毛利宰相中将の家臣で、祖父正武は八石八斗の禄を貰っていました。父は羽仁正純(敬斉)と云いまして、正直は次男でした。初め半九郎と云い、号を竜山と云いました。嘉永七甲寅年二月七日二十一才の時、槇村満俊の養子になりました。少年の頃から俊敏、少年期より藩公に仕えて小役をつとめ、慶応元年家督をつぎ三年二月には右筆役でした。その頃迄に同志と共に国事に奔走しました。徳川後退で明治元年九月八日京都に上り京都府の雇となり、議政官吏官試補となりました。

十月徴士議政官吏官被仰付れましたが、明治二年三月大阪府兼勤になりました。四月権弁事になり、七月十七日京都府権大参事、同三年正月東京へ呼出され、小野組転籍事件として当時問題になつた事件がありまして三月二十八日止刑之議取計方手落があつたと云うので謹慎を仰付けられましたが。同年四月十八日許されました。四年九月二十七日京都府大参事となりましてから京都の産業をいろいろ着手しました。

西陣物産引立会社、物産引立会社、窮民授産所、駆黴院の濫觴(八坂病院)、勧業場、京都舎密局、京都府療病院と医学校、養蚕場、製紙場、京都博覧会、乳牛牧場、製絲場、製革場、女子教育女紅場、婦女職工引立会社、栽培試験場、集書院(図書館)、伏水製作所(鉄工)、都踊、鴨川踊、織殿、染殿、アボテーキ(合薬会社)、化芥所、京都癲狂院、集産場、観象台(京都測候所)、撚絲場、画学校創立

など各種類の文化施設をやりましたが、明治五年新京極を始めたのもその一つです。そのうちに明治八年七月二十日京都府権知事となり、十一年一月二十二日第二代の京都府知事になり、十四年間維新後の衰微した京都のため大変働いてくれた人でした。新京極が出来たと同じ五年

附博覧会として花街の踊りをやり、都踊りは自ら歌詞を作り、毎夜のように一力亭に出かけ祇園廓のため種々尽力しました。粋参事として祇園の女達にもてたと云います。

また一方、小学教育には特に熱心で、各小学校にこの人の横額がかけられた処も多く、卒業式には自ら列席しています。在京中御池西木屋町西入南側の大きい邸に住み、高瀬川の水をひき、各社寺から樹木岩石を持つて来て立派な庭園を作り有名でした。歴代知事のうちこれ程活躍した人はいません。とにかく腕のある人でしたので中央政府もこの人を十四年一月十九日議官（年俸四千円）に任じ、元老院に入り行政裁判長官となり、二十年五月二十四日勲功により男爵、従二位勲一等に叙せられました。二十九年四月二十一日東京で六十四歳でなくなりました。その頌功碑は洛東黒谷墓地にあります。

誓願寺 （新京極通三条下ル桜之町）

天智天皇の頃、大和国に賢問子（けんもんし）と云う名工がありました。中国に渡つてもつと技術を学びたいと思つて中国へ行きました。中国の帝がその技を認め、国に永くおきたいと美しい女を賜い夫婦にしました。そのうちに賢問子は日本へ戻りたいと思いますが帝は許しません、陰（ひそか）に木で鳥をこしらえましてこの鳥に乗つて帰朝を考えました。準備が出来まして女房に、「ソナタにはすまないがどうにも国に戻りたい、今ソナタは懐妊中であるので生れる子が女ならば仕様がないが、男だつたらこの鑿を残しておくから渡してやつてほしい」と別辞をのべます。女房は夫の志を知つていますのでどうしようもなく、賢問子はこの鳥の胴に入り、両手で双翼を操り東の空へ飛んで無事に帰朝しました。世界最初の飛行機は千三百年の昔にあつたことになります。処が中国で生れた子供は男子でした。その子が成年になりまして始めて父親は日本人の名工と教えられ、この鑿は父の形身であるからと渡しました。この子は継志と呼んだそうです。父を尋ねて日本へ来て無事巡り会いました。

天智天皇は皇子の頃より仏の教えを信じ、弥陀如来は摂取の光明十方を照します由、どうか現世で生身（いきみ）の如来を拝したいものと思つていられました。ある夜、二天人が天下（あまくだ）り生身の如来を拝みたいなら賢問継志に丈六の像をつくらせたらよい、西方の真仏に等しいと告げられ、両人に命じられました。謹んでお受けをして親子別々に工場を作つてお互に仏の半身を作りました。昼間は一人ですのに夜になると手斧の音鑿の響があまたの人数に聞えますので、隙間より

誓願寺縁起　所載

見ますと賢問は六臂の地蔵菩薩、継志は六臂の観音菩薩が光明を放つて彫られており、数日にして出来上り両人半身をもちより合すと寸分違わなかつたそうです。三世諸仏、依念弥陀三昧成等正覚の状を表わされました。この像は春日明神の御作で地蔵観音は明神の御本地であると云われます。そこで良材を求めてこの如来を安置する大伽藍等七堂を三年ごしで建立し、天皇より誓願寺の勅号を頂き慧隠法師を開祖とし、二百余の僧侶を置かれました。この慧隠は唐に渡つて三論相承あり、帰朝の後舒明天皇十二年五月、勅して無量寿経を説明しました。後南山城に移り、平安遷都の後、深草の里に移り、京都元誓願寺通小川西入辺一丁半四方に移り、始め三論宗ですが十数世後、蔵俊の時浄土宗になり、後西山深草派本山となりました。承元三年四月三日類焼し再建しましたが、またも応仁元年五月二十四日兵火にかかり文明九年僧十穀が再建して隆盛になりましたが、またまた天正二年兵火にかかり豊公天正十三年京極六角へ移転を命じ、秀吉の側室京極松の丸、一建立で大伽藍を建て、慶長二年三月十一日落慶しました。慶長元和の頃、この寺の向側に大仏餅屋がありました。方広寺の大仏様は奈良の大仏より尚大きかつたそうですが、この誓願寺の本尊も大仏と云われる程大きなものでしたので大仏餅が売られていました。この寺の五十五世策伝和尚が八幡の松花堂に贈つた白妙の雪のはだと云つて美しい餅であつたと云いますのはこの寺の前の餅で、この大仏餅屋の息子が八文字屋本の作者江島其磧で、この人の宅は柳馬場六角上ルにありました。

三重塔は元和八年の草創で、本尊は谷薬師の薬師仏で古仏と云われました。釈迦堂には宝冠釈迦像を安置し、鎮守は春日明神を祀つていました。寛文四年にはここの開基の一千年大法会が行われ、六角通に楼門が建てられその頃境内は六千余坪もあつたそうです。ここの本尊が大きいだけでなく、大和から京都へ移されました時、これを大きい車にのせて曳いて来ました。

その人達は上賀茂深泥ヶ池付近から下鴨に住み、不幸がありますとこの寺で葬儀をしました。それで毎年寺の人達で食べ切れない程米をもつて来てくれました。若し非常時がおこりましても賀茂から来ていましては間に合いませんので門前の住民に毎月飯米を送り、そのかわりイザ・と云う時は努力してほしいと火災保険を米で支払つているわけです。それで天明八年一月の大火の時、この人達は本尊の下に車がついていましたのを鴨川河原迄曳いて避難し無事に助かりましたが、三重の塔は惜しくも焼失しました。二十五年後の文化十年には大分にあちこちに諸堂が建ちました。その頃位からこの本堂の周囲に見世物小屋、揚弓場、茶店、露店などが境内のあちこちに出来、本堂ではこの大仏の前で施餓鬼法会が次から次へと営まれまして、セガキ寺として大変人気があり参詣者も多く「誓願寺さんへ行こう」と云うことはこの頃より盛んになりました。それから五十一年間京都の人に親しまれた誓願寺でしたが、元治元年七月十九日の兵火に、あの著名な大本尊も持ち出すひまもなく塔頭十八院も共に全部焼失し、今日ありますのは裏寺町通の長仙院、その南隣りの頂源院、その向側の大善寺の三院だけになりました。

明治二年境内を官に納め、五年新京極通が出来ましたが本堂前に夷谷座が建ち、スッカリ面影を失いました。明治七年元東寺の北西にありました六孫王大通寺の本堂を五十円で求めてこ

誓願寺

開山堂
本堂
方丈
十三佛堂
臺所
浴室
春日社

こに移し、本尊は八幡神宮寺の本地仏を移しました。明治十年附近の有志の人が金を出して門前に〃迷子道しるべ〃の大石柱を建てて、迷子や落しもの等のために便利を計らいました（本双書二の九「京都の七不思議(上)」十七頁参照）。こうして明治・大正・昭和を迎え、寺は益々せまくなり、昭和七年九月二十六日夜九時二十分頃、お燈明からの出火とやらで、この大通寺本堂であつた間口十二間、奥行十間の大きい堂も、八幡神宮寺本尊丈六の阿弥陀如来も寺伝運慶作の四天王、善導大師像も全部焼いてしまいました。焼けた本尊はその上から補強しまして阿弥陀如来を作り、仮本堂のまま今日尚復活しません。境内に菊の御紋章のある大きい宝篋印塔があり表に「奉為自在王院尊儀増進仏果」文化七庚午年七月、永らく何人の供養塔か不明のままで、どうして誰れがこしらえたのかもわかつていませんが、これは寺町広小路上ル盧山寺境内に御陵のある贈慶光天皇（閑院宮直仁親王の御子典仁、光格天皇の御父、寛政六年七月六日薨去六十四才）の法名であることが知れました。昔は境内に未開紅と云う梅の名木が本堂前やあちこちにありましたが今は一本もなく、裏寺町に面した長仙院に数本残り蕾の間は紅色ですが開花しますと白梅です。

世阿弥元清は「誓願寺」と題して謡曲を作りました。一辺上人を高僧にした物語で、紀伊国

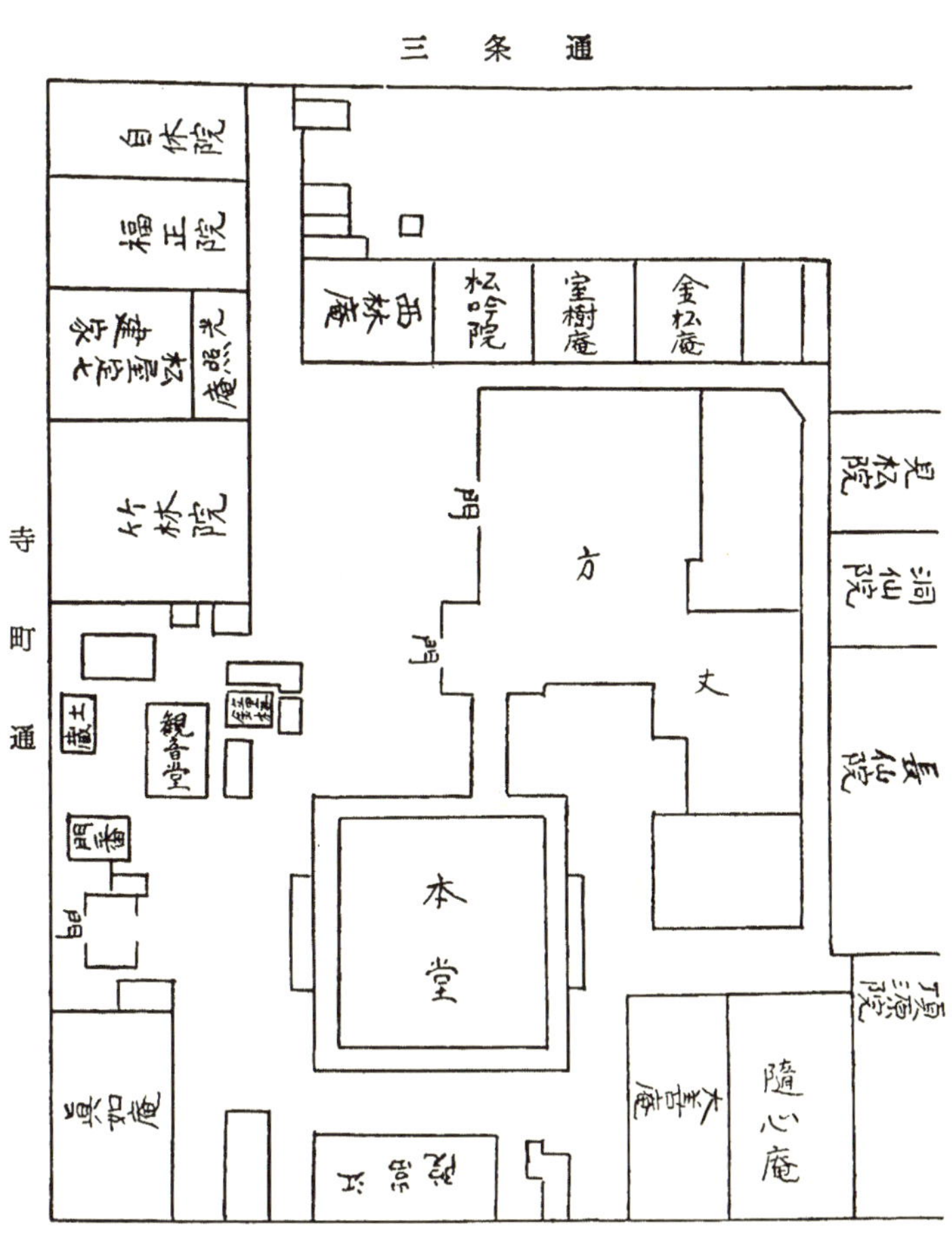

誓願寺境内見取図（天保十四年）　―吉良覚峰氏蔵―

熊野に一七日参籠して霊夢を蒙り、六十万人決定往生の御札を、遍く国土に弘めんと、京誓願寺で諸人に授けその内の一女性が往生の人数を限るのはおかしい、上人は念仏の功徳を説きます女は上人に六字の名号を書いて貰い誓願寺の額ととり替えてほしい自分は和泉式部の霊だと云うて消えます。後シテの和泉式部は歌舞の菩薩となり誓願寺草創のことなど説くと云うのです。総墓地は京都座の裏一体にあります。皇族幼児の墓、元華族園、橋本、勧修寺、油小路家の墓多く、東部に珍らしい六面石幢があります。高さ四尺六寸三分、笠は失われ幢身だけ残り六角で一面毎に半肉彫の地蔵立像六躰、永享十一年(一四三九)十一月二十四日と銘文がありです。墓でなく経巻を納めたものでしょう。

山脇東洋　人体を初めて解剖した人、寛保二年壬戌九月五日卒、外山脇家一族。

穂井田忠友　考古学者で歌人、三河の人「観古雑帖」「埋麝発香」を著し、弘化四年九月十九日歿。

お半長右衛門　芝居で桂川で情死したとされていますが、実説では二人は強盗に殺ろされました。芝居で〃桂川連理の柵〃で有名になり、後世誰かが供養にこしらえたものらしいです。

安楽庵策伝

誓願寺五十五世、後奈良天皇の天文二十三年に生れ、禅林寺甫叔上人に就て法燈を受け、堺正法寺美濃立政寺におり元和九年七十才の時、塔頭竹林院の中に安楽庵なる庵を作り豊公に寵遇を受け滑稽詼諧で知られ、後所司代板倉重宗と昵懇でこの人にすすめられ、つい思いついた話を書き止めた笑話四十六題千九話を集め、「醒睡笑」八巻を上梓しました。落語本の最初のものと云われています。山東京伝の『近世奇跡考』に「安楽庵策伝」はおとしばなしの上手也、元和九年七十の年醒睡笑という笑話本を書き出し、万治元年上本せり、この人茶道に於て名高しといへども、おとしばなしの上手なるを知る人まれなり」新京極誓願寺の和尚が落語の開祖と云われるのは奇しき話だと思います。この本の話は今日の落語家がまくらにつかつています。睡つていてもこれを読むと目がさめて笑い出すと云う本の名です。この人は堺にいた頃貿易のサラサ裂を好み、安楽庵裂と名づけ茶人の間に喜ばれている名物裂になつています。小堀遠州とともに竹林庵の庭園を作り滝を作り沢山庭石を入れました。八窓の茶室を作り楽しんでいましたが、寛永十九年一月八日八十九才で入寂しました。総墓地の東北隅石欄のある美事な墓はこの和尚のものです。

誠心院（新京極通六角下ル中筋町）

――和泉式部寺――

二、三十年前迄は和泉式部寺で知られていましたが、近頃新京極の寺の名を云う人も少なくなり、その寺の在処もわかり難くなつて来ました。

真言宗泉涌寺に属し本尊は準胝観音でありましたが、今は弘法大師作坐像三尺の阿弥陀如来になつています。本堂内には弘法大師、一尺位の衣冠束帯の道長像、和泉式部法体の木像一尺位のもの、狐に乗る枳茶尼天像があります。本堂は明治四十四年三月三十日向側福真亭出火の時類焼し再建せられましたが、まだ木の香がします。什物として式部の打掛で作つた屛風、それと画像があります。

和泉式部は平城天皇の皇子阿保親王の子、参議従三位大江音人卿四世の孫、正四位下越前守雅致の女で、母は越中守平保衡の女にして弁内侍と云いました。昌子内親王の御乳母であります。式部は和泉守橘道貞の妻となりましたので和泉式部と云います。夫婦の間に小式部内侍が出来ています。美貌で多感、道貞と離別し一条天皇中宮上東門院に仕えました。冷泉院皇子為尊親王、その弟敦道親王とも関係があり「和泉式部日記」はこの弟親王との情話や和歌を入れたもので、寛弘二年四月賀茂祭にこの二人同車して妖艶豪華な振舞で衆目を驚かしたことは有名で、大鏡や栄華物語に出ています。後、藤原保昌が猛烈な恋をして、内苑の禁を侵して紅梅の枝を取つて式部に贈り(七月十七日祇園祭の保昌山はこの話で作られています)夫婦になりましたが、後これとも別れ、道命阿闍梨との間も宇治拾遺物語に書かれています。娘小式部内侍の死後播磨書写山に登り性空上人により剃髪して尼になり、誠心院専意と名を貰いました。

御堂関白道長は荒神口寺町の東北に法城寺の大きい立派な寺を建て、その艮の隅に道長の女上東門院の御所がありまして、後に東北院と云う寺にしました。その一部に和泉式部の庵を建て誠心院と云いました。二百余年後、油小路通元誓願寺一丁下る処に移り、ここに正和二年五月大きい宝篋印塔を建てました。式部の法名は誠心院専意大法尼、長和三寅年閏三月二十一日寂と云われます(寺伝)。この寺は横に誓願寺がありました。応仁元年五月二十四日兵火にかかり、天正十三年秀吉の命により今の地に移りました。誓願寺も共々ここへ移りました。式部の墓も同時に移しました。これが式部の墓でなく供養塔であろうと思いますが、式部死後三百年後、どうして式部のために建てたのかあるいは式部と無関係の塔かわかりません。とにかく鎌倉時代の数少ない宝篋印塔であり高さ十一尺三寸五分、塔身の正面に梵字阿弥陀観音勢至の三字のあるのは珍らしい。これに発願者五人の僧と七人の比丘尼の名があり、法阿、行阿、妙阿等

和泉式部供養塔

あり、一時時宗になつたことがあつたらしいのでその頃造つたものか、正和二年（一三一三）五月とあるのは製作した年号に違いありますまい。その塔の横には軒端の梅の何代目かがあり、後ろには二十五菩薩の石像の新しいものが並んでいます。新京極六角下る東側、店舗の間に僅かに格子の扉が見え、この大きい塔が狭い土地に建てられています。近くで見るには誠心院で断つて墓地から入らねばなりません。庫裡は本堂の東南にあり墓地は北方にあります。

俳諧師　西池言水　享保七年九月二十四日　年七十三
俳諧師　菅原弘邦　宝暦十二年三月四日　年五十一
南　画　前田暘堂　明治十一年十月二十五日　年六十二
儒　者　伊藤固菴　正徳元年一月十四日　年七十一
落語家　桂　三八　昭和十五年三月二十日　年六十四

▽長金寺（新京極通六角下ル中筋町）

誠心院の向側にありまして東向でした。誓願寺末でしたが一向記録がありませんが天保三年夏刊本沙門松誉巌的大徳著『洛陽三十三所観音霊験記真鈔』にこの洛陽三十三所の第二番で、「本尊十一面観世音の像を安置しました。空海作、南都真善院にましまし霊験殊勝の尊像なり。しかるに人皇五十代桓武天皇都を平安に遷させ給う時この帝の第二の皇子嵯峨天皇この尊像の霊験あらたなることを叡聞ましまして御守本尊と崇敬し禁中に安置し給う。その後、後柏原天皇御宇当寺へ御寄附なし給い長金寺と勅号し給う」この洛陽観音は一通り巡拝しましたがなくなりましたままの寺も三、四あり本尊が他の寺へ移つたものも三、四ありここもなくなつた一つで、天明・元治の大火に類焼、本尊は誓願寺に移されたと云うことですが判然としておりません。寺の址は民有となり廃寺になつております。

西光寺（新京極通六角下ル中筋町東町）

——寅薬師——

菊水映画劇場の北側にラシャ屋があり、そこが西光寺の入口です。露路になつていまして再三火災に会い庫裡の一部に本尊阿弥陀仏が安置せられ、すぐ東裏が墓地になつています。寺は浄土宗西山派誓願寺末で以前は寅薬師を本尊としていました。堂を御倉堂と云い、開基は僧伝慶と伝えられています。創立の年代はわかりません。この伝慶は誓願寺十二世ですから九百年前と云います。この寅薬師は京都十二薬師の第十一番と云い昔弘法大師が勅請を奉じ一刀三礼して謹刻せられ、出来上りました日が寅の日でしたので寅薬師と称えたと云います。その後宮中に安置されていましたが、後第五十一代後宇多天皇の弘安二年（一二七九）この寺の開山法照院伝慶法印にこの像を下賜せられ、今の地に伽藍を建立し天長地久宝算万歳の密修を勧め歴代の天皇の崇敬深かつたと云われます。薬師像は左脇壇に安置せられ、相当古い像でありますが補修されています。日天月天は新作十二神像の方が古いです。この薬師如来の横に六寸位の地蔵尊が岩にのつていられます。これはこの寺の南隣りにあつた清帯寺の本尊、腹帯地蔵尊の胎内仏と思われます。この寺は天明八年、元治元年、明治四十四年三月三十日に類焼して仮建築のままです。

寺の墓地　源峻章の碑があり、村上家のもので頼襄（らいのぼる）の碑がありますがわかつていません。

大江文坡墓　面に「菊丘臥山大江文坡先生墓」右側に「寛政庚戌八月八日卒　遺偈曰、長生不死、六十余年、端的一句、捧投青天」今無縁墓に入れられています。

伊藤固菴墓　書家熊谷活水に師事し、宝永八年正月十四日卒七十一　松岡玄達の謹撰とあります。

▽清帯寺（西光寺南隣り）

蛸薬師堂と西光寺の間にあつた寺で、安産の地蔵として知られていましたが、元治元年七月の鉄砲焼に焼失して堂も本尊の腹帯地蔵尊も共になくなりまして、明治六年廃寺となつてしまいました。

この寺は元新町通下立売下ル西側にあり腹帯町と云つていました。創立年月不明ですが本尊は行基作土仏の地蔵菩薩でして、婦人の安産祈願で霊験あらたかと六百年前の本に出ております。藤原期の地蔵によくある帯の辺が産婦の腹帯に似ているので腹帯地蔵と呼ばれるのと同型と思われます。醍醐の善願寺、樫原北方の染殿地蔵も同一でしょう。天正十三年京極六角南に移し、ここで西光寺と同じ様に天明・元治に焼けて、寺も本尊もなくなり、その胎内仏と思われる小さい地蔵尊が西光寺に残されています。

蛸薬師堂（新京極通蛸薬師上ル東側町）

――妙　心　寺――

『そもそもこの薬師如来はからうすのつぼなり。昔、たこやというものあり、夜な夜な家の隅より光りさす、あやしみしたいみるにからうすのある所なり、そのあたり光さすべき物外になしふしぎに思い、碓(石の臼を地面に半分埋め杵を機械につけて五穀等をつく臼を云う)の壷を堀りて見れば、その石に薬師の御かたちあるなり、奇異の思い有難く安置せるとぞ、されはたこやの某とかやの家におわしますゆえたこやくしと申すなり、又一説にひえの山の僧のもてる抹香はたく臼ともいえり、この僧の母、寺の内に養えり、ある時母病にふさしむ

圓福寺
鯖藥師
泉式部
軒端梅

誠心院
本堂

ころ、蛸を好みけるに、もとより僧の求めに叶い難く、され共孟宗が雪のうちの竹の子もあれば、如何して母の願いを叶えんと、かたえの人を頼みて、蛸を求めぬれども、魚肉寺門に持入ならず、いかがせんと案じぬるによその目をつつむは科（とが）あり、さらさらかくすべきにあらず、老母の病に願えるところなり、仏神許したまわんや、人のとがめあらば理（ことわり）をつくさんと思い、蛸のかたちをあらわしながら門をいりぬるに、かの抹香はたくうすより薬師如来の顕われ給い、この蛸をよその目には経の巻物と見せしめ給えばさらに人のとがめもなく寺にいり、母の願いごとをかなえ病をいやせり、有がたし有がたし、さればその薬師を安置せる故に蛸薬師と申すともいえり。』

これは中川喜雲著万治元年（一六五八）出版の「京童（きょうわらべ）」にある話であります。処がこの寺から出しております一枚刷の蛸薬師如来略縁記によりますと、

『円福寺境内永福寺本尊蛸薬師如来は伝教大師の真作霊験無双の尊像也、往昔安徳天皇の御宇養和元年二条室町に有徳の者あり剃髪して林秀と名づく薬師如来を信敬し叡山中堂に月詣せしも老人になり毎月のお詣りも出来兼ねるから尊像を与えてほしいと祈り夢枕に薬師如来立たれて昔伝教大師が霊石に我形像を刻み叡山黒谷の東に埋置かれたそれを掘り出せと告げ

られ、林秀が登山し捜して掘出し喜んで自宅へ迎え仏殿を建て永福寺と号し一生をこの如来に奉仕した。後深草院の建長年中に善光と云える沙門この寺の住持にて母に仕えて至孝なり、ある時彼の母重病に臥り頻に蛸を食せんと望む、母の懇望もだしがたく一つの箱を携えて市に行きて蛸を求めて帰りけるに、是を見る人甚だ怪しみ各々後より附来り薬師堂の門前に至りて押して箱を開かんとす、善光も逃れがたく一心に薬師如来を念じ奉り全く全く我が所欲にあらず、母の望を遂げんが為なり、大慈大悲この災難を救い給えと念じて蓋を開くに、不思議なるかなかの蛸忽に変じて八軸の大乗妙典を現して霊光四方を照する時、母の病悩立所に平癒す奇なるかなその経文本の蛸と成りて箱より踊り出て庭前の池水に入りぬ、それよりこのかた蛸薬師と号し奉り参詣の人々病を祈れば速に癒え子を願えば必ず得。如何なる諸願成就せずということなし、終に天聴に達し後花園院嘉吉元年勅願所の綸旨を下されその後二条関白道平公御敬御祈禱仰付られその外東山殿よりも燈籠御寄附ありけり（大略）

この寺は浄土宗西山（せいざん）深草派で法然上人四十二才厄除の為自ら刻まれました弥陀三尊を本尊とせられています。開祖を円空上人と云い、大和国十市郡の人、建長三年山城深草に一寺を建て深草山真宗寺と云いました。永仁二年火災にかかり二世顕意は大和へ移しました。三世堯空の徳治元年京へ戻り仏光寺通猪熊西入に建て正和二年花園天皇より円福寺の額を下賜、二条関白が檀家になりまして以来立派な寺になりました。その後室町通姉小路上ルに移りました。応仁元年及び文明六年兵燹に罹り荒廃してしまい永正年中僧賢智が中興しました。今もこの町を円福寺町と云つています。豊公の命により天正十九年京極四条坊門に移り(今の地)ました。処が一般に円福寺の本尊が蛸薬師と思つていますが、これは永福寺の本尊で別の話であります。室町通二条下ル町を蛸薬師町と云います。この町に天台宗永福寺があり、応永二十三年丙申二月十三日僧善孝が開基しました。本尊薬師は伝教大師の作で、これを池中の島の中に小堂を建てこの石の薬師を安置しました。それに世の人は水上薬師と呼び、又沢(たくやく)薬師と云いました。後、誤つて蛸薬師と呼び、そのまま町名になりここに前記の蛸が経巻になつた伝説が生れ、町有にこの「蛸薬師縁起」の絵巻物が出来ています。

天正十九年(または十三年とも)寺町四条坊門に移り、円福寺の塔頭となりました。その堂を寺の正面におき、本堂はその裏にありましたのでこの阿弥陀仏を本尊にしていることは知られていません。天明八年正月の大火に類焼、悉く焼失しましたので文化八年八月再建し入仏供養を行い元のようになりましたが、元治元年七月の兵火で再び焦土となりました。明治五年境内をさいて新京極の通りが出来、明治十六年十月三日、一派の決議により建物はそのまま寺号を三河国額田郡岩津村の同宗同派の妙心寺と交換しましたので今では妙心寺と云います。明治四十四年三月三十日上町福真亭より出火に類焼し、その後仮堂のままであります。

本堂は庫裡の一部で三尺位の弥陀の坐像、三河妙心寺から移された本尊、その天井絵の雲竜は鈴木松年筆、明治二十六年にかかれ、ここに大きい善導法然両大師像があり土蔵作になつています。妙心寺から移されました梵鐘はこの前の庭に置かれていましたが、先年の戦争に醵出してなくなつた本山誓願寺の鐘楼に納めて、今も現存しております。前の蛸薬師堂の本尊は石薬師ですが再三火事にあわれ、今レンガで周囲をかため非常用に備え秘仏にされています。その脇座にきぬかけ薬師があり本尊横には十二神像があり、弘法大師、不動明王、毘沙門天がまつられています。堂前に北向地蔵一に鯉地蔵（双書十六「京のお地蔵さん上」参照）と云う三尺の木製立像、京都地蔵四十八願の三十番であります。

昔の婦人は髪毛を命に次ぐ大切なものとされていました。如何に美人でも頭髪が縮れていたり赤かつたりしましては嫁入口もありませんでした。それでそのチヂレ毛の婦人はこれを素直な髪にすることに努力しました。そしてチヂレ毛をなおしてほしいとこの薬師にお願いしました。恐らく蛸の足の先きがチヂレていますので、誰れかが云い出したものでしょう。山形の小絵馬に赤色の蛸の絵をかいたものを奉納しました。パーマネントの時代この信仰のなくなつたことは云うまでもないでしょう。今日、小絵馬も礼拝図が多く、この赤蛸のは見なくなりました。堂の入口は商店や食べもの屋になり、寺の存在も淋しくなりましたが、前の通り筋は四条坊門通でしたがこの堂が天正にここへ移つて以来蛸薬師通と云われるようになりました。

玉泉院と云う塔頭が蛸薬師辻子寺町東入北側にあり、表構えは民家同様でした。売薬の看板が出ていましたので家伝の薬屋だと思つていました。円福寺時代の塔頭で本山第三世、堯空道意の開基と云います。この僧は嘉暦三年五月八日に入寂し、その後沿革わからず、再三の大火に類焼し記録もありません。境内七十四坪、この寺は昭和三十年疎開されました。墓地は妙心寺の南側〝富貴席〟の楽屋口の横、低地に百数十基の墓があります。

安養寺（新京極通蛸薬師下ル東側町）

——さかれんげ——

浄土宗西山派禅林寺末のお寺で恵心僧都が寛和年中大和国に寺を建て華台院と名付け、僧都の妹安養尼が第二世となり、その名をとつて安養寺と改めました。鳥羽天皇の天永年中隆暹法師がこの御本尊の夢のお告げに依り京都の万寿寺通へ移しました。次に西洞院四条上ルに移りましたが七堂伽藍の大建築ですぐ北裏が本能寺でした。この寺の本堂が焼けたことがありますので本尊を境内の不動堂に移したと云われます。その本尊阿弥陀仏の像は蓮台を逆さまにしてありますので倒蓮華寺と呼んでおります。天正年中豊公の命により今の地に移しました。まだその時は恵心僧都の筆になつたと云う天井絵等ありましたが、天明八年の大火で焼失してしまいました。その後も境内は相当広く寺町通の中川の橋から門に入りますと一間半四方の弁財天堂があり、八臂の弁財天が安置せられその外毘沙門堂三尺位の不動立像の不動堂、お茶所には子供の虫除けを願つた虫地蔵がまつられ、釈迦堂の本尊は重文の清涼寺式釈迦如来でありました。鎮守は松坂稲荷大明神で九尺四方の祠でした。昔この本堂の縁によく眷属（狐）さんが寝ていました。これを相国寺の藪に送つて行きましたが、近年見て貰いますと元え戻つて祀つてほしいとのことで、今庫裡の庭に小祠をつくりここに祀られています。願主七里氏と云う幟がありますが、先々住職の生家のものと云います。

さて女人往生倒蓮華の本尊ですが、話は開祖恵心僧都の母御の話に遡ります。母御が大和国当麻に居られました時、無量寿経三十五に女人往生の誓いについて疑問を生じ、春日明神の示現を祈らんと安和元年四月八日から七日間神前に参籠してお願いしました処、七日目の早暁夢に老翁が出られて「汝吾家に戻れ」と示現あり、とりあえず家に戻りますと門内に一丈余の材木があり、家族のものは知らないと云います。その夕一老僧来られ一宿を乞われ、これも明神の御方便であろうと思い泊めて話しますと、老僧は仏像が彫りたい願いをもつとのことで門前の材木を与えました。一室に入つた老僧は声をかける迄来ないように云われましたが鑿鎚(のみつち)の音が沢山に聞えます。おかしなことだと思われていましたが夜半に音が聞えなくなり、まだ声をかけられませんがすき間から見ますと老僧はおられず、六尺余りの相好円満な阿弥陀如来が立つておられ、光明を放ち異香四方に薫い極楽もさこそと思われ、母御は合掌感涙にむせびました。早速蓮弁の台座を作りましたが三度もこわれてしまい、よくよくお気に召さぬものと思い仏前で仏の示現を願われました処、夢のお告げで「先日明神老僧となりて我が型像を作られたのは女人往生の証拠である、大日経の疏の如く男子の心の蓮花は上に向い、女人の心の蓮花は下に向い倒さまなり、これは幾度か死にかわり生きかわつても、女身は五障三従で、多くの人を惑わし三悪道の苦しみを受けしむるので女人は成仏が出来ない、阿弥陀仏はこの人達を憐み、それで第三十五の本願を誓うのである。吾れは倒になれる蓮花を踏まえて女人往生の証拠に立つのである」と告げられました。母御は有難く思い、倒蓮華を作らせその上に阿弥陀如来を立たせられたのであると云われます。それで古来女人往生の仏として参詣人は多かつたと云います。

本堂は焼けてから北野にありました転法輪寺の経堂を五十両で求めてここへ運び本堂としました。二重屋根で内部は三階になつています。沢山な仏像は両側に段を作つて安置されています。本尊前には二尺位の本尊同様の如来仏がありますが、胎内仏かお前立かと思われます。本尊は六尺二寸、春日作と云われます。

各所に春日作と伝えられます仏像があります。一般に奈良の春日明神真作等と云われていますが、これは河内国春日部の里に住んでいました稽文会、稽主勲兄弟の仏師がおり、名人でありましたのでこの人達の作品を春日作と云いました。

この阿弥陀如来は京都四十八願巡の第四十六番ですが、それより京都六阿弥陀の一つで特に有名であります。京都にまつられています阿弥陀如来は数千ありましょうが、そのうちでも真如堂、永観堂、清水奥ノ院、五条坂安祥寺(日限地蔵堂)、新京極誓願寺と共に六阿弥陀として知られ、この六ケ所を歩く講などがあり、毎月日が違いますが巡拝されています。近頃はどうも老人のレクレーションのようにも見られます。当寺住職伊藤隆範師は、昭和四年ここの住職となられ、今日では西山派本山禅林寺(永観堂)の管長であります。

善長寺（新京極通蛸薬師下ル東側町）

――くさがみさん――

安養寺の南隣り、路次口の正面に阿波立江の地蔵さんをまつっていますので「くさがみ」で知られていましたが、近年幼児の瘡病(くさ)を患うものがなくなりましたので忘れられた信仰ですが、二、三十年前は京都特有の礼拝や牛の小絵馬が沢山にかかっていました。

寺は浄土宗禅林寺に属し、安阿弥作の阿弥陀仏を本尊としています。始め越前の人で僧顕輿忍想、京に来て永正の初め綾小路通室町西入北側に寺を建てて善長寺と云いました。この町は善長寺町と云つています。徳川家康が名をなさぬ頃入洛するとこの寺に泊つたと云います。天正十九年秀吉の命で寺町蛸薬師下ルに移り、御近所と共に天明・元治に焼け明治二十二年三月二十一日附近の火事に類焼、明治四十一年再建しましたが、本堂もなく境内も百七坪余しかありません。庫裡の一部に本尊を安置し観世音地蔵尊を秘仏と云つています。立江地蔵堂の内に毘沙門天、不動尊があります。以前この寺の入口左右に聖徳庵、永寿庵があり、聖徳庵は五百年前に嵯峨にあつた南無仏（聖徳太子二才の像）を、永寿庵には観音を安置していました。両庵とも廃寺にして一尺五寸位の聖観音、この南無仏の二体はこの寺にすぎたよい仏像でありま す。立江地蔵は元の綾小路の善長寺町に安田と云う人があり、四国遍路に出て廻国中に病気をし、夢告で阿波立江地蔵にお願いせよとのことで、この地蔵に祈念をこめて病気全快したので帰京してからこの像を造り自宅で信心していましたが、後この善長寺の境内に地蔵堂を建立してまつりました。この地へ来てここへ移しました。僅かな墓地ですが筑紫琴の妙手総検校安村頼一、安永八年五月二十三日卒七十四才、三条御幸町の古い本屋吉野屋仁兵衛（大谷）の墓、詩人松橋江城、安政三年三月死、年四十四の墓等があります。

▽了　蓮　寺（新京極通蛸薬師下ル東側町）

今の〃京都日活〃の処にあつた寺で、五百三十一番地の二の所です。浄土宗鎮西派智恩寺に属しています。天元三年僧源信（恵心僧都）の開基の寺と云いますが、何処に建立したかわかつておりません。僧信誉了伝が中興しまして車屋町姉小路通の南突当りに再建しました。古書に東洞院三条上ルになつているものもありますが、後入口が北に変つたとも見られます。その時近江国石部の領主石部左金吾の妻が、その夫の追福のため資を出して寺を建立し、その夫の法名の了蓮をとつて寺号にしました。天正十八年豊臣の命により寺町錦上ル善長寺と錦天満宮の間に六百三十三坪余に諸堂墓地を移しました。それから大変寺は栄えましたが、天明八年の大火に、元治元年の兵火に焼かれ、明治初年再建しましたが、明治五年十一月新京極が出来ました時境内を三百八十七坪上地され半分以下になりました。明治二十二年三月二十一日附近より出火に又々焼け出され、一時仮堂を建てましたが四十五年田中百万辺の本山境内の東南の方に移転しました。寺の本尊阿陀弥如来は坐像四尺五寸、左に如意輪観音坐像一尺八寸、右に地蔵尊坐像一尺七寸、この三体共恵心僧都作で高台寺の地にあつた雲居寺の仏像でこの寺は応仁乱に焼失後阿弥陀仏は関東に移られましたが、車屋町にこの寺が再興せられた時了伝はこれを入手してこの寺の本尊としました。面貌相好、僧都一代に作られた沢山な仏像のうちでも優秀な作で、特に後光、華台は比類なしと古書にあります。寺から摂取阿弥陀如来略縁起の一枚刷のものが出されています。壇上の後の板面に二十五菩薩の図、内陣壁板に浄土九品の相が画かれ、内陣の四辺、天井も僧都の筆とあります。今日三尊は無事に安置せられていますが壁画等は一切ありません。いまの本堂には阿弥陀立像の画があります。元地蔵堂に安置、定朝作坐像三尺、枕返地蔵は今も本堂にまつられています。

鬼女舎利と云うお舎利が雲居寺にあり、今この寺に現存しています。この本尊が雲居寺にあつた頃寺の近くに十八才になる醜女がおりました。この御本尊にお詣りに来ましたが、どうにもお姿が見えません。再三お詣りしますが見えません。自分が業障の深いためだと悲しみ、それから毎日のように詣り信心しまして三年になります。ある時、枕元に本尊が立たれ、「汝年来の至信に依つて業障漸く除けり、今七日を経ば対面すべし、信楽怠ること勿れ」と、七日たつて示現の如く本尊を拝することが出来、その時青色の仏舎利を授けられました。と同時に悪相が消えてしまいました。この女はその後も信心を怠らず八十才迄長命致し、往生する時この舎利を雲居寺へ納めました(山州名跡志巻之二十)。それを鬼女舎利と称えこれも当寺に伝わつています。寺の什物として宋時代の極彩色の阿弥陀如来の画像は京都博物館に寄託せられています。他に家康名号帖があります家康が陣中で毎日六字の名号を細かく誌してあります。同一のものが、久能山、東本願寺にも伝わつている由です。山越弥陀の大幅、二十五菩薩の屏風、加茂葵祭の屏風もあります。墓は今の花月劇場の処にありましたのを全部移し、百万辺総墓地の西方にあります。その中には北糸、嶋台の山田長左衛門、花道西川一草亭、松原紀ノ国屋紀藤兵衛、菓子研究家鈴木宗康、明治の初めに有名であつた落語家桂藤兵衛、初代菊五郎の分骨の墓等もあります。

錦天満宮　(新京極通錦正東中之町)

歓喜光寺と一つでありましたが、都名所図会の挿絵を見ると、寺の方より寺の方より天満宮の方が立派で、安永九年(一七八〇)頃は千四百余坪の広さのあつた事もうなづかれます。

祭神は菅公、神体は画像とのこと、鳥居の額の「天満宮」は青蓮院宮尊英法親王、河原院にあつた頃は左大臣源融を祀つており後菅公を勧請したとも云われます。天明八年正月、元治元年七月、明治二十二年三月二十二日に類焼、翌二十三年に再建しましたが、昔のような立派なものにはならず境内も狭くなりました。昔はお社の裏に千鳥ケ池がありました。裏が鴨磧であつた頃、雨降毎に水の流れがかわりましてこの社の裏辺に溜水が池のようになつている処が出来、それに鴨川名物の千鳥が来て遊んでいたので千鳥ケ池などと呼んだらしいです。また一説に、河原院にあつた千鳥ケ

明治十年頃の錦天満宮

錦天神

本社

池をここへ移し、融公を祀る塩竈社を建てたのであるとも云います。融公は嵯峨釈迦堂内の棲霞観なる別荘をもつており、宇治平等院もこの人の別荘址を寺にしたと云います。河原院（河原町五条下ル一部は鴨川へ入つていまして柳馬場東三四丁、南北は五条から六条の二丁の大きい邸宅でした）では大阪から潮水を毎日運ばせ、邸内で竈をつくつたと云われ、富小路五条下ルを塩竈町と云い、本覚寺内にも塩竈社がありました。この融公(寛平七年八月薨)が左大臣であり、この人を祀つたのがこの社であるとし、左大臣と云うと菅公を陥れた藤原時平が左大臣であつたから時平を祀つた社と思い込み、北野天満宮へお詣りして後この錦天神へお詣りしても御利益はない、逆天神（さかさ）と云つたと杉浦丘園翁にきいたことがあります。

境内の北側に末社がならび、塩竈社は従一位河原の大臣源融公を祀り、白太夫社は神宮弥宜従五位下渡会春彦（天慶七年一月卒）を中央に日ノ出稲荷社があります。この社の前にコンクリート朱塗りの変つた鳥居があります。奴弥（ぬめ）鳥居と云いまして額束の処が山形になつていますす珍らしい鳥居で、昭和十年笹川新太郎技師の鳥居研究の本に出ていますが本物が少なく、何でも稲荷社に関係があつたらしいから稲荷社の前によかろうと作られたものだそうです。他に稲荷山の荷田社と柏野福生寺内稲荷社前にあります。新京極の入口の門も昭和十年の改修の時、大徳寺竜光院の兜門（重文）に似たものを新しく作られています。

床浦社と云う変つた名の末社がありまして、明治以前は疱瘡除の神として信仰者が多かつたようで、祭神は少彦名神であるらしく初めて種痘をするものはよくついて、生来疱瘡にかからないように祈願したと云いますが床浦の由来はわかつていません。外に恵美須社、八幡社、竈社、市杵島社があり琴平社を事比良社と書いた小祠もあります。

数年前迄本殿の背後に中絵馬で闘茶会の連名がありましたが煎茶の銘を当てるもので相当に賭博類似のこともやつたそうですが、趣味の会にでもやれば古風な遊びにもなることでしょう。神官大和氏は祇園大政所お旅所（東洞院仏光寺下ル一丁四方）の神主正四位秦助正の後裔に当るそうで後四条お旅所の神主も担当していたそうです。

▽歓喜光寺　（新京極通錦下ル中ノ町）

菅原道真公の父是善は、下立売烏丸西入に住んでおりましたので菅公もここで生れたようです。その址には菅原院天満宮が現存しています。ここに歓喜寺と云う寺が出来まして、ここの僧がこの社を管理していました。伏見天皇の正応四年(一二九一)山城国綴喜郡八幡庄、山下に僧一辺上人の甥、僧聖戒を開基として阿弥陀仏を本尊とし善導寺と云う時宗の寺がありました。この寺は京へ移り東洞院魚棚上ル西側に来ましたので六条道場と云いました。歓喜寺の方は正安元年関白九条忠教が帰依しまして源融大臣の河原の別荘を寺として河原院と云いましたが、その址へ歓喜寺や天満宮を移し、善導寺を併合し、六条道場河原ノ院歓喜光寺と云いました。時宗の寺は地名をつけて道場と呼ぶことが多かつたようです。天正年間寺町錦下ルに移りました。処が承応元年二月、天明八年正月、元治元年七月、明治二十二年三月に附近よりの出火に四度類焼してしまいました。元境内千四百六十三坪余ありましたが上地して再度減地され四百六十四坪余の小さいものになりました。その処へ共に移りました天満宮は、明治初年この寺と分離して独立神社となり錦小路の東端でありますので錦天満宮と云いました。この寺の狭くなりました境内に相撲興行をしていたのを覚えています。

こうした密集地帯になりますと寺の存在は妙なことになります。明治四十二年、広道五条上ルにありました時宗法国寺に合併しまして観喜光寺としました。時宗と云う宗旨は近年発展しておりませんのでこの寺も東山五条停留場前の東側に石垣の上にありますが、人の出入も殆んど見ない寺です。寺の什物に「一辺上人絵詞伝」十二巻、法眼円伊筆、正安元年(一二九九)聖戒の奥書があります。国宝の絵巻物があります。

▽金　蓮　寺　(新京極通四条上ル中之町)

──四　条　道　場──

この地は古く村上天皇第五ノ皇子、具平親王の第がありました。親王は文学に長じ、和歌の名人で音律がうまく、諸々の技芸で知らぬものはないと云はれました。寛弘四年(一〇〇七)二品、中務卿となられましたが、同六年七月四十六才で薨去せられました。その後、三百年延慶年中(一三〇八)僧浄阿、京師に来て法を弘めました。大変沢山の信者を得ました。後伏見天皇の后、河端女院(左大臣公衡公の女寧子、号して広義門院と云います)御難産でお困りの時瑞夢で祇陀林寺の浄阿弥陀の札を召され(祇陀林寺は三百年程前は今の鴨沂高校の中央から東にかけてありましたが、この浄阿の時代に寺町四条辺に同名の寺があつたのでしようか、文献には見ませんが……)、小さいお札に弥陀号を三枚奏覧しました処御安産になり、皇子はこのお札を握

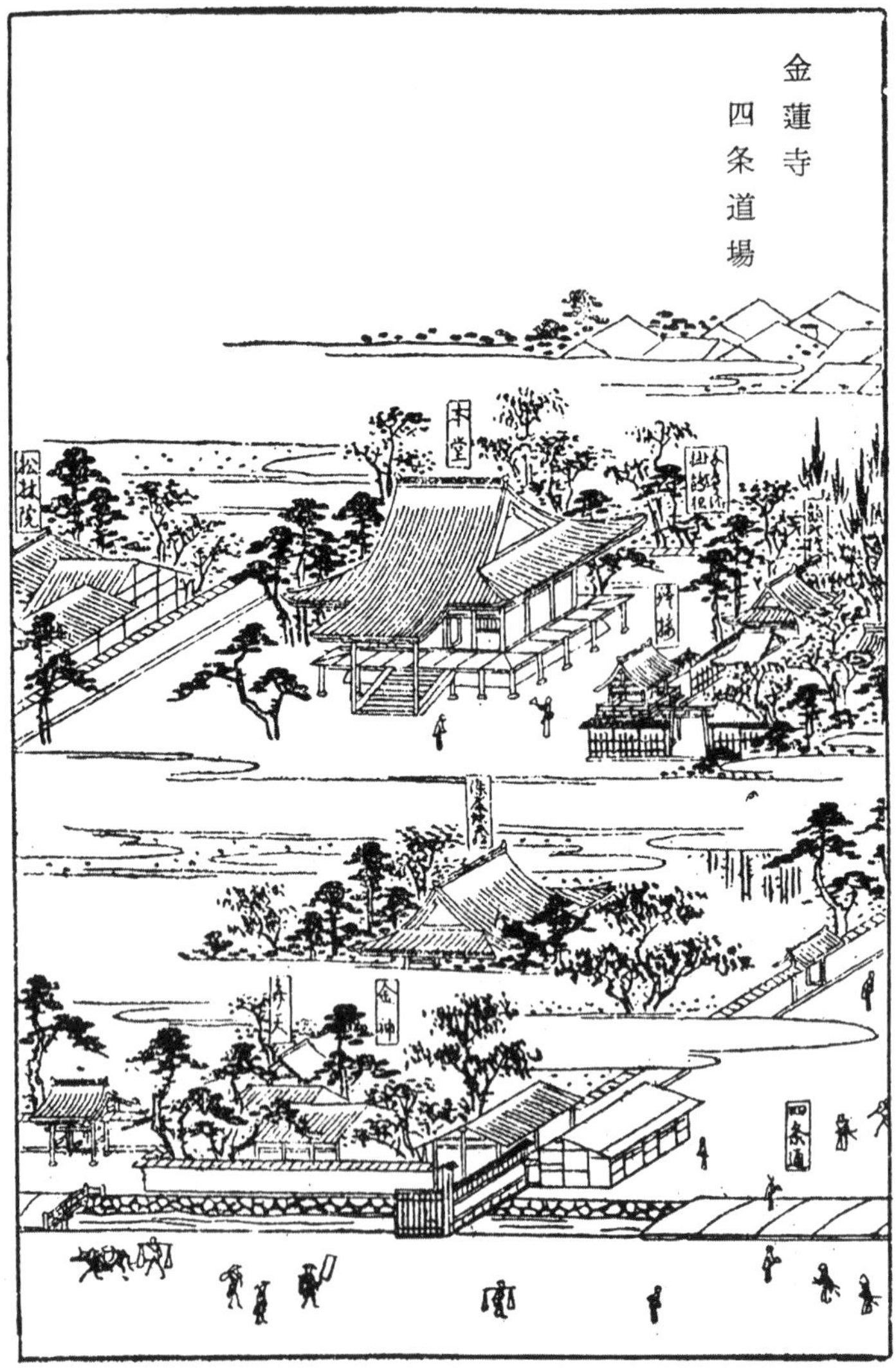
金蓮寺
四条道場
本堂

つて御降誕になりましたのが光厳院天皇だと云います。天皇は応長元年辛亥八月二十七日お寺を建て花園天皇宸筆の額を賜い、錦綾山興国金蓮寺と号けられ、開祖を浄阿上人とせられました。処が別説にこの寺は天平時代に僧行基が建立しましたが何処でどうしていたかわかりません。中世になりまして東柳馬場、西東洞院、北錦小路、南綾小路の二丁四方の大きい寺でした中興を浄阿としています。それで錦綾

金蓮寺境内　杜鵑の松

山と云い、一説に祇陀林寺と云つたと云います。この寺は代々浄阿を名のりましたので何代目であるのか判然としません。この寺は境内広く千鳥の浮んでいた千鳥ケ池と云う頓阿の和歌は有名でした。又杜鵑(ほととぎす)の松がありまして、将軍足利義教が杜鵑の声をききに来てこの名をつけたと云います。この松は大正頃迄何代目かのが今鳥須沙摩図子の美松の南横に弁天堂がありまして、その横にこの松がありその下に千鳥ケ池と云うコンクリートの形だけの小池がありました。五百年昔のこの辺は鴨川の川原の西部で淋しい処でありましたでしよう、

京都では杜鵑は比叡山から来まして西南に飛来します。丁度この辺が通過コースで、この辺の木に羽根を休めたとききました。時宗の寺で四条道場と云います。延文年中、北隣りの佐々木道誉の邸地を寺の境内としました。応仁乱で焼失しましたが、天文年中後奈良天皇から四脚門建設の勅許があり、境内には塔頭が十八坊あつたと云います。それが秀吉の天正年間、市中にありました各寺院を東の京極の東側に集め、北鞍馬口より南松原迄全部寺院でつまつてしまい、この寺の南四条通には祇園のお旅所が出来、北には歓喜光寺が移つて参りました。その塔頭の南側に梅林庵がありました。赤穂の浅野の臣、大石良雄が元禄十四年山科西野山に移り、江戸へ行く前数ケ月ここに住み、同志と密会し、二文字屋の娘軽を妾とし、ここで別離の盃を交

わし見送られて同志の人々と三条大橋から江戸に向つたと云います。梅林庵址は花遊軒と云う精進料理屋となり、花遊小路となりました。近く迄大石良雄遺址の石柱がありましたが金蓮寺は天明八年の大火に堂宇全部を焼き、文政八年に再建しましたが、この頃三千五百六十九坪余の境内がありました。明治初年は塔頭もまだ十六あつたそうですが、文政以後この境内に芝居小屋や料亭飲食店、見世物小屋、露店が並び、京の南部の町の人々は「道場へ行こう」と誘い出し京の人気を集めました。この頃は京の町々の人は戦争もなく、一応生活も安定していたらしく、沢山に神仏巡礼が流行し、娯楽を逐うて新京極の生れる基を作つた一つの場所になつていました。そして元治元年の鉄砲焼には本堂は無事でしたが塔頭の南涼院は焼けまして、寺号は本寺に併合してしまいました。明治・大正と金蓮寺は名ばかりの寺となり、周囲は追々店舗となり飲食店興行場となつてきました。本堂と南側塔頭の並んでいる間は裏寺町へ出る烏須沙摩図子通りになり、火災の憂いもあり、檀家総代等と高価に売れるなら郊外へ移転して寺の維持を守ろうと昭和五年頃鷹ケ峰藤林町に本堂・庫裡・墓地諸共移すことになり、第一に庫裡をこわして移築しましたが、本堂をこわし用材を運んだまま、その代金がどうかなつて三十年後の今日、尚本堂再建が出来ていません。

染殿院（新京極通四条上ル中ノ町）

――十住心院――

四条通新京極の角に巡査派出所があります。その西の入口を入ると小さい仏堂四十二坪たらずのお寺を染殿院と云いますが、これは近年の話で、今迄は十住心院と云い一般に染殿地蔵で知られています。今時宗ですが、元は真言宗で大同三年の創立、本尊地蔵尊は空海の作、文徳天皇皇后藤原明子は染殿皇后と申し上げます。この菩薩を信仰せられましたので、その名をとつて染殿地蔵と云います。

寺はこの空海の開基、ここで十住心論を著されたので寺号とし又敬礼寺とも云い、また釈迦如来を安置せられていたからとも云います。一辺上人伝に、上人は弘安五年閏七月十六日関寺を出て入洛し、四条京極の釈迦堂に於て念仏するとありますのはこの寺のことであります。中世以後時宗金蓮寺末となりその塔頭の一つとなりました。創建以来数度の火災にかかり、近年天明・文久・元治に類焼し記録は何もありません。夢窓国師が松尾の西芳寺（苔寺）の庭園を作つている時、不思議な法師が現われ石を運び土を取つて手伝つてくれました国師は、どこの方かと尋ねますと四条辺のものと云われ、国師衣を与えられますと錫杖を残して姿は見えなくなりました。この寺でこの地蔵尊を拝しますと与えた衣を着ていられましたので、あの時の法師はこの地蔵尊であることを知つたと云います。その錫杖は今も西芳寺の南、地蔵院の什物になつています。

この地蔵立像は六尺余の大きい裸身で秘仏とせられていますが、我国に数少ない裸型仏の中は大きさでは第一であると云われています。手は錫杖を持つようになつていますが、その錫杖はありません。大きい厨子に安置し、その厨子は背後も扉がついています。五十年毎に開帳することになつているそうで、安産の地蔵として昔から信者が絶えません。右脇に御所の鬼門にまつられていた金神の神像、左は開基弘法大師像があり、堂の西に能勢型の妙見さんを祀る祠があります。昔四条祇園お旅所に妙見堂があり、今錦天満宮神主大和氏先代が管理し、明治になつてここに預けられたままとききます。染殿皇后はこの地蔵尊を信仰し、清和天皇をもうけられ、それ以来安産守護の地蔵として腹帯を授与せられています。節分にはお詣りが多く、起上り小達磨を授与されています。

表紙写真

明治十年頃の誓願寺本堂附近

昭和三十四年三月十五日 発行

〔価 三百円〕

著者 田中緑紅
京都市中京区堺町通三条下ル

代表者 鳥居郊善

印刷所 協和印刷株式会社
京都市東山区東大路松原上ル
電話⑥三九四四・六七二八番

発行所 京を語る会
京都市東山区東大路松原上ル
安井金比羅宮内
電話⑥五一二七番
振替大阪三七三五五番

《復刻にあたって》

一、本復刻版は、田中喜代様所蔵の原本を使用しました。記して感謝申し上げます。

一、復刻版には、借用した原本の都合で初版と再版が混在しています。また、原本奥付に紙を貼付して新価格を表示している場合もそのまま復刻しました。

一、文中に、人権の見地から不適切な語句・表現・論、また明らかな学問上の誤りがある場合も、歴史的資料の復刻という性質上、そのまま収録しました。

一、表紙の背文字は、原本の表示に基づいて新たに組んだものですが、一部訂正や省略をしました。

緑紅叢書　復刻版
第1回配本（全26冊）

新京極今昔話 その一〔緑紅叢書2の11(23)〕

2018年10月31日　発行

揃定価　39,000円+税

発行者　越水　治

発行所　株式会社 三人社
京都市左京区吉田二本松町4　白亜荘
電話075（762）0368

乱丁・落丁はお取替えいたします。

コード　ISBN978-4-908976-95-7
セットコードISBN978-4-908976-72-8

緑紅叢書 第二年第十二輯 第二十四輯

西陣を語る 第二話

船岡山のほとり

田中緑紅

はじめに

舟岡でよいのに舟岡山と書いた方が多く、市の公園名も山がついています。船か舟かまちまちになつていますが、どちらでもよいかと思つています。

本誌西陣を語る第二話は、東は旧堀川頭、西は千本通西側、北は北大路、南は鞍馬口通、明治の末年迄田圃と淋しい舟岡、その東は名だけの雲林院、西は荒れ行く十二坊で、大正になつてから市電が開通し、一日々々と市街となつてしまいました。

此度も石川実氏に再三撮影に行つて貰いました。表紙で御覧の通り舟岡は街の中に忘れられた小島に見えます。金閣寺後山から撮つたもので、京都新聞社の厚意で提供して頂きました。

西陣の人々は古来、土地の事に無頓着なのでしようか、これと云う話もなく応仁乱の根拠になつただけに何も残らない様な状態で、復活の後れたのもその原因だろうと思います。

昭和三十四年四月十日

目次

船岡山

市電が今出川より北に開通しなかつた頃、私達は舟岡山へ行つた人の話も余り聞きませんでした。八月の送火の中、西北方面に舟の型が赤々と燃えますのを舟岡山で行はれ、山には松が多いので赤い提灯を舟型に釣らすので、他の送火より火の色が赤く、蠟燭だから永持ちするのだと聞されて来ていました。後になつて舟型は西賀茂の山で燃やし、松の芯のみを焼くので赤色に見え永く燃えるのである事を知りました。然しそれ迄は舟型を燃やす山だから船岡と云うのだと思つていました。

山の形が舟をうつむけにした様に見えるので舟岡また舟岡山と云つたもので、平安時代から呼んでいます。千本北大路の東南にあり、周囲千三百米、高さ二十米、長径五百米、全く平野に置き忘れた丘陵であります。表紙で見て頂きましよ。

此の山で一番古い話として、聖徳太子が大阪に四天王寺建立のため用材を捜しに山背国に来て原野森林の多かつた道をこの丘に登り、二百五十年後には皇城の地になるであろうと予言せられたと「日要集覧」に書かれていると云います。この本は伝説の都七野巻(昭和八年五月刊)に上品蓮台寺所蔵と記されていますが、高井住職は寺で見たことがないし他所に所持している人も知らないとのことです、それでこの本はどんな本か何人の著か写本か版本かいつ頃のものかもわかつていません。恐らく太子が太秦で同じことを云はれたと云うが、太秦では見下せないので誰れかゞ舟岡山にしたものではないでしようか。

舟岡山は嵯峨天皇の弘仁年間空海(弘法大師)が蓮台寺に足を止め、寺の前舟岡山の西北に火葬場をこしらえたのが民間火葬場の始めと書いた本があり、これを蓮台野火葬場または千本火葬場と云い、京都五三昧の一つと云います。

この弘法大師説はあてになりませんが、宇多天皇の勅命によつて創立せられた香隆寺(上品蓮台寺のこと)が一条天皇以来二条天皇迄百六十余年間この辺を火葬場にされ—約八百年前—山城名跡巡行志にも出ていますが、諸陵寮の陵墓要覧を見ますと一条院、後朱雀院、後冷泉、近衛、白河院の火葬塚、花山院天皇、三条院天皇、二条院天皇の御陵があります。その外、この地にどんな人の墓があつたか判明しませんが、その後二百年後、西行法師は、

舟岡のすそのの塚の数そいて昔の人に君をなしつつ　　玉葉集

はかなきは舟岡山の夕まぐれしばしも絶えぬ煙にも知れ　　為家（夫木集）

舟岡山より西山を見る

とあり、永く墓所、火葬地として知られていました。それから四百年後天正の頃から上品蓮台寺の塔頭が十二ケ所建ちまして、庶民の墓が次々と出来て来まして、この辺の墓地は最も盛大になつたものと思います。火葬場は舟岡山の西北端にあり、仏眼寺（南坊）の東裏に当り隠坊の住居はその北にありました。その山手の岩に弘法大師爪彫の不動と云うものがありますが、殆んど彫つた跡もわからなく、大師の護摩壇址と云ふ石もあり、古書にも弘法大師の創立と書いていますが、確実なものではありません。

この墓地は舟岡山の西端で東には延びていません。火葬場は明治三年に廃せられ、竜安寺に移されましたが、後今の金閣寺裏蓮華谷に移されたと云います。

　また罪人を斬つた処だとも云いますが、保元の乱（一一五六年）に破れた源為義の子等を全部殺してしまえと云う命令で、頼賢、頼仲、為宗、為成、為仲、乙若、亀若、鶴若、天王を山の南麓で斬殺しました。鞍馬口通よりこの山への登り口の石段を見上げます山麓の三叉点の所に石仏数体がありましたが、その辺がその場所だろうと云はれています。今日民家でわからなくなつてしまいました。

伝　弘法大師爪彫不動尊

舟岡山は清浄の地との説もあります。三代実録に貞観元年八月三日害虫五穀を賊害する時、陰陽寮に命じ城北の舟岡に於て祭を修したとあります。六十六代一条院の正暦五年六月二十七日疫神をこの山に祀つたのが今宮神社の初めで、六年後今の紫竹今宮町に遷座されたのであると云います。円融天皇位を去られてから、舟岡にて子の日して遊ばれました時、供奉した人々より奉りました

哀れなり昔の人を思ふにはきなふの野辺にみゆきせましや　一条左大臣

舟岡のわかな摘みつつ君がため子の日の松の千代を送らん　元　輔

この歌は古書によく見るものです。今昔物語（巻二十八）「円融院去らせ給て後御子ノ日道遙の為に船岳と云所に出させ給けるに―中略―船岳の北面に小松所々に群生たる中に遣水を遣り石と立砂を敷て唐錦の平張を立て簾を懸」云々とあります。

子の日の遊び―小松引　天平十五年聖武天皇石原宮の楼上に饗宴させられたのを最初としますが、支那では古くから正月初の子の日に岳に登つて四方を望むと陰陽の静気を得、憂ひを除くと云はれ新菜、松実を歳の始めに食べる風習があり邪気を払い、小松は芽出度いものとの意味であります。称徳、光仁両帝の頃にもこの御遊びが行はれています。それに我国で

は野山に出て小松菜を摘む風が加わり藤原時代には野に宴を行い、これを子の日の宴と云いました。嵯峨天皇の弘仁四年、野辺に出でて若菜を摘み、源氏物語若菜巻に「正月二十三日子の日なるに、左大将殿の北方わかなまいり給」とあり、拾遺集に

　ねのひする野辺に小松のなかりせば千代のためしに何かひかまし　　壬生忠岑

万葉集には大伴家持が「初春の初子のけらの玉箒」と詠んでいます。公卿は直衣狩衣などを着牛車にのり小童を伴ひ北野とか紫野へ小松を根こじに引いて帰り或は野辺に幄舎を建て、歌会、蹴鞠の遊びをしました。宇多天皇の寛平八年正月六日子の日の御宴に、菅原道真がお伴して小松引に行き、菅原文草の序文に「松樹に倚りて以て腰を摩し、風霜の犯し難きを習い、菜羹を和して口に啜り気味の克く調いたるを期す」とあります。

　朱雀、円融、一条天皇の時に初春の遊興として専ら行はれましたが、その後余り記録に見えず廃れてしまい、和歌にのみ残りました。後世になつてから五節句の、正月七日の七種の菜粥を祝う風習は、この子の日の若菜の遺風であろうとの説もあります。こうした目出度いものと云うので、踊りや歌曲に小松を引合う所作事になり、長唄「御代松子日初恋」常磐津には「百千鳥子日初恋」と題して作られています。

舟岡山はまた羊躑躅（いわつつじ）やうつぎ、梅、ぜんまい等の名所であつたらしく、「出来斉京土産」に「弥生のころこの舟岡に羊躑躅咲き乱れ錦をさらすかとあやしむほど也、都の人は行つどひ、所せまきまで幕打まわし、莚をのべ酒のみ歌うたひ、かへさにはつつじ花、手に手に折かざし思ふことなげに立もとをる、足もともきよとしや」とあります。この山の附近は七野と云はれ菜の花の名所で、この山えかけて都の人はこゝえ野遊びに来た記録があります。平安時代は京の町の北端は一条通、ずつと後世には五辻辺で人家がなくなり、それから、北一帯は泥の多い荒地が占め、千本の北に上品蓮台寺、引接寺閻魔堂が見え、舟岡山がうつそうと見えました。

その後この山では二度の大戦争が行はれました。応仁元年から始まつた応仁の乱、その後三十四年目の永正八年八月に起つた永正の乱であります。

応仁の乱　平安時代から六百余年つづいた京の町を十一年間戦場にして何もかも荒廃にしてしまいました応仁の乱、それが相続争いと権臣の対立によつたつまらぬ争いで迷惑したのが皇室と京の町民と云うことになります。足利の室町幕府は統制力のない弱い幕府でした。

東軍　足利義政夫人日野富子、その子義尚、細川勝元、畠山政長、斯波義敏、赤松政則

西軍　足利義視、山名宗全(持豊)、畠山義就、斯波義廉、大内政弘、六角高頼

東軍は二十四ケ国十六万、西軍は二十ケ国十一万の計二十七万の軍人が四十四ケ国から馳せ参じ、応仁元年（一四六七）一月十八日上御霊の森で戦つたのが最初で、それから洛中洛外で戦いました。一進一退、その内文明五年、宗全、勝元相次いで病歿、諸国から集つた軍兵も長い戦に疲れ、また自分の国内に不祥事が起り、次々と帰国したのでこの大乱も終つたと云う、つまらない戦争をしたものであります。その時激戦をした土地にこの舟岡山があげられています。

船岡城址　別に石垣を築き堀をほり、天守や櫓をつくつた城と云う様なものでなく、頗る簡単な防禦設備をしただけのものも城と云つていました。こうした城は東山一体から嵐山、西山にもありました。幅二丈、深一丈余の大塹濠をほり、互に陣地を擁護しました。「碧山日録」の応仁元年十一月六日に「東南有兵櫓高十余丈、与万年之塔（相国寺の塔）相上下焉、小櫓高塁俊濠、深塹周匝重々敵陣亦如此也」また「九月七日自去歳以船崗山為城」と記され相当の設備をしたらしいです。「今其遺蹟は山中雑木の繁茂せる間に縦横に深さ十二間内外巾一間内外の堀穿たれたる長き溝の如きものを見るべく、山顚にも山の外辺の部にも連絡を

保ちて堀下げられたる如し」然しこれは後の永正八年の戦の時の塹壕であろうと云はれています。今も多少そうした堀が残つています。

建勲神社

織田信長が二十七才の時に桶狭間で、その頃勇将として有名な今川義元を奇襲して亡し、徳川家康と和睦し美濃の斉藤竜興を滅して岐阜城に移りました。時の正親町天皇はこのことを聞き永禄十年立入宗継を遣はし、戦争でどうやらなつてしまつた皇室の御料所の回復や、御所の修築などを命じました。信長は同十一年足利義昭を奉じて入京、皇室の為に宮闕の造営、供御田の回収、諸節会の復興につとめ、応仁乱以後紊乱した皇室の式典などを行うことになりました。また祇園社にも寄附をして祇園会の再興に努力しました。その後信長の勢力は日増に盛大になりました。天正四年近江安土に立派な城を築き、中国の毛利を攻めに羽柴秀吉などを遣し明智光秀に応援を命じ、信長は六月の祇園会の復興を見に京へ来て本能寺に泊りました時、光秀が急襲しまして寺に火をかけましたので信長は自刄しました。天正十年(一五八二)六月二日四十九才でした。光秀は母親が信長のため殺されているのを深く怨んでおり、種々な性格の相違がこんなことになつたのかと思はれます。

秀吉は主君の仇を打ち、信長の菩提の為め大徳寺山内に総見院を創建し、二体の信長の木像をつくり一体は焼いて墓に埋め、ここに勅命を迎えて追贈位せられ、船岡山にこの寺から四丁程の間に長廊を作り信長の木像を安置して天正寺を建てようとしましたが、遂に中途で中止してしまい、木像は総見院に安置しました。この寺は明治維新の時廃寺になり、諸大名奇進の書画の什宝はこの信長の木像と共に大徳寺本山に納めてしまい、寺は僧堂につかはれていましたが最近総見院が再興し、昭和三十四年三月十五日信長像は総見院に戻りました。

明治十三年に竣工した建勲神社

明治天皇は皇室に忠勤してくれた人々を神として祀ることになり、明治二年十一月十七日信長の裔で羽州天童藩主であつた織田信敏に勅命あり建織田の社号を賜い神に祀らされました。翌三年十月九日その藩邸に社を建てました。勅使五辻安仲を遣しこれを祀り、改めて建勲(たていさを)神社と称えることになりました。明治八年四月二十四日別格官幣社に列し、京都府に命じ神社を船岡山に建てることになりました。船岡山え建てる意味は秀吉が天正寺を建てようとした土地であるからこの地を撰んだものかと思われます。それで十三年六月この山の東の麓からうすが鼻と云う地、古く梶井の宮邸のあつた一部に神社を建てました。同年七月天童の織田信敏邸内鎮座の神霊を移しました。それで祭神は贈太政大臣従一位織田信長を主神に、従三位左近衛中将織田信忠を配祀されています。処が山麓であるのと山が低いので登山者が往々にして神域を侵しますので頂上に移転の話がきまり、明治四十三年、山上の今の地に移しました。然しこれは失敗で、一般に山上の社を平地へ降し祀られ参詣人の崇敬さすべくそう云う例が多いのに、この社は逆さであり山上へ移してからの親みがなくなり、別して人間を神に祀るのは考えもので、昭和二十年以後政治と宗教と別れてから官、国、別格等の名称がなくなり社を存在さすのに神主が努力せねば維持も出来かねる時代になつて来ました。

拝殿には功臣三十六人の事蹟を図した板額が揚げられ例祭は十月十九日、附近の少年を集め武者行列を行い信長時代の戦国時代を偲んでいます。神社の祭礼は黒門通今出川上ル処にお旅所をこしらえ、こゝ迄巡行しましたが遠すぎるせいか、いつしか廃止してしまいました、こゝえ信長の首を埋めた地と云う処からお旅所にしたものでしよう。

義照稲荷社 建勲神社の東参道上り口付近に義照稲荷社があります。社の前に狐像がありますとスグ稲荷社であることが知れます。稲荷は狐を祀つているとの俗信が広まつていて、その起りがこの義照稲荷との説が古くからあるのです。「東寺の稲荷縁起」に、「昔洛陽（京都のこと）のこの舟岡山の辺に老狐の夫婦が子狐五疋（また三疋とも）と共に棲んでいましたが、弘仁年中千二百年程前ここから伏見稲荷社へ行き、神に御願いして親子共々稲荷大社の眷属にして貰い世を守り物を利する誓願を立てました。これから稲荷明神の御使いは霊狐であると云はれたと云ふのです。その誓願は十種福徳の誓いと称し、一、無尽の福、二、衆人愛敬の福、三、大繁昌の福、四、長寿の福、五、千客万来の福、六、武運長久の福、七、田畑の福、八、養蚕の福、九、善知識の福、十、金銀財宝の福、稲荷明神の眷属(狐)に願をかけると、この様な福徳を得られると云われます。この老狐の男狐はヲススキと云う名で小薄、小芋とも書き、ヲは尾でス

義照稲荷社

スキは秋の薄のことで、薄のような狐の尾を美称したもの、女狐はアコマチと云い阿古町、吾子町とも書き、明神に愛せられる子と云う意味で両狐共稲荷明神が名付けられた名であると「稲荷百話」に記されています。伏見へ行つてしまつている間に舟岡山の稲荷社は追々淋びれて来ましたので伏見からお暇を貰つてここに戻りここへ隠居してこの義照稲荷を守つたと云はれています。近年こんな話も忘れられ、この神社の信仰も忘れられている様であります。

船岡山公園

この舟岡山は東部が建勲神社境内、その他は大徳寺所有地になつています。明治三十年一月一日保安林に編入せられ禁伐林として雑木、雑草の山のまま昭和五年一月風致地区に指定されましたが、昭和六年市は大徳寺所有の部分を五十年間の約束で借地し公園にすることに議決し翌七年十一月二十八日都市計画事業の認可を受け、昭和八年五月三日公園設定につき保安林であることを解除せられました。山は全山八、九十年の赤松が密生し、その他雑木類もこの公園の出来た昭和十年十一月一日迄には整理して通風採光をはかり、この赤松を上木とし下木にカシ、シイ外十五種の樹木、ツツジ、ハギ、アセビ外十八種が植えられ、昭和九年九月の風害、十年六月の水害の時倒されたり折れた木が五五〇本もあり山も可成り荒されましたが復旧されています。入口は北大路を正門として周囲に七ケ所、西北低地に広場を児童公園にし、バンドスタンド、ラジオ塔なども出来、南方の頂上には猿の檻とか休憩所とかベンチその他公園設備も完成しております。京都では小さい公園ですが小山を公園にしている処は殆どありません。

それに景色もよく附近が街となり、人口も増加していますからこの公園も追々に利用せられることでしょう。

上品蓮台寺（十二坊）

舟岡山の西―千本通北大路下ルにあります大きな寺で蓮華金宝山上品蓮台寺九品三昧院と云います。古い寺で「聖徳太子が山城国で建立せられた寺は三ケ寺、その一つがこの上品蓮台寺で母后の菩提の為めに建立せられ、六角堂は妃殿下の為めに、太秦広隆寺は大臣秦川勝の為めに建てられましたがこの寺が最も大切なものであります」との説があります。また弘法大師建立説もありますが、寺では五十九代宇多天皇出家せられ、真言宗日本伝燈第五祖となられ寛平法皇と云いました。お弟子の寛空僧正に勅命があってこの辺に大伽藍を創建されました。この辺から西衣笠辺迄一帯の野原でありましたので東は舟岡、西は北山から御室近く、北は鷹ケ峰堂の庭、南は五辻辺迄の広い地区で寺名も香隆寺、上品蓮台寺の二通りありました。寛空僧正の建てられましたのは大変立派な寺で七宝を以て荘厳しましたので七宝寺と称えたと云います。それで本によつては創建は聖徳太子で、寛空を中興とすとありますが、太子説は信じられません。寛平法皇はこゝに居られ密灌を伝授せられ、所持の五股杵を寺に与えて寺鎮とされました。寛空僧正は高徳無双、東寺長者、高野山座主、仁和寺、大覚寺の別当をやつて来られた方です。始めは香隆寺と云つていた様です。

寺の略縁起の一部に「天暦の朝宮中後七日を奉修し、生身毘盧観に入り、金光蓮台を紫宸宮に湧出す、帝驚異し、所住香隆寺を改めて、上品蓮台寺と号せしめ玉ふ」一時仁和寺御所の四十九院の塔頭の一つでありました。一条

上品蓮台寺表門

天皇から二条天皇に至る百七十年程の間この香隆寺が皇室の荼毘所とし、陵墓が四隣に散在していますのは香隆寺の境内が広すぎたためでしょう。一条天皇の寛和三年(九八七)奝然(ちょねん)大徳、入宋してとても著名な釈迦如来像、一切経論等を持つて戻られ、その行列の見物記が「小右記」に記されています。

『朱雀大路を北に向ふこの行列は雅楽寮派遣の高麗楽が先頭に立ち、そのうしろに輿に乗せられてかつがれ進むのは七宝合成の塔で、中には仏舎利が納められているのである。次には宋の勅版一切経論五百匣が、山城、河内、摂津の人夫たちに担がれて行く、道路に迎えていた人々は感激のあまり走り出で、相争つて担がせてもらつては心からの結縁を喜んでいた。その次に御輿が進むのは等身大の白栴檀釈迦像が安置してあるのである。路ばたの人々は合掌の手をゆるめる暇もない。仏像のあとには雅楽寮の大唐楽がお供をして行く。そのうしろに新帰朝の法済大師奝然が袈裟をつけて七、八人の青壮年の僧にとりかこまれて伏目がちに歩いて行く、周囲のは奝然とともに入宋した弟子の嘉因、定縁、康城、盛算及び開封で剃髪受戒した祈乾、祈明である。彼等に加はつて最も長者らしい一人は奝然の同学で法兄弟として愛宕山上に伽藍の合力建立を誓つている義蔵なのであつた。

この尊い仏法僧の三宝をそろえた大行進は朱雀大路を北に二条大路まで進んで東に折れ、東大宮大路からまた北にのぼりて一条大路を西に進んで蓮台寺に向っているのであった。蓮台寺に納った瑞像や大蔵経に対しては、二月三日春日のうららかさに乗じて大臣、将軍、公卿殿上人ら貴紳の参拝が引きもきらず、或は瑞像に食物や香華のお供へをしたり、或は寺に砂金、香爐、その他の仏具などを寄進するのであった。三月十二日には奝然に対して法橋の法位がはじめて与へられた。」

この釈迦如来像はその後嵯峨清凉寺に移され、今も嵯峨釈迦堂として有名であり、昭和三十年二月、像の背後に一尺巾五寸位の箱の様なものがはめこめられ中から貴重な記録や五臓六腑などが見付け出され評判になりました。

扨て、当寺本尊は地蔵菩薩坐像一尺五、六寸のもので伝聖徳太子作と云いますが、秘仏だそうです。この地蔵菩薩は聖徳太子日本、支那、印度等三国の土を以てこれを作られました。それで普通の像とは違いまして、法界定印に位し、胎蔵界の大日如来を表はします。大日即弥陀であり太子の母后は弥陀の化身でありますからこれを表はし給うたもので、この様な像は世界に比類のない、千三百余年経た尊像であると云われます。これは洛陽地蔵四十八願の第十七番になつています。

この寺には国宝の「過去現在因果経絵巻一巻」（高さ八寸七分、長さ五間二尺三寸、て紙本にこれを上下に分ち上半に因果経を画にて現わし下半にはその経文を写したもの）があります。

絵因果経

古い支那、劉宋の文帝の元嘉年間セイロン島から広州へ来た訳経僧、求那跋陀羅の漢訳した一種の釈迦仏の伝記で、もと四巻あり過去現在因果経と云いました。その経の上の方に絵を加えてこれを八巻にしました、そして絵因果経と云います。大変珍らしい経本で、奈良朝時代の古作と鎌倉時代の新作とあ

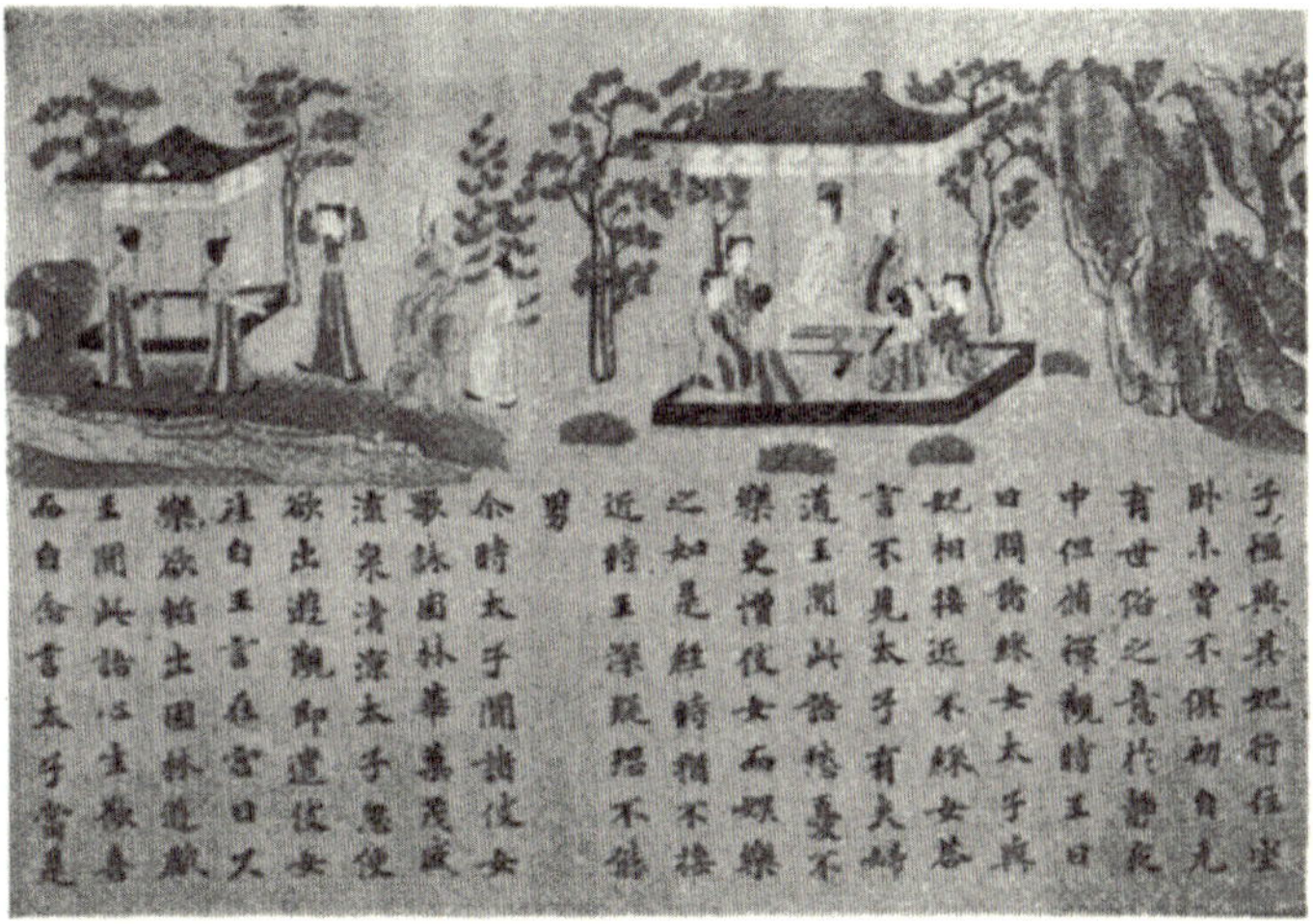

国宝　絵因果経

り、この上品蓮台寺蔵（第二上巻）醍醐報恩院蔵（第三上巻）益田元男爵蔵（第三上巻及び第四上巻）東京美術学校蔵（第四下巻）は有名で古作の方です。その絵は描写素朴、彩色も単純なもので古雅掬すべきものであります。その絵と文を相俟つて説明する仕組みは後世の絵巻物の濫觴をなすものでありましよう。

始めは支那で出来たものとの説でしたが、醍醐報恩院蔵の軸附に「月七日写書、従八位」とありますので我国で摸写したことがわかり天平時代のものと認められ、図の風俗は全く支那式であります、上品蓮台寺のものは京都博物館に寄托されています。

本尊地蔵尊の外に花ノ坊町の辺に廻り地蔵がありました。八月に行われています六地蔵巡りより古く行われ、今のとは別の地蔵尊で「源平盛衰記」巻六、西光卒都婆のことに「七道の辻ごとに六体の地蔵菩薩を安置、四宮河原（山科）、木幡の里、造道（上鳥羽）、西七条、蓮台野、みぞろ池、西坂本(修学院)是也」とあります。然しこの七地蔵めぐりは早く止んでしまつた様です。

蓮台寺は古く盛えましたが、その後永い間問題になる様な話題もなかつたらしいです。然し境内には子院が十二ケ所も出来、有名な人の墳墓もあり京都五三昧の一つとして京北西の大寺として来ましたことは明らかです。石堂右馬頭頼房は足利の家臣として家族を京に残して伊勢へ出陣していました。女房は出産も近かつた、女房の初産の無事を祈り、毎日陣屋近くの乞食に一文宛恵んでいました。近くを討伐して三日程あけましたが戻りますとまた供養を続けました、そして京都へ戻りますと女房は臨月のまゝ病死していました。スグ十二坊の墓へお詣りに来まして墓番の爺に案内して貰いますと爺はこの墓は不思議ですと語ります、ここへ死体を埋めてから毎夜一文宛、爺の売る焼餅を買いに子供を抱いた女が来ます、三日間来ませんでしたがまたその後毎夜来ましてここ二、三日来なくなりました。ど

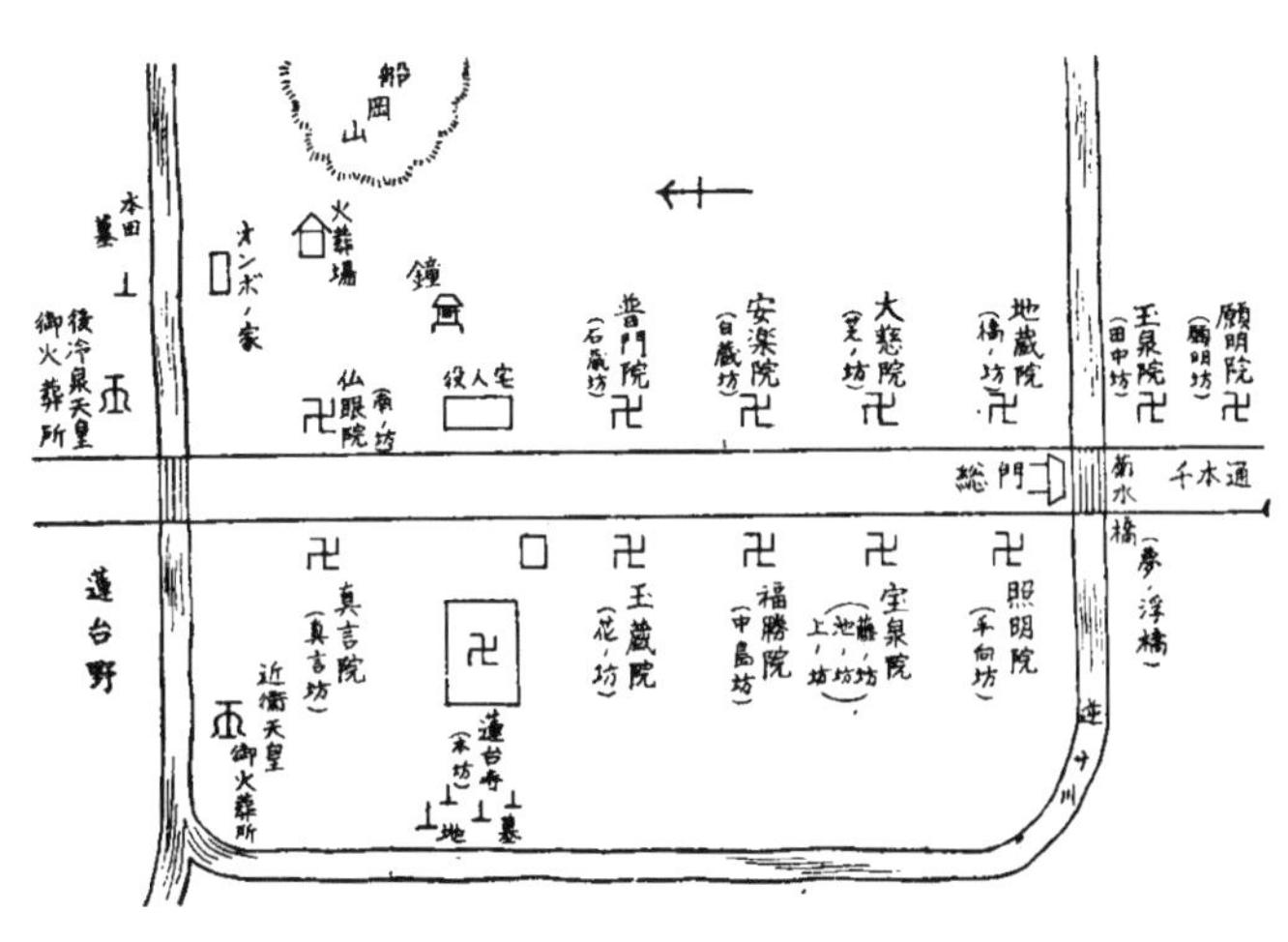

うもこの墓の主のように思われますと云います、頼房が乞食に施していたのと話があいます、お詣りしていますと土中赤ん坊の泣声がしますので掘り出すと母の死体にくらいついている赤ん坊が餅をなめていたと云います。頼房は発心し子はこの爺に与え、出家して諸国を修業して後、国阿上人となり、東山霊山正法寺中興開山と云はれたと云う幽霊飴伝説の異説があります。

蓮台寺は十二坊の本坊です、正門は閉つたままで北に門があります。その門の框の上の屋根のささえ柱が厨子になつていまして扉が二枚、晴天の日は自然に扉が開き、雨天には自然に閉ると云われています。何日誰れが作つたか不明で、中に観音像があります。掃除の時水をかけたら損じて閉らなくなつたそうです。境内東南にこの附近から掘り出されました石仏塔が四ケ所も出来ています。十二坊は全部消えたり合併したりしましたが、総門は千本通の鞍馬口にありまして東側から北へ地蔵院(橋の坊)、大慈院(芝の坊)、安楽院(白蔵坊)、普門院(石蔵坊)、北のはづれが仏眼院(南の坊)、西側では照明院(手向坊)、宝泉院(藤の坊、池の坊、上の坊)、福勝院(中島坊)、玉蔵院(花の坊)、蓮台寺(本坊)、真言院(真言坊)、この外総門の南に玉泉院(田中坊・工の坊)、願明院(願明坊)がありました。願明院は今の千舟座辺に当ります。

地蔵院は増井眼科病院が冥加銭で買収したと云います。この病院は十二坊の眼医者で有名でした。その脇に歯形地蔵がありこの病院もなくなってしまいました。寺はサツキが沢山にありまして、はるばる遠方から見に来たそうです。この寺の本尊地蔵菩薩は本坊にあります。

宝泉寺には熊谷直実の墓があるとききました。

普門院は毘沙門堂一つあるだけで他は全部墓所です。

墓　所

仏師定朝　本堂西裏墓地の入口に石欄に囲まれた中に「日本仏師開山常朝法印康国」と高さ六尺の細長い石碑、この墓は塔頭照明院の西北にありこの寺の過去帳には「弘安二年七月、御堂関白道長公、作法成寺金堂供養此日叙法橋、永承三年転法眼、天喜五年霜月朔日死、定朝法印依勅許転位、改常朝」大正九年四月この地に改葬しました。藤原期第一の仏師でしたが、どうも事蹟が判明しませず平等院本尊阿弥陀仏はこの人の唯一の作品で、伝日くは諸所にありますがわかっていません。七条仏師の初めの人で七条間の町に住んでおり、何才であるかも確実になっていません。昭和三十二年十一月一日在京仏師により九百年忌が催されました。

昭憲皇太后生母　本坊台所門の東北に一廓をなす墓地内にあり、「花容院殿心月智蕚大姉墓　安政五戊午年九月十六日逝　明治三十六年十一月建之　新畑家」

川上東山　通称儀左衛門、頼山陽の門下、浦上春琴と口論して破門せられ、山陽不仲の猪飼敬所の門に入り、後山陽の遺言により自分の不明を詫び山陽の葬儀をし、子三樹三郎の養育につとめましたが晩年狂人となり、天保十一年八月二日路傍に倒れて死んだと云います。

八ツ山富三郎　八角石の位牌型の墓石で下は土俵になっています。事蹟はわかっていませんが角力取には間違いはないでしょう。

後藤祐乗　普門院墓地今の東側墓地の東北にあります。応永年間の人で、彫刻の名人、足利義政の寵を受け、劔具を彫刻しました。後剃髪し祐乗と号し、永正

仏師定朝墓

弘法大師母御 阿刀氏墓

九年五月七日歿し七十九才だと云います。もと題目石の大きいものでしたが、後今の墓ととりかえました。以前の題目石は妙覚寺にあつたものをここへ移したと云います。宗乗、乗真、光乗、長乗、徳乗と代々の墓もありますが、この後は紫竹常徳寺に葬つています。

富士谷成章、同御杖

国文学者で有名な人、成章は北辺と号し安永八年十月二日歿、四十二才、同御杖、国学和歌に通じ琴も名手だつたと云います。文政六癸未年十二月十六日歿、歳五十六。

弘法大師母御　真言院の墓地にある一番大きい五輪塔で、大師の母の生家阿刀氏が建立したと云います。蓮台寺を大師建立と云つた処から出来たことであろうと思いますが、母御は人々が困つていることなら何でもきいてやろうと云はれました。病気の中でも肺病は癒らないで困るから、病人の身につけたものを、この墓前で祈禱して貰つてそれを焼き、その灰を飲むと全快すると云ふ信仰があります。

源　頼光　の墳墓と云ふ叢がありまして頼光の墓と云いますがわかりません。

その他名家の墳墓が沢山に残つて、何れも本坊管理になつています。

舟岡山界隈

スツカリ変つた一つにこの舟岡山周辺があります。あの物すごかつたのが今面影も残つていません。それでどこにとも云えなくなりましたが、伝わつている話を拾つて見ましよう。

まずこの山の西手の幹道

千本通

平安朝の頃の京都の中心の大幹路朱雀大路、北は二条で大内裡の正門朱雀門から四十八丈の広い道路を南へ直線、九条大路をこした際に羅城門があり、それで京の町の南端になります。その大内裡が再三の出火や類焼でなくなり内野となり、朱雀大路の名も消えて、内野の原を北へ北へ、一条から北は郊外、柏野、蓮台野とつづき今の北大路から北は鷹野に通じ鷹ケ峰源光庵で東西に別れます。この長い通筋を千本通と云つています。

昔、笙の窟（大和吉野山の奥にある行場）の日蔵上人、冥土に行くと延喜天皇(醍醐天皇)がおられて我れ娑婆の業因深うして今浅ましき苦しみを受けたり、汝娑婆に帰りて我が為めに千本の卒塔婆を供養すべしと云われ

いふならく奈落の底に入ぬれば刹利も首陀もかはらざりけり

と詠じられました。日蔵上人感涙袖にあまり、急いで帰ろうとしますと夢でありました。早速このことを奏聞して、舟岡山に千本の卒塔婆を建て近くに閻魔堂、引接寺を建立して、いかめしく御弔い供養したと云います。私はこんな変なことを云わないで、往古からこの辺は京都の大きい墳墓地の一つです。昔は主として土葬でこの辺一帯土饅頭が続いていたものと思います。今の様に墓に石碑を建てるのは信長、秀吉時代からで、それまでは木の卒塔婆を一本建て

るだけでした。その塔婆が無数に立ちましたので千本もあるだろうと、千本の名が出たものと思つています。また一説に千本頭（千本今出川辺のことを云いました）に一夜の中に松が千本生じたので千本通の名をなし、それが北野右近馬場に一夜に千本の松が生じる処に菅神を祀れと云われたので……と云いますが、チト北野神社とは距離がありすぎて、そうとも思われません。西陣辺の童謡に「千本松原、桶屋の丁稚、桶の輪が底ぬいた、まーどせまどせ、元の通りにまどせ」と唄つたそうです。それに今出川通千本西入天台宗真盛派の上善寺の山号を千松山と云い、この寺は貞観五年の創立と云います。

六兵衛池

山の北側（紫野西野町）にあつた池、そのスグ横に堤子内親王火葬塚があり、ジメジメした処で死神がいるので、よくこの池へ身投げをする人があると云いまして恐わがられた処でした。この池は用水池でありましたので非人六兵衛が番人でしたので無名のこの池を六兵衛池と呼ぶ様になりました。後になりますとこの池に微生物が発生しまして、これは保存の価値があるとか何かと一時問題になりましたが埋めてなくなつてしまいました。

地獄太夫の墓

泉州堺北の荘、珠名長者抱えの太夫で常に地獄変相図を繡刺した襠裲を着ておつたので地獄太夫と呼び、紫野大徳寺の一休禅師に参禅したと云われます。この六兵衛池の南端山ぎわに玉垣のある立派な墓がありましたのをこの地獄太夫の墓と云い出したもので全く何物の墓か一般の人は知らなかつたので、誰れかが一休と結びつけて太夫の墓と云つたものでしよう。この池が埋められます時、大徳寺塔頭黄梅院墓地へ移されてしまい、今、その墓の傍に「卜部兼豊朝臣之墳」と記し裏に「昭和五年七月、都市計画の為船岡山北麓より爰に移す」とありますから地獄太夫とはとんでもない話でした。この卜部兼豊は「迎陽文集」に兼豊入道五旬(子息兼凞朝臣之を修す)石塔一基を蓮台野に造立し「遺骨を奉納す、併素意に任する者也。永和二年十月　日、散位卜部朝臣敬白」とありまして京都名家墳墓録にも漏れています。

舟岡癲狂院

山の南東の登山口の山麓より中腹にかけて精神病院がありました。病院内は舟岡梅林の中に数棟の病舎があり、私の見た時は真白に梅が咲いていたのを覚えています。明治二十四年九月、池田正之助が創立しました。同三十六年七月に益本利三郎が院主となり大正元年十一月病舎増改築し翌年五月に竣功しています。明治卅五年四月十三日自火を出し十八名の患者は錠のかかつていた病舎で逃げ出せず、悲鳴を上げて焼死した惨事がありました。気の毒な患者の合同墓が天神裏通選仏寺墓地にあります。病院は廃止せられ、今は梅林もなく、全部民家になつています。

逆さ川

京都は北が高く南は低いので、川水は北より南へ流れています。処々僅かな距離を北上している川があります。それを何れも逆さ川と呼んでいます。紙屋川の水は鏡石辺から一部が地下をくぐり東に流れ、鞍馬口通を西から東へ流れ、千本通に架つた橋を菊水橋と云い、その下を流れ、それからの川筋が判明しません。そして大分前に埋まつてしまつたので逆さ川と云つても知つている人は少いだろうといわれています。この水はこの附近に水が少なく灌漑用水であり水量が少ないので線香一本分だけの水を、水口から取り入れこれを線香水と云いました。恐らく紙屋川からわざわざ川筋をつけたのもこの田圃用に引いたものでしよう。それが年々民家が増加し、田畑が亡くなれば自然とこの川水も不要になり、川も埋められたものでしよう。

千本まわり

もとの愛宕郡第一区で南は五辻通、東は大宮通、西は紙屋川、北は鷹峰の堺迄の地域で、総上り高七百六十石で、地頭が四十七人あり、四十七区分せられていました。その内に青蓮院領が二百八十六石あり、地頭で庄屋をつとめていたのが西村と云う人、十二月にお上に納めに行く時、小作の人々を集め、明治初年明治天皇より各京の町々に下賜せられた天盃（土器の盃の中央に十六菊の紋章のついているもの）をとり出して、これで酒を戴かし、小作の人々も無上の光栄にしたものだそうです。これも田畑のあつた古い話、年貢米も変り小作制度もかわつて、こんな話も消えてしまつた事でしよう。

歯形地蔵

千本通鞍馬口上ル東側の小堂に石の地蔵尊がまつられています。元は鞍馬口千本の逆さ川に架つていた菊水橋（夢の浮橋とも云います）の下にありまして、逆さ川地蔵と云つていました。一に歯形地蔵と云います。橋の下から出して十二坊内にまつられていたものでしよう。この附近に真面目

歯形地蔵さん

ないい男の大工がいました。女房は自分にすぎた男だけに若しか他の女にとられはしなかろうと心配が嵩じて嫉妬深い女になつていました。夫の帰宅がおくれると迎えに行くのでした。今日しも夕方から俄雨、これは困つていようと出かけますと、どこで傘を借りたか亭主は一人の美しい娘に傘を差しかけ相々傘で歩いています。ただ一目見ただけで逆上し凄まじい勢でやつて来ますので夫も娘も逃げ惑い、夫は寺え馳け込み大木の元に石地蔵がありましたので其影に隠れますと、気の顚倒していますす女房は、その地蔵が夫に思われたのでしようか、やにわに肩先にカブリついたまま女房は歯が離れず四苦八苦をしているのを寺の老僧が知り経文を唱えますと、体は石地蔵から離れましたが、そのまま死んでしまいました。その歯型が残つたのでしよう、別説に西陣の織屋の女が、同僚の男工と懇になりましたが、男に逃げられ捜しまわつてやつと見付け「此薄情奴ッ」と肩に嚙み付きましたが、急に何物かが中に這入りました。それは僧侶で肩から血をたらして歩いて行きます。尾行しますと千本頭の小堂にはいられ、よく見ると地蔵尊の肩に歯形がついています。それから歯痛治療の信仰が生れたと云います。今日も相当に供花も上りお詣りしている人も見受けます。

雲林院附近

雲林院

旧大宮通北大路下ル東側に観音堂一つのわびしい寺を雲林院と云います。今でこそ寺の格好もついていませんが九百年の昔は非常に有名な寺で、古記録にいくつも出て来ており桜の名所で知られた寺で謡曲にも雲林院があります。紫野の一部で境内も広かつたことと思います。五十三代淳和天皇が離宮をつくられ、天長九年に行幸になりお伴の文学者に和歌、詩を作らされ、ここを雲林亭と名付けられました。その後度々こられています。仁明天皇も行幸あり宴を催されています。この地をその皇子常康親王に給い、ここに住われました。間もなく天皇は崩御されたのでここを寺として僧正遍昭を迎え、天皇追福のため毎年安居講を修し勅願寺となし、堂塔も次々と建ち立派な寺になりました。親王念持仏の千手観音を本尊にしました。親王の王子に空也上人があります。一時ここに住われている時、松尾の神に出会われそれが六斉念仏の起原になつたとの説があります。定覚阿闍梨も永くここに居つたと云いま

雲林院
花見

す。村上天皇行幸あり、蓮台寺に直属し康保元年（九六四）藤原伊尹（これひと）別当に補せられています。この頃境内の桜もよくなり、紅葉も繁り、観桜、紅葉狩の名所となりまして上は殿上人から下は文人墨客、庶民迄集りまして非常な賑いだつた様です。この桜の中に合歓の桜と呼ぶ名木がありまして、その匂が九重に充ちました。源道斉（みちなり）がこの枝を一本手折つて和泉式部のもとへ遣しますと式部は、「徒にこの一枝はなりぬなり、残りの花を風にまかすな」と返事をしたと云います。ここの桜を詠んだ和歌は沢山にあります。

浦山し春の宮人うちむれてをのがもの
とや花を見るらん　　良暹法師

むらさきの雲の林を見渡せば法にあふ

今の雲林院観音堂

ちの花咲にけり　　　　　　　　　　　　　　　　　　肥　後

さくら散る花の所は春ながら雪ぞふりつつきえがてにする　　　そうぐ法師

是やきく雲の林の寺ならん花をたづぬるこころやすめん　　　　西　行

また紅葉の歌に

紅葉する雲の林もしぐるなり我ぞ侘人頼むかげなし　　　　　　家　隆

木のもとにをかぬにしきのつもれるは雲の林の錦なりけり　　　貫　之

等は有名な歌であります。

謡曲「雲林院」は世阿弥元清の作で「摂津国芦屋の里の公光と云う者伊勢物語を読みふけり霊夢を蒙り、都紫野雲林院に来ます、丁度陽春花盛の頃で、とある人家の木蔭に立ち寄りて一枝を折ると、主人の翁に咎められ古歌のやりとりがあり翁は物語の秘事を授けようと、後シテは業平の姿で現われ伊勢物語の秘事、日の本の名所ということは、真は大内にある旨を語り、舞を奏して消える」と云う筋につくられています。

こうして平安朝の初めには大変賑った寺でしたが、その間百六十年程六十四代円融天皇の崩後衰え始め、後醍醐天皇の元亨四年（一三二四）大燈国師が大徳寺を創建せられた時はこの敷地を大徳寺に与え、この寺の子院となつてしまいましたが、この時は名だけの寺で、応仁乱で一切空となり、雲林院をナマつてウヂイと云う地名だけで、その周囲もわからぬ位寂れてしまい、ただ郷名だけになつてしまいました。附近に皇族の古墳もありましたが天明の頃からどうかなつてしまい、この附近の村民が雲林院組として「やすらい祭」をやつていました。

からすきが鼻

古くから云われていますす地名で舟岡山の東端に、農具の犂に似た土地がありその端に建勲神社が建立せられましたが、ここは元弘の頃（七百年程前）梶井宮御所がありました。天台の承雲大師が近江坂本梶井の里に寺を建て堀河天皇の時最雲法親王が入室されてから梶井門跡梨本坊と云い、後転じてこの舟岡山に移られました。応仁記には「梶井宮造ハ舟岡山滝頭ノ東ノ尾ヨリ行ク松ノ雲ニ聳ヘテ御池ニハ常ニ群居ル鴛鴨ノ近江ノ湖水ニ不レ異所モ名ニオフ花盛雲ノ林ノ宮所云々」とあり、応仁乱に焼失後白川に移り転じて大原に来て三千院となりました。今の府立病院の北方梶井町にお里坊があり、ここに梶井天満宮がありました。

常槃の井

京の町には処々に常盤何々と云う地名がありますす。常盤と云うて思い出しますのは牛若丸の生母常盤御前です、それで又してもこの女と結びつけられます。太秦の北の常盤（六地蔵めぐり源光庵のある辺）に、この地に住居しておつたと云い常盤御前の墓と云うものがありますが、何の常盤かわかっていません。建勲神社道旧大宮西入つた北側（紫野築山町十五）に水溜がありまして、鞍馬石の自然石に常槃井、その下に「願以至功徳、平等施一切同発菩提心、往生安楽国」と観無量寿経の一謁が刻られ、寛文十二年壬子歳十月十五日に清水宗善と云う人が建てたのだとのことでした。涌水だそうですが

常　槃　井

戦時の頃はゴモク溜となり下の文字も埋まつていました。四、五年前有志の手で掃除をせられ又水が溜る様になりました。この辺に鎌倉時代の太政大臣藤原実氏（公季流）の邸宅があつてこの人を常盤井入道と云いましたので、その常盤井邸の井戸と云うことだろうとの説があります。この常盤井邸は寺町（昔の京極通）にもあつたと云います。

ごじよ橋

大徳寺の東側を南下していました細い溝川があり、若狭川と呼んでいました。今暗渠になつて見えません。これに架つていた石橋を「ごじよ橋」と云つたと云います。この附近に御所野と云う地名があつたので御所野橋だろうとも云つたとの説もあります。子供の童謡にもある牛若、弁慶が五条橋で争つたと云いますが、これは伝説で判然とした歴史には出て来ないそうです。そこで牛若丸は鞍馬山から毎夜京の町へ出て五条天神（松原西洞院）に祈願に来ます。武蔵坊弁慶は叡山三千坊西塔から下山して来ます。鴨川の五条橋（今の松原橋）へ出るより上賀茂辺から大宮頭へ出てくる方が道程も短かいので、このごじよ橋は野原の一部だから両人はこの辺で出会つたのを五条橋の方が詩的な場所で、後の人が鴨川へもつて行つたのだろうとの説を唱えるものがあり、ごじよも五条も共に根拠のない話だそうであります。

処が、このごじう橋は暗渠にする時人夫がどつかへ運んでしまい行方がわかりませんが、橋板の裏に梵字があつたとも云います。ここより程近い常盤井の横を入りますと中央に花壇があり周囲は数軒の民家にかこまれていました。その東北隅の民家の庭に高さ三尺余、巾五尺もある赤褐色のいやな巨岩がありまして、これを弁慶腰掛石と云つていました。障ると祟りがあると云われ、事実病気になつたとか、転んで傷ついたと、そこの家の人は持てあましていました。後年、この岩はこのもう一つ北通の南側、米の配給所の家の中にとり入れられ、奥庭にありました。牛若、弁慶がごじよ橋で出会つたのならばここに弁慶の休んだ岩があつてもよいのですが、いつ頃からこの石にそんな名をつけたかわかつていません。そこに常盤の井があつたり、京にはこうした伝説地があちこちにあります。

弁慶石

今宮神社旅所

若宮横町北側百七番地、大宮頭の突当りにありましたが区劃整理後新大宮通建勲神社道の角になりました。元府社今宮神社の御旅所で西陣界隈一体を氏子区域にしました京都市の大きい社の一つです。毎年五月五日より十五日迄本社の神輿三基が安置され、十五日氏子の町々をまわつて本社に還幸せられます。

この社は古来有名ですから古書には沢山に記されています。この社の祭礼を今宮祭と云いますが、古い本にはやすらい祭と混がらかして同一のものとして記されていますが、玄武神社の処に記しました様に四月十日のやすらい祭は、今宮社の氏子の各所の一団が、今宮社の疫神に神鎮めにお詣りします鎮花祭であり、各部落からお詣りするので今宮神社は直接関係のない祭であります。

この神輿の出ます今宮祭は、今宮神社の祭礼であります。祭神は大巳貴神(大国主命)、事代主神(戎神)、稲田姫神で、摂社に素盞嗚命を祀り両親とその子、その孫と親子三代を祀られています。九百六十余年前舟岡山に疫神を鎮めるため御霊会を修し木工寮神輿二基を造りこの山に安置し長保三年五月九日今の紫野今宮町に移しました。その頃は出水西洞院西入にお旅所があつたそうです。応仁乱でお祭どころではなく、そのまま中止のままでしたが、文禄二年豊臣秀吉、もと本社が舟岡山にあつたので、その山の東、下り松と云いました。この地に御旅所を再興することになり、その後徳川桂昌院が再興に後援され鉾数本、牛車など寄進し祭儀善美をつくすと云われました。

延宝五年刊『出来斉京土産』巻之二に「御霊会は五月十五日也。まづ御神事の前七日の間は神の御出とて、舟岡の東のかた下り松と云う所に、御旅所をさだめ、御輿を居奉る、そのほど産宮(うぶすな)の人参詣する事、昼夜をわかたず、にぎにぎしく茶屋のかこひ、店屋のうり物、市の棚のごとし。祭礼には十二本の鉾をたて産宮の民人供奉す、御輿三社をまつる。近頃は愛塔の宮とて小庇の車に出し絹して、三社の前にまつり渡す」とあります。お旅中の様子がわかつて面白いです。この御旅中は、本社前の名物〃あぶり餅〃も出張して店を開き、その他余り広くもない境内から周囲に露店がならび連日大賑で、如何にも御旅中らしい光景です。

今はなくなりましたがお旅中十二燈、ここでは燈事豆といいますが、大阪で云う台額で百八ツの大きい提灯を三角型にし、中心棒は周り三尺余の丸太棒、下に轆轤仕掛の台框があつて、上には今宮大明神の額がかりこれに夜火が入りますとても立派でしたが、明治二十八年限り出なくなつたのは惜しいことですが、覚えている人は少なくなつていることでしょう。

若宮八幡宮（流星坊八幡宮）

今宮神社御旅所の西北（紫野雲林院町）にある小社で、若宮とは新しく出来たお宮のことです。この辺を流星坊といい「遠碧軒記」に「上京今宮御旅所の町家の裏に頼光の社あり、此処古の頼光の屋敷と見ゆ、若宮町あり、頼光邸内に有りし若宮八幡のありたる所、一説にこの宮即ち頼光を八幡にいはふたる社とも云う」社記によりますと此所源頼光の邸宅あり、源氏の氏神として源氏の崇敬厚く奉祀していましたが、頼光の邸が下京に移りました後にも社宇だけここに残り、この附近に若宮横町、若宮竪町、西若宮北半町、西若宮南半町、東若宮町等の名を残し、若宮組と称し十二ケ町の住民を氏子としています。石清水八幡宮を本宮とし、ここを若宮八幡と云うのですから当然祭神は応神天皇でなければなりませんのに、この神社の旧記には五十七代陽成天皇が神託によつて清和天皇を勧請したとありますが、碓井小三郎氏の坊目誌では男山（石清水）八幡宮と同じとあり、玄武社と共に無格社であります。

元慶二年星野市正蔵光神職として奉仕した時、空中に箭を射ますと忽然として星三ッ天降り市正の袖に入つて消えました。その霊験によりこの土地を流星坊と呼び世俗よばい坊というのはここの事だと云いますが、石井琴水氏は叡山三千坊の一つ流星坊をこの地に移し、この社を鎮守にしたと書いています。古くは大変境内も広かつたが明治になつてから百坪たらずの地となり袋地で建勲神社道北側に山城屋と云う小さい道者宿横の細い露地から出入するので一般に知られていなかつたのですから明治初年府庁から廃社を命じられましたが、時の氏子総代原田仁右衛門、滝川常七両人再三由緒を正して歎願し、片岡長四郎大宮村々長の時指定村社となり、昭和五年区劃整理の時大宮通北へ新道路が出来ますについて附近の土地を買収し入口を大宮通にして南向の本社を東向にし社殿、社務所、瑞垣、大鳥居一切この時に出来ました。例祭は九月十五日、明治の初年迄は神輿の渡御も行われていました。坊目誌に近古廃すとありますが、露路の奥にあつてこの社の存在がわからなかつたものでしょう。

玄武神社（北区雲林院町）

今宮お旅所の西に玄武神社があります。古くは亀の宮と云つていまして京都が四神相応の地と云い四神は四方鎮護の神のことで東を青竜、西を白虎、南を朱雀、北を玄武（亀の上から蛇が胴にまといついている象です）そしてこれは四方の星の象だと云います。また地相では左に流水あるを青竜、右に長道あるを白虎、前に汗池あるを朱雀、後に丘陵あるを玄武とし、京都がその通りであるので桓武天皇が平安京を定められたと云います。玄武神社はその時北方鎮護神として祀られたらしいのですが、他の三神を祀つた形跡がわかりません。七野神社の室町時代の大境内図を見ますと、この社は往古境内広く、その東北端近くにこの社の末社の一つに玄武神社があります。この七野社は応仁の乱に全滅して以来実にささやかな小社になりました。その後今宮神社のお旅所が出来て今の地に遷されたものと思います。

処で明治の頃は殆んど一般人に顧みられなかつた無格社であつたらしく、昭和十一年四月刊京都府神職会本部刊行の「京都府神社略記」に玄武社の名がありません。村社以上の社は祭神名も共に記載せられていますが、これにないことを思いますと路傍の祠と視られていたと思われます。私が二十余年前ここの社司の方より、ガリ版刷の略記を貰いました。それによりますと祭神は人皇五十五代文徳天皇の第一皇子惟喬親王、清和天皇の兄君に当らせられる方です。

鎮座は、五十七代陽成天皇の御宇元慶二年（八七八）当時大宮卿（雲林院、門前、新門前、上

野、三筑、開、薬師山、大門、大宮森、紫竹の十小村を云う）の郷士星野市正源朝臣茂光が親王の生母の父従四位下左兵衛佐紀の朝臣名虎の蔵せる御劔親王御寵愛によりこれを霊代としてこの地に斉き祀る、とあります。古くから祀られているのですが、どうして惟喬親王を祀つて玄武社と称えたのでしよう。亀之宮の石燈籠があり、亀と親王の関係もわかりません。それに古地誌にこの社の名が一つも出て来ません、ようやく『山城名跡巡行志』第三巻、宝暦四年刊行。〇惟喬の祠、雲林院の南、今宮旅所の東にあり、鳥居、社南向。が只一つ見えます。惟喬親王の墓は大原にあり惟喬社は棧敷嶽の麓東河内村にあり、大原出谷に小野神社と

玄　武　神　社

して親王を祀り共に親王の旧蹟と唱えますが、雲林院にどうして祀られたかも判明しません。もう一つ明治四十四年一月刊の郡役所刊行の『京都府愛宕郡村志』に「大宮村雲林院内　玄武神社　祭神惟喬親王　村社社伝に惟喬親王の遺物なる劔を紀名虎の祭れるなりと云う、社地九十二坪官有地第一種」とあります。種々古書を注意していますが残念乍らわかりません。星野茂光がどうして親王を祀つたのか、この縁起だけでは判明しません。元は玄武神社と惟喬社は別々で何等関連はありませんのを合併して玄武神社としたとも考えられますが、徳川中期に惟喬社とあるのとこの縁起の古い記録と会いませんのでわかりません。星野茂光の人物は判明しませんが、この玄武社から一丁程離れた若宮八幡宮の由来に神職として出ます以外どう云う人か、若し玄武社の記録以上の豪い人物だと是非世に出してあげたいと思います。

この社では俗に今宮のやすらい祭が、この社の祭礼だと云うのです。社の記略に

祭日　毎年四月十日（往古は三月十日）やすらゐ祭（祭の始めとして有名なり）

由来　紫野玄武神社鎮花祭（やすらゐ祭）濫觴記（当社保存古文書より抜萃）

一、山背国鎮花祭之始者

人皇六十二代村上天皇御宇、庚保二乙丑歳京師大水後疫病流布於京師因之後翌丙寅歳二月

二十四日当姓玄武社有勅命而同年三月七日於当社令奥行鎮花祭是則山背国鎮花祭の濫觴也、尤大和国三輪引鎮花祭之例而相勤也。

一、玄武社鎮花祭再行者

夫鎮花祭之再行者人皇六十六代一条院御宇長保元己亥歳自十一月至明春三月疫病流布不止因之長保二庚子歳三月三日当玄武社再有勅命而同月十日辰上刻於当社令再行鎮花祭也(如是相勤祭後禁東御所献上拝領ス献上神供五種、立花五種、拝領白布十疋費用玄米五十俵)

干時　康保三丙寅歳三月二十三日　星野大監物紀朝臣　茂　秋　謹誌

干時　長保二庚子歳四月上癸日　星野大内記　紀朝臣　茂　清　謹誌

干時　元和五己未歳正月十有五日　星野紀朝臣　茂　匡　謹誌

古来やすらい祭は平安時代「三条天皇の長和五年三月、洛西高雄神護寺の法華会には必ず障の事ありて加茂今宮に祈念して悪気をなだめておどりをなしけるより始る、法花会はやすらかにはてよとはやせしをいつの頃よりかやすらい花よ、あすない花よとあやまれり、いつも春陽の頃はかならず疫神人をなやませり」(「山城寺社物語」第五巻)とあり、今宮社に疫神を祀ってありますので、氏子の人々各部落から風流花傘を中心に、稚児、赭熊頭の鬼、鉦太鼓を打ち烏帽子素袍姿の者が長い太刀を昇ぎ、この人々が「やすらい花よ……」と唄い四人の鬼は踊り舞い、各部落の内を廻り今宮社疫神社に詣り、建勲社で踊つて戻ります。昔は上賀茂、上野、雲林院、紫竹、門前町等からやすらいの一団が出ました。それで今宮祭ではなく、祇園会の山鉾の巡行は八坂神社の祭でなく氏子が、八坂の神に対して疫病除の鎮花祭で、この今宮のも今宮社のやすらい祭でなく、氏子が今宮の疫神社へ疫病除に行なつたもので、疫神でない玄武社でどうしてやすらい祭をやつたのか、この社の略記以外の文献を見ません。

やすらい祭の文献は沢山にありますが、今宮祭と混同しています。どれもこれも今宮のやすらいになつています。これまた、この社の由来が正しいとなりますと数百年の文献は皆ウソになることになります。雲林院村の部落から出ていましたものを、畑地が民家になり人口が増加と共にこの玄武社の氏子となり、この社の祭にしてしまつていますが、別な祭を考えてほしいのです。

表紙写真

金閣寺裏山より見たる舟岡山

中央の黒く見えているものです

昭和三十四年四月十五日 発行

〔価 三百円〕

著者 田中緑紅
京都市中京区堺町通三条下ル

代表者 鳥居郊善

印刷所 協和印刷株式会社
京都市東山区東大路松原上ル
電話⑥三九四四・六七二八番

発行所 京を語る会
京都市東山区東大路松原上ル
安井金比羅宮内
電話⑥五一二七番
振替大阪三七三五五番

《復刻にあたって》

一、本復刻版は、田中喜代様所蔵の原本を使用しました。記して感謝申し上げます。
一、復刻版には、借用した原本の都合で初版と再版が混在しています。また、原本奥付に紙を貼付して新価格を表示している場合もそのまま復刻しました。
一、文中に、人権の見地から不適切な語句・表現・論、また明らかな学問上の誤りがある場合も、歴史的資料の復刻という性質上、そのまま収録しました。
一、表紙の背文字は、原本の表示に基づいて新たに組んだものですが、一部訂正や省略をしました。

緑紅叢書　復刻版
第1回配本（全26冊）
船岡山のほとり　西陣を語る 第二話
〔緑紅叢書2の12（24）〕
2018年10月31日　発行
揃定価　39,000円＋税
発行者　越水　治
発行所　株式会社 三人社
京都市左京区吉田二本松町4　白亜荘
電話075（762）0368
乱丁・落丁はお取替えいたします。
コード　ISBN978-4-908976-96-4
セットコードISBN978-4-908976-72-8

緑紅叢書 第三年第一輯
第二十五輯

京のお盆と盆踊り

田中緑紅

はじめに

「送り火大文字」を出しまして二年目に、精霊迎えの盂蘭盆会が出せました。こうした民間行事はどう変つて行くでしようか、お盆は急になくなろうとは思われませんが、いつ迄も考妣祖先を祭ることは盛んにしたいものです。

盆踊は風紀問題で、楽しい農村風俗も、愚連隊に乱だされ、どうなつて行きますやら、それが修学院大日踊の様に一つの儀式で始まつたものが、略されてただの踊だけになつてしまうものも止むを得ないかと想いますが、今の内に歌詞等も記録にしておいてほしいものです。

盆踊の一つですが、西賀茂西方寺の六斉念仏は、「六斉念仏踊」に記すことにします。この外北白川にも「てつせん踊」（この踊は修学院方面もやつていました）上賀茂のハネヅ踊、御所踊、その他もあつた様ですが、今は忘れられてしまつた様です。

聖霊、精霊と両方書かれていますので、そのまま使用しました。

挿絵の写真、修学院大日踊は矢野光祥氏、久多花笠踊は宮野吐紅緑氏撮影の物です。

昭和三十四年七月二十七日

目次

盂蘭盆会

我国は神武天皇以来、二六一九年と云います。仏教が入つて来ましてから、斉明天皇の三年(千三百年前)に始めてウラ盆が行われたと云います。そうしますとそれより尚千三百年前は吾々の祖先の魂はどうしてまつつていたのでしようか、仏教が入りまして以来、我国は急速に仏教国になり、七月(京都は明治から八月)に精霊を迎えて御魂をなぐさめる様になりました。我国は古くは一月と七月に祖先の霊を迎えて報恩をして来ました。それが正月は新年として正月の神と共に祖先を祀り、七月は仏式で精霊迎えをする風習になりましたが、結果は大昔から一月を正月、七月をお盆として二回祖先の御魂をおまつりしているのであります。皇室でも春秋二度皇霊祭を行われて来ました。

民間年中故事要言　宇蘭盆

七月十五日は宇蘭盆とて亡者の霊を祭りて仏事をなす十三日の夜より聖霊は来るとて飯食

を供え瓜、茄子、小角等其他時の果を奉り神霊を迎える事なり古は七月に限らず十二月晦日などにも聖霊を祭りたれども兼好法師の時代に、も早此事絶たるにや寂寞艸になき人の来る夜とて霊祭る事は此比都にはなきを東国の方にはなほする事にてありしこそ哀なりしかと云う。

仏説盂蘭盆経　目蓮比丘(釈尊の十大弟子の一人)

其母餓鬼道に生じて苦を受るを見て、鉢を以て飯を盛、自ゆきて母に進む、母これを食はんとするに未だ口に入れず、忽ち化して火焰と成り遂に食する事を得ず、目蓮大きに叫で馳還りて仏に申す、仏(釈迦尊)の言く、汝が母罪重し汝一人の力を以て奈何とする所にあらず十方の衆の僧の威神の力を以て母の苦を救べし、七月十五日に至つて七代の父母現在の父母戹難の中に有る者の為に百味五果を具以て盆の中に置、十方の僧を保養すべし、仏衆の僧に勅して皆施主の為に七代の父母を咒願し禅定の意を行ふ然後衆食受是の時、目蓮の母一劫餓鬼の苦を脱る事を得たり、目蓮仏に白さく未来世に仏の弟子たらん者、孝順を行はんに今の如く盂蘭盆の供養をなして可なりや否や、仏言はく大に善と云云　七月十五日は衆の僧自恣の時なり自恣とは安居四月十四日より入れば七月十四日に出るなり、四月十六日より入れば七月十六日に出る也故に七月の十四、十五、十六日は自恣の日とす、経には約中七月十五日と説なり、されば盂蘭盆とは翻訳名義集に盂蘭は天竺の語、漢土にては倒懸と翻訳す、倒懸はさかしまにかかると訓、喩ば餓鬼の飢渇の苦は逆に懸られたるが如し、盆は鉢と同じ、此方食を盛の器なり其盆に百味を羅て仏及び僧を供養して倒に懸る餓鬼の苦を救ゆえに盂蘭盆とは云、応法師の云く盂蘭は言訛正に曰く烏藍婆拏と、此には救倒懸と曰う、

盂蘭盆の供養は漢土にては後漢の明帝に始り日本にては聖武帝天平五年に始まるとなり此供養を内裏にも行はせ給う事なり公事根源に曰く内蔵寮御盆供をそなふ昼の御座の南の間の菅円座一枚を敷て主上ここにて御拝あり、幼主の時はなし

むつかしいことを書きましたが、古くから行われています行事だけに、沢山な本に書かれています。そして孝道に出るもので後世になる程僧尼に供養することは薄らぎ、各自でその家毎に亡くなつた親や御先祖を祭ることになり、盂蘭盆会は精霊祭、地方では魂祭と呼び、この方がふさわしい名称になつて来ました。

江戸時代では七月十一日頃から仏壇を洗い清め、仏具を磨き、各所の盆市（草市）でお盆に

御供えします品々を求めます。新仏のある家では新仏だけ別に棚を作つてまつり、或は屋外に祀つています。小さい燈籠を側にかかげ、又竿の先きにつける処もあります。十三日の夕方、一家戸前に念仏を唱え麻幹（おがら）を焼いて迎火とします。これで一年ぶりに精霊が仏壇に来られたとします。それから百味五果の類を始め蓮の飯を供え、みそはぎで水を手向けて礼拝します。これが家によつて毎日三食供えるものが決まつていまして一様ではありません。夜は詠歌を唱える家もあります。また、この十三日―十五日の間に墓所に詣り墓地を浄掃します。盆の間に僧侶を招き、棚経をあげます。坊さんの一番多忙な日です。十六日に精霊は戻られますので送り火を焚きました。古く京都では矢田寺の送鐘をついてお送りしました。その送火の大げさなのは八月十六日夜の大文字焼（本叢書第四輯参照）です。夜は盆踊が広場で行われますが、郊外農村の方が盛んである様です。

　近年古くから行われて来ています六道さん珍皇寺、ゑんま堂其他で精霊迎えをしていますが、この十四、五、六日には盆法要を行い参詣する人もあり、両本願寺、壬生寺、東寺、行願寺(革堂)、妙心寺、真如堂、黒谷、東福寺、宝塔寺、その他の寺でも行われています。

京のお盆の風習

古来京都のお盆は八月に行います。宗旨により、また銘々の家の風習がありまして同宗の内でも仏器の扱いや、御供物の異なつている例は沢山にあります。

一般に八月に入りますと七日迄に、六道さん（珍皇寺）へお精霊をお迎えに行く迄に菩提寺の墓地へ詣り雑草を曳き掃除し、水塔婆を上げます。寺へは盆の祝儀を贈ります。墓の維持会の出来ている寺へは別に出さない処もあります。これを出すと寺から水塔婆をくれます。

御精霊迎えは八日から十日迄ですが、八日は日蓮宗の人々が多く、負けずきらいの法華の人々が他宗より先きに行くのだと云つています。九日、十日は浄土宗、時宗、禅宗、その他の宗旨の人が詣ります。浄土真宗(門徒衆)の人々はお精霊様を自宅へ迎えず、墓詣りも十三、四、五日の内にします。珍皇寺は松原通の門を入ると両側に花屋が〃高野槇(こうやまき)〃を主として仏花を売つています。正面本堂前には大塔婆に大香爐が置かれ、線香の煙は濛々と上つています。本堂前から東の添間には十数名の人々が、経木書きに汗を流していきます。その南の迎鐘を撞く人々は列をなして東入口から東町へつづいています。以前は一人で一つ撞いては「お爺やん来とおくれや、」又一つ撞いては「お婆やん待つているぜ」と次々に呼びかけて撞いていましたが、近年は一つで代表することになりました。経木に戒名を書いて貰い、大塔婆前また西側石地蔵群の前の水盤につけて迎鐘をつき、槇を求め盆市で精霊迎えの備品を調えます。八日、九日は殆ど徹夜でお詣りします。清水焼の本場ですのでこの三日間陶器市が五条通り中心に行われ、陶器人形も出来ます。幽霊飴もこの三日間売り出し、近くの六波羅密寺では迎火法要

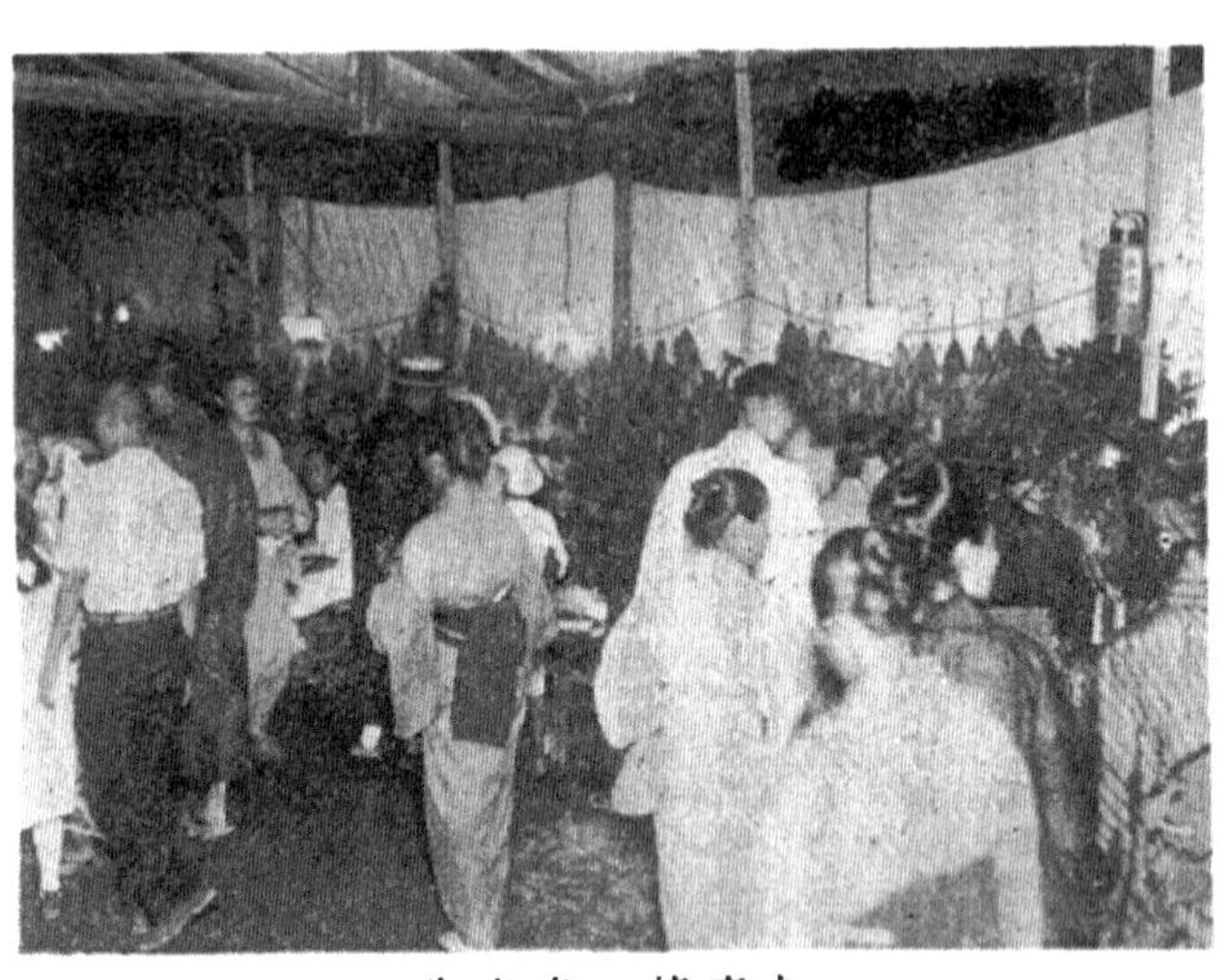

―珍皇寺　槇売り―

の万燈会が催されています。

家へ戻りますと井戸のある家では槇の枝を紐でくくり、井戸の水面近く迄垂しておきます。十三日に仏壇を飾り仏器を磨き、数々の供物をして夕方この槇やお花を供え、何もかも準備が出来ますと主人始め家族一同拝礼し誦経します。お供物は各自異つていますが、ある浄土宗の一家では

十三日夕　オチツキ小豆（小豆を茹たもの）
十四日朝　おはぎ（牡丹餅）と奈良漬
　昼　南瓜、茄子、ささげを煮たもの、茄子の漬物
　夕　西瓜
十五日朝　白ムシ、奈良漬
　昼　のつぺ平＝ゴボウ、揚豆腐、シイタケ、カンピョー、インゲン、小芋の薄葛汁
　夕　冷ソーメン
十六日朝　茄子とコンニャクの辛子酢味噌、アラメと揚豆腐。この膳を引いてから、白玉で作つた送りダンゴを供えます。

この朝は精霊が帰えられるのでなるべく早く用意し、送りダンゴも早朝に供えます。遅くなると他家の仏様の供物持にされるから早く送り出すのだと云います。八、九時頃になりますと「お精霊の花捨てよ」と呼んで来ます。今迄仏壇に供えた花、果物等一切の物をこれに渡して駄賃をやります。郊外では墓地の登り口に捨てたり海岸、川へ捨てますが、近年不衛生だとやかましくなつて来ました。この「花捨てよ」も追々減じて来ており、近くの寺へ持つて行つたりしています。

その夜は送火の一番大きい大文字がともります。

盆燈籠

市内で盆と提灯を表に出す風は殆ど見られませんが、新市内には特に初盆する家は竿の先きに提灯をかかげ、仏前に岐阜提灯を釣り盆燈籠と云つています。この盆燈籠の風習は鎌倉時代から催され、江戸初期は七月十五日から二十四日迄、また同末期は七月朔日から八月三日迄、各商家も燈籠を掲げ火を点じました。お精霊に手向るのが目的でしようが、弔う人のない無縁仏のために供養するのだとも、また明智光秀が織田信長を刺して三日天下をとつた時、一番に京の市民に地子銭免除をしてくれた、その報恩のため光秀の慰霊などと説をするものもあります。

日次紀事（ひなみきじ）によりますと、七月十四日禁裏殿上の燈籠を諸人を御庭に入れて窺にこれを見られる様にせられました。燈籠を用いられる事は後堀川天皇の寛喜（一二二九年）前後から起り、今に至つて故事となすとあり、御殿は諸太夫の間で、燈籠は諸家より献上品と云います。延宝四年刊のこの本にこの頃迄続いていたらしいですが、文献は一向に見ておりません。

東西両本願寺には七月十三日から十五日迄御堂に候人、院外から献上します種々の作り物の草花を配した大きい飾り燈籠を数台陳べ、門徒の人々がこの優美な燈籠を見に参詣しまして一つの行事になつていました。また島原廓は京に散在する遊所の取締をやつていまして、最高の

ー街の盆燈籠　日本歳時記ー

— 都林泉名勝図会所載 —

遊女を置いていまして毎月年中行事が催されておりました。その八月が盆燈籠で、この両本願寺へ奉納したもの程大きいものとは思われませんが、廓中の青楼が競つてこの燈籠をつくり、町の人々はそれを見に出かけ賑わつたと云います。その燈籠は夏向き閑な処から遊女達が種々趣向をこらしてこしらえ、その番附が出来ていますだけ盛大だつたことが想像出来ます。年々続いてやつたのか、どんな形のものか図を見ていませんのでわかりません。

こうした盆燈籠で亡くなつた人の諸霊を慰め、それがその燈籠を冠つて踊る様になりましたのが別項の久多の花笠踊になつたものであります。

草市

一に盆市と云いまして、精霊を迎えさす仏事用のものを商う市のことで、京都では八割迄六道さんに八月八、九、十の三日間松原珍皇寺を中心に歩くことも出来ない程、狭い松原通に隙間もなく店がならび、八日、九日は徹夜営業をします。江戸時代は截子燈籠、台燈籠、金灯籠、草提灯、小行燈、素麵、秈米、乾瓢、茄子、角小豆、空閑梨、さは柿、鼠尾草、荷葉、麻柯、大小土器、公卿膳、破子等を売りました。盆踊の用品として、太鼓、団扇、大小木刀、加伊羅木、三尺毛布、奇特頭巾、作り髷、金銀、紋所、近世は三いろ(桃柿梨)蓮葉、鼠尾草、黍穂、枝栗、折敷、土器、苧殻、経木等、今日では小燈籠、ホーズキ、造花の蓮の花、蠟燭、線香、蓮葉、みそはぎ、樒、稲穂、陶器仏前用食器等を売っています。その他青果物は十三日にお飾りします時に求めます。小さい梨、茄子、西瓜、柿、芋、小芋、づいき、ささげ等の極く小さいものを蓮の葉にのせて、そのまま供えます。

清水千日参り

昔は七月九日、十日、今は八月九日、十日、この日に清水寺に参詣しますと四万六千日毎日お詣りしたと同様であると云われまして、夕方から夜にかけて参詣人が益々増加します。西山に向つて阿弥陀仏が来迎せられる紫雲が見られるとも云い、又中山の観音が星になつて清水寺を訪ねられる、流れ星が見えるとも云います。以前は清水の舞台で物詣の各地の六斉念仏講が、奉納に来ましたが、近年殆ど止み、年中行事からも清水千日参りは書かれない様になつています。

生身魂（いきみだま）

お盆は死んだ人々の霊を迎えて供養するのですが、一方現在生存中の御厄介をおかけした人々、父母、親方、主人と云つた方々に、自分の力で手にした食物（手製の御馳走、または働いて得た金で心だけの食物）を持つて報恩とその人々の健康を祝福する習慣が一部にあります。これは地方には必ず十五日（七月の処も八月の処もあります）に行つています。

万燈会

珍皇寺の西一丁、西国霊場十七番札所六波羅密寺は空也上人開基の古い寺で、本尊十一面観世音脇士に薬師如来、かづらかけ地蔵尊を安置し元鳥辺野葬場の一部で閻魔王の立派な像もあります。八月八日から十日迄万燈会迎え火法要を営み、珍皇寺で迎鐘を撞き、ここで迎え火で精霊をお迎えするのであります。

珍皇寺（六道さん）

大昔鳥辺野と云う大きい墓場が松原の東の方にありました。ここへ弘法大師の師慶俊僧都が寺を建て、宝皇寺また鳥戸寺と云いました。天安二年出火、再建して珍皇寺と改めました。一説に小野篁の創立とも、この堂の前から南方へ行く道を六道の辻と云つたと、六道とは仏家の云う地獄、餓鬼、畜生、修羅、人間、天上の六つを云い、この地から地府（地獄）に通ずるとも云います。また六道引接の為め六道に六堂があつて、その一つがこの珍皇寺で、他の五堂はこれより東南にあり、早くになくなつたと云います。古い地誌には大抵書かれています。

小野篁は官吏であり乍ら閻魔庁の役人もしていてここから地獄へ通い、生六道（嵯峨釈迦堂東方に地名あり）から戻って来たと云います。こうしたことから盂蘭盆の精霊迎えに京の人は大方ここへ詣ります。昔は真言宗でしたが、永万元年（一一六五年）八月焼失し、再建後中世に禅宗に転じ応仁元年八月の乱に類焼、明治になつて維持出来ず、明治七年一旦建仁寺塔頭大昌院に合併しましたが、明治四十三年再び珍皇寺として独立しました。本堂本尊は国宝の薬師如来坐像、脇檀に地蔵菩薩像を安置してあります。

境内に鐘楼がありまして、内にある鐘を迎鐘と云い、慶俊これを造つたと云います。明治初年盗まれ、四十一年に新調しました。その南に小野篁立像、その両脇に鬼と善童子共に元禄二年左京法橋院達作、位牌に「珍皇寺殿前参議左大弁従二位小野篁卿」とあります。この北の方に閻魔像があります。小野篁作と云います。本堂の東の庭に篁が冥途へ通つたと云う井戸、それに篁の持念仏の竹林大明神がまつられています。本堂の西方には石地蔵群があります。毎年八月八、九、十の三日間大変な人出で、お精霊迎えに参ります。この寺は元広大な境内をもつており、愛宕寺と混同していたこともあつたらしいです。古くはこの辺一帯が大きい墓地で「幽霊飴伝説」（叢書第五輯「京の怪談」参照）も出ております。その墓地には高野槇が沢山植えられていたそうです。仏の諸霊はこの槇の葉に乗つて各自の家へ来られると云いますので、他所にない風習として京都ではお精霊を迎えにこの珍皇寺へ詣り、水塔婆を納め、迎鐘をつき、この槇の枝を求めて来ることになつています。謡曲『熊野(ゆや)』に〃…愛宕(おたぎ)の寺も打過ぬ、六道の辻とかや、実に恐ろしやこの道は、冥途に通うなるものを、心ぼそ、鳥部山、烟の末もうすくかすむ……〃とあり、六道の辻とか冥道へ通う道とかは深く京の人には身にしみている話であります。一年三ケ日だけしかお詣りのない寺です。八坂通りの寺の裏門は先年迄高台寺北門として円山音楽堂から清水へ行く道にあつた門でした。

慶俊僧都

弘法大師の師であつて、光仁天皇の天応年間、鷹ケ峰、岩門の上手(かみ)の愛宕の山に祀られていました社を、山城の最高峰葛野の山へ移されました。元愛宕の山から移したのでそのまま愛宕山と名付けられました。後、珍皇寺を創建しここに美事な鐘を造られました。この鐘は形こそ平凡なものでしたが、僧都は「この鐘は不思議な鐘で、私はこれから宋の国へ仏教の勉強に行くので、土中に埋めて行くが、このまま三ケ年間そのままにしておくとその後六時に鳴り響くからと、土中して渡宋せられました。その後一年半、フト宋にいる慶俊の耳に鐘の響が聞えて来ました。正に日本に残して来た珍皇寺の鐘の音に違いない、おしいことをしてくれたと嘆かれたと云います。支那迄も聞えるのだから冥途へも聞えるだろうと、迎え鐘になつたと云うのです。今の鐘は五十年前の新しい鐘ですが鐘の下に、鐘位の穴が掘つてあり甕が埋められています。撞木に引綱が滑車を利用して取付け、綱の先きは鐘楼正面に突き出ていますから軽くこの綱を引くと鳴ります。

小野篁

小野小町の祖父で小野道風も孫の一人と云います。平安初期の漢学者で延暦二十一年生、弘仁中父陸奥守と共に同行同十三年文章生、天長十年東宮学士、弾正少弼と遣唐副使として出船の際争つて渡唐せず罰を受承和五年隠岐に流され、後許されて戻り参議左大弁従三位となり野宰相と云われました。直言を好み、野狂といわれました。詩文、和歌、書道をよくし、和漢朗詠集、扶桑集、その他の著書があります。仁寿二年十二月五十一才で逝くなつたと云います。墓は堀川北大路下ル西側に紫式部の墓と共にありますが後世の供養塔でしよう。元禄七年刊『堀河之水』に「小野篁清原夏野大臣の婿にならんとて艶書をつくりてみづから持て、彼大臣の亭へゆきたりけるに、その時大臣ただ人にあらずと知つて、我娘をば女御后に奉らんと思へども、この人あやしき相ある人なれば、そむくべきにあらずとて婿にとりつ、その後一両年を過ぎて大臣俄にうせ給いぬ、閻魔宮に参りて見れ

―小野篁と鬼の像―

ば、我婿の篁宰相、執筆の臣にて居たり、あさましと思う程に、罪の沙汰どもありけるに、露いうこともなかりければ、大臣など一言は吉さまに申されざらんと恨み思う程に、すでに悪趣へ遣わすべきに定めらるる時、篁卿申して言わく、彼は金泥の大般若経を書て供養せんという宿願侍り、閻浮に帰さるべきにや侍らむと申す、実にもとて帰えさると思いて蘇生(よみがえ)り給いぬ。さて大臣の姫君に、この宰相いかなることあると問給いければ、それしかあらん。かれは閻魔王宮の執筆の臣にて有しぞと宣いけり、かくて篁卿車に乗て、愛宕寺の内に入り給いぬ、塔のほとりにて車ながら地の底へ入にけり、その後永く見えずとぞ、その跡いまの東山の六道という所といえり」

この篁は大和の矢田寺満慶上人を連れて閻魔庁に行き大王の悩みをといたと云う話も矢田寺縁起に詳しく出ています。

また地獄で亡者の責苦を救うている地蔵菩薩を見て、自ら地蔵尊を作りそれを京の各地の出入口に安置し六地蔵めぐりとして配置せられたと云われます。

ゑんま堂（引接寺）

千本通鞍馬口電停下車南半町、千本ゑんま堂があります。十七年前の八月十日聖霊迎えを見に行きました。八月八、九、十の三日間、京の西北方面特に西陣方面の人々を目標に行われています。門前に槇屋、ナンバキビ、ダンゴ屋が入口を占め、南口の前には仏具屋の店も見えます。境内東北には背の高い燈籠が揚げられています。正面閻魔王の前には高い供物台がありまして四隅に幡が立てられています。正門の南には鐘楼があり前に高い台を作つて屏風で囲い、弘法大師と地蔵尊の像をまつり、中央に円い孔があり綱が出ていましてこれを曳きますと鐘がなります。線香料を納めて鐘をつきます、迎え鐘と云つています。

本堂には十人位で経木を書いています。一枚五円ときめています。一万余枚出るそうです。この日は本尊閻魔王の大像が開帳されています。本堂の北には天幕張の槇屋が四、五軒出ています。その西に観音堂があり、十一面観音、地蔵立像を安置、その前の水盤に戒名を書いた経木が沢山置いてあり、槇の小枝で水をかけています。この経木は十六日夜送り火として燃します。南方に石地蔵群があり前の線香立から香煙が上つています。老婆がそれに手を出して香のにおいで女児の頭や体を撫でています。夕六時夕食時であつたせいかお詣りの人は少なかつた様でした。

千本のゑんま堂で知られていますが、光明山観喜院引接(いんじよ)寺、通称閻魔堂で真言宗であります、六十八代後一条天皇の寛仁元年、定覚上人の創立で釈迦如来を安置したらしく、後ゑんま王、泰山府君、五道転輪王、司命、司録を安置の閻魔堂と合併してしまつたのではないかと思われます。また七本松五辻の大報恩寺は千本の釈迦堂として有名ですが、元は千本辺迄の広大な境内があつて、その内の閻魔堂が戦乱か何かで分離し独立引接寺となつたものとも考えられます。元のゑんま王や他の像も応仁乱で焼失し、現在の大ゑんま王は長享二年大進法眼定勢の作の銘があります。

—引接寺本尊—

寺伝小野篁が建てた寺で、篁はゑんま王からお精霊迎えの法を授つたので、十方世界の有縁無縁の精霊に対し供養するのだと云いますが、篁は後から後から事蹟が増加して来ます。徳川中期の地誌類にはゑんま堂は出て来ますが精霊迎えにはふれておりません、恐らく明治末年頃から出来た行事だろらと思われます。然しここの閻魔堂狂言は昭和二十七年三月、無形文化財になりました。古くは壬生狂言と同じく無言であつたらしいですが、現今無言のものは殆ど出さず、悪太郎、道成寺、靱猿、木の本地蔵、末広、でんでん虫、舌切雀、牡丹獅子等三十種程あり、必ず毎日行うのが閻魔庁、最終日に為朝千人切となつています。開山定覚上人は比叡山より普賢象と云う桜をこの境内に植えられました。雌芯の中から先きの曲つたのが出てそれが普賢菩薩の乗られる白象の鼻の形に似て居る処から普賢象と名付けられました。この花は遅咲きで五月になつて咲きます。この花の枝を切つて所司代へ献上しますとこれを獄へ送り囚人に仏心を思わしむるのだと云います。所司代からは五石六斗の寺領米が下され、この狂言を始めたと云います。

この寺の北は千本十二坊で古い五三昧の一つで葬列がこの寺前を通ります時、ここの鐘を一つ撞くのがこの世の最後だと云われました。

盆踊りと京都

古い都であつた土地ではありますが、所謂盆踊りらしいものはなかつたと云つてよい程、淋しい京都でありました。然し町には残つていませんがその変形物としては六斉念仏踊りがあちこちにあり、大文字の送り火の夜北山に点る妙法の山下に松ケ崎の題目踊り、同じ形式でなつて有名な松ケ崎より古雅な修学院の大日踊り、西加茂の舟型の火をつけてからその地の西方寺の庭で踊る念仏踊り、古い

—都名勝図会所載—

ゆかしい歴史を持つ八瀬の赦免地踊り、鞍馬から五里の山奥、大悲山よりまだ遠い久多村の花笠踊り等は今尚その地の夏の夜を賑わしている数々であります。

処で元の京の町（現在大京都になつて猪の出る町、比叡、愛宕の頂上も京の町になつています）に残るは六斉念仏一つでありますが、古くは小町踊りと云う京都にふさわしい踊りがありましたが余程昔に消えて、昭和七年四月、祇園の都踊りの中挿みに加えて、漸くその面影を偲んだ位のものであります。

小町踊り

無くなつてはしまいましたが京都唯一の盆踊りらしいものとしては、この小町踊りがありました。小町踊りは一に七夕踊りとも云つて七夕前後に踊つたものであります。処が京都での七夕は今尚旧暦で祀つたり、或は一ケ月遅れに催すので、お盆よりは少し早いがスグお盆に続くので盆踊りの一つと見てよいのではないかと思います。

昭和七年の都踊りの呼び物とした小町踊りは八人、背景は四条磧から東山展望で、七夕の笹が見え、歌舞伎芝居(今の南座)の小屋が見えて沢山に役者に贈つた幟が並んでいる図でした。この幟が祟つてその頃に俳優に幟を贈る習慣が既にあつたかどうかと、踊りより背景の方が問題になりました。尚その唄の文句にも解し難いものがありましたが、唯都踊りを見るだけの人には問題ではありますまい。その踊り子の姿は種々の参考書からとつて作つたものですが、可成り衣装の事は詳しい記録があるので先ずこうした姿であろうと思います。貞守漫稿には正保中巻に載する七夕踊りの古図と題して図が載つています。

踊り子は七人を一組としたもので、繻珍の着物に緋綸子の下着をほのめかせ、毛琉の帯に紫縮緬の抱帯、紫足袋に尻切をはかせ、綾綸子の割帯の襷(たすき)を肩からはすにかけ、髪は稚児髷か茶筌髷にして飾花金銀のかざりを付け、紫または紅、或は萠黄等の鉢巻をしています。特に違うのは服紋丈(ふくもんだけ)で相似た衣装であります。手には金または銀、或は朱色の太鼓、黒塗の撥をもつていました。この太鼓は後に団扇太鼓に変わつてしまいました。そうしてこの一団には鶴亀や花など書いて大きい日傘を持ち箔絵の布袋を画いた団扇であおぎ乍ら附添つている乳母女中の一団が必ずあつたもので、乳母は金入の帯しどけなく、地黒に羽団の大模様の縫入の帷子を着て

いたものです。踊り子は十二、三才位から十七八才位の乙女でした。丸く輪になつて踊り乍ら唄う歌は、

「二条の馬場にうずらがふける、なにとふけるぞ立寄つて聞けば、今年しや□□□□さまはんじよ、花の京は尚はんじよ」太鼓テン、テン、テテ、テ、コ、テン、テ四つ寄せ拍子

この欠字の文字について説があつて御上洛上様繁昌であると云われ、小寺融吉氏は「御上洛は学者のあてた字であつて、実は太平楽と同じ意味のごじようらくであろう」と云われ、また小唄研究家の中村露香氏は「三代将軍家光が皇室の外戚となり、威風堂々として入洛した寛永十一年七月の事であろうと解せられ、この時京の町人へ土産金として銀五千貫目を与えた処、一軒前に百三十四匁八分二厘ずつ当つたと云うことであります。そこで京の町人はこの恩恵を無意にしてはと相談の末、家光が風流踊りが好きで江戸の町にかけ踊りを流行させた人でありますから何か踊りを趣向して踊つてはどうかと云うことになりまして、後恰も盆まつりの季節でもあつたので、洛北の題目踊り、花園の燈籠踊り等から考えついて出来たのがこの小町踊りであろうと云われています」との説、そうすると次にこの踊りは何年頃にあつたものかと云うことになります。小寺氏は十七世紀中葉宝暦前後には早く記録にのり、十八世紀のはじめ（文化

頃）に既に衰えていたと云われ、猪熊浅麿氏は寛永以前より行われ宝暦頃迄続いたらしいと云われています。先ず寛永頃から始まつて享保頃に踊るのを止めて唯歌だけ歌つて歩くだけになり追々変化して、うさつたものと見て良いのではないかと思います。特にこの踊りは昼間に踊つたものであります。服装は題目踊りを模したもので、山東京伝の骨董集にのせてある蒔絵香合の図には題目踊りの図と題し、服装、持物、頭飾りも全部小町踊りと同一物で、これがもし真の題目踊りの図であるなら小町踊りは余りに意気地のない趣向と云わねばなりません。京伝は『按るに是寛永時代の古器なり洛北修学院村或は松ケ崎等の題目踊の図なるべし肩にかけたるたすきは丹前帯というものなり「松の葉」元禄十六年版巻之一・三絃鳥組の歌に「京では一条柳屋が娘四ツ割帯をたすきにかけていかにも腰がしなやかな」と云えるは則ち是なるべし、これは、はじめて三絃の本手組というものを作り出せし時の歌なれば寛永の時代にあたり少女ひたい髪を結びはちまきをしたる体も古きふりなり』とありますが、或いは京伝は（文化頃の人）小町踊りと間違わしているのではありますまいか。また修学院村にしても松ケ崎村にしてもあの様な姿で踊つたものとは思われません。小町踊が題目踊りの太鼓をたたいて踊つたと云う様なヒントを得たものとは考えられますが、あの風流な姿をしていたものとは首肯し難いと云えましよう。尚小町踊りの名は、小野小町を代表として美人の代表名であり、女達の美しさを称えた名であるとも云われていますが、町女は町の女の呼称それが少女であるので小さい町女、即ち小町踊りとなつたとの説もあります。両者相俟つてこう云う名義をつけられたものと思います。尚歌の鶉がふけると云うことは古来天下泰平を嘉した意味であります。

こうして百余年間京の町の年中行事となつて伝えられて来ましたが、追々に変化して安永、天明頃には乙女も附添いの乳母、女中もまた男子までも、或は女装したりして、手を上げて踊り、踊り場をしつらえてここではあちこちから集つて好きなだけ踊りぬいたものらしく、都町踊りと云つていました。それがまた変化して来て文化文政以後、「ヨイサッサ」と変り、少女は「サーノヤーノ糸桜」を唱う様になり、明治の末年までは盛んに町々を廻り歩いたものであります。その少女達は何れも浴衣着のまま日暮れ早々赤い提灯に白抜きの定紋をつけ、裏に自分の名を白抜きにしたものを手に持ち、四、五人、七、八人と並び、

「サァーノヤーノ糸桜、盆にはどこも忙がしや東のお茶屋の門口に、赤前垂に繻子の帯、ちと寄らんせ入らんせ、巾着に金がない、のうてもだんない入らんせ、オウ辛気、コウ辛気」

等と唄つて少女が七夕の笹などと共に持ち歩きました。これが京の町の盆踊りの変遷であつて

現在はスッカリ中止せられてしまいました。男児はこれも浴衣のまま、白地に表に家紋を顕わし、裏に氏名を記した提灯を数名竿で横に釣り、左右を持ち、他の子供は手に竹ポラ、ヂャンポンで囃し

〽ヨイサッサヨイサッサ、これから八丁、十八丁、八丁目の小ぐりは、こぐり難いこぐりで、頭のてつぺんスリむいて、一貫膏薬、二貫膏薬、それで癒らにゃ、一生の病(やまい)じや。

〽盆の十六日、二十日(はつか)鼠おさえて、元服さして髪結うて、牡丹餅売りにやつたれば、牡丹餅売らんと昼寝して、猫にとられてエンヤエンヤ（またヒョーエンマノ）おんまのてこぢやい。

私も毎夜の様に出ました。ヨイサッサに行こうと云つていました。その頃は自動車もなく、日暮れからは通行人も少なく、人力車も私等の町は殆ど通らず、軒先きには細長い床几を出し組絵を並べ、扇屋店をこしらえて細い白い砂粒を金銭にかえ、七、八両月、子供の何よりの楽しみにしました。蝙蝠のゆき交うのも毎夕見られました。昭和時代になつてこうした子供の楽しみはなくなりました。蝙蝠の姿も町から消えました。

松ケ崎題目踊り

大京都になつてから市内になりましたが、下鴨の北東山端の西にある松ケ崎町に古くから題目踊りが今尚例年八月十五、十六の両日湧泉寺の境内で催されています。

湧泉寺は村雲尼衆修道院になつています処にありました妙泉寺が、大正八年、現在の湧泉寺となつている日蓮宗の学校だつた本湧寺に移つて来たので、その両寺の名を一字宛とつて湧泉寺と云う新しい寺の名としたものであります。元妙泉寺と云うのは叡山三千坊の一つ天台宗のお寺で、延暦年間黄門侍郎牒利が起立したものであります。処が永仁二年五月寺僧僧都実眼は、日蓮の法孫日像上人に逢い、その法義に帰伏してその弟子となり、寺も日蓮宗に宗旨替えをしてしまいました。そうして村の人々にも法華経の有難さを説いて村人に宗旨替えを勧誘していましたが、徳治元年七月、日像上人を招請して十四日から十六日まで三日間法筵をはり大いに宣伝につとめた結果、四百七十名の改宗者を得ることが出来、大喜びの実眼

—松ケ崎題目踊り—

和尚は喜びの余り自ら太鼓を打ち鳴らして南無妙法蓮華経と音頭を取ると列座の男女も随喜して異口同音にお題目を唱和し出しました。これが今日の松ケ崎題目踊りの濫觴であります。このままこの話を受け入れると六百年からの古い話で、盆踊りとしては年代的に相当古いものと云えましよう。

それにこの村は天台宗から日蓮宗に宗旨替えをしたものだから、叡山の法師連中にとつては大にい癪にさわり、天文年間叡山の荒法師達が大挙下山して、京洛の日蓮宗本山二十六ケ寺を襲つてこれを焼き払つた事件がありました。日蓮宗では「天文の法難」と呼んでいます。この焼き打ち事件の血祭りにあがつたのは叡山より京都に出る途中にあった松ケ崎村であります。改宗の腹いせに一村悉く焼き捨てて全くの灰燼と化しました。この事件以来村の人々の団結が固くなり、外来者は極端に排斥せられ、村の若衆の掟はこの村だけに限らず、この附近より洛北一帯殆んど同じ様な掟があつて、その階級も仲々厳重でした。この村を例にとつて見ますと、男は十七才になると「若衆」と云うものにならねばならず、それから段々と「宮座」「中老」「伍長」といつたものになります。宮座という者は十人あつて、これは郷社新宮さんの御燈をつける役で、裃をつけ草履をはいて夕六時ごろに今日尚提燈を持つて行く青年、これが宮座の人々です。「中老」も十人、村会議員に当たるもの、「伍長」は村の元老格であり、昔乍らその上に庄屋今なら村長であります。この役割を決定する事を「役の座配」と云い、盆の十五日の晩に役員一同銘々の役の名の入つた提燈を携え、浴衣に角帯姿で湧泉寺の本堂に集り、出られない者はその理由を附して届出なくてはなりません。一同座につくと「盃ごと」が始まります。この村では年長者を尊び、貧富貴賤の別なく年下の者であれば皆呼び捨てで、盃ごとが済むと「ならし」といつて題目踊りの小手調べと云つたものが始まり、寺の境内には「後水尾上皇天覧松ケ崎題目踊り」と書いた御紋章入りの高張提灯を高々と立てます。承応年間後水尾上皇は公卿、殿上人、板倉周防守、高木伊勢守、野々山丹後守を従わせられて、この踊りを天覧になつたことがありあります。村雲尼衆修道院の近くにそびゆる老松〃御幸の松〃はその頃を記念するものであります。御紋章の提灯を下されたのは今でもこの踊りの誇りとしています。

扨てその踊りですが、種類が多く「題目七遍がえし」「一代諸経の歌」「擅陀音頭」「花の都のさし踊り」等あり、踊りは簡単で円陣を作つて女は内側を右へ、男は外側を左へと廻り、手には扇子を持ち上下に回転し、それにつれて体も屈伸させつつ行進し、円陣の中央には音頭取りと太鼓打ちが入ります。それで昔は年頃の娘も皆踊りに出たものですが近年は小学校の女生徒位で娘さんらしい姿は見られない様です。娘達が出た頃は黒無地の着物に三巾の前垂、絹房のついた襷、木綿の手拭を髷の上からふわりとかけ、その手拭にはやさしい三十一文字が染め出してあり、髷は投げ島田それに平打ちの銀簪をさすものと決まつていました。それで女達は追々淋しくなつて来ましたが、男はどんなことがあつても踊りの中へ入らねばならぬことになつています。踊りの音頭は太鼓が二つあつて、声自慢の老人男女がお題目を唱えさす。

先ず太鼓をドンと打ちつけると、男の方が「ホーホーナンナームミョーッ」とうたい出します。これに女は「オッ」で「ホーオーレエンーゲーキョー」とつけさす。更に男が「ホーホーナンナームーミョーツ」と云うと、今度は女が「カン」で「ホーオーレエーンゲーキョーオーナーアームーミョーオーホーレン」男が「レーンゲキョウ」とうたい、これで第一回が終つて七回繰り返すわけです。

次が「蓮華経」と云う音頭で、これもナムミョーホーレンゲキョウ一点張り、これが済むと「一代諸経」と云う音頭に移り、これは一から十までの数え唄になつています。「一代諸経のその中にこの法華経は最為第一ナムミョーホーレンゲキョー」と七遍、これもお題目を唱えて「一」が済み、「両前の諸経になり難き二乗の成仏おえたる法華経ナムミョー云々」と云つた文句を男女掛合で唱え、最後が「檀陀音頭」と称し男女三人宛の合唱、男が「恩徳広大釈迦如来」と読み上げると女が「ソレハタンダヤタンダヤ」と説明を加え「ソレハソレヤレナンミョーホーソリヤレンゲ」と男がつけ「キョーナムミョーホーレンゲキョウ」と女が結びます。この村では北野家がこの音頭の師匠役をつとめています。

盆の十六日は名物の送り火の燃える日で、この松ケ崎の山には〝妙法〟の二字がつき、その役を果たした村の人々は涌泉寺に集つて踊ります。この十六日の踊りが本式の踊りであります。他の時に踊りたいと、上中下に別れている若衆の下の組から願い出て、他の若衆の同意を得、中老の監視の元に踊るので風紀問題は昔から起らないと云われています。この踊りが済むのは午後の十一時、それから「さし踊り」が始まります。これは題目踊りとはスッカリ違っており、歌も長く盆踊りらしい振りを感じさせます。この「さし踊り」は、ここだけのものではなく、上、下賀茂、岩倉、修学院にもあります。一名「花の都のさし踊り」とも云い、御所で出来たものと云っています。この村の女達は沢山御所へ御女中に上り、盆になるとこの女達が御所で賀茂の社家達の音頭で盆踊りをしたのが伝わったのであるとの事、これは鉄扇節と紅葉節の二つあつて音頭次第で或はかたい鉄扇となり或は柔かい紅葉ともなり、歌は二十番からあつて「一夜ぎり」「津志雄丸」「東土産」「花の面影」「歌かるた」「四条八景」などの名がありります。何れも可成り長いので、ここでは「踊りづくし」を代表として記します。

〽芦生の夢の古は末は願いの玉の輿、法の道知る種ぞかし。それは見ぬ世の物語り、これは願いの玉章や、文月の中の六日には、罪も報も後の世の、地獄の釜のふたさえも開けて通すや関守の見る目香ぐ鼻偶生神、その下司の鬼までも、これ一年の息やすめ、まして況んやこの国は天照る神の末ながく、守袋を腰にさげ、松竹鶴亀、岩之助、さてけしあたまの子供まで、誰れかは踊らぬ人はなし、花の都のさし踊り、小町踊り、かい踊り、踊りかかるに通さぬものは、唖の生れか焼き蛤の、さては乞食小娘かテン、ドッコ、テンテコ、テンノ、テン、ドッコイ、テンと打ち手の拍子よく松阪踊りの面白く着たる衣裳の花やかに四季を染めなす模様だて、先ず初春の花色は……冬は雪げの白妙に雪と見なすや地白のゆかた、ひとつれにサアーエッ、サッサ。

〽サッと振り出すてんで拍子がソンそろた、そろたそろた。あるいはまぬけ笠踊り、奴踊りのきしよげに、すまい踊りの拍子よく……北嵯峨の踊りは対の帽子をしやんと着て踊る振りが面白い……よいよい踊りはハアヨーイヤセ、花の都のヤレさし踊りさいか(西院)踊りか、とうじん(等持院)踊しよんがいな踊りのアア拍子よく、鴨の在所の念仏、羽根會踊りのやれ品もよく松ケ崎なる松ケ崎なる題目踊りア白い浴衣に南無妙と書いてサ、イヨたん陀ヨオーオアア、ソレほうれんげーえーえ……四社の御前の神踊り………サア住吉踊りの岸の姫松目出度さヨ、ヤレ獅子踊り、三勝踊り、銭のかわりに身を書き入れて、むごやあわれや涙でござる。きねそ踊りのふるめかし、されば踊りのその昔、これぞ神代の物語、隠れし神をいださんと八百よろずよの神達が岩戸の前にてこれをなげきして、神楽踊りを始めつつ、ああ面白や面白の神の御声の妙なる始めの物語、つくづく思えば我人よねんの昔、世を忘れ、この大勢の踊り子があくるも知らでよもすがら来て見よかのノエ。

この踊りは楽器としては拍子木一つだけで、他は一切用いないことになつています。農村であつた松ケ崎が一年々々住宅街となつて来ています。こうした村時代のシキタリは古老が減じこの村で生れた人でない人々が住みこみ新しい時代の浪で、乙女達が踊りに出る人もなくなり、写真の様な踊り風俗は見られなくなつて来ています。妙法の点火が終つて湧泉寺本堂前に大太鼓を据え、浴衣姿の人々が扇子を拡げて題目踊りが始まりますと、子供がこれに参加して輪が追々と大きくなります。肝心の題目踊りは申訳に踊り、早速江州音頭と変つてしまいました。これになりますと踊りの輪は忽ち二重、三重になつて「ヨイト、ヨヤマカ、ドッコイサノセ」と賑わしくなりまして、十時、十一時と続きます。

修学院大日踊り

比叡山西山麓に古く修学寺があつたと云います。修学院離宮や林丘寺尼門跡、赤山禅院等がありまして有名な土地で、西坂本とも云いました。この地に大日踊りがあり、味のある盆踊りで、お題目を唱えて踊るので題目踊りとも云いますが、松ケ崎のと同名の踊りでありますが、野趣の点など修学院の方が味がありました。

踊りは八月十六日と二十七日の両日で本踊りは大日如来をまつる二十七日の大日盆の夜で大日踊りの名も出ております。この町も今は左京区の一部ですが、この町の掟は仲々厳しく、踊りは離宮門前の広場で行われます。その日の夕刻、氏神守、区長、氏子総代、区会議員、宮係、各町頭、十五、六歳以上の青年団員、何れも和服で角帯、白足袋（この辺では普段百姓衆でありますから角帯、白足袋姿は礼装の一つと見るべきものでしょう。然しこれは昭和六年の調査でありますし、敗戦後思想も変り老人も少なくなり、こうした風習がそのまま残っていようとは思いませんが、こうした式のあったことは知っておいてほしいです）姿で銘々丸提灯を持って村の集合所へ集り、人数が揃いますと列をして三丁程の離宮正門前広場に来ます。林丘寺宮より下賜せられました切子燈籠を葉のついたままの竹に結つけて高く揚げます。この広場は西方をあけて「字形に蓆を敷いて一同が座ります。村の人々はこれをとりまいて見ていきます。青年団分会長が最後に立つて給仕人三人、三宝に杯を載せ長柄の瓶子で先頭より順次杯を

—修学院大日踊り—

さし、大変ギゴチない様子で酌をして廻ります。これを三度くりかえし、一回毎に一本の炬火（たいまつ）を燃やし三本燃やすことになります。これで式は済みまして一同立上り席を取り用意してある大太鼓を据え、これを鼓き、鉦を打ち、最初に置唄を唄います。踊り子は各役員始め全部の村の男女、老人から青年達が多く、子供は後から参加します。女達は三巾前垂をしめ、何れも草履ばき、この踊りは松ケ崎程知られていないためですか、他所から見物にくる人もなく、踊り手は何れも顔なじみばかりですから遠慮なく踊り、見ていても心地よくつりこまれます。腰に挿した団扇を右手に持ち円陣を作り「南無妙法蓮華経」を節面白く長く引つぱつて、左手で団扇をたたき、またくるくると右手で柄を廻し、三歩進んではまた後戻りをし、追々輪にまわります。誠に単純であるので初心者もこの輪に入って人の真似をしていたら間もなく覚えられてしまいます。その置歌は

一、にわか踊りが始まる程に、お婆出て見よ孫連れて、それはそれはよいとこしめよ、一夜で腰を直した。

二、お婆何処行きやる三升樽提げて、嫁の在所へ孫連れに、それはそれはよいとこしめよ、一夜で腰を直した。

三、東山から出やしやる月は三社小車はの如く、それはそれはよいとこしめよ、一夜で腰を直した。

（この「それはよいとこしめよ、一夜で腰を直した」とは米の収穫がどうやろかと心配していたが一夜の中によく実つて、案じすぎていた事がわかつて喜んだ意味だと云います）

この題目踊りは六回繰りかえして終ります。次に「さし踊り」にうつり団扇を腰にさしたままの手踊りで、これは一に紅葉音頭と唱え「葛の葉」「帯尽し」「四条八景」「仏ケ原」「菊流し」「草紙洗小町」「東下り」「近江八景」「石童丸」「筆の栞」「歌かるた」「髷づくし」

「東下り」「対子王丸」「俊寛僧都」「花の面影」「文尽し」「伊勢道中」「草尽し」「千秋楽」など曲目が沢山にあり、老若男女入り乱れて面白く踊りますので仲々はずみ、夜おそくなるそうです。声自慢の人が中央にこしらえた屋台の上から音頭を唄い、鳴りものは一切用いません。この外に乱調子とか、ヂャッコラ踊りとかがあつて手振りは多少変つています。

林丘宮は尼門跡の一つで、修学院離宮中のお茶屋の処にありまして、この踊りにさいし年々切子燈籠と酒を下賜せられるのを何よりの誇りとしていました。今はこのことも止み、古い切子燈籠を大切にしています。踊りは特別でない限りこの両日だけしか催されません。

洛北一帯どこの踊り場でも江州音頭が盛んに行われ、この大日踊りも最後はこの江州音頭で終ることになつています。

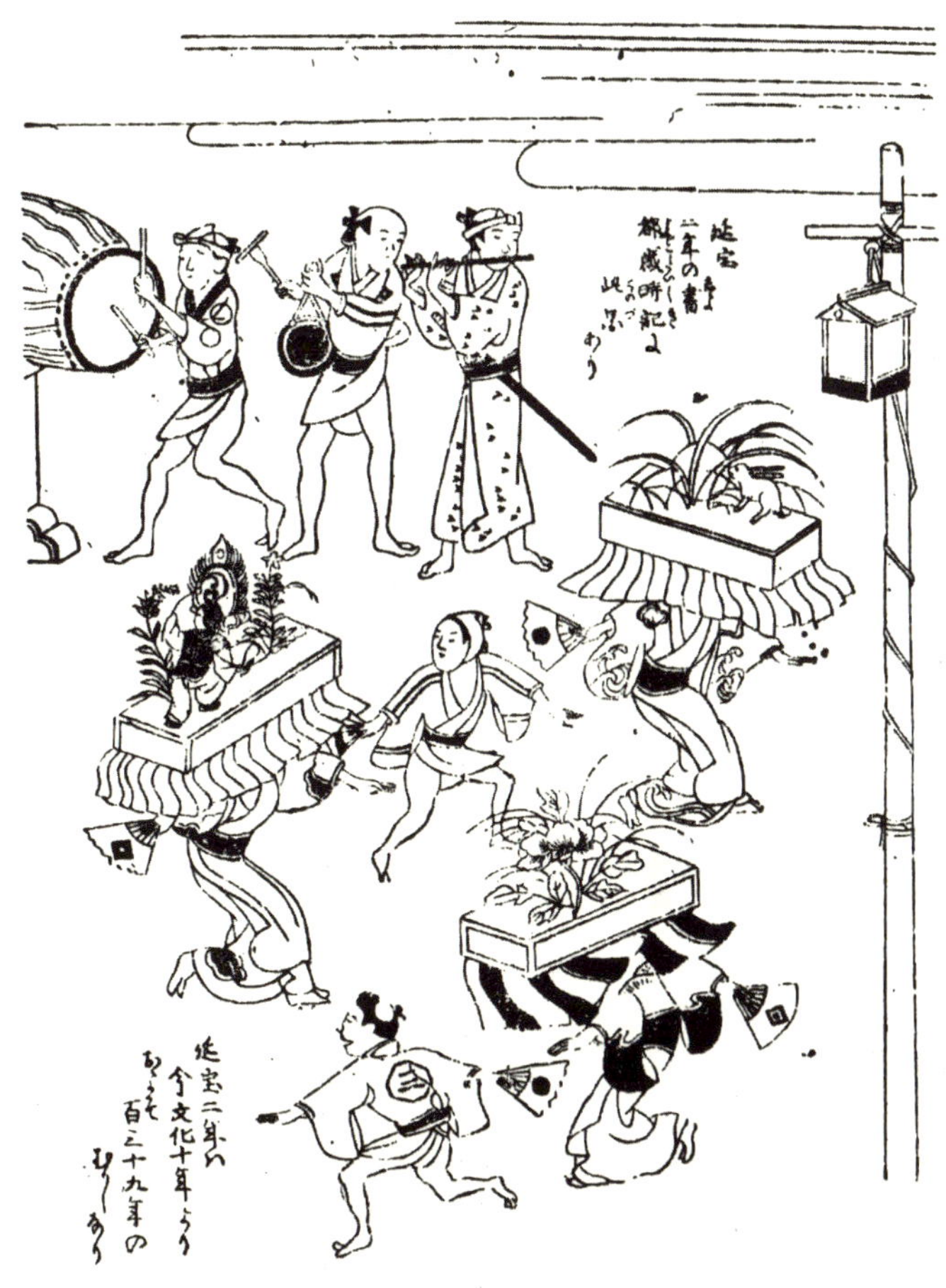

―燈籠踊り骨董集所載―

久多の花笠踊り（燈籠踊り）

京都の北海道と云つていました久多町は山城国の最北端で京都から八里、鞍馬から五里の山奥で、未だ定期バスも通わない隔地です。花背の奥、大悲山から一里の六尺余の笹の生茂る細道をわけて通うのだそうです。昭和二十五年京都市に編入られ左京区となりました。然し文化には恵れず高原を思わす三国嶽の山麓で、近江梅ノ木より川沿に出るのが、ここの交通路になつていました。

この久多に思子淵神社があり、毎年八月二十四、五の両日が祭礼で、その前夜この境内で独特の高島音頭（この地は山城でありますが、交通便は近江高島郡の方よりしていましたので、常に交流はこの高島にあり、高島の奥地の感がありますので当然高島音頭が入つて来たこともわかります）が男女青年によつて行われ、後の日に花笠踊りを行います。これは古く燈籠踊りであり、京の町々で風流として行われて来ましたが、徳川中期には洛北岩倉方面に移り各小字

—花洛細見図所載—

にもあり、八瀬にも伝り、今敷免地踊りに燈籠踊りと云う変な切子燈籠を冠つて歩きます様になりましたが、一応岩倉方面ののは姿を消してしまいました。

燈籠踊りの燈籠は二尺と一尺余の長方形の箱を作り、下方の四周に紙シデを垂し、箱の上には紙製を主とした山水、草花を作り、大変精巧に出来ていまして、年々趣向を変えて新調し、これに左右に絃のない弓の様な物があつて、これを両の肱にかけ腕でおさへ、燈籠を頭に戴き、前に赤前垂をしました。この燈籠は新嫁が袷(むねあて)をかけて踊り、聟が燈籠を調製しました。そして六字の名号を節づけて唄い踊り、その年亡くなつた人の家に行き夜更けまで踊りました。この燈籠踊りは「都歳時記」巻之四に「長谷(ながたに)岩倉花園にては六字の念仏にふしをつけさまざまの花をかざり巧をつくしたる四角なる燈籠を戴ておどる、いづれも肝にいりたるひとふしきわめて品ある事都にもはぢずおもしろし、此所にて氏神の前より踊はじめ其年みまかりたる亡者ある家に行きて夜更けるまでおどりありてなりかくばかり例年にもよおしたることとなれば由来なきにしもあらじなれどたしかに知者(しるもの)なしとかや」黒川道祐の「日次記事(ひなみきじ)」(延宝四年刊)に「洛北岩倉、花園両村少年の女子、各大燈籠を戴き、八幡の社前に聚りて、男女大鼓(おおつつみ)を打ち笛を吹き、踊を勧(すす)む、是を燈籠踊といふ頭上に戴く所の燈籠踊る女子の家々。春初よりこれを造り、互にその作る所の模様を秘す」とあり、七月十五、六日行われています。

久多ではこの燈籠が、花笠と変形して来まして、燈籠に美しい色紙を細かく切つて貼り上部には青年会の人々の苦心になる独特の造花をつけまして下部には裂を垂し子供が冠り、これも美しい紙細工で飾る切子燈籠の下に立ちさすす。青年達がとり囲んで歌を唄い「あやづつ」と云つて竹の筒に砂を入れ色紙で飾つたもので囃します。ここらはまだ昔のままの古風なものであります。その歌の一つ「道行」

—久 多 花 笠 踊 り　(現在)—

一、踊りが参る踊子が参る、せんごくせじようが、皆参る皆参る。

一、今年の年は目出度い年で一穂に米が三石六斗、御もの酒が七銚子、桝を取り置き、箕ではかる箕ではかる。

一、京じや千貫唐絵の屏風、立てる館はもたしはせねど東下りのみやげにしようみやげにしよう。

一、宇治のさらしの布なら五尺、千鳥おしどりたけなが染めて鷲を附けて、いとし殿御の手拭に手拭に。

一、しのぶ細道山椒を植えて、こざんしようを植えて行く時一つ戻りに一ついとし殿御の目ざましに目ざましに。

一、みなご御座れくるりとござれ、十五夜の月の輪の如く輪の如く、輪の如く。

久多へ行つて見て来た人の話では八月二十五日夜、五、六人の男の児が布を燈籠の周囲に張り廻したものをスッポリ冠つて踊り、燈籠も八角形で長方形でなくなつています。町の人だけで見に来ているものは一人もなかつたとのこと、私は昭和二十五年八月二十七日、市教育委員会主催の郷土芸術の夕に千菜寺六斉、西方寺六斉等と普段町の人の見なれないものを六ケ所撰んで見せた時によく見せて貰いました。紙切りは精巧なものでした。

表紙写真
珍皇寺
閻魔王

昭和三十四年七月三十日　初版発行
昭和四十六年八月　一日　再版発行

緑紅叢書　通号第二五号　〔価　四百円〕
送料三十五円

著者　田中緑紅
発行者　田中泰彦
印刷所　協和印刷株式会社
京都市右京区西院清水町一三
電話(代)三一二－四〇一〇番

京都市中京区堺町通三条下ル
発行所　京を語る会
電話　二二一－一九八九番
振替　京都　一一九〇〇番

緑紅叢書目録

第一輯 町々の伝説
第二〃 京社寺俗称
第三〃 祇園会余聞
第四〃 京の大文字
第五〃 京の怪談
第六〃 京の町名のいわれ
第七〃 京の京の大仏さん
〇第八〃 師走の京都
〇第九〃 京のお宮めぐり 一
〇第十〃 京の話あれこれ 一
第十一〃 知恩院物語 上
第十二〃 知恩院物語 下
第十三〃 若葉の京都
第十四〃 亡くなった京の廓 上
第十五〃 京祇園会の話
第十六〃 京のお地蔵さん 上
第十七〃 亡くなった京の廓 下
第十八〃 秋の奇祭

第十九輯 千両の辻 西陣を語る
第二十〃 忠臣蔵名所
第二十一〃 京の七不思議 上
第二十二〃 如月の京都
第二十三〃 新京極今昔話 一
第二十四〃 船岡山のほとり
第二十五〃 京のお盆と盆踊
〇第二十六〃 六斉念仏と六斉踊
〇第二十七〃 高瀬川 上
第二十八〃 高瀬川 下
第二十九〃 京のお正月 松の内
第三十〃 京の話あれこれ 二
第三十一〃 円山公園 上
第三十二〃 円山公園 下
第三十三〃 祇園祭ねりもの 上
第三十四〃 祇園祭ねりもの 下
第三十五〃 京の名水
第三十六〃 聚楽城

第三十七輯 一月の京都雙六
第三十八〃 祇園さん
第三十九〃 京の地名
第四十〃 伏見人形の話
第四十一〃 新京極今昔話 二
第四十二〃 新京極今昔話 三
第四十三〃 春の京
第四十四〃 京の舞踊
第四十五〃 京のお宮めぐり 二
第四十六〃 三条大橋 上
第四十七〃 京の七不思議 下
第四十八〃 四条五条の橋 (七月刊予定)

各巻 四〇〇円 (〇印欠本)

《写真集》
なつかしい京都 (品切れ)
明治の京都 三〇〇〇 (残り少し)
(外に送費をいただきます)

《復刻にあたって》

一、本復刻版は、田中喜代様所蔵の原本を使用しました。記して感謝申し上げます。

一、復刻版には、借用した原本の都合で初版と再版が混在しています。また、原本奥付に紙を貼付して新価格を表示している場合もそのまま復刻しました。

一、文中に、人権の見地から不適切な語句・表現・論、また明らかな学問上の誤りがある場合も、歴史的資料の復刻という性質上、そのまま収録しました。

一、表紙の背文字は、原本の表示に基づいて新たに組んだものですが、一部訂正や省略をしました。

緑紅叢書　復刻版

第1回配本（全26冊）

京のお盆と盆踊り〔緑紅叢書3の1（25）〕

2018年10月31日　発行

揃定価　39,000円+税

発行者　越水　治

発行所　株式会社　三人社

京都市左京区吉田二本松町4　白亜荘

電話075（762）0368

乱丁・落丁はお取替えいたします。

コード　ISBN978-4-908976-97-1

セットコードISBN978-4-908976-72-8

緑紅叢書 第三年第二輯 第二十六輯

六斉念仏と六斉踊

田中緑紅

はしがき

六斉念仏は他国にもありますが、京都が一番盛んなようです。そしてその起原も古いのですが、記録となると少なく、それでも大文字送り火の方よりもよい方でした。

各六斉会に対しお尋ねしました処、種々返事を頂き、写真もお借りしまして本誌に挿入致しました。各会の役員の方々に感謝します。

昭和二十七年に吉祥院、桂、久世の六斉が無形文化財に撰定せられましたが、その撰定法は可成り杜撰なもので、全国的に昭和二十九年に郷土芸術は一応取消になりました。

一般に「六斉念仏」と云つていますが、誦経を主としたものを云いまして、一般の方が見ていられます動きの多い獅子の出ます方を「六斉踊」として記しました。

昭和三十四年八月廿五日

目次

六斉念仏二派

京の八月と云うと大文字とこの六斉念仏を思い出します。
この六斉念仏は、近年余りにも娯楽が多くなりましたので顧みられなくなりましたが、明治大正の頃までは大衆に喜ばれ、演出者も楽しみ、謝礼のことなど問題になりませんでしたが、一応昭和二十年で我国の国情も一変して、この六斉念仏も宗教行事から、本質の念仏が形骸だけとなり六斉念仏踊と変つてしまいました。それが一時無形文化財となりまして郷土芸能界の花形となりました。以前は京の町の東北から西部、南部へかけて四十数ケ所もこの六斉念仏講がありました。皆農民の人達の農閑期の行事でありました。然しこれに二系統ありまして、その出発点は全々別で、時代も違つております。

空　也　堂　系

于　菜　寺　系

六斉念仏は文字通り念仏を唱えたもので曲芸をするものではありません。ただ鉦や木魚を用いないで鉦は長い紐で首からブラ下げて撞木で打ちます。太鼓を左手にもち上げ肩の辺まであげ撥で敲きます。それで全員でお経を誦み念仏をとなえます。そうして紅梅色、草色の上衣に袴をつけ烏帽子をつけます。それが徳川時代になりますと太鼓の種類も増加し、笛が加わり、曲芸や滑稽なものが加わり、本来の念仏が添えものになつてしまつた処が多くなりました。

六斉念仏

の起原は印度でありまして、一ケ月の内にどんな人でも銘々が行為を慎しむべき日が六回ありまして、八日・十四日・十五日・二十二日・二十五日・三十日を六斉日とし、四天王自身または使を出しまして、人の善悪行為を調査し、その人が死にます時、生前のした事によつて極楽、地獄の何れかの世界に送られる運命に決められますから、特に自分で行為を慎しむべしと「四天王経」に説いてあります。また「智度論」第十三巻「十住毘婆沙論」巻八には六斉日は悪日でありますから特に八斉戒を持たないといけないと云つています。こうした思想が仏教の渡来から日本に伝えられ、民間信仰に深く入りこみ平安朝になりますとこの日には殺生禁断を行い、仏事を修して謹慎したことが「令義解」に見えます。これを上手に利用し、六斉日に太鼓、鉦をたたいて念仏を唱え、有縁無縁の弔をすることにしたのが空也上人だと云われ、これを六斉念仏と云つたと云います。

京都市のパンフレットには「六斉念仏は今より約千年前、空也上人が民衆教化の為に鉦鼓をうち鳴しながら念仏を唱えて京の街を歩き廻つた、所謂空也念仏に基づくと云われ、六斉というのは仏教徒が斉戒謹慎すべき日、この日に鉦鼓をうち鳴し念仏を唱えて踊つたものという、従つて当初は僧俗 混淆して行われたが、追々と俗人のみによつて行われるやうになつた。」とありますが、空也堂系でない別の六斉 念 仏 があつたことを永らく一般人は知らないでいました。明治末年の記録にはこの干菜寺系の六斉のあることはわかつていましたが、その内容は全然知られていませんでした。この系統の本山の催しが法然上人の五十年毎の遠忌に大六斉念仏を行うだけで、その他三、四カ所、ありますが一般の人は空也堂系と混同しておりました。

始めは郊外の百姓達が鉦を叩き、経文を十二段にわけて節付けして鉦念仏でやつたもので、後になつて笛・太鼓が加わつたものでありましよう。この鉦・太鼓だけで動きもなく六斉念仏をやつております所は水尾、郡、西七条、上鳥羽に残つていました。一方では獅子舞が入り、太鼓の曲敲等、動きの劇しいものが盛大に各農村で競争的にやつて来ました。そして、明治を迎えました。維新の頃、槇村府参事が廃仏棄釈で宗教界にメスを入れました処からこの六斉念仏も廃止を命じられ、当分中止していました。槇村は後知事となり十四年一月元老院に入り後男爵になりましたが、この人が京を離れると六斉念仏も復活して大変盛んになつて来ました。

空也堂に残る明治十七年八月「六斉念仏収納録」によりますと、その当時空也堂から鑑札の様な木札を与えられ、その入費が納められた控の帳で、これによつて四十七所の六斉講があつたことが知れます。乙訓郡だけは今の処そのままですが、他愛宕、葛野、紀伊の三郡は今全部京都市内になつています。

愛宕郡 北白川村、下鴨上村、下鴨村東組、田中村、閻魔堂前、浄土寺村、深泥ケ池、小山村、東紫竹大門町、東紫竹上野、東紫竹大門町今宮前講、上加茂山本町

葛野郡 桂地蔵前、壬生村、川島村、上嵯峨村、牛ケ瀬村、下津林村、上山田村、東梅津村、生田村(今の嵯峨野)、大北山村、中堂寺村、佐山講

紀伊郡 東九条村、同辻子町、西九条村、上鳥羽村橋上、同橋浦、同石島村下ノ町、同地蔵前、深草村、寺内町、津知橋、南蓮池町、飯食町、吉祥院村東条、同西条、同北条、同新田町、同南条、中島村、竹田村、石原村

その後大分止めてしまい明治四十年に行われていました六斉は、

葛野郡 桂村、川島村、牛ケ瀬村、下津林村、郡村、徳大寺村、梅津村、嵯峨野村、中

堂寺村、壬生村、西院村、生田村

乙訓郡　久世村三組、土川村、大藪村外

紀伊郡　上鳥羽村三組、吉祥院村八組、伏見田町、中島村、竹田村、東九条村、西九条村外

それから五十年、大正、昭和となり農村の古老がなくなり青年は他に娯楽を求める様になつて久しく練習もせない村が出来て来ました。その上昭和の戦争、敗戦とつづき、近郊の農村は殆ど京都市に合併し、純農家は追々少なくなり六斉をやる組は次々と消えて来ました。それに若衆組と云つたものも青年会となり、学校へ行くようになつて茶番などの役につく様なものもなく、或る会の役員は、若い者に出演を頼み廻らねばならず、この後は益々やる処が減じてしまうのではありますまいか。郷土芸術の保存の意味で府市共に相当の後援費を予算に組んでせめて三つ位の代表的な六斉念仏と六斉踊の保護をする様にして貰いたいと念じています。

六斉念仏

古くは鉦講と云つておりまして、これが仏教の経文に出てくる六斉念仏であります。

近年までこれを行つていましたのは別項元田中六斉保存会がつるぎと云う曲の中でこの六斉念仏をやり、梅津の南、郡(こをり)、西七条、上鳥羽、西賀茂西方寺、水尾位しか残つていません。元田中、西方寺は干菜寺系で記しました。水尾のは正しい六斉念仏が残つているそうですが、まだ見ておりません。

西七条六斉念仏講

西七条、西大路東入北方の百姓家の仲間で講中を結び十九軒ありました。今では九軒と他に二軒が残つています。

佐々木　源　吉　　鈴　木　友　吉　　長谷川　直　市　　北　尾　岩　吉
橋　本　富治郎　　鈴　木　常　吉　　青　木　伊　作　　小　林　粂次郎
鈴　木　寅　吉　外ニ西　田　仙次郎　　八　木　平四郎

六斉念仏は二種ありまして、一つは焼香念仏また地念仏とありまして、地念仏の中には飛観音、ばんどう融通、しころ、ふしはくまいがあります。焼香念仏には太鼓四人、上衣はもよぎ、下着は紅白色の雑色、紫色の大黒袴をつけています。鉦方は六人で下着は黄地他は太鼓方と同じ雑色太鼓の一人をチョショと呼び、これが主となります。太鼓の皮は金、銀箔を張り、胴に菊花、卍のついたものもあります。太鼓の一番は鈴木友、二番北尾、三番青木、四番長谷川、チョショが中心になりまして佐々木が務めます。地念仏の時には上衣だけ揃いのものを着ます、動きの少ない、念仏お経を唱えるだけのものです。鉦には文化十三年以降大正三年と彫られたものが十ケあります。

新仏のあります家え詣つてこの六斉念仏を唱え、清水寺、壬生寺、空也堂へ銘々いくらか出し合つて賽銭を納め、謝礼は一切辞退しました。近年人手も少なく中止していると云います。この講中に一尺余の空也上人の木像があり、一年持の当屋で保管し毎月おつとめをしていましたが、今では七条通西大路東入南側の閻魔堂へ預けてあります。

上鳥羽橋上（はしがみ）鉦講

上鳥羽の六斉念仏は徳川中期には三組ありまして、仏式の念仏講と六斉踊とがあつたようで、上鳥羽で教つて始めたと云うのが二、三ありますから相当盛大に行われていたと思われます。私はこのことを知りませんでしたが誓祐寺住職から聞きましてその講中の人々に本堂に集まつて貰いまして見ました。烏帽子をつけ白の下着の上に紅梅色、もよぎ色の雑色をつけます。空也堂から貰つた金銀の太鼓、胴には菊紋がついています。鉦方は鉦を首から垂しています。殆ど動きませんが太鼓方だけは少し太鼓を上下にしたり、腰をまげたりしますのは空也堂の踴躍念仏の名残りでしようか。指導者を大導師と云いまして空也堂から許可を得ることになつていました。六斉念仏は十二段に別れ唱えられています。今もお盆には棚経に歩いています。英照皇太

上鳥羽 六斉念仏講

后の葬儀に空也上人の先駆をつとめています。講員二十名。

代表者　菱田宣雄　木下浅次郎　浅田吉之助　木下嘉一郎

川勝政一　中西亀次郎　大西大之助

上鳥羽は学校近くの小橋を中心に橋上（はしかみ）、橋下（はしうら）に別かれ橋下にも鉦講がありますが、近年集まっていない様です。空也堂の記録には橋浦として出ています。

空也堂（極楽院）

中京区蛸薬師通油小路西入亀屋町にありまして紫雲山極楽院光勝寺空也堂と云い、本堂本尊空也上人の木像、元は時宗一派の本山で空也上人の創立、その後沿革は判明しませんが櫛笥三条下つた処にありまして、櫛笥道場（また三条道場）と云いました。秀吉の天正年間今の地に移りました。その後宝永五年の大火に類焼、自火を出して享保十年にまた焼け、天明八年、元治元年にまたまた焼け、塔頭徳正庵、金光庵、寿松庵、東坊、正徳庵、利清庵、西岸庵の八坊がありましたが、雑新に七坊を廃し松寿庵もその後廃しました。明治維新以来天台宗となりました。

この町は始め敲町(たたきまち)と云いまして空也堂の僧が住んでいました。この寺は半僧半俗で髷を結うたまま頭布を冠り法衣をつけ茶筅を製して之を市中に鬻きました。その人々は瓢をたたいて、「ナモダ、ナモダ」を唱えつつ歩き、所望されますと源信作の和讃を唱えました。これを鉢敲と云いました。この鉢敲の由来として平将門が誅せられましてその三万七千余騎、悉く厳罪に処せられ様としましたのを空也上人、全員を貰い受け、教化の上有髪のまま諸道十四カ国に分置しました。その多くの者は上人の高徳を渇仰し皆倶に兜の鉢を敲き歓喜踴躍して称名念仏を唱えましたので鉢敲念仏の名が天下に伝播するようになりました。この茶筅売は一時盛んでしたが、大晦日近く藁苞に数十をつきさし「大福茶筅」と叫んで売り歩きました。毎歳正月三ケ日旱天に茶を煎じ、祇園牛頭天王と十一面観世音に祈念し上人秘法の茶筅で茶をふりたてて服しますと年中邪気を払い疫病にかからないと云われ、大福茶筅と云います。私等子供の頃、空也坊さんが胸に付けた鉦をたたいて大きいあじろ笠、草鞋ばきで町々を歩きました。何文銭とか一銭等を渡しますと左肩にかけた小箱から落し焼の瓢形の菓子を一掴みくれました。それがとても楽みでした。

十月十三日の空也忌には本堂前で歓喜踊躍念仏を行います。空也上人京の町を念仏勧進せられていています時、形に随う様に歓喜踴躍して念仏讃嘆するものがあります。上人は「あなた方は何人（どなた）ですか」と尋ねますと、「吾等は過去の七仏（毘婆尸仏、尸棄仏、毘舎浮仏、倶留孫仏、拘那舎仏、迦葉仏、釈迦牟尼仏）です、あなたが衆生を哀み念仏を弘通し玉うのを喜しく思い極楽から出て来て助力するのです。」と異口同音に念仏を称し上人の後から従いて行かれました。これが歓喜踴躍念仏の起因でありまして、法の座毎に七仏の回向及び開祖空也上人、二代定阿法師を擬し九品の浄土に像り九仏勤行を致します空也堂古制の一法式となつています。

御焼香式と云う法要があります。醍醐天皇崩御の際、上人は東北へ弘法の為め行脚中でしたので、直ちに御帰洛になりましたが、初七日の御式当日で草鞋を解かせられる暇もなく土足のまま御昇殿御焼香されました。これが御焼香式の最初で、その後天皇の崩御に際し、その当時の住職が空也上人の身代りとなつて法要の時、土足昇殿御焼香する例となり、孝明、英照、明治、照憲陛下の時、御陵へ参拝し御内道場般舟三昧院宸殿で御焼香式法要を行われました。

昭和二十年八月、西隣りに堀川高校の洋館がありますため空也堂は疎開を命じられ、本堂をこわし庫裡に及ばんとして終戦となり、無檀家の寺で六斉講も殆ど縁切れの様子で、その上十六世寛空上人遷化し法嗣なく、本年五月貞雅氏宗務所より認可あり近く晋山式を行われることと思います。

空也上人

上人は市聖(いちのひじり)とまた阿弥陀聖と云い、街の人々は市上人と崇めました。然しもう一つこの上人の身上は判然としておりません。

延喜三年京に生れ、醍醐天皇の皇子の説、仁明天皇の皇子常康親王の王子説もあります。諱を光勝と云いまたどうして出家する様になつたかわかりませんが、出家するまで優婆塞(うばそく)(俗人のままの仏教信者)の姿で五畿七道をまわり、人や牛馬が困るだろうと自ら道路を修繕したり作つたり、また橋梁を架しました。井水の出ない土地では井戸を穿ち、死体が抛棄してあるのを見ますと必ず火葬にして厚くこれを弔つてやりました。延喜の末、尾張国分寺で剃髪して僧となり空也と云いました。その後、五畿内を経て播摩の峰合寺に行き大蔵経を読み、阿波国湯島に渡つて観世音に祈誓し練行苦修をつみ、陸奥、出羽の辺鄙な土地には仏の有難味を知つているまいと、おいづるに仏像を入れ、法螺貝を吹きならして諸国に弘法し、ある時道中で強盗に遭い、その賊は不幸な生れで幼時から悪に染つたことをきき、泣いて訓戒し、ようやく前非を悔い仏門に帰したと云います。天慶元年再び京に戻り鞍馬山に入つて仏法を修しました。

空也上人　空也堂本尊

その庵に鹿が遊びに来ますので大変可愛がつてやりましたところ、猟師定盛がその鹿を射殺しました。空也上人は定盛に頼んでこの鹿の死屍を貰い受け、皮をとつて裘を作り、角を杖の頭につけ、京の街を歩き鉦を叩き乍ら念仏を唱え、あちこちに阿弥陀井を掘つて水の少ない人々を喜ばせ、囚人の為めにも仏の教えをひろめ、大衆の救化は大したものでした。俗人だけでなく近江園城寺の千観は宮中からの退出途次空也上人に遭い、「出離の要道」を尋ねました処、「唯身を捨てて後之を修すべし」と慈誨されました。

天暦五年悪疫が流行し死ぬもの数知れず、上人はこの時金色一丈の大きい十一面大悲の観音像を刻み、又金泥の「大般若経」六百巻を書写して疫病の終熄を祈り川東に西光寺を建て、ここに観世音を安置し、毎日車に乗せて街中を歩き疫病全快を祈られました。西光寺は後に六波羅密寺と改称し、今もこの観世音像は安置せられ、西国十七番の霊場となつています。天禄三年再び奥州へ行かれ「京を離れた日を命日とせよ」と云われ、七十才だと云います。東北に上人の墓所があり、京都では松原産寧坂西入西光寺にその墓と云うものがあります。

空也堂系　六斉念仏

「空也上人絵詞伝」によりますと、上人が紫野雲林院に住われていまして街へ出て鉦を叩いて大宮通を南下されますと、白髪の老翁が寒そうにして来られ、どうもただの人でないと思われましたので、どうした方かと尋ねられますと「私は松尾明神である、衆生済度のため本覚真如の妙躰をわすれ、この国に跡をたれて以来、色々の財施の食、綾羅の衣を手向けてくれる人はあるが、それらの人が直の道をわきまえておらず、真実の法施を捧げる人でないから貰いたくない、だから、妄想顚倒の嵐は衣裏に烈し悪業煩悩の霜は鳥声の髻殊に厚し。」と云われたので、上人は「それは誠にお気の毒な事である。私の衣は、これで行住坐臥、四十四年の間法華経をよんできた衣だから、この衣には妙香薫じてこの衣をそむるなり、これならお気に召すでしよう。」と上人は自分の着ている衣を脱いで松尾明神に与えました。明神は、「おかげで苦しみをのがれ温くもなつた、松尾へ帰りたいからこれでお別れする、いづれお待していするから。」と御姿をかき消すように見えたまわず、その後、空也上人は西山の松尾神社にお詣りしますと

松尾社前と六斉の図　　空也上人絵詞伝

神前へ明神が姿を現し給い、ここで明神と空也上人もろともに手を取り合つて念仏を唱えること数次、かんたん相照し、明神の喜びはひと方ではない。明神は鉦と太鼓をお布施に上げるから末世の衆生を済度してほしい、あなたの願はどこまでも守護してあげようと云つて姿は消えました。上人は喜ばれこれに力を得て国々在所々々を廻つて毎月六つの斉日ごとに太鼓、鉦をたたいて念仏を唱え衆生済度に努力しました。これによつて俗によんで六斉念仏といい伝えたと云います。松尾神社の方にはこうした話も伝わらず空也上人云々も記録はないそうです。ただ末社衣手神社の神輿の金具に、この絵詞伝の図が彫られているとのことです。

京の街をゆく 六斉の獅子舞　拾遺都名所図会

別説に念仏を鉦を打つて弘めよと社前の鰐口を与えられました。上人は鰐口を半分にし胸にかけて六斉日に鉦念仏を唱え、後太鼓が加わつたと云います。京の街では発達しないで、西郊外の農民達が各所でこれをやりました。殆ど文献はありませんが天明七年六月の『拾遺都名所図会』に六斉の囃子方と獅子舞の図があり、「六斉念仏(毎歳七月十五日)に在郷よりおのおの組を立て都の町々に出て、盂蘭盆会魂祭の馳走に家々の所望により行いける、近年はおどけ狂言をまじえて衆人の目を悦ばしむるも三仏乗の因となる便りならん」と記されています。この頃既にただの念仏修行が念仏踊となり、空也堂では歓喜踊躍念仏をやっています。その内に太鼓の曲打をやり、獅子舞、それに滑稽が加わり、種類も増加して念仏だけの鉦講や、太鼓が加わつても動きのない誦経と念仏だけの六斉とになつて来ました。全く宗教行事と農民娯楽の六斉踊とにわかれ、各所六斉組はこの空也堂から免許状が出る様になり、十月十三日の空也忌にはその傘下の講や組が集まつて六斉踊をやりました。

今日では社会情勢も変り六斉を行つています講や組は、千本六斉会(元千本ゑんま堂前)、嵯峨野六斉会、西院六斉講、壬生六斉会、中堂寺六斉会、吉祥院六斉会三組、桂六斉保存会、小山郷六斉会、梅津六斉会、下津林六斉会、伏見田町六斉保存会、久世六斉講、西賀茂六斉会等です。

一般に八月十三日に棚経に出るのが六斉念仏の打ち始めと云い、それから申込のある家々へ棚経に出かけます、これをクワンゼンと云います。明治時代は施主から米と鳥目若干を紙包で、回向も太鼓が重な勤行で布施の多寡により目安をつけて曲番数をきめたと云います。この外に物詣（ものもうで）とて八月十七日清水寺、二十二・三日六地蔵廻り、二十四日壬生寺、二十五日吉祥院天満宮、十月十三日空也上人開山忌には無料で奉仕します。

この六斉念仏は郷土芸術として今日では、各地にも知られる様になりましたが、地方へ出る様になりましたのは明治三十九年、東京に博覧会のあつた時同協賛会より招聘せられ、演技場で上演したのが始めであつただろうと思います。昭和になりまして郷土芸能が盛んとなり世人に認められる様になりましてから、東京で各地の郷土芸能を招聘し競演を行い、京都でも市文化課主催で昭和十七年八月二十九日円山音楽堂で私が解説役で西七条六斉念仏鉦講、西院六斉念仏講が出演、その後再三公演して二十五年八月には郷土芸術の夕として元田中の六斉念仏、西賀茂西方寺の六斉その他が出演し、二十七、八年頃より六斉コンクールが四年間催され、これで各会共練習をつみ上手になりました。

千本六斉会

七十年程前には既に行つていました。元は干菜寺系であつたと思われますが、一般に六斉が二系統あることを知らず、空也堂系の方が盛大であつたため再興を考えた人々が安政年間紀伊郡鳥羽へ行つてこの地の人々に教わつたと云います。大西勘次郎、大川三郎右衛門、灘三右衛門、上田源次郎の人々がその頃の幹部でした。獅子をやり出しましたのは明治二十年頃でこれも鳥羽村へ習いに行き、獅子頭は「獅子亀」の通称で知られていた西村亀次郎、尾を使うのは高藤嘉四郎とて獅子亀と呼吸のあつた名コンビだつたとききます。この連中は閻魔堂附近の人で、五、六月に行われます閻魔堂狂言講員を兼ねていますので、以前は千本えん

四ツ太鼓　千本六斉会

ま堂前六斉会と云つていましたが、今日千本組六斉会と改称しております。

曲目　発願（念仏唱和）、豆太鼓（なには・道成寺・素雅楽・砧）、法縁祭、四ツ太鼓、豆太鼓（山姥・万歳）、祇園囃子、手踊（願人坊）、豆太鼓（八島）、紫若子守り、太鼓踊と引抜手踊、堀川猿廻し、さらし、豆太鼓・阿古屋、獅子太鼓、獅子碁盤乗り、蜘蛛の精、攻め太鼓、阿弥陀打ち（念仏唱和）

主なる会員　大西末治郎、黒田和三郎、藤原儀一、沢田光三郎、大川万次郎、大川甚之助

西院六斉講

四条西大路西一帯が西院村

獅子太皷　西院六斉保存会

で、今は右京区の東部に当り田畑は少なくなつて来ています。講に伝わる由来として寛永二年に始められ、元禄年間百姓新兵衛に伝えられ、祇園会月鉾の囃子から工夫を加え、文久年間近藤又三郎(現講長)の祖父又左衛門―父捨次郎と伝承して来ました。

ここは根拠とする寺を持ちません。毎年八月二十三日夜は四条西大路角の高山寺、二十四日夕刻本山空也堂で打ち、その他棚経に廻ります。

曲目　発願念仏、地歌万歳、早度、さらし、四ツ太鼓、猿廻し、海女、祇園囃子、獅子太鼓、獅子舞、蜘蛛切り、後念仏(願以此功徳、平等施一切、同発菩提心、往生安楽国)で結びます。

発願念仏――経文の末節を唱い発願已至心帰命阿弥陀仏等。
地唄万歳――地唄万歳に因み、豆太鼓、笛、二丁鉦によつて囃します。
早　　度――淀の川瀬の水車の歌詞を京は伏見竹田淀鳥羽を唄います。
さらし――京は加茂川の河原で友禅洗いのさらしを曲で現します。
四ツ太鼓――四個の黒太鼓を枠に入れ曲打をします。左右の撥を同じ調子に敲くのに練習を要します。
猿廻し――浄瑠璃〃堀川の段〃より取材した曲で、猿に因んだ振であります。
海　　女――謡曲〃海女〃よりとります。
祇園囃子――西院六斉の得意とする曲で月鉾の囃子の曲から移し、和讃文を加えました。
獅子太鼓――四人で獅子の出現を現わす曲と振で、続いて獅子の曲芸、宙返りに移り、蜘蛛と獅子が渡り合い巣攻めにします。

使用楽器　(1)横笛五本、(2)二挺鉦一組、(3)豆太鼓十三個、(4)金太鼓二個、(5)四ッ太鼓四個、(6)祇園囃子用赤太鼓二個、(7)獅子太鼓用黒太鼓四個、(8)呼び大太鼓一個、(9)祇園囃子用鉦四個

代表講員　近藤又三郎、近藤卯一、奥田敏夫、今井音次郎、今井七太郎

吉祥院六斉

この村は平安京の南西で東上鳥羽、西桂川の農地帯でありましたが、今は半分工場地域となり市内南区になりました。菅原清公、桓武天皇、長岡遷都の頃この地を領しました。菅公左遷後、吉祥院天満宮の社領となつた様です。菅家の祖清公は延暦二十三年七月、遣唐使として出発しましたが、海上暴風雨で乗船は難破しようとしました処、同行の最澄（伝教大師）吉祥天女の法を修し平安を祈りました処、風収まり無事に着きました。清公帰朝後この地に吉祥天女の像を造つて堂宇を建ててまつり吉祥院と名づけました。今も天満宮の前にまつられています。

京都で六斉の一番盛んな土地はこの吉祥院で、明治時代は一カ村各字に一組の六斉があり、東条、西条、北条、南条(今の菅原組)、石原、新田、中川原、島の八組もありました。今五組

になり、本年は三組となつています。

豊臣秀吉が山崎に明智光秀の軍を破り、傷ついた明智軍は散々な目にあいこの村へ辿りつきましたが、到る処に戦死者が転び、亡魂を弔う人もありません。村民はこの無縁の無名戦士の霊を慰さめてあげたいと戦場に棄てられていました陣鐘や太鼓を拾い、これを打ちならして念仏を唱え、その霊を弔いました。それが追々六斉念仏となりました。どこの六斉も同じ様に徳川中期から念仏の宗教的な儀式は紊れ、経文も忘れられ曲節も変つて、娯楽的な踊を主とした太鼓の曲打ちとなり、曲目の始めに発願、最後に結願に口の中で経文を唱えるだけになりました。そして空也堂の道空上人の六斉念仏派の主

手おどり　吉祥院菅原町

たる組となり上鳥羽、梛とともに高貴な方の薨去の時、空也上人が参向の先供を命じられまして、特に技術の優れたもの数名を各三村より選定し、紅梅色、緑色の雑色を着、金銀の菊の御紋章付の太鼓をトントンと打鳴し、「モーダ、ナモーダ、モーダ」（南無阿弥陀仏を省略したもの）をうたい続け行列して空也上人（空也堂住職を云います）の導師に焼香太鼓を致します。

仁孝天皇、孝明天皇、英照皇太后の時にも奉仕しております。

免　状　の　事

菊御紋付　一箔押太鼓　金紋二　銀紋二

右今般　孝明天皇　御四十九院御焼香勤行ノ節相用候ニ付永世什物ニ備置、法要ノ節大切ニ取用申立旨免許候事畢

慶応三年卯二月十七日

本山空也堂　極　楽　院

洛西吉祥院村

と数葉の古記録と太鼓が残つています。

八組あつた頃の曲目を記します。（◎印は現存）

◎東条　　発願、邯鄲夢の枕、石橋、三恋慕、祇園囃子、四ツ太鼓、土蜘蛛、安達ケ原、橋

弁慶、八島、壇ノ浦、お俊伝兵衛、玉川、吾妻獅子、獅子舞

○西条　発願、今海、晒布、安達川、三恋慕、祇園囃子、猿廻し、四ツ太鼓、頼光の蜘蛛退治、与次郎猿、青物づくし、新作せめ、吾妻獅子、獅子太鼓、回向唄

○北条　発願、すがき、妹背山、八兵衛晒、舞晒、サンザラザン、祇園囃子、猿廻し、四ツ太鼓、玉川、安達ケ原、灘塩汲、舞石橋、盛衰記、獅子太鼓、獅子舞、回向唄

◎南条(菅原組)　発願、つつて、お月さん、朝野、鉄輪、四ツ太鼓、安達ケ原、玉川、晒、大文字、祇園囃子、岩見重太郎、盛衰記、羽衣、獅子太鼓、和唐内、獅子舞、獅子と土蜘蛛、あづさ、蟻ねずみ、回向唄(外に焼香太鼓)

◎石原　発願、お半長右衛門、鉄輪、本調子(都名所)、手習子、祇園囃子、四ツ太鼓、手踊、晒布、大久保踊、娘道成寺、猿廻し、獅子太鼓、しやしやらか踊、囃子と土蜘蛛、獅子舞、回向唄

○新出(廃滅)　発願、六段、トチチ、八兵衛、玉川、晒、祇園囃子、四ツ太鼓、山乳母、早蔵、猿廻し、与次郎猿、三恋慕、石橋、さんだわら、獅子、蜘蛛切、回向唄

○中川原(廃滅)　発願、六段、おかる、早蔵、たぐり、三恋慕、山姥、四ツ太鼓、祇園囃

子、晒布、石橋、金輪、猿廻し、八兵衛晒、獅子、越後晒、雷踊、回向唄

鼓、松竹梅、みかん船、あづさ、本調子、鉄輪、吾妻獅子、盛獅子、回向唄

○島（大正元年頃衰滅）　発願、邯鄲、石橋、手踊、りうとう、三恋慕、祇園囃子、四ツ太

六斉は吉祥院の連中が熱心で、東京青年会館の郷土芸術の会にも出演しましたが、余り上手でアマチュアの農民の娯楽芸術と認められない、プロだと云われたと云います。この地では十五才になりますと正月十四日の御日待の夜、青年会（以前は若者仲間と云いました）の初寄りがあり、事務所で宴会を催し翌朝は門松や注連縄をもやします処へ、新しく入会する青年が親共に付添うて来て酒一升を出して「十五才になりましたから……」と入会を頼み、会長から会則やこれからの心得から挨拶の仕方まで教えます。これからの訓練は厳しく、二、三年は「茶番」と云い組合の雑用万端を引受け、火を入れたり茶を汲んで出したり六斉の道具の手入や掃除もやります。そして六斉を教わるのです。太鼓を答でたたく主演者を上打（かみうち）と云いまして腕前の有る人。太鼓の胴の方をのみ打ちます脇役を側打（かわうち）と云います。修業してこの二役に上達を希望しています。別して吉祥院は五組もありましたのでお互に上達を祈り、その晴れの仕上場所が八月二十五日夜天満宮夏季大祭の奉納六斉大会で、境内に舞台が組まれ一杯の参観者の前で

行われます。この外物詣と云いまして、十一日は清水寺、二十二日六地蔵めぐり、二十四日東寺と壬生寺、二十五日吉祥院天満宮へ詣りました。各組共三十人位、代表者は一年交代で（最年長者が選出せられ）退任後は会を勇退することになっています。茶番の若者もこの清水寺の舞台で演じられる様になったら一人前やと云われました。

各組とも出演者は別の浴衣に白足袋、襷がけ、特種な曲目はそれぞれ扮装します。曲譜が出来ていまして、笛、太鼓、鉦と別々です。歌詞もあり最初にやります発願は

〽ホッガーア……ンージ、シーシーンキミョーオ……ナーア……ナーア……ブーウーナーン

メンナーア……ンブウー……アミダーンブウツー、ナムマイダ、ナムマイダ、ナムマイダ

回向唄　願以此功徳、平等施一切、同発菩提心、往生安楽国。

外に、邯鄲夢の枕上下段、安達ケ原、お月様、青物づくし、虫集、都名所等があります。

壬生六斉会

壬生寺は節分に厄除詣りに参る寺で有名であります。地蔵尊を本尊とし、四月下旬の壬生狂言は郷土芸能として知られています。その狂言の囃子は大きい鰐口をたたき太鼓二ケ笛が入ります。狂言方は囃子をやりません。この囃子方によって壬生六斉研究会が出来ています。この壬生寺界隈の人々が、何年頃か

ら始められたか判明していませんが、日露戦役頃には相当にやっていた様です。

曲目　念仏、鉄輪、四季、四ッ太鼓、娘

道成寺、祇園囃子、棒振、海士、越後

獅子、蜘蛛、種蒔、三番叟、玉川、願

人坊、発願

この曲目の内、種蒔三番叟と願人坊を得意とし、中堂寺六斉会同様、祇園囃子の棒振は桂六斉もやっていますが、壬生の方が始めたのではないかと思います。これは明治以前、祇園祭の山鉾巡行の時、綾傘鉾と四条傘鉾と云う傘鉾が二つありまして、これにシャグマを冠り赤い大口をはき、大きい襷をかけ顔は白布で目鼻だけを出して覆面し、手には赤毛をつけ白黒の裂を巻いた

祇園囃子（棒振）　壬生六斉会

棒を持ち要所々でこの棒を自由自在に振り廻して悪魔退散をやりました。この棒を振る人が壬生から出て行きましたので、壬生狂言でもこの棒振を大切な出しものにしています。壬生六斉、中堂寺六斉がこれを出しているのも当然でしよう。以前は八月十三、四、五日は希望の民家へ棚経に歩き、九日盆の迎火、十六日同送火、二十三日地蔵盆には壬生寺で打ちました。十月十五日の十夜講の時、鐘だけで念仏を唱え空也上人と祖先の冥福を祈り本年の無事を感謝して本年の六斉を終了します。以前は殆ど農家のものばかりで長男のみ会員になる資格がありましたが、今は農家はなく一般の有志の者で、何もかも練習しています。楽器や道具は一般六斉と同一です。昭和九年以来中絶、二十四年より再興、二十六年より棚経に出る様になりました。

重なる会員　浅井音吉、若林清太郎、上田源太郎

桂六斉保存会

昭和二十七年郷土芸能の各地代表的のものが無形文化財に撰ばれました（今日では一応郷土芸能は全部取消になっています）。その中にこの桂六斉も入っていました。処が桂の六斉は明治四十二年コレラ流行のため老人達全滅後休止状態のままで、四十年、二十才の若者は六十才になり、今の人々は六斉とはどんなものか知っていなくなりましたので、地蔵寺住職の依頼で私が六斉の話をしに行ったこ

さらし　桂六斉会

ともあります。ですからやる人もなく、自然休止のままになつたとききました。京都府附近農村一体の様に十五才になると若中（わかじゅ）になりこの人達が先輩に六斉を習いました。

曲目　発願、道行（念仏）、青物づくし、土蜘蛛、三番叟、しやしやらか、祇園ばやし、四つ太鼓、あみだ打ち、かつぽれ（豊年踊）、お公卿侍、道成寺、猿太鼓、南瓜、さらし、地蔵ぶち、観世ぶち、からかみ、玉川、八兵衛、さらし、石橋、獅子太鼓

等で、能や踊をとり入れ能師からきいたり、祇園芸妓に振付けして貰つたと云います。現在廃寺の様ですが観喜寺がこの若中の集合場所になつており、この六斉に使用する豪華

な衣裳類は土地の素封家風間家の寄進になつたものが多く、今も保存されています。会の中心は地蔵寺に移りここに舞台を組んで、ここで練習しました。東京へ行き伏見宮、久邇宮家で打つて見て貰つたと云います。三十四年春には阪急の民俗展の郷土芸能会に上演致しました。私が二十六年八月八日桂地蔵寺で中村儀兵衛(79)、井上音次郎(76)両氏に話をききに参りました。

「十五才から若中に加わるが人数に制限はない、年長を世話頭と云い、三年やつて中老となり、三十才―三十五才を過ぎると組から去つてしまう。八月七日墓回向、十三日の盆に棚経に戸別に歩き、十四日は休み、十五日は市中の得意先を歩く。昔はこの布施(礼金)は三十銭、五十銭で一円の処は少なかつた。地蔵盆の二十二、二十三日物詣に行き、九月八日の薬師で打ち上げた。町へ出て貰つた布施は講員には与えず、冬二、三月先生を招いて夜学を開き、講員一同が勉強し、夜長を若人が過さん様にした。

桂六斉の代表的な曲目〝玉川〟は三味線の手もつき笛の妙味があつたが、笛の名手は亡くなり、太鼓の上手な人は他国に移り、今はやる人もなくなつた。囃子は笛が主をなし、祇園囃子はむつかしい。芸の方では石橋、道成寺(面をつける)がむつかしい。獅子の頭の方は上手が受もつ、老人達は今は出ないで若い人達でやつている……。」と聞きました。

嵯峨野六斉会

古くは生田村と云つていました。斉宮神社附近の農民の方々で、百数十年以前には既にやつていたと云はれています。

曲目　四段たぐり、猿まわし、願人坊、時雨、。四ツ太鼓、四季、小島、金輪、娘道成寺、。越後獅子、。越後ざらし、。祇園囃子、四枚獅子、。獅子舞、。土蜘蛛、空也念仏　（○印は得意な曲目）

道具類（楽器）　太鼓十五、大太鼓二、笛五、鉦六、囃子方二十八人、踊り子十五人

▽祇園囃子　（笛方）北村源之助、北村利雄、

越後獅子　嵯峨野六斉会

北村辰雄、内藤三郎、(鉦方)北村種三、北村芳三、東助次郎、大隅武夫、(太鼓方)海老名謹一、北村義治

▽越後獅子とさらし　(笛方)前と同じ、(鉦方)北村種三、(太鼓方)今井泰一、海老名博、内藤義次、北村道夫、海老名諄一

▽獅子と土蜘蛛　(笛方・鉦方)前の通り、(太鼓方)市川清、東滋郎、北村一夫

毎年慣例として打つ処　八月二十二日　乙子地蔵　(太秦常盤)
〃　二十三日　嵯峨野阿弥陀寺
九　月　一　日　松尾神社　八朔祭

代表者　北村松之助、海老名清一、内藤三郎

中堂寺六斉会

下京大宮通より西、西新道、北は松原から南は丹波口通を中堂寺と呼び、以前は葛野郡大内村字中堂寺と云いました。この六斉踊は空也堂系で中堂寺六斉また、八右衛門六斉(中堂寺郷内)とも云いました。この八右衛門氏の家は代々六斉に熱心で、元祿の頃より二百六十余年に渡り、特に家屋敷を解放してこの六斉保存に代々尽力せられて来ましたので八右衛門六斉と云われたものであります。現

在では十三代目で塩見和男氏がその子孫で中堂寺櫛笥町に住み、今も六斉会の有力な指導者であります。

六斉は元禄十年頃踴躍念仏の空也堂の鉦講（笛一、太鼓二、鉦四）として始まり、空也堂の許を得てその所属となり、八代目八右衛門の頃六斉念仏講と改める様になりました。文化三年の銘のある鉦、安政六年作の豆太鼓が現存しています。なお、今も使用していいます前川寄進嘉永六年七月の長持が出来ました頃、この村の青年達が賭事に熱中して家業（農業）を顧みないものが多くなり、村の有力者間でこの悩みを解決すべく、八右衛門氏が卒先して自宅でそれ等の青年達を集め、半強制的に六斉念仏講に引き入れ、六斉の面白味が

中　堂　寺　六　斉　会

わかると次第に興味を持ち、種々曲目を作り、毎夜々々集まつて研究しました。それで賭事も行わぬ様になり講員の数も増加して来ました。十代目八右衛門の明治時代には長唄、地唄等の曲目から抜萃したものを取り入れ、中堂寺の得意の曲目となりました。〃七草〃は豆太鼓の相打ち、総員でやります〃祇園囃子〃それに〃獅子舞〃を特に特技としています。この人の時代の明治十年代が六斉踊として華やかだつたらしいです。その後、十二代万太郎氏の時代の明治末年より昭和三十一年迄が全盛期でありました。その頃の上手な人もなお十人程継承しています。三十一年万太郎氏歿後は人員増加と練習場手狭のため、中堂寺の旧家、講員の神先長蔵方に移り夏になると当家で賑々しく練習し、市内の遠近は元より大阪地方、山城地方まで出演依頼を受けています。またお盆の八月十二日—十五日までの四日間は毎夜棚経に近隣を歩く慣例になつています。今の楽器類は昭和三年大礼記念に現在の立派なものを新調し、三十二年衣裳や獅子二頭、太鼓を新たにしました。現在会員三十八名。

曲目　発願、六段、すががき、石橋、段々々、やまんば、◦七草、◦祇園囃子、四ツ太鼓、うかり、越後獅子、猿廻し、獅子太鼓、◦獅子舞、狂言橋弁慶、豊年踊、結願

（○印は得意の曲）

重な会員　秋田周三郎、林常次郎、塩見和男、神先長蔵、秋田周一、林富之、塩見重太郎、

小塩太三郎、神先利一郎

小山郷六斉会

古は今出川通より北には民家少なく、鞍馬口より北一体を小山郷と呼びました。鞍馬口通から北の方は殆ど民家なく畑つづきで今も『小山何々町』と呼ぶのは田畑が町になつた処です。鞍馬口寺町西入辺より新町辺にかけて小山郷の農家があり、その三十軒程で二百五十年程前、干菜寺系の六斉としてやつて来たらしいですが、後になつて空也系に変つたらしいです。

曲目　打出し万歳、しのぶうり、猿廻し、けまり、四ツ太鼓、獅子舞、祇園囃

獅子碁盤乗り　小山郷六斉会

子等十二種
八月十二日から十五日まで棚経に歩き、上善寺（六地蔵廻り）会員宅へ廻ります。特にこの会は打出し万歳、獅子舞を得意とし、一般的にわかり易い六斉をモットーとしております。
主な会員　渡辺友太郎、内藤寅蔵、小林吉之助、小林与之助、牧野常三郎、渡辺安二郎等

梅津六斉会

松尾神社の東、桂川を渡った東一帯を梅津村と云い、梅宮神社、長福寺などの有名な社寺のある農村でしたが、明治文化が入ると製紙会社が出来、追々工場地帯となり農家は追々と田畑を縮められて来ています。

ここの六斉は明治以前、近村が皆六斉をやりますので、村の若者達も教えられるままやり出したものと云います。太鼓の張替をしますとその胴に明治以前の年号が出て来ます。

重な曲目　四ツ太鼓、祇園囃子、サラシ、六段、かむろ、獅子と土蜘蛛等。

例年八月二十四日は長福寺地蔵へ、同二十八日は梅宮神社に打ちに行きます。その他希望の処へ行つています。近年は郷土芸術として嵐山の嵐峡館等で、来客の求めに応じ出張上演することがあります。

古老仙元庄太郎を師匠とし、会の代表は松本清太郎。

久世六斉講

その起原はわかりませんが上鳥羽の六斉から教わつたと云われています。

曲目　御詠歌、鳥辺山（もみだしとも言います）、八兵衛さらし、四つ太鼓、八島（そうまとも言います）、祇園ばやし（後半に軽妙な踊りになり、道化が入つてふざけます）、やぐら（気合と呼吸の間のむつかしいもので、得意の曲で〃八島〃と共に難曲と云われます）、源平盛衰記、獅子太鼓、獅子舞と土蜘蛛、妹背山、鉄輪、玉川、汐汲、猿手

毎年の行事として　七月六日　向日町　向日神社

獅子碁盤乗　久世六斉会

七月十七日　楊谷（やなぎだに）　楊谷寺（観音）

八月三十一日　上久世　蔵王権現堂

代表者　堀川寅吉、高橋要助、片山正一、和田定男、井村保男、山内儀一

これ等の外、桂の南の下津林、伏見田町も六斉をつづけ、近年まで牛ケ瀬には竹に虎とて、虎が太い一本竹を立てまして、これに昇り下りしたものがありましたが、その名人がなくなって後継者なく近年休止の様にきいています。

千菜寺系　六斉念仏

今出川加茂大橋を渡った東詰の停留場の北に叡山電車出町駅が見えます。その駅の前を右へ半町、道は左右にわかれますが、その左の道へ行きますと古風な寺の門前に出ます。この寺が六斉念仏総本寺千菜山斉教院光福寺であります。

寺伝によりますと、九十代亀山天皇より文永二年（一二六五）『六斉念仏総本寺』の勅額を戴

き、後花園天皇の正和二年（一三一三）には『六斉常行念仏』の号を賜わり、文保元年（一三一七）一月二十七日には道空上人に法如大師の追謚号を贈られ、後柏原天皇より永正十六年（一五一九）七月一日に『六斉念仏総本寺』の綸旨を賜つたと云いますから、古くから六斉念仏を行われていたことが知られます。

浄土宗開山法然上人の弟子に西山善慧上人があります。その三代の法孫に道空法如上人がありました。京都府乙訓郡安養ケ谷（柳谷観音の東南、大仏）東善寺の中興寛元年中（一二四五年頃）ここを下山し、京の町春日通烏丸（今の京都御所の西南隅）に常行院を建て

干菜寺六斉　　花洛細見所載

て、(七百十年程前)六斉念仏を弘められました。『六斉精進功徳経』の中に「鉦を奉じて妙音声を得、鼓を奉じ妙音声を得て天楽を受く」とあり、「念仏行者が阿弥陀仏の信仰に生きて法悦の極、心身観喜する有様を、舞謡と音楽を以て表示せんとしたものである」と云われております。

道空―空寮―寮源―信光―寿源―月空宗心と法脈が続きました。その頃は常行院も戦禍でなくなり鴨川の畔、田中村に小寺を建てておりました。丁度信長、秀吉の時代です。秀吉は信長から京都守護職を命じられ、この辺を巡視に来ました時、陣鐘、陣鼓の音がしきりに聞えて来ます、何者かの謀叛ではあるまいかと臣、浅野弥兵衛をして詮議せしめました。弥兵衛が近づきますと僧俗十数人が鉦鼓を囃して念仏踊を無中でやつています。「汝等何をしているのか」と弥兵衛がききますと宗心が「これは六斉念仏と云う念仏踊であります、世は足利の末から戦国時代となり戦乱打続き、王法(天子の道)、仏法(仏道)共に衰え、僧侶は衣食の糧に窮し、説法教化も何にもなりません。人心は日々に荒んで乱世はますます劇しくなり、仏のことも俗人の耳には入りません。それで遊戯三昧の六斉念仏を修業して、諸人に仏法を勧めようとしています。この鐘太鼓は何れも陣鐘、陣鼓で、戦場に捨ててあつたものを拾い集めたもので、気の毒な戦死者の冥福を弔うています」とのことで、それを聞いた秀吉は戦死者を弔うのはよいことであると文禄二年、住職宗心を聚楽第に招いて金銀の太鼓と鉦を与え、土地をも与えて保護致しました。

秀吉公　許　状

昨日は登城して万端の物語、互に悦喜候願状を残し置かれ候通り、百間四方の除地を進め候、諸国六斉念仏を勤むるの輩を支配致さる可く候、銭五十貫文を進め候、右の趣申し送り夫々面談申し入る可く候　以上

文禄二年二月十二日　　秀　吉　花　押

六斉念仏総本寺　宗心坊へ

宗心は大根葉の乾したものを秀吉に献し、貧棒寺で献上するものもありません、寺では常食にしておりますと云いますと秀吉はこれは軍糧になるよいものを呉れたと悦ばれ、干菜寺と名付けられました。

この寺の六斉念仏が特に有名になり、大きい行事が行われますのは本山知恩院で催されます。開山法然上人の五十年目毎の大遠忌に当住職が大導師となり六斉講の人々裃姿で鉦方五十

知恩院本殿前　華頂山大法要図録所載

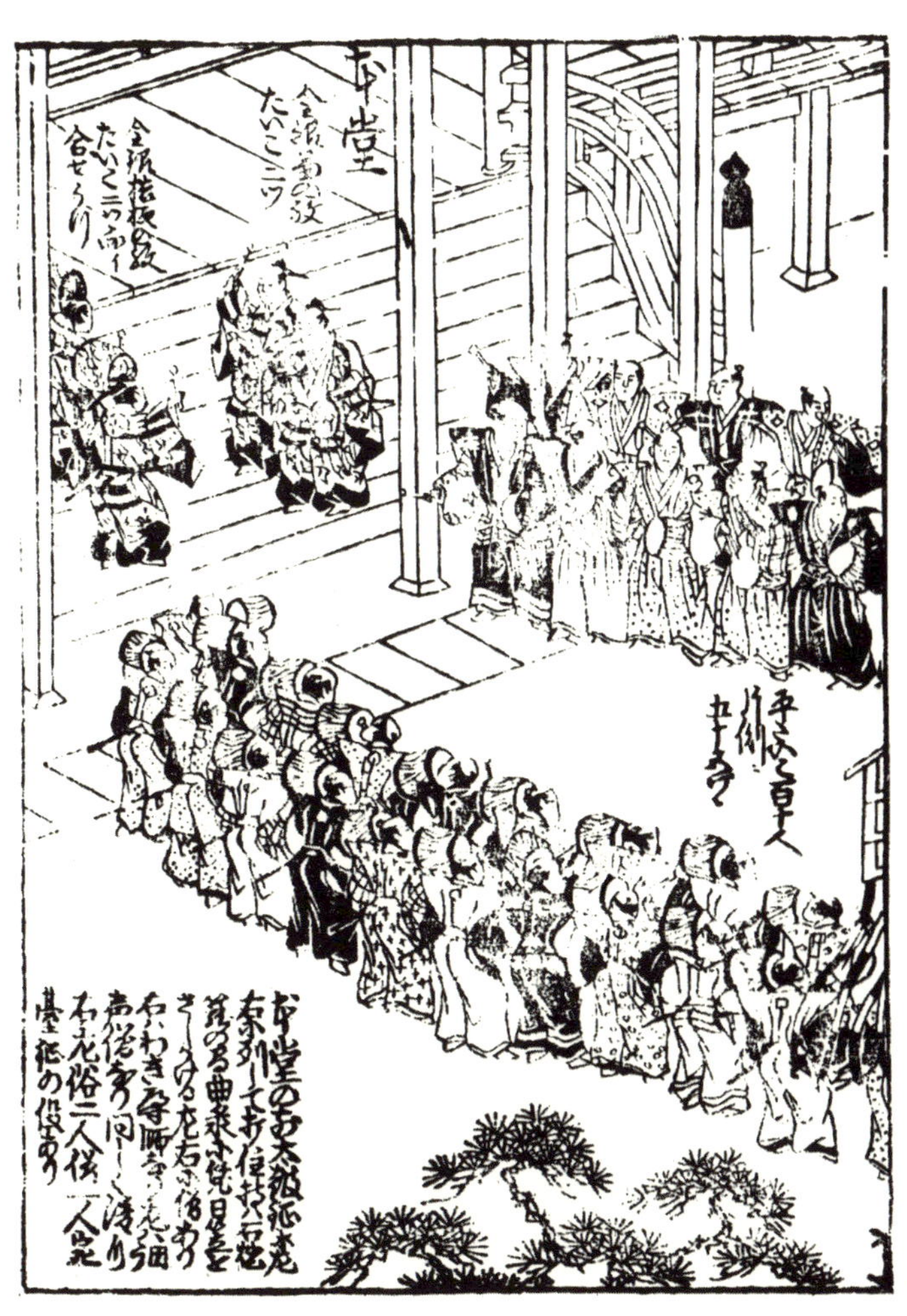

干菜寺法然上人大遠忌　六斉念仏

人、太鼓方百十人、素袍を着た男、菊、桔梗の紋のついた金銀の太鼓四人、大導師脇導師以下多数の役員等と京の街々を囃子し乍ら歩き、本山本堂前に並んで六斉念仏を行いました。何分五十年に一度の行事ですから、この千菜寺の住職でも一生一度の大導師が務められない方もあります。宝暦十一年辛巳正月、文化八年、万延二年にも催され『華頂山大法会図録』にこの大六斉念仏の図が出ております。明治四十三年、次が昭和三十六年に当ります。現住職伊藤了寛氏に是非大導師をやってほしいものです。

古くは十四寺の末寺もありました。

○西林寺　上京柳原飛行院
○西蓮寺　北紫竹
○度林庵　同林村
○楽邦庵　紫野大徳寺
○高円庵　葛野郡岡村
○念仏寺　同郡下桂
○安誓寺　綴喜郡宇治田原
○延命寺　西ノ京下片手
○安善寺　愛宕郡大門町
○浄土院　浄土寺村
○西方寺　西賀茂庵村
○地福院　同村
○阿弥陀寺　同村
○鬱桜寺　丹波桑田宇津村

この内浄土院と西方寺は今も連絡があります。千菜寺直接の六斉は五十年目ですが愛宕郡内の六斉は全部この千菜寺系統と見てよいと思います。然し六斉踊は空也堂へ許を受けに行つたらしいです。近年まで田中神社附近の人々で六斉踊をやつていられ、他の六斉と違つた曲目もありましたが、現在休止されている様であります。

光福寺（千菜寺）

今の光福寺（千菜寺）は浄土宗鎮西派知恩院末、本尊阿弥陀仏はよい仏像です。元御所にあつたものと云います。脇檀に十一面千手千眼観音菩薩立像があり、二度観世音が安置せられています。冷泉天皇の時、藤原知晴勅勘を蒙り難波の浦に流されましたが、日頃この観音を信じある夜大士汝の罪は許されるであろうと夢告がありましたので、毎日西山安養谷のこの観音に百ケ日の祈願を込め九十九日、あと一日だと思い乍ら堀川一条に架つている橋まで来ますと容顔美麗な天童が顕われ、汝信心堅固であるので願を叶えてやろうと云われて姿は消えました、知晴は喜んでここから安養谷へ戻つて一日に二度お詣して御礼を申し上げ、それからこの橋を〃戻り橋〃と云うことになつたと云います。

秀吉の文禄四年七月命じて干菜寺に移したと云います。この縁起の一枚刷が近年土蔵から出て来ました。〃戻り橋〃にまた伝説が一つ増加しました。なお、本堂脇檀に秀吉の画像がありまして、侍烏帽子、黒素襖の変つた姿で近江前司藤原元信筆とかかれています。本堂前には石地蔵、観音堂、鎮守八幡宮、鬱井があります。元丹波桑田郡宇津郷土岐筑前守の城中にあつた八幡宮をこの寺に移しました。この宇津城中に〃宇津井〃と云う井戸がありましたのもこの寺へ移しました。

この八幡宮へは相撲関係者が詣りに来たり

干菜寺表門

徳川中期正慶上人勧進元となり、この境内で三都合併相撲を催したこともあります。後故あつて「月読命」を合祀されています。

寺の什物としまして、『六斉念仏縁起二巻』『浄土常終六斉念仏興起』秀吉から贈られた『金銀の太鼓』『水石伝二巻』があり、明和二年の庭園秘伝書であります。

秀吉は二丁四方の土地をくれましたが、今はこの寺の境内が主となつています。寺の西北は下鴨です。ここは神領地でありますので寺とか墓地はありません。社家は神道で鴨川西に埋めました。然し百姓や社家以外のものは近くのこの寺へ埋めたり墓をつくりました。

西方寺六斉保存会

西賀茂の西、庵町の西方寺は千菜寺の末寺で、八月十六日送り火の船型はこの寺の檀家の青年十八人で行われています（本叢書第四輯大文字参照）。ここは全く昔のままの六斉念仏ですが大分変つています。

若者達が山へ薪を運び夜も暗くなりますと中老の人々が浴衣のまま本堂内に集り、本尊前で鉦、太鼓をたたき乍ら六斉念仏を唱えつつ行道（堂内をゆつくり経文を唱えつつ廻ります）します。動きの少ないもので南無阿弥陀仏を節付けし、最後に経文を入れます。一度この中老の人々は自宅へ戻り八時頃舟山の見えます街路に住職と共に集り、鐘を打ち、提灯を上げて舟山へ通知しますと火がつきます。住職世話方中老はお経を唱えます。十八人の若衆は十八願を象つた数で、何れも麻の袢天に股引、水色の手甲、白足袋、しゆすの帯と云う白装束で送火の後始末をして自宅へ戻り、行水、夕食をすませて再び西方寺へ集り本堂前で輪になり、中央には二、三の庭燎を焚き若衆は太鼓を打ち、中老三十六人は本堂階段前に首から鉦をたらして一団となつて敲きます。動のない不動の姿勢で順々にトンと太鼓をたたき、次々とまわします。古い六斉念仏を残しています。太鼓も振りまわさず、ただただ念仏を唱えるのが主になつていますので面白いと云

西方寺六斉念仏　太鼓方

うものでなく、これが三十分程もつづきます。終ると附近の人々も共に江州音頭に変ります。

元田中六斉保存会

叡山電車元田中駅南の方一帯の人々は干菜寺系で、その変遷はわかっていません。昭和二十二年八月、丸物百貨店屋上で私が六斉念仏の話をしまして、ここ特有の曲目〃つるぎ〃から始められました。これは真の六斉念仏で十八人が出ます。鉦方は羽織、袴、鉦方は裃、金銀の太鼓は侍烏帽子、黒素襖姿で六斉念仏を唱えますが、可成り動きのある六斉踊の中間の様に思われます。

曲目　狐の打止、四ツ太鼓、越後晒、猿廻し、朱雀、蝙蝠(他の六斉には見られない珍らしい釣太鼓の曲打)、神楽太鼓、祇園囃子(何処の六斉にもありますがここのは大変かわった曲で得意の一つになつています)、太鼓獅子、越後獅子舞、〆太鼓等があります。戦後余り盛大にやつていない様です。代表者は牧万次郎。

二十頁の空也上人絵詞伝の図の上に雲林院の絵図とありますが、空也上人が松尾神社へ詣り松尾明神が神殿から現われ上人と話されている図であります。

表紙写真　千本六斎会の人々

昭和三十四年九月十日　発行

【価　百三十円】

著　者　田中緑紅
京都市中京区堺町通三条下ル

代表者　鳥居郊善

印刷所　協和印刷株式会社
京都市東山区東大路松原上ル
電話⑥（代表）七一三一～三番

発行所　京を語る会
京都市東山区東大路松原上ル
安井金比羅宮内
電話⑥五一二七番
振替大阪三七三五五番

《復刻にあたって》

一、本復刻版は、田中喜代様所蔵の原本を使用しました。記して感謝申し上げます。

一、復刻版には、借用した原本の都合で初版と再版が混在しています。また、原本奥付に紙を貼付して新価格を表示している場合もそのまま復刻しました。

一、文中に、人権の見地から不適切な語句・表現・論、また明らかな学問上の誤りがある場合も、歴史的資料の復刻という性質上、そのまま収録しました。

一、表紙の背文字は、原本の表示に基づいて新たに組んだものですが、一部訂正や省略をしました。

緑紅叢書　復刻版
第1回配本（全26冊）
六斉念仏と六斉踊〔緑紅叢書3の2（26）〕
2018年10月31日　発行
揃定価　39,000円＋税

発行者　越水　治
発行所　株式会社　三人社
京都市左京区吉田二本松町4　白亜荘
電話075（762）0368

乱丁・落丁はお取替えいたします。

コード　ISBN978-4-908976-98-8
セットコードISBN978-4-908976-72-8